CW01677068

THE COMPLETE ILLUSTRATED ENCYCLOPEDIA OF

# 数码摄影百科

DIGITAL PHOTOGRAPHY

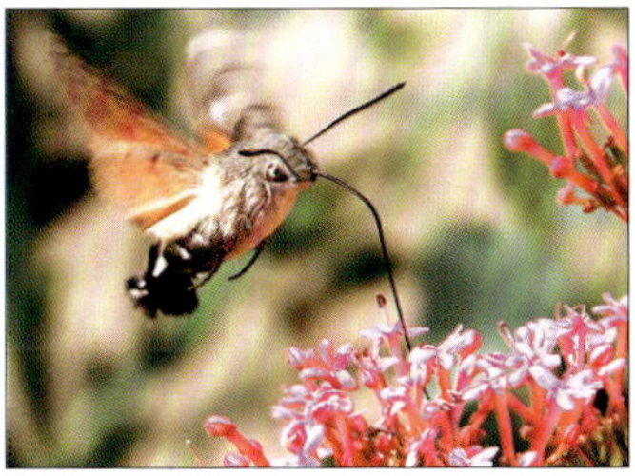

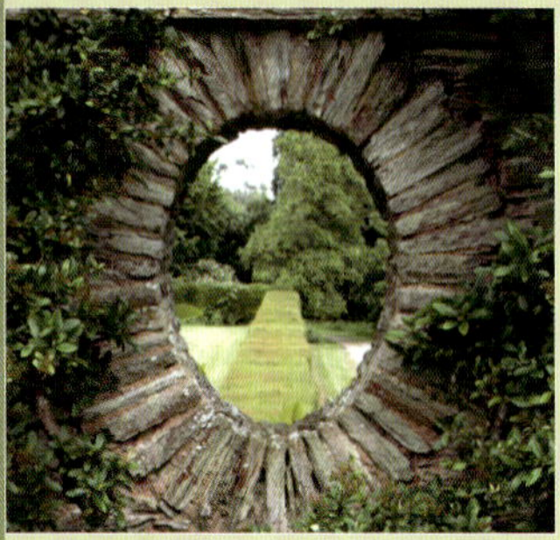
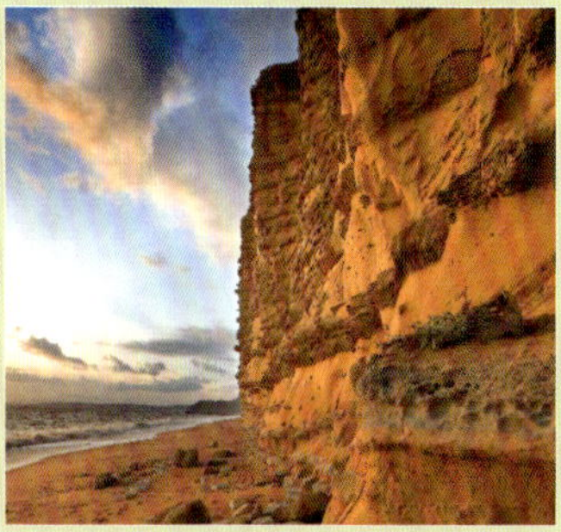
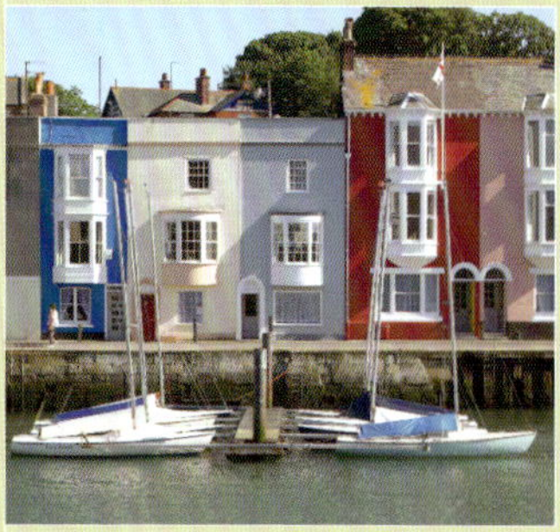

# 数码摄影百科

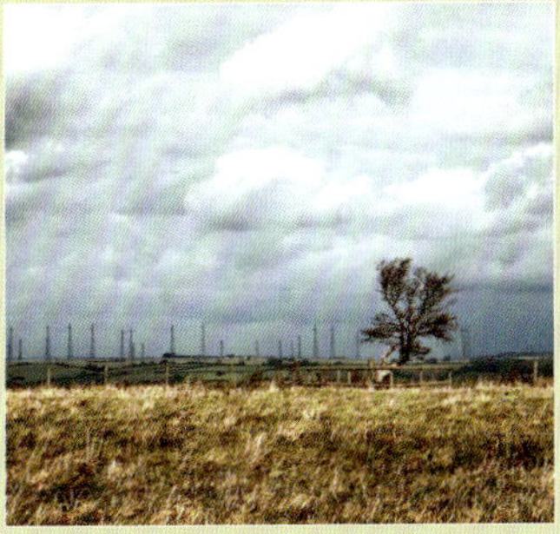

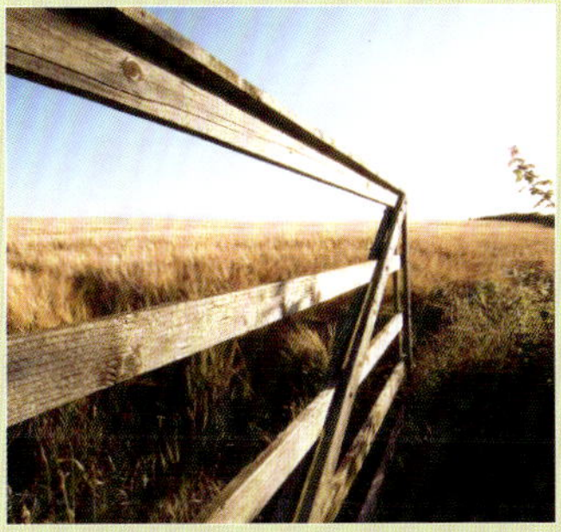

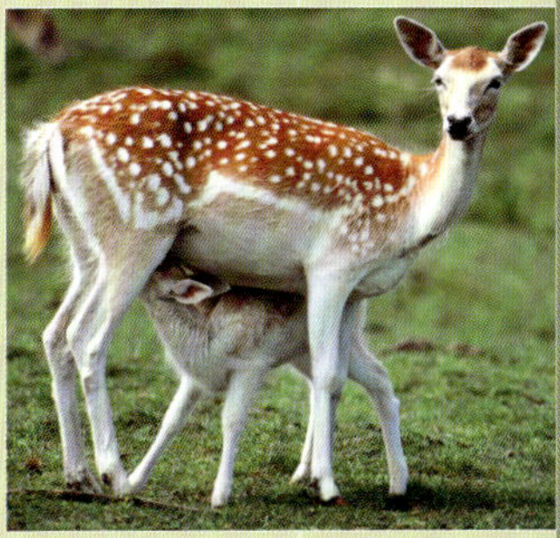

[英] 史蒂夫·勒克 著
金荔 许维腾 陈刚 译

浙江摄影出版社

# 目录

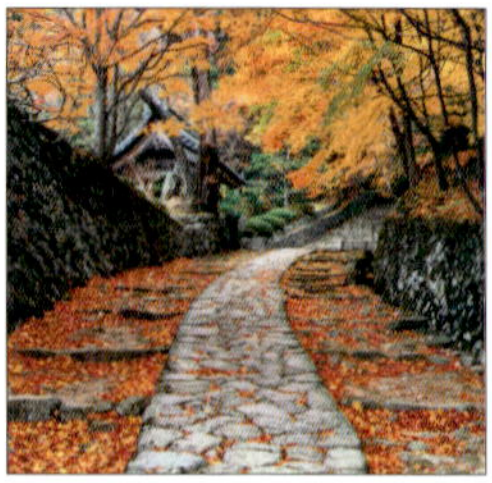 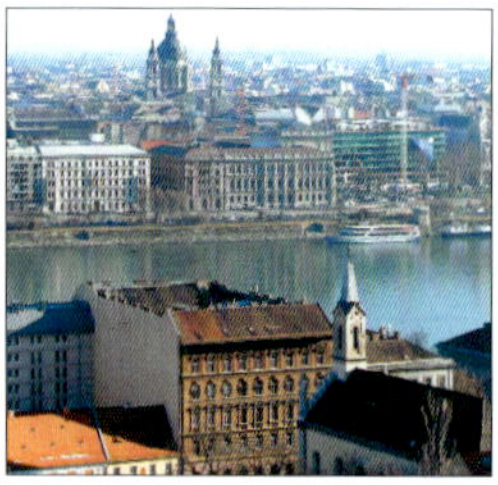 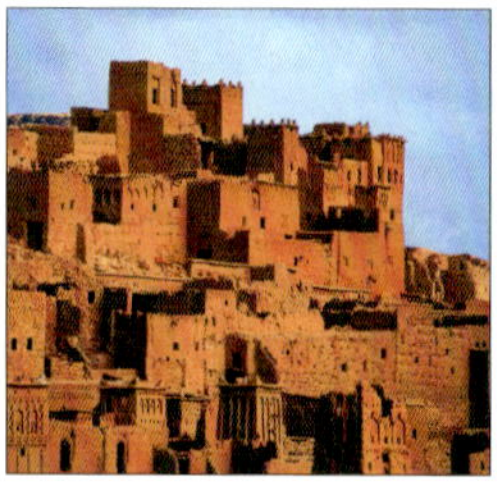 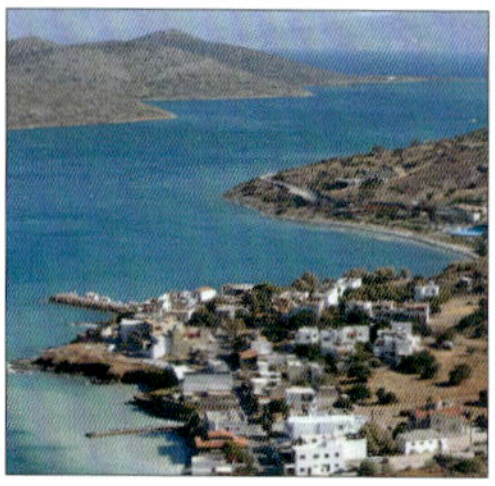

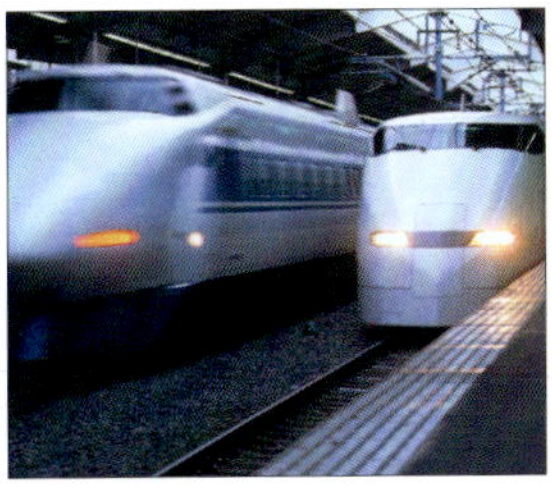
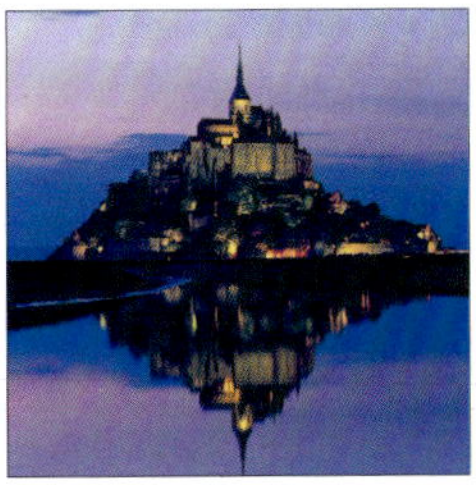
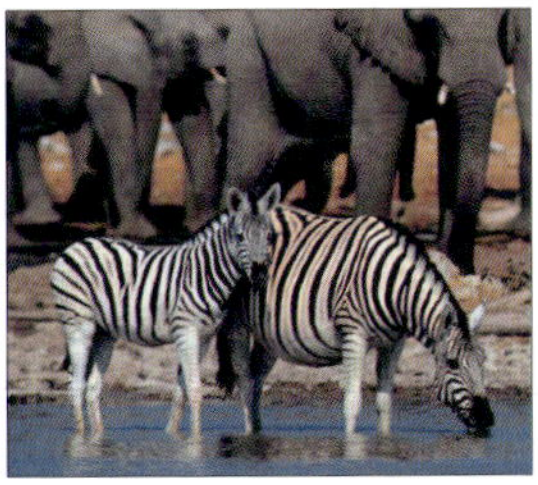
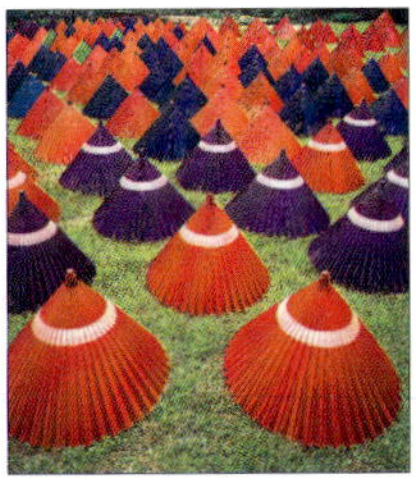

# 前　言

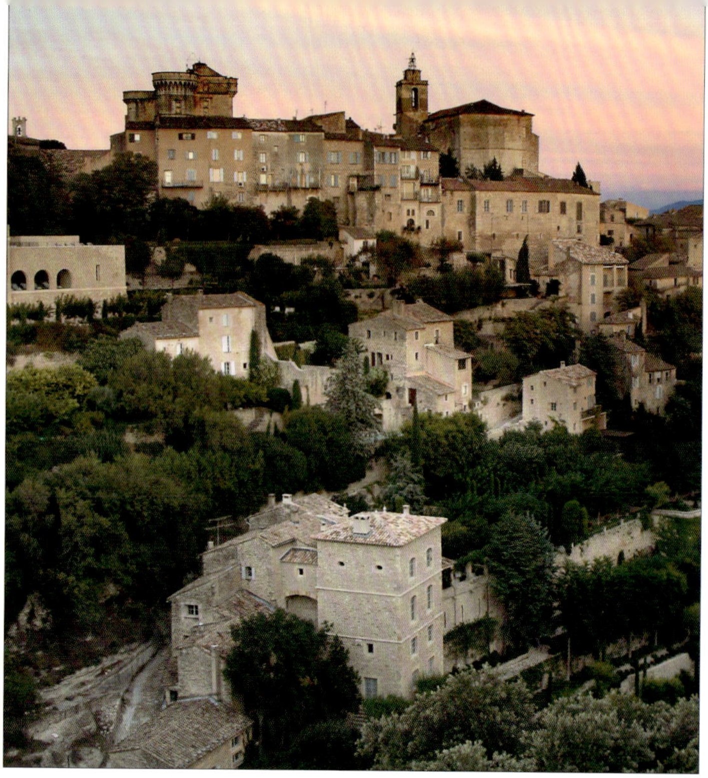

数码摄影在短时间内有了蓬勃的发展。过去，很多人认为数码相机只不过是一种昂贵的“小玩意儿”，对摄影的实用价值不大，可是现在数码相机已经发生了惊人的变化。今天，想购买一架多功能相机的人很少会考虑购买传统的胶片相机，因为胶片影像和数字影像（也称数码影像）的质量之争早已成为过去，现在人们普遍认为两者只是外表不同，并不存在优劣之分。

## 数码世界

很多相机生产商对迅速崛起的拍照手机感到不安，为了保持相机销量的稳步增长，他们一直致力于开发易于拍出曝光准确、聚焦锐利的影像的相机。有了精准的测光和自动对焦系统，还有脸部识别和防抖技术，技术层面的不足对拍摄的影响已成为过去。但要注意的是：尽管技术不断创新并令人振奋，如果我们想真正提高自己的摄影水平，充分享受这种极具满足感和成就感的爱好，就不能过分依赖技术。

有了数码相机，我们可以不受胶片价格的制约，随心所欲地拍摄尽可能多的照片。但这其实是一把双刃剑：一方面鼓励我们去试验，你只需访问一家图片网站，如Flickr (www.flickr.com)，就可欣赏到人们用数码相机拍摄的非常有创意的图片，这些画面在数字革命之前是不可能实现的；另一方面也鼓励我们采取一种如同使用“机关枪”般的方法来进行拍摄——只要不停地按快门，总会拍出一些有趣的照片来。尽管这种方法本身并没有错，但它的确在很多方面否定了学习的必要性，抑制了人们的求知欲。因此，很多时候不要急着按快门，而要停下来仔细看看自己拍摄的照片，想一想：为何同一组照片中一张拍得好而另一张却拍得不好？

学会拍出摄影佳作，就需要学会以不同的视角看世界。我们周围的一切都可能成为摄影素材，但其中一些素材要远好于另一些。

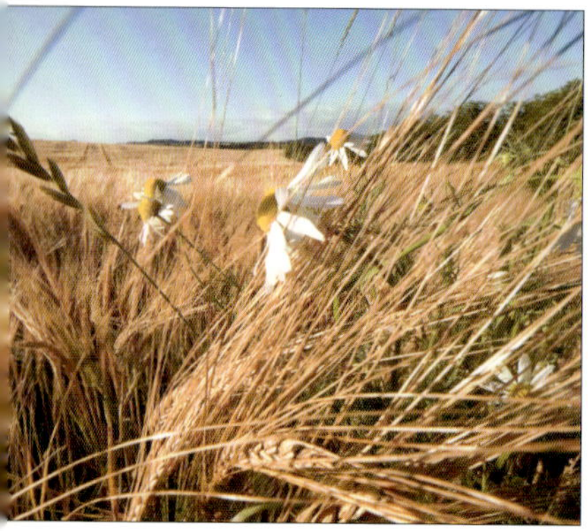

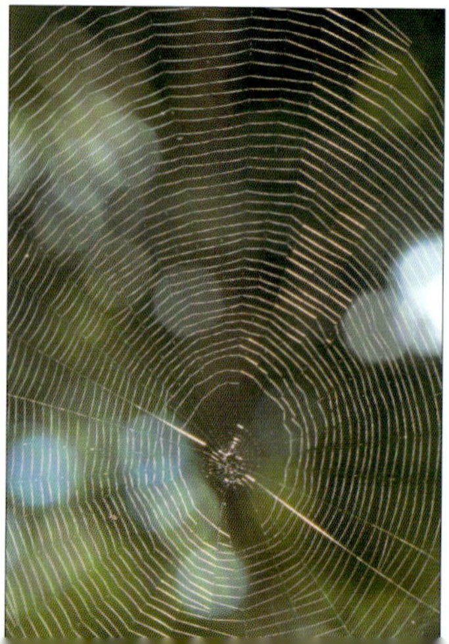

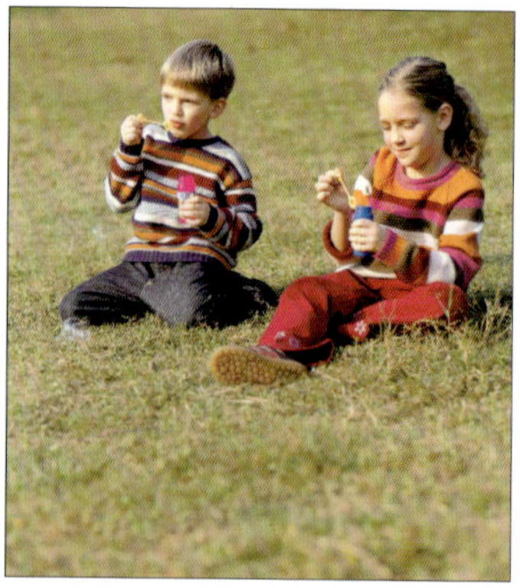

为何影像会缺乏动感？为何明亮的颜色会变得黯淡？如果真正这样想过了，我们的拍摄成功率将大大提高。另外，通过分析知道了是什么因素使得一些照片拍得明显比另一些好，那么，在拍摄过程中就可以多融入一些视觉成分，看看还有哪些因素有助于改善拍摄效果。于是，我们的试验就能上升到某种理性的高度，并且总结出一些成功的方法来。

## 拍　摄

在本书中，摄影技巧是与创意有机地结合的。若想成为数码摄影高手，就得对数字成像有个基本的了解，因为熟悉数字成像的全过程将使你的数码摄影学习进程更顺畅、更迅捷。更为重要的是要全面了解你的相机，特别是对于数码摄影新手，或者刚把相机从"傻瓜型"升级到"高端型"的人来说，这点尤需重视。新手通常会认为，相机上那些复杂的设置和功能似乎没有多大的实际意义。然而，其中绝大多数对拍摄是非常有用的，所以很值得你花工夫来了解它们的功用以及如何操作。不过如果你不知道如何去取景，那么这些摄影技术知识就是纸上谈兵了。读过这本书之后，相信你一定会懂得如何欣赏你所见到的景象及其内涵，并渴望把它们以自己认为最精确，也是最富有意义的方式拍摄下来。

本书前三章旨在帮助你全面了解你的相机等摄影设备的技术知识和拍摄能力，其中包含的各种摄影小窍门将点拨你如何运用创意的手段，把眼前的景象完美地转换成能凝练地揭示时间和地点的二维影像。

## 后期处理

随着你的摄影技艺日趋娴熟，对拍摄的自信心不断增强，你可能会想对你所摄的影像有更多的掌控。即使像裁剪这样的基本编辑技艺也能改善图片效果。本书第 4、第 5 两章将介绍当前最流行的图像编辑技术，并解释图像编辑软件应用的基本原理。虽然所列举的编辑技艺难免挂一漏万，但所提供的信息足以使你开展试验，并体会这些编辑软件的强大功能。

最后一章简要介绍如何通过印制或者网络形式展示并与他人分享你的摄影作品。新的产品和新的服务层出不穷，本章仅介绍其中的一些方法，但保证你喜欢，并乐见其成。

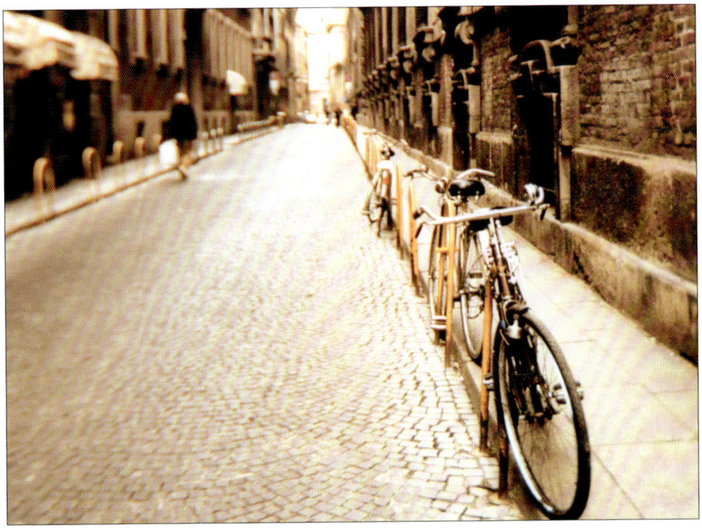

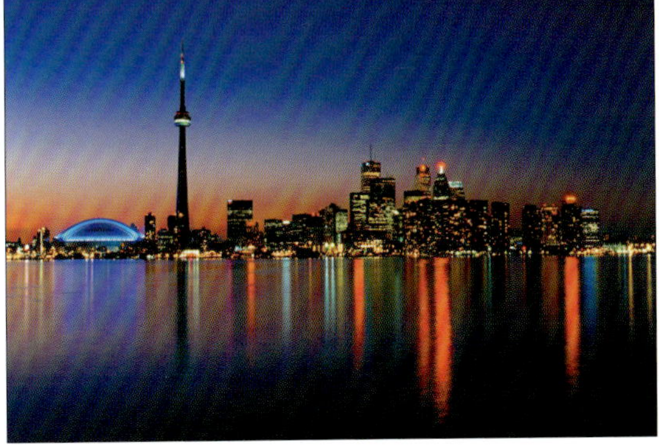

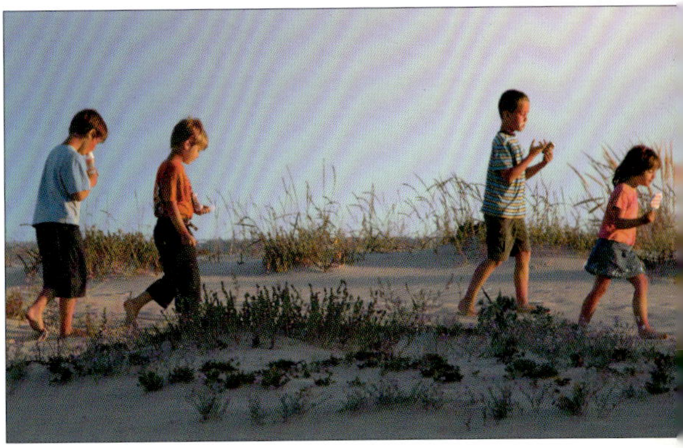

# 第1章

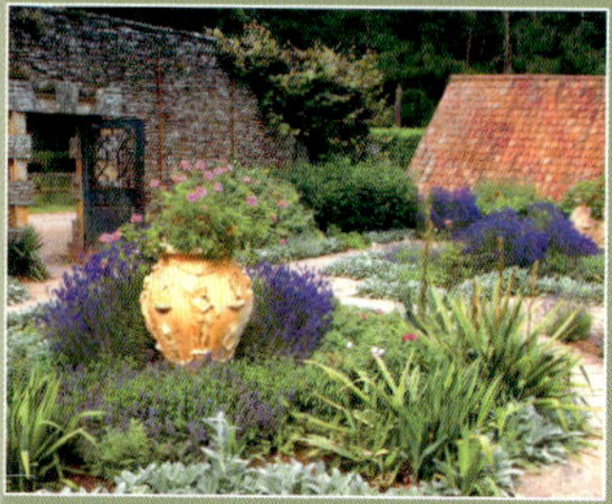

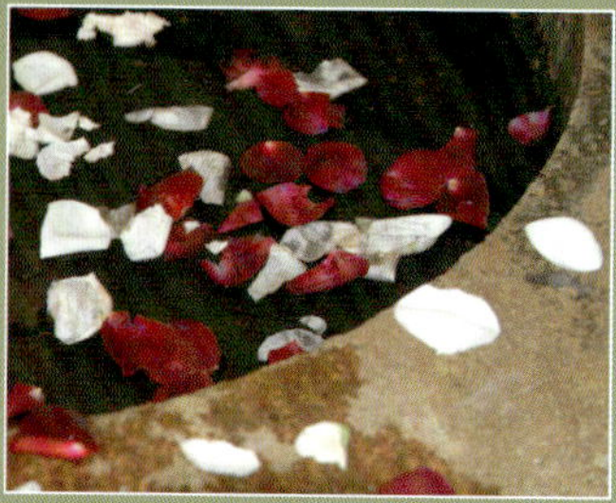

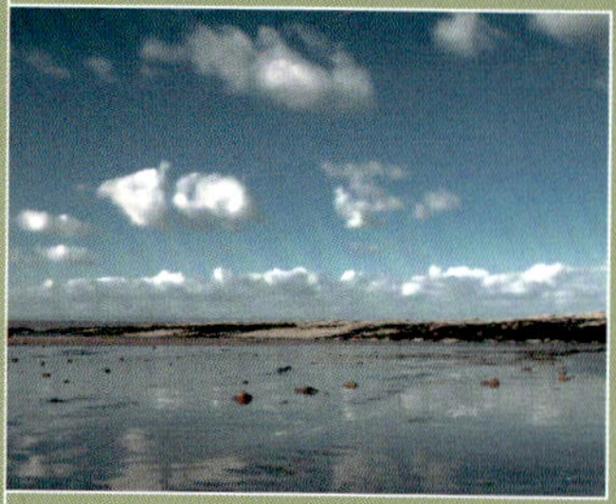

# 数码环境

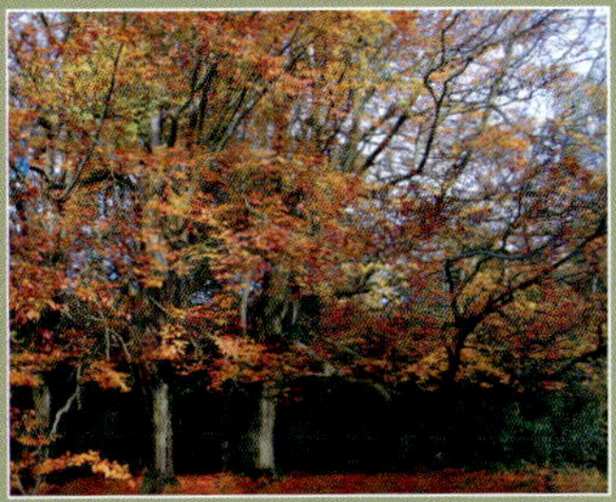

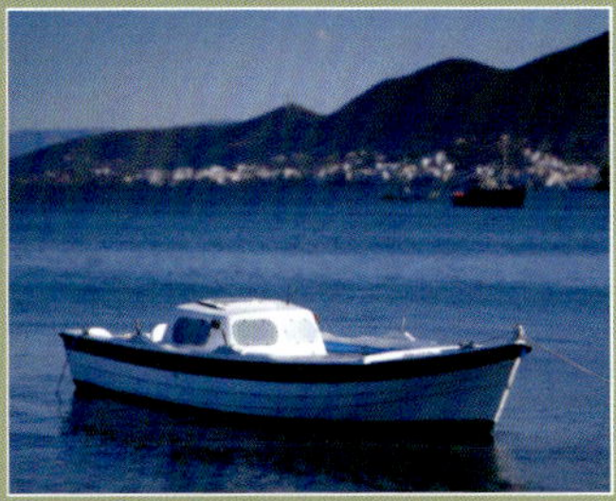

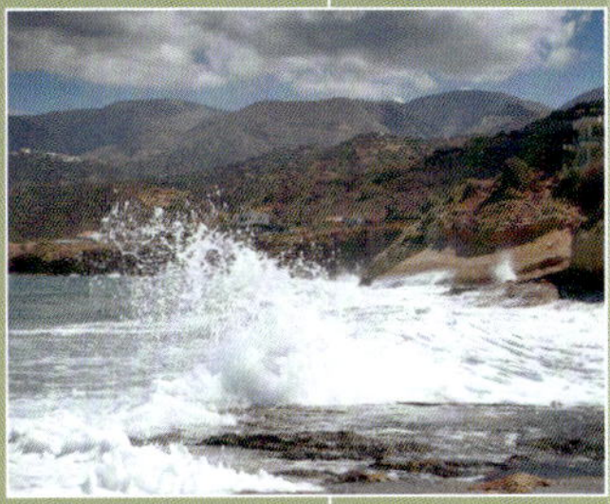

数码摄影的“语言”，不是令人困惑，就是深不可测。那么，有必要知道所有的专业术语吗？虽然并非必须，但是掌握有关数字影像的语言将有助于了解优秀的摄影作品的技术要求，使你在数码环境中游刃有余。本章主要解说数字影像的基本构成，数字影像是如何捕捉和怎样存储的，最后介绍当下最流行的各种数码照相机和镜头。

# 像素与分辨率

所有数字影像都是由许多微小的小方点组成，这些小方点称作像素，英文为“pixels ”(“picture elements”的缩写)，而每一个像素都携带着决定其被显示或打印的颜色、色彩浓度以及亮度的信息，这三者通常称作像素的色调、饱和度和亮度值(即HSB值)。由于大多数数字影像是由上百万肉眼看不见的微小像素组成的，因此当我们看数字影像时，看到的是光和影之间、影调和色调之间的平滑的渐变，即“连续影调”。

像素的数量决定影像的分辨率，即该影像的细节表现能力。一幅影像所含的像素越多，分辨率就越高。像素的多少同时又决定了影像的最大打印尺寸，像素越多所能打印的图像就越大。因此，分辨率是决定数字影像质量的关键因素之一，不过在后面的介绍中我们会发现，影像的像素数量并非是唯一的决定因素。

## 打印分辨率

数字图像的分辨率用ppi(每英寸像素数)表示，用于获得打印图片的数字图像，其标准分辨率是300ppi，因此，只要知道了一架数码相机的像素数量，就可以算出该相机所摄影像的最佳打印尺寸。比方说，所用数码相机的总像素为600万(6MP)，像素分辨率为2816×2112，用像素分辨率除以300ppi，得出的结果就是该数码相机所摄影像的最佳打印尺寸，即9½英寸×7英寸。因此一架600万像素的相机所摄影像可打印出9½英寸×7英寸(24厘米×18厘米)的照片。

需要指出的是，尽管300ppi被业界公认为是最佳的打印分辨率，但由于具体的影像、照相机和打印机的不同，以及所需打印照片的场景大小(拍摄大场景时要离得远些)的不同，用200ppi或者更低的分辨率也能产生令人满意的结果。

## 电脑屏幕分辨率

电脑显示器的标准分辨率为72ppi(Windows/视窗)或96ppi(Macintosh/苹果)，因此，把数码相机里的影像放到电脑里看的时候只要把分辨率设为76ppi或者96ppi就可以了。就照片而言，这两种分辨率低，但在电脑屏幕上观看时，图像仍然呈现连续影调。

屏幕显示图像的大小取决于显示器的分辨率，如果一台电脑显示器的像素分辨率设为800×600，那么相机里影像的像素分辨率也只需800×600就可以完全填满屏幕。

## 数字色彩

在数字图像中，几乎所有的色彩都是由加色法三原色(红、绿、蓝，即RGB色彩模式)合成的。就绝大多数数字图像而言，三原色中的每一色都有从0到255的256种亮暗差别。

数字图像的每一种原色被看作一个色彩通道(channel)；一个典型的数字图像可以显示多达1670万种颜色，通常是每个通道有8位(bit)色或总共24位

右图 一幅图像所含的像素越多，则细节越明显，图像越清晰。这一组照片大小相同，右侧的一系列图像，每一幅图像的像素数量依次为左图的一半。随着像素数量的逐渐减少，图像细节逐渐缺失，所以最终的图像中能看到构成图像的像素点。

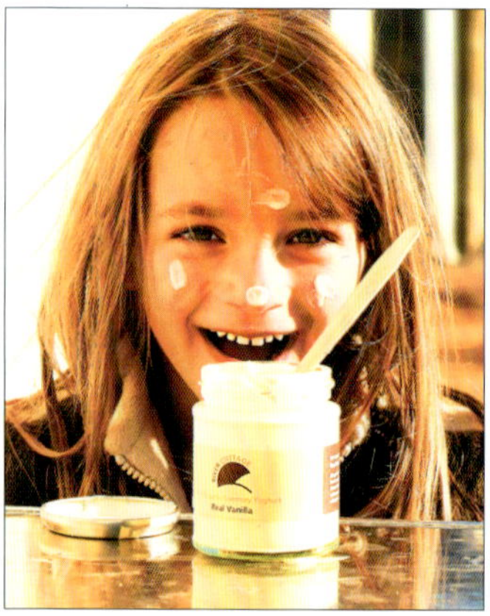

320×320 像素

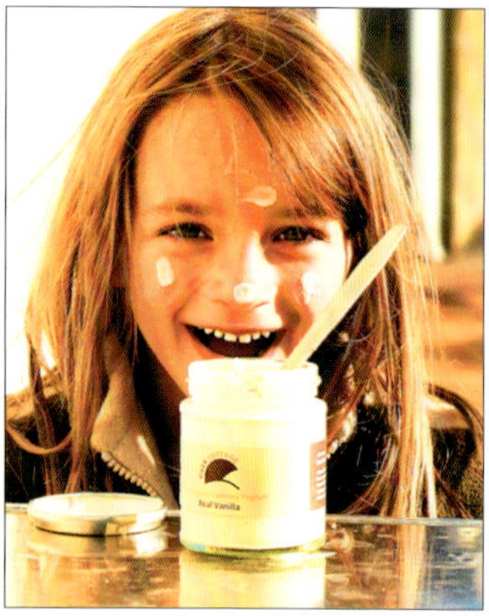

160×160 像素

## PPI 与 DPI

一些产品说明书、杂志和书籍在谈及分辨率时，往往会错误地用 dpi（每英寸点数）来表示 ppi（每英寸像素数）。请注意，ppi 是指图像的像素容量，而 dpi 则是指打印机所能产生的每英寸墨点数。

(bit)色(三个通道中每个有 8 位色)。“位”(bit)是二进制数字，计算机中的基本计数单位。

在二进制运算系统中，“0”代表“关”，“1”代表“开”。在数码摄影中，一幅 1 位图像由“0”(关或黑)或“1”(开或白)组成，而一幅 2 位图像则由“00”(黑)、“11”(白)、“01”(灰)或“10”(另一种灰)组成。当我们进到 8 位后，在黑与白之间的范围里要另增 254 种灰色。如果用红、蓝、绿通道之一替代白色、黑色和各种灰色，我们会获得不同颜色之合成色：256(红)×256(绿)×256(蓝)，或者总数为 1670 万种颜色。

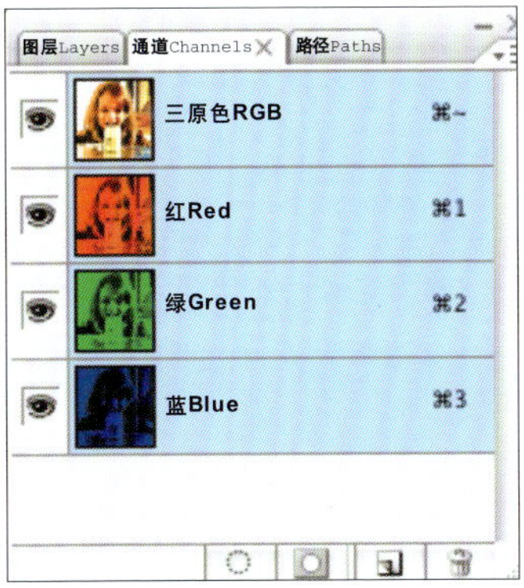


**上图** 这一截屏取自一个图像编辑程序，表明图像是按红、绿、蓝三种通道序列进行使用的。所有的彩色数字图像均使用 RGB 色彩模式，或多或少地显示了肉眼可见的各种颜色。

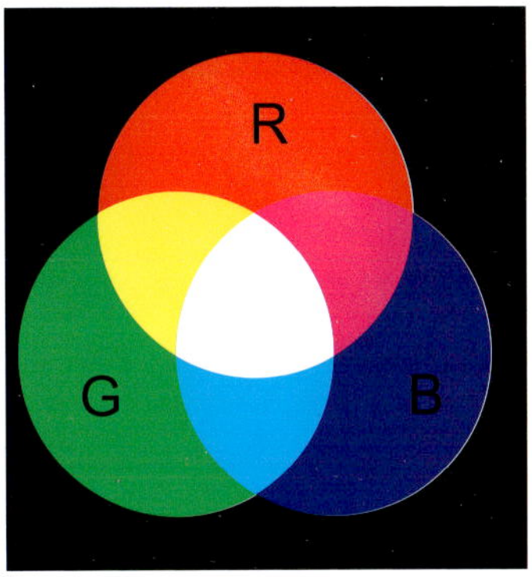


**上图** 加色法三原色——红、绿、蓝，是自然光的颜色，可用来组成人眼可辨别的几乎所有颜色。因此，数字成像中便使用 RGB 模式来表示可见光谱中的大部分颜色。

## 百万像素与打印尺寸

| 照相机 | 像素数 | 近似打印尺寸(300ppi) in(cm) | 近似打印尺寸(200ppi) in(cm) |
|---|---|---|---|
| 3MP | 2 048×1 536 | 7×5 (18×13) | 10×7½ (26×19) |
| 4MP | 2 280×1 700 | 7½×5½ (19×14) | 11½×8½ (29×22) |
| 5MP | 2 592×1 944 | 8½×6½ ((22×16) | 13×9½ (33×24) |
| 6MP | 2 816×2 112 | 9½×7 (24×18) | 14×10½ (36×27) |
| 7MP | 3 072×2 304 | 10×7½ (25×19) | 15½×11½ (39×29) |
| 8MP | 3 264×2 448 | 11×8 (25×20) | 16½×12 (42×30) |
| 10MP | 3 888×2 592 | 13×8½ (33×22) | 19½×13 (49×33) |
| 12MP | 4 288×2 848 | 14½×9½ (37×24) | 21½×14 (55×36) |

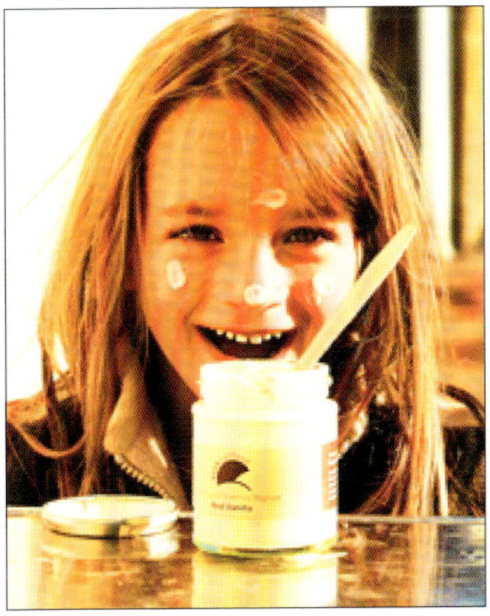

80×80 像素

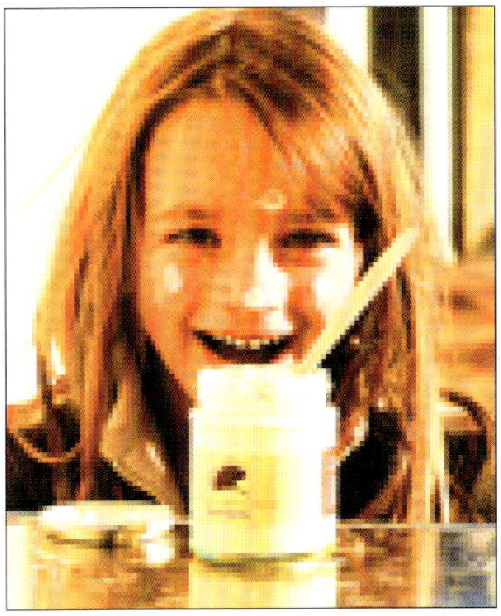

40×40 像素

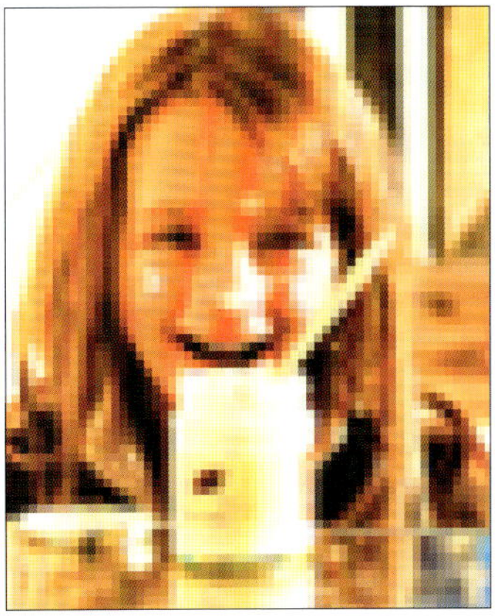

20×20 像素

# 影像传感器

数码相机中的影像传感器的功能与传统照相机中的胶片相当，镜头要将被摄景物聚焦在传感器上。也就是说，被摄景物的影像是先被“捕获”在传感器上，然后再转换成数字信息在相机的存储卡中进行保存。

## 传感器的构造

数码相机的传感器表面布满着用来记录光信号的上百万个感光元件(或称感光点)阵列，其中每个感光元件表示被摄影像中的一个像素，因此一块800万像素的影像传感器大约就有800万个感光元件。

光电二极管是传感器感光元件的关键组件之一，它将光信号转换成电信号；光线越强，产生的电流就越大。感光元件阵列记录各种光线的亮度，并将其转换成相应的电荷，电荷经放大后再发送至模/数(A/D)转换器，再被转换为数字信息。

## 红、绿、蓝色的生成

感光元件能记录光的强度却无法区分光的不同的波长，因此也就无法记录颜色。为了产生彩色影像，光电二极管层上置有一片薄薄的滤光片，称为彩色滤光片阵列(CFA)。这种彩色滤光片是红、绿、蓝三种颜色色块的一个镶嵌图，每种色块依次直接位于各个感光二极管之上，这样，每个感光点就能够记录红、绿、蓝色光的不同强度。为了获得几近涵盖整个光谱的颜色，相机处理器会分析每个感光元件的颜色和强度，并把这些色彩信息与相邻感光元件的色彩信息进行比较。这样经过插值或估算，每个像素就被赋予了更为精确的颜色，这种复杂、精细的插值过程即“去马赛克估算法”(demosaicing)，正因为如此，影像中的每个像素才能显示1670万种颜色。

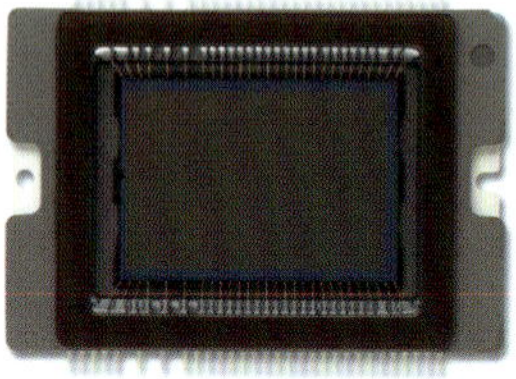

上图 数码单反相机的CCD影像传感器。影像区域仅为1英寸×2/3英寸(2.54cm×1.67cm)，却含有630万个感光点，即630万像素。

## 处理与格式

这种插值过程一经完成，影像被进一步处理，例如增强色彩、调整亮度和对比度等，或根据相机的设置锐化影像。经过这一系列调整之后，数据被转换成相应的格式存入相机的存储卡。

下图 数字影像传感器表层布有上百万个感光点，借助彩色滤光片来记录颜色，最上层的微透镜能充分吸收来自相机镜头的光线。

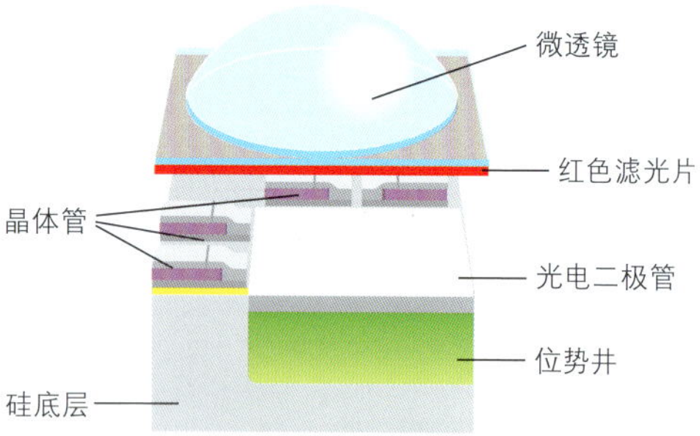


感光元件的构造

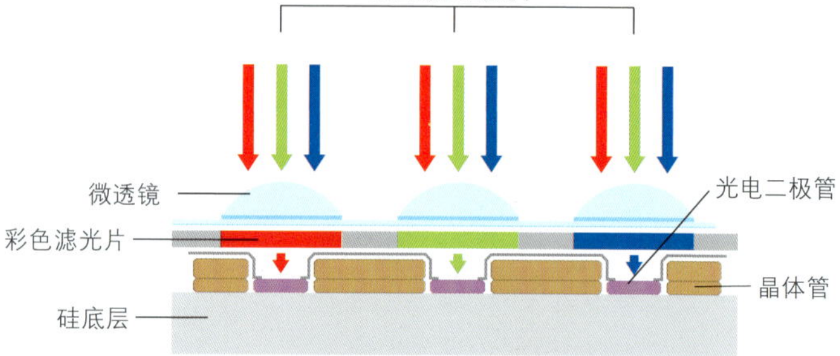


三个带有滤光片的感光元件

## 影像传感器类型

目前数码相机使用的影像传感器主要有两类：CMOS 传感器（互补金属氧化物半导体传感器）和 CCD 传感器（电荷耦合器件传感器）。两种传感器构造相似，捕捉影像的方法也相同，两者的主要差异是感光元件信息在处理方式上的不同。

在 CCD 传感器中，每一行的感光元件相互连接，影像拍摄后，每一感光元件中累积的电荷都是逐行传送，在阵列的一角读取，然后被发送至另一个芯片进行模/数（A/D）转换。

在 CMOS 传感器中，每个感光元件自身都带有放大器和电路，所以电荷能从每个感光元件直接读取，再直接传给 A/D 转换器。当然，每种类型的感光器都有其优点和不足。从历史上，CCD 传感器（目前的数码相机多采用这种传感器）灵敏度强，影像质量高，而 CMOS 传感器则具有制作成本低、能效高的特点。

近几年，CCD 和 CMOS 传感器制造商都致力于改进技术，所以现在很难说两者孰优孰劣。

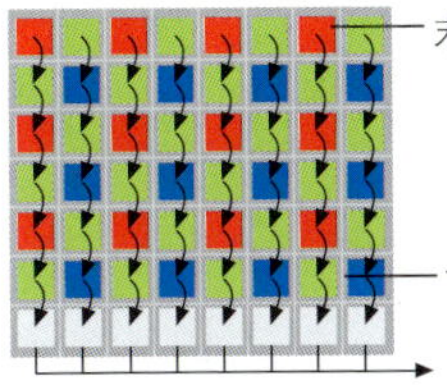


CCD 影像传感器阵列

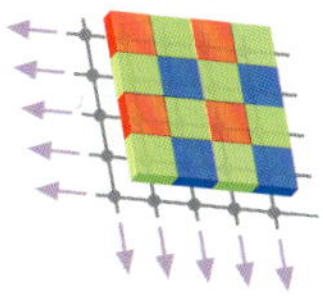

CMOS 影像传感器自带放大器

## 彩色滤光片阵列（CFA）

由于影像传感器的光电二极管只能识别灰影，不能感应色彩信息，因而在传感器表面置有一层彩色滤光片阵列（CFA），确保光电二极管能记录红、绿、蓝色光。阵列中绿色的像素数量是其他两种颜色中任何一种数量的两倍，因为人眼对绿色的灵敏度要高得多。当前应用最广泛的彩色滤光片阵列名为拜尔型（Bayer Pattern），由柯达公司的 Bayer 博士发明。

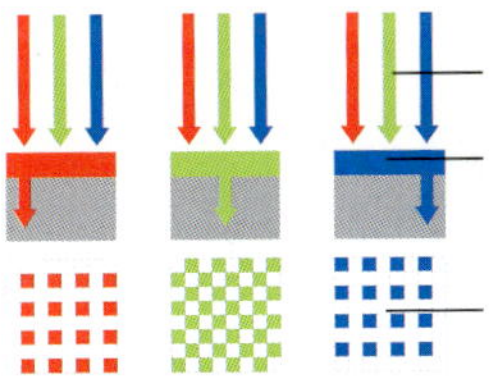


滤光片帮助光电二极管识别色彩

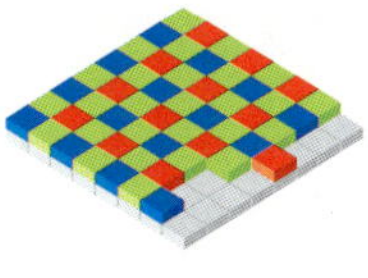

拜尔型滤光片阵列

## 影像传感器尺寸

影像传感器尺寸因相机的不同，差别很大，知道这一点是重要的，因为传感器的尺寸会影响数字影像的质量。比方说，目前市售的不少数码相机配备 1200 万像素的影像传感器，但这并不意味着每种相机影像传感器的尺寸相同，清楚这一点非常重要。传感器的尺寸决定其每个感光点的大小，如果 1200 万个感光点要分布在一个较小的传感器上，则感光点要小得多了。而较小的感光点感光性能较差，很难去精确地捕获场景中非常暗或非常亮的区域，并且导致影像噪点变严重（见第 14～15 页）。下列各图显示了目前数码相机常用的影像传感器的尺寸。最先进的数码单反相机采用全画幅影像传感器，相当于 35mm 胶片的尺寸。

影像传感器类型　　影像传感器尺寸

1/2.5 英寸传感器 5.8mm×4.3mm

1/1.8 英寸传感器 7.2mm×5.3mm

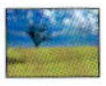

2/3 英寸传感器 8.8mm×6.6mm

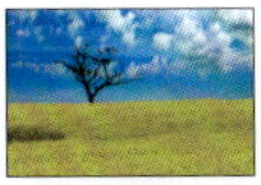

典型的数码单反相机影像传感器
23.5mm×15.7mm

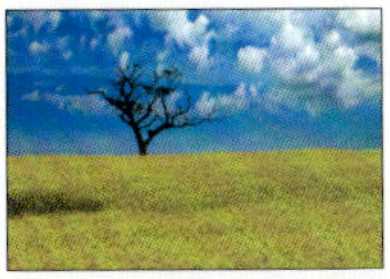

数码单反相机全画幅影像传感器
36mm×24mm

# ISO 感光度、灵敏度与噪点

熟悉胶片摄影的人都知道，不同胶片有着不同的 ISO 感光度(或 ASA 感光度/美国标准协会感光度)，ISO(International Standards Organization)感光度(国际标准组织感光度)决定了胶片对光线感应的灵敏程度，ISO 数值越高，胶片对光线的感应灵敏程度也越高。同样，数码相机中影像传感器感应光线的灵敏程度也可以被调节，并且 ISO 感光度调节的范围与胶片相机相同。一架数码袖珍相机的 ISO 感光度通常设有 50、100、200、400 四个选项，而数码单反相机的感光度级别较多，设有 100、200、400、800、1600 和 3200。与胶片一样，数码相机中 ISO 数值升高，传感器对光线感应的灵敏程度也相应提高，事实上这意味着传感器接收的光信号要被放大到更大的程度。

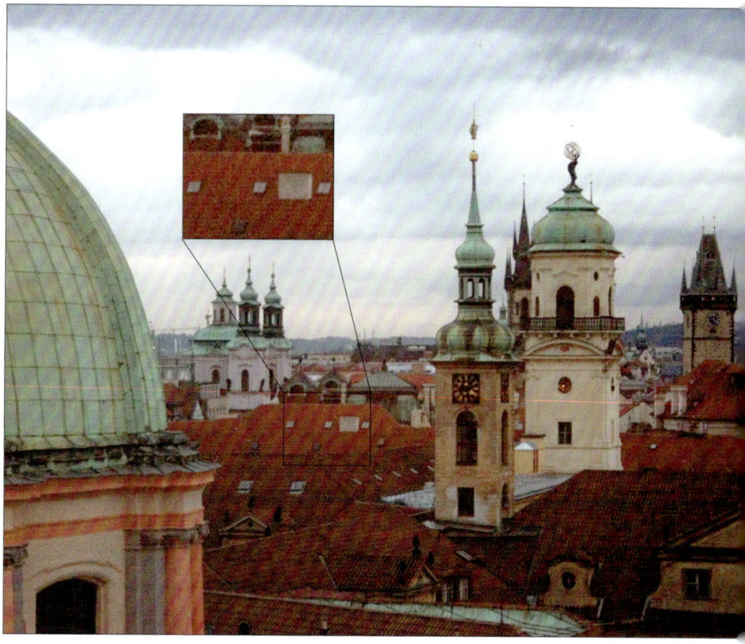

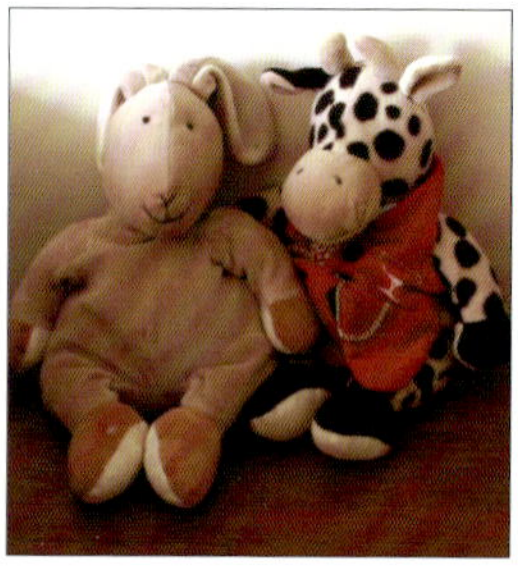

数码单反相机设于 ISO100

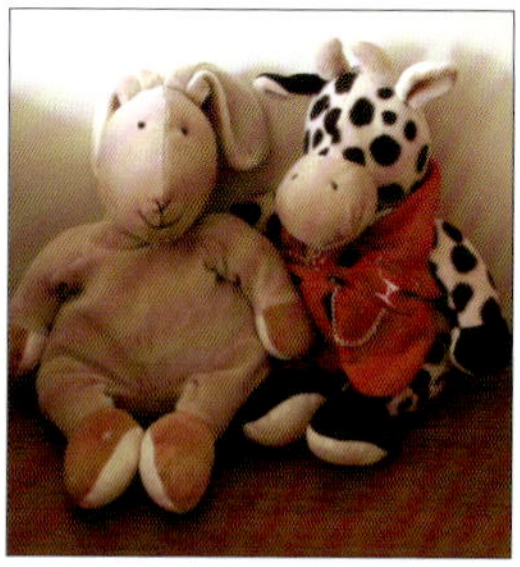

数码单反相机设于 ISO200

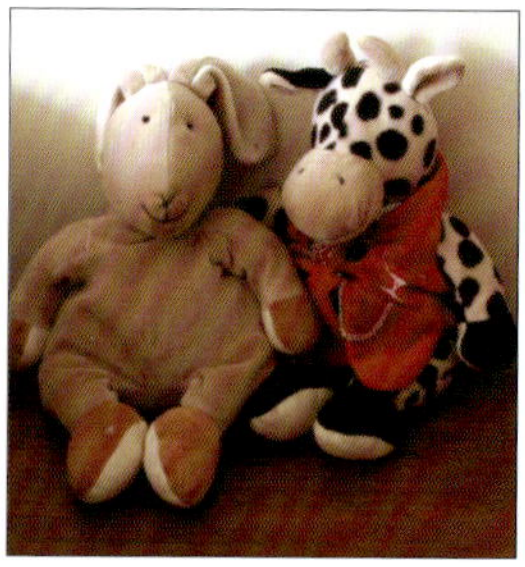

数码单反相机设于 ISO400

**上图** 在接近黄昏光线较弱的环境下。拍摄的布拉格的一些屋顶，采用了 ISO800 的感光度来确保 1/60 秒的快门速度，以防止相机抖动。但拍摄结果却不尽如人意，图像带有噪点，如图所示，斑点在光线较暗的红瓦屋顶上显得尤为明显。

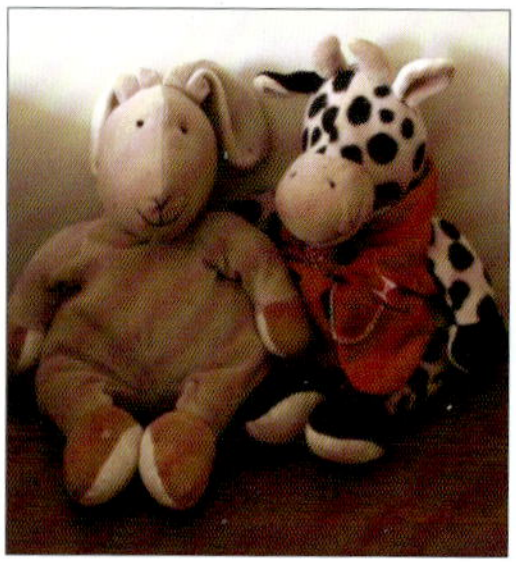

数码单反相机设于 ISO800

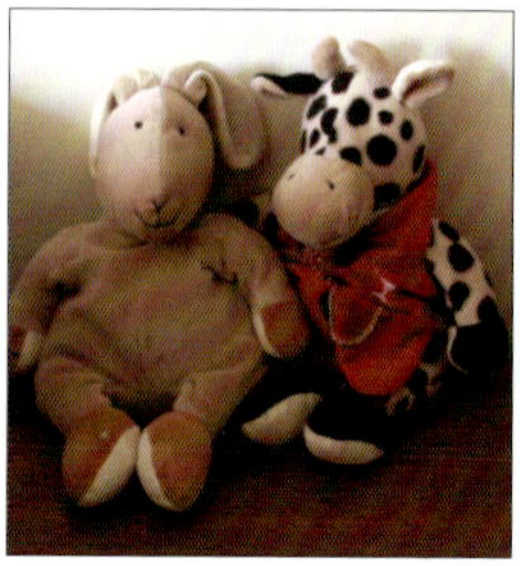

数码单反相机设于 ISO1600

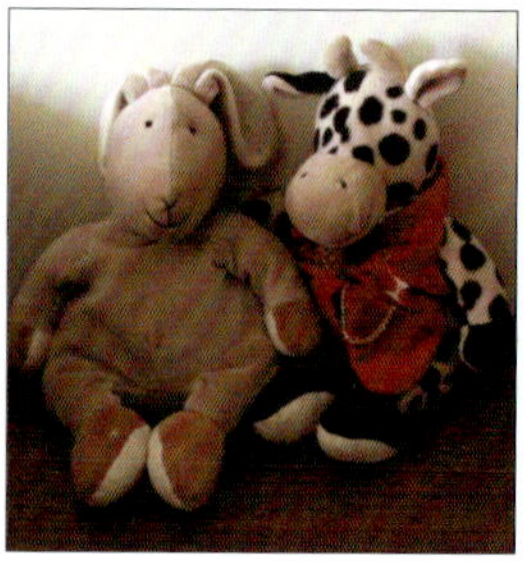

数码单反相机设于 ISO3200

**左图** 这一系列图片显示了噪点会随着 ISO 数值的提高而增多。这些图片使用一架数码单反相机拍摄，下一页中的图片出自一架高清晰数码袖珍相机。比较可见，当图像用低 ISO 拍摄和打印尺寸较小时，两种相机的拍摄效果区别不大。

## 弱 光

ISO 感光度设定可以调高，这对于在暗弱环境下拍摄很有好处，比如在室内或在光线昏暗和阴沉沉的户外。在这样的环境下，如果又无法使用闪光灯或三脚架，那么若相机的 ISO 设得较低，如 50 或 100，则快门速度也要相应调低，如 1/8 秒或 1/15 秒，或者是放大镜头的孔径(见第 76～77 页)。使用低的快门速度，你就要冒拍摄时相机抖动而导致影像模糊的风险，这种情况通常是不希望看到的。还有曝光时被摄主体移动，也会导致影像模糊。

## 高 ISO 感光度

快门速度与 ISO 感光度设定直接相关，即 ISO 设定增加，快门速度也按比例相应提高。例如，快门速度在 ISO50 时为 1/15 秒，在 ISO100 时提高为 1/30 秒，ISO200 时为 1/60 秒，ISO400 时为 1/125 秒，ISO800 时为 1/250 秒。使用后几种较高的快门速度拍摄，可以避免相机抖动，并能较好地“凝固”人物的动态。拍摄中可以调节 ISO 感光度来适应不同的拍摄环境。

## 噪 点

令人遗憾的是，与传统的胶片相机一样，数码相机在高 ISO 感光度设定下拍摄也存在缺陷。采用“快片”(高 ISO 感光度胶片)拍摄时，影像往往会显得粗糙且带有斑点。同样，在数码摄影中，调高 ISO 设定就放大了来自传感器的电信号，同样也放大了相机电路的电子“噪声”，结果产生了干扰——可见的“噪声”。这种干扰扭曲了影像信号，致使影像带有斑块或噪点，这种噪点与胶片拍摄时产生的“颗粒感”不同，视觉效果不佳。

## 低 ISO 感光度

显然，理想的情况是使用最低的 ISO 感光度设定，而且仍然允许使用一个足够高的快门速度来避免相机抖动而导致影像模糊。如果使用三脚架，你就能使用一个较低的 ISO 设定和比手持拍摄时所用的更低的快门速度。如果相机带有“降低噪点”功能，在用低快门速度拍摄时可以启动该项功能。

## 噪点与影像传感器尺寸

较大的影像传感器，如数码单反相机中所使用的，不易产生噪点，因为这类传感器上的感光点较大，能更有效地采集光线，所以在光线暗弱场景拍摄时，信号需要放大的程度比在小尺寸传感器中要小。此外，由于在较大的传感器中每个感光点间隔较远，调高 ISO 感光度引起的总体干扰不多，所以产生的噪点也较少。因此，数码单反相机的 ISO 即使设在 800 或 1600，拍摄出来的影像也能令人满意，而这样的设定在许多数码袖珍相机上是不具备的。

## 自动 ISO

大多数数码相机带有自动 ISO 选项，选定此选项后相机会监测快门速度，如果快门速度低于会引起手持相机抖动的临界点(通常约 1/30 秒)，相机会自动调高 ISO，以避免影像模糊，但这却会引起噪点。在一些相机中，自动 ISO 调节范围有限，因此往往避免使用非常高的 ISO。注意，如果使用三脚架，则可人工将 ISO 调到最低，因为三脚架稳固了相机，避免了相机抖动的风险，从而就可获得无噪点的影像。

**下图** 在较高的 ISO 设定(或较大的打印尺寸)下，数码袖珍相机的小尺寸传感器与数码单反相机的大尺寸传感器所摄影像的差异变得明显。图中用数码袖珍相机拍摄的影像噪点较多，导致图像出现色斑点。

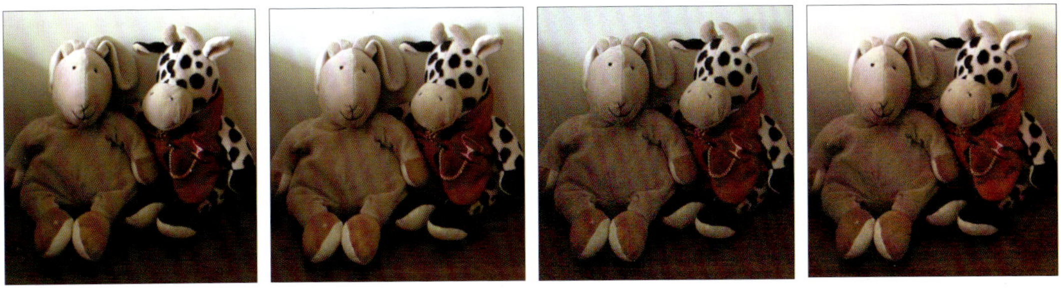

数码袖珍相机设于 ISO100　数码袖珍相机设于 ISO200　数码袖珍相机设于 ISO800　数码袖珍相机设于 ISO3200

# 图像文件格式

数码相机在拍摄影像时将光线转换为数字信息，并将它们以一定的文件格式加以组织，以便能安全存储和检索这些信息。对数码摄影新手来说，相机菜单上的影像格式和相关的像质及尺寸的设置会令其感到不知所云，“.JPG”或“.TIF”等术语似乎也帮不了忙，但实际上它们是容易搞清楚的。

## JPEG 格式

JPEG 格式(扩展名为.JPG或.jpg)功能丰富，是最常用的影像文件格式，其全称为“Joint Photographic Experts Group”(联合影像专家组)，该专家小组开发研制了这种影像格式。它通过压缩影像文件减少它们的大小，使存储卡能存储更多数量的影像文件。大多数数码相机使用JPEG 格式，并可以选择影像压缩比率，通常设有“高 (High) / 中(Medium)/ 低(Low)”三个级别或“精细(Fine) / 标准 (Normal)”两个级别。不管怎么说，重要的是要选择最适合该影像的压缩率，因为影像被压缩得越多，影像信息丢失得也越多。

有一种极为复杂的插值算法，叫“有损”压缩，知道哪些像素信息可以舍弃而对影像质量影响不大。有时候为了存储更多的影像只能牺牲影像质量，但在某些图片浏览方式下，丢失的细节可以忽略不计，因此要试验不同的压缩率，以便根据需要选出最佳比率。如果相机存储空间有限，推荐使用高压缩率，但如果必须保证影像质量，那最好还是使用低压缩率。

## 分辨率

切勿混淆相机压缩率设置与分辨率设置(影像本身尺寸)，因为菜单中这两者往往合并设置为“大(Large)/中(Medium)”或者“小(Small)/精细(Fine)”，前一个指影像尺寸(像素数)，后一个指压缩量。压缩得越多文件则越小，图像质量也越低。

**右图** 基本 JPEG 压缩生成的影像文件最小；精细 JPEG 压缩可得到最佳的 JPEG 格式影像；标准 JPEG 压缩则是一个不错的折衷方案。

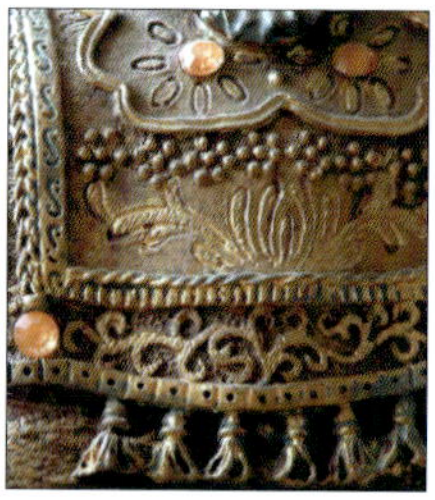

基本 JPEG 压缩

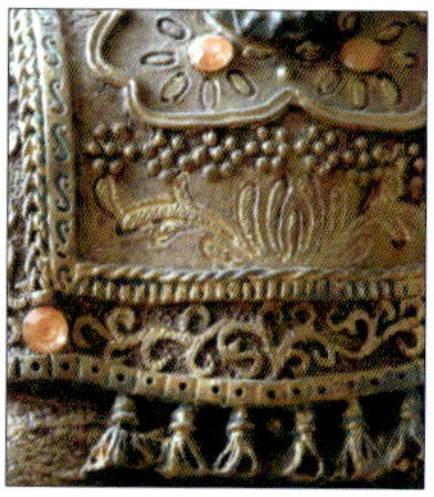

精细 JPEG 压缩

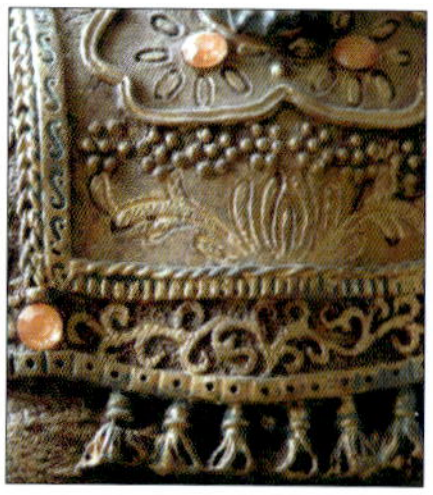

标准 JPEG 压缩

## 影像记录质量

下表显示了一架 800 万像素带有 500 兆(MB)内存的照相机在不同的影像设置下相应的文件格式、打印尺寸(分辨率为 240ppi)和可存储的照片数量。

| 影像记录质量 | 文件格式 | 文件尺寸(像素数和兆数) | 打印尺寸 | 拍摄幅数 |
|---|---|---|---|---|
| 大(Large)/精细(Fine) | JPEG | 3 504×2 336 (3.6MB) | A3 或更大 | 132 |
| 大(Large)/标准 (Normal) | JPEG | 3 504×2 336 (1.8MB) | A3 或更大 | 266 |
| 中(Medium)/精细(Fine) | JPEG | 2 544×1 696 (2.2MB) | A5 > A4 | 224 |
| 中(Medium)/标准(Normal) | JPEG | 2 544×1 696 (1.1MB) | A5 > A4 | 442 |
| 小(Small)/精细(Fine) | JPEG | 1 728×1 152 (1.2MB) | A5 或更小 | 390 |
| 小(Small)/标准(Normal) | JPEG | 1 728×1 152 (0.6MB) | A5 或更小 | 760 |
| RAW | RAW | 3 504×2 336 (8.7MB) | A3 或更大 | 54 |

### RAW+JPEG 格式

有些照相机，特别是高端型号的相机，设有一个 RAW 和 JPEG 设定，称为“RAW+JPEG”格式。使用此种设置时，相机会自动为每个所摄影像生成两种文件，一种是RAW 文件，是直接由相机影像传感器记录的未经处理的数据，存入电脑后可以进一步编辑，同时也生成 JPEG 影像，可直接输入打印机打印。

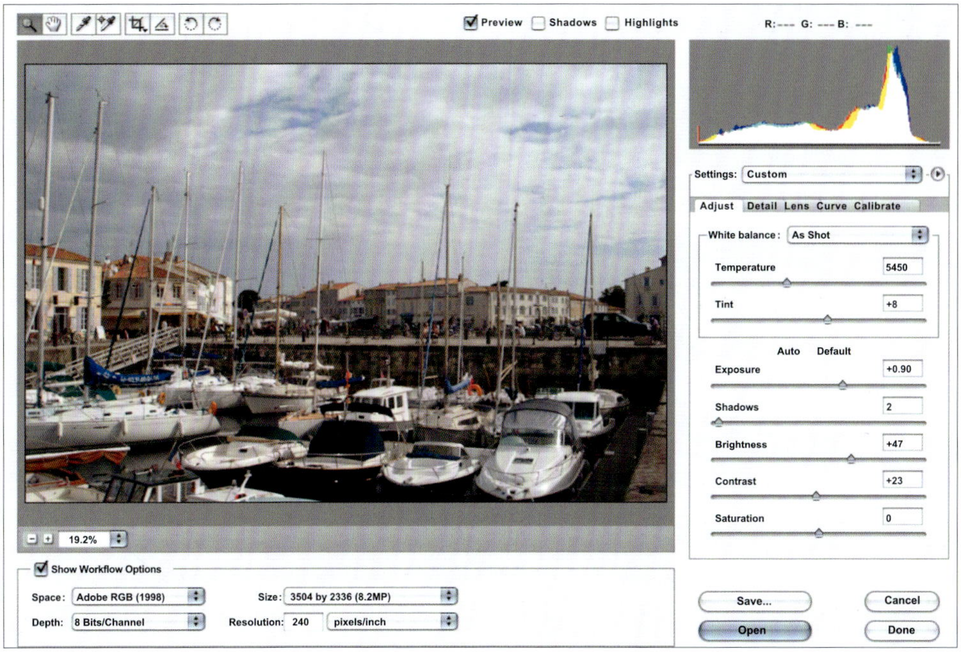


上图 用来编辑RAW影像的软件，能让你在保存打印影像前对影像的各种设置作精细的调节。

## 影像处理

以JPEG格式存储的影像在存入存储卡前，通常会由照相机内部的处理器对其进行调整处理，如增强影像色彩，调节对比度和亮度，锐化影像等，具体的调整步骤和程度取决于不同的相机和你所选择的设置。相机自身对影像的这些处理，旨在确保存入存储卡的影像无须在计算机里做进一步数字编辑工作，就可以直接打印。大多数数码相机可以调节影像处理的水准，但不妨尝试各种设置，以便做出最佳选择。

## TIFF格式

尽管大多数的数码相机不支持TIFF格式(扩展名为.TIF或.tif)，但它作为行业标准却是一种重要的图像文件格式。许多要以书籍和杂志形式出版的图片都以TIFF文件保存，大多数图像编辑软件也可以以TIFF格式保存图像。与JPEG格式不同，以TIFF格式保存图像不会造成信息丢失，即TIFF是一种“无损”文件格式，这使其成为一种重要的图像格式。因此，从TIFF格式文件能获得高品质的印制图片，但TIFF文件较大，所以占用的存储空间较多。

## RAW格式

第三种常用的图像格式就是RAW格式，其文件的扩展名因制造商不同而异，例如佳能使用“.CR2”，而尼康则用“.NEF”，其他品牌也都有各自的扩展名，不过基本上统称为RAW格式。这类文件完全由来自相机影像传感器的未经处理的数据组成。RAW格式最大的好处就是可以用图像编辑软件对其进行精细的编辑，使你对影像的色彩、对比度、亮度、清晰度、影调等的调节有更大的控制力。此外，与压缩过的JPEG文件相比，未经任何处理的RAW影像数据包含更多的影像细节，尤其是阴影和强光部分。因此，如果你打算用计算机重新编辑所摄的影像，就需要在相机中使用RAW格式；经过编辑的RAW文件，通常可以保存为TIFF文件或者高质量的JPEG文件。

### 存储卡

所有的照相机都配备存储卡，存储卡的形状和大小因品牌和型号各异而有所不同，但存储卡空间都以兆(MB)或吉(千兆，GB)为单位。如果是第一次购买数码相机，比较明智的做法就是另外购买一张存储卡，其存储空间大于相机配备的存储卡，这样在下载影像前就不会有存储空间不足之虞了。

# 拍照手机与数码袖珍照相机

影像传感器在过去的几年中蓬勃发展，几年前还没有超过100万像素的数码相机，而现在配备300万像素的拍照手机已非常普遍，当前许多数码袖珍相机的像素数都达到甚至超过了1000万。

## 拍照手机

如果从纯摄影角度来看，拍照手机有一些严重的缺陷。手机往往采用广角定焦镜头，用于拍摄广阔的范围，确保镜头将场景中尽可能多的景物拍清晰。虽然这有助于拍出较清晰的影像，但显然使用者的创意余地很小。如果想要拍大物体，只能靠近拍摄物，而且也无法有选择地控制影像哪些部分合焦哪些部分失焦。此外，手机的影像传感器只能是非常小的，由此导致影像噪点的产生。

撇开以上缺陷，拍照手机具有便于携带，使用简单，并且可以随时拍摄的便利性。随着科技的进一步发展，1000万像素、3×(倍)光学变焦的能拍出令人耳目一新的影像的拍照手机，将成为可能。

## 数码袖珍照相机

目前市面上广泛流行的数码袖珍相机(也称轻便型数码相机)比拍照手机高一级别，有多种价位和型号，既有廉价的入门级型号也有价格相当高的“超级变焦”数码袖珍相机。数码袖珍相机通常具有3×光学变焦功能，但往往没有独立的取景器或手动对焦设置。这类照相机仅提供一些标准的拍摄模式，如运动模式、风景模式和肖像模式等。然而，即使没有任何摄影经验的人，也可以用最基本的“傻瓜”相机为自己留下美好的假日照片，照片可打印成明信片大小，效果不错。

下图 现在大多数人拥有拍照手机，尽管这些手机的主要问题依然是影像传感器小、镜头固定等，但它们自有其优势所在。

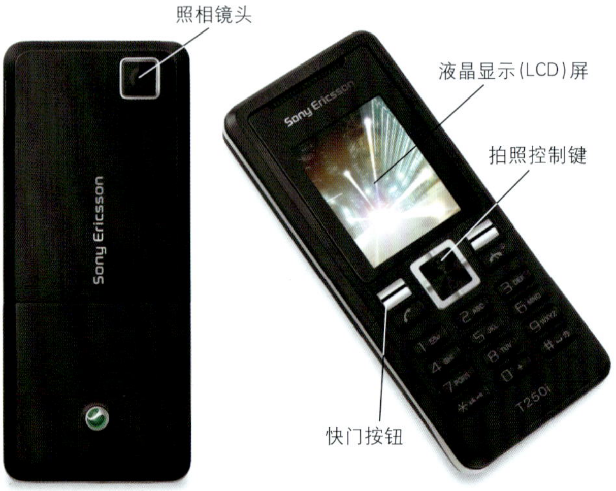


在级别的另一端是超级变焦数码袖珍相机，可带有1200万像素的影像传感器，具有15×光学变焦功能、数量众多的拍摄模式、手动控制和连拍功能(每秒可以拍摄3~5幅影像)，以及影像稳定功能等。只要操作正确，拍摄条件良好，这类超级数码袖珍相机拍出的影像可以与数码单反相机相媲美。

## 噪点、动态范围和响应时间

不管数码袖珍相机价格多高，都存在一定的不足。第一个缺点就是用数码袖珍相机拍摄的影像总会带有噪点，因为在很多情况下，影像传感器小感光点就小，所摄影像的噪点也就明显，而数码袖珍相机受体积限制，往往采用较小的影像传感器。

影像传感器较小的第二个不足是相机的动态范围窄。动态范围是指记录影像暗部细节和高光部细节的能力。与较大的传感器相比，小传感器容易将更多的暗部变为黑色，更多的高光部变为白色。

相信从胶片相机转入数码相机的摄影者都对数码袖珍相机的另一个缺点深有体会，即按下数码相机的快门后到相机真正拍摄需要等待一定的时间，即所谓的快门时滞。拍摄前相机要对焦、设置准确的曝光值，再“命令”传感器做好拍摄影像的准备，因而造成时滞。一些入门级的数码袖珍相机的时滞可长达0.5秒，极易错过精彩瞬间，尤其是在抓拍人物表情或姿势时。

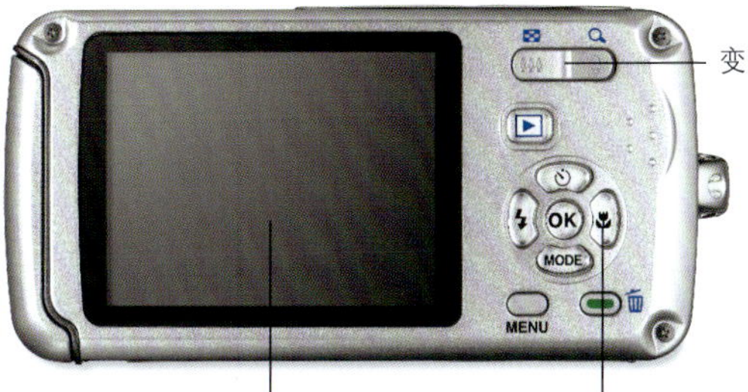


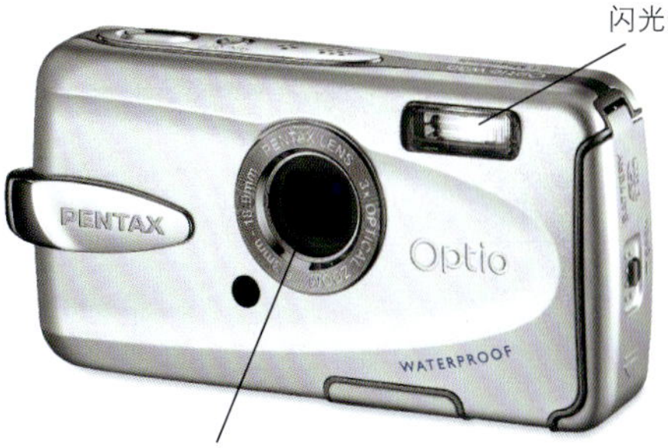


**上图** 中档的数码袖珍相机，如图所示的防水型号，带有内置闪光灯，十分适合拍摄假日快照。

## 便捷性

在另一方面，许多高级的数码袖珍相机的快门时滞却非常短，所摄影像能打印出 A4 或更大尺寸的清晰的图片，还为较有经验的摄影者拍摄更富创意的影像提供了充分的手动控制操作。此外，很多数码袖珍相机还可以拍摄质量相当高的有声视频影像。以上优点，加之费用相对低廉，使得大多数人们更愿意购买能轻便地放在口袋中的数码袖珍相机，而不愿携带一大包设备，因而其销量超过了其他类型的数码相机。

在选择相机型号前要考虑好拍摄需求，如果仅仅用来娱乐或度假时拍摄快照，数码单反相机就有些大材小用了，而且会吸引不必要的注意；而要获得 A3 大小的精美的风景照，用数码袖珍相机去拍摄，则是勉为其难。

### 变焦镜头

数码袖珍相机的变焦镜头通常用 3×、5×或 10×加以区分。5×表示 5 倍变焦，即当镜头焦距设为最大时所摄的物体是镜头焦距设为最小时的五倍。数码单反相机的变焦镜头用焦距来区分，从广角镜头（如 35mm）到远摄镜头（如 105mm）。拍摄中你可能看到明显的数字变焦数值，但因为数字变焦是靠照相机内部软件人为地实现的，总的来说，使用的数字变焦越大，对所摄影像质量的影响也越大，所以最好不用。

**下图** 超级变焦数码袖珍相机，能提供与数码单反相机相当的变焦范围和控制余地。

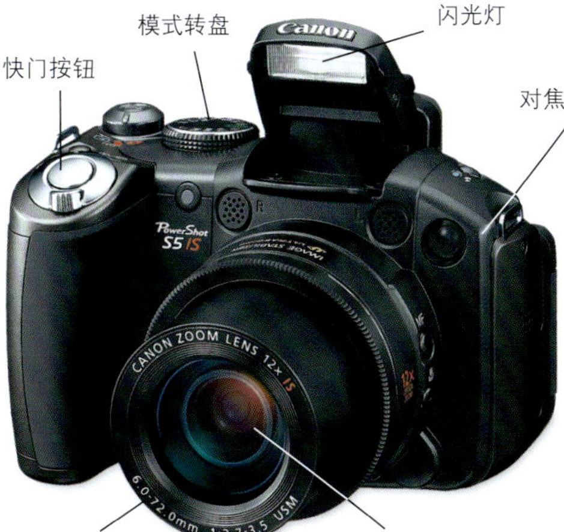


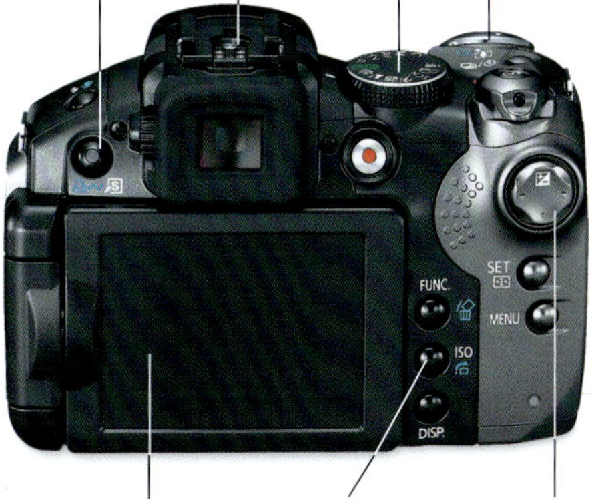

# 数码桥式照相机与数码单反照相机

接着要介绍的两类照相机是数码桥式相机(Bidge Camera)和数码单反相机(dSLR)。由于后者与其他类型的数码相机差异明显，因而易于区分，但随着技术的进步，区分超级变焦数码袖珍相机与数码桥式相机变得越来越难。以下详述两者的一些主要差异。

## 数码桥式照相机

数码桥式相机，又称为“混合式”相机，在多个方面类似于数码单反相机。之所以称桥式相机，是因为它在数码袖珍相机与数码单反相机的鸿沟之间架起了一座衔接的桥梁。桥式相机体积比袖珍相机大很多，外观上又很容易被误认为是单反相机。

## 固定镜头

数码桥式相机和数码单反相机的一个重要区别在于桥式相机上的镜头是固定的，不能更换。因此，大多数桥式相机配备强大的变焦镜头，变焦能力达 10×(相当于 30～300mm)到 15×变焦(相当于 30～450mm)，可以满足大多数的拍摄场合的需求。从宽广的风光到运动特写或自然物摄影，它都能应付自如。

下图 富士 S5700/S700，是一款与数码单反相机相像的流行的数码桥式相机机型，配备 10×光学变焦镜头。

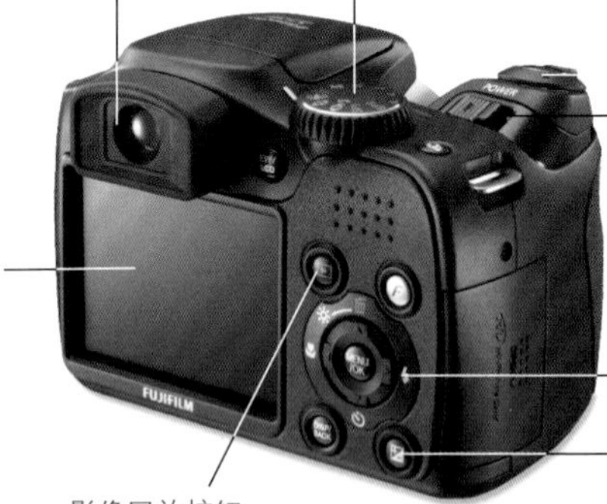


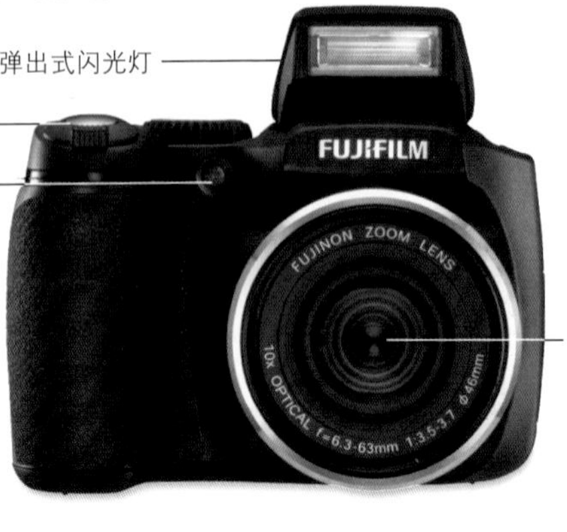


## 手动控制

大多数数码桥式相机有较强的手动控制功能，包括手动对焦、全手动曝光，为拍摄提供了很大的创意及试验空间。此外，在拍摄操作上桥式相机与单反相机同样出色，两者响应时间几乎一样。与单反相机不同的是，大多数桥式相机还能拍摄视频短片。

## 电子取景器

大多数数码桥式相机配备有电子取景器(EVFs)，用以传递相机镜头所对焦并取景的景物。实际上，电子取景器呈现的影像与相机液晶显示屏(简称 LCD)上的完全一样。因此，除了因影像数字化和传送到取景器过程中的微小时滞外，电子取景器与数码单反相机的取景器功能相当。

数码桥式相机与数码单反相机的控制键、响应时间和功能相类似，但只需携带一支镜头，而且通常比数码单反相机便宜，我们为何不选择桥式相机呢？这又涉及到影像传感器尺寸和噪点问题。桥式相机配有的影像传感器尺寸通常和较高规格的数码袖珍相机类似，约为 8mm×6mm，而大多数数码单反相机的传感器尺寸为 22mm×16mm 或更大。

但是，与许多数码袖珍相机一样，数码桥式相机也能产生 A4 和 A3 大小出色的打印图像，也能为创意拍摄提供较强的手动控制，因而对很多人来说，桥式相机是能满足他们拍摄需求的理想工具。

## 数码单反照相机

近年来，由于基本型数码单反相机的价格急剧下降，数码单反相机成了销量增长最快的相机种类。最便宜的数码单反相机已与数码袖珍相机的价格相当，有时甚至比较贵的数码袖珍相机还要便宜。

数码单反相机与其他流行的数码相机的重要区别在于，它们可以更换镜头，具有明亮、“瞬时”的取景器和大尺寸影像传感器，并且快门时滞可以忽略。

## 镜　头

数码单反相机能使用不同焦距的镜头，如 10～20mm 的广角变焦镜头、100～300mm 的远摄变焦镜头，或者是诸如 60mm 微距镜头等定焦镜头，能让你仅用一个机身就可以拍摄广角风景、室内、体育运动特写或者自然物。不同的镜头在质量和价格上有很大的差别，但只要有了一个数码单反相机的机身，就可以选择不同的高品质镜头进行拍摄，解析的影像细节要多于包含广角和远摄焦距的大变焦镜头所拍摄的。

## 瞬时取景器

数码单反相机都配备瞬时明亮的取景器。来自场景的光线进入镜头后，经由 45° 设置的反光镜反射，再经过棱镜的折射，最后呈现在取景器上。由于反光镜和棱镜的配置，观者看到的，是与按下快门反光镜上翻拍摄时传感器曝光完全一致的影像，这使得取景更加精确、构图更加容易，特别是在光线不足的条件下，电子取景器依靠昏暗的现场光取景很困难，而且反应较慢。

## 反光取景

“SLR”是“single lens reflex”的缩写，即单镜头反光，特指照相机由一块反光镜和棱镜组成的取景系统，它能让你通过镜头进行构图。从本质上说，这意味着你在取景器里看到的就是你最后拍摄得到的影像。

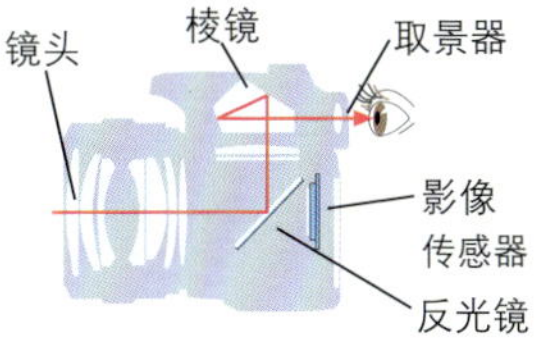


通过数码单反相机的光线(红色)路径示意图

**右图及下图** 数码单反相机具有较大的影像传感器和可更换镜头，如果你想在各种环境下拍摄不同题材的高品质的照片，数码单反相机是最佳选择。

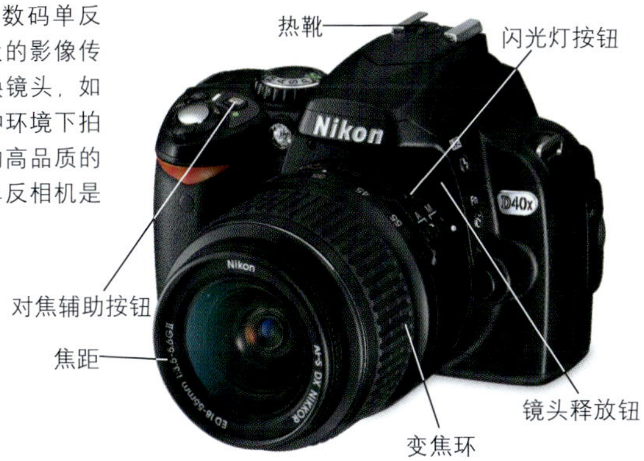


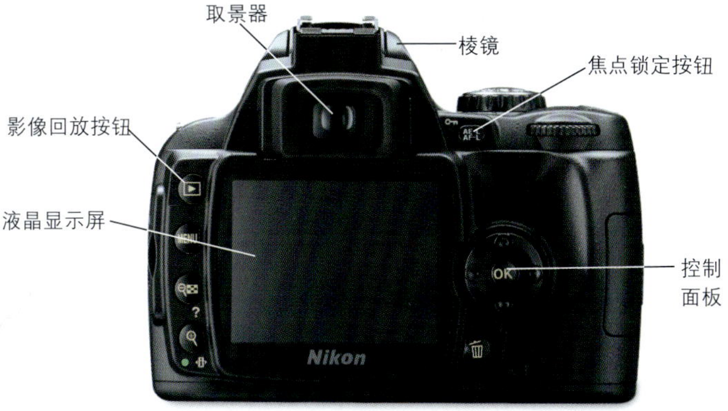


## 影像传感器尺寸与快门时滞

所有的数码单反相机都配备较大的影像传感器，这样即便当 ISO 感光度设定在 400 或 800 时也能够拍摄出几乎没有噪点的影像；甚至在 ISO 超高设置(如 ISO1600)时，在通常的取景距离取景，噪点仍然很难察觉。有了宽广的 ISO 感光度选择范围，摄影者就可以尝试更多的曝光设置，探索景深效果(见第 82～89 页)以及其他的创意技巧。此外，数码单反相机没有明显的快门时滞，因而更容易捕捉快速的运动或动作。

优良的镜头和较大的影像传感器保证了所摄影像的高品质，因而即使打印 A3 大小或更大的尺寸，依然十分清晰。如果你想在不同的拍摄条件下拍摄各种景物，并得到尽可能优质的影像，那么在价格下跌的情况下，配备多支镜头的数码单反相机绝对是最佳选择。

# 照相机镜头

自从数码照相机问世以来，照相机制造商、摄影杂志和摄影网站，都特别关注照相机部件的性能，尤其是影像传感器和像素数。有些数码摄影新手认为影像质量取决于成像芯片上像素的数量，这种观点失之偏颇，但可以理解。由于数码技术相对新颖、先进，而且大量资金被用于研发数码成像这个具体领域，所以从很多方面看，持这样的观点也并不奇怪。

但是，一些摄影老手认为，过分强调相机的总像素数，会把我们引到问题的次要方面。尽管传感器是相机复杂构造中的一个重要部件——用来记录影像，并尽可能顺利地记录较广的动态范围，然而很多人认为，第一时间接收到光信号的镜头，至少是同样重要的。

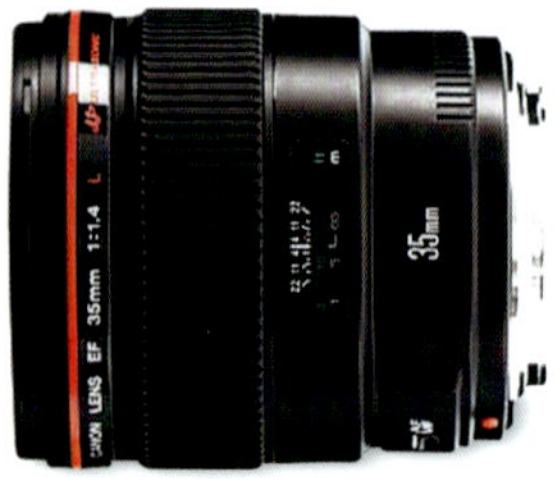


**上图** 这支 35mm 焦距的定焦镜头在 35mm 胶片相机和采用全画幅影像传感器的数码单反相机中可作为广角镜头。不过，由于大多数数码单反相机配备较小的影像传感器，该镜头的有效焦距大约为 50mm。

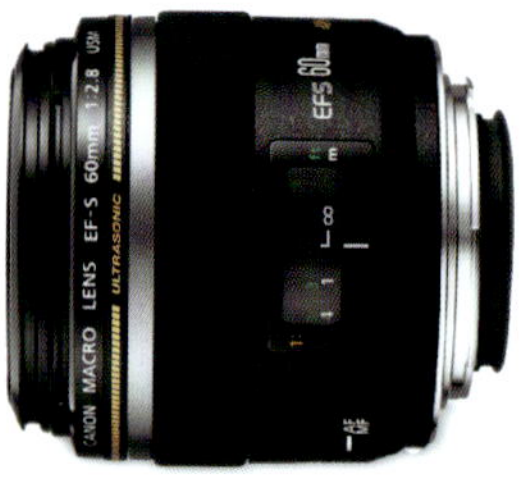

**上图** 微距镜头可以让你非常接近物体进行拍摄，得到放大很多倍的影像。真正的微距镜头有 1：1 的放大比（1：1 标在镜筒上）。

## 镜头技术

虽然不能说镜头经历了一场和机身类似的革命，但是已有大量资金经用于发展镜头制造技术。早在世纪之交，如果说要制造出一支变焦范围为 28～300mm、重量不到 500 克的镜头，且能在其焦距范围内拍摄出令人满意的影像，并可以在 1.6 英尺(0.5 米)的距离内准确对焦，别人一定认为是天方夜谭，但这种镜头现在已经成为现实。

与以前的镜头相比，现今的镜头更轻，更清晰，对焦更快，更不易产生眩光，而且很多镜头具有影像稳定系统(或防抖系统)，因而即使手持相机以低至 1/15 秒的快门速度拍摄，影像仍旧清晰，

## 光圈范围

镜头的最大光圈值通常标在镜筒上或镜头前端，例如，最大光圈为 f/2.8 的镜头标有 1：2.8。变焦镜头往往标注光圈范围，如 1：4—5.6。这意味着在较短的焦距模式下，如 70mm，光圈可以开到 f/4；而在较长的焦距下，如 300mm，最大光圈降到 f/5.6。这些数值很重要，它们代表镜头的拍摄速度——光圈越大，镜头速度越快。换言之，在相同的光照条件下，与最大光圈为 f/4 的镜头相比，最大光圈为 f/2.8 的镜头能让摄影者使用更快的快门速度而仍能获得准确曝光。镜头的速度越快，摄影者的创意空间就越大，因为可以尝试大量的快门与光圈的曝光组合，这转而又加强了他们对景深和快门速度的控制（详见第 76～77 页）。

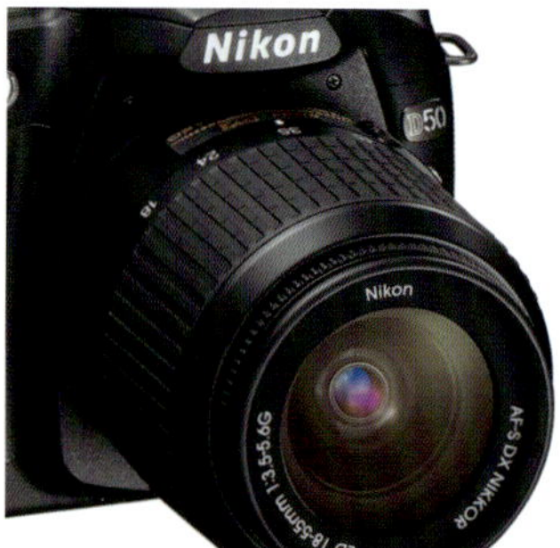


**右上图** 这支变焦镜头的最大光圈范围为 f/3.5 至 f/6.5。

这是以往的摄影师所望尘莫及的。但是这项技术成本不菲，目前市面上有些高档镜头的价格，是一架像样的数码袖珍相机加上打印机、电脑以及所有图像编辑软件价格的总和。

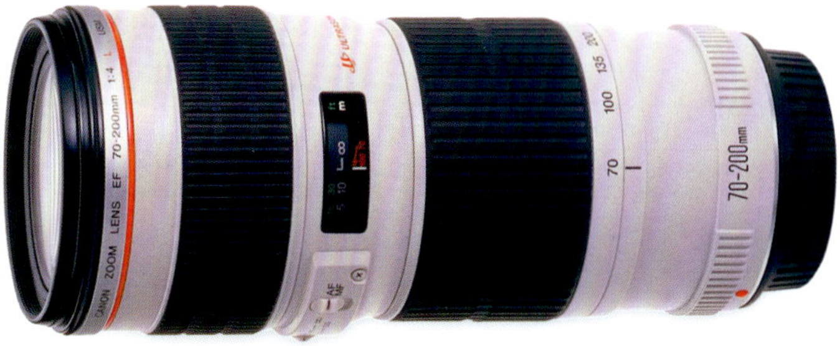

**右图** 数码单反相机有很多种变焦镜头，这是佳能 70～200mm 变焦镜头，具备 3× 变焦能力。

## 光学镜头的元件

所有的镜头，无论是数码单反相机的可替换镜头，或是袖珍或桥式相机上的固定镜头，都由一系列的单块镜片组成，称为元件。元件分为两类：会聚性透镜和发散性透镜，两者都利用光穿过非平面的玻璃（或是透明塑料）会改变方向的原理。在会聚性透镜中，光线在镜头的较薄部分（顶部和底部）比在较厚的中心部分趋于弯曲。结果，影像会聚在离开镜头的一点（即焦点），如果影像继续往前，就会在任何表面，如影像传感器一，形成倒像。

然而，由于单片会聚性透镜会引起光学色差，故相机的镜头都采用一系列的发散性透镜和会聚性透镜元件，以尽可能地校正色差。其他的元件也被用来调节镜头的焦距。

照相机镜头的元件数量、具体形状、各元件之间的距离以及制造所用的玻璃或塑料种类，由镜头的设计者决定，并使用电脑确保所有的尺寸足够精确。玻璃部件经过打磨和抛光，各个塑料元件需要先精细铸模，只有极小的公差，然后再涂上抗反射材料。接着把它们与彩虹光阑（控制光圈用）一起组装入镜筒，最后再进行光学校准。

总体的构造必须允许光学元件移动时可以受控，从而保证镜头能连续精确地对焦，如果需要，对变焦镜头还需保证其能够改变焦距。当你想到镜头的极小公差，镜头制造的精密工艺，再考虑到镜头的强度要确保经得起轻微碰撞，那么，镜头的售价如此之高也就不足为奇了。

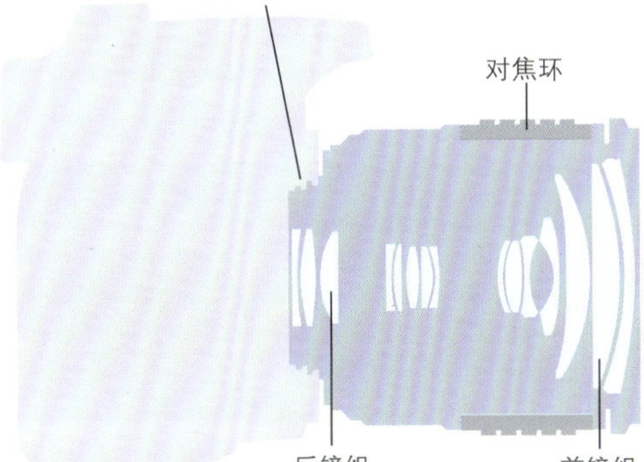


**典型的单反相机标准镜头的构成**

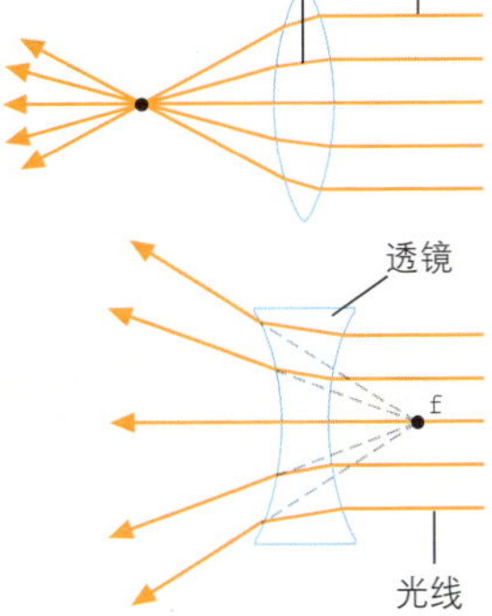


**光线穿过凸透镜（顶上）和凹透镜（上）示意图**

# 镜头的选择

照相机镜头的质量最终影响到影像的整体质量，但是在很多时候，我们忽略了照相机中的这个重要部件。

## 袖珍照相机和桥式照相机

如果想购买一架袖珍相机或桥式相机，或者要升级现有的老相机，必须确保新相机的镜头质量。很多这样的相机配备超变焦镜头，具有12×放大功能(等效焦距28～330mm)。尽管变焦能力强大，但是镜头的表现在整个焦距范围并不同样出色。如有可能，找出镜头表现最好的焦距，看看是否适合你的摄影兴趣。如果喜欢体育摄影，拍摄时需要拉近动作对象，必须确保镜头在较长焦距下表现良好；反过来，如果对风景感兴趣，那就要确保镜头在短焦设置时处于最佳状态。

此外，还要考虑清楚是否需要长变焦镜头。虽然它功能强大，但在很多时候3×变焦(28～85mm)或者5×变焦(28～140mm)的镜头足以满足正常的拍摄需求，你会发现，相机镜头的变焦范围虽小，但是镜头质量高，拍摄效果好。因此，和往常一样，在花一大笔钱购买摄影设备之前，尽可能做足研究，目前已有很多优秀的杂志和网站提供客观的建议和指导。

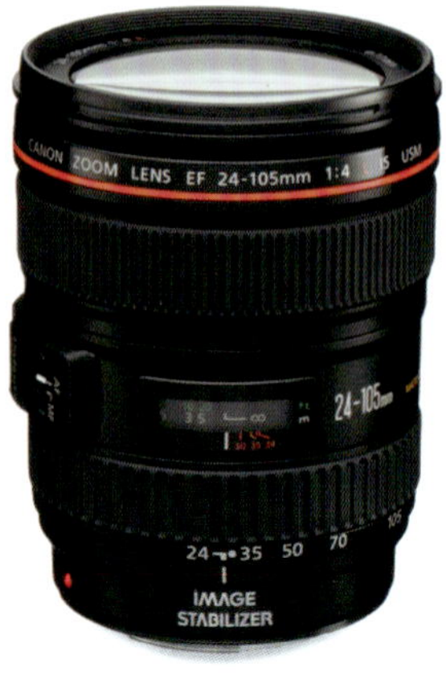


24～105mm 镜头

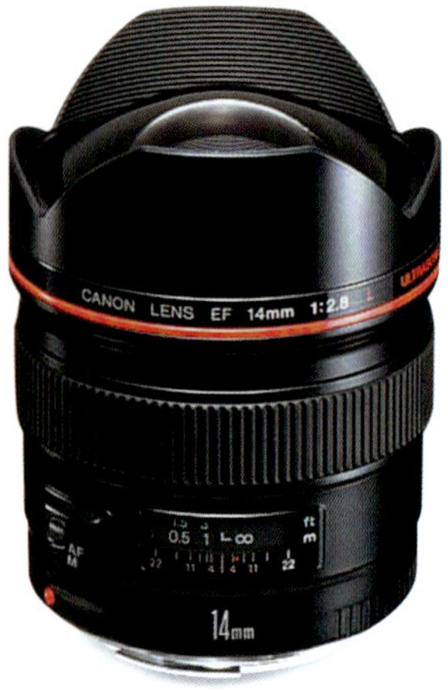


14mm 镜头

## 数码单反照相机

对于未使用过照相机而直接购买数码单反相机的人而言，镜头的问题更加复杂，花费也更多。数码单反相机的一大优势是镜头可以更换，通常能拍出出色的影像。这也是有利有弊的。一方面它能配备各种类型的镜头，焦距范围从10mm到500mm，甚至长达1200mm；另一方面，选择恰当的镜头与合理的价格成了一大难题。

**下图** 此示意图表明了在变焦镜头中，移动三片透镜元件的位置是如何能改变光线的路径的。

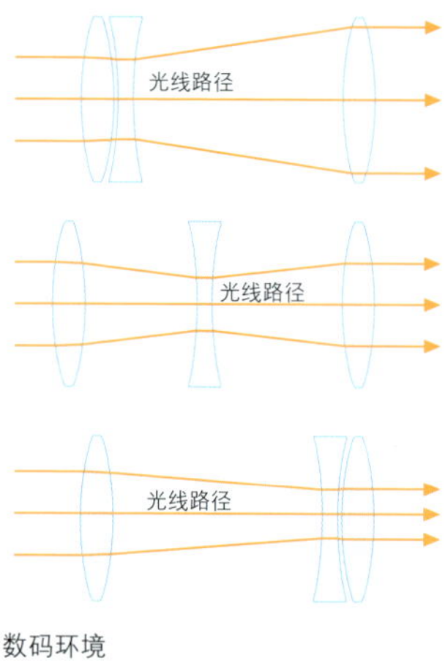


### 变焦：数码变焦与光学变焦

一些数码相机既有光学变焦功能又有数字变焦功能，两者的变焦倍数相加，通常使得相机的整体变焦能力十分惊人。但要注意的是，光学变焦和数码变焦有很大的区别。使用光学变焦时，镜头实际上是放大影像传感器捕捉的影像，所以只要镜头表现良好，影像就会很清晰。而数码变焦放大的是相机已经拍下的实际像素，所以，尽管你放大了影像，但相机只是放大了像素的尺寸，这往往导致影像模糊，影像质量下降。因此，应尽量避免使用数码变焦。

**对页图和下图** 数码单反相机有两类常用的镜头：变焦镜头集多种焦距于一身，而定焦镜头只有一个固定的焦距。

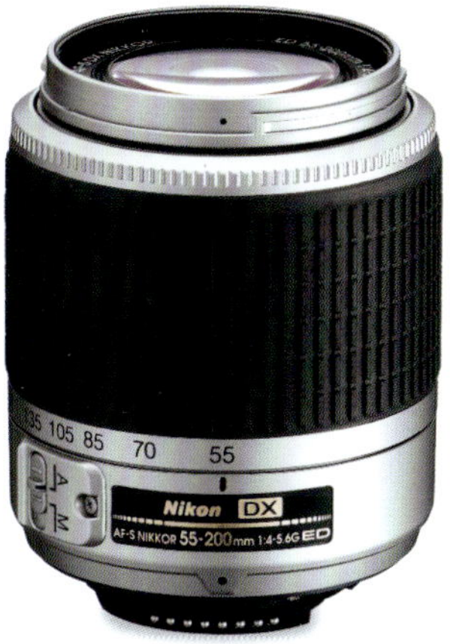


55～220mm 镜头

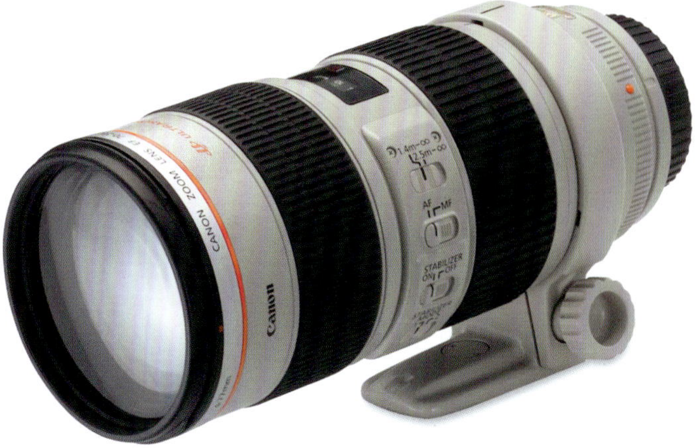


**上图** 专业品质的镜头具有影像稳定功能，有助于减轻相机晃动，镜头中的陀螺仪能检测晃动，进而驱动一组透镜，抵消晃动。

## 变焦与定焦

对单反相机使用者来说，购买变焦镜头还是定焦镜头曾经是一大问题。尽管变焦镜头可灵活改变焦距，但定焦镜头在影像质量方面优势明显。然而，近几年中由于镜头技术、结构和部件都有了长足的发展，变焦镜头所摄影像的质量得到大大改善。因此，对变焦镜头是否使用便利的考虑，要超过对其成像品质的考虑。

目前，定焦镜头唯一优于变焦镜头的是在速度方面。由于定焦镜头的最大光圈范围比较大，故定焦镜头比变焦镜头反应更快，从而让摄影者对创意拍摄有更大的控制力。但总的来说，变焦镜头在高 ISO 感光度拍摄时的表现与画面稳定系统都已得到改善，因而变焦镜头比一系列定焦镜头的性价比更高。只要配备两支高质量的变焦镜头，焦距范围分别为 24～70mm 和 70～300mm，几乎可以拍摄从广角风景到远摄运动的所有场景。

## 升　级

随着当今照相机技术的迅速发展，省钱升级旧相机非常具有诱惑力。但在付诸行动之前，先好好查看新增了哪些东西，可能是增加了一两百万像素(对拍摄质量未必有多大改善)，或者是增加了更多的程序设置(你也许根本用不到)。如果是这样，不如考虑花钱买支新镜头。也许你可以购买一支广角镜头来升级相机的焦距范围，而且广角镜头(如等效焦距 15～20mm 的镜头)能够增加各种新的构图机会。

如果你对现有镜头的焦距范围很满意，可以折价贴卖现有的镜头，购买质量更高的镜头——你将会看到影像质量的改善远比一架稍微改进过的相机要大。

## 望远倍率镜

为现有镜头增加焦距的一个方法是接装一个望远倍率镜，可获得明显的效果。某些品牌的数码袖珍相机可以接装望远倍率镜，旋接在镜头的外端即可，而其他望远倍率镜则专为可更换镜头设计，安装在数码单反相机的机身和镜头之间。望远镜倍率镜的放大倍率取决于具体的种类型号，通常的放大倍率在 1.4× 和 3× 之间。安装这类光学器材可以增加焦距，成本又不高，但是会减慢相机的自动对焦系统运作，降低镜头的最大光圈设置。

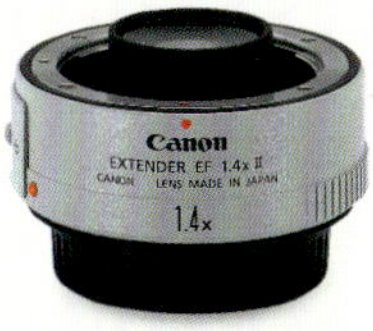


佳能望远倍率镜

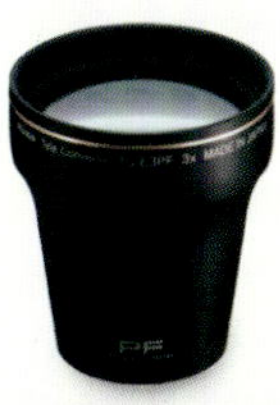

尼康望远倍率镜

# 第2章

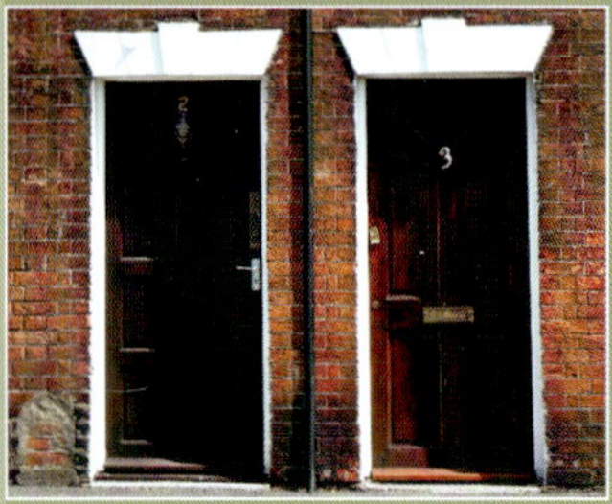

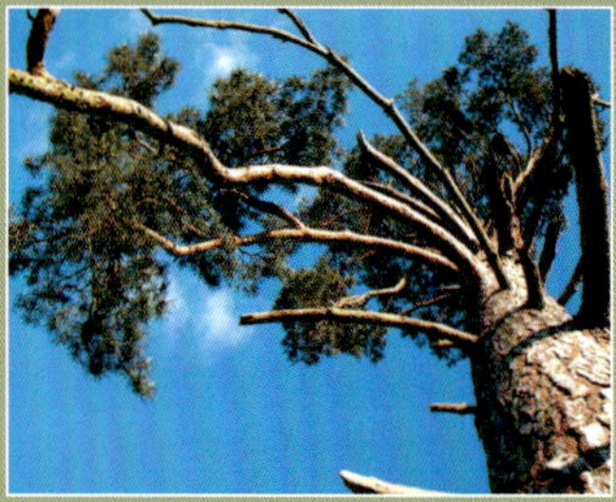

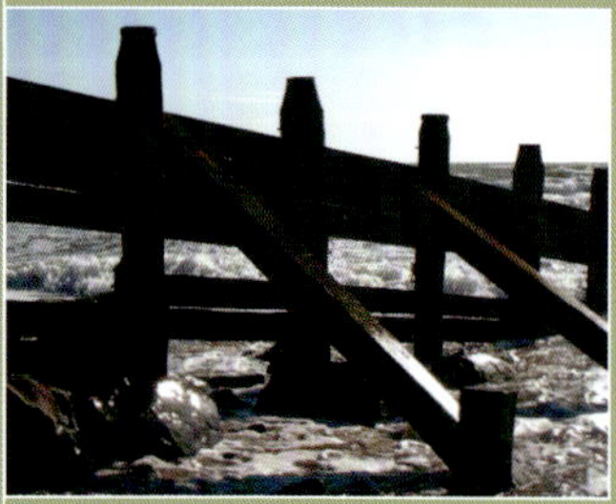

# 基本的拍摄操作与构图

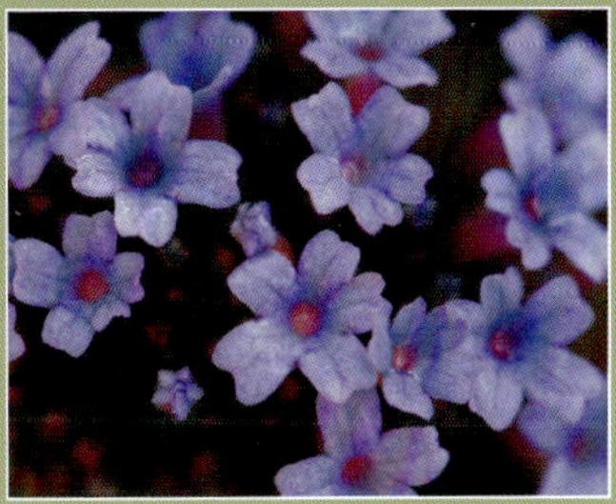

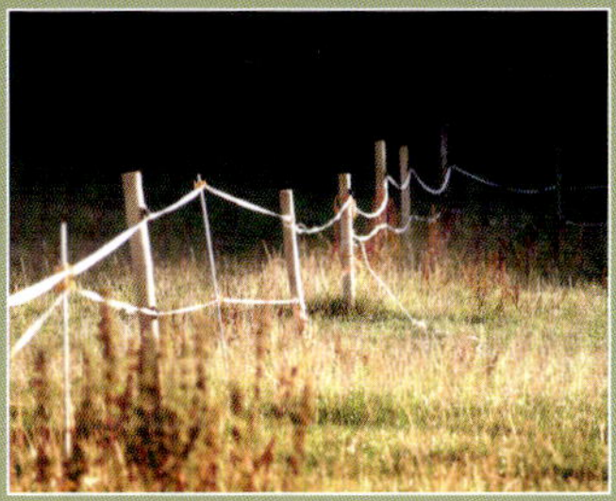

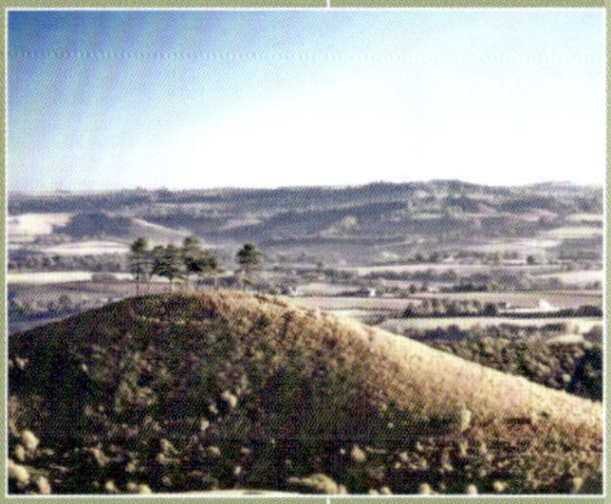

在上一章中，我们学习了数字影像的构成，以及照相机上各个主要控制部件的位置，此外，你还需要清楚地认识这些部件的功能，从而最大限度地利用照相机的功能优势。很多人倾向于把照相机设置在全自动模式，但如果你花些时间来尝试其他各种设置，你很快就会发现所拍的影像质量得到了改善。本章还介绍摄影构图的基本要领，旨在帮助你形成视觉思维模式，形成自己独特的摄影风格。

# 正确地持握照相机

在拍摄时，无论你使用的是数码袖珍照相机，还是带有长焦镜头的数码单反照相机，都需要正确地持握和支撑照相机，这将有助于防止拍摄时照相机抖动或震动。

## 超级袖珍数码照相机

许多超级袖珍数码相机在其机背上设有液晶显示屏(LCD)以有助于摄影者取景，但使用液晶屏取景时相机必须远离身体，这会造成相机抖动。此外，很多超级袖珍数码相机往往比手掌还小，因而手稍大些的摄影者不得不用指尖来持拿相机，以免遮住镜头。这种做法可以理解，但是也会引起相机抖动。

## 数码袖珍照相机

如果使用带有取景器的数码袖珍相机，建议你尽量使用取景器，这不仅可以省电，还能帮助你保持相机稳定，而且能在光照强烈的环境里更好地看清拍摄对象。只有在近距拍摄时才真正需用液晶屏取景构图，因为这时若使用取景器会产生取景误差，造成被摄主体略微偏离中心。

## 数码单反照相机和桥式照相机

对于不习惯使用数码单反相机的人来说，它看上去庞大沉重，令人惊讶，然而正因为如此，数码单反相机有较高的拍摄稳定性，也更容易稳定持握。

许多数码桥式相机与数码单反相机外形相似，机体中间都有一个突出的镜头，所以关于持握数码单反相机的建议大多同样适用于数码桥式相机。不过，许多这类相机要比真正的数码单反相机略微轻巧。

## 快门按钮

无论使用何种类型的照相机，都要避免急速按下快门按钮，而应轻轻地按动快门直到拍摄完成。在按下快门前，如果轻轻吸气并屏住呼吸，也有助于拍摄操作的稳定，因为这样就能防止胸部上下起伏，避免拍摄时相机抖动。相机抖动往往会导致影像模糊或对焦不实。

### 三脚架

为了能拍摄到清晰锐利的影像，尤其是在使用长焦镜头拍摄风光或自然物时，最好使用三脚架，以确保照相机稳固。

市面上有各种类型的三脚架，价格因制作材料的不同差异很大。把相机固定在三脚架上后，最好用自拍定时器或快门遥控器，而不是手动来触发快门，以防相机抖动。

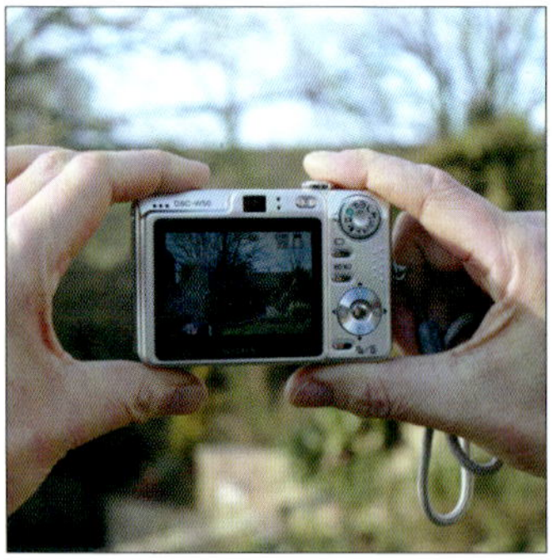

**上图** 有些超级袖珍数码相机非常窄小，不带取景器，持握这类相机最好的方法就是用两个拇指托住相机底部，两个食指扶住相机上端。

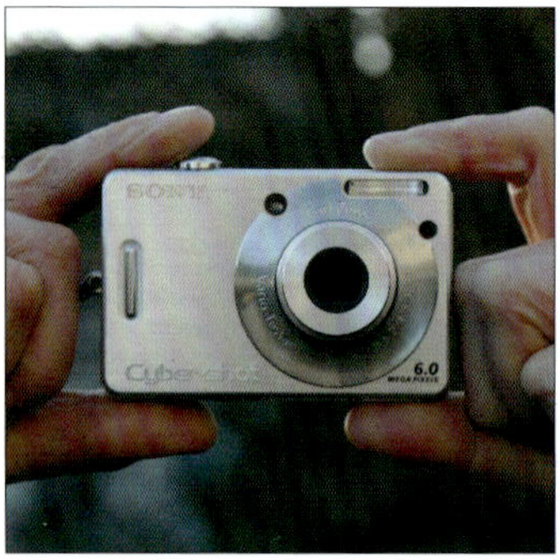


**上图** 为保持相机稳定，持握相机应用食指和拇指的指肚，不要只用指尖，同时注意其他手指要缩拢，以免挡住相机镜头或闪光灯。

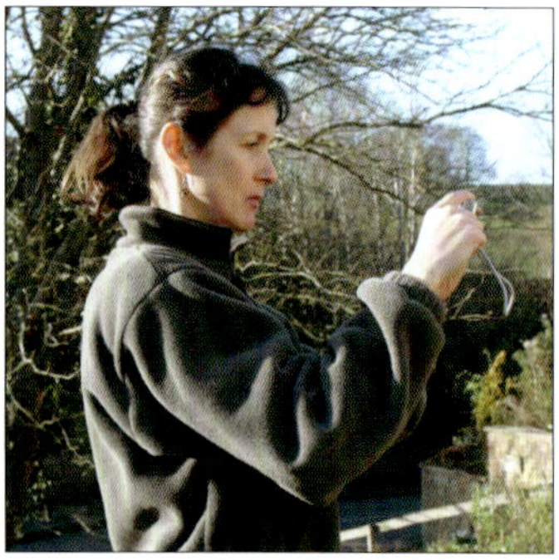

**上图** 使用没有取景器的袖珍数码相机时，要避免双手前伸持握相机，因为这会增加相机抖动的几率，应该把手肘贴紧身体以使姿势更加稳定。

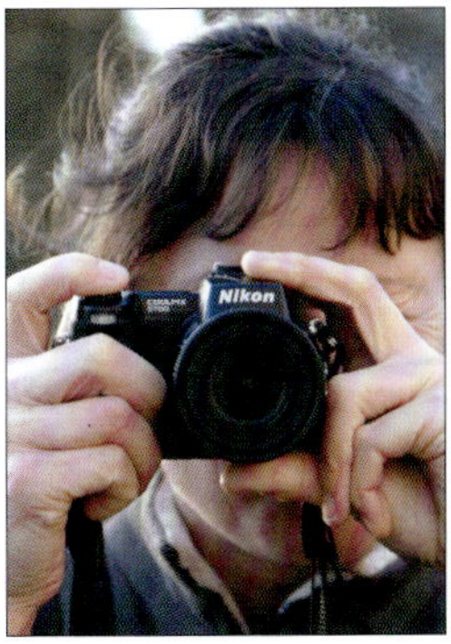


风景拍摄持机姿势

**上图** 带有取景器的袖珍相机比超级袖珍相机大，因而可以用右手五指握住相机，同时确保左手手指不会遮住镜头。

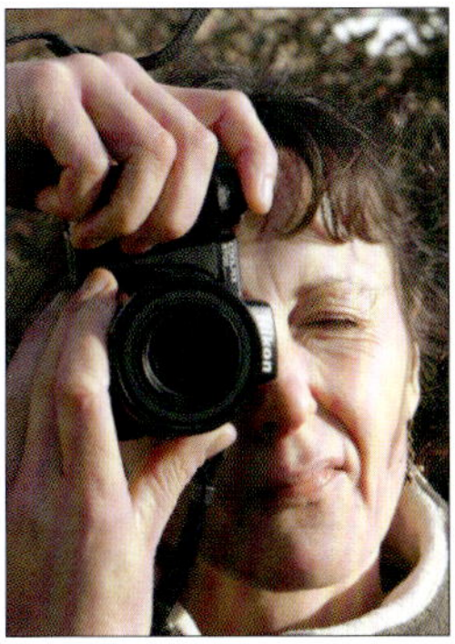

人像拍摄持机姿势

**上图** 把相机旋转90°拍摄人像时，用右手握紧相机上部并用食指按快门，用左手托住相机底部。

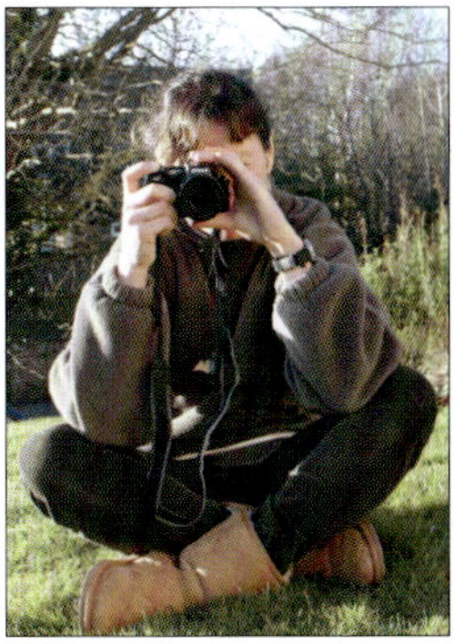

低角度拍摄持机姿势

**上图** 从低角度拍摄时，不能简单地蹲下身来，否则相机极易抖动。如果地面干燥，可以盘腿坐在地上，并将手肘支撑在膝盖内侧。

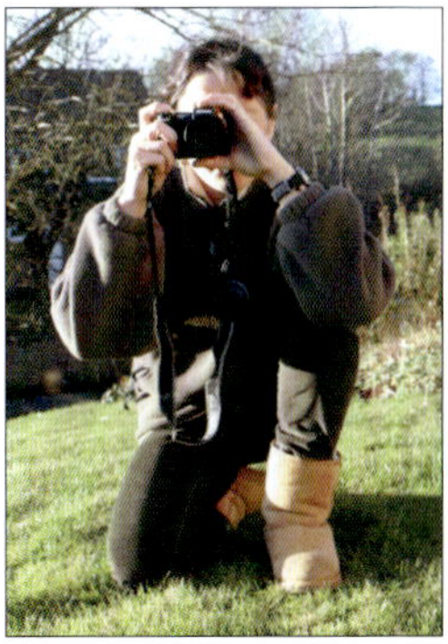

另一种低角度拍摄持机姿势

**上图** 如果地面潮湿，则可单膝跪地，并把手臂支撑在另一个膝盖上。避免把手肘直接支撑在膝盖上，否则两者骨头接触易造成相机抖动。

## 数码单反相机镜头

数码单反相机的镜头对持机姿势的影响很大。用左手大拇指以下的手掌部分托住相机的左基部，并用左手的一个、两个或三个手指(手指数目的多少取决于镜头筒的长度和持机的舒适感)扣住镜头筒以支撑相机或镜头，同时进行对焦，若是变焦镜头，则调节变焦环。这样，拍摄时你的眼睛不必离开取景器就可以进行取景、构图、对焦，而用右手来调节相机的设置。

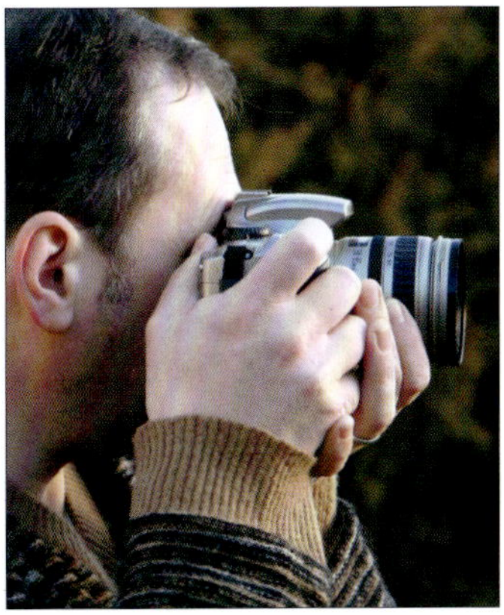

## 持握远摄镜头

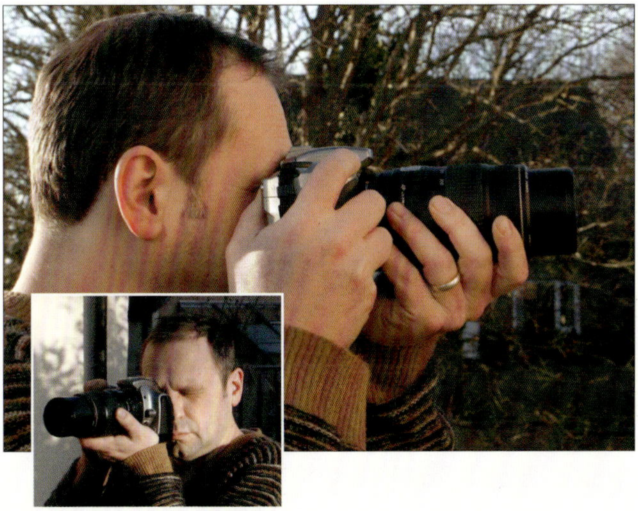

使用带有一支长变焦镜头的相机时，双手持握相机的姿势与使用短焦镜头的相机时几乎相同。不过，如果你用整只左手来托住镜头，仅用右手握住机身，可能会觉得持机更加平衡稳定，但这取决于镜头的长度。

使用较长的镜头时，建议你靠墙、跪地甚至是卧倒，以更好地稳住身体。这在使用长焦镜头时尤为重要。除了安全、稳定地持握相机外，确保在不同焦距时选择合适的快门速度同样重要，这也有助于防止相机抖动。

# 摄录像机拍摄静态影像

虽然许多(便携式)摄录像机的使用者觉得不必携带其他的器材，就能用同一个袖珍设备既拍摄静态影像，又拍摄动态录像，这非常方便。但是，拍摄静态影像时不用专门的静态照相机而用摄录像机，有一个很大的缺点。长宽比为4：3的标准清晰度的录像画面，其分辨率在PAL制式(常用于欧洲、澳大利亚和一些非洲国家)中为720×576像素，在NTSC制式(在北美、日本和许多南美国家使用)中为720×480像素。若以这一分辨率拍摄并将影像存储到录像带上，那么生成的影像不足50万像素——相当于约3.5英寸×2.5英寸(9厘米×6厘米)的影像尺寸。换句话说，与使用更为廉价的数码袖珍相机相比，用摄录像机拍摄静态影像的画面质量要差得多。

## 存储容量

很长一段时间以前，制造商就已经在摄录像机上设计了闪存卡接口，例如索尼的记忆棒，及更为常见的SD卡(安全数码卡)。由于潜在存储容量达到16千兆比特(GB)，而新型摄录像机中可用更大的独立的CCD和CMOS影像传感器，这样就能够以略高的分辨率，通常是300万像素，储存数量极大的影像。但录像机即使在解析高清(HD)录像时也不需要使用分辨率特别高的影像传感器，因此，制造商不太会在其产品中配置分辨率高于300万像素的传感器。即便如此，也能打印出A4纸大小的画质不错的图像。尽管制造商声称摄录像机的CCD或CMOS传感器能够生成的影像像素比长宽比为4：3或宽屏16：9的录像画面所需的像素要多，往往还拥有一些附加性能，如EIS(电子影像稳定系统)，能生成分辨率高于对应的录像画面的数字静态影像，但摄录像机不能使用比录像画面所需的更多的像素，所以使用更大的传感器阵列几乎是多此一举。

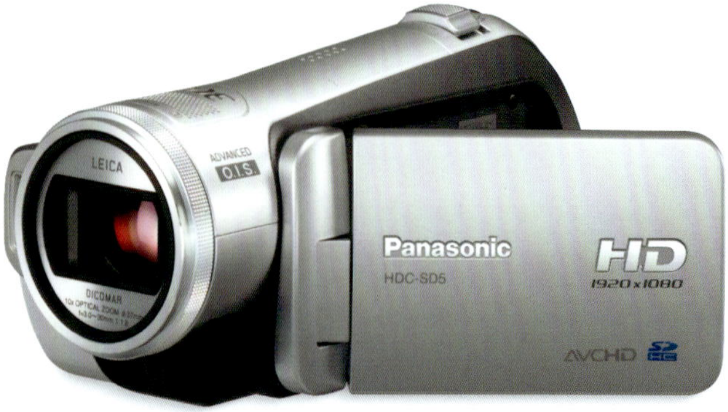


▲ **上图** 松下HDC-SD5摄录像机尽管机身较小，却是一款高清(HD)机型，能够拍摄分辨率为1920×1080像素(即207万像素)的动像和静像。

## 影像传感器

使用数码静像照相机拍摄，影像的有效分辨率与影像传感器的尺寸有关。虽然1/3英寸的CCD和CMOS传感器在数码静像相机中也是常见的，但如今较为廉价的摄录像机使用的影像传感器可能只有1/4英寸，更为常用的是1/6英寸。越小的CCD生成的影像像素通常也越少，所以带有三个CCD的摄录像机具

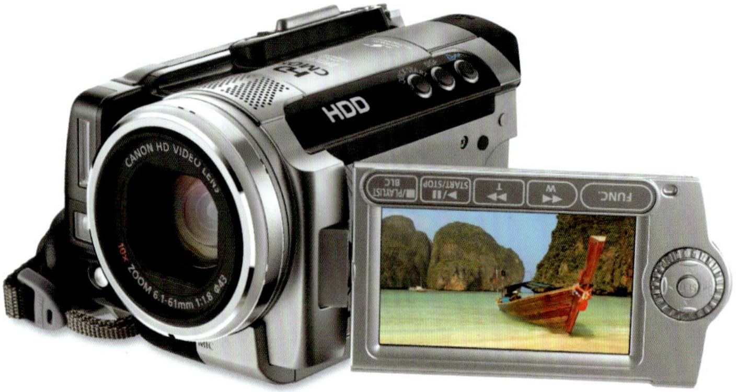


▶ **右图** 尽管佳能HG10高清摄录像机所摄的300万像素的静像只能储存在存储卡上，但这款摄录像机的特色在于具有40GB的内置硬盘，可以录制长约5.5小时的动像。

右图 这幅影像大小为 1920×1080 像素，是从用松下 HDC-SD5 AVCHD 摄录像机拍摄的高清视频画面截取下来的，拍摄距离约为 20 英尺(约 6m)。得益于光学影像稳定系统，画面清晰度比标准的视频画面要好得多。

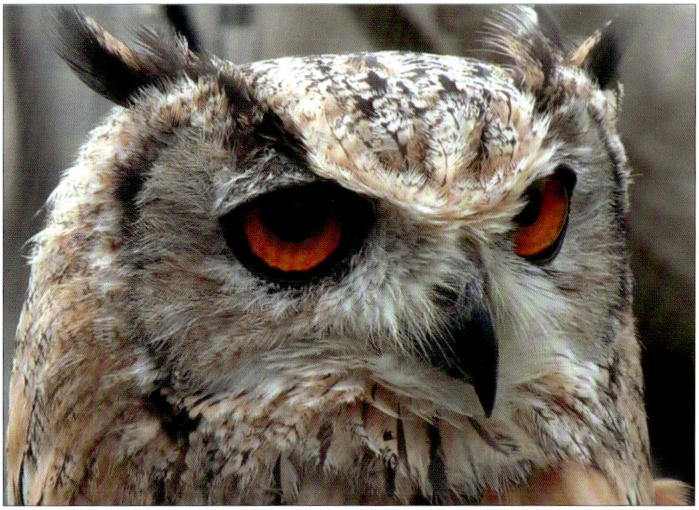

有明显优势——每个 CCD 可以分别负责处理红、绿、蓝三原色中的一种，因而使用三个 CCD 的效果绝对比只使用一个要好。

## 高清视频

近年设计生产的摄录像机中有越来越多的机型具有高清(HD)视频性能。与多年来我们惯于看到的标准清晰(SD)视频画面不同，HD 使视频画面可拥有的最大像素数量得到了实质性的增加。高清电视与高清录像的国际标准分辨率为横向 1920 像素，纵向 1080 像素。对于视频图像使用者来说，用于输出高质的视频画面，这是一个巨大的飞跃。然而，对于即使是精打细算的数码摄影师来说，这一分辨率仍不够高。不过，得益于不断进步的图像扫描技术，平板液晶和等离子电视屏幕均可输出更平滑、细节更丰富的图像。因而我们很快就可以看到利用这一先进技术的摄录像机将快速增多。

## 拍摄静态影像

用摄录像机拍摄静态影像的方法就跟按下“照相”按钮一样简单。除了能同步进行拍摄静像和动像的机型外，在拍摄静像时动像功能通常会失效。如今很多摄录像机设有机械快门，能在拍摄照片时防止影像模糊。若要将所摄影像下载到电脑上，既可以通过 USB 接线连接，也可以将存储卡插入单独另置的读卡器中读取。

多数摄录像机在拍摄静像时允许用户在自动模式与手动模式之间进行切换，也就是说你可以自己控制对焦、光圈、白平衡，甚至快门速度等操作。PAL 制式的标准电视以 25fps(每秒帧数，即每帧 1/25 秒)的速度进行扫描，但摄录像机可以通过电子控制获得更高或更低的快门速度，所以可达相当于 1/2000 秒的快门速度。有些机型(尤其是佳能的)可以根据所选光圈自动计算快门速度(类似于相机的光圈优先模式)，或者反过来，根据所设的快门速度自动调节光圈(类似于相机的快门优先模式)。绝大多数低、中档摄录像机的光学变焦倍数为 10× 或 20×，虽然其数码变焦倍数可达 800×，甚至高达 1000×，但数码变焦会凸显像素颗粒，使画面出现块状结构，所以通常应避免使用。仔细地利用变焦可以拍出不错的静态影像，与影像稳定系统结合起来后更是如此。但只要有可能，尽可能使用三脚架或其他支撑手段。除了变焦性能之外，摄录像机还有其他一些优于许多数码袖珍相机的特色。比如，摄录像机的液晶屏更大，且可调节，在拍摄、回放影像时具有更好的灵活性。

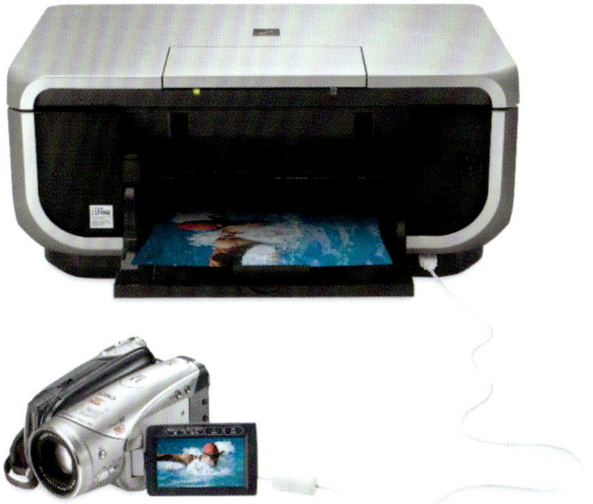

右图 越来越多的摄录像机能够直接与打印机相连。

# 自动拍摄模式

所有的数码相机，无论是一瞄即拍的入门型数码袖珍相机，还是专业的数码单反相机，都设有各种各样的自动或预设拍摄模式，如“人像模式”、“风景模式”、“运动模式”等。这些模式指明了影像种类或即将拍摄的照片的场境，便于相机确定最佳设置。这些自动模式不同于半自动模式或手动模式，后两者决定了摄影者对照相机进行手动控制的程度和类型。

## 常见的预设模式

虽然预设或自动模式的数量和具体类型因照相机的品牌、型号各异而有所不同，但几乎所有相机都设有下述几种模式。此外，不同照相机用以指示各种模式的图标也有差异。所以如果你无法确定哪个图标表示哪种模式，那就要参阅照相机使用手册。

### 全自动模式

顾名思义，在全自动模式中，所有调节操作都是自动完成的，一切设置完全由照相机控制。相机会自动调节 ISO 感光度、白平衡和对焦方式，接着完成对焦，并根据光照水平设置最佳曝光量，若有需要还会自动闪光。由于这种模式几乎可以确保拍到曝光准确、影像清晰的照片，所以摄影初学者或对一架新的照相机操作不熟悉的人常常使用这一模式。

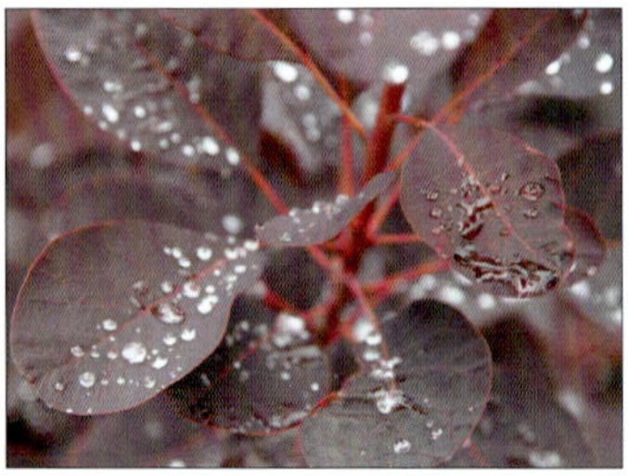

近摄/微距模式

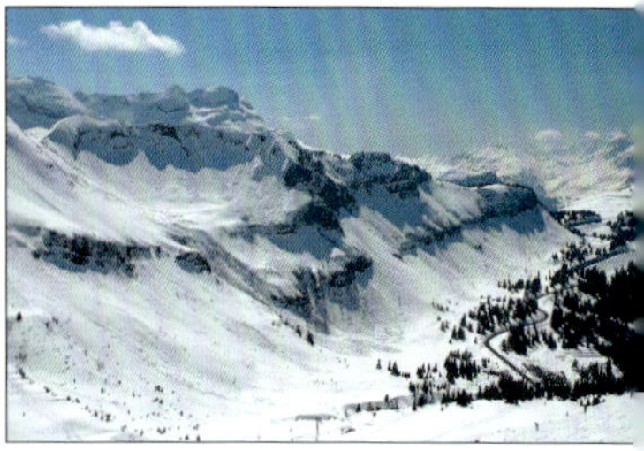

海滩/雪景模式

### 近摄/微距模式

近摄或微距模式用于拍摄花卉、昆虫等细小物体。摄影者与被摄主体之间所能达到的最近距离取决于照相机和镜头。绝大部分数码袖珍相机的微距拍摄距离为 2/3 英寸～6 英寸(2 厘米～15 厘米)。拍摄距离如此之近，景深就变得很小了(见第 86～87 页)，难以使画面上景物各部分都焦点清晰，但这也往往能拍出被摄主体(如一朵花)中央部分焦点清晰的效果显著、富有创意的照片。不过，若想要使整个被摄主体拍得清晰，则应从主体正上方(或正下方)进行拍摄，以使被摄主体尽可能多的部分与相机镜头保持等距。

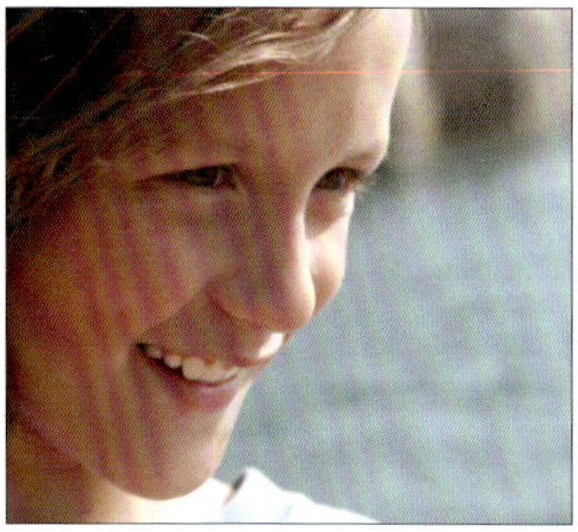

人像模式

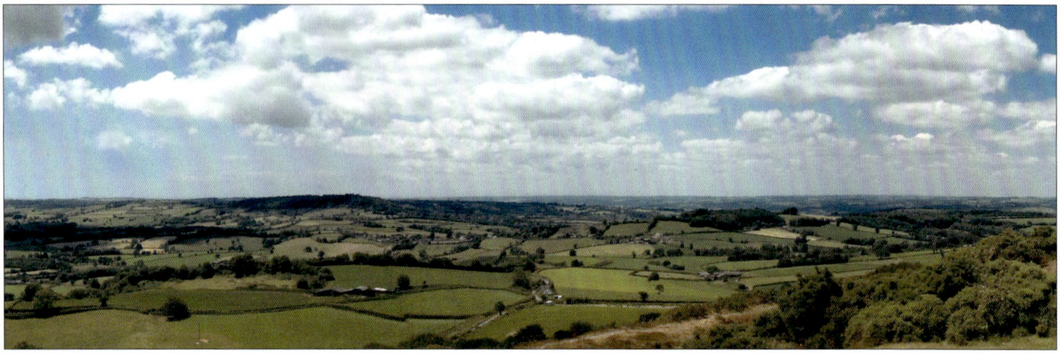

全景/拼贴模式

### 人像模式

在这一模式中，照相机会设置尽可能大的光圈(即最小光圈系数)来形成尽可能小的景深。这样使背景处于焦点之外，而被摄主体的脸部效果则得以凸显。

### 风景模式

这一模式的工作方式与人像模式正好相反。照相机设置尽可能小的光圈(即最大光圈系数)来形成尽可能大的景深，以使尽可能多的景物，理想的情况是从前景到背景，都聚焦清晰。

### 运动/动作模式

拍摄诸如足球赛、赛车等快速移动的运动或动作场景时，可选择运动(或动作)模式。在这一模式中，为了使动作“凝固”，相机会根据环境亮度自动选取尽可能高的快门速度。在拍摄前先通过镜头追随被摄主体几秒种，通常可获得更好的效果。如果相机具有多种对焦模式，则通常会选择“连续对焦”，可能的话还会选择“连续拍摄”模式。

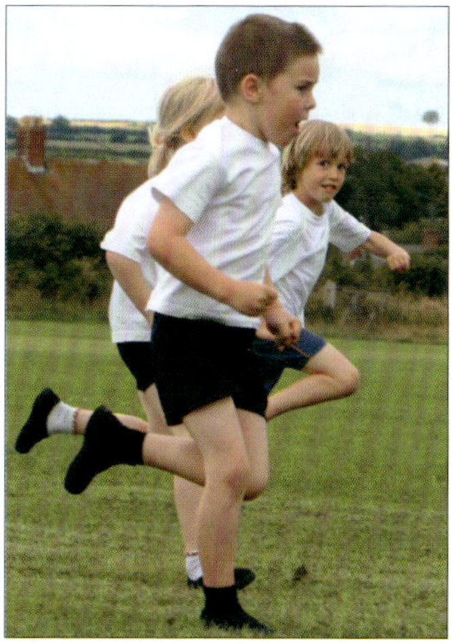

运动/动作模式

### 夜景人像模式

夜景人像模式用于在傍晚时分或夜晚拍摄户外人物。照相机会设置相对较低的快门速度，以确保在用自动闪光照亮并“凝固”人物主体的同时拍下暗背景。这叫做“低速同步闪光”。需要注意的是，必须保证被摄主体始终保持静止，即使在闪光灯闪过之后也应如此，因为虽然只有几分之一秒时间，照相机可能还在拍摄中。

### 动像模式

近年来，大多数的数码袖珍相机和桥式相机都具有拍摄有声短片的功能。虽然所拍短片的画质、音质均不如专用摄像机高，但拍摄短片这一功能对许多人来说十分重要。不过请注意，拍录短片会占据大量的存储卡空间。

## 其他预设模式

许多数码相机上常见的其他模式还有以下几种。

### 海滩/雪景模式

这两种模式都可确保相机在环境光过于明亮的情况下对景物进行准确曝光。

### 全景/拼贴模式

在这一模式中，拍摄完预期全景的第一幅影像后，曝光量和白平衡即被“锁定”，使得后续拍摄的影像的色彩、影调和对比度都与之相同。然后你再摇摄全景的下一片段，要使拍下的影像与前一幅影像对接，即约有三分之一的前一幅影像在液晶显示屏上呈半透明状。

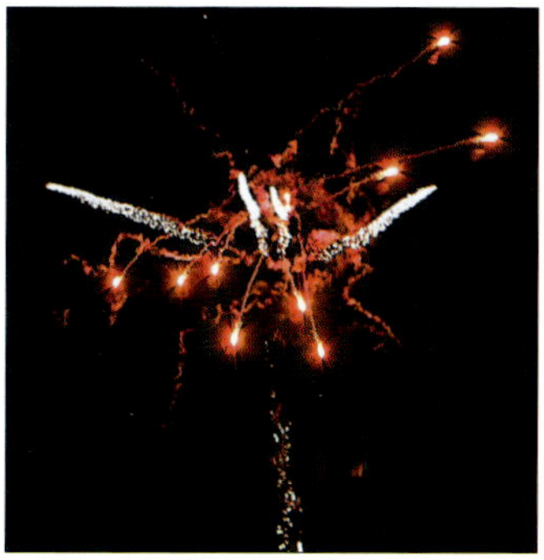

焰火模式

### 焰火模式

使用焰火模式时，照相机会有意而为地选择一个较低的快门速度，从而捕捉到焰火绽放的轨迹。

### B/W 黑白模式

为数众多的照相机，包括一些数码单反相机，都设有黑白模式，可以拍摄黑白影像或老照片似的褐色调的影像。虽然通过图像编辑软件处理往往可以达到更好的效果，但你若想直接从存储卡中打印黑白图像，这一模式就必不可少了

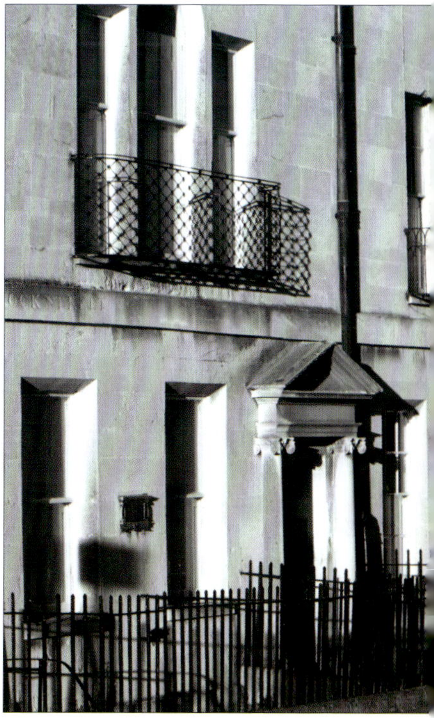

黑白模式

# 半自动拍摄模式

除了几乎所有的数码袖珍相机和大多数数码单反相机都具有的主要的几种自动拍摄模式之外，许多数码袖珍相机和几乎所有的数码单反相机还设有若干半自动模式，通常有：程序(P)、快门优先(S)或称时间值(Tv)、光圈优先(A)或称光圈值(Av)模式。这些模式给摄影者提供了对光圈、快门速度的更大的控制权，因而更能实现创意，同时又有助于摄影者获取合适的曝光量。具有这些模式的相机还都有手动(M)模式选项，本书后面的相关章节会对其进行介绍(见第 76～77 页“了解曝光”一节)。

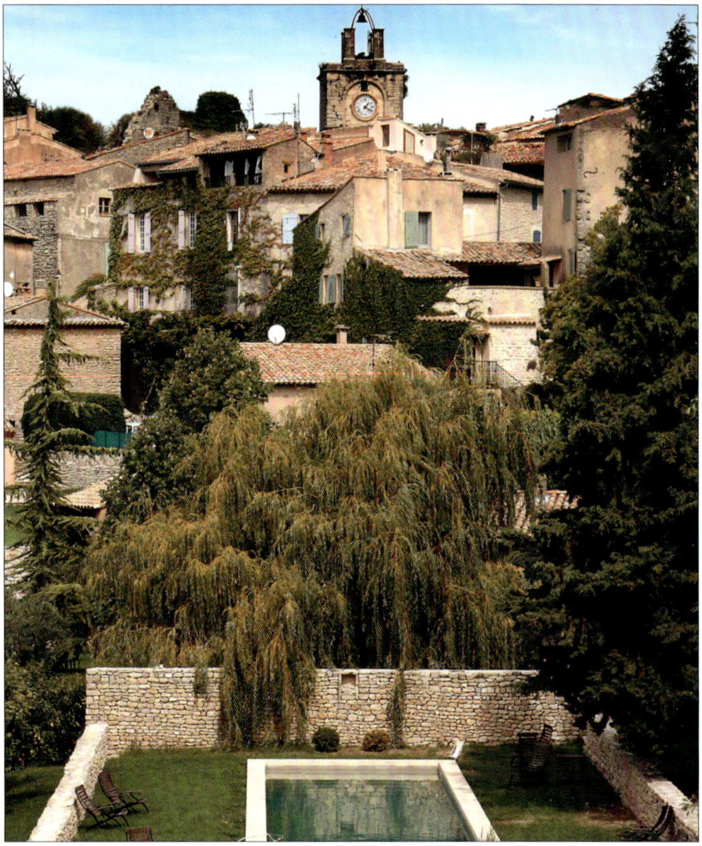

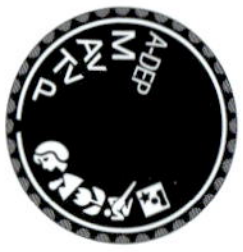


**左图** 大部分数码相机，包括数码单反相机，都支持多种模式，可以通过如图所示的模式转盘或菜单进行选择。

**上图** 在程序(P)模式下，照相机会设定一个与环境亮度相适应的光圈/快门组合。

## 程序(P)模式

虽然要看相机的品牌和型号，但程序模式的运作方式通常与全自动模式(即由相机选择合适的光圈/快门组合，获得正确曝光)相似。但选择 P 模式后，摄影者可以更改在自动模式中由相机自动设置的 ISO 感光度、影像大小和质量、测光模式以及其他若干设定。换句话说，这一模式允许摄影者更改某些设定，从而拍出曝光正确的影像。

## 程序偏移/柔性程序

大多数相机上的程序模式与全自动模式的另一个区别在于：程序模式在自动设置初始光圈/快门组合的同时，还允许摄影者对这一组合进行更改。例如，当需要较高的快门速度来“凝固”被摄主体的动作时，你可以通过控制转盘选择一个更高的快门速度，之后相机会自动开大光圈(选择更小的光圈系数)，这样仍然可以获得正确曝光。这一过程常被称为“程序偏移”或“柔性程序”。

同样地，如果想要确保被摄场景尽可能多地焦点清晰，那么可以缩小光圈(选择更大的光圈系数)，随后相机会选择一个较低的快门速度来使影像仍然获得正确曝光。当摄影者选择了会造成曝光不足或曝光过度的光圈/快门组合时，大多数相机会用发出图形或声音警告。遇到这种情况，一般可通过更改 ISO 感光度来获得正确的光圈/快门组合加以解决。

## 快门优先(S)/时间值(Tv)模式

在这一模式中，你可以设置

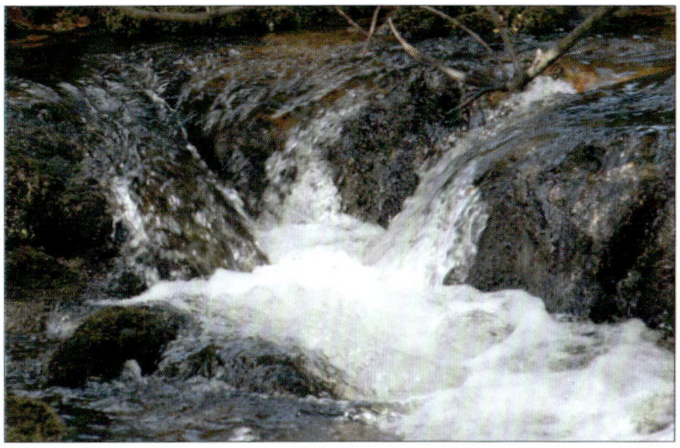

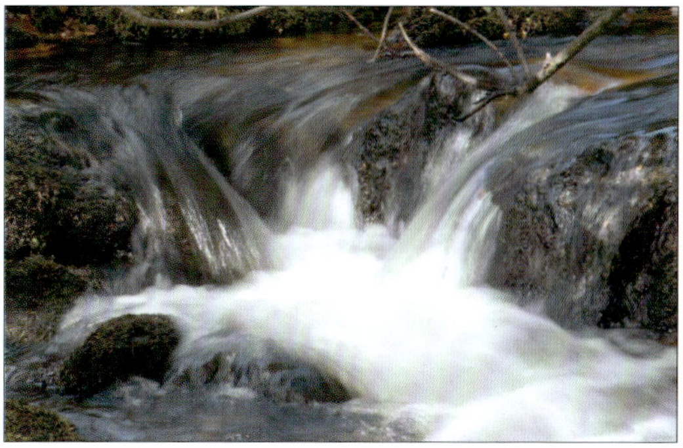

**上图** 这张照片摄于快门优先/时间值模式下。手动设置较高的快门速度(1/250秒),来“凝固”流水的动态,照相机自动设定光圈(f/4.5),确保准确曝光。

**上图** 这张照片也摄于快门优先/时间值模式下。为了捕捉到流水的模糊的动感,特意手动设置了一个较低的快门速度(1/6秒),照相机自动设定光圈(f/22)。

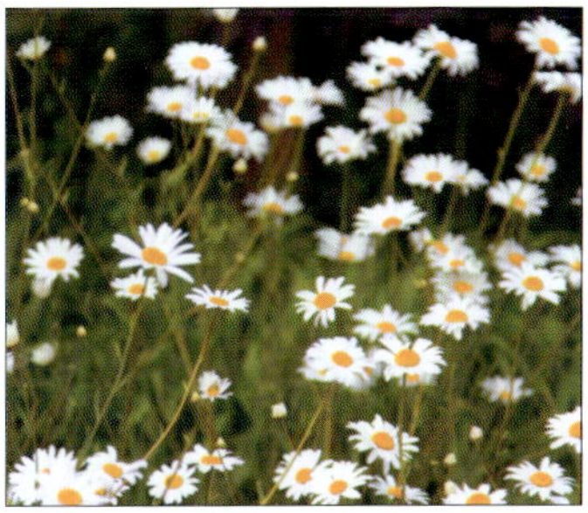

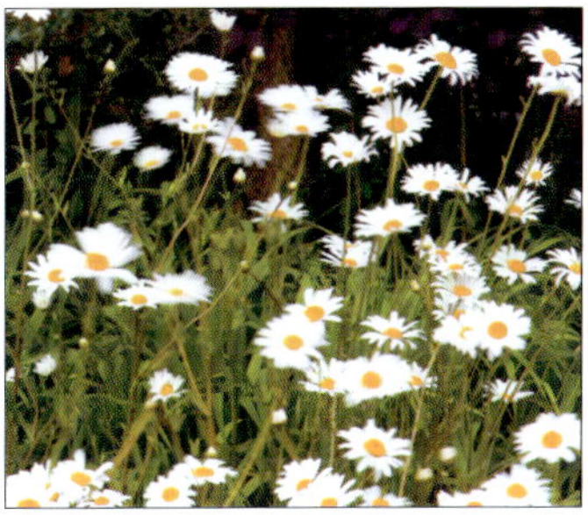

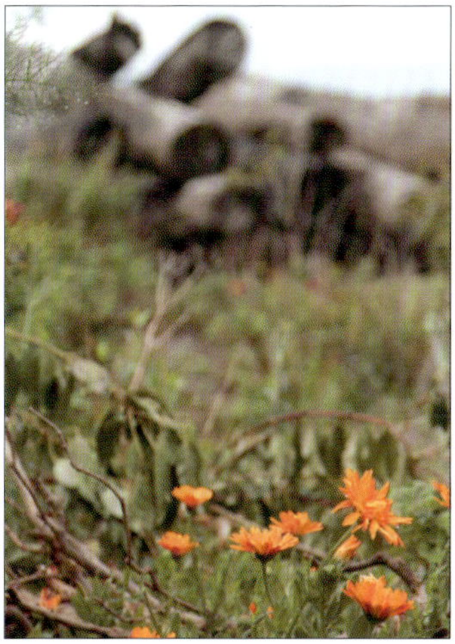

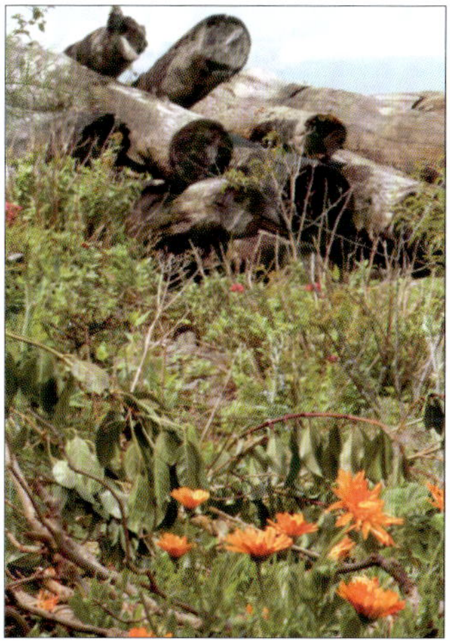

**上图** 这两张照片都摄于光圈优先/光圈值模式下。左图使用了大光圈(f/4.0),获得的景深较小,照相机自动设定快门速度为1/1000秒;右图中小光圈(f/22)的选择形成了较大的景深,照相机自动设定快门速度为1/50秒。

**上图** 程序偏移/柔性程序模式不失为一个试验光圈/快门组合拍摄效果的好途径。在上一张照片中,较高的快门速度和大光圈(小光圈系数)的组合“凝固”了花卉,但大光圈的使用造成一些花朵失焦;在下一张照片中,较低的快门速度和小光圈的组合产生了一幅从前景到背景都焦点清晰的画面,但较低的快门速度却导致了在风中摇摆的花朵影像模糊。

一个特定的快门速度,如用高速“凝固”动作,或用低速有意使人物或物体虚化。照相机会根据现有光线设定合适的光圈。如果快门速度设置得过高或过低,相机会发出闪烁光或发出“哔哔”声,提醒摄影者影像会曝光失误,但此时快门仍可以释放,因为有些“失误”的曝光可能是有意为之的。不然的话,你可以改变ISO感光度,看看曝光是否合适。

## 光圈优先(A)/光圈值(Av)模式

这一模式与S/Tv模式类似,只是运作方式正好相反。你可以设定一个大光圈(小的光圈系数)使背景失焦,或设定一个小光圈(大的光圈系数)来扩大景深,以确保风景从前景到背景都焦点清晰。照相机会自动选择一个合适的快门速度来确保“正确”曝光,或发出曝光“失误”的警告。

# 自动对焦模式

为了操作简便，如今的数码相机都具有精密的自动对焦(AF)系统，帮助我们拍出焦点清晰的影像，而让我们把精力集中于构图或预测拍摄对象表情上面。现今数码相机上大多数的AF系统属于“被动式自动对焦”，有以下两种工作方式。

## 对比度检测

这是自动对焦系统中最简单的一种，用于入门级袖珍相机上。它使用相对简单的传感器(非照相机的主影像传感器)来检测对焦点，使镜头产生像素对比度最高的影像。这表明镜头对焦精确——合焦的黑白条纹要比失焦的条纹像素对比度度高，后者呈灰色。

## 相位检测

这种自动对焦系统较为复杂，用于精密的数码袖珍相机和大多数数码单反相机上。在相位检测过程中，场景的光线通过镜头的不同部分被一分为二。自动对焦传感器将这些部分进行比较后发出指令，使自动对焦伺服系统(由微型的电动马达组成)根据两个影像间光线图形的相似程度调节镜头。

多数情况下，上述两种系统均能正常运作，对焦快速准确。但如果光线不足，或者被摄场景的对比度极低(比如拍摄蓝天或重复图案时)，你会听到照相机自动对焦系统不断“搜索”对焦点发出的声音。

为了应对第一种情况，照相机的“自动对焦辅助灯” 会自动地发出一连串光束，以使自动对焦系统能够“看清”被摄场景。若没有自动对焦辅助灯，多数相机

## 自动对焦(AF)点

傻瓜相机多数只有一个自动对焦点，只能使镜头聚焦于被摄画面的中央部分；而大多数码单反相机和一些数码袖珍相机的取景框内还有多个可供选择的自动对焦点，既可以单独选用(如被摄画面的左上角)，也可以同时全选。如果选择了某一个自动对焦点，相机就会用它进行对焦。当你想要使被摄场景中不在取景框中央的某一部分得到聚焦时，这一功能便大有可为了。

**下图** 许多照相机具有连续自动对焦系统，可以跟踪被摄主体，令其始终聚焦清晰。一旦按下快门按钮，焦点即被锁定，画面也随即被拍摄下来。

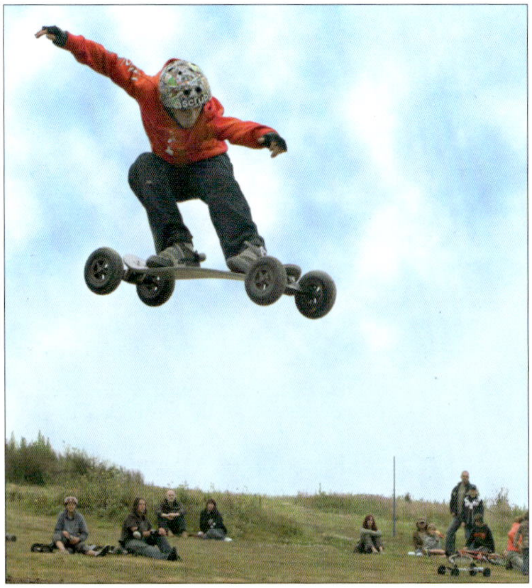

**下图** 有时候，即使连续自动对焦也难以跟上物体移动的速度。由于快门时滞的存在，在照相机实际拍摄的时刻，图中的被摄主体已经移动到离相机更近的位置，从而导致对焦不准。

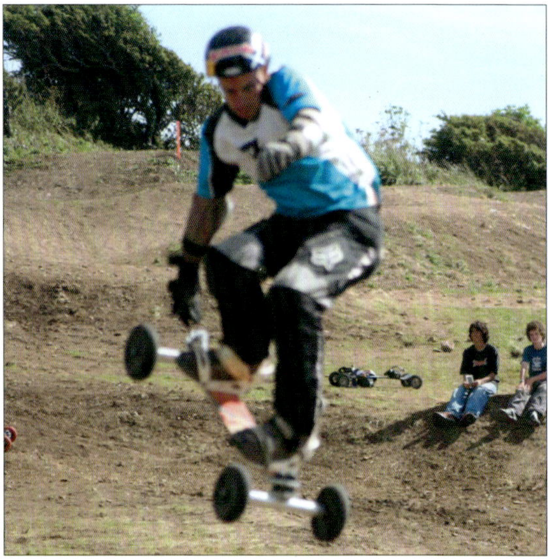

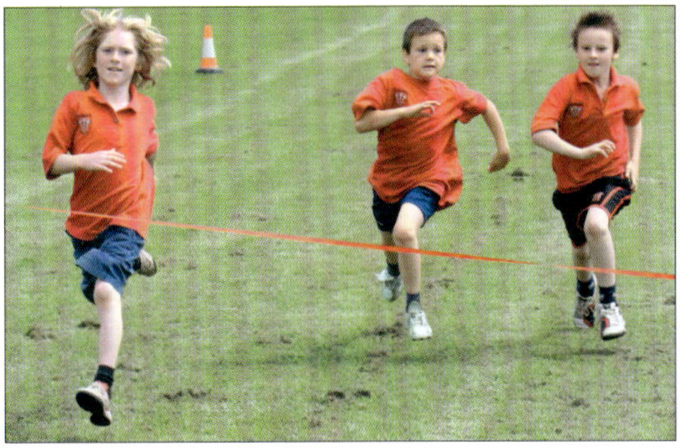

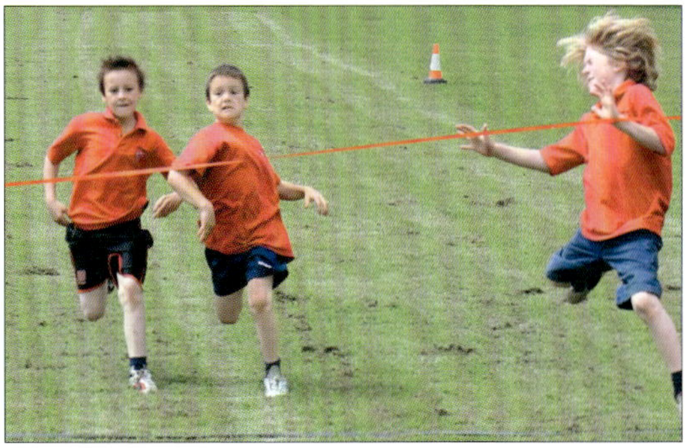

**上图** 高级的自动对焦系统能够跟踪移动的主体，并预测其在快门按下时的确切位置。此图使用预测对焦或人工智能对焦，这些参加跑步比赛的孩子被清晰定格。

**上图** 又过了不到一秒的时间，预测自动对焦已经准确地估计出跑步者将会到达的位置，从而抵消了按下快门按钮和相机实际拍摄之间的微小时滞。

会自动闪光。而当被摄画面的影调、色彩过于均匀，导致相机无法准确区分像素时，最快的解决方法就是将相机对准与被摄主体距离大致相同处的可对焦物体进行对焦。此外，如果相机有手动对焦选项，那么你可以自己调焦。

## 单次自动对焦与连续自动对焦

许多相机具有两种自动对焦设置模式——单次自动对焦和连续自动对焦。在拍摄风景、人像等较为静止的主体时，应使用单次自动对焦(又称作“单次拍摄”或“单幅拍摄”)模式。先半按下快门按钮进行调焦，对焦后再完全按下快门按钮，相机就会拍下影像。在连续自动对焦模式中，相机连续对焦，只有在半按下快门时才会“锁定”被摄主体。因此，这种模式适于拍摄移动物体——只要通过取景器或机背液晶屏一直跟随被摄主体，在进行拍摄前相机会尽量使其保持被聚焦。当然，连续自动对焦模式也存在一些问题。按下快门按钮后总要稍稍延迟一会儿，相机才会实际拍摄。又因为被摄主体是移动的，所拍的影像经常出现对焦不准。

## 预测自动对焦

为了应对上述情况，有些相机(多为数码单反相机)设有一种“预测”自动对焦系统。当移动的被摄主体以某个速率接近相机或离开相机时，这一模式最为适用。被摄主体一旦移入取景框范围内，相机的自动对焦系统会跟踪被摄主体，并预测快门按下的一刹那主体将到达的位置。事实上，相机估计的是快门按钮按下所需的时间和相机拍摄影像所需的时间。这样，就能确保主体在曝光瞬间仍然焦点清晰。

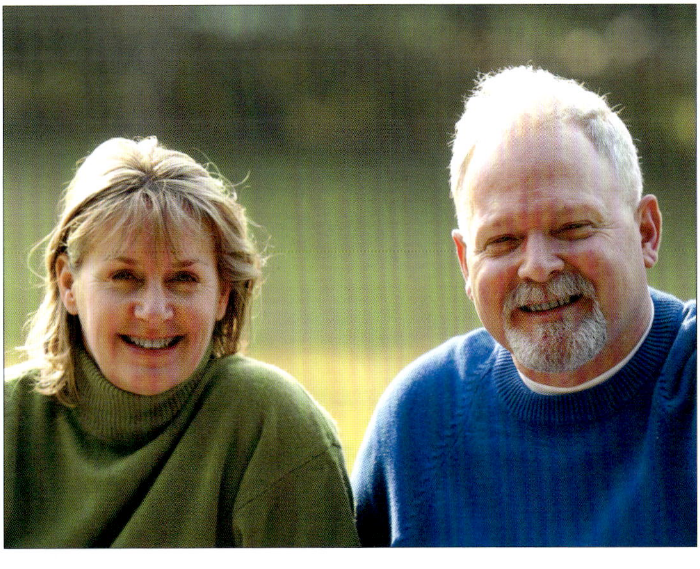

**左图** 拍摄静态主体时，推荐使用单次自动对焦。半按下快门按钮即可锁定焦点。

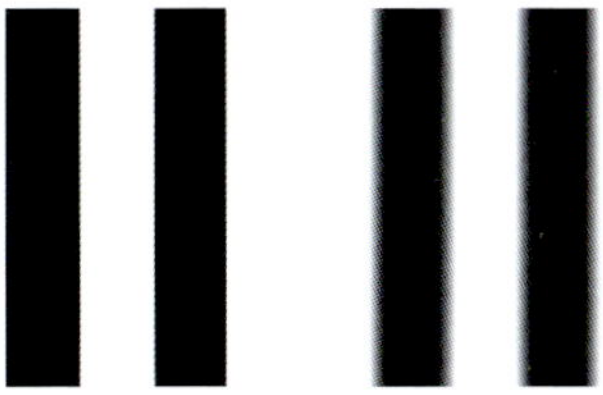

**上图** 这幅示意图表明了一些相机是如何依靠对比度来实现对焦的。图中合焦的线条(左侧)比失焦的线条(右侧)具有更高的对比度。

# 测光模式

为了避免所摄的影像太亮(曝光过度)或太暗(曝光不足)，所有的数码相机都需要一种方法来准确评估被摄场景的光线照度。过去，摄影者使用手持测光表测量被摄主体所受的光照量。事实上，如今许多在摄影室中工作的专业摄影师仍在使用这种设备，以确保自己准确地了解光照水平。但是，使用这些“入射式”测光表时需要将其置于和被摄体十分接近的地方才能够测出“读数”。

对于我们中大多数人来说，这通常并不实用，所以现代照相机都带有内置式测光表，用以测量被摄主体所反射的光线或被摄场景整体反射的光线。然而，光照水平即使在同一场景中也有巨大差异，因而许多相机提供有多种不同的测光方式，以帮助摄影者获得准确曝光。这些方式称为“测光模式”。下面介绍三种常见的测光模式。所有数码相机都至少具有其中一种，而许多相机则三种模式俱备。

## 中央重点测光

这是不提供测光选项的数码相机(如一些数码袖珍相机)上最常用的测光模式。在这一模式中，测光基于或偏重于取景器中央，再兼顾整个场景的平均值。这是因为在多数拍摄情况下，被摄主体位于取景框中央需准确曝光，而场景其余部分的曝光取平均值就行。如果画面的最亮部分和最暗部分差别很大(如地面和天空)，那么相机会寻找最佳设置，以确保画面的绝大部分尽可能获得准确曝光。

这一模式十分适用于拍摄人像，特别是当被摄主体位于明亮的背景前面时(这称为逆光照明)。不过，如果被摄主体偏离画面中央，或者背景/前景特别明亮或特别黑暗时，照片很可能曝光失误。

## 点/局部测光

顾名思义，点测光或局部测光只从取景器的中心点测取读数，并只为影像的这一部分设定准确的曝光量。也就是说，照相机不会测量场景其他任何部分的光线照度。纯粹的点测光只测量占取景器区域1%～2%的中心部分，而局部测光则测量大约占9%～10%的部分。当不论周围环境光线如何被摄主体都必须准确曝光时，或者在近距拍摄时，应使用这种测光模式。虽然这种测光方式最易预测到结果，但假如被用于测光的区域其平均值并非最佳，那么拍摄结果将会曝光过度或曝

**右图** 设定为中央重点测光模式时，照相机设置的曝光注重影像的中央部分，同时也顾及场景的其他部分。此图由于花朵周围的叶子较暗，所以花朵稍稍曝光过度。从此图右侧的简略示意图中可以看出，中央重点测光是如何评估被摄场景的。

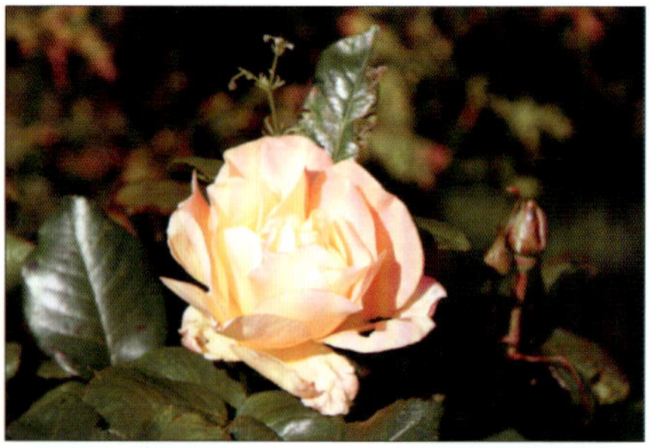

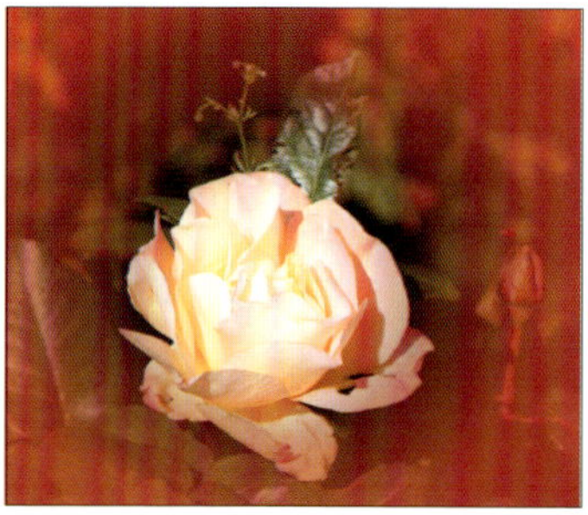

**右图** 设定为点测光或局部测光模式时，照相机设置的曝光只适于场景的中央部分。图中的花朵准确曝光，而其周围环境则曝光不足。其右侧的示意图显示了这一测光模式是如何评估被摄场景的。

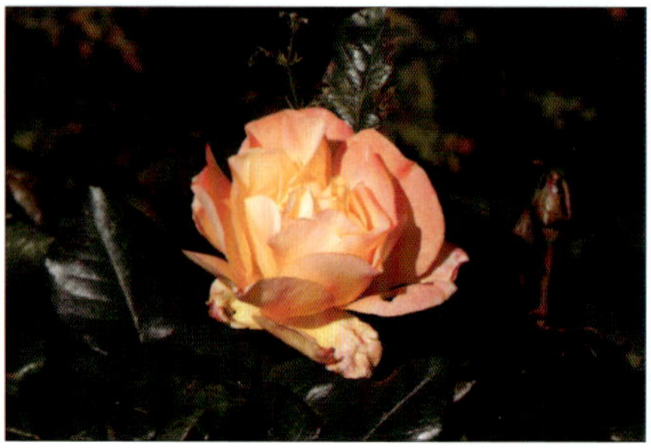

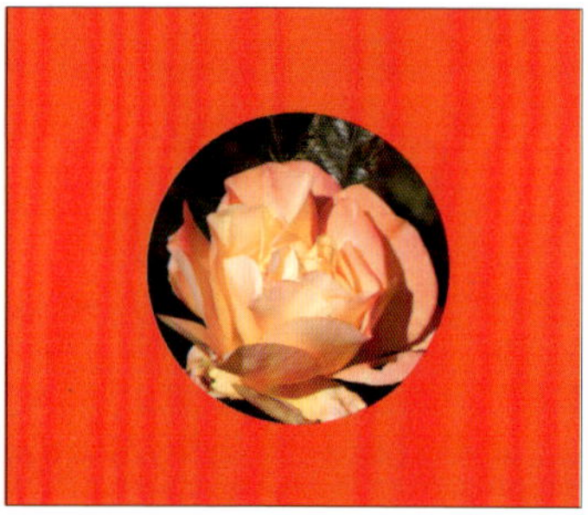

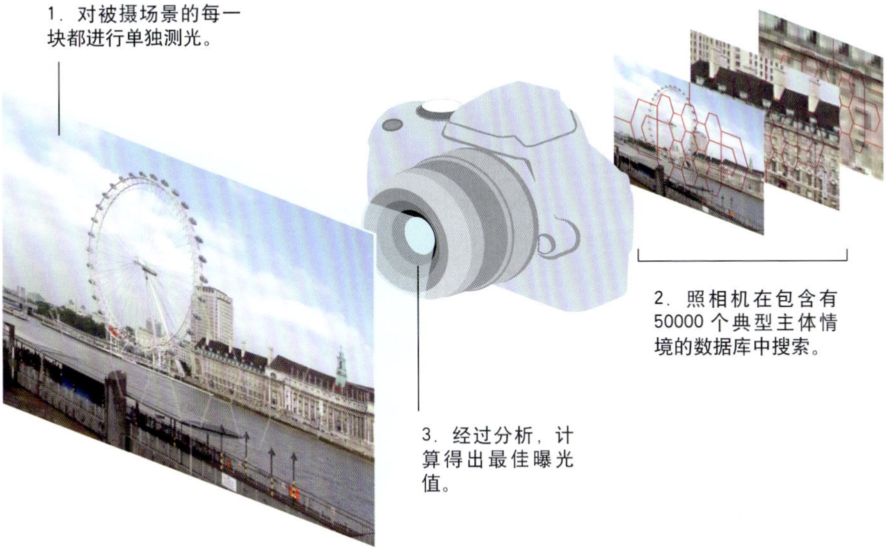


**左图** 简单地说，在评价/矩阵测光模式中，照相机对即将拍摄的场景进行评估，将其与数据库中成千上万张"比对"照片的进行比较后得出最佳曝光量。

光不足，无法令人满意。因此，许多数码袖珍相机上通常设有点测光或局部测光模式。

## 评价/矩阵测光

这是所有测光系统中最复杂精密的一种，在大多数提供测光选项的照相机上为默认模式。在这一模式中，相机从被摄场景的不同的点取得多重读数测光，同时又评估被摄主体的位置、前景和背景、整体亮度、顺光/逆光照明、色彩等。然后相机将这些读数与数据库中成千上万张"典型"拍摄场景数据进行比较，最后选择数据库中的最为接近的类似场景的曝光。换句话说，照相机会猜测将要拍摄的照片类型，例如猜测是拍晴空下的风景还是拍黄昏时的人物。通常情况下，评价/矩阵测光模式可以为任何场景选择最佳曝光，取得意想不到的好效果，但这并不意味着使用这一模式就万无一失，因为其中毕竟包含了一些猜测成分。经验丰富的摄影师常常抱怨说，自己在使用评价式测光时失去了部分控制权。

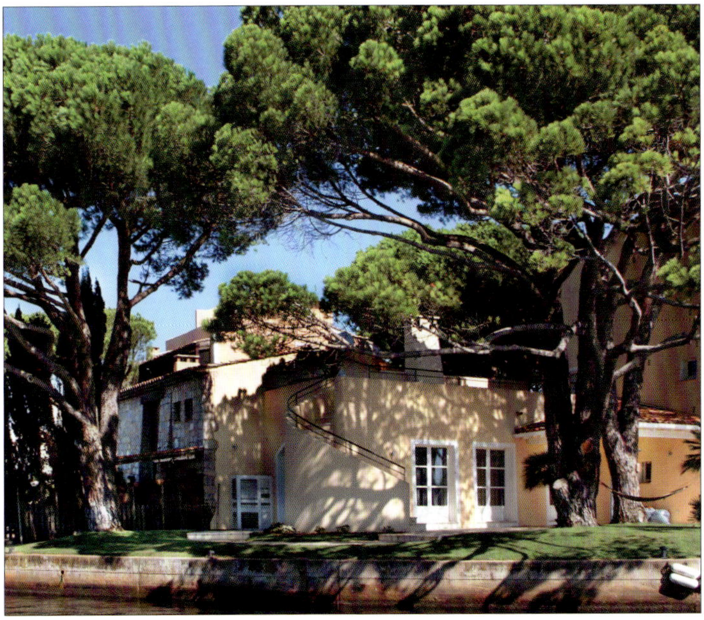

## 三种模式孰优孰劣？

一般而言，如果被摄场景各部分的高光、阴影部分均无明显差异，那么使用评价/矩阵测光模式更易获得准确曝光。假如有些亮部或暗部有显著差异，或者被摄主体受到逆光照明，抑或只需要让被摄场景的某一特定部分得到准确曝光，那么既可以使用点/局部测光模式，也可以使用中央重点测光模式，两种模式效果都不错。

**左图** 照相机的矩阵式测光使这一场景得到了准确曝光，因而画面中既有明亮的高光，又有较暗的阴影。

# 直方图

使用数码相机拍摄的好处很多，其中最重要的一点便是，在拍下影像的同时构成影像的每个像素的色彩、亮度和影调值也被记录下来了。

这些数值在相机液晶显示屏上有两种回顾方式：一是显示所拍影像本身，二是显示被称为直方图的一种影调图表。

懂得如何解读直方图有助于摄影者评估所拍的影像是否有合适的影调分布，以获得曝光正确的照片，特别是在明亮的阳光下拍摄时，从相机液晶显示屏上很难看清所拍影像，这一点便显得尤为重要。

## 解读直方图

一般可以在拍摄或回放照片时调出直方图，显示在相机背面的液晶显示屏上。这种图表的 x 轴(横轴)代表从黑到白(0–255)的整个数字影调范围，y 轴(纵轴)代表某一特定影调值上的像素数量。

最好在心中暗自把 x 轴划分为三个部分：阴影分到左侧，中间影调分到中部，高光分到右侧。曝光理想的影像所形成的图形两边对称，中间隆起并向 x 轴两侧缓慢均匀地降低，直至左端的黑点和右端的白点。而在曝光失误的例子中，如果绝大多数像素聚集在直方图左侧，说明曝光不足或是暗影像(低调)；如果绝大多数像素聚集在直方图右侧，则说明影像曝光过度或是亮影像(高调)。

## 高光过度/阴影不足

回看影像直方图的最重要的作用之一在于，一旦发生“高光过

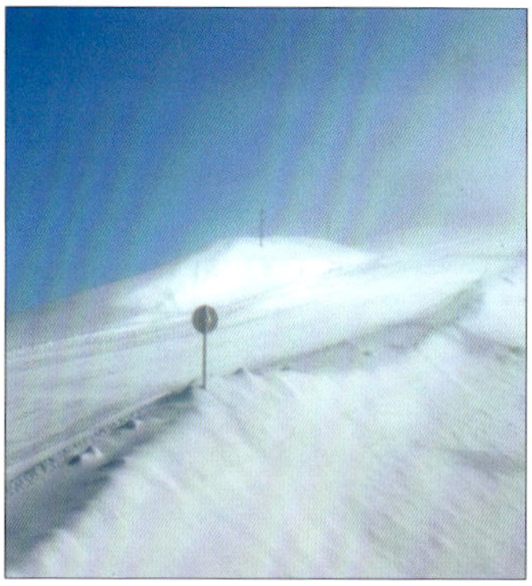

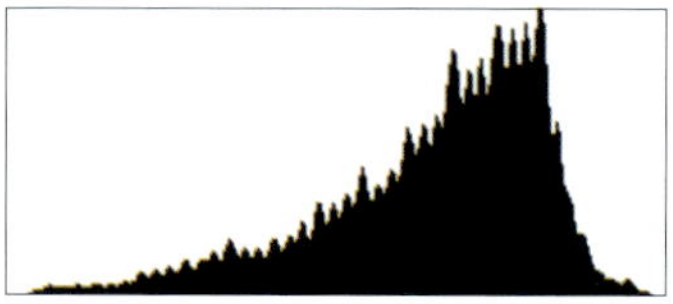

**上图** 雪景的直方图上会有大量的像素聚集在高光(右侧)端。但直方图两侧的像素分别均匀地呈弧形降至黑点(左端)和白点(右端)。这说明影像由黑到白有个好的影调范围。

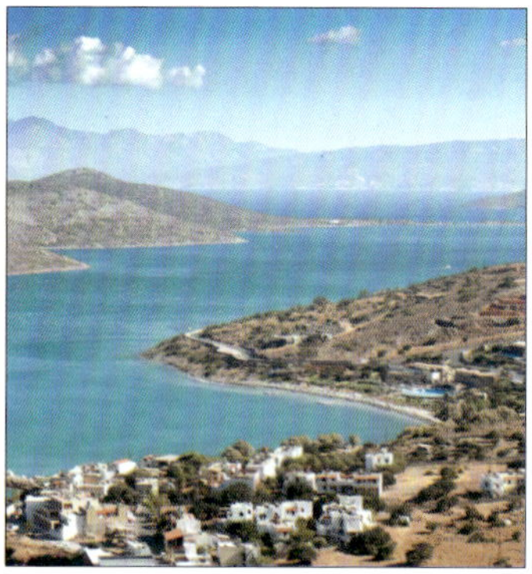

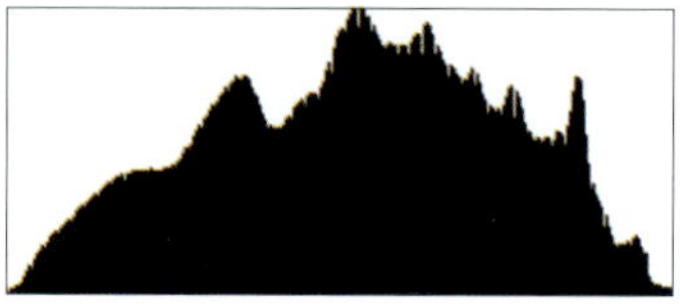

**上图** 虽然直方图上出现了代表影像上诸如建筑物及山脉阴影等的特定区域的数个突起的“小山峰”，但这幅影像的直方图总体来说比较均衡。两端分别逐渐向黑、白点降低，说明影像曝光较佳，影调完整。

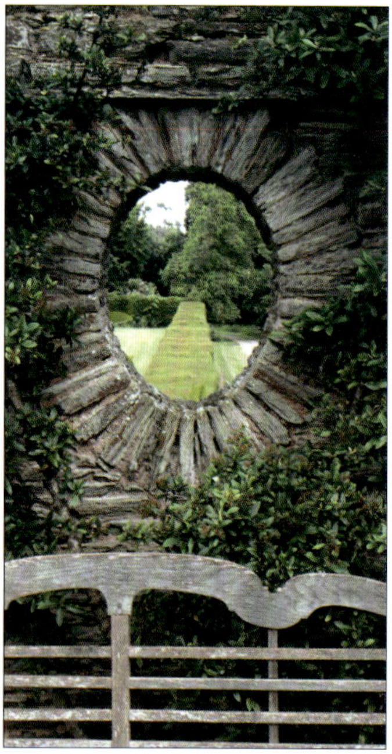

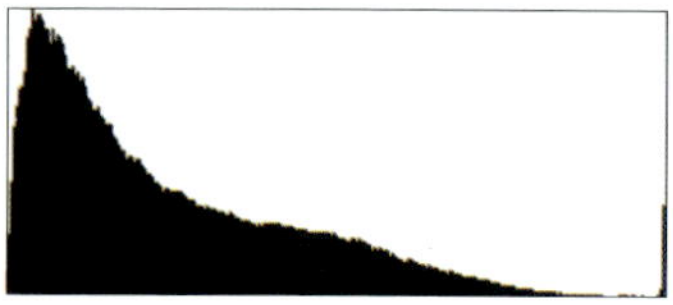

**上图** 这张照片透过花园的墙让观者看到了远处的花园场景，画面较暗，有反射光。其直方图上大多数像素聚集到阴影端(左端)。但同样地，由于图形是从高峰处降至黑点底部(尽管是骤然下降)，阴影处的细节大多依然可见。

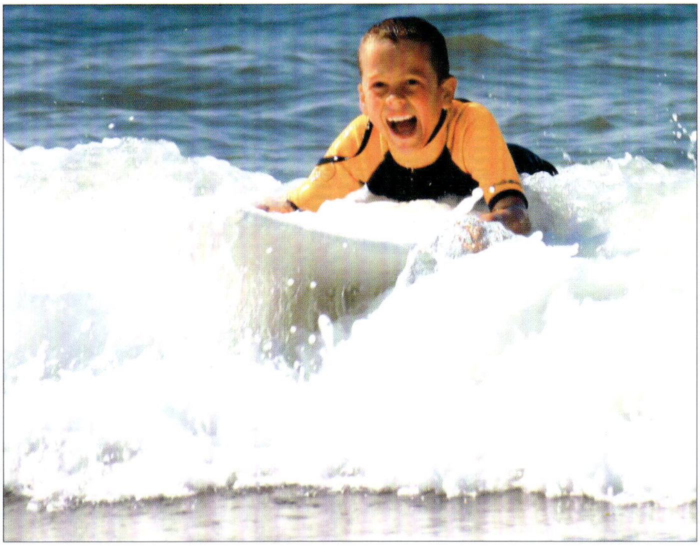

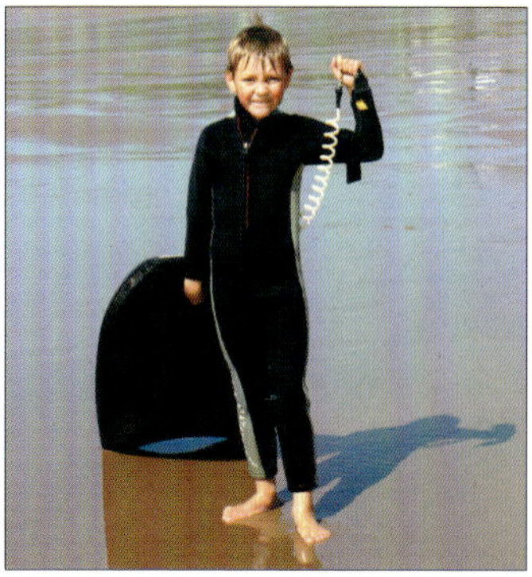

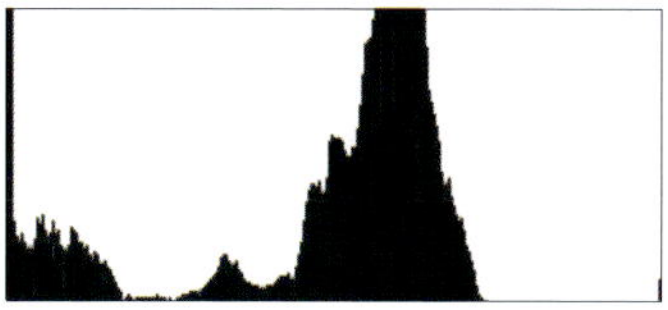

**上图和右图** 背景中暗淡的水面和相对较暗的被摄主体愚弄了照相机，导致影像中的浪花曝光过度。这一点可以从直方图右端出现的像素钉状堆积上看出来。

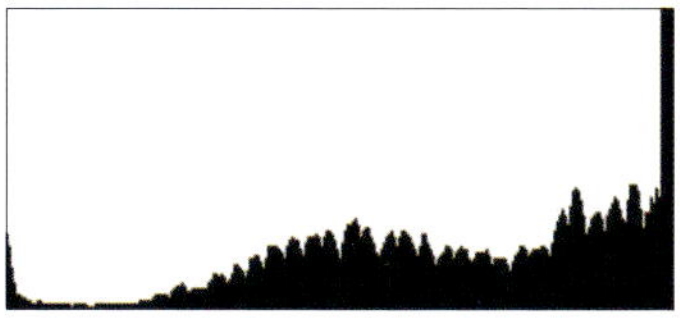

**上图** 在这张照片中，尽管明亮的高光相对缺少，男孩深色的冲浪服仍然曝光不足。直方图左端黑点处出现的像素钉状堆积显示了这一点，并且说明影像丢失了一些阴影细节。

度”或“阴影不足”，你从图上很快就能察觉。高光曝光过度、阴影曝光不足都可能发生在影调范围很宽的场景中，亦即影像既有大量黑暗的阴影区域，又有大量明亮的高光区域。在这种极难应对的光照环境里，根据具体相机的不同及其测光系统工作方式的差异可能产生以下结果：阴影部分曝光不足而呈漆黑一片，辨认不出细节(阴影不足)；或者高光部分曝光过度完全呈白色(高光过度)；或者二者均发生。其中，影像的明亮区域曝光过度至呈现纯白的现象常被称作“过曝高光”。

高光曝光过度和阴影曝光不足在直方图上都可以迅速发觉。此时，直方图的左端或右端会堆积大量像素或出现一个突兀的“钉状物”。如果在回看直方图时发现有一大堆像素聚集在图表的一端或两端，应重新构图，以使取景框中的明亮区域或阴影区域更少一些。

过曝高光极其突兀，在图像编辑软件处理中通常无法弥补，因为毫无信息可资利用。相比之下，编辑软件处理中从黑暗的阴影中提取细节则要容易得多。因此，通常宁可黑暗区域曝光不准，也应当尽量确保明亮区域曝光准确，在使用数码袖珍相机时更应如此。有各种各样的技巧，可用来帮助你在难以对付的光照环境中获得尽可能好的效果，这些技巧我们将在第78～79页的“手动曝光”一节中具体介绍。

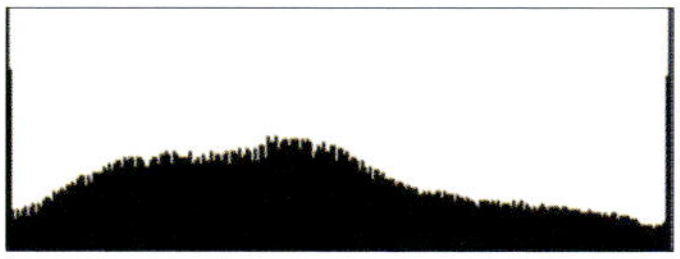

**上图和右图** 这张黑白照片呈灰色调，故其直方图除了两端因为黑暗阴影和明亮高光而产生的尖峰外，其余部分自然相当均匀。

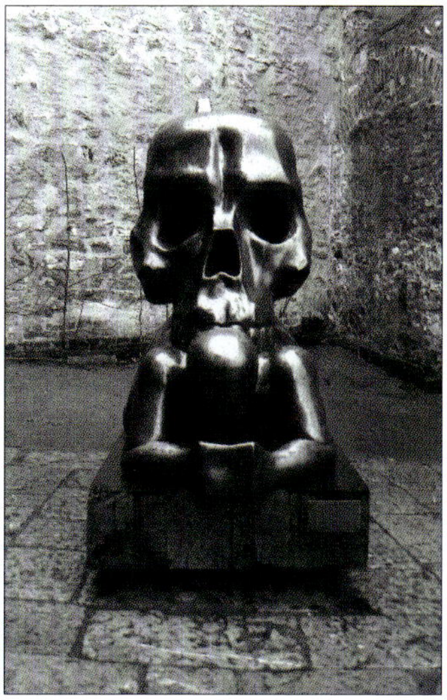

# 色温与白平衡

每当我们观赏壮丽的日出景象，或在正午时分欣赏令人叹为观止的景色，抑或夜晚漫步在华灯初上的街头时，我们的眼睛和大脑会自动进行调节，从而在大多数情况下都能对光线的颜色变化作出补偿。于是，无论何时何地，一张白纸在我们看来总是白色的。其实这会产生误导。为了使照相机拍下色彩准确的影像，我们需要了解光线的颜色是如何发生变化的。

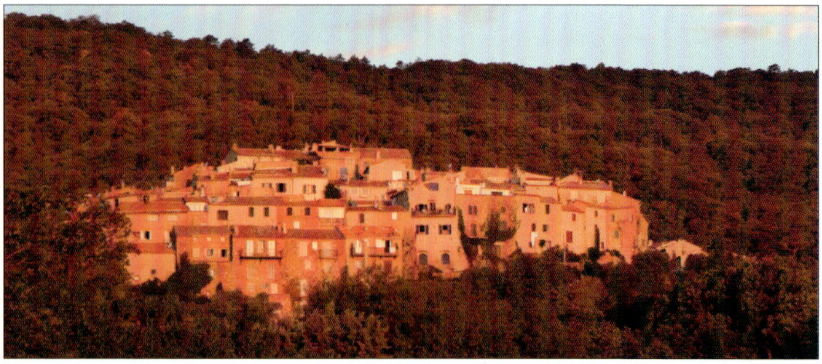

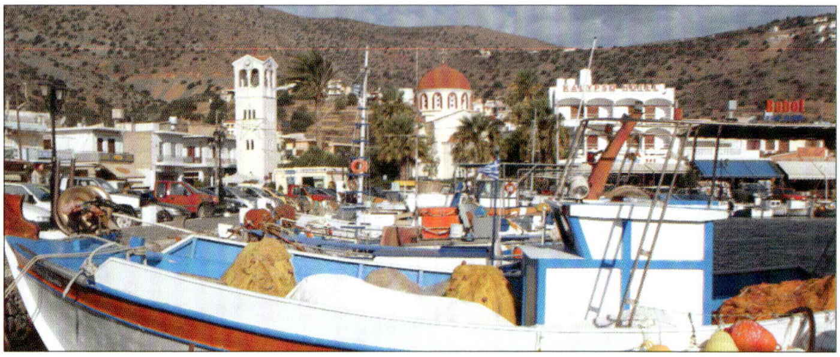

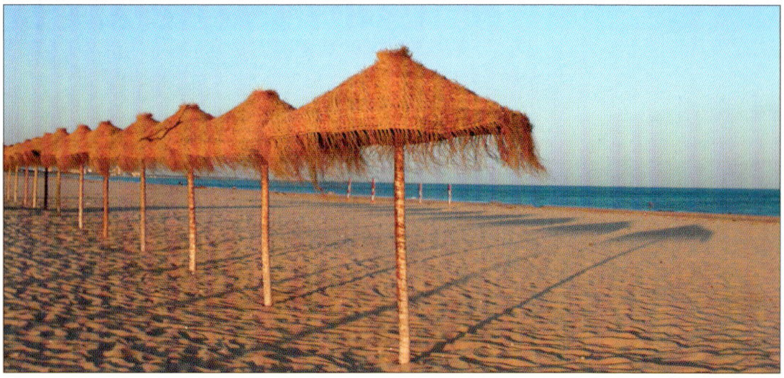

## 自然光

光线的色温可以用开尔文温标(K)来准确测量。一天之中光线的色温会发生变化(具体情况因地方和季节有所不同)，从而影响光的颜色。例如，日出时的光线常常带些许红色调，色温约为2500K。

随着太阳在天空中渐渐升高，光线变得越来越白。到正午前后，光线的色温可达到5500K左右。在这一色温下，不会发生可见的色彩偏差，因此闪光灯也采用这一中性的色温。

太阳开始下落时，色温又随之降低，到最后光线往往会回到日出时的红色调。

云层的遮盖（或缺少云层）也会影响光线的颜色。比如，多云时的光线相对呈中性，色温在6000K到7000K之间；而明亮的蓝色天空的色温可达约10000K，会投下一种蓝色调，使你拍摄的画面明显偏冷。

## 人造光

不仅自然光存在着色温变化，各种类型的人造光也会有不同的色温，而且其色温变化通常比自然光更为明显。举例来说，台灯上常用的一只标准的60W白炽灯(钨丝灯)泡，发出的是略微泛红的暖色光线，色温约为3000K；而一些荧光灯发出的光线色温较高，约7000K，呈蓝绿色的冷色调。

**上图** 这三张照片分别摄于日出、正午和日落三个时段。最上面的照片摄于清晨5:30左右，日出时无云遮盖，这时呈现的红色调的光线色温约为3000K，比较典型。相比之下，中间这张照片的色彩中性得多。然而日落时分(最下面的照片)，色温又回到3000K左右，再次出现日出时伴有的红色光辉。

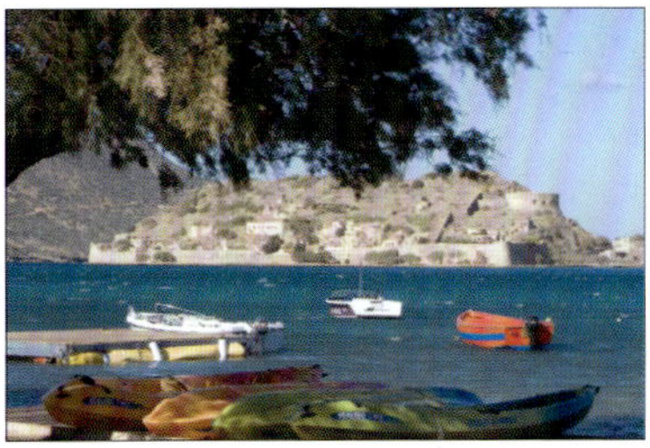

自动白平衡

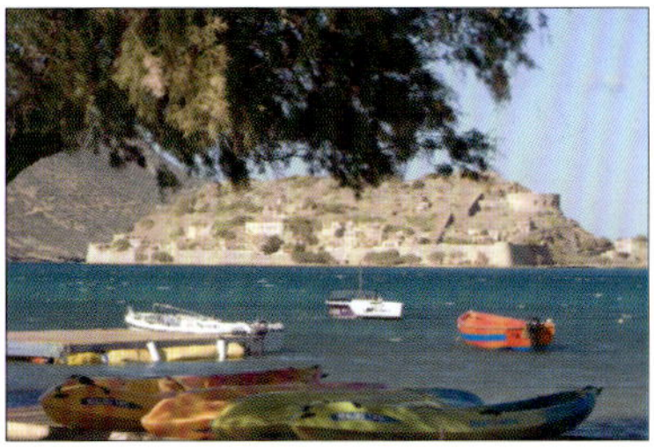

日光

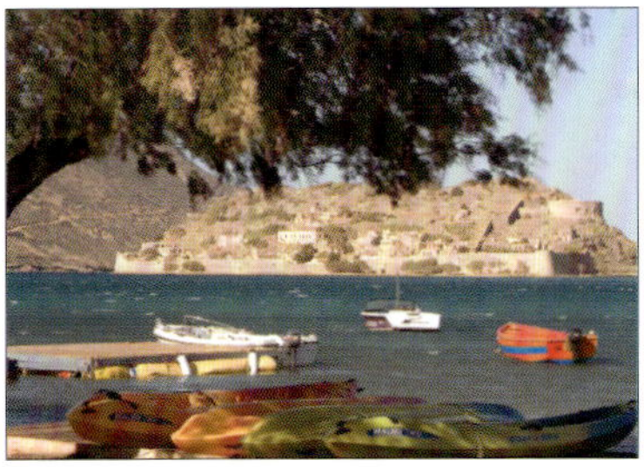

多云

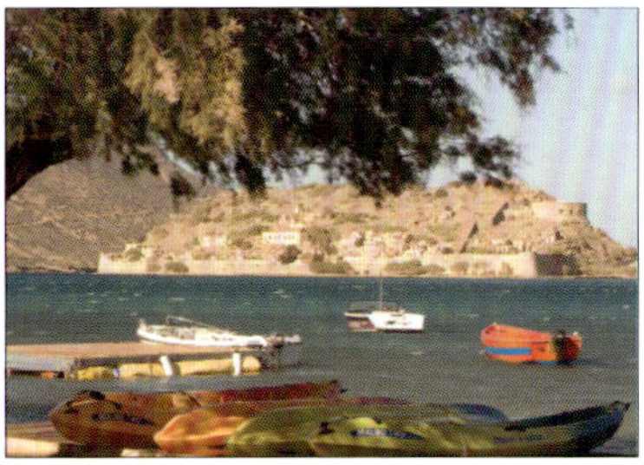

阴影

**左图** 这组影像说明了同一画面在不同的白平衡设置下拍摄的不同效果。暂且不论用于室内钨丝灯、荧光灯等设置（这些与这组影像无关），几种“户外”设置模式之间的差别却可以在这组影像中一目了然。尽管光照未变，依次在自动白平衡模式、日光模式、多云模式、阴影模式下拍摄的影像却一张比一张红，产生的效果各不相同。这是因为上述模式下的照明条件色温依次升高，色温越高，光线越呈蓝色。作为补偿措施，照相机对照自动模式设置，渐次在日光模式、多云模式、阴影模式下所拍的画面中增加了红色的值。

## 白平衡

过去，摄影者会在照相机镜头前加上各种各样的彩色滤光镜，以抵消光线引起的色彩失真。如果光线过蓝，就用红色滤光镜使影像色调变暖；反之亦然。在数码相机前加上用滤光镜当然是一种校正色调的方式，但是很多数码袖珍相机无法加装滤光镜。事实上，所有数码相机都具有白平衡(WB)设定功能，同样可以解决这一问题。

## 自动白平衡

所有的数码相机都具备自动白平衡(AWB)设置。简单地说，就是将影像中最亮的部分变为白色，然后以此为参照点调整其他色调 ，从而获得逼真的色彩。但是，若影像没有“白色”参照点，或被摄场景被某一种色彩所主导，那么相机的自动白平衡设置就可能出错。为了应对这种情况，有些数码相机备有一系列的预设白平衡模式，包括白炽灯(钨丝灯)、荧光灯、日光、闪光灯、多云、阴影等模式。这些模式与某一特定照明条件下常见的色温进行一一对应的设置，获得的色彩通常比自动白平衡设置下的更准确。

此外，功能更为齐全的数码袖珍相机和很多数码单反相机还具有用户自定义白平衡设置模式。使用这种模式时，先在拍摄环境的照明条件下对一张白色卡纸拍摄，使其填满取景框。相机会将这一色彩记录为白色，并且随后拍摄的所有照片都会沿用这一设置。有些相机还允许你手动输入精确的开尔文设定值，如果你知道所用光源色温的话。

## 快速修正色偏

假如所拍影像看上去色调过暖或偏红，选择更高的色温设置值(如从“日光”调到“多云”)重新拍摄，可以获得更为准确的色彩。同理，如果影像看起来色调过冷或偏蓝，则应选择更低的色温设置值。最后需要指出的是：虽然我们通常致力于求得准确的白平衡，但是，若对一幅美妙的落日影像进行色偏修正，导致余晖照耀下带品色的白墙变成了准确无误的白色，那么影像的美感反而会大打折扣。显而易见，有时我们需要保留场景中有色光投射的色调，因为它能为影像添加某种氛围。同样地，某种街灯发出的绿色光看上去怪怪的，但这或许正是你为了表现都市环境而苦苦追求的效果。所以若要寻求创意效果，就去尝试那些“不恰当的”白平衡吧，看看你会得到怎样的结果。

### 色　温

各种典型光源下的平均色温（单位为K）：

| | |
|---|---|
| 烛光 | 1500 |
| 白炽灯/钨丝灯 | 2500 |
| 日出/日落 | 3000 |
| 正午日光/闪光灯 | 5500 |
| 阴天天空 | 6500 |
| 雾天天空 | 8000 |
| 蓝天天空 | 10000+ |

# 构　图

在了解了基本的自动、半自动拍摄，测光、对焦等模式之后，下面我们来看一看基本的构图原则。懂得了基本构图原则所能带给摄影者的额外的创造力，不仅会帮助你将你行将拍摄的影像视觉化，而且还能赋予影像更大的视觉冲击力。

## 好的构图

在接下来的几页中，我们将介绍美术家、摄影师很多年来用于改进构图的各种技巧。那么，什么才是好的构图呢？

从某一层面来说，好的构图就是关于如何在取景器或液晶显示屏上将被摄场景的各个成分“布置”恰当，使它们的形状、结构、色彩和影调相得益彰，具有视觉吸引力。当然这是很主观的——一幅令一位观者产生强烈共鸣的画面另一人看后却可能反应冷淡。但不管怎样，运用某些构图技巧通常是摄影的良好开端。

## 捕捉瞬间

对于许多摄影新手来说，最难掌握的技巧之一是如何用相机将某个瞬间或某个场景完全捕捉下来，让照片给观者带来的感受就如当初我们在拍摄时所体验的那样。比如说，我们在海滩上时除了眼前所见，还能闻到海风的味道，听到海鸥的鸣叫，触摸到沙子的质地，感觉到阳光的温暖——所有这些组成了这一特定时空给我们的感受。然而当我们从屏幕上查看自己拍下的图像或者观看打印出来的影像时，却常常发现这些图像未必能重现我们原先在当时当地的感受。

好的构图是运用技巧的一种途径，这些技巧有助于你创作出赏心悦目的影像，并且能成功地唤起我们对某个地方或某个事件的情感和记忆。现在我们来看看构图的若干基本规则。但是请注意，不要被这些“规则”先入为主地束缚起来，以免它们扼杀你的创造力，妨碍自然的创意。且把这些规则当作一种指导原则，把它们看成是有帮助的东西，而不是要一味遵守的东西。

**下图** 接近被摄主体后再拍摄，是突出被摄主体的一个好方法，而且这还有助于消除易引起干扰的背景物。

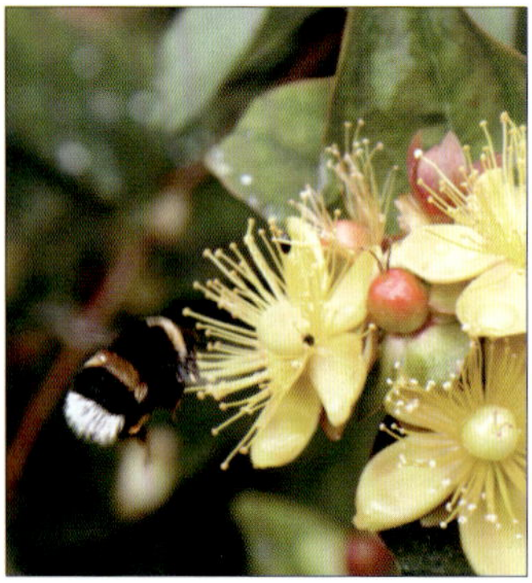

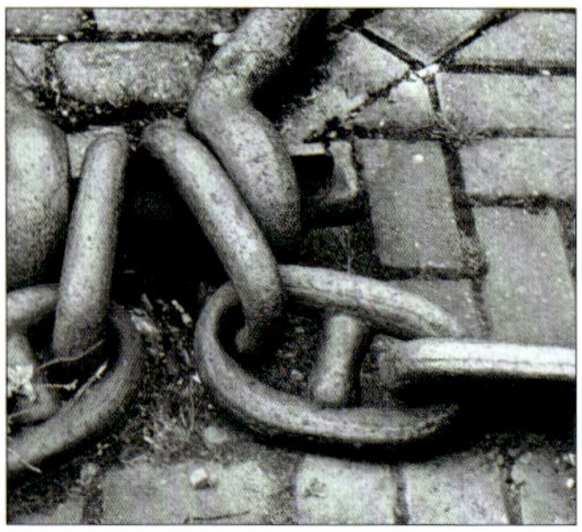

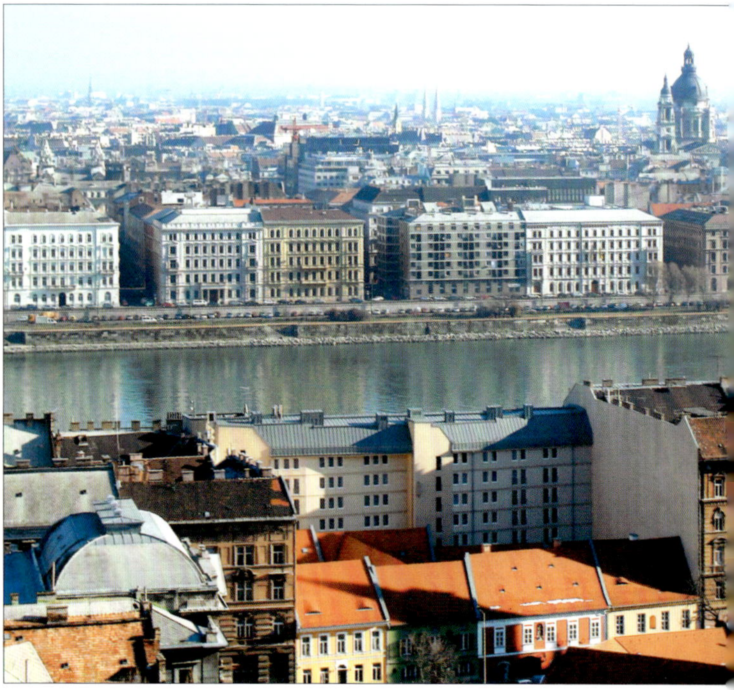

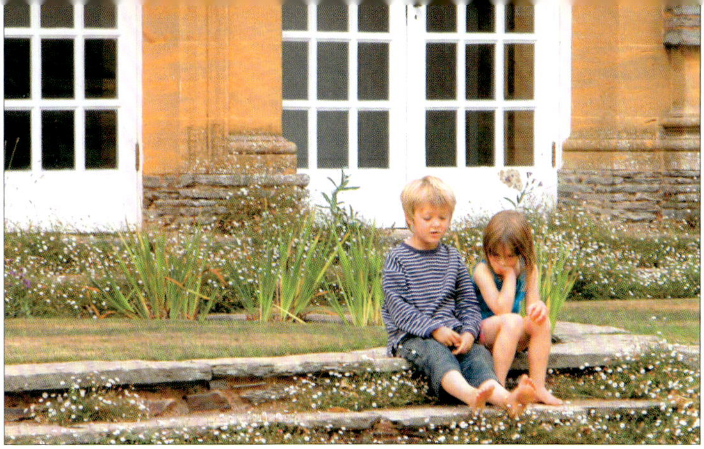

**上图** 图中的两个孩子不在取景框的中央，而且周围还有许多背景物体，但毫无疑问，他们仍是整张照片的焦点。

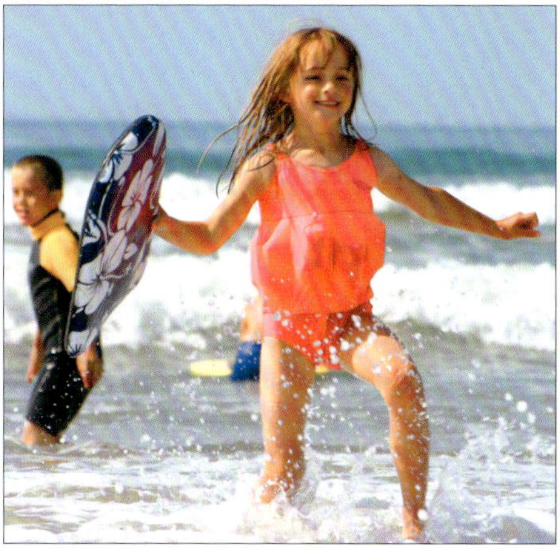

**上图** 借助于较高的快门速度，画面中的女孩被定格，从而使其表情清晰可见，这一瞬间被成功抓拍下来。

**下图** 在面对海景或山水风景时，大多数摄影者会自然而然地以水平方向取景，或称"风景式"取景、横向取景。但假如场景需要，并没有规定说你不能"竖向"拍摄。

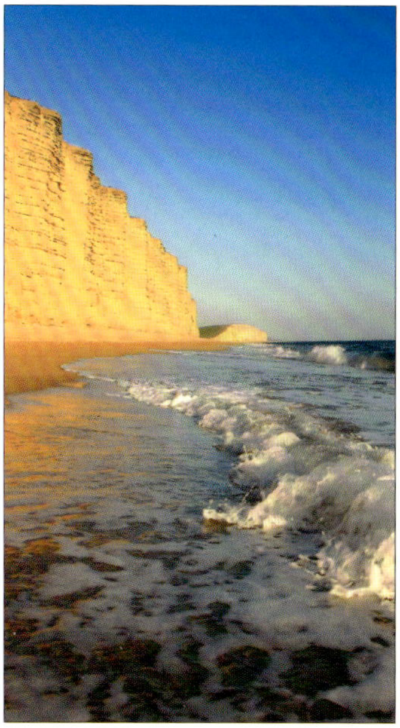

**下图** 这张城市风景照捕捉的是布达佩斯多瑙河畔的景色，包含有整齐划一的排排窗户。

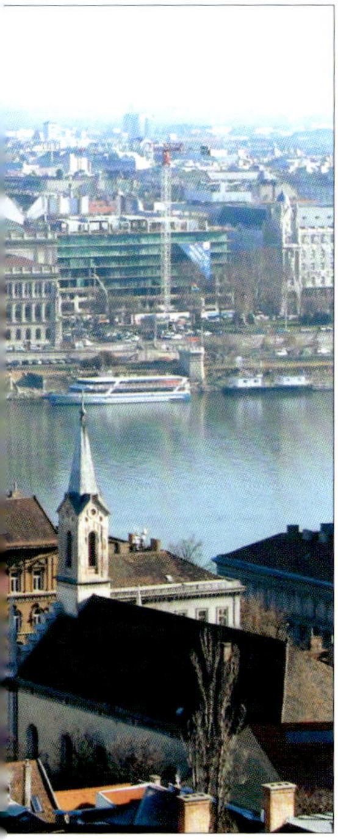

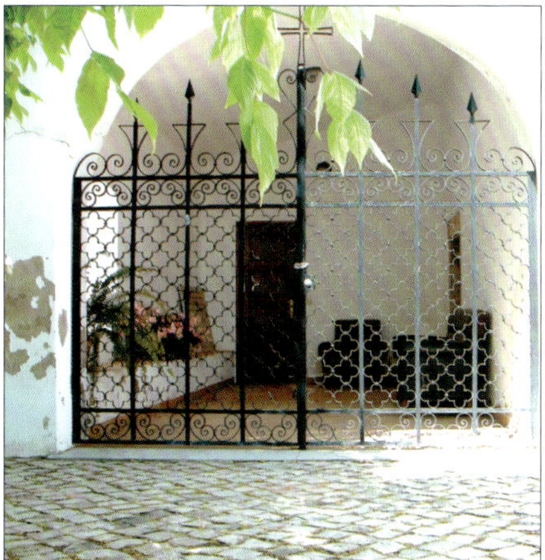

**上图** 这里，摄影师特意在画面顶部摄入些许树叶。这是能增强影像深度的"框式"构图的一种形式。

## 寻找灵感

作为摄影者，当然会有缺乏灵感的时候。天气情况持续较差，或者感觉缺少摄影题材，都会让你束手无策。加入摄影俱乐部是帮助你度过这种时期的一个好办法。在那里，你会遇到志趣相投的人，面对一些特殊的摄影问题及挑战，能与影友们共同学习，探讨如何改进照片的质量。

或者，你可以加入诸如Flickr（www.flickr.com）的网上摄影社区，其中大部分拥有众多的论坛及与某些摄影题材、风格有关的特定区域，可以免费加入。展示自己拍摄的照片，听听他人的评价，这同样也别有趣味。

# 布满取景框

或许在所有构图规则或窍门中，最有效同时也是最浅显易懂的就是“布满取景框”了。但令人惊讶的是，现实生活中有很多照片(特别是人像)不是拍得太远，就是没有充分发挥照相机变焦功能的作用。

造成这一情况的部分原因在于，我们的大脑十分善于将我们不是特别关注的所见所闻“过滤”掉。而当我们专注于某事物时，该事物就填满了我们的“心理画框”，吸引了全部的注意力。拍摄时即使我们离被摄主体有较远的一段距离，我们还是会觉得被摄主体似乎已经填满了取景框。这样，拍摄的结果几乎可以肯定——被摄主体在取景框中会显得很小，其重要性得不到凸显。

## 视觉接近

罗伯特·卡帕，史上最伟大的战地摄影记者之一、美国《生活》杂志的创始人之一，有这样一句名言：“如果你的照片拍得不够好，那是因为你靠得不够近。”这正是“填充画面”的含义所在。虽然卡帕在这么说的时候，无疑他是指摄影者身体与被摄主体的“靠近”，这样靠近被摄主体当然有助于画框的填布；但如今愈加精密高级的镜头技术还能让我们做到视觉上的接近。在本书的以后部分，我们将更为详细地介绍焦距以及使用长焦(或远摄)镜头对所拍画面的影响。不过，现在先让我们看看如何用照相机的变焦功能来接近被摄主体。你会惊喜地发现这能给影像带来巨大的视觉冲击力。

布满取景框不仅可以减少因疏忽大意而拍下背景或前景杂物的可能，而且还便于观者明白无误地找到画面的主体。

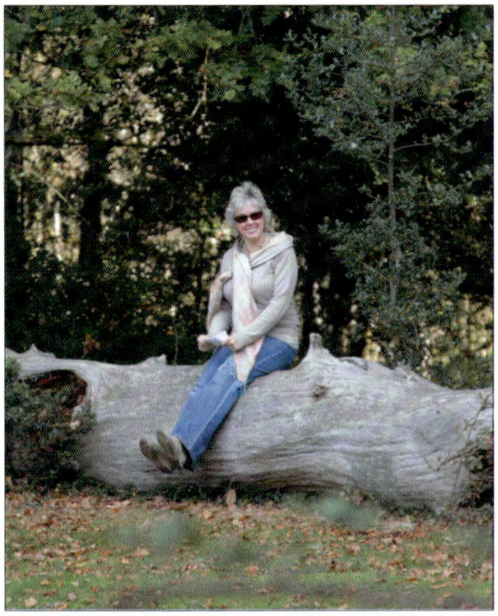

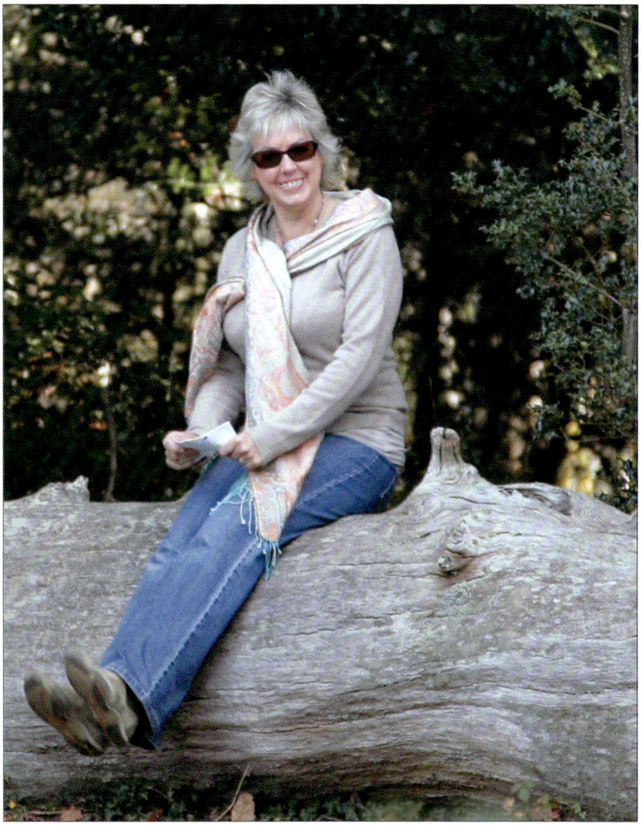

**上图和右图** 在照相机后面通过取景器看世界时，我们的大脑会和我们开一些奇异的玩笑。因为我们太“关注”照片的被摄主体，以至常常无暇顾及其周围场景中的无关部分。直到最终图像打印出来，或者首次出现在屏幕上时，我们才意识到发生的问题。对于这种情况有一个好办法：取景后先闭上眼睛回想一下刚刚取景器中的画面。当你再次睁开眼睛，就可能会惊讶地发现，现实取景的结果与你脑海中想象的即将拍摄的画面并不相同。

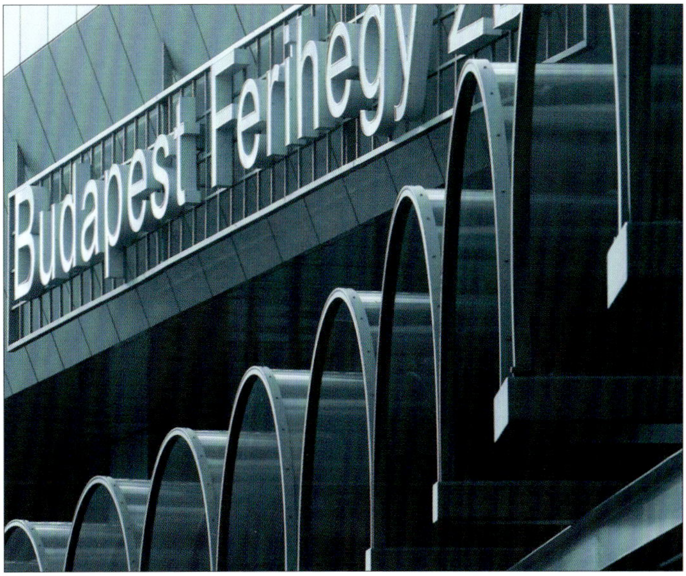


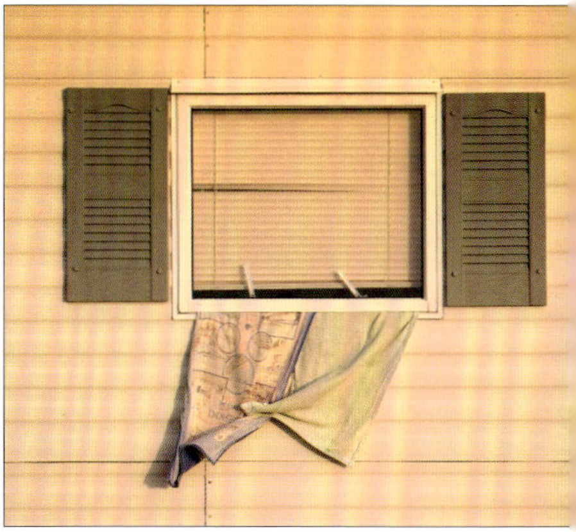

**上图** 如果在合适的光照条件下"布满取景框"进行拍摄，那么，即使是一扇拖车车窗搭着两条茶巾这样平凡的景象，也能够创造出趣味盎然、对称别致的构图来。

**上图** 布达佩斯机场的建筑物上有一些呈几何图形的有趣的形状、图案和线条，很难整体拍摄。最后，摄影师不再试图拍下完整的建筑正面照，而是着重聚焦机场名称和最开始引起他注意的那些结构元素。

**右图** 在这两张照片中，摄影师试图拍下生长在海边峭壁顶上的紫色花丛。第一幅影像较好地捕捉到了花朵的色彩与数量，但同时也拍下了海滩、海水，分散了观者对被摄主体的注意力——因为从中无法清晰地分辨出摄影师想让人们关注的主体。而第二幅影像布满画框构图后，花丛成了画面中唯一的主体，没有外加的其他事物引起干扰，因而花丛的色彩与数量效果都得到了强化。

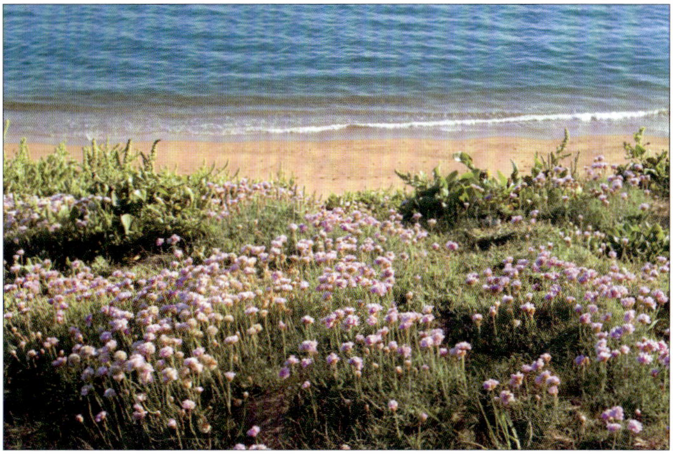

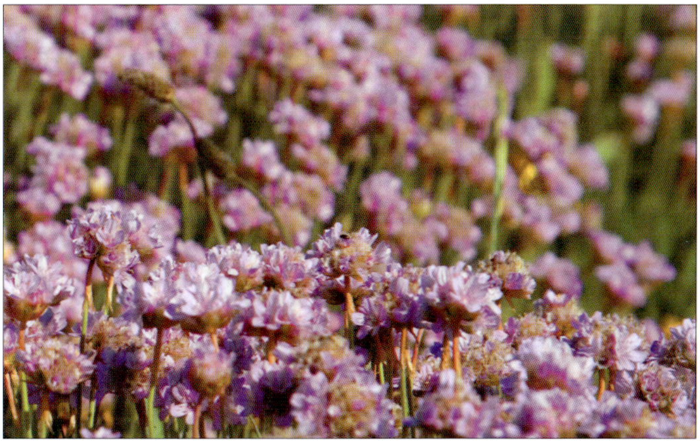

## 接近被摄主体

有两种方法可以使被摄主体布满取景框，从而获得最大的视觉冲击力，消除多余背景：

- 更加靠近被摄主体。
- 变焦放大或使用长焦镜头。

# 保持简洁

第二个构图窍门“保持简洁”，是“布满取景框”的逻辑延伸。之所以几乎所有热切的摄影初学者容易犯错，是因为他们(每次)想拍摄下来的东西过多，无论是拍摄风景、人像、建筑还是静物。这一点很难完全搞清楚，或许是因为我们总想为观者提供一张被摄场景的更为“完整的照片”，希望这样能更加有力地向观者传递我们要观者去看的东西。然而，实际情况正好相反——影像中可见的杂乱事物越少，它就会越有力度。

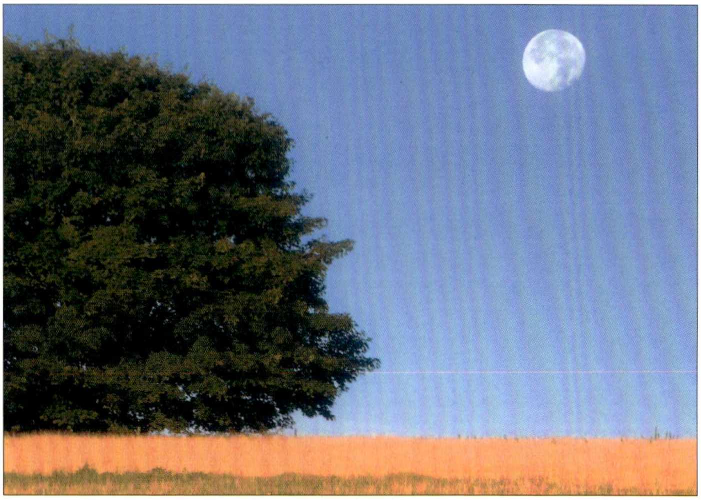

**上图** 图中的树木、月亮和前景形成了三个视觉成分，虽然简单但却是经过审慎构图的，而且色调统一的蓝天也使影像愈加简洁。

## 选取被摄主体

保持画面简洁的一个方法是，从即将拍摄的场景中选择一个特定的被摄主体。比如说，你在热带某个迷人的地方度假，想要拍下艳阳、碧海、白沙。假如你只是站起来，将相机镜头沿着海岸线的方向对准，拍下眼前看到的所有东西，那么这张照片很可能包括了其他沐日光浴的人、游泳的人、走向海滩的人、远处的旅馆和酒吧，等等。当你回家后把照片拿给朋友、家人欣赏时，他们可以清楚地看到度假地的环境，却看不出你的假日有什么特别之处。然而，如果选择某一特定视点进行拍摄，如湿沙上的一串脚印，或者一条五彩的浴巾和一把海滩遮阳伞，那么你的照片就能产生更大的视觉冲击力，他人看后的反应也会更加强烈。

**下图** 这两幅影像摄于同一地点，从中可以明显看出保持画面简洁的优点。摄影师旨在强调与现代游艇并置一处的房屋色彩斑斓的立面。左边第一幅影像中包含的内容太多，不易辨别被摄主体。靠近沿着码头观察后，摄影师找到了更好的位置，不仅可以极好地观赏对岸的房屋，而且仍然能够捕捉到与房屋形成对比的游艇的现代性趣味。

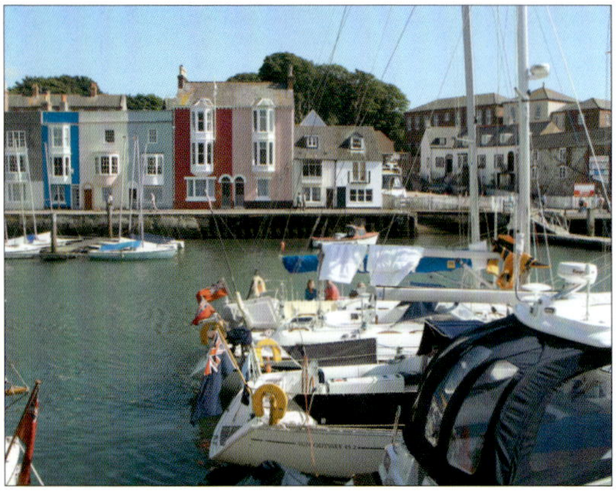

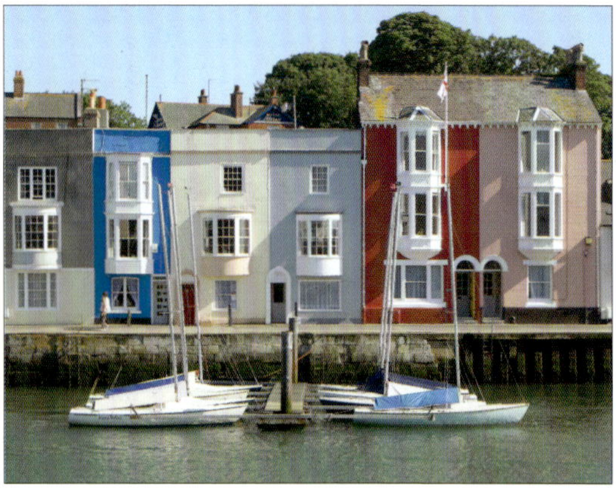

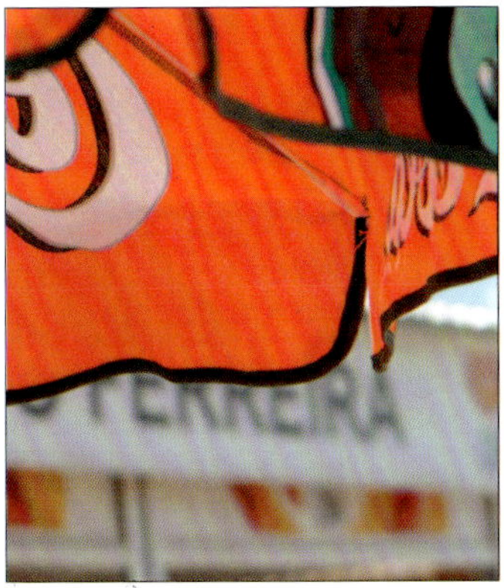

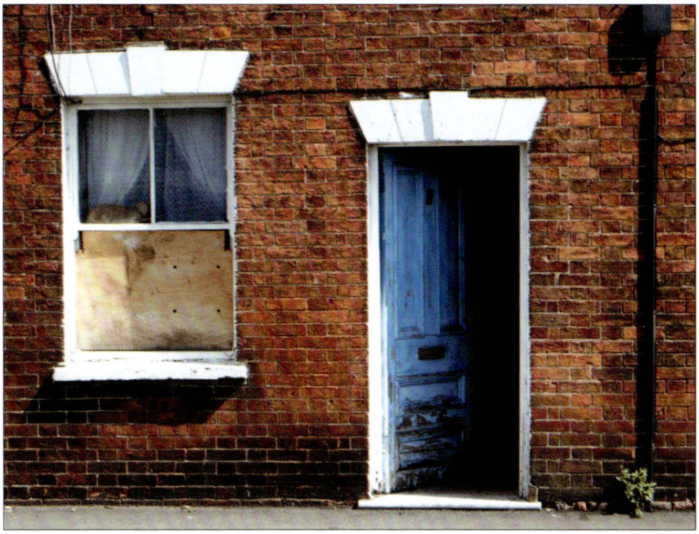

**上图** 若将这把阳伞整个地拍下来，伞下的人及后面建筑的更多部分将被纳入镜头，画面的视觉冲击力将因此被削弱。

**右上图** 这幅影像中的窗、门和排水管这三个主要成分，为这面砖墙提供了一种简洁的构图安排。

**下图** 沙滩上的这些简单的脚印富有情趣，同时造就了一幅生动的影像。潮起潮落已使沙粒呈现出清晰的形态。

**右图** 我们不需要看到房子的整体就能知道这张照片摄于异域——蔚蓝的天空、赤褐色的墙壁、盛开的花丛、素朴的白色百叶窗，这些足以说明这一点。

**右下图** 都市场景中的孤单身影往往能够造就一个强有力的构图。

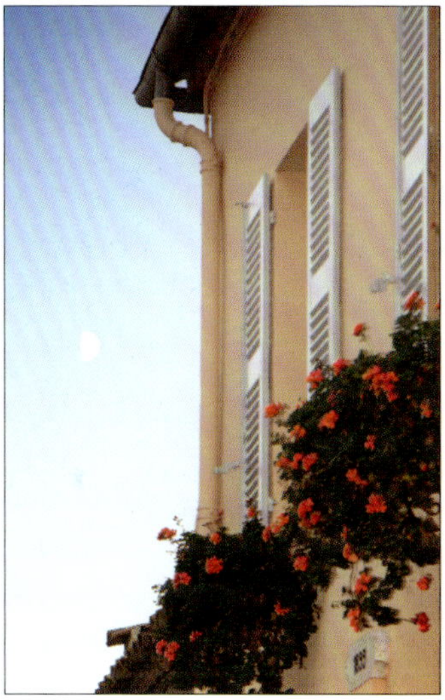

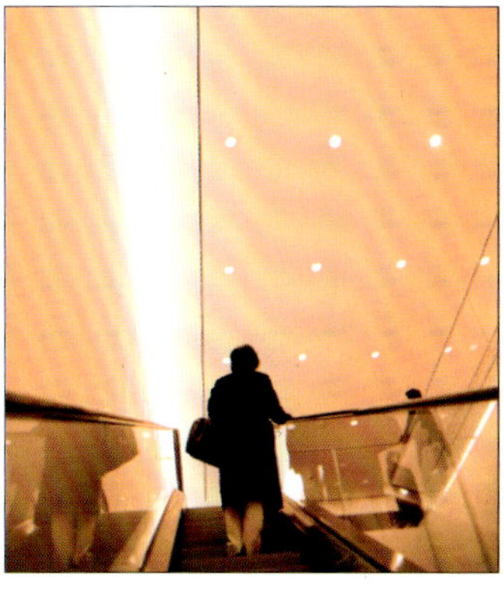

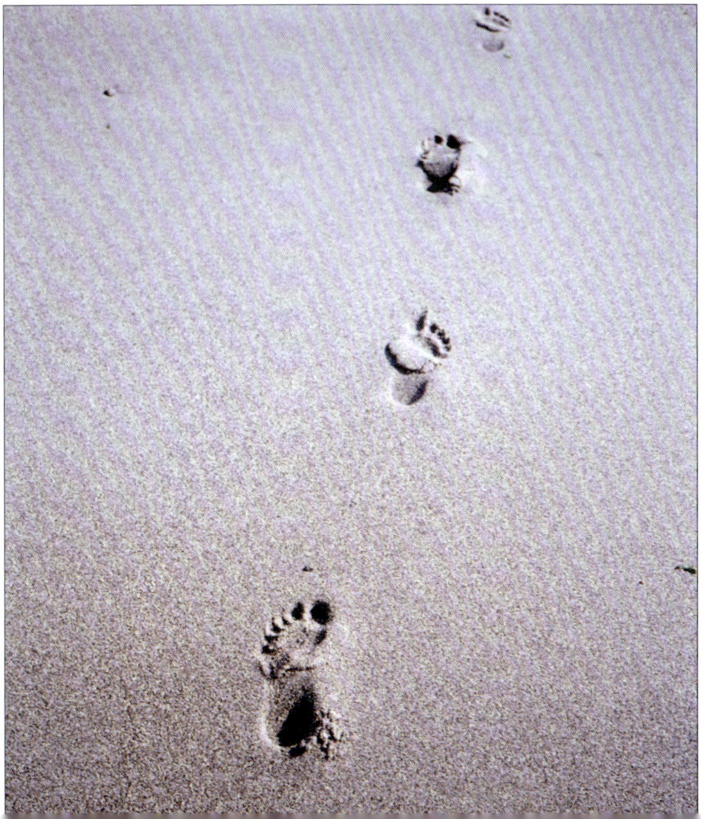

# 三分法则

三分法则是最为流行、广泛使用的构图规则之一。这一"法则"产生于19世纪中叶，最初作为风景画家作画的指导原则，但摄影师们很快发现了它的价值，将其运用到摄影中来，起初用于风景摄影，后来又延伸到其他的摄影门类中去。

### 网　格

运用三分法则时，摄影者在心里将被摄场景划分成一个网格：两条竖线和两条横线将被摄画面的竖向和横向各分为三等分，即把整个被摄画面平分为九个格子(见右图示例)。三分法则基本上就是说，被摄场景中任何横跨画面的连绵横线(如地平线、远方的一排树木)置于网格的一条横线上时比置于画面中间要更具动感与趣味。同样地，被摄场景中任何醒目的纵向物体也最好置于网格的一条竖线上。

### 视觉趣味点

除了用横线、竖线作为指导之外，考虑分隔线的四个交叉点也很重要，这些交叉点称为"视觉趣味点"或"能量点"。取景构图时，设法确保被摄场景的主要成分处于一个或多个趣味点上。这样可以保证影像的焦点与画面中心分离开来，从而使影像的趣味性得到加强。当然，不必非要保证关键物体恰好处于视觉趣味点上不可——这仅仅是一个指导原则而已。

### 人像拍摄

三分法则虽然最初只是作为风景画家和风景摄影家的构图规则，但它也可以用于其他门类的摄影。例如，在人像摄影中，拍摄人物肩膀及其以上部位的特写时，最好避免使被摄主体的眼睛占据画面的中央位置，而应将其置于网格上部的横线上。同样，拍摄人物全身照时，不要将被摄主体置于取景框的中央，而应设法将人物置于两条竖线之一上。

其实，三分法则可运用于所有的摄影样式与摄影类型，除风景和人像外还包括建筑、静物等。如前所述，有一点值得牢记：规则是用来学习，实践，之后再被打破的。当你尝试按照三分法则进行拍摄时，可能会发现自己拍下的影像中有许多变得更均衡更生动了。不过，肯定会有这样的时候：

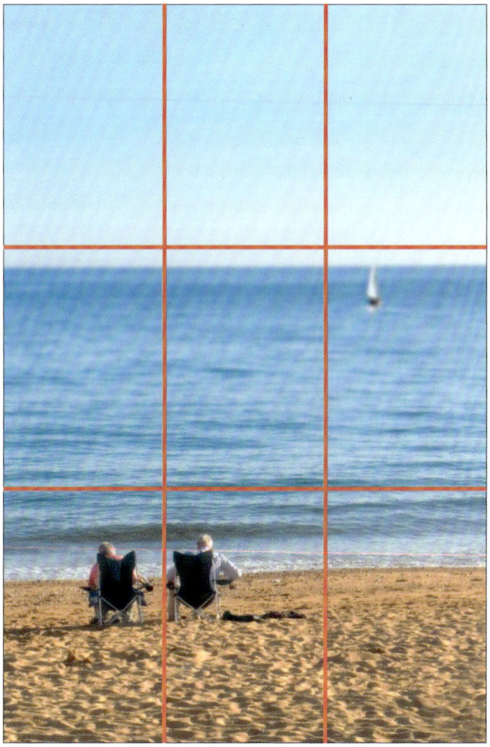

**左图** 三分法则的提出就是为了防止将被摄主体置于取景框的正中央。否则，观者会被画面中央的物体所吸引，从而忽略了对影像其他部分的欣赏。影像被分成九个相同的矩形，影像中的重要成分应当大致处于横线与竖线的交叉点(视觉趣味点)上。这幅影像中远处的船只进一步均衡了画面。

**网格指导原则**

要吸引观者的注意力，三分法则是个简单而有效的办法。请记住：

- 在脑海中用横线、竖线把影像三等分。
- 将影像的关键成分置于四个视觉趣味点上。

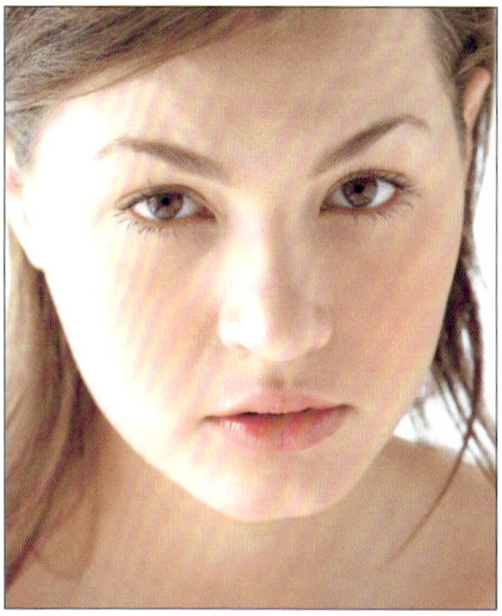

**右图** 被摄主体的眼睛处于网格的上方横线上时，人像会增色不少。

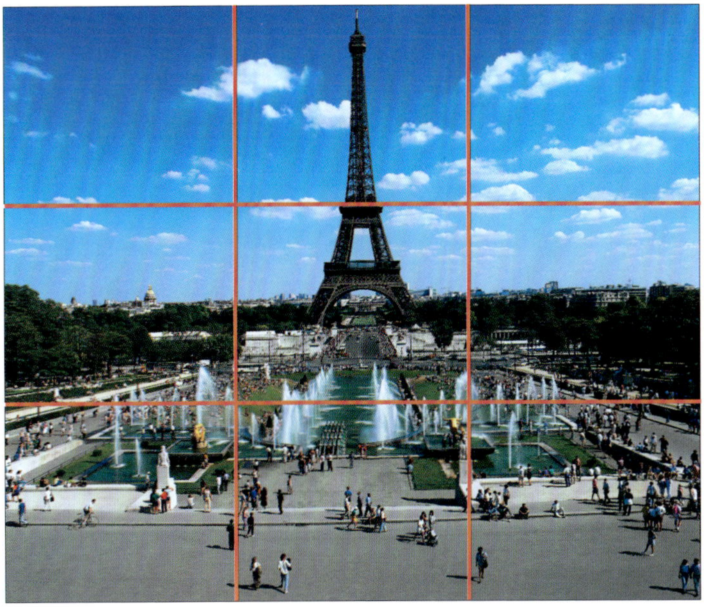

**左图** 和其他所有构图"规则"一样，三分法则也只起指导作用；有很多时候将被摄主体置于取景框中央看起来也很不错。

## 取景器网格

如今的许多数码相机在取景构图时，还可以在取景器上以电子方式"画出"一个符合三等分法则的网格。除了帮助摄影者将被摄场景的重要成分置于视觉趣味点上之外，这一功能还有助于提醒摄影者持稳相机，以免拍出的地平线或建筑物斜向一边。

某个建筑物或某棵树处于画面中心时看起来就是很舒服，或者有时地面和天空同样重要。此时，你应该凭自己的直觉拍摄，而不应拘泥于所谓的法则。

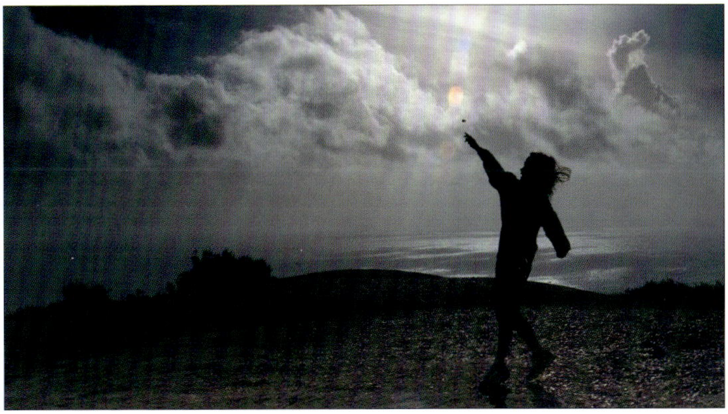

**右图** 在这张扔石子男孩的剪影照中，人物被有意地置于照片的右侧三分之一处。这样构图的视觉效果较强，而且石子也有了可以被扔远的"空间"。

**下图** 有趣的是，似有研究表明，在以单个主焦点进行构图的影像中，这一成分处在画面右侧的视觉趣味点上，其效果要比处在左侧的好。这是因为我们倾向于从左到右观赏影像。研究认为，当主要成分在左侧时，观者的眼睛一遇到视觉趣味点就会停下来，不再继续向右边扫视了。

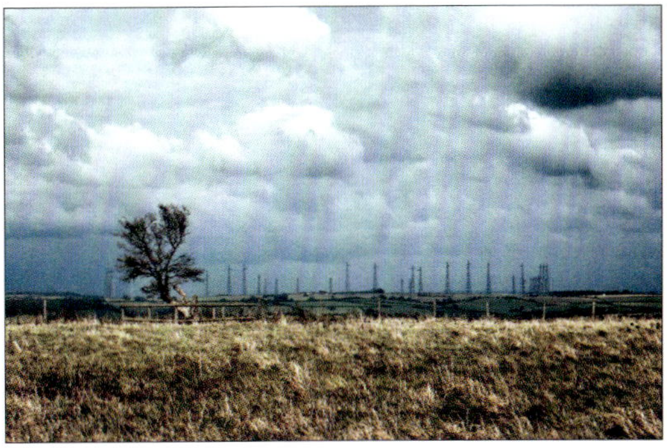

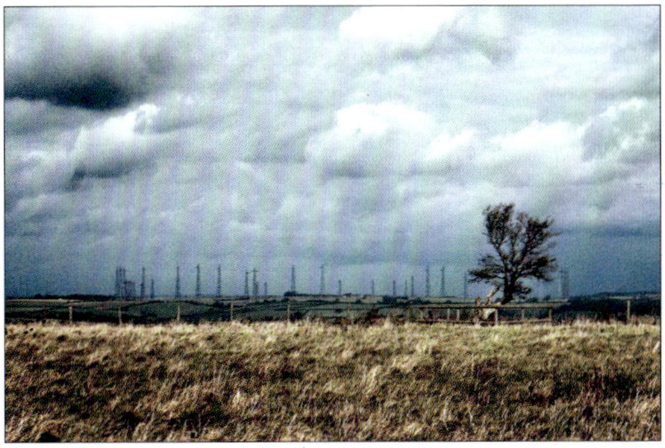

# 框内加框

和三分法则一样，“框内加框”最初也是风景画家的构图原则，后来被运用到摄影中。这一技巧有多种运用方式，产生的效果各不相同。

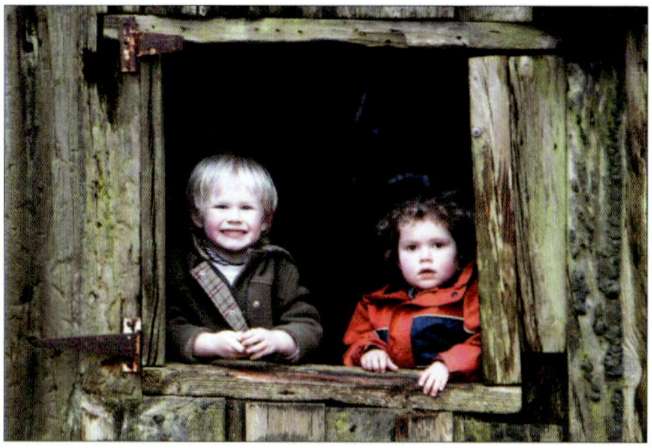

左图 框架不仅有助于将观者的注意力集中到被摄主体上，而且还有助于摄影者让被摄主体摆出自然的姿势，从而拍出自然生动的影像。

## 风景加框

框内加框最为流行的方法之一，是风景摄影中利用树木或其他前景被摄物来框取远处景物。这一技巧虽然使用广泛(甚至很多人认为有些陈腐)，但仍然十分有效，通常有利于增强构图的空间深度，凸显影像中被摄主体的重要性。此外，观者常常可以因此感受到摄影者的视点，从而有助于观者和摄影者对被摄场景产生共同体验，使照片分享的过程更加亲密无间。

下图 利用树枝是框取风景或历史建筑物影像的经典方法。但由于使用广泛，略显陈腐，这一手法须谨慎运用。

右下图 这幅影像是对“框内加框”概念的更有创意的诠释。

## 聚焦加框

若要拍出具有纵深感的影像，当前景“边缘”和被摄主体两者均焦点清晰时，使用框内加框这一技巧通常效果最佳。但这需要进行对焦试验：先向后走一段距离，远离你想要用作框架的物体，用相机的变焦镜头拉近远处的被摄主体，并确保相机没有聚焦于前景中的任何部分。若有必要，可以暂且重新构图取景，将前景排除在画面之外；之后再次构图，使前景成分又一次出现在取景框中，但这时前景成分应焦点模糊。拍下照片后，将前景焦点清晰和焦点模糊的不同效果进行比较。有些照片用其中一种方法拍摄的结果比用另一种方法要好得多。

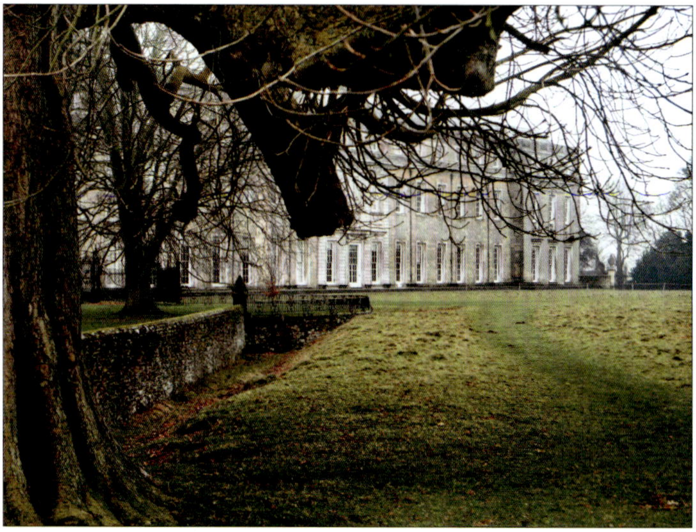

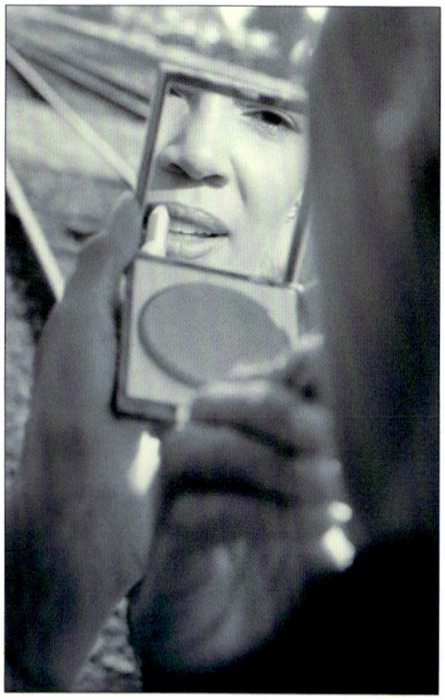

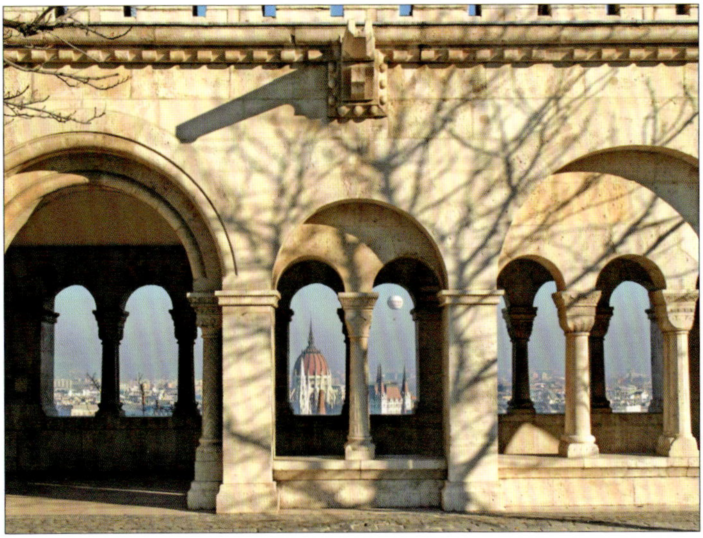

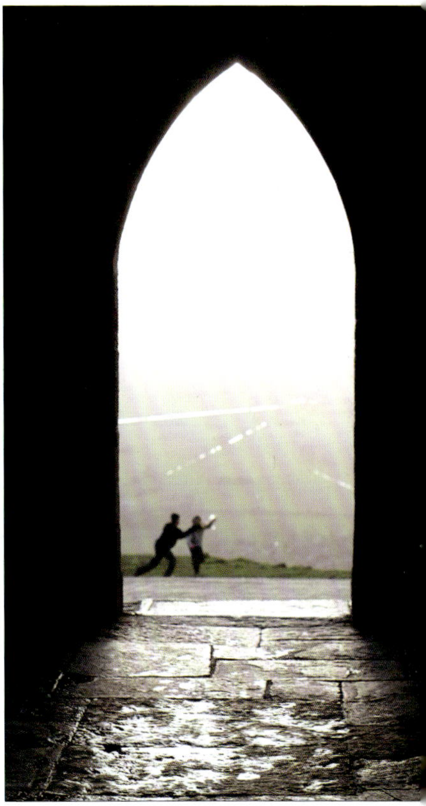

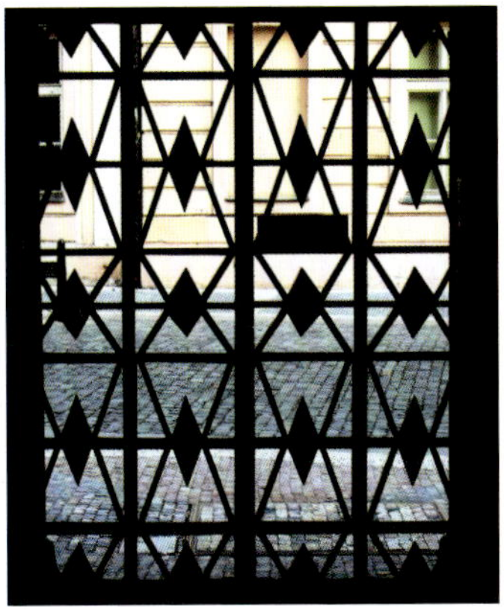

## 人像加框

在人像摄影中，因为被摄主体常常被包容在用作框架的物体之内，这一技巧的运用有些许差异。由于框架和被摄主体离相机的距离相等，所以实现不了风景画面那样的纵深感。事实上，框架起着一种边界的作用，将主体包围起来，凸显了主体的重要性。同时，将主体置于特定的地点或场景中，更有利于交代拍摄环境。

▲ **上图** 框内加框时要进行对焦试验。图中作为框架的门廊影像清晰，而背景中的孩子则焦点不实。

▲ **顶上图** 这幅影像运用了框内加框的技巧，前景中的石柱和其后较小的拱门被用作框架。

▲ **上图** 有时框架本身可以成为影像的主体。这里，框架上的几何形状就是被摄主体，透过它又让观者看到街道。

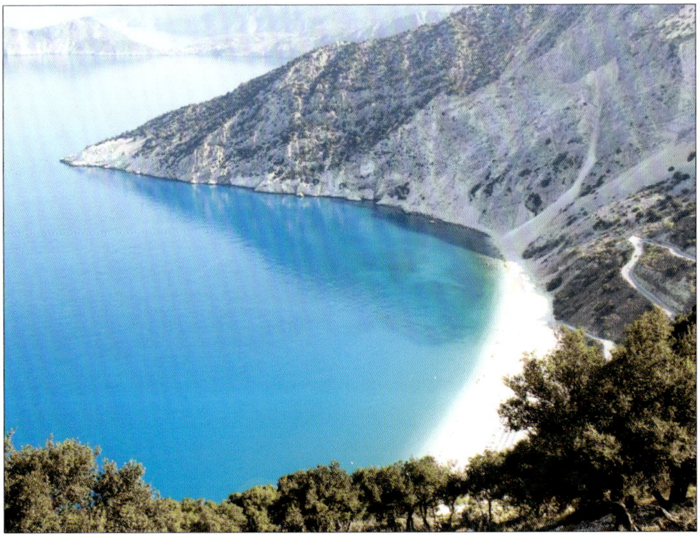

▶ **右图** 在这幅影像中，生长在低处的橄榄树为画面底部提供了边框，而照片上端的岩石岬角进一步为蓝绿色的海湾构成了框架。

# 视　点

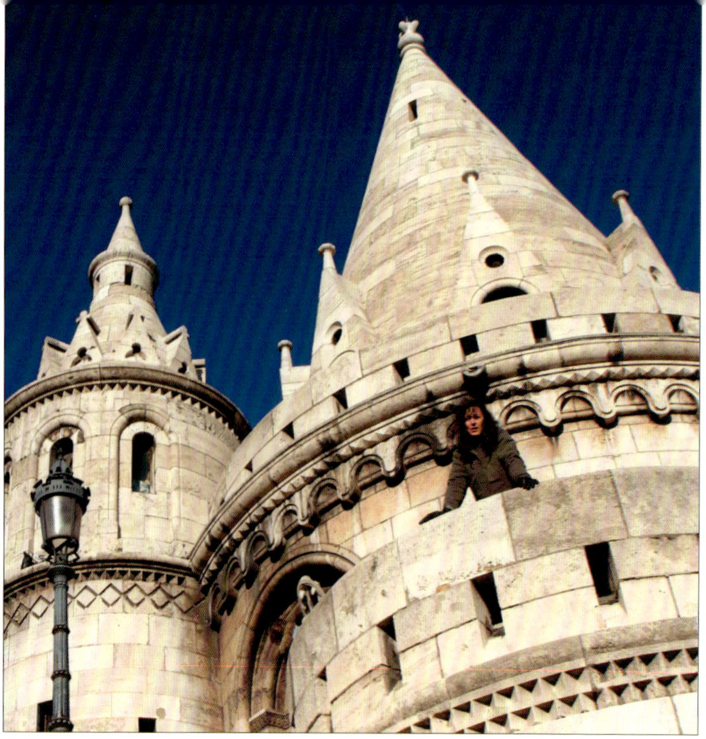

粗粗浏览一组照片时，最能看出它们是出自摄影初学者之手的一点是：所有影像都是从站立的眼平高度拍摄的。以这样的视点拍摄绝没有什么不对，有些最引人注目的照片就摄于平视高度。但是，经常改变照相机的高度和角度，不仅更有可能拍出令人耳目一新和透视别具一格的影像，而且还可以训练你的心灵之眼，从不同的角度将场景视觉化。

上图 低视点让摄影师将塔楼尖顶纳入画面中，同时强调了建筑物的尖角，增添了画面的戏剧性效果。假如这张照片是站在与主体人物同等高度的地方拍摄的，那么该建筑高大雄伟的感觉就会丧失。

## 人物拍摄

在所有摄影类型中，视点改变产生的不同效果对比最为强烈的要数人像摄影了。这很可能与我们和他人交流时的心理反应有关。一般而言，如果谈话时双方的眼睛高度差距很大，双方会在极短的时间内就意识到，总感到有点不舒服，特别是向下看让人联想到“瞧不起”，而抬头看又常有“敬仰”之意。俯视或仰视拍摄人物时也很可能造成类似的紧张感，所以这两种视点要谨慎对待，不可随意使用。正如我们和他人谈话时平视对方才感到最舒适，观赏人像照片时，我们也会觉得眼平拍摄的影像看起来最舒适。在拍摄儿童和肩膀以上部位人像特写时，这一点尤其重要——如拍摄儿童时，肯定得单膝跪地才能使相机与儿童的眼睛处在同一高度。

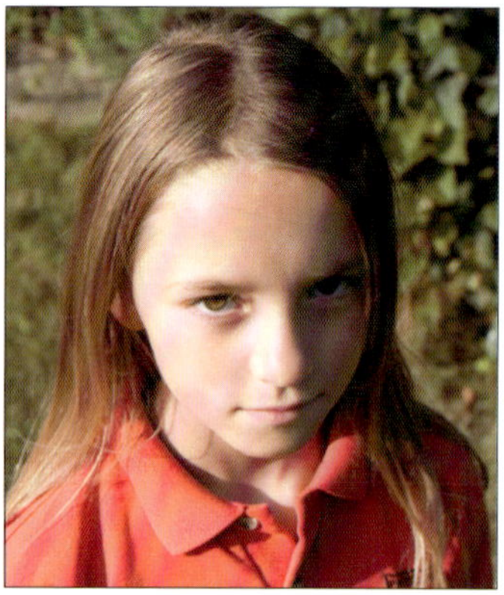

上图 拍摄儿童或坐着的人物时，不要将照相机向下对准拍摄对象，以免人物产生仰视相机的紧张感。

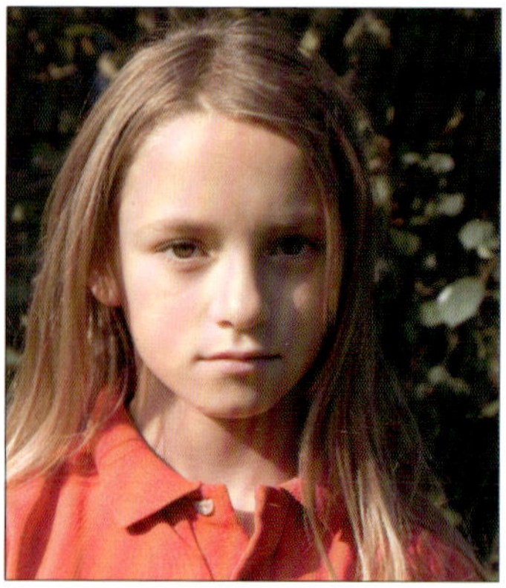

上图 将照相机下降到与人物同等高度后，拍摄对象可以直接平视照相机，这就避免了人物因仰视或俯视照相机而面部流露出紧张感。

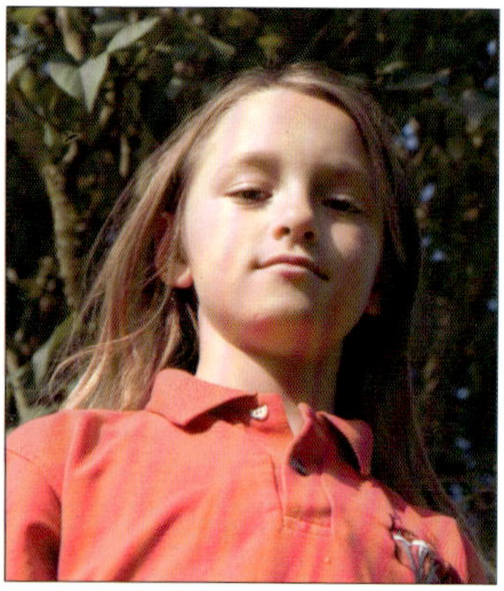

上图 同样不要从低处仰视拍摄人物，除非希望人物看上去更显得高大威武，或者是想有意制造别样的视觉效果。

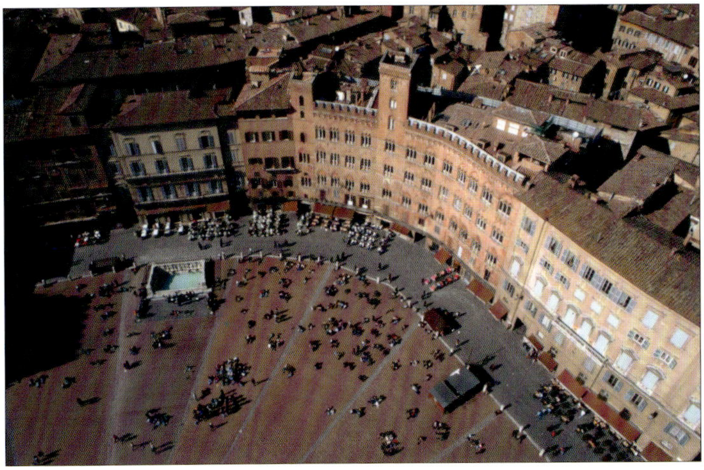

## 照相机角度

正如从不同高度拍摄同一场景可以获得全新视觉一样，尝试改变照相机的拍摄角度也能产生同样的效果。通常我们对完全水平拍摄的照片最易产生积极反应，但若题材合适，偶尔稍微倾斜地横向或纵向拍摄，由此产生的不安感可为影像增添戏剧性效果。试一试从不同的角度去拍摄，看一看究竟会产生什么效果吧。

## 普通拍摄

遇到有趣的场景值得拍摄下来时，可尝试从不同高度进行拍摄。跪下，躺下，站在某物上面，或者找个更高的地方拍摄，都将展现新的视角。

此外，没有规定说照相机必须竖直或水平持握。你也可以试试将照相机倾斜一定的角度拍一些照片，或许能使平凡的场景给人以耳目一新的视觉感受。任何非同寻常的视点都可能拍出让人眼前一亮、驻足欣赏的影像。

**上图** 有时候，从很高的地方拍摄可以凸显景物的形状、结构和线条，赋予一处熟悉的场景一种崭新的视觉效果。

**右图** 这座米开朗基罗的大卫像复制品矗立在意大利佛罗伦萨韦奇奥宫外，特殊视点的运用使影像更加引人注意。

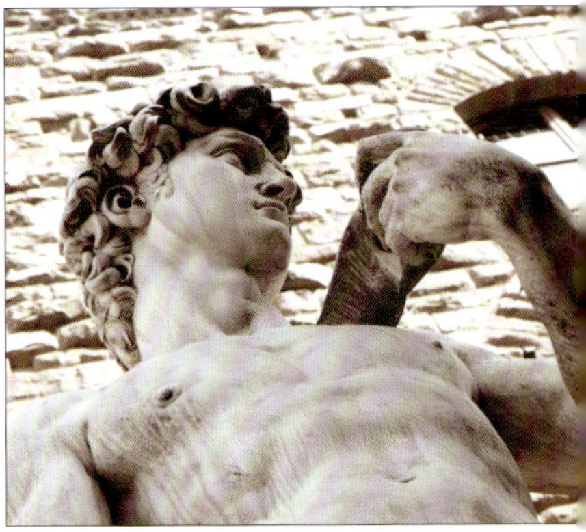

**下图** 假如在眼平高度拍摄，这些蘑菇恐怕就淹没在草地里了。而从低角度使用大光圈拍摄，使画面呈现小景深，蘑菇便成了画面的焦点，其周围环境则成了陪衬。

**下图** 拍摄建筑物，特别是摩天大楼时，从低处仰拍有助于增强建筑物的高大感。

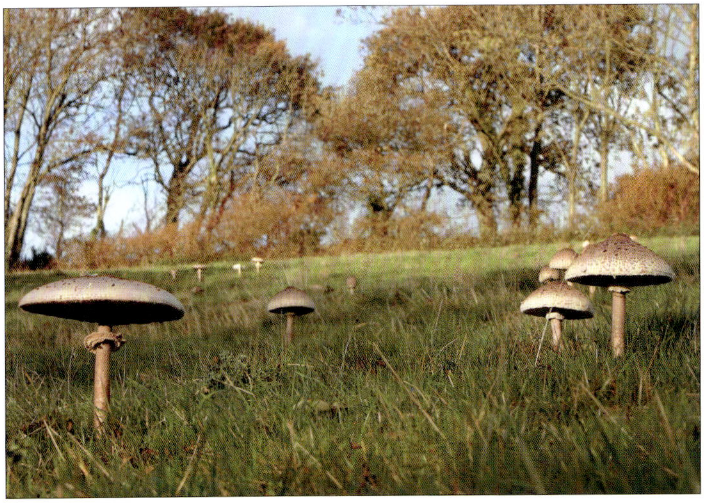

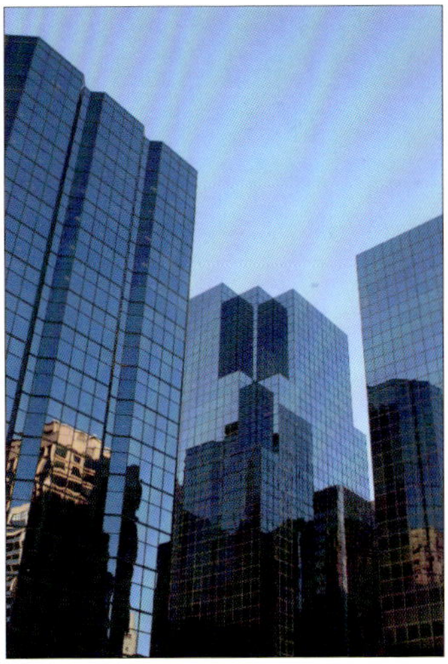

# 形状与结构

构成我们的影像的那些一组组建筑可以视为由形状和结构组成。它们的比例和空间关系常常决定了不错的照片与摄影杰作之间的区别。很多摄影者(尤其是没有受过艺术教育的摄影者)有时很难区别形状与结构。因此，我们需要更加细致地察看一下这两个要素，看看它们是如何顺应影像的整体构图的。

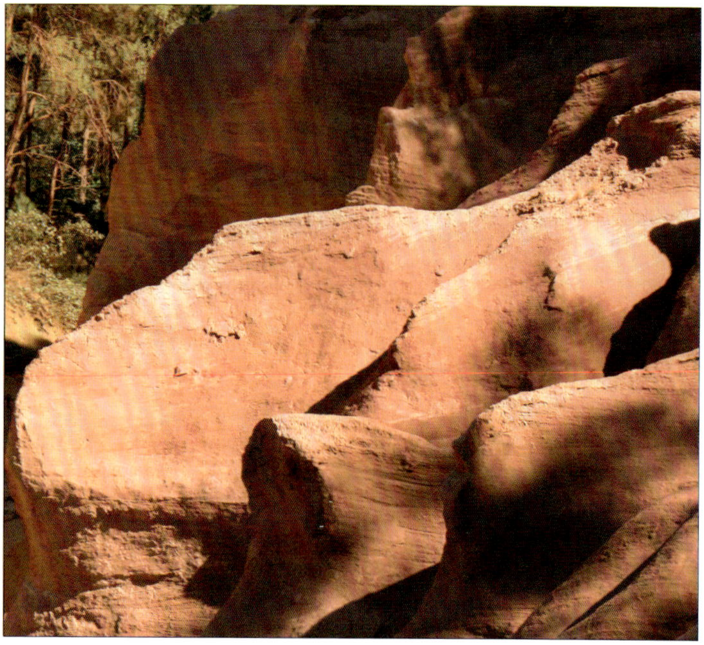

上图 侧光投射的阴影，是有助于描述被摄主体结构的最佳手段。

## 形 状

区分形状与结构最简单的要点就是，前者是二维的，而后者是三维的。形状的概念，我们在小时候就形成了，而且我们经常鼓励我们的孩子学习这一概念。我们对形状的几近瞬时的和积极的反应，可以成功地发展运用到摄影中。所以试着养成用镜头寻找形状明确的自然物或人造物的习惯。先从圆形、方形、三角形等简单的轮廓开始，之后再拍摄更为复杂的形状，如花卉、建筑细部、弯曲的手肘、脊背的曲线等等。

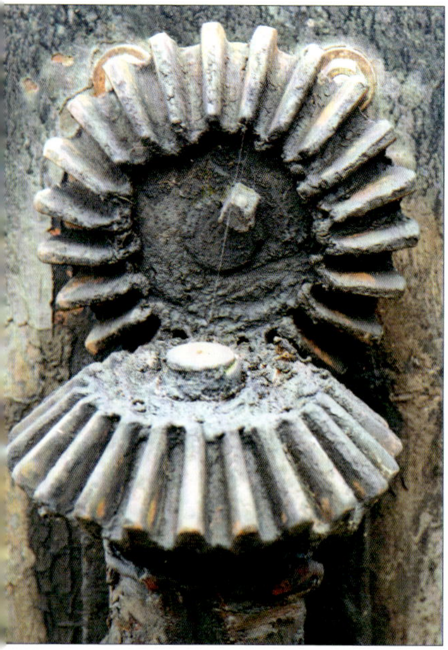

左图 这张锈蚀的齿轮的照片非常抢眼，虽然光线柔和，但齿轮各齿之间的阴影显现了其三维的结构。

## 剪 影

剪影是形状的另一种形式，是探究特定物体的轮廓与形状的一种有效方式，尤其是在对着太阳或满月等强光进行拍摄时。拍摄肖像时，在被摄人物头部后面放一盏台灯，让被摄人物转过90°，侧面对着照相机，这样也能拍出剪影。

## 结 构

尽管剪影探索了我们对形状的认识和理解，但剪影看起来总是二维的，缺乏“立体感”。这时就得靠结构来发挥作用了。欣赏一个物体的三维形象，我们需要看到它的结构；而要充分欣赏其结构时，我们需要借助光与影的作用。找一些光滑的球状物体，在柔和均匀的光线下进行拍摄，就可以看到，影像中亮部与暗部之间的关系为我们提供了辨认物体结构所需的视觉信息。

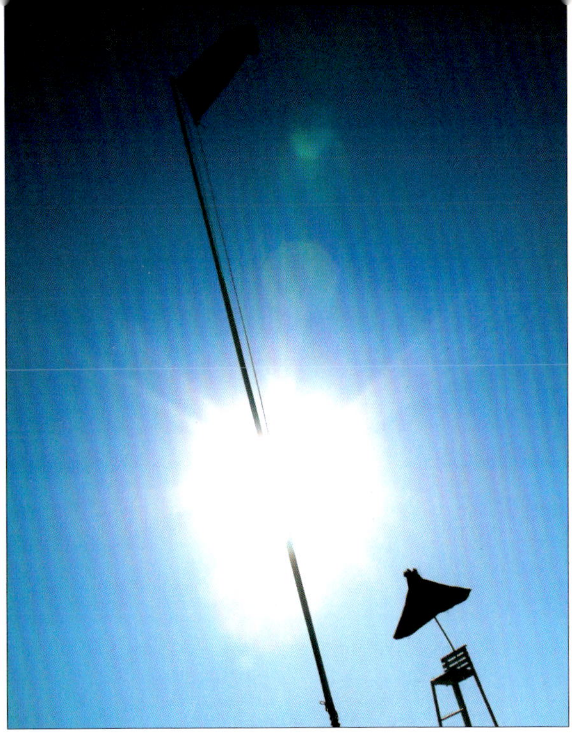

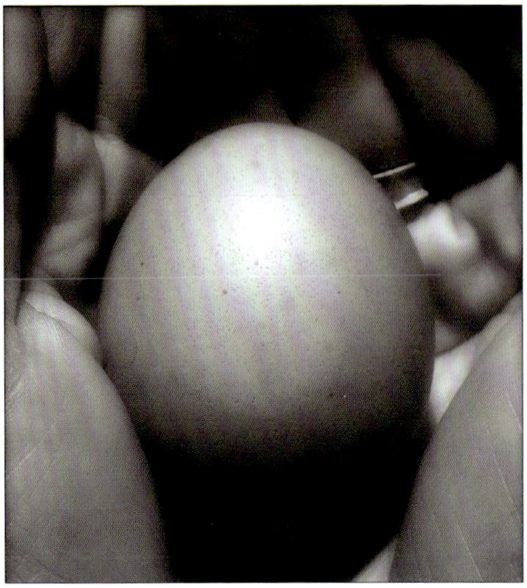

上图 在黑白摄影中，画面中的影调关系对于表现被摄主体至关重要——由于没有色彩，只有靠光与影的相互作用，才能使观者辨认出被摄主体。

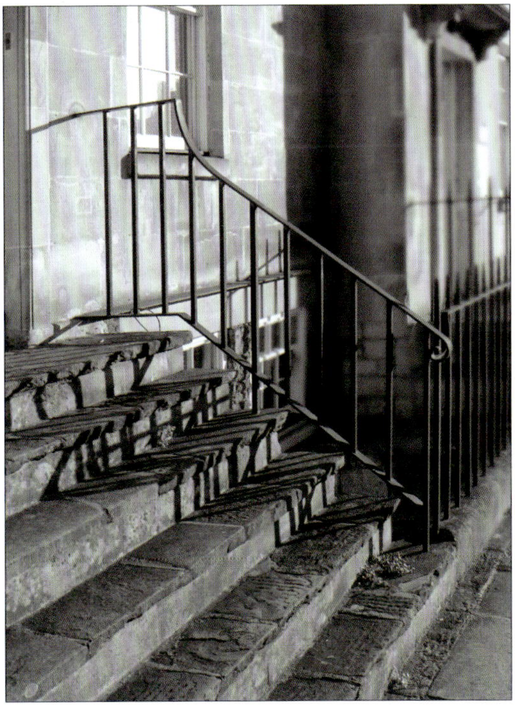

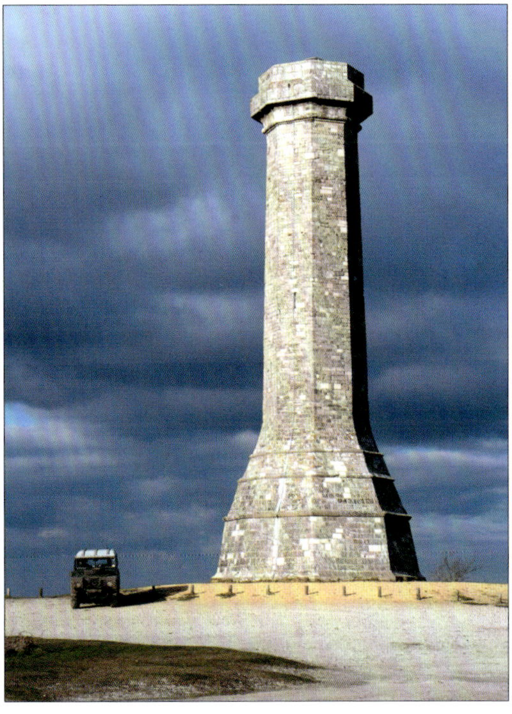

**顶图** 为了认出场景中的物体，或唤起一种反应，并不一定需要看到场景的每处细节。图中旗帜和椅子的剪影说明照片摄于海滩上，我们几乎能身临其境地感受到阳光的热度。

**上图** 像这座建筑物入口处的石阶、铁栏杆这样的简单物体，也能呈现赏心悦目的形状与结构，图中投射到石阶上的栏杆影子进一步强化了效果。

**上图** 对比，在描述被摄主体的结构中起着关键的作用。图中纪念碑的受光面与暗面之间，明亮的石碑与阴云密布的天空之间，都形成了对比。

# 图案与质感

图案与质感是摄影中需要考虑的另外两个构图手段。两者比较而言，你很可能更不会把图案这一视觉要素看作摄影构图的一种有力的手段。一提起图案，很多人或许马上会想到墙纸、窗帘上那些重复的形状和色彩，它们的作用有时是营造令人身心放松的背景氛围，避免产生过多的感官刺激，或避免过分吸引注意力。

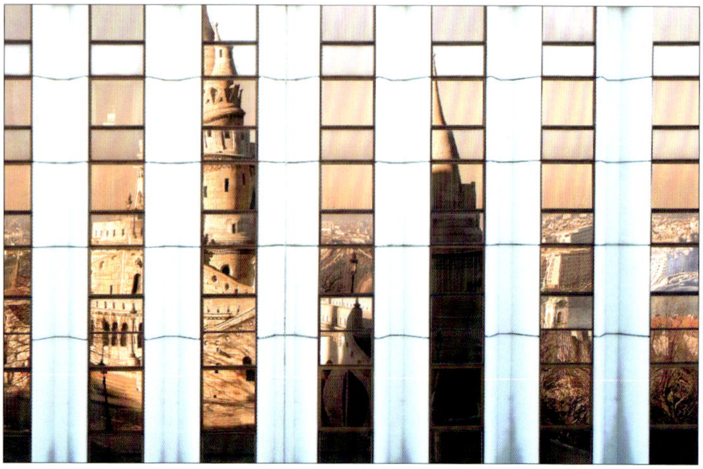

上图 在这幅影像中，窗户本身规则的图案与窗玻璃上反射出的参差不齐的古老建筑之间，有一个很好的对比。

## 水平思考

那么怎样利用图案拍出具有视觉感染力的影像呢？作为摄影者，你的目的应当是展现别人未曾考虑过的世间景象。拍摄日常景物中的图案，往往可以提供一个观看世界的新鲜视角。明显的例子有：形状相似的一排花卉、波纹一致的一片沙地、铺了瓷砖的地面、一堵砖墙、一段阶梯，等等。但如果是某条生产线上一模一样的汽车，或者几百个满载货物的集装箱，那又会怎样呢？所有这些东西都具有图案的重复元素，若敏锐地拍摄(同时在合适的光照条件下并遵循讨论过的其他构图规则)，那么它们就能产生引人注目的影像，并可以根据主题传达某种意义。

下图 有趣的图案遍布我们周围，只是我们不太会去注意罢了。只要你稍稍用心观察，就会发现到处都是潜在的拍摄对象，比如这些排列整齐的活动房屋。

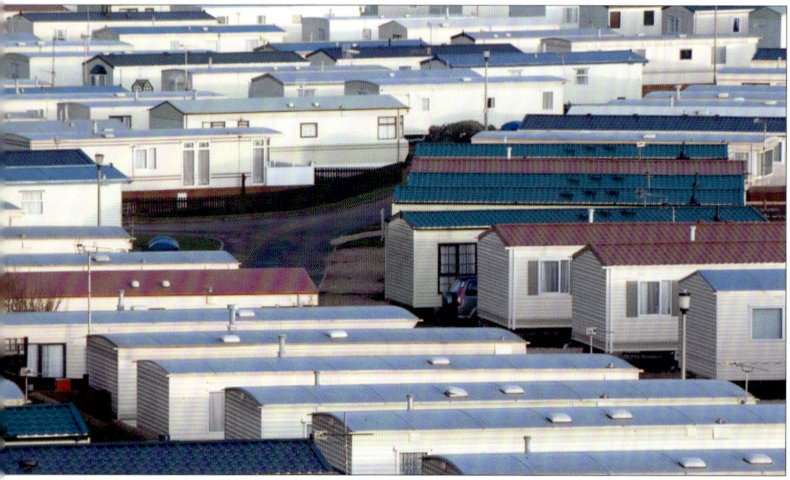

注意寻找可以打破图案格局的视觉成分，以便创建效果更加强烈的构图。想象一下这样的画面：在一片红色汽车的海洋中有一两辆是蓝色或银色的——这就打破了图案的格局，增添了戏剧性。当你关注某个图案后，不要将其记录下来后就转身离去，而应想想是否还有其他角度，可以将你最初没有注意到的其他图案揭示出来。

## 接近与用光

与图案不同的是，质感好像与构图手段更具有直接相关性。人的触觉高度发达，有时似乎可以与视觉直接联系起来——在很多情况下，我们只要看到一个物体就立刻知道该物体摸起来会感觉如何。所以，将所拍物体的质感

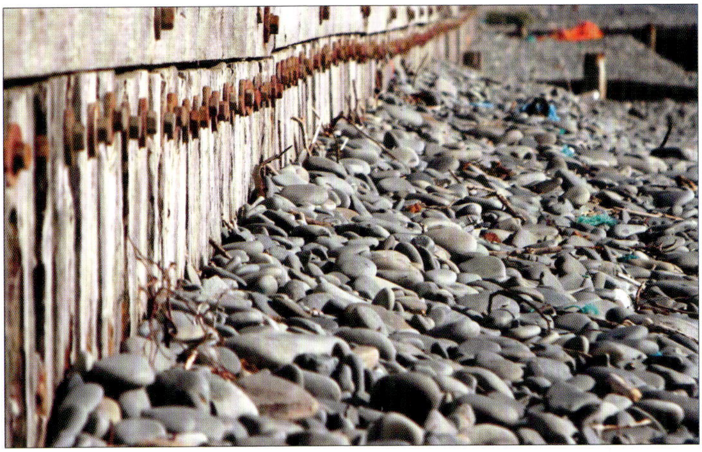

**左图** 这幅影像显示了挡土木柱与海滩卵石之间的质感对比和图案对比，在乍看启发不了任何灵感的环境物中拍出了一张别有趣味的照片。

**下图** 柔和的光照与流淌的山水结合起来，产生了明亮的反射和浓重的阴影，山石的质感随之显现。

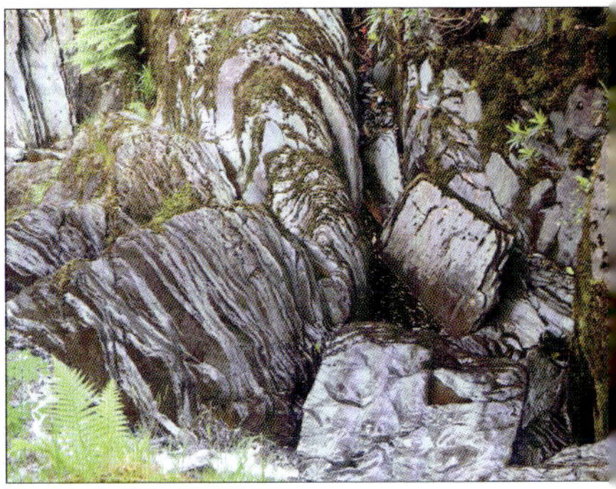

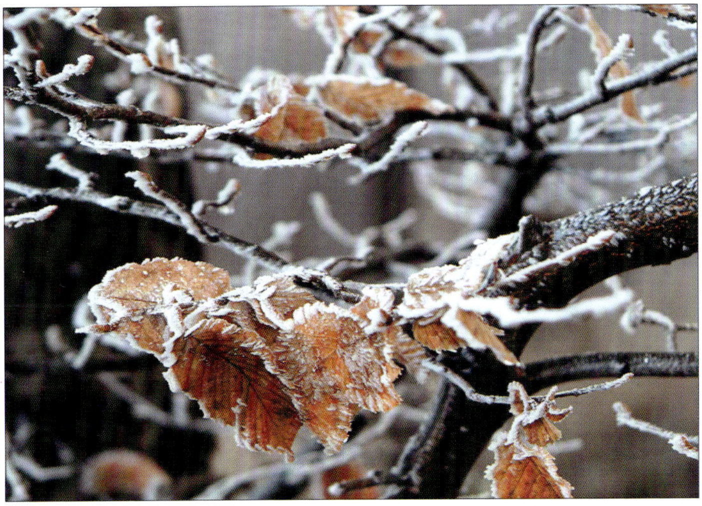

**左图** 这张霜雪覆盖下的树叶照片堪称经典，画面中的薄冰加强了枝叶的微妙质感。

细致地展现出来，我们的画面就能引起观者对影像的强烈反应，尽管他们知道这只是该物体的二维影像。

要想真正好好欣赏某个物体的质感，往往需要尽可能近地聚焦于你所拍摄的物体。光线照射到物体表面的角度不能大于45°，这样，物体投下的阴影才能突出其自身的质感。若要确保物体的质感尽可能明显，最好从物体的一侧照明，因为这时投下的阴影最为浓重。所以，如果在户外拍摄时想要把一堵老墙(与地面垂直)表面剥落的涂层质感捕捉下来，就应在太阳升得很高时(约为正午前后)进行拍摄。而假如物体是平铺在地面上的，则应在清晨或傍晚太阳较低时进行拍摄。

虽然我们通常会接近某个物体以使其质感凸显出来，但这并非是不容更改的规则。事实上，我们还可以欣赏较大的规模的质感，特别是有助于传达某种情感或含义时。例如拍摄质感丰富的景物时，先将镜头视角设置到最广，俯身接近地面，以确保尽可能近距离地聚焦地上的物体，再将照相机微微抬起以容纳部分远景，之后便可拍摄照片了。

**下图** 拍摄某一种花的花丛，我们可以立刻发现大自然的天然图案，而这又进一步使画面中的蜜蜂得到了凸现。

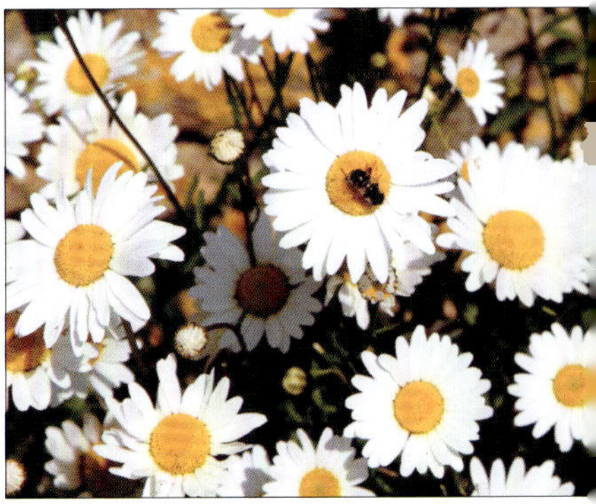

# 线条构图：水平线

从宁静的山水风景的水平线条，到城市中高耸的垂直线条，再到能引导观者目光穿越照片的斜线条——无论是人为的还是自然的，在摄影构图中，线条，都是一个重要的元素。

在这几页中，我们来看看线条是怎样为构图增添结构感的，以及如果掌握不当，它们又如何会使原本良好的构图毁于一旦。

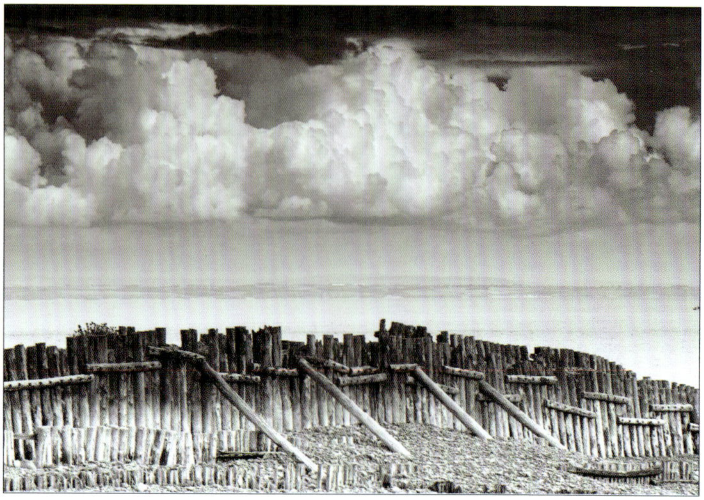

▲ **上图** 这幅影像将水平线与垂直线混合起来。防波堤、云层与海面三者形成了醒目的水平线条，而防波堤本身又有垂直的线条，与云层形成对比。

## 风景照片

构图中的水平线条在风景摄影中最为常见，因为风景题材最宜采用水平画幅进行拍摄。横线条能赋予影像安宁、稳定甚至亘古不变的感觉。

## 地平线

最常见的横线条是山地风景或海景的地平线，这往往是生发出影像其他部分的基础。连绵不断的地平线有时会使影像看上去单调乏味，毫无生气。所以，除非试图以此传达特定的意义或视觉冲击力，一般应设法用诸如树木、山丘、建筑物等其他视觉成分来打破地平线。此外，取景时还要专心致志，确保地平线尽量平正。

▼ **下图** 远处的地平线，连绵不断；近处捆捆干草之短小水平线续续断断，两种线条，相映成趣。

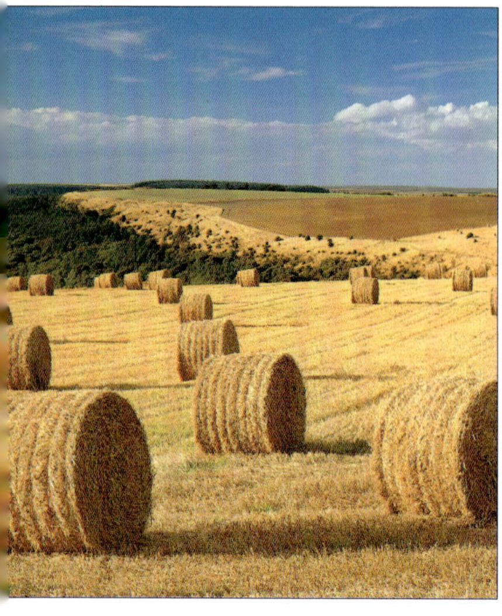

▼ **下图** 一座座桥横跨河道，桥梁的水平线条重复出现，慢慢消失在远方，为这张接近傍晚时分拍摄的布拉格照片，平添了几分宁静。

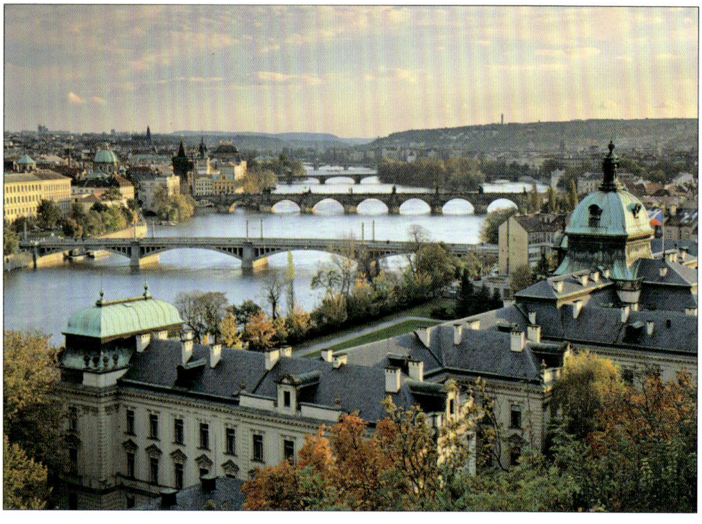

## 三分法则

决定地平线在影像中的位置时，不要忘了三分法则(见第 50~51 页)。根据这一通用法则，地平线最好处于影像的上方三分之一或下方三分之一的地方。不过这只能作为指导原则，有许多地平线置于画面中间的影像亦十分成功。此外，道道水平线的视觉停留，还有助于增加照片的深度感——想想这样的画面：沿着一条流经城市的河流，有若干座桥横跨两岸；或者一幅风景影像中，种着不同作物的田野向远处延伸开去，是多么的有魅力。

## 人像格式

如果场景中有多条醒目的水平线条，那么试着将照相机旋转 90°，用人像格式进行拍摄。因为水平线条过多会造成视觉疲劳，而在人像格式照中，我们的眼睛较易感受到影像的空间深度。

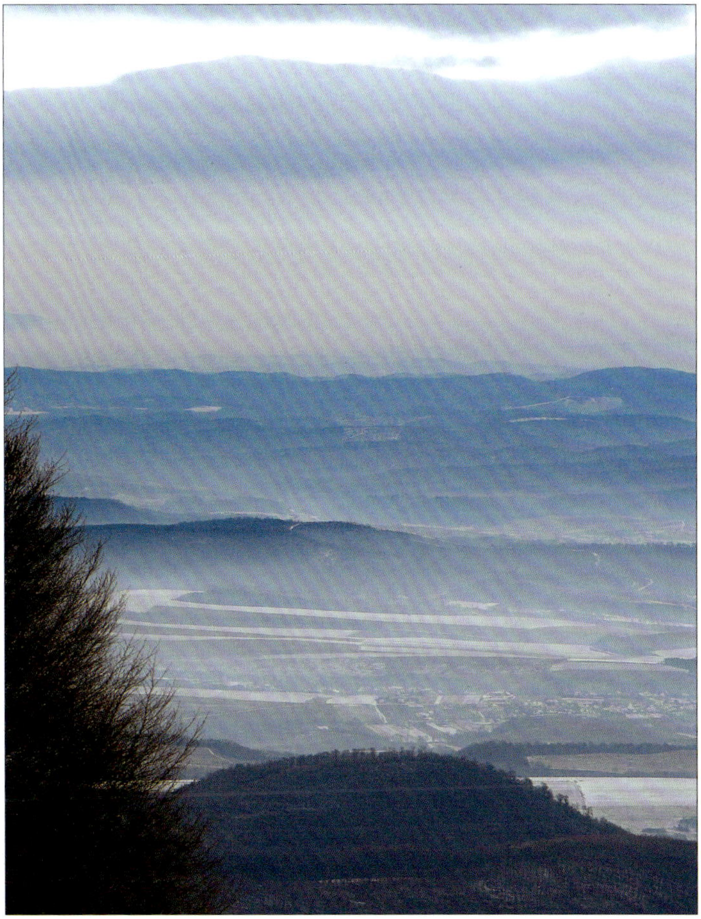

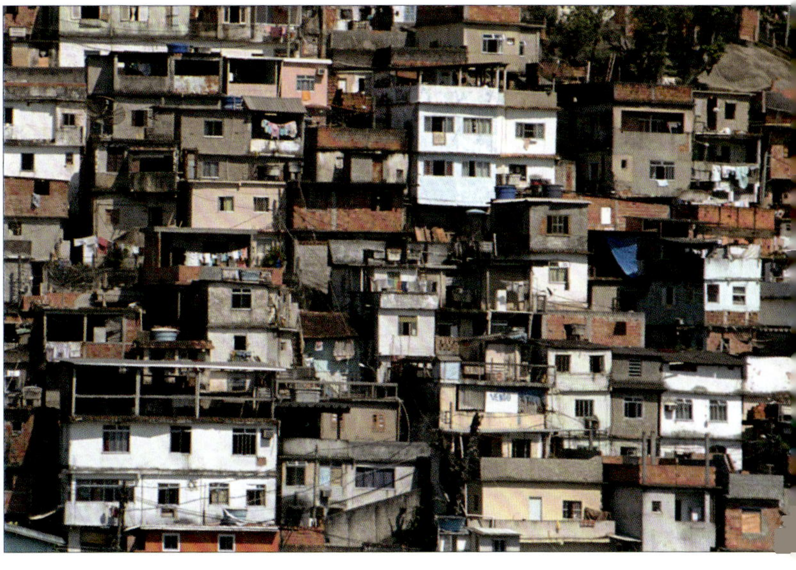

**右上图** 当一幅影像中有很多水平线条时，若用风景格式拍摄会造成视觉疲劳，这时最好改用人像格式拍摄。

**右图** 图中屋顶的水平线条断断续续，数量众多，使画面显得杂乱。

### 平正的水平线

如果水平线在一幅影像的构图中是极为重要的成分，那么这些线条必须保持平正。若不打算在电脑上对照片进行编辑，请使用有内置水准仪的三脚架，以确保水平线绝对平正，没有歪斜。

# 线条构图：垂直线

与水平线条一样，垂直线条也能传达强烈的情感。以许多垂直线为特征的影像往往让人联想到“强大”、“雄伟”、“有力”等词语。

适用于水平线的许多拍摄规则也适用于垂直线，但不必千方百计使垂直线与影像边缘保持平行。这很难做到，因为垂直线较多的影像往往是为了捕捉整个被摄场景而将相机朝上拍摄的。这时会产生“垂直线会聚”的透视问题，即抬头看建筑物或其他高大物体时，越往上看，物体看上去似乎越窄。这与铁轨线向远方延伸最后会聚到了一点的灭点效应是一样的，两者的差别只是出现“垂直线会聚”时你是往上看，而不是往远看。

如果画面中只有单个垂直物体，那么按照三分法则拍摄，不要将物体置于取景框中央，除非这样做所产生的左右对称可以加强构图效果。

## 风景格式

大多数含有醒目垂直线的照片通常都是竖直持握相机拍摄的，这不仅可以更好地容纳整个画面，而且还能突出垂直线的高度。不过，和处理水平线时一样，并不是非得如此不可。你不妨尝试用风景格式的另类拍摄。众多垂直线排列起来，能够强调被摄场景的宽度或者形成一种图案。此外，请记住你所摄的影像是在二维平面上重现的，你外出拍摄时要在脑海中将被摄场景视觉化。比如，画在路面上的平行线条向远处延伸后，在二维画面上看

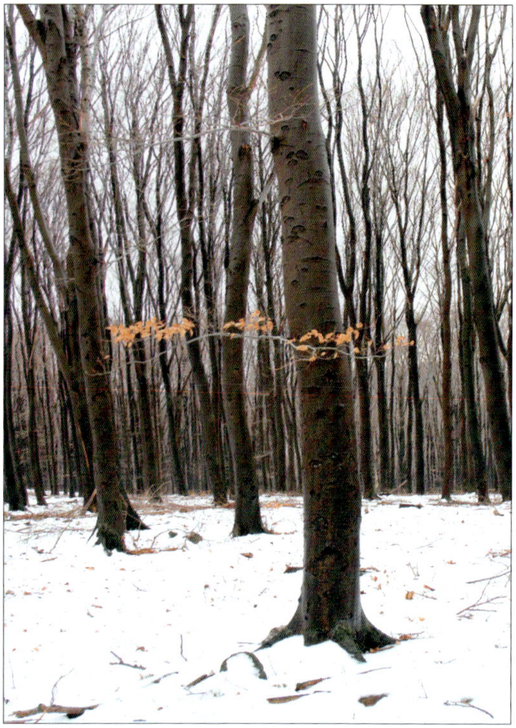

**右图** 这张照片选用了人像格式，树木醒目的垂直线条因此被夸大，得到了凸显。

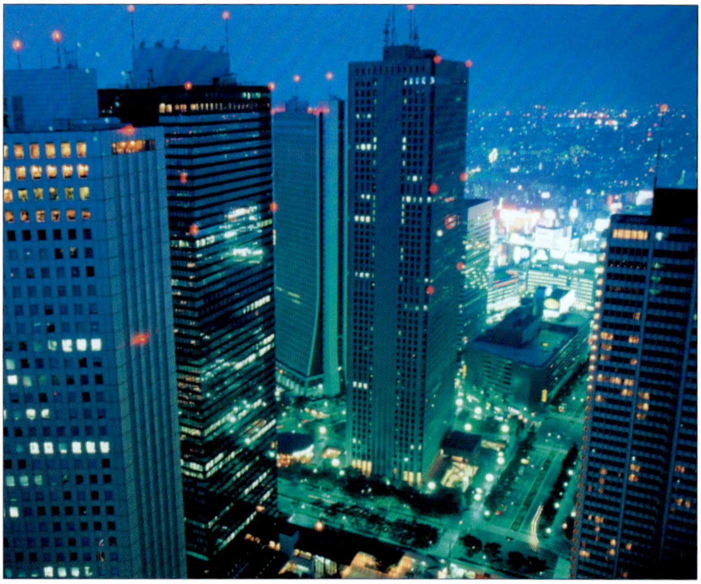

**下图** 许多现代都市里的竖线造就了极具视觉冲击力的影像，传达了很强的尺度感。

起来仿佛出现了垂直线会聚的现象，这不仅加强了影像的纵深感，而且可以引导观者的视线。

**右图** 注意在重复的垂直结构间出现的图案。

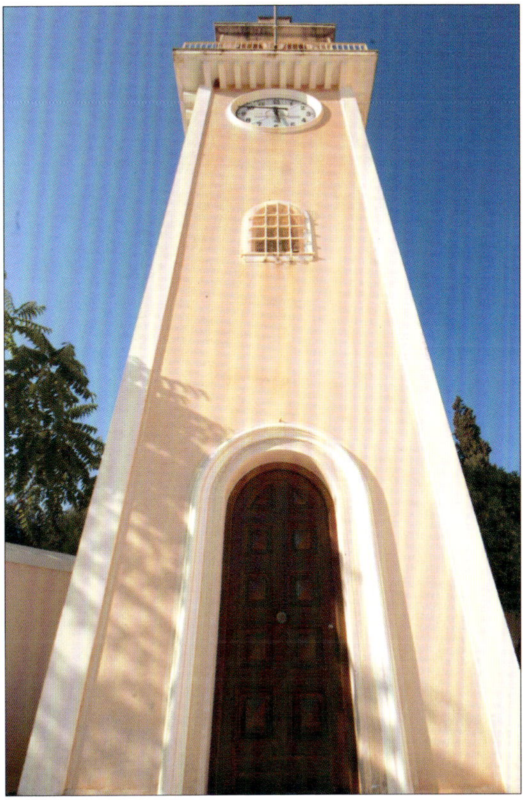

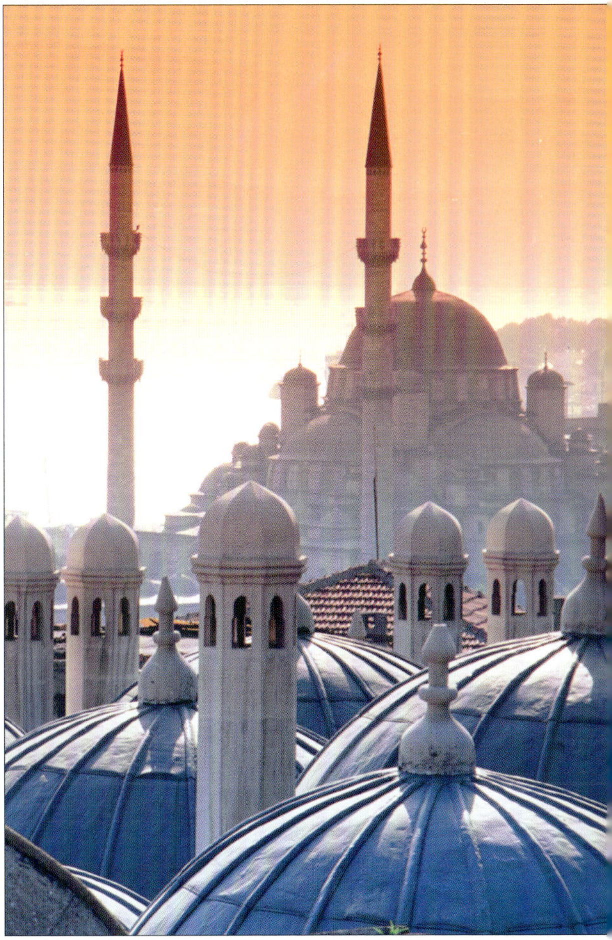

**上图** 在钟楼的基部使用广角镜头向上拍摄，夸大了这座钟楼的高度，使之显得气势不凡。

**右图** 田野中的垂直线与远处横排的树木结合起来，无论用人像格式还是风景格式都能奏效，而地平线都处于取景框的中部。

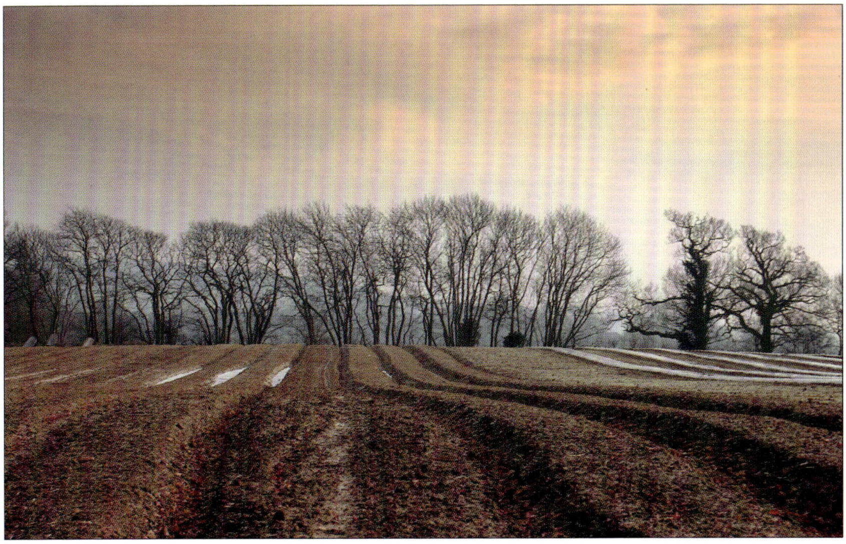

# 线条构图：斜线

醒目的垂直线与水平线形成了影像的结构，产生视觉边界，可它们有时又“框定”了影像，使之显得固定而又静止。如要使影像更具动感，就该寻找醒目的斜线。斜线条易于产生十分生动的效果，并能引导观者的视线穿越画面，特别是引向被摄主体时，这一点尤为明显。

## 对　称

注意不要使斜线条从画面的一角划向对角线方向的另一角，虽然这不太可能发生。最好使斜线从取景框横边或竖边的三分之一或三分之二处进入画面，若斜线起引导线作用的话，通常还应从画面底部左侧开始。

当然，如果你想表现某一特定场景中两个区域的巨大差异，那么用对角线将它们平分两半，或许可以拍出一幅引人注目的影像来。

大多数时候，一条斜线就足以增加动态效果，引导观者的视

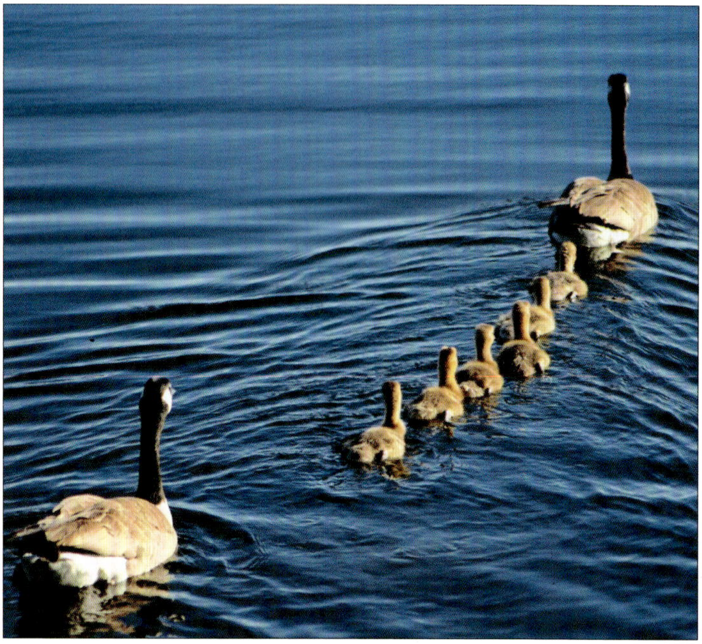

**上图** 斜线条的表现力，给这个普通的野生动物场景增添动态。

**下图** 图中的层层浪涛形成了一条斜线，将观者的视线引向被摄主体——旧金山著名的金门大桥。

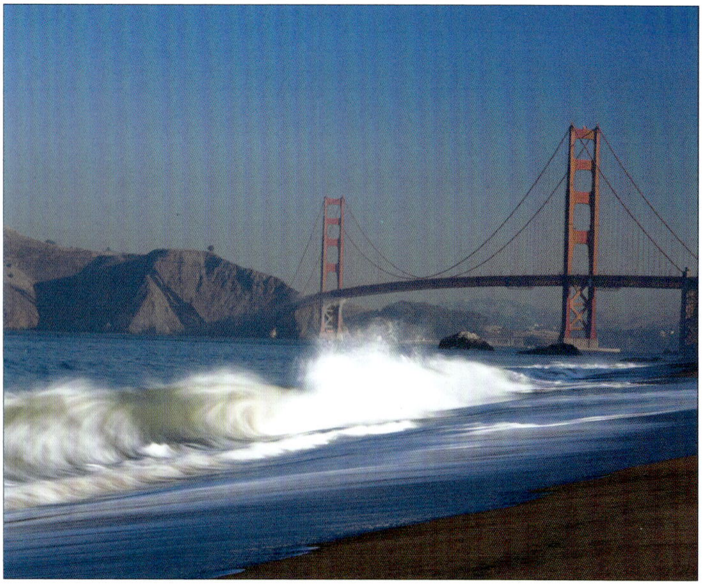

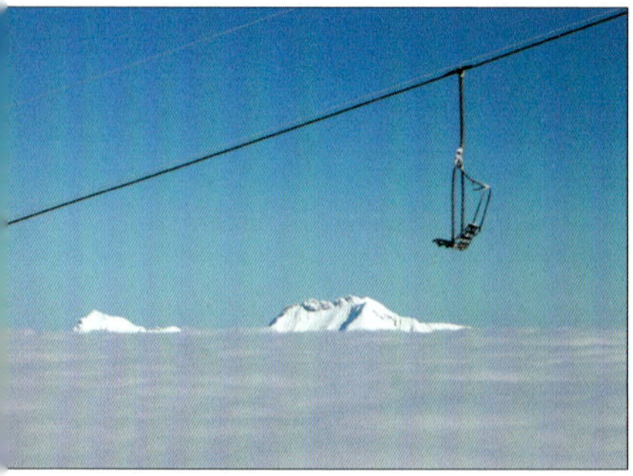

**上图** 斜线条从画面上方三分之一或三分之二处而非对角进入画面的时候效果最好。这张照片中的孤零零的滑雪升椅缆绳，就形成了这样的斜线条。

线进入画面。但那些不协调的斜线要小心对待，因为它们会使画面产生紧张感和混乱感(除非这正是你想要的效果)。

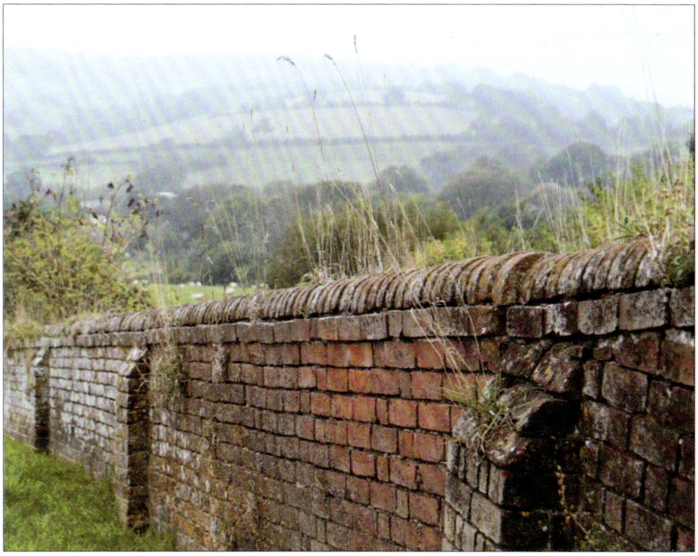

## 灭　点

两条斜线伸向远方最后会聚到一点消失，是运用斜线条最有力的方式之一。一提起灭点，我们通常会想到铁轨、道路等有些老掉牙的例子，其实，灭点是自然呈现的，只不过其结构、影调、色彩常常不那么分明罢了。比如，由云层形成的斜线条和从你身旁向远处延伸的树篱会聚起来就可能形成一个灭点。

**上图** 图中的围墙斜跨画面，但由于斜线条从左至右穿越画面的方向不妥，照片拍得并不是很成功。

**下图** 这张照片中的斜向的高光，为场景增添了动感与目的感，并且与地砖图案形成了一种对比。

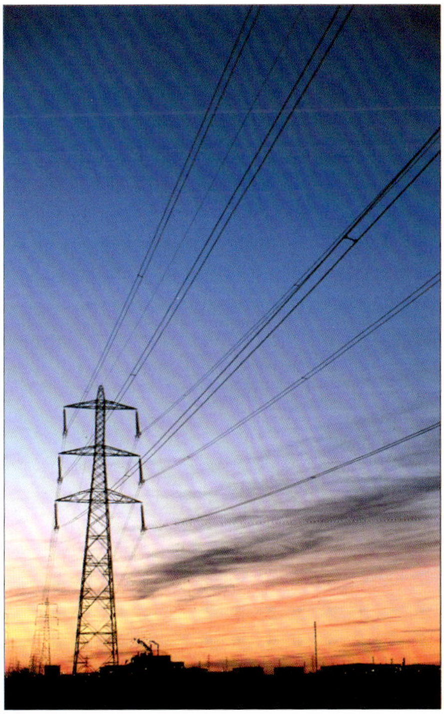

**上图** 高压电线的会聚斜线条，引导观者的视线进入照片，又将其从另一边引出。

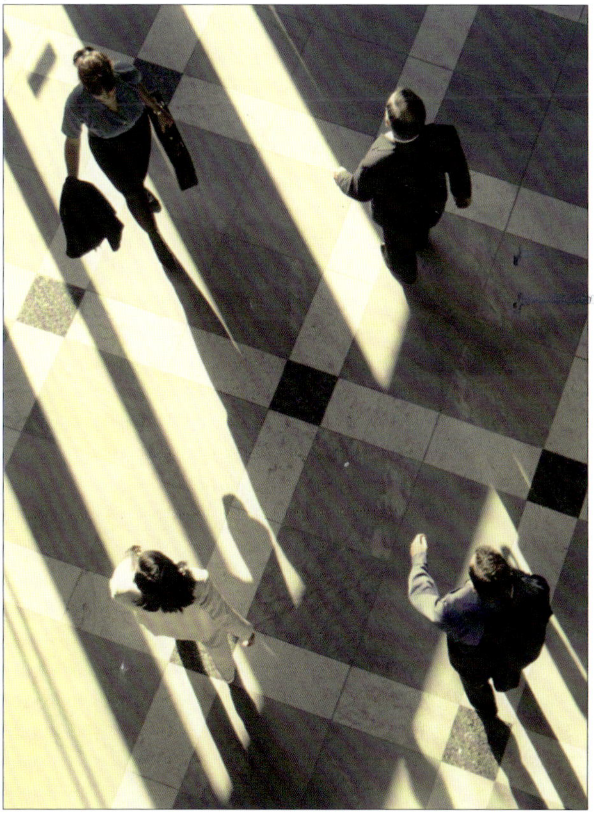

# 曲线构图

无论是水平线、垂直线还是斜线，这些线条都有助于增强构图的结构，为构图注入动感，引起特定的情感反应。那么，画面中的曲线有什么作用呢？像斜线一样，曲线易于给画面增添活力与动感，有助于引导观者视线穿越画面。此外，一些相互冲突的曲线还能给构图添加紧张感和混乱感。

### S 形曲线

构图中最为有力的曲线是S形曲线。这种曲线不仅能使影像产生动势，而且更显均衡、优雅。在拍摄中注意寻找大自然中的S形曲线，如蜿蜒的河流、一片树林的边缘轮廓，或是人造的S形曲线，如弯曲的小径等。弯曲的人造小径为观者提供了一条穿越画面的视觉路径，既表示真实的路径，也表示隐喻的路径。

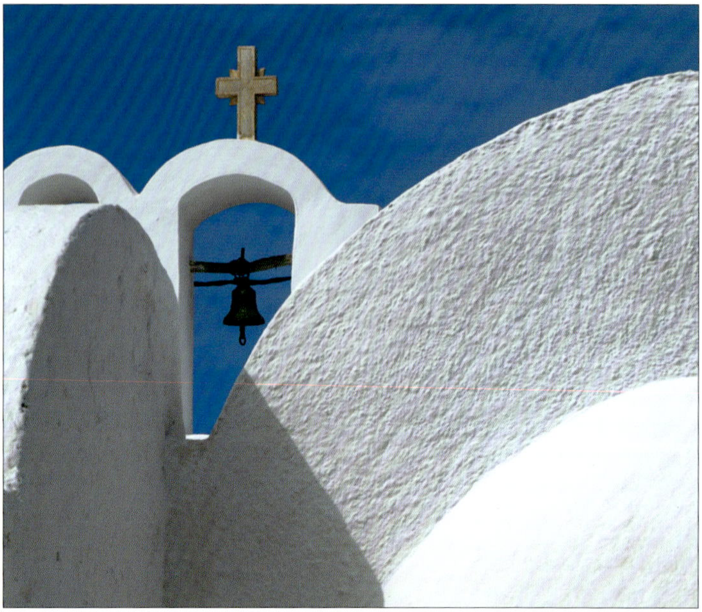

**上图** 这座希腊东正教堂的曲线轮廓与十字架的垂直和水平的线条形成了对比。

### 引导线

在讨论斜线和曲线时，我们已多次提及“引导线”、“引导视线”。顾名思义，引导线可以引导观者进入画面，理想的引导线应能引导观者注视被摄主体。

我们的眼睛更倾向于按从左到右的顺序“阅读”，所以引导线从画幅的左下方开始效果最佳。不过，还有重要的一点需要考虑。从画幅的一边引入引导线的做法比较好，也值得推荐，但多数情况下，却不宜让引导线从画面另一边移出来。原因是当你运用引导线将观者的视线引入画面后，肯定希望他们的目光能在影像上稍作停留，好好欣赏片刻，而不是直接顺着引导线移出画面。

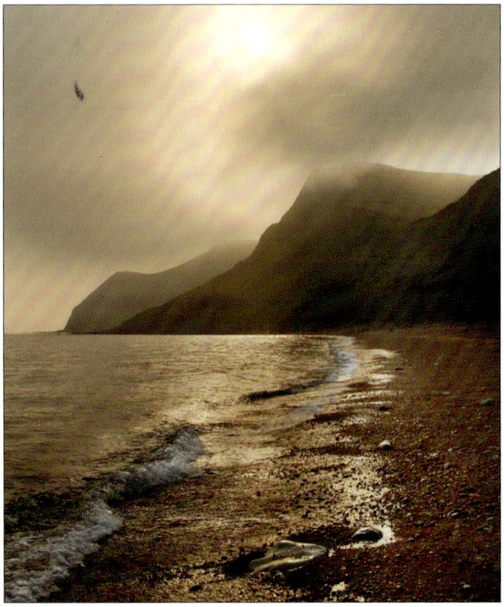

**左图** 或许照片中呈现的大多数构图曲线多由较为坚固、永久的东西构成，如灌木篱墙、道路、河流等，但应记住，若及时定格一个瞬间，任何事物在短时间内都能形成曲线。

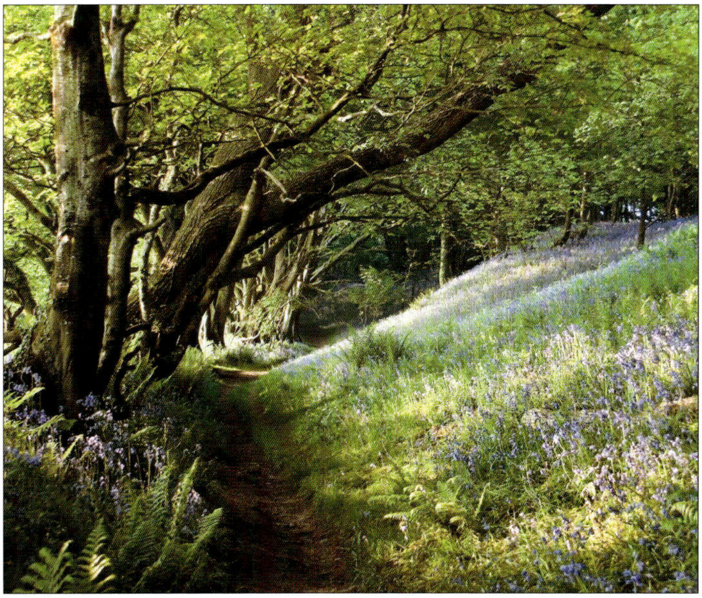

▼**下图** 图中弯曲的树干围住了人物，把我们的注意力引向被摄主体。

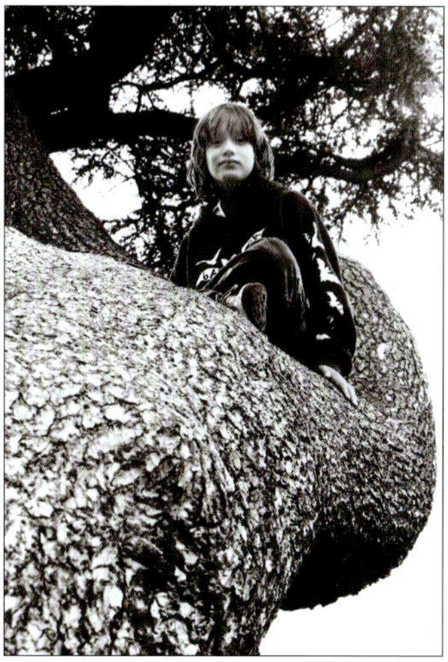

▼**下图** 退潮时留下的海水略呈S形，既为画面添加动感，又将我们的视线引向船只。

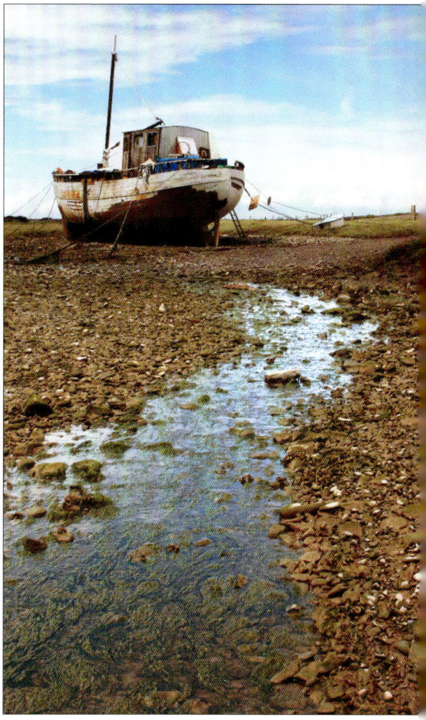

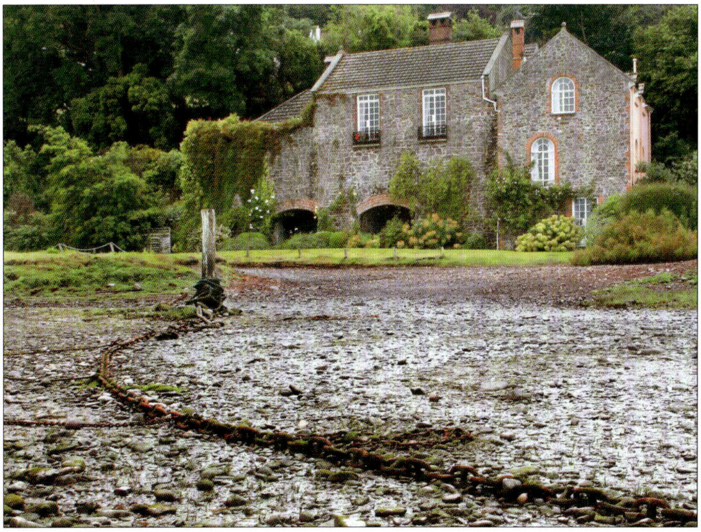

## 运用曲线

当你四处走动，寻找潜在的风景影像时，记住：并非所有的风景都是用广角镜头或变焦镜头的广角设置拍摄的。在广角镜头中不易察觉的构图成分到了远摄镜头或远摄设置时可能显而易见。

▲**顶图** 曲线像斜线一样可以作为引导线，引导观者的视线穿越画面。最成功的引导线或曲线能将观者的目光从画幅的边缘引向画面中的被摄主体上。

▲**上图** 图中这条生锈的泊链只在退潮时才显露出来，它起着通向后面房屋的引导线作用。

# 风景格式与人像格式

摄影新手拍摄的照片往往只是水平持握照相机拍摄的，即所谓的水平格式或风景格式。根据传统惯例，人们曾武断地以为风景要横向拍摄，而人像要纵向拍摄。其实并不一定要这样，甚至可以说根本就不该如此。

## 新鲜的视觉

将照相机旋转90°竖直拍摄风景而使得影像造型更好的例子很多。拍摄树木时你马上会想到画面是否容纳得下树的整个高度，特别是当你不得不退后一段距离才能将被摄主体纳入风景格式中的时候。秋日里若用竖幅拍摄金黄色的一棵树，不仅可以使你离树更近，还能排除画面中树木左右两侧的多余部分。

竖拍风景而使照片画幅形式有更多互补的例子也不少。山脉、山谷、河流的影像均可能因此得益。所以，试着养成用竖幅拍摄风景的习惯，即使已经用传统的水平画幅成功地拍下了风景。这样经过一段时间，你就会用不同的方式来观察风景，在向他人展示所拍的照片时(尤其是将照片整理成一个集子或举办小规模展览时)，便会庆幸自己用两种画幅拍下了多样的影像。

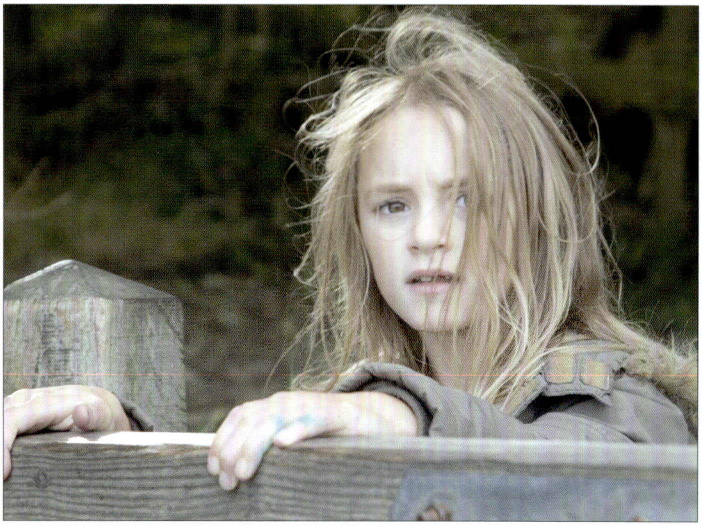

**上图** 并非所有的人像都要用竖直的人像格式画幅拍摄。图中门及门柱的线条框住了影像，而被摄主体的位置又运用三分法则安排得十分理想。

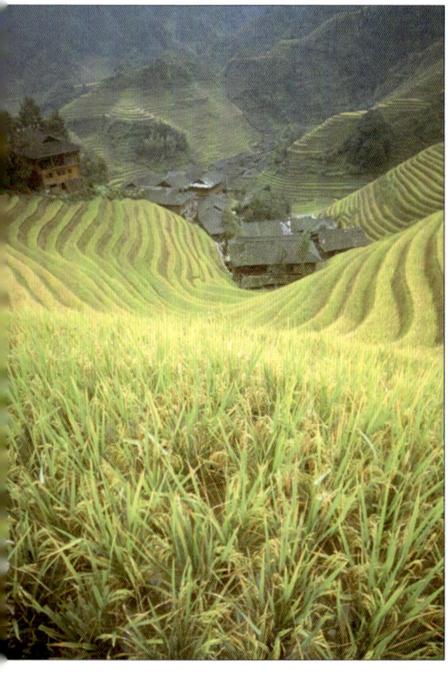

**左图** 人像格式的使用突出了图中水稻梯田的形状，有助于增强远处梯田的空间深度。

## 拍摄建筑

拍摄建筑物和城市景物时有着更多的试验两种格式画幅的机会。习惯于旋转照相机后，你会开始发现某些视觉成分能在风景格式画幅中产生迷人的画面；而稍微改变角度或视点后，其他背景成分又会发挥作用，从而拍出更加赏心悦目的人像格式画幅的照片。

## 根据情境考虑画幅

拍摄人物的全身照时常常不得不使用竖幅，但并不是所有人像照片都要用这一画幅拍摄。风景格式有时可能是更好的选择，这取决于被摄主体手臂的位置(双臂伸展的姿势特别适于使用风景格式)，或者看你是否想要拍下有助于显示当时情境的背景。此外，别忘了三分法则。即使只拍摄肩部及以上部位的人像，也最好避免被摄主体居中，而是让其位于取景框的一侧。

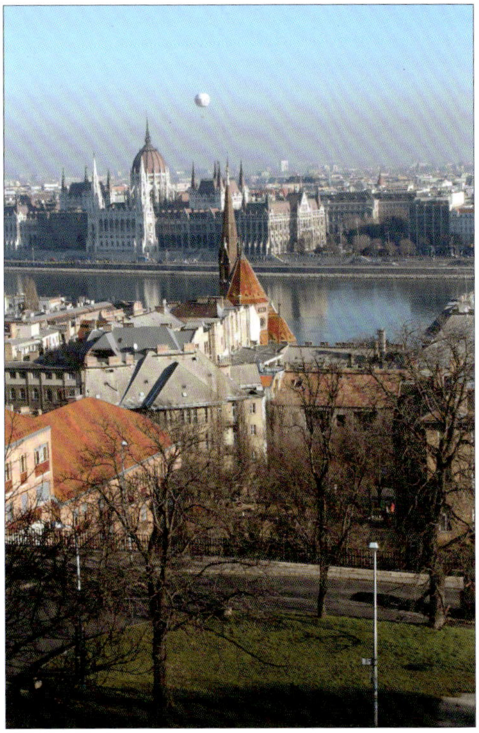

**左图和下图** 这两幅影像展现了从同一视点拍摄的同一场景，但它们看起来却差别巨大。第一幅影像（左图）中，广角镜头和人像格式的运用让我们所见的场景范围更广；而第二幅影像（下图）中，使用长焦镜头和风景格式拍出了一幅取景紧凑的画面。

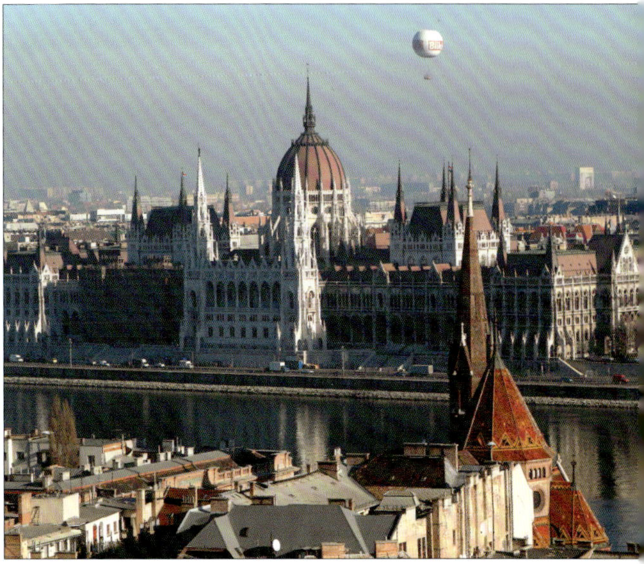

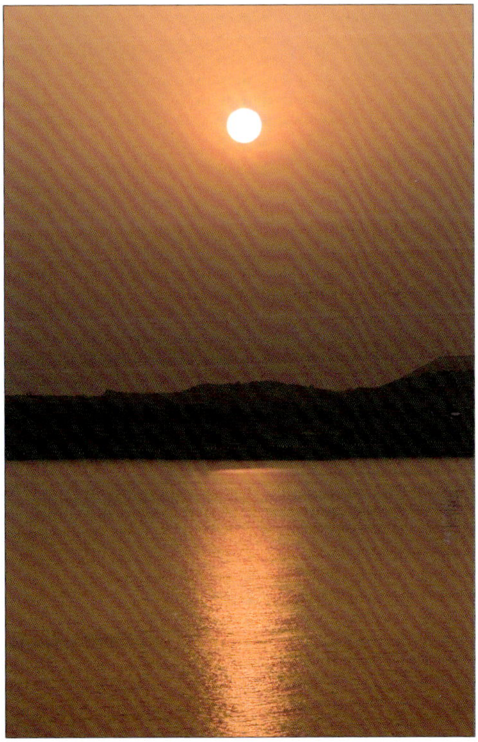

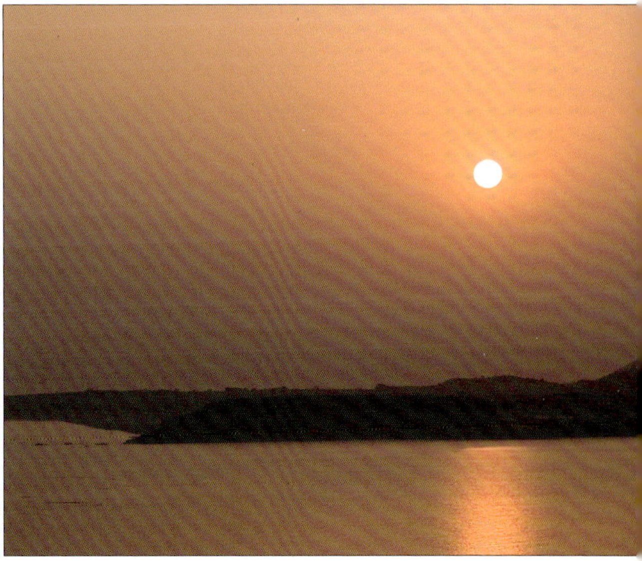

**左图** 选择使用风景格式还是人像格式常常需要试验。图中，摄影者用人像格式强调了太阳在海面上长长的反射光。

**上图** 使用风景格式拍摄，更为宽广的画幅容纳了更多的色调微妙的天空和更长的安宁的陆地水平线，而太阳的反射光所起的作用却不那么重要了。

# 构图均衡

当你看某些影像，特别是那些有两个或两个以上关键成分的影像时，或许常常会感到有什么东西不太对劲，但一下子又说不上来是为什么。这很有可能是由于画面的构图不够均衡而引起的。

## 纵轴线

构图的均衡感大多取决于穿越画面中部附近的纵轴线是如何分割画面的主要视觉成分的。当然，横轴线对画面的分割也能产生均衡感，如一棵树在池塘中形成倒影。

## 对称均衡

最简单、最直接的构图均衡常被称为"对称"均衡。顾名思义，对称均衡就是两个"分量"相同的物体处于中心纵轴线左右两边，画面左侧的物体与右侧的物体之间达到的均衡。

对称均衡使画面显得稳定安宁、井然有序，可以出色地运用于建筑摄影、正式的人物合影以及各种"人造"景观如林荫道、精心修整的花园等的拍摄中。

## 不对称均衡

尽管对称的构图理所当然能够产生视觉平衡，给画面带来秩序感和安宁感，但千篇一律地看到对称画面最终会让人觉得枯燥乏味。事实上，通过不对称而达到均衡的画面反而能产生更多的视觉趣味。不对称均衡可以使画面具有纵深感，以及多得多的动感，不过这需要你更多地动脑思索，寻求达到画面均衡的方法。

基本而言，不对称均衡就是画面中的每个物体都有各自的视觉"质量"——无论是物体的大小尺寸、色彩状况、明暗程度、焦点虚实情况，等等。在一幅构图均衡的影像中，各个组成部分安排得当，让人感觉这些部分各异的"分量"达到了平衡。举例来说，对比度高的物体让人感觉重于对比度低的物体，因而对比度低的物体要比对比度高的物体大时两者才能达到均衡。

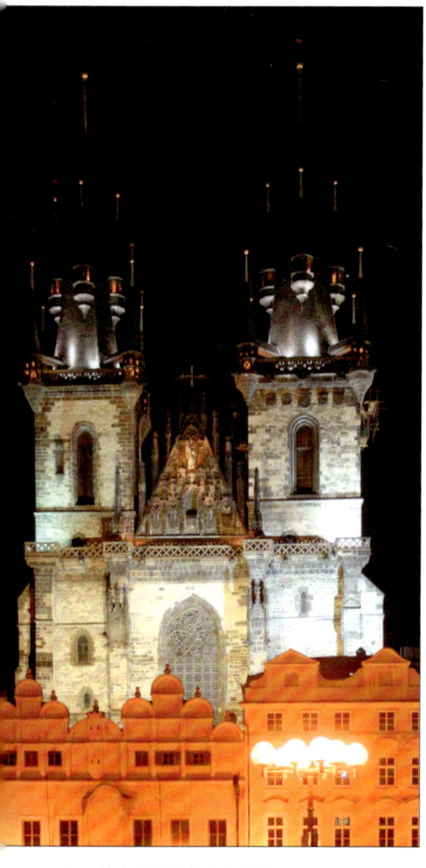

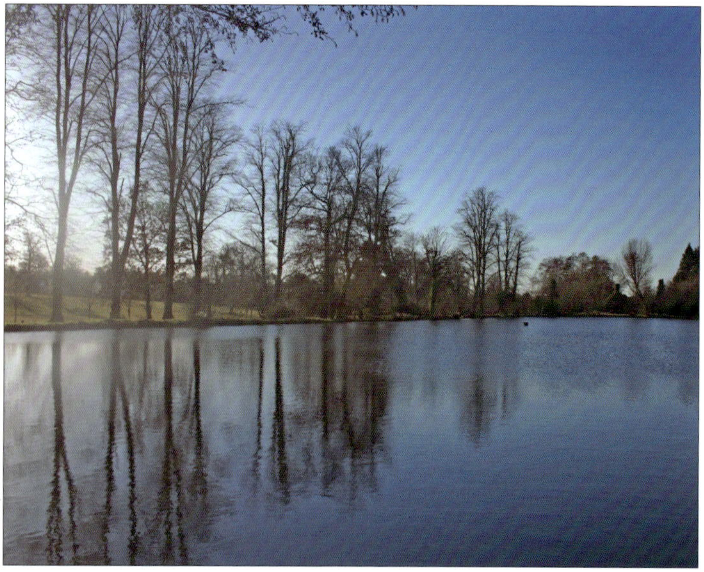

**左图** 这张照片是对称均衡构图的一个典型例子，背景中的两座尖塔相互之间完全平衡。

**上图** 这一场景很大程度上也依赖对称构图来达到均衡——岸上的一排树木与它们在水中的倒影形成了对称均衡。

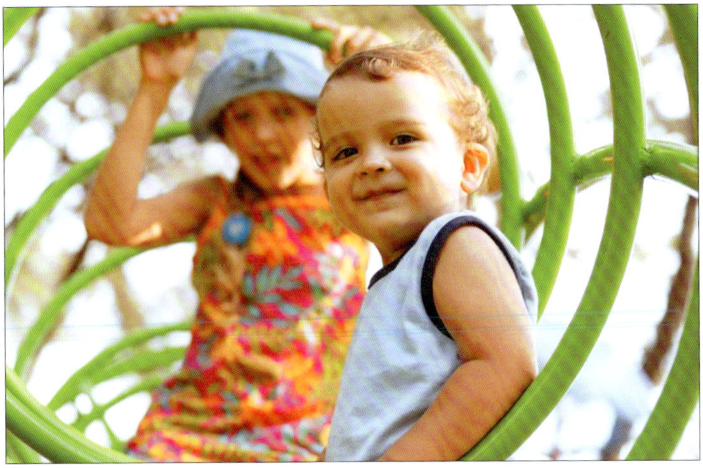

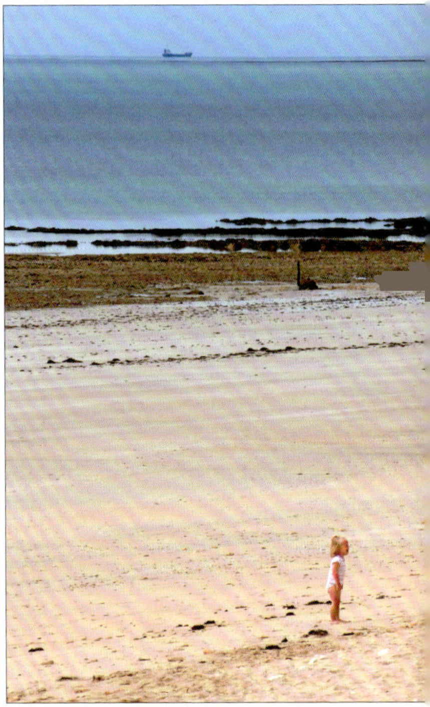

要掌握不对称均衡的运用没有什么捷径。与其循“规”蹈“矩”而抑制创造力，不如多进行拍摄，注意具有不同大小、色彩、对比度和视觉魅力的物体是如何相互作用、相互影响的。

上图 色彩绚丽的物体和较大的物体在构图中会显得更重，但前景中焦点清晰的人物，与其达到了均衡。

上图 这幅不对称的构图，因海水、沙滩的色彩，其相对较大的面积，以及分别处于画面顶端和底部的孤立主体（船只、小孩）之间相互作用而很好地达到了均衡。

## 取景构图时的不对称现象

知晓影像中不同组成部分各自的分量是至关重要的。基本概念如下：

• 位于取景框边缘处的物体比于中央的物体重。

• 不规则的形状重于规则的形状。

• 色彩丰富的成分重于色彩单调的成分。

• 孤立出来的物体重于周围有其他物体环绕的物体。

• 有趣味性的物体比不那么有趣的物体更易吸引注意力。比如，人物的脸孔重于建筑物或地标。

• 焦点清晰的物体重于焦点不实的物体。

• 画面中人物视线方向上的物体会得到强调。

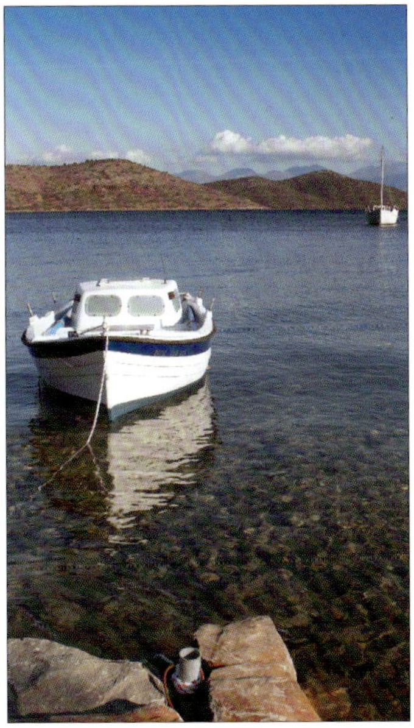

上图 虽然我们的注意力一下子被前景中较大的船只所吸引，但由于背景中位于画面右侧边缘较小的船只的存在，整幅影像得到了均衡。

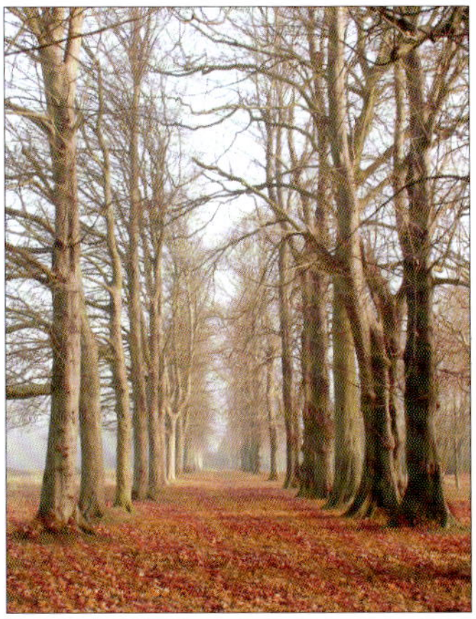

上图 这张雾天拍摄的公园林荫道照片很容易便达到了对称均衡。向远处延伸的两排行道树，还产生了一个令人愉悦的灭点。

# 动手尝试：构图基础

了解了一些基本的构图窍门之后，现在是动手拍摄的时候了。下面是前已述及的构图“规则”的摘要及一些重要的课外作业。这些作业可以帮助你进一步探索这些“规则”，你因而会明白在哪些时候遵循其中哪些规则能够拍出更加生动的影像。不过请记住，千万不要被这些规则所束缚。尤其是当你发现眼前的场景明显与任何一条构图要求都不相符，觉得拍摄无从下手时，更要牢记这一点。很多时候，一个场景看上去分外诱人，但你不太明白这是为什么。此时你别放弃，而去试着琢磨适用的构图规则；无论如何先拍下照片，之后再去分析你的影像。

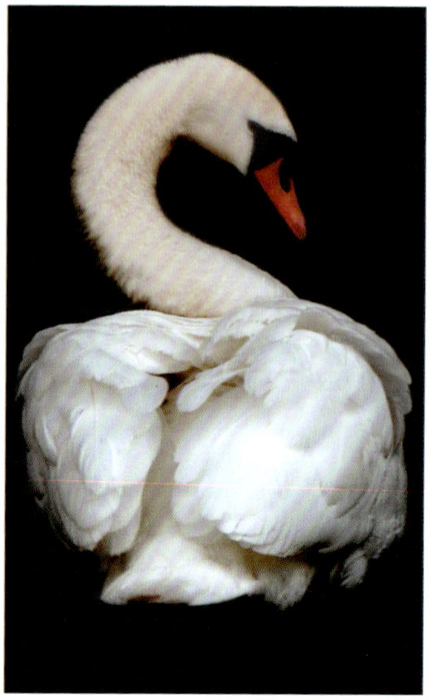

形状与结构

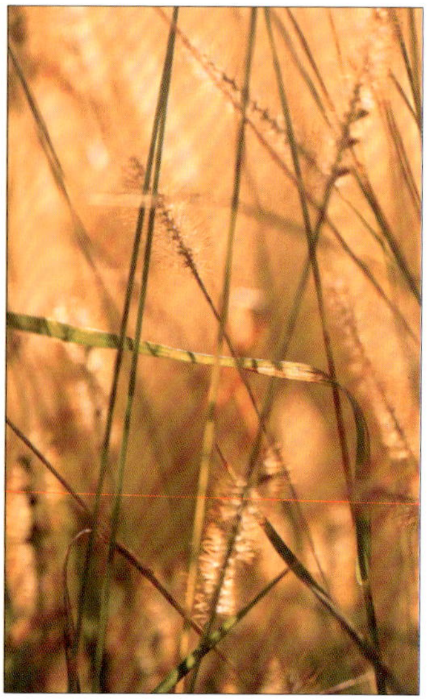

充满画面

## 保持简洁

拍几张让观者能清晰地看出画面中的被摄主体是什么的照片。尽量确保画面中没有出现边缘杂物以及任何会引起干扰的物体。

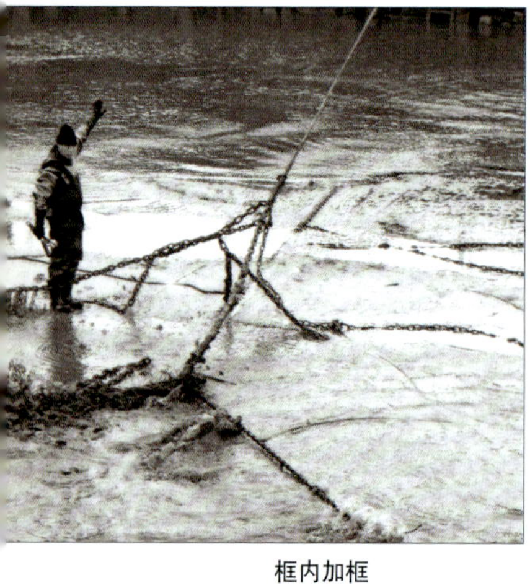

框内加框

## 充满画面

拍几张诸如形状、色彩、结构等让你感兴趣的不同物体，或富有吸引力的表面反射光的照片。变焦拉近物体，确保其四周没有杂物。

## 三分法则

尝试寻找适用于“三分法则”的不同场景。记住不必千方百计寻找四个关键成分来安排在每个“视觉趣味点”。有时只要一两个视觉趣味点就能产生有效的构图。

## 框内加框

努力创造能够在取景框架内再加一个框架的机会。注意这里的关键词是“创造”，因此你可以采取主动，拍下透过窗户向外看的某个人物，或者拍下窗外的景象。请记住：理想的框架其自身要具有吸引力，并且以某种方式与被摄主体形成互补。

## 拍摄高度与拍摄角度

在高度差别显著的地方对同一场景拍一些照片，再用不同的拍摄角度拍一些照片。这样做的目的在于，赋予同一场景以新鲜的视觉，从而促使观者更加仔细地观赏影像。

## 形状与结构

请记住：我们倾向于用二维的形状来辨认物体，而结构使一个物体具有三维的外观。先拍几张不同物体的照片，使观者只能从中看到物体的形状。然后运用不同的光照条件或不同的拍摄角度，再为这些物体拍摄更多的照片，让观者能够从中感受到它们的结构。

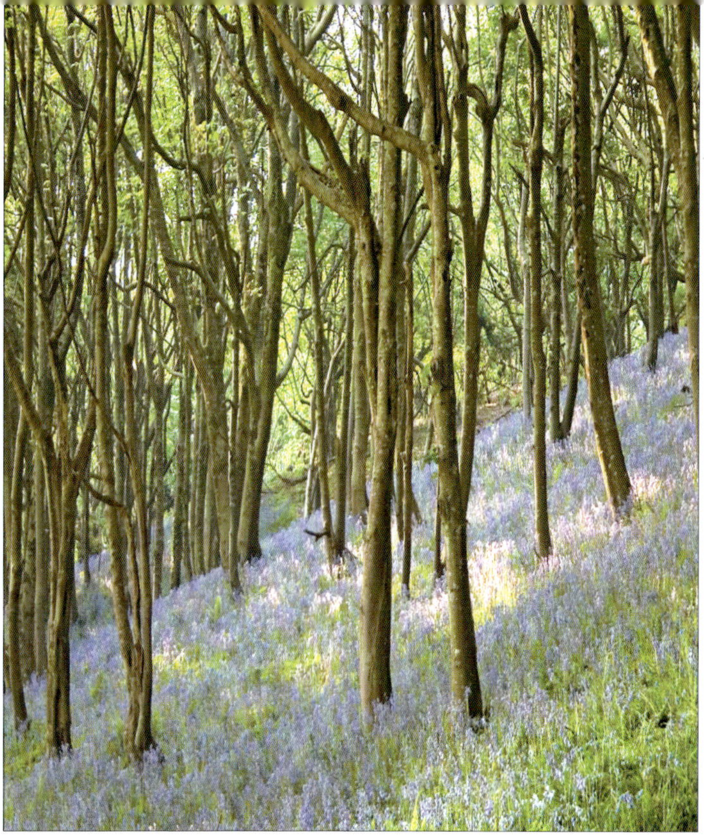

竖线

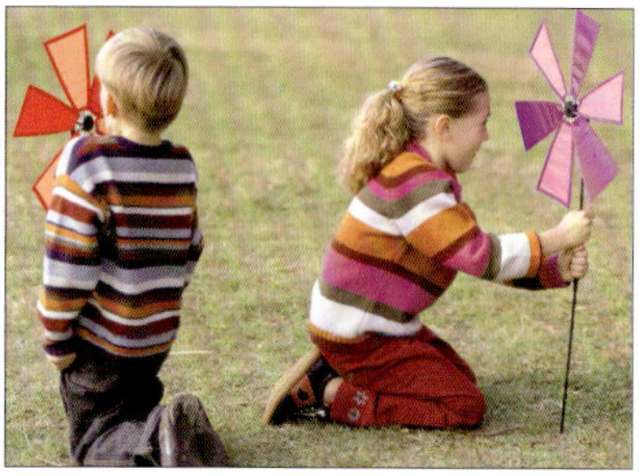

风景格式还是人像格式

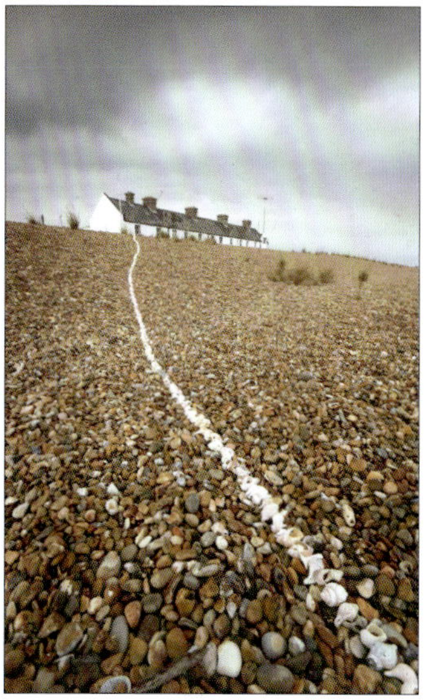

引导线

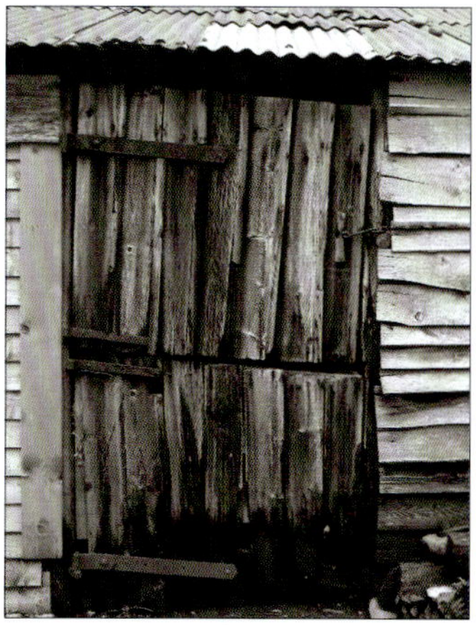

质感

## 图案与质感

拍几张探索某个物体的图案与质感的照片。这项练习充满乐趣，会让你得到意想不到的收获。别忘了考虑光线的角度，以突出物体的质感；运用水平思考去寻找构成图案的成分。

## 水平线与垂直线

运用水平线拍摄一些给人以平静安详感的物体或场景，再运用垂直线拍摄三个物体或场景。

## 斜线条

寻找有能引导观者视线浏览画面的斜线条的场景进行拍摄。理想情况下，斜线条能将观者的视线引向被摄主体。

## 曲线与引导线

S 形曲线与引导线有助于引导观者进入画面，在理想状态下，能将其引向画面中的主体。在大自然和人造场景中寻找 S 形曲线和引导线，并试着拍摄五张以这两种构图辅助工具为特色的照片。

## 人像格式与风景格式

当你找到一个适于拍摄的主体时，可以考虑一下将照相机旋转 90° 进行拍摄的好处，看看这样是否会产生让人耳目一新的视觉。请记住：风景并不一定要以风景格式拍摄，人像也并不一定要以标准的人像格式拍摄。

## 构图均衡

从现在起试着考虑让你所拍的影像获得构图均衡。如果画面的被摄主体中有一个特别大，那么试着找一个较小的，但更接近画面边缘，或色彩更丰富，或更明亮，或更具视觉魅力的物体，与之互补，使画面达到均衡。

# 第 3 章

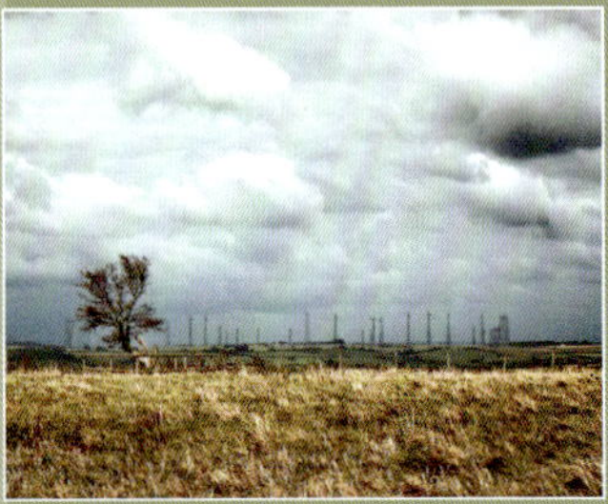

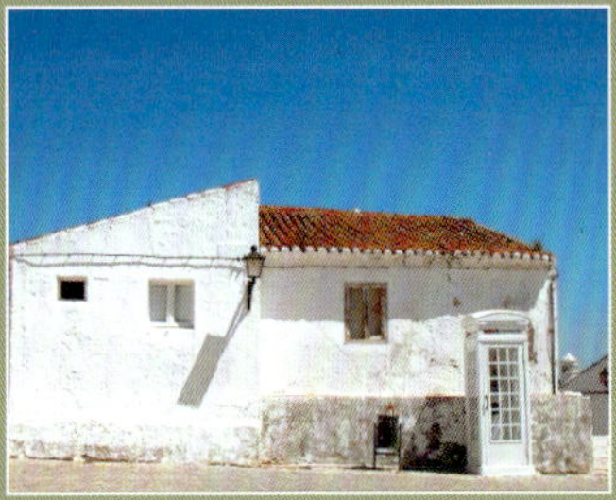

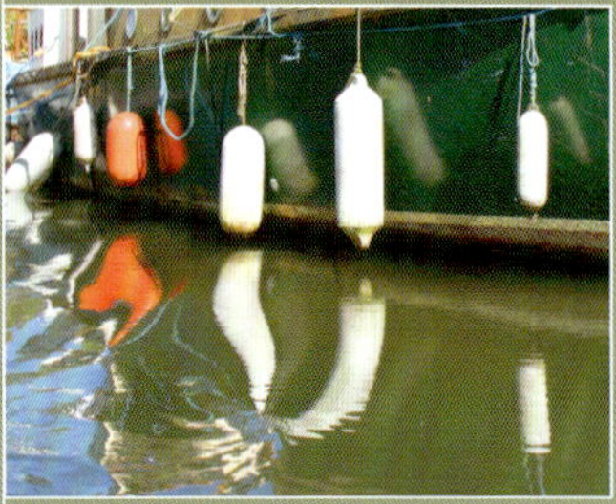

# 创意拍摄

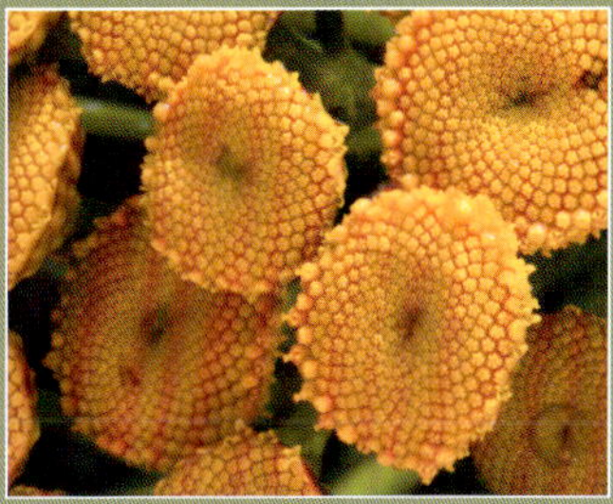
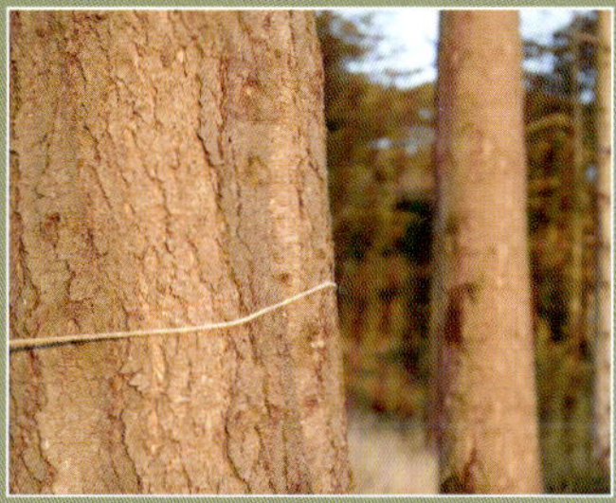
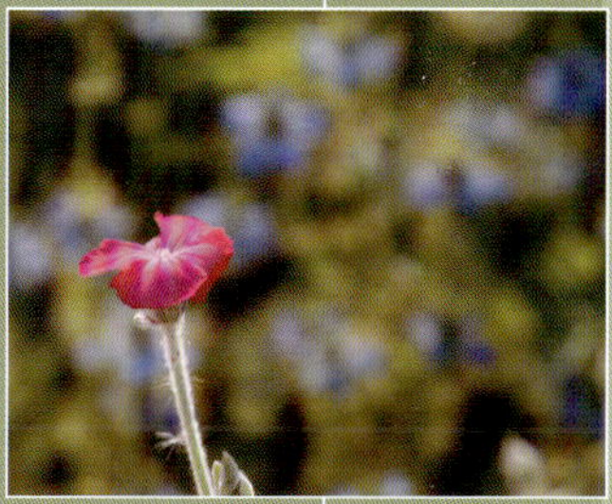

比较扎实地掌握了照相机功能设置的相关知识之后，在这一章里我们将更加有创意地去运用这些知识。本章内容涵盖曝光控制、景深控制、选择性对焦等关键原理。要想提高摄影技能，了解这些原理是至关重要的。我们还将探讨快门速度的意义及其如何将其用于获得创意效果。另外，还阐述了摄影照明，并揭示其在拍摄照片中的核心作用。之后，又对焦距进行了深入的介绍。本章最后还考察了黑白摄影，探讨如何在数字时代拍出极其动人的黑白照片。

# 了解曝光

摄影最根本的一个技术方面或许就是曝光。数码照相机的曝光原理几乎与胶片照相机一致，这一点对具有拍摄经验的胶片摄影师来说是一个正面的信息。但对于摄影新手来说，曝光这个概念或许比较陌生。曝光与画面是否过亮、过暗或明暗适中有关，尽管这通常带有一定的主观性。

主导曝光的设定因素有三个：快门速度(决定影像传感器的曝光时间)、光圈(决定到达影像传感器的光线量)以及ISO感光度(决定影像传感器的敏感程度，见第14页)。这三个要素相结合，提供了一个特定的曝光量——如果其中一个要素改变了，若要曝光量保持不变，那么另两个要素之一就必须随之调整。

## 快门速度与光圈

要表达特定曝光量的完整信息，你得知道快门速度(常用多少分之一秒来表示，但快门速度也可以远远超过1秒)、光圈(用f数表示)和ISO感光度设置。所以你常常会看到某一曝光量被写作f/5.6、1/125秒(ISO200)。如果这样的设置组合提供了“准确”曝光，那么只改变其中的一个设置就会导致“不准确”曝光。比如只将快门速度提高到1/250秒，拍下的影像就会曝光不足。然而，如果在此同时将光圈开大1级(从f/5.6调至f/4)，或者将ISO感光度增加至400，那么曝光量就可以保持不变。也就是说，f/5.6、1/125秒(ISO200)与f/4、1/250秒（ISO200）还有f/5.6、1/250秒(ISO400)三者的曝光量是相同的。

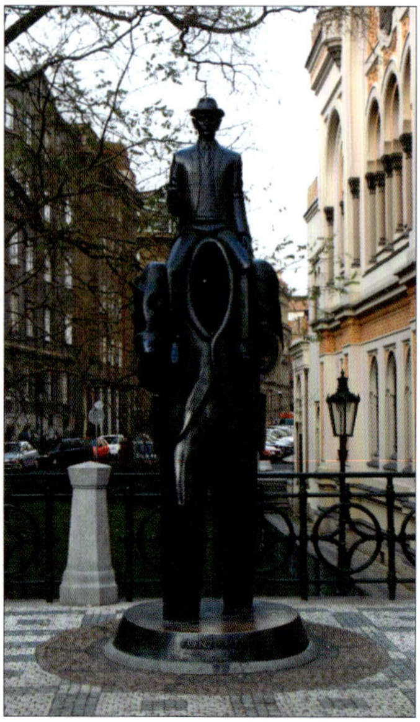

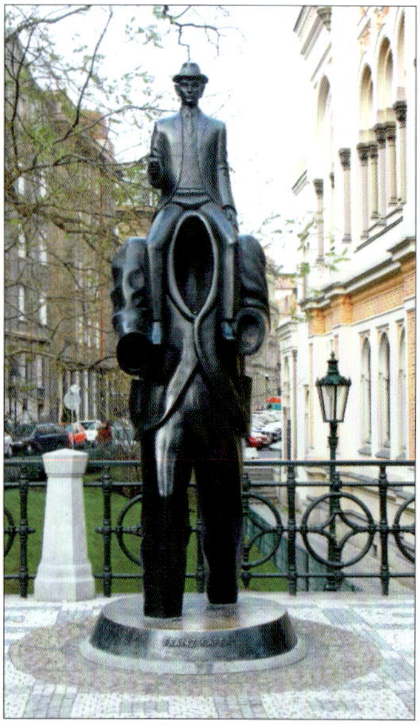

上图 在较难掌控的光照情形下，如图中这样被摄主体很暗且处在明亮背景前面时，如果仍使用自动模式，照相机就可能使被摄主体曝光不足(如左图所示)；而手动调大光圈后，被摄主体得到了准确曝光(右图)。

## ISO感光度

只有在数码摄影出现之后，ISO感光度才在主导曝光上变得必不可少了。在这之前，因为你不可能拍摄每张照片都更换胶片，曝光量主要仅由快门速度和光圈之间的组合决定。如今，数码ISO感光度可以随意更改，其设置便可以得到积极的使用从而使你拍摄的每张照片都能够获得最佳曝光。最低的ISO感光度总能产生最好的影像品质，所以任何时候都采用尽可能低的ISO感光度(尤其是使用数码袖珍相机)，而只在某些特殊情况下才提高ISO感光度，比如，快门速度太低易造成相机抖动的时候。

## 低ISO感光度

假设你将ISO感光度调到可能的最低值(同时仍可持稳相机，避免出现相机抖动)，那么最终决定曝光量的就只有快门速度和光圈之间的组合了。

在接下来几页中，我们会看到，快门速度和光圈是最重要的两个控制要素。光圈设定决定景深(被摄场景中焦点清晰的范围)，而快门速度则决定移动物体的影像是否会模糊不清。若不考虑构图因素，照片的成像效果就取决于这两个摄影控制要素。

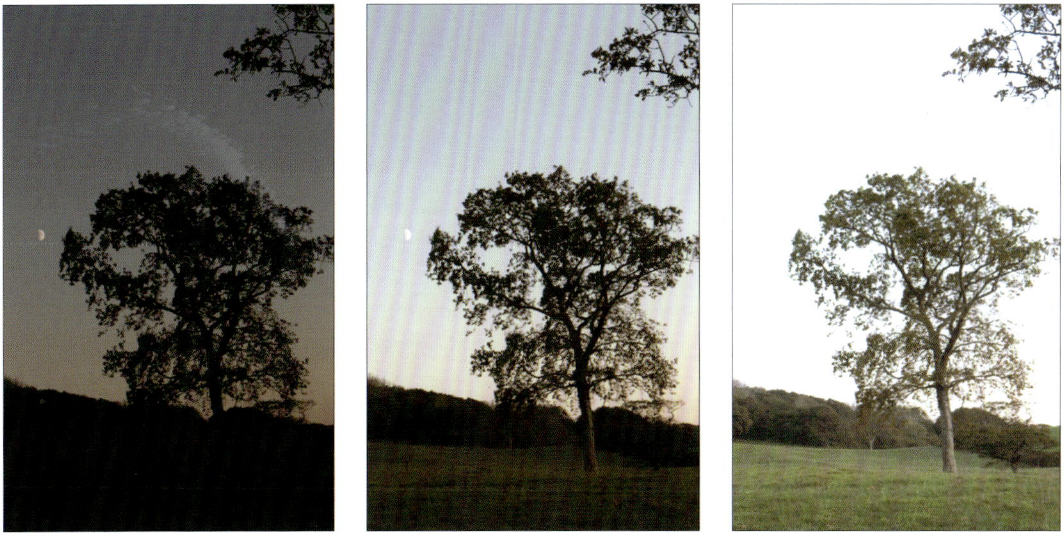

**上图** 这三幅影像摄于同一时间，但它们看起来差异很大。拍摄时使用了三脚架以确保被场景完全相同，左边最暗的这张照片手动设定曝光为 f/5、1/3 200 秒(ISO200)，中间这张照片曝光量为 f/5、1/200 秒(ISO200)，而右边最亮的照片则采用 f/5、1/16 秒(ISO200)的曝光拍摄。可见，手动更改快门速度极大地影响了照片的曝光效果。

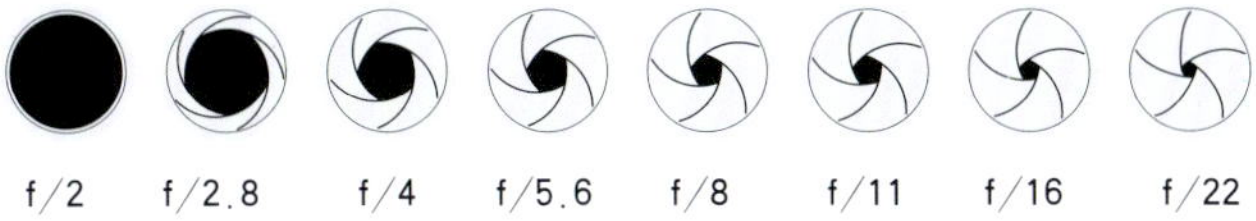


**左图** 这一组图表显示了照相机镜头上的可调光圈范围。并非所有镜头的光圈调节范围都有这么广，许多镜头的光圈可调范围只有从 f/4 到 f/16。这张图表说明的是，光圈系数越大，光圈越小。光圈的变化对景深有直接影响。从中还可看出，若将光圈从 f/5.6 调至 f/8，到达传感器的光线量就会减半；若将光圈从 f/16 调至 f/11，通过光圈的光线量就会加倍。

## 曝光选择

| | | | | | | | | |
|---|---|---|---|---|---|---|---|---|
| 光圈 | f/2 | f/2.8 | f/4 | f/5.6 | f/8 | f/11 | f/16 | f/22 |
| 快门速度(秒) | 1/1000 | 1/500 | 1/250 | 1/125 | 1/60 | 1/30 | 1/15 | 1/8 |
| ISO | 100 | 100 | 100 | 100 | 100 | 100 | 100 | 100 |

## ISO 感光度选择（表 1）

| | | | | | | |
|---|---|---|---|---|---|---|
| 光圈 | f/2.8 | f/4 | f/5.6 | f/8 | f/11 | f/16 |
| 快门速度(秒) | 1/30 | 1/30 | 1/30 | 1/30 | 1/30 | 1/30 |
| ISO | 100 | 200 | 400 | 800 | 1600 | 3200 |

## ISO 感光度选择（表 2）

| | | | | | | |
|---|---|---|---|---|---|---|
| 光圈 | f/2.8 | f/2.8 | f/2.8 | f/2.8 | f/2.8 | f/2.8 |
| 快门速度(秒) | 1/30 | 1/60 | 1/250 | 1/500 | 1/1000 | 1/2000 |
| ISO | 100 | 200 | 400 | 800 | 1600 | 3200 |

**左图** 在数码照相机中，ISO 感光度的设置在决定曝光量时会起到更为积极主动的作用。如果在感光度 ISO100 时快门速度 1/30 秒、光圈 f/2.8 可以获得准确曝光，那么更改 ISO 感光度后，你必须要么改变光圈大小(见表 1)，要么改变快门速度(见表 2)。比如，在表 1 中，快门速度保持不变，将 ISO 感光度调至 800 时就得使用 f/8 光圈，这时可以获得的景深比采用 f/2.8 光圈时要大得多，从而能使场景中的更多部分焦点清晰；在表 2 中，光圈大小保持不变，同样将 ISO 感光度调至 800 时快门速度就须变为 1/500 秒，这时更适于拍摄快速移动的物体。

# 手动曝光

到现在为止，我们主要关注的是几乎所有数码照相机上都有的各种预设的自动、半自动的设置与模式。这些预设模式十之八九能帮助我们在大多数常见的拍摄场境中拍出聚焦清晰、曝光准确的照片。

对大多数人来说，了解这些设置和模式就足以拍出想要的影像。然而，如果你想进一步拓展自己的创造力，想在更富挑战性的光照条件下掌控相机，并充分利用相机的各种功能进行拍摄，那就必须了解如何在手动(M)模式中使用相机。建议在手动模式下对相机的不同快门速度和光圈设定进行拍摄试验，使自己最终能够(更加经常性地)拍出曝光更加准确的照片。

## 曝　光

讨论完光圈与快门速度以及ISO感光度之间的关系对曝光的决定性影响，对于如何使用照相机的手动模式，我们只知道了一半。

照相机设定到手动模式后，你对快门速度和光圈必须分别进行设置。这容易导致曝光计算错误，出现糟糕的拍摄效果，如果你已经习惯于使用自动模式或半自动模式，那么情况可能更为严重。比如说，你可能会将快门速度设为1/500秒来定格动体，将光圈设为f/11使被摄景物尽可能多地焦点清晰。但是，除非在按下快门按钮的瞬间光照特别强烈，否则，你拍下的影像会曝光极度不足。

或者，身处现场，你可能因一直忙于拍摄而完全不记得照相机的光圈还设在f/4，结果却发现拍下的所有照片都曝光过度了。

## 取景器标尺

为了便于在手动模式下拍出准确曝光的照片，请看一下取景器，上面应该有一个标尺。标尺的中央刻度通常为“0”，左右(或上下)两侧各有几个刻度，一般往左(或往下)标有数字“－1”、“－2”等，往右(或往上)标有“+1”、“+2”等。“0”表示曝光“准确”，负数表示曝光不足，正数表示曝光过度。每个刻度称作一“挡”，故+2表示曝光过度2挡。当你调节光圈或快门速度设定时，标尺上的刻度指示也会相应变化。

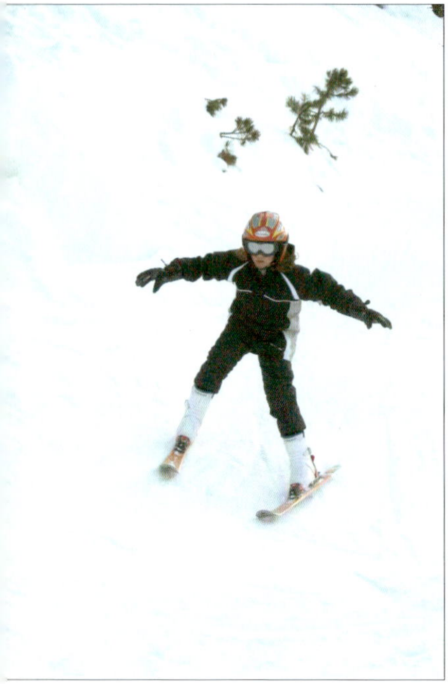

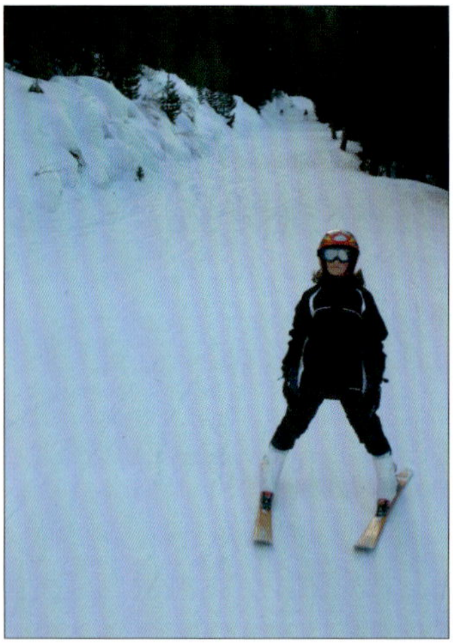

**左图和上图** 在某些光照条件下，特别是有大量反射光的情况，照相机测光系统容易导致场景曝光不足(如上图)。这种时候就需要手动设置曝光量。

## 对准“0”

虽然你总会试图使取景器标尺的指示为“0”，但指示在－2到+2范围之内的曝光效果通常都是可取的。其实这正是使用手动模式的意义所在。事实上，在查看所拍照片时，你或许会觉得某张指示为－1甚至－2时(曝光略微不足时)拍下的影像比指示为“0”时(此时在理论上曝光更为准确)拍下的影像整体感觉更好。这是因为复杂的光照情形导致照相机的测光系统不管多么精密，都无法确切明白你的拍摄意图是什么以及你的曝光要求如何。例如，照相机设在自动模式时，在很暗的光照条件下拍摄常常将被摄主体曝光过度，因为昏暗的环境光会让测光系统过分估计现场的黑暗程度。同样，在诸如雪景等特别明

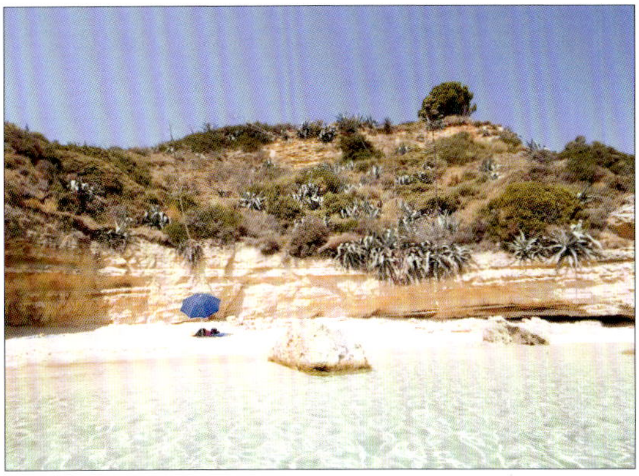

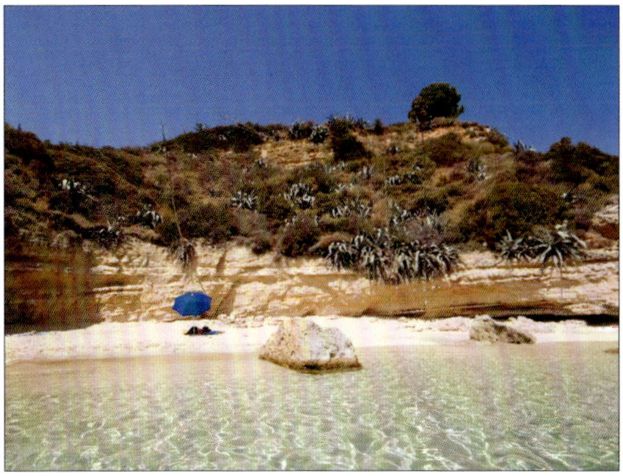

亮的情况下，结果正好相反——明亮的反射光会使相机对现场亮度估计过高，从而使被摄主体曝光不足。所以，在准备拍摄时，先设置恰当的曝光量(尽量使标尺指示接近“0”)，拍下照片后再在液晶显示屏上查看直方图和影像。若有必要，调节一些设置，再按下快门重新拍摄。

假如在调节曝光量的某一时刻，标尺指示到了标尺的一端，同时闪烁，则说明此时拍下的影像会严重曝光过度或曝光不足，影像将无法使用。

## 创意拍摄

使用手动模式的主要原因之一在于，有时为创意之需，你会有意拍摄曝光不足或曝光过度的影像。照相机在所有自动或半自动模式中都会试图达到“准确”曝光。如我们后续将讨论的，若要在弱光环境下或夜间进行拍摄，使用手动模式通常是唯一的方法。

刚开始尝试用手动模式拍摄时，你肯定会发现拍摄每张照片都变得很耗时，而且会出现曝光失误，但务必坚持，很快你就会获益匪浅。

**上图** 测光系统不太精密(如中央重点测光)的照相机更易出现曝光失误。左图中照相机按植物曝光，造成沙滩曝光过度。右图中，将曝光量减少 2 挡后，拍摄效果就好多了。

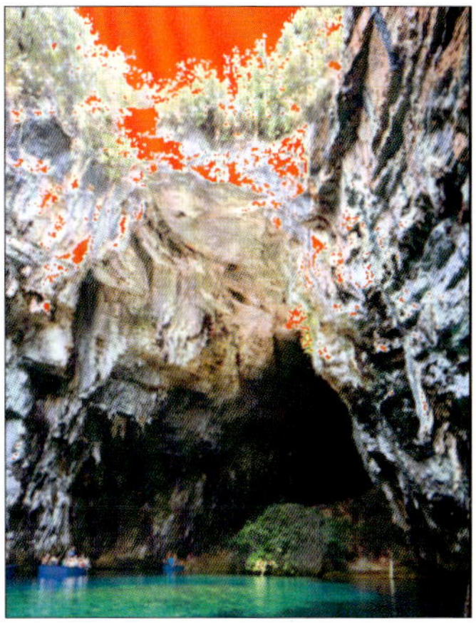

**右图** 许多照相机具有“高光过曝警示”功能。启用这一功能后，若所拍影像中有高光部分“过曝”，在液晶显示屏上就可以看到这些部分出现闪烁(图中用红色标示)，以告诉你影像中这一部分是完全过曝的。

## 包围曝光

大多高级数码袖珍相机和数码单反相机都能对影像进行“包围曝光”。这一功能在照相机上通常称为“自动包围曝光”(AEB)。照相机会快速连续地拍摄三张照片，每张的曝光补偿设置都略有不同。曝光补偿量可以预先设置，一般为 1/3 级、1/2 级或 1 级(三张包围曝光影像分别称为“－1/3，0，+1/3”或“－1/2，0，+1/2”等)。下面三幅影像的包围曝光补偿量为 1 级。

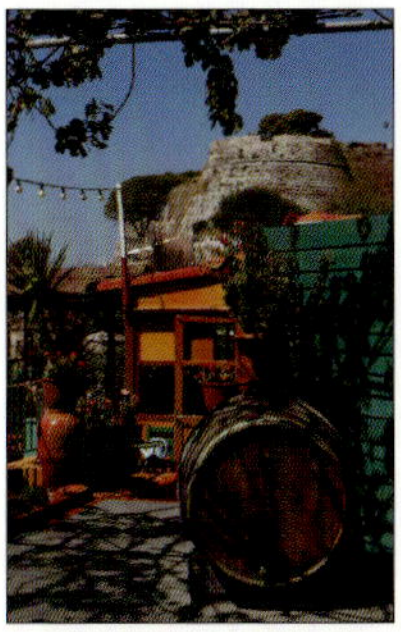

曝光补偿 －1 级

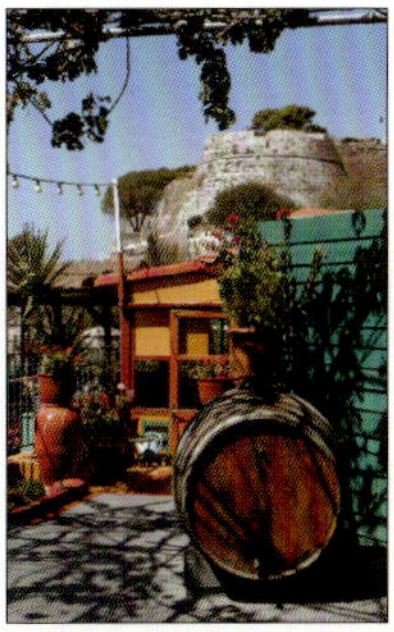

曝光补偿 0

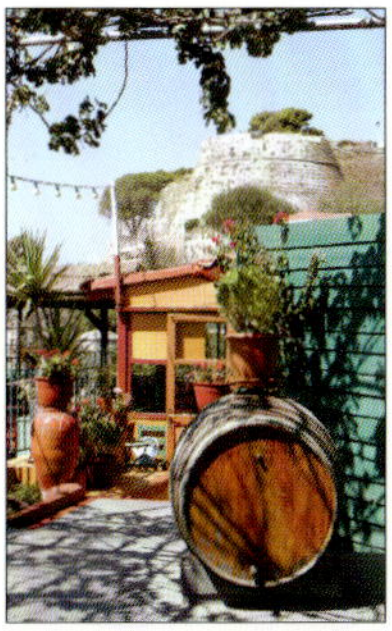

曝光补偿 +1 级

# 手动对焦

摄影新手或许会纳闷：数码照相机制造商都在为研发越来越精密的自动对焦模式而投入大量资金，为什么我们还需要手动对焦呢?

虽然照相机的自动对焦系统在大多数情况下能让你拍出清晰的影像，但我们也已经看到，有时候即使最先进的自动对焦模式也会工作失效，比如光线很暗使照相机无法“看清”被摄场景时，或被摄场景对比度不够明显使相机找不到对焦点时。同样，有多个潜在的被摄主体时，相机也会不知道应该聚焦于其中哪一个。尽管你可以选择一个特定的对焦点作为相机的参考点，但使用手动对焦有时更为快捷。

此外，当影像中的被摄主体位于容易引起干扰的前景(如窗户、铁栏杆、笼子栅栏等)后面时，更有必要进行手动对焦。在这种情况下，照相机的自动对焦系统会聚焦于前景物体而非背景物体。若换成手动对焦，问题就迎刃而解了。

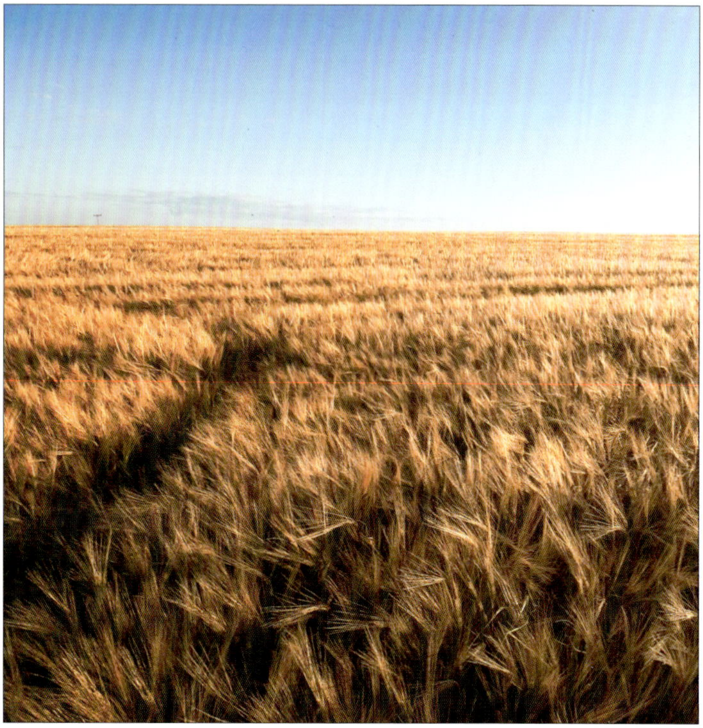

▲ **上图** 风景摄影不必要求有快速的自动对焦系统。拍摄图中这种被摄主体时，相机自动对焦的结果不会总是如你所愿。

▼ **下图** 这幅影像是透过飞机舷窗拍摄的。为了避免照相机自动对焦于舷窗，摄影师对地面景物进行了手动对焦。

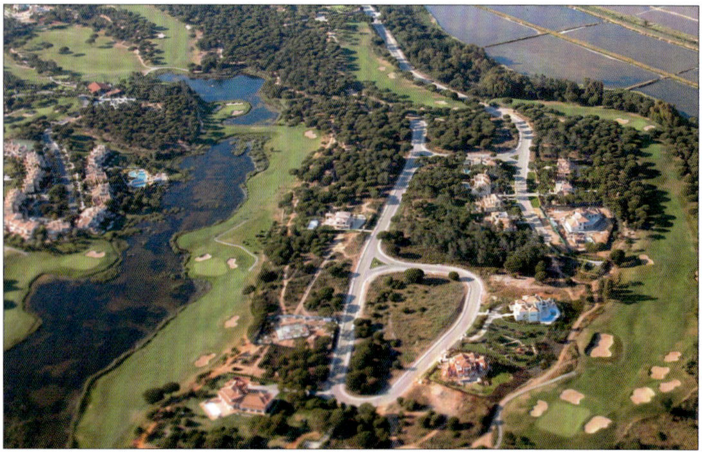

## 对焦环

镜头带有对焦环的照相机最适于手动对焦，如数码单反相机或与单反相机相类似的固定镜头的数码相机。虽然许多数码袖珍相机也具有手动对焦选项，但通常都需要使用按钮，操作不便，且相机反应缓慢，耗用掉宝贵的电池电量。而手动对焦操作便捷自然，又不耗电。

### 快门时滞

之前讨论自动对焦模式时，我们已经谈到过快门时滞问题，在拍摄运动和动作时快门时滞特别明显。有一个办法可以避免这种恼人的时滞，即将对焦模式设为手动，并对动作将要发生的区域进行预先对焦。先半按快门按钮以让照相机对其他参数(如恰当的曝光量、白平衡)进行计算，一旦被摄主体移入镜头视野，立刻按下快门。虽然只要发生动作的焦点平面上有可供相机对焦的其他物体，这一方法在自动对焦模式中就可以奏效，但在实际情况中，将要对焦的区域在运动对象移入之前常常是一片空白，相机很可能聚焦于这一区域以外的物体。而且，这种方法只适合于赛车等高速运动的场合，因为这种场合你比较容易预测动作将要发生的区域。

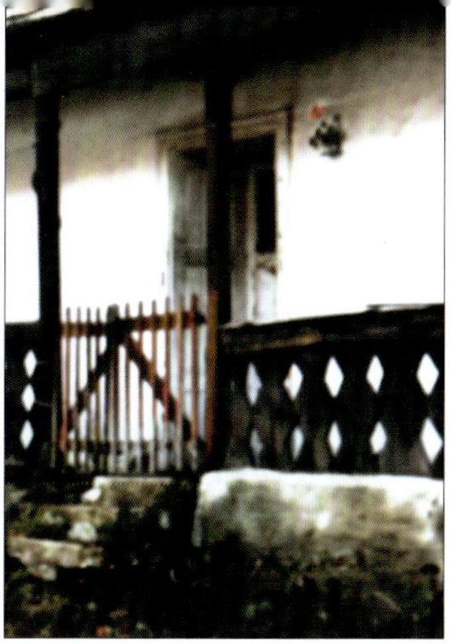

### 近距/微距拍摄

在有些情况下，尤其是在近距或微距摄影中，由于被摄主体离镜头太近，自动对焦几乎不可能实现。很多时候我们会发现，按以下方法拍摄会容易得多：将照相机设为手动对焦，将镜头的对焦距离设为最短，然后前后移动相机直到你试图捕捉的特定部分得到准确聚焦。

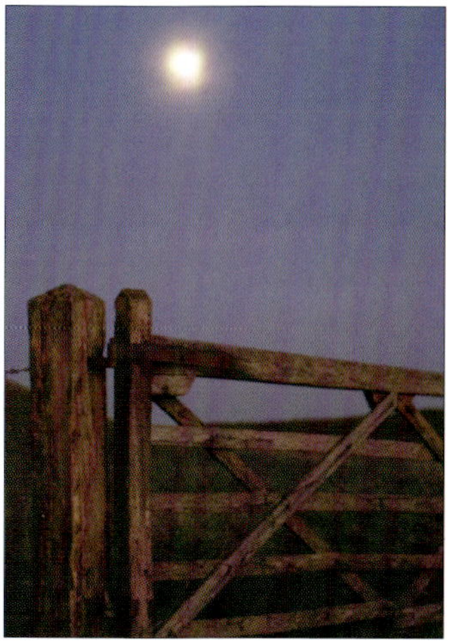

**左上图** 采用手动对焦，可以说是有意让被摄场景对焦不实以获得创意效果的唯一方法。

**上图** 在这种光线很暗的场景，几乎没有什么东西能让照相机"看清"并聚焦。此时，手动对焦就必不可少了。

**左下图** 越来越多的数码单反相机具有"实时取景"功能，可以让你使用液晶显示屏进行对焦。微距拍摄时使用这一功能会更加方便。

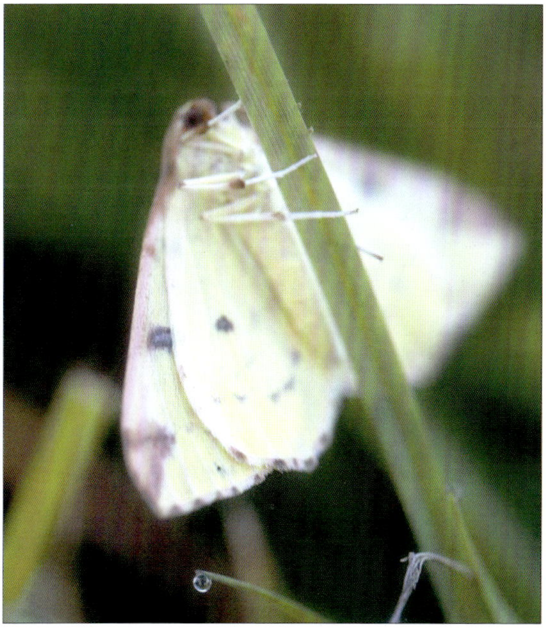

**下图** 如果照相机的自动对焦系统无法跟上快速运动的被摄主体，不妨采用预先对焦，比如聚焦于动作将要发生的地面，等待被摄主体进入取景框中。

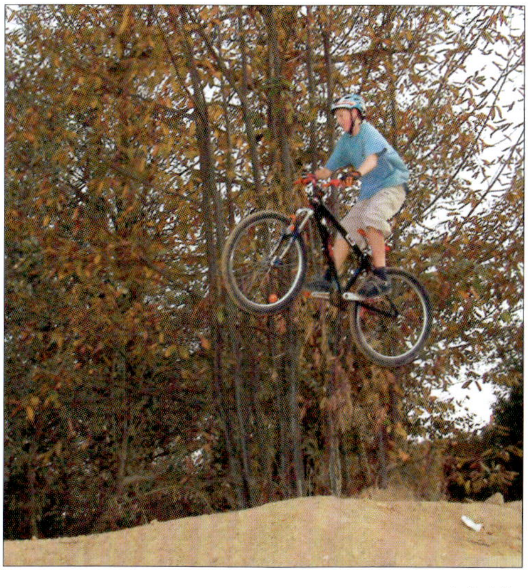

# 景 深

前面虽未对“景深”进行详尽介绍，但已多次提及。这难以避免，因为景深是继“曝光”之后第二个根本性的摄影技术方面。

景深(DoF)是描述影像有多少部分焦点清晰(即影像的“清晰范围”)的技术术语。景深小或短的影像清晰范围小，景深大或长的影像清晰范围大。

**右图** 这三幅影像体现了小景深的应用效果。f/4大光圈的使用限制了景深，因而摄影师只要依次对各个区域分别对焦就可以依次使相应区域进入焦点清晰范围。

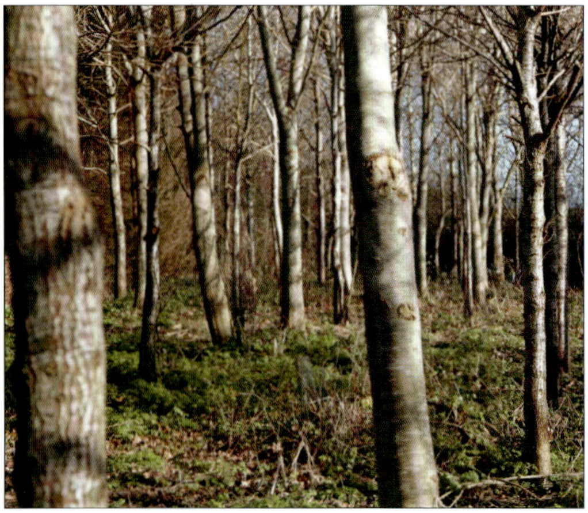

对焦于最远的树木

## 傻瓜照相机的景深

如果到目前为止，你使用的一直是傻瓜照相机，那你或许从未考虑过景深这一概念。因为傻瓜照相机，尤其是焦距固定镜头(非变焦镜头)的类型，其镜头的景深已特别设计为尽可能的最大化，因为大多数人拍摄假日照片或快照时都希望画面从前景到背景均十分清晰。

然而，使用高级数码袖珍相机和数码单反相机时，你可以自己控制景深，从而使画面的某一选定区域焦点清晰，无论是在前景、背景还是中景。选择性对焦在较高级的摄影中是一个关键要素。

### 光圈优先

试验景深最保险的方法是将照相机设为光圈优先(A/Av)模式。在这一半自动模式中，你只要通过调节光圈就可以改变景深，因为照相机会自动调整快门速度和(或)ISO感光度(设为自动模式时)，以确保影像曝光准确。

## 光 圈

让我们更为详细地看看控制景深的各个因素，其中最重要的有三个。

决定景深的第一个同时也是最明显的因素是光圈。光圈与景深的联系异常紧密，因而探讨镜头光圈大小对景深的影响是不可避免的话题。需要强调的是，大光圈(小光圈系数，如f/2.8)会产生小景深；小光圈(大光圈系数，如f/16)会产生大景深。又由于有效光线量(即到达影像传感器的光线量)对光圈设定有直接影响，可以推知环境光线量对景深也有一定影响。例如，在弱光环境里(假设ISO感光度设为100)获得大景深(采用小光圈f/11时)的唯一方法是延长曝光时间，如2秒或更长，这时你肯定需要使用三脚架。在强光环境里情况正好相反——获得很小景深(采用大光圈f/2.8时)的唯一方法是使用极高的快门速度，如1/4000秒甚至1/8000秒。很多照相机无法达到这么高的快门速度，因此最后一个办法是在镜头前使用深色(减光)滤光镜，以限制到达影像传感器的光线量。这些例子尽管很极端，却可以说明为何熟悉照相机的手动控制，对于你在现有的环境条件下拍出自己想要的照片，是那么的重要。

## 焦 距

影响景深的第二个因素是焦距。光圈设定相同时，变焦镜头设置在广角端(如28mm)比设置在远摄端或远摄镜头(如200mm)时产生的景深要大。我们并不打算在此探究这一现象的光学原理，重要的是你要了解焦距会如何对景深产生影响，以便能够从“预见”改变焦距会带来怎样的拍摄结果开始，进而学会判断不同焦距的镜头和变焦设置所能取得的创意效果。毫无疑问，对焦距的运用远远不止于“拉近”或“推远”被摄主体。

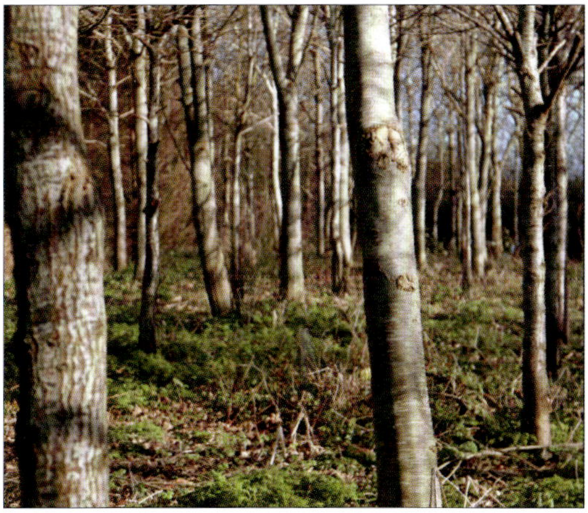

对焦于中间的树木

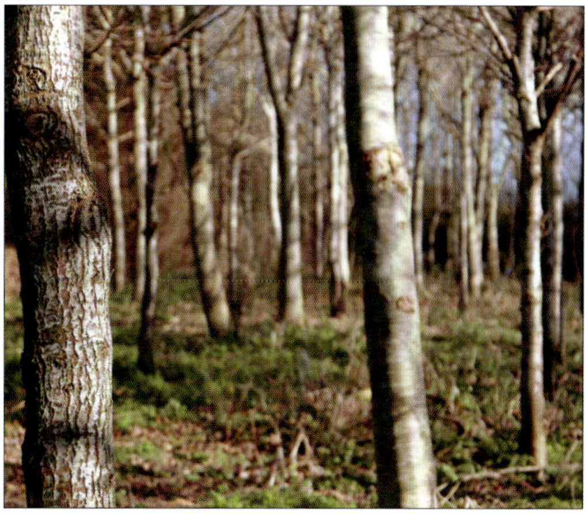

对焦于最近的树木

## 对焦距离

最后一个决定景深的因素是被摄主体与镜头之间的距离。被摄主体离镜头越近，获得的景深就越小。被摄主体逐渐远离镜头，景深就会随之增大，直到达到某一点(取决于镜头焦距和光圈设定)，画面中的一切都焦点清晰。这通常被称作“无限远”(∞)。

### 景深预览按钮

许多数码单反相机设有一个景深预览按钮，可用于在照片拍摄前预览影像的清晰范围。只要在设定光圈后按下按钮即可。由于光圈会收小到你所选择的设定，此时取景器可能会变暗，但你可以看到焦点清晰的范围。

### 光圈

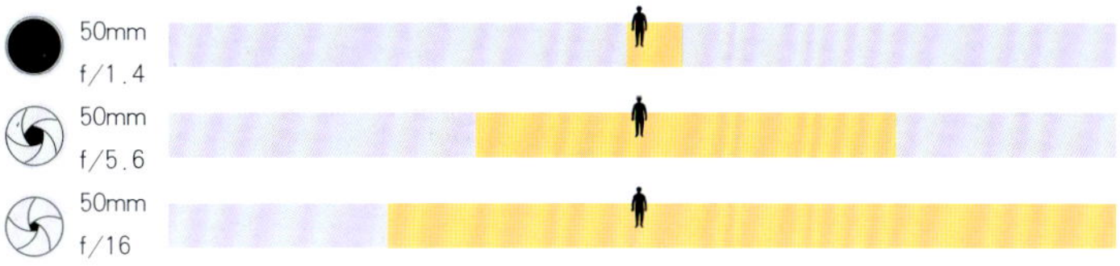


**左图** 大幅度调节镜头光圈大小，会改变影像从前景到背景焦点清晰的场景范围(图中用黄色线段表示)。光圈越大(光圈系数越小)，焦点清晰的区域越小。

### 焦距

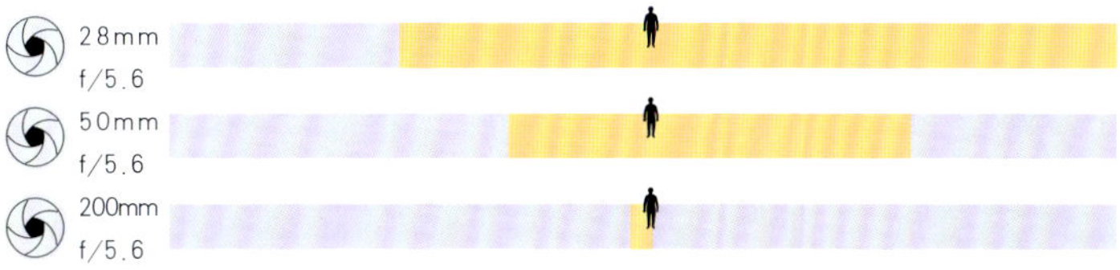


**左图** 第二个影响景深的因素是焦距。如图所示，焦距(单位：mm)越长，景深越小。注意比较广角镜头(28mm)与远摄镜头(200mm)的不同景深。

### 对焦距离

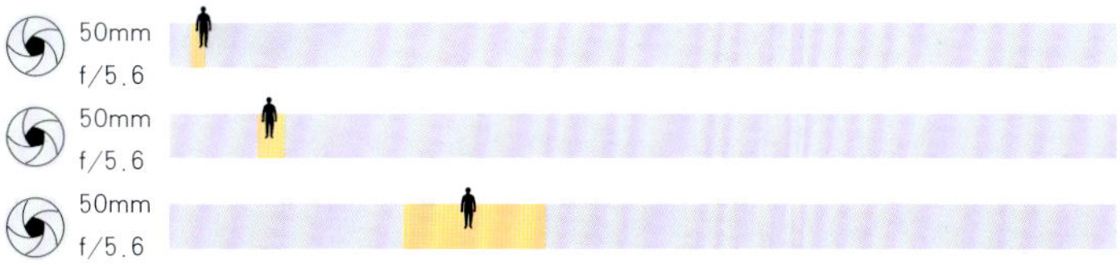


**左图** 最后，对焦距离也影响景深。与前两个因素相比，对焦距离改变引起的景深变化要小得多。镜头焦距和光圈大小保持不变时，随着被摄主体逐渐远离镜头，景深会随之增大。

# 大景深

一提起大景深，我们最容易联想到的就是风光摄影，因为在传统上摄影师总是设法保证风景画面的清晰范围尽可能大。

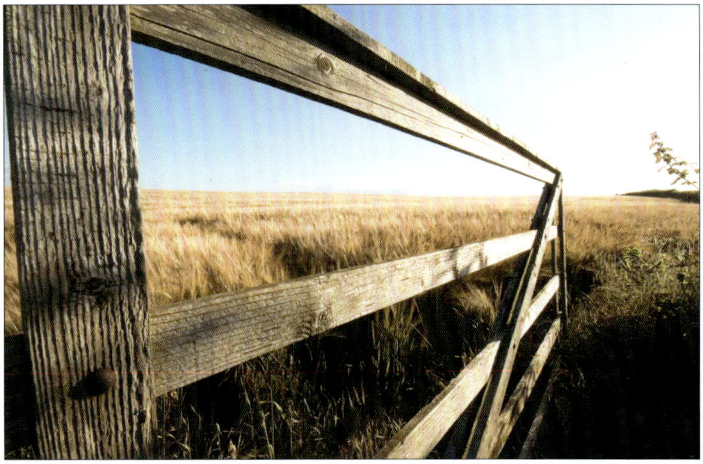

上图 展现不寻常视点所见的景色时，大景深与广角镜头的配合使用可以产生良好效果。

## 连绵的风景

拍摄宽广连绵、高度清晰的风景画面时，应选择广角镜头或变焦镜头的广角设置(约 28mm 比较合适)，将光圈收至最小(即 f 数最大)。最适于控制光圈设定的模式当然是光圈优先(A/Av)模式。若有可能，将照相机固定在三脚架上或放在平稳的物体上面，并选用自拍定时器，也可以使用快门线或快门遥控器。随后进行取景，对焦于画面的前三分之一处(见“超焦距”提示框)，这能使你获得最大的景深。三脚架和自拍定时器(或快门线/快门遥控器)的搭配使用可以确保相机在拍摄瞬间保持稳定。在弱光条件下拍摄时，快门速度可能比较低(如 1/15 秒或 1/30 秒)，这一点就显得特别重要。使用三脚架后若再用手指按动快门按钮容易弄巧成拙，因为用手指按快门很可能导致相机抖动，哪怕程度很轻，也会影响影像的清晰度。

## 超焦距

所有专业风景摄影师都会运用超焦距对焦技法进行拍摄。超焦距的作用基于这样一种情况：当对被摄主体对焦时，被摄场景中不仅前面三分之一影像清晰，而且后面三分之二也焦点清晰——这个对焦点称为超焦距。对准此点对焦，可以产生最大景深。在给定的焦距和某个光圈下，要想知道超焦距的确切长度，可以在一些颇为复杂的图表(见 www.dofmaster.com)上查找。

更简便的做法(尽管不能保证找到的超焦距绝对准确)是对画面的前三分之一处进行手动对焦，这样基本上能获得最大景深。

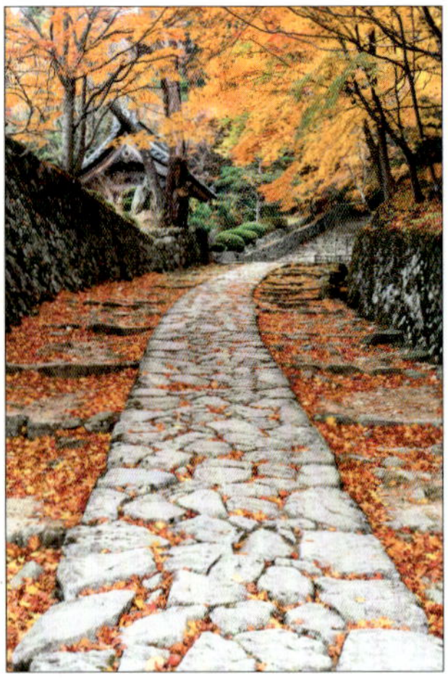

上图 对焦在超焦距拍摄，这张照片从前景到背景的一切都十分清晰。

## 查看影像

拍下照片之后，查看一下画面的主要成分是否清晰。你可能要调整对焦点以使画面中更为重要的那个部分得到准确聚焦。比如，若前景在构图中比背景更为重要，那么前景就该比背景更为清晰。

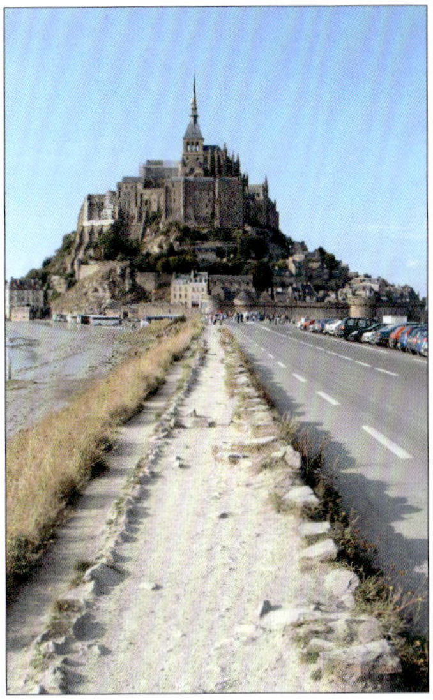

▲ **上图** 从画面底部伸向远处的小路影像清晰，加强了小路的视觉效果，使之起到了引导线的作用。

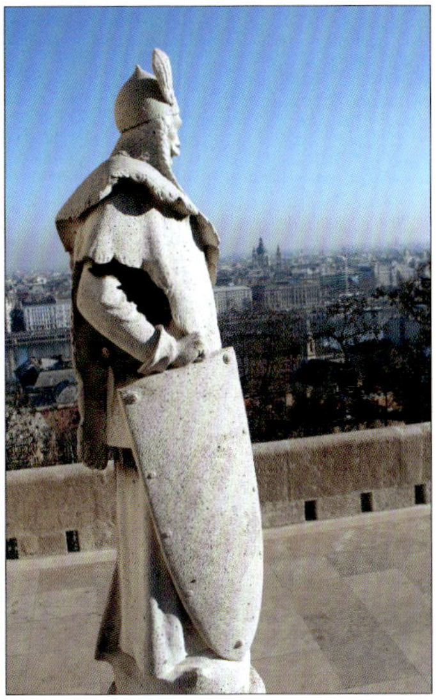

▲ **上图** 保持远处的布达佩斯城市景色焦点清晰，有助于强调雕像与城市的联系。

## 手持照相机拍摄

如果在拍摄风景时没有三脚架或其他可以稳固照相机的物体，那么检查一下，设置光圈后快门速度是否高到足以防止相机抖动。你可能需要稍微调大光圈或调整ISO感光度以达到合适的快门速度。你会发现，自己对相机的控制越多，这类折衷的做法也越多。不过，手动调节相机，而非让相机自动进行设置，意味着你对重要参数拥有决定权；而且，如果预览时觉得效果不符合自己的创作意图，你还能更加清楚地知道如何进行改进。

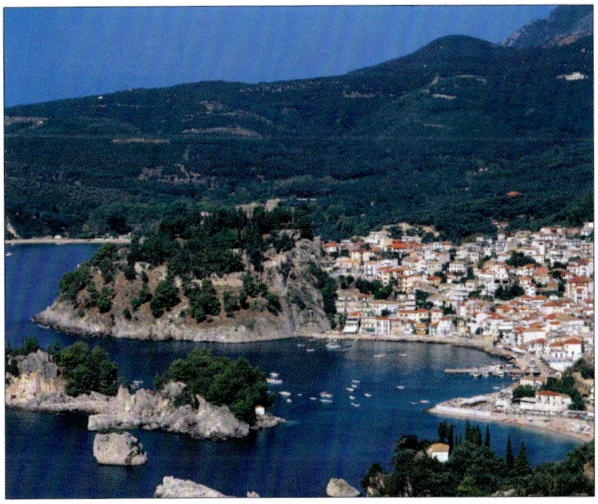

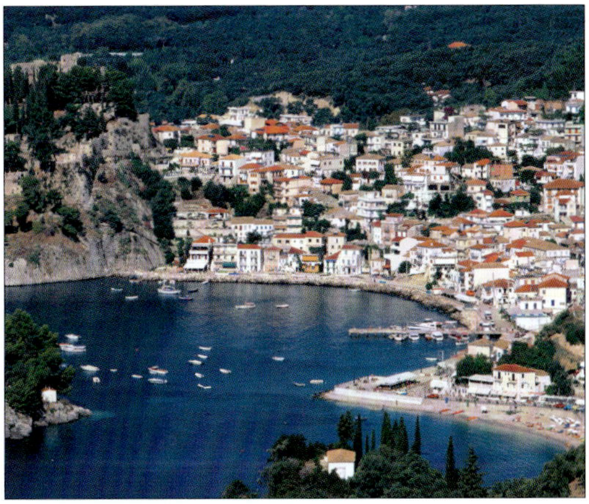

▲ **上图** 在风景摄影中运用广角镜头和大景深时，你会自然而然地希望将地平线和天空都纳入画面。但须记住：这会将观者的视线引出画面。要想使影像深深吸引观者，就不要考虑地平线和天空。第二幅影像（右）舍弃了天空，我们的注意力便更多地集中到了海湾和风景如画的小镇上。

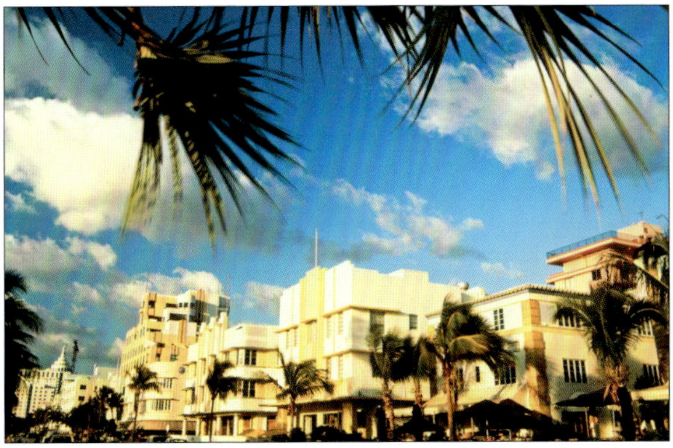

◀ **左图** 摄影师通过在前景中纳入些许焦点清晰的树叶，为迈阿密南海滩装饰艺术区的景色平添了纵深感和规模感。

# 小景深

有意将影像的某些区域置于焦点清晰范围之外(即让这些区域“失焦”)似乎是违反直觉的，对于习惯使用傻瓜相机的人来说更是如此，因为这种照相机都被设计为使被摄场景中焦点清晰范围尽可能地大。事实上，能选择影像中哪些部分要清晰成像，哪些部分要模糊不清，正是创意摄影的一个根本方面，通常被称为“选择性对焦”。

在本书第 2 章对构图均衡所作的讨论中，我们提到了焦点清晰的成分比焦点不实的成分更加吸引人的注意力。摄影师常常会通过保持一个较小的景深，在各种情况下利用这一方面的好处。

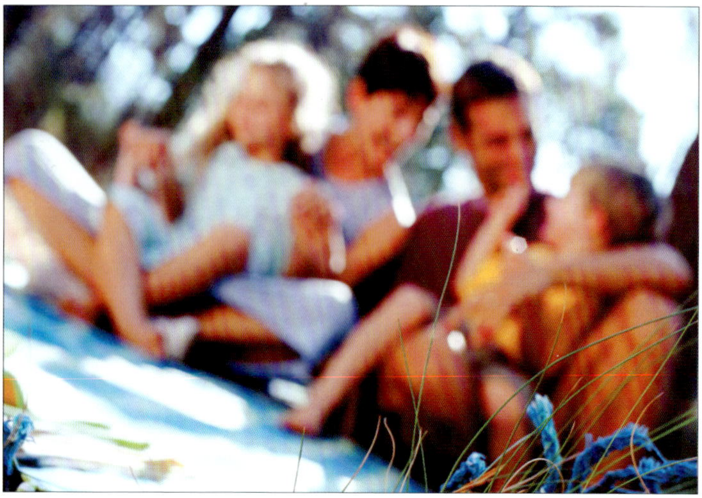

上图 小景深的运用使这组人物焦点不实，给我们留下一种时空感而不是让我们去关注具体的每一个人。

## 人像摄影

在人像摄影中，限制景深通常至关重要。许多人像佳作的关键就在于使可能造成干扰的背景或前景失焦，因为这样才能将观者的注意力集中于影像中的主体。获得小景深以确保只有主体成像清晰的最有效方法，是使用远摄镜头或采用 100～300mm 之间的变焦设置。这是因为远摄镜头比广角镜头获得的景深要小，更易使背景失焦。然后在光圈优先(A/Av)模式下选择最大光圈(最小的 f 数)来“打开”镜头。照相机在人像拍摄模式中正是这样自动运行的。选择最大光圈后，应确保快门速度足够高，以避免相机抖动。若使用超长焦镜头或采用超长变焦设置，这一点尤为重要，因为这时相机的微小晃动都会被长镜头所夸大。保持适当的拍摄距离，将被摄人物的头肩部位纳入取景框中，然后按下快门。这样，查看影像时，你会看到被摄主体清晰醒目，而前景和（或）背景

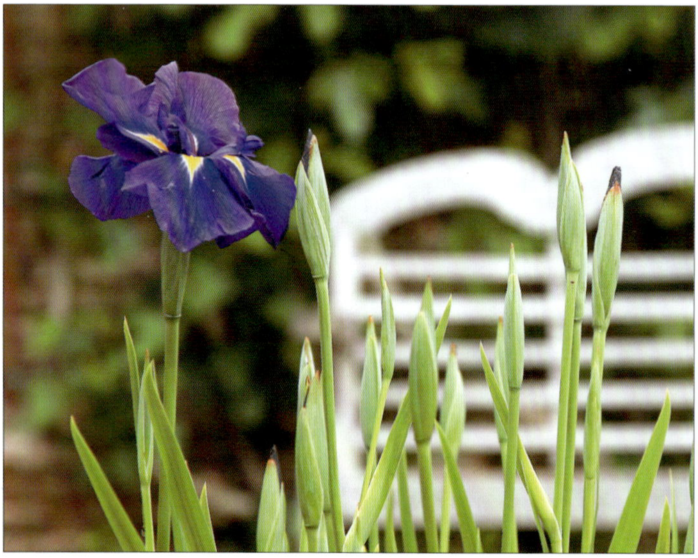

左图 使用小/浅景深能降低画面背景的干扰性，从而使被摄主体凸显出来。

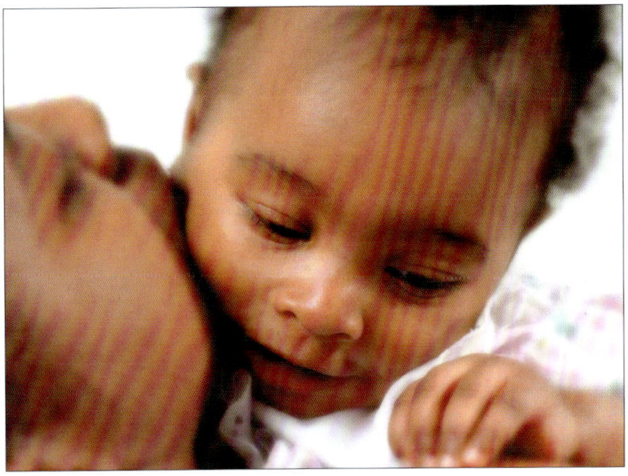

左图 小景深有助于促使观者关注画面中的主要拍摄对象，如图中的婴儿。

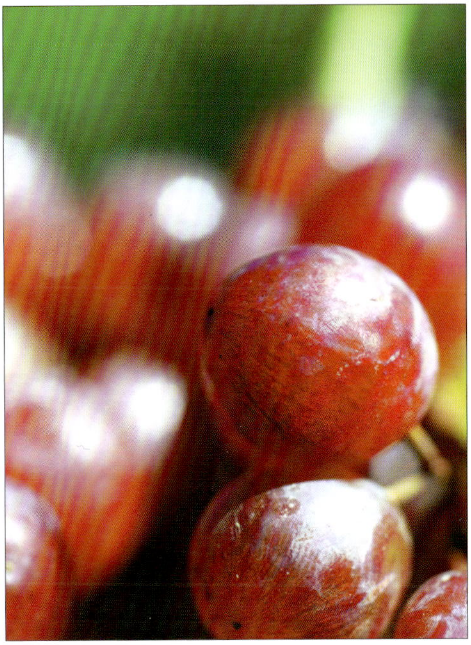

下图 照片中有很大一部分模糊虚化，这非但不会妨碍我们认清被摄主体，反而增强了画面的创意效果。

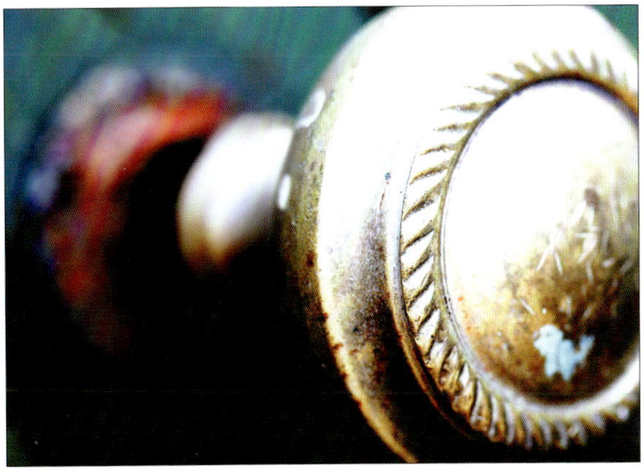

上图 随着你和被摄主体之间距离的拉近，景深会逐渐缩小，所以微距摄影的景深很小。

则失焦虚化，变得不太引人注目。

显而易见，景深控制并非只有在人像摄影中才助益良多。其实，在几乎所有的摄影门类中都有小景深的用武之地，特别是在自然物摄影与艺术摄影中。

本章后面将详细地探讨近距和微距摄影，小景深在近距离拍摄昆虫、花卉或其他微小物体时特别有效。

## "背景散焦"

随着景深控制技能和选择性对焦技能的提高，你会注意到影像上可能出现的模糊六边形，特别是高亮六边形。这是由镜头光圈向设定值收拢时光阑叶片的形状所导致的，称为"背景散焦"（其英文名称"bokeh"译自日语，意为"松散模糊"）。

背景散焦具有较为主观的审美特质，但有一点共识是，背景散焦部分的形状越呈光滑的圆形，失焦区域就越加令人赏心悦目。这很大程度上依赖于镜头质量，但即使镜头质量很高，背景散焦效果也难以掌控。不过，调整光圈可以控制背景失焦的程度，从而控制背景散焦高亮部分的大小。

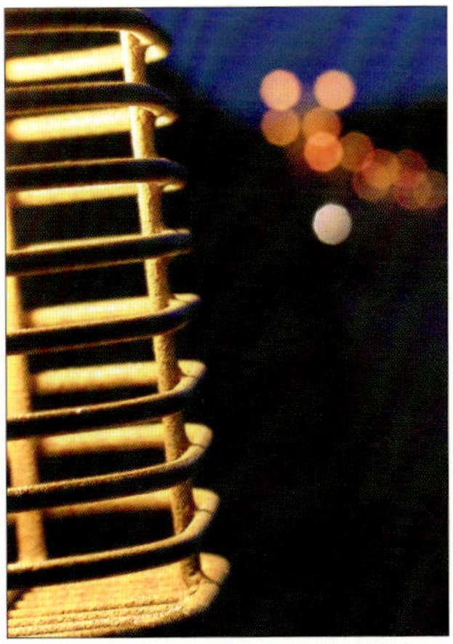

上图 这幅影像右侧出现的失焦的圆形高亮部分就是"背景散焦"。

# 动手尝试：景深

了解了景深控制原理和使清晰范围最大/最小化的方法，现在是时候将这些知识运用到实践中去了。进行以下练习时并不一定需要使用三脚架，当然若使用的话练习会更易进行，效果也更为明显。

## 扩大景深

让我们从学习如何扩大景深(即扩大清晰区域)开始。在一张长桌上将三个物体以 24 英寸(约 60 厘米)的间距摆成一条直线。所选物体的大小并不重要，苹果、橘子这样的大小就较为合适。将照相机安装在三脚架上，放在离最前面的物体 3 英尺(约 1 米)处，稍高于物体并略微偏向一侧。然后调节变焦镜头，使最前面的物体贴近取景框下端，同时另外两个物体仍然可见。

对最前面的被摄主体对焦，选择照相机镜头所允许的最大光圈(最小光圈系数，如 f/2.8)。拍一张照片并进行查看，应该只有被摄主体成像清晰，另两个物体均焦点不实，且最远的物体比中间的物体更为模糊。然后将光圈收小 3 挡(在此例中可调至 f/8)再拍一张照片。查看第二张照片时，你会发现前两个物体焦点清晰，而最后一个物体成像仍然失焦。最后，将镜头光圈调至最小(如 f/22)进行拍摄。在最后这张照片中，三个物体的影像都应该焦点清晰。

**右图** 在这幅影像中，通过控制景深使画面的前景与背景均焦点不实，我们的注意力立刻被照片的被摄主体所吸引。

## 焦　距

我们已经知道，调节镜头焦距也会影响景深。若之前用了三脚架的话，在第二个练习中要将相机从三脚架上取下。将光圈设在 f/4，镜头设在最长焦距(拉近第一个物体，同时保证另两个物体依旧可见)，以比上一个练习中

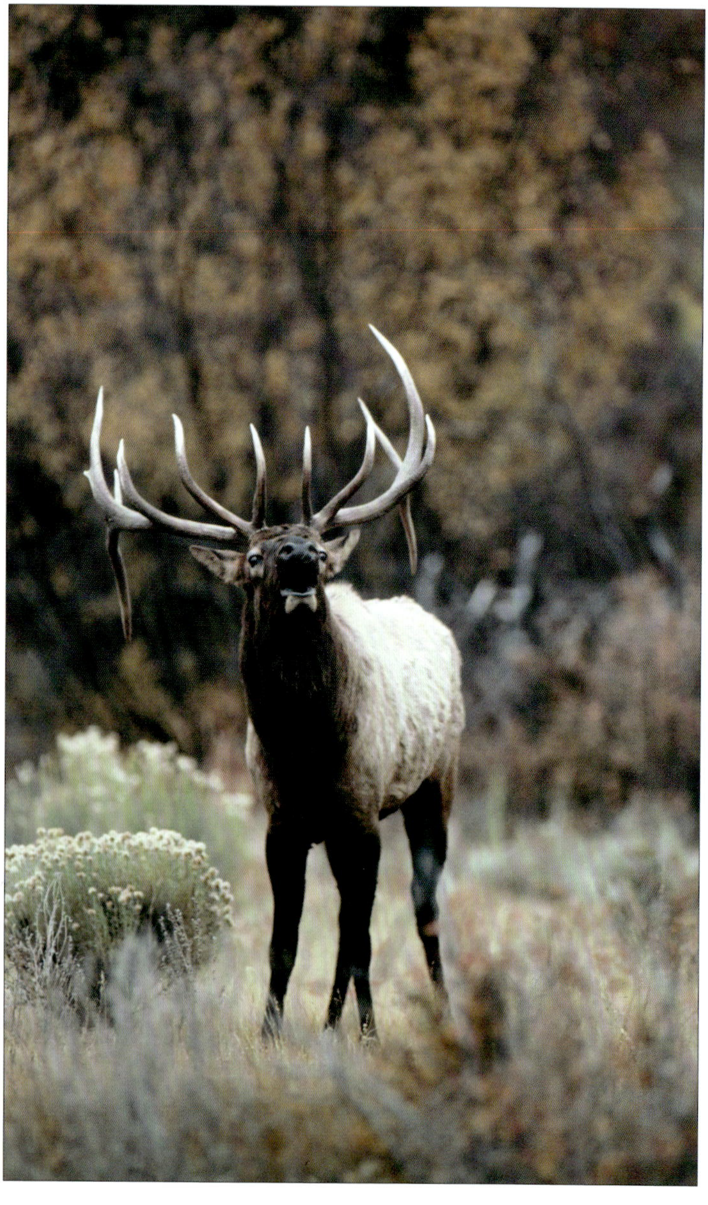

稍高的相机高度拍摄一张照片。之后将镜头焦距调至最短(推远物体)，更加靠近被摄物体，使第一个物体仍以同样的大小位置贴近取景框，再拍摄一张照片。

比较前后两幅影像，你应能发现，短焦距获得的清晰范围要比长焦距的大。此外还能明显看到，长焦距透视缩短了三个物体间的距离。在后面的章节具体讨论焦距时，我们会看到如何利用这种透视缩短效应。

## 选择性对焦

在这个练习中，我们要有选择地对这三个物体中的一个进行对焦。将光圈设在 f/4，先对最近的第一个物体对焦，拍摄一张照片，接着对中间的物体对焦并拍一张照片，然后再对最远的物体对焦拍一张。查看影像时你会发现，每张照片中对焦的那个物体影像清晰，而另两个物体则呈为模糊。可见，要想突出强调被摄场景的特定成分，选择性对焦是一个绝佳的办法。

## 在现实中练习

今后出门带着相机时，注意在更大规模上(如对一排树木)重复上述几个练习。在较大的规模上进行选择性对焦练习，效果会更加明显，从中你会体会到如何将景深控制用于现实生活的拍摄之中。

**右上图** 这三张组图说明收小光圈可以扩大景深。注意比较光圈系数为 f/2.8 与 f/22 的两幅影像中不同的清晰范围区域。

**右图** 这三张照片显示了选择性对焦是如何有效地将观者的视线引到被摄场景的特定部分或特定成分上的。

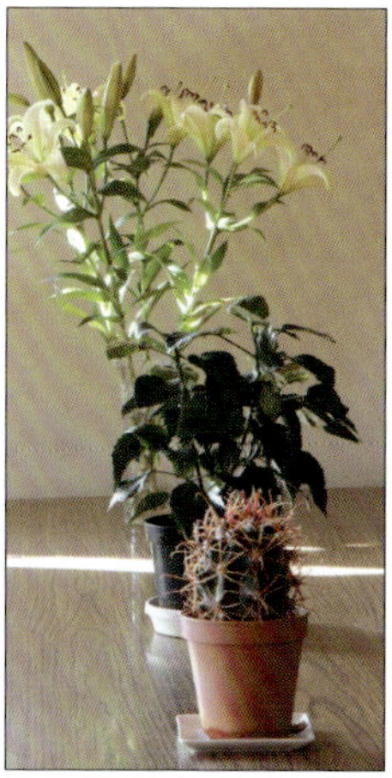

最长焦距

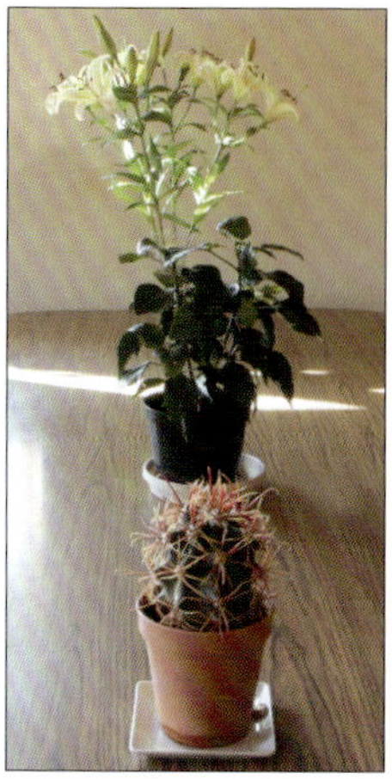

最短焦距

**左图** 这两幅影像体现了焦距对景深的影响效果。左图的清晰范围比右图少(注意比较房间尽头的墙壁)。同时注意左图中的三个物体看起来比右图中的更加紧凑——这是因为长焦距会缩短前后物体间的距离。

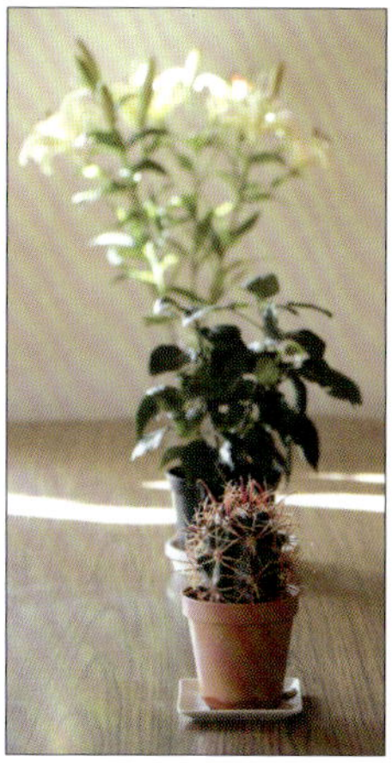

f/2.8

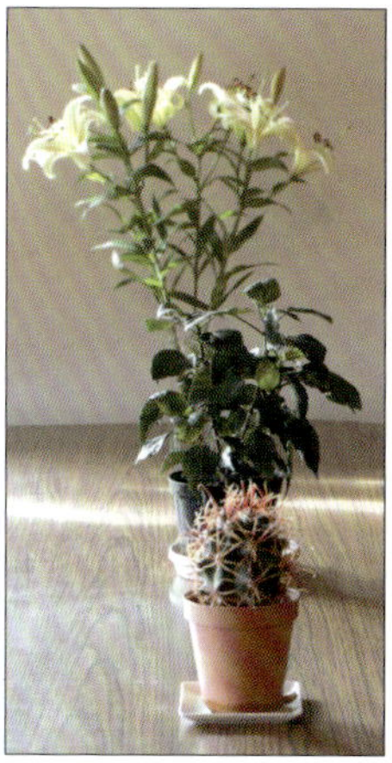

f/8

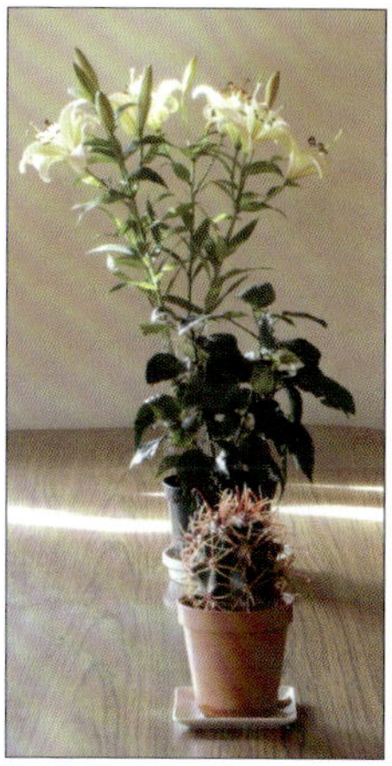

f/22

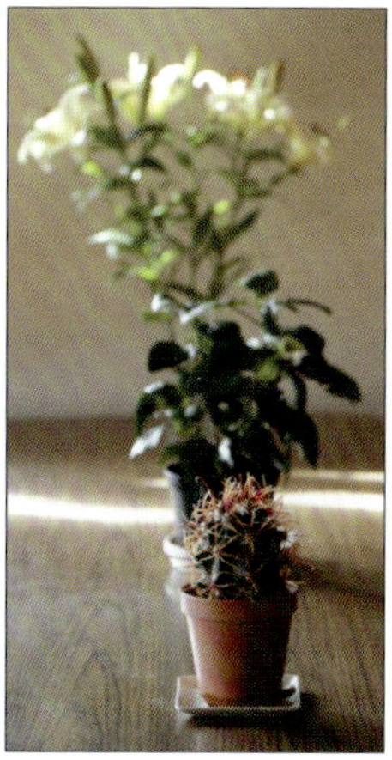

聚焦于前面的物体

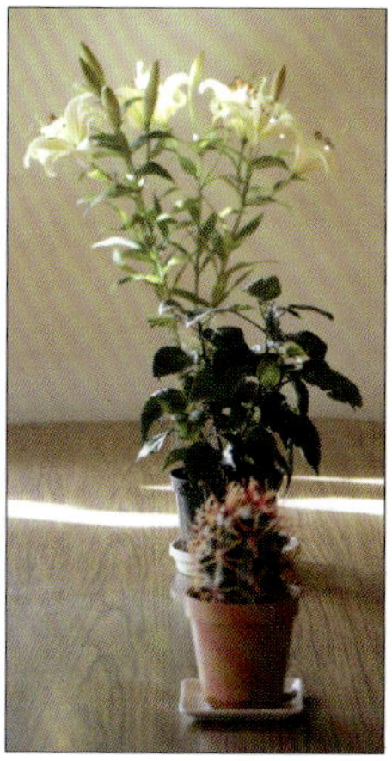

聚焦于中间的物体

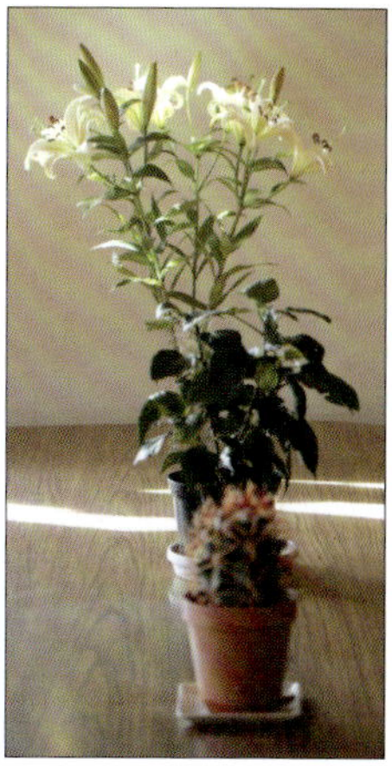

聚焦于后面的物体

# 快门速度

除了光圈，控制到达相机传感器的光线量的另一个因素是快门速度。快门速度越高，传感器的曝光时间越短。快门速度常用多少分之一秒(s)来表示(尽管曝光时间有时也会长于 1 秒)，一般相邻两挡快门速度设置为相差一倍。例如，一款经典数码相机可能设有下列快门速度：1/1000 秒，1/500 秒，1/250 秒，1/125 秒，1/60 秒，1/30 秒，1/15 秒，1/8 秒，1/4 秒，1/2 秒，1 秒，2 秒，4 秒，8 秒，15 秒，30 秒。更精密的相机或许具有更广的快门速度可调节范围，速度可高达 1/2000 秒，1/4000 秒，1/8000 秒，或者具有 1/2 挡或 1/3 挡的“中间”速度，如 1/80 秒，1/100 秒。

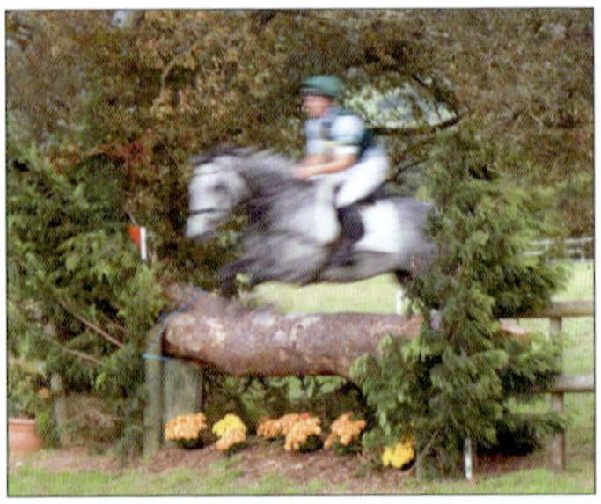

快门速度：1/60 秒

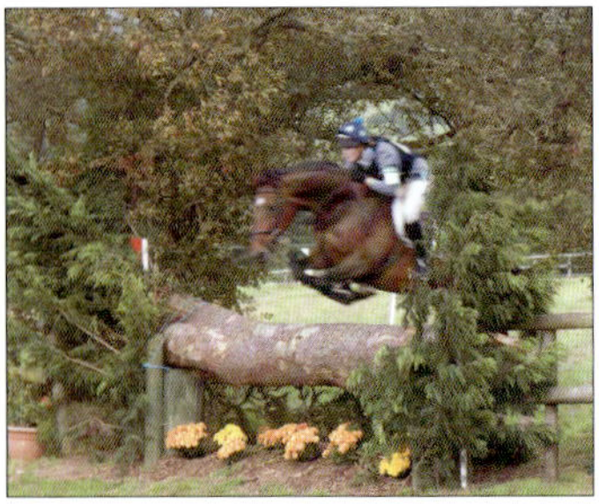

快门速度：1/125 秒

▲ **上图** 这组照片清楚地说明了如何提高快门速度来凝固运动。注意比较最低快门速度(1/60 秒)与最高快门速度(1/1000 秒)所产生的不同效果。

## 照相机抖动

在决定将要使用的快门速度时(特别是手持相机拍摄时)，尽量保证所选的快门速度快到足以防止“相机抖动”。快门打开时相机若有任何移位就会出现相机抖动，导致成像模糊。镜头或变焦设置的焦距不同，要避免相机抖动所需的快门速度也不同。例如，采用 28mm 的短焦距(广角)设置时，1/30 秒的快门速度就可以避免相机抖动，但采用 200mm 的长焦距(远摄镜头)设置时则需要 1/250 秒的快门速度。因为焦距越长，相机抖动越明显。

## 最低快门速度

作为一种经验法则，要避免照相机抖动，最低快门速度应当接近镜头焦距的倒数。例如，镜头焦距为 60mm，则快门速度最

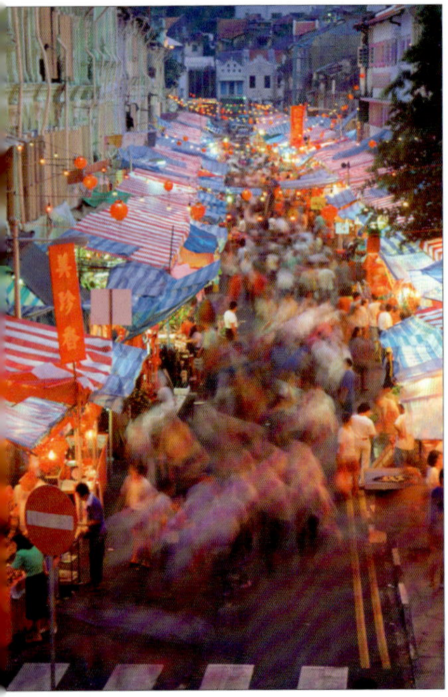

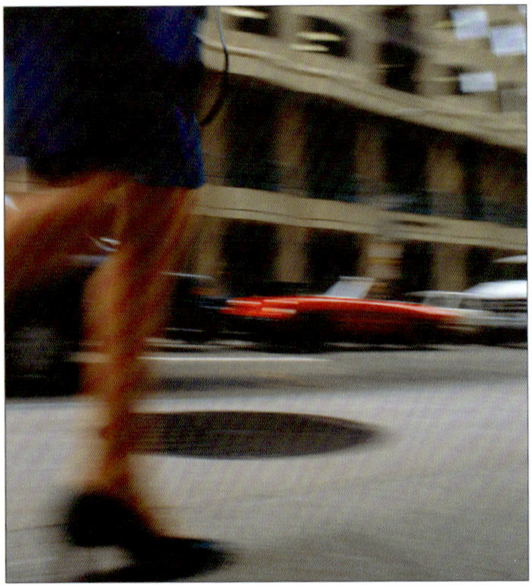

◀ **远左图** 拍摄这张照片时使用了三脚架，曝光时间长约 1 秒，因此图中的建筑和摊位保持清晰，而熙熙攘攘的人群则一片模糊。

◀ **左图** 这张有意而为的模糊化的照片是手持相机时拍摄的，快门速度约为 1/15 秒。模糊效果传递了都市生活的快节奏。

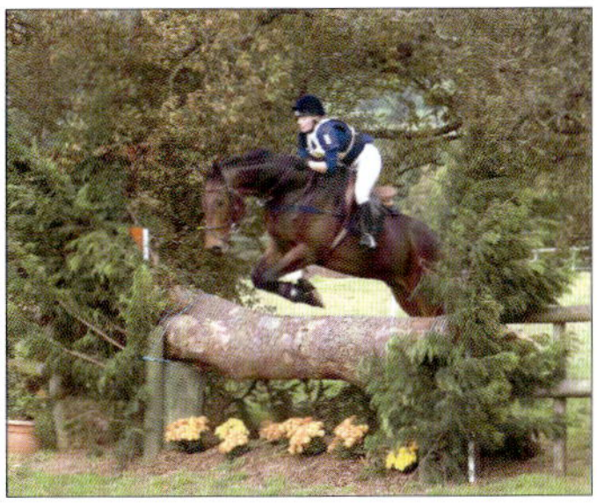

快门速度：1/250 秒

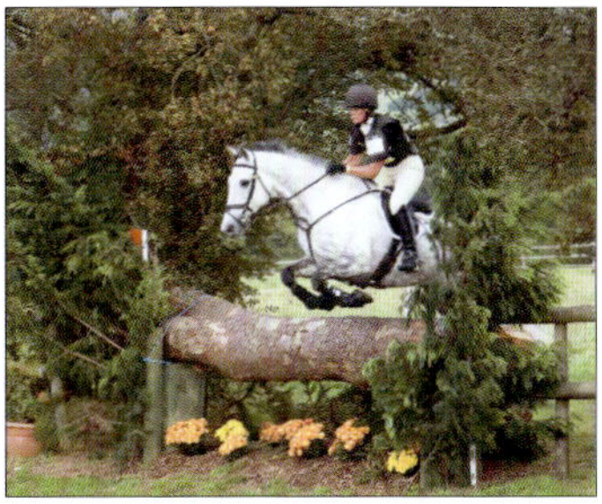

快门速度：1/500 秒

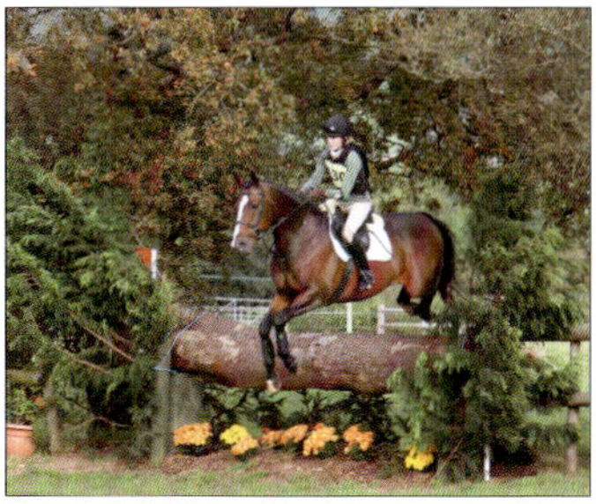

快门速度：1/1000 秒

低应为 1/60 秒；而焦距为 125mm 时所需的快门速度最低为 1/125 秒；焦距为 500mm 时则要 1/500 秒。不过请记住，这只是一个参考原则，并不能保证每次拍摄都影像清晰。

除了如上所述选择最低的快门速度之外，最好找个稳固的支持物(如墙面、树干)倚靠拍摄，并且轻按(不要重压)快门按钮。有些专业摄影师一旦手持相机进行拍摄，就会将相机的卷片器或拍摄模式设为“连续拍摄”，连拍三四张照片，以便从中挑选最清晰的一张。当然，这么做会占用更多的存储空间。但假如所拍摄的照片非常重要，你又担心可能出现相机抖动，那么，这一做法就值得考虑了。

或者，你也可以通过提高 ISO 感光度来达到更高的快门速度。我们知道，相机影像传感器对光线越敏感，那么它在被摄场景光线中所需的曝光时间就越短。ISO 感光度设置每增加一挡，快门开启时间就可以减半。因此，如果你在 ISO100 时使用 1/30 秒的快门速度时担心发生相机抖动，那么可以将 ISO 感光度调至 200，快门速度调至 1/60 秒；或者在 ISO 400 下使用 1/125 秒的快门速度。

## 快门速度与曝光

拍摄特定照片所选的快门速度在决定成像结果中也起着重要的作用——如动作是模糊不清还是清晰定格；影像的清晰范围是大还是小。其中后者取决于快门速度和光圈设定之间的关系。例如，在弱光环境中又缺少三脚架，很可能需要较高的快门速度，如 1/125 秒。那么在弱光环境中使用如此高的快门速度，需要一个大光圈才能使更多的光线到达传感器，而光圈越大则景深越小。

在下面几页中，我们将探讨低速和高速快门的适用场合，快门速度高低对成像效果的影响，以及如何创造性地运用快门速度来获得艺术效果。

## 影像稳定

有些数码袖珍相机和在数码单反相机上安装使用的镜头带有影像稳定(IS)系统。这一系统的运作方式多种多样，但一般都有回转马达，用以检测并抵消相机或镜头的晃动。虽然不同的系统其稳定效果也不同，但通常可保证快门速度降低 2～3 挡后仍能拍出清晰的影像。举例来说，如果你在没有影像稳定系统时选择了 1/125 秒的快门速度，那么在有影像稳定系统时即使快门速度低至 1/60 秒(甚至 1/30 秒)，拍出的影像也依然不会模糊。

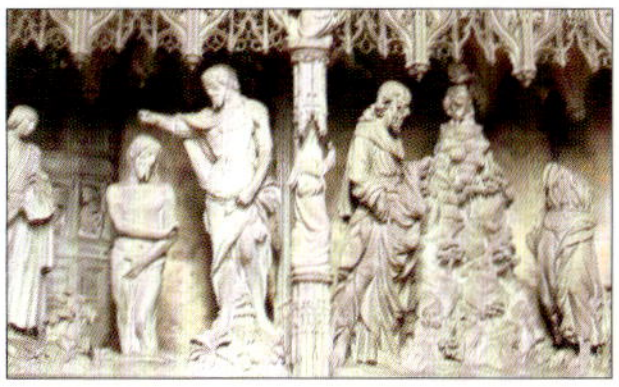

IS 关闭

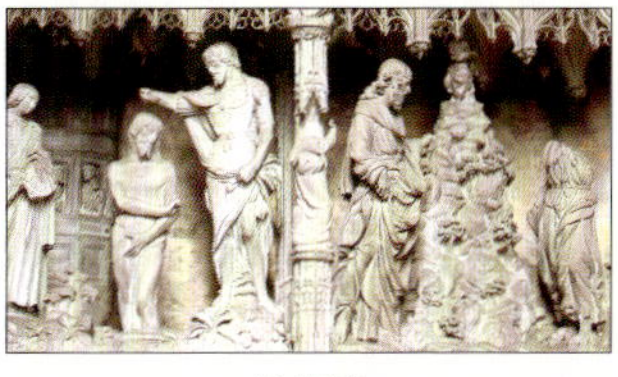

IS 开启

# 高速快门

高于等于 1/250 秒的快门速度通常称为高速快门。在最常用的焦距范围——约 40～125mm 内，使用高速快门足以避免相机抖动。事实上，1/500 秒或更高的快门速度能够凝固的高速运动，人眼已无法察觉。

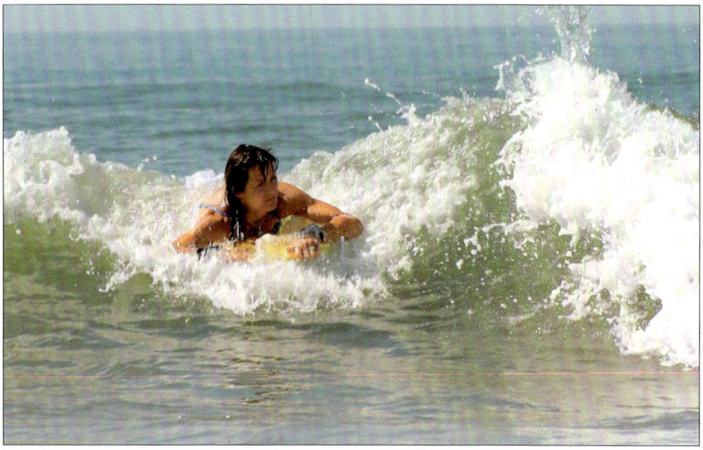

▲ **上图** 1/400 秒的快门速度使图中的冲浪者和浪花得以凝固。

## 凝固动作

自从 19 世纪英国摄影师 E·迈布里奇拍出一组著名的奔马照片之后，人们就一直为用相机凝固高速运动的能力而着迷。

捕捉运动瞬间所需的实际快门速度很大程度上取决于物体的运动方向。例如，拍摄一辆迅速驶向相机的汽车所需的快门速度，不会高于拍摄某人从取景器前穿行而过的身影或在相机前面上下移动的某个物体时所需的快门速度。除了运动方向外，运动物体与相机的距离、镜头的焦距也是两个重要因素。物体离相机的距离越远，镜头焦距越短，凝固动作所需的快门速度可以越低。换句话说，快速运动物体离得越远，它看上去移动得越慢。

但是，在体育摄影中，你很可能会使用镜头所允许的最长焦距(如 300mm)以尽可能在光学上“接近”动作，这时凝固动作可能需要高达 1/1000 秒的快门速度。在这么高的快门速度下，很可能需要使用最大的光圈设置才能保证准确曝光；而且除非现场光照良好，你还可能得提高 ISO 感光度。

▼ **左下图** 高速运动的被摄主体横穿取景框时，需要一个高速快门才能避免影像模糊。拍摄这张照片时的快门速度为 1/620 秒。

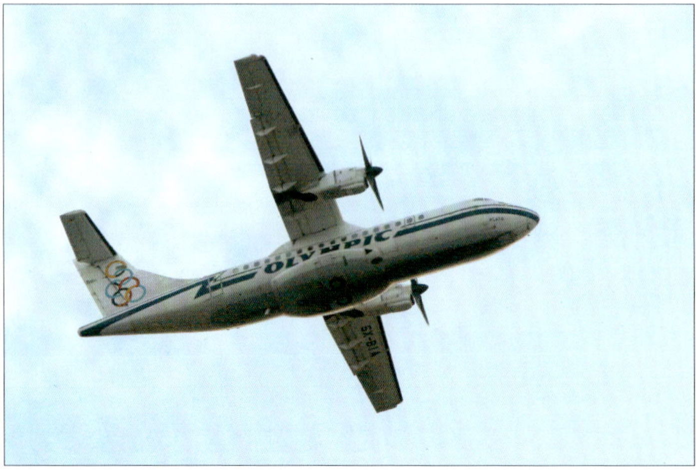


### 凝固高速运动

为了凝固动作，你必须确保设定的快门速度足够高。请遵循以下指南：

• 拍摄横向移动经过取景框的主体所需的快门速度比拍摄朝着相机移来(或移离)的主体时要高。

• 使用快门优先(S/Tv)模式控制快门速度，让照相机自动选择光圈。

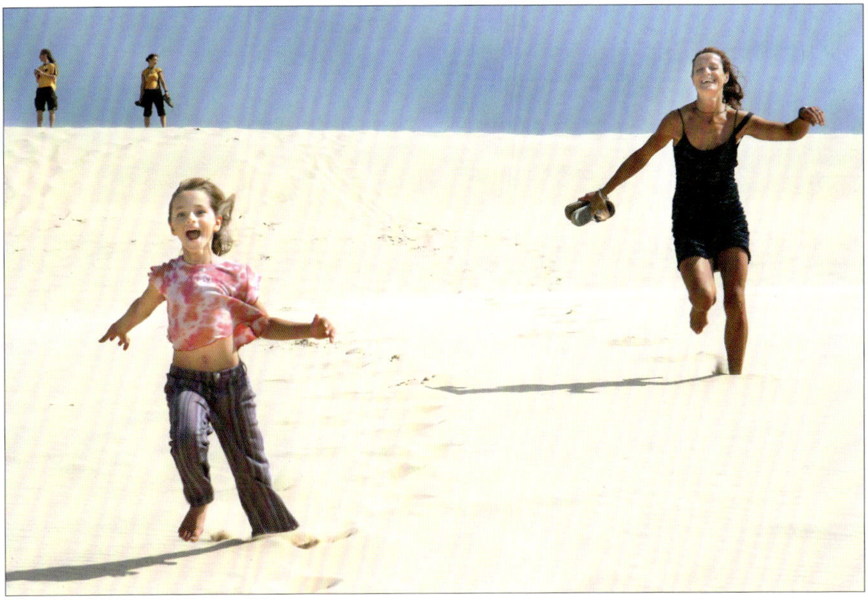

**左图** 拍摄快速移向相机的主体时，不需要使用与拍摄横向移过取景框的主体时那样高的快门速度，但这幅影像中用来凝固动作的快门速度为1/500秒。

## 快门优先

试验快门速度的最佳方式是选用快门优先(S/Tv)模式。选择一个合适的快门速度后，对动作将要发生的区域进行对焦。在取景器上查看一下，看看曝光不足警示信号是否闪烁。如果有闪烁，那么你需要提高ISO感光度设置直至获得适宜的曝光量；假如这样还不能保证曝光准确，那么再略微调低快门速度。

**右图** 虽然摄影师使用了足够高的快门速度来捕捉下这幅蜂蛾觅食的美妙影像，但它的翅膀扇动得实在太快，即使高达1/1000秒的快门速度也无法使之凝固。

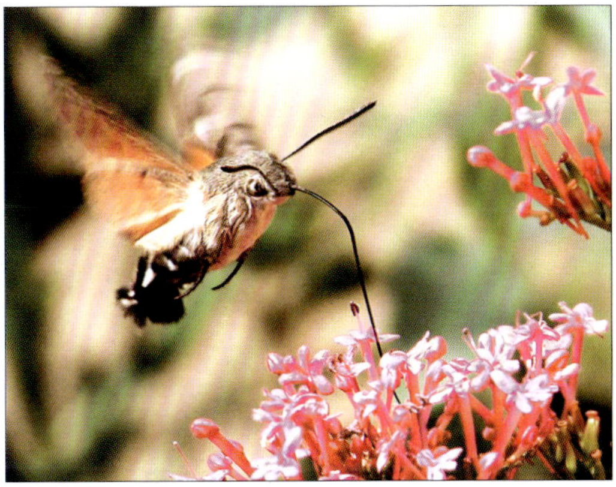

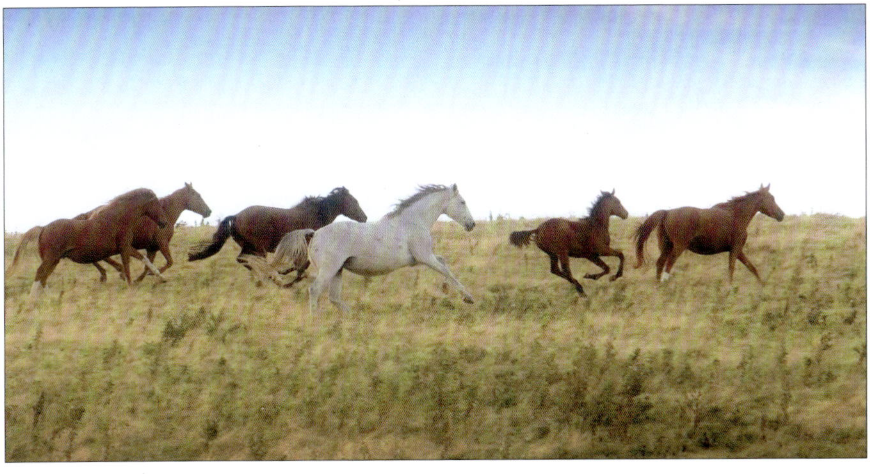

**左图** 尽管这些马是横向奔跑经过画面的，但在取景框中它们看起来仍然相对较小(因为离相机的距离较远)，因此允许使用1/320秒的快门速度来拍摄这幅动态影像。

# 标准快门速度

对于大多数手持相机拍摄的情况来说，最常用的快门速度通常在1/30秒至1/250秒之间。在这一速度范围时，捕捉的画面易于重现我们对周围世界的感知，因而被摄场景的某些部分能得到准确聚焦，而更为快速的移动成分则可能看起来有些模糊。

## 速度的要义

虽然从某一层面上说，欣赏凝固了时间的影像是饶有趣味的，但有时候将运动物体完全“凝固”会削弱动感，尤其是在背景也被同时凝固下来的时候。高速赛车运动便是一个典型的例子。若用高速快门捕捉赛车(汽车或摩托车)的形象，赛车看起来会是静止的，速度感也会因此丢失。

## 有意而为的模糊

为了不使动作照片显得静止单调，你可以有意制造模糊效果，具体方法有两种。第一种方法是选择一个较低的快门速度，即比凝固动作时常用的快门速度要低。开始时先将快门速度调低3挡左右，如设置在1/30秒而非1/125秒，然后对估计被摄主体将会运动进入的区域进行预对焦，最后在被摄主体进入取景框时拍下照片。假如被摄主体的运动速度相对较慢，如一名高尔夫球手，那么还可以用再低一些的快门速度拍摄。这样拍摄的结果是，主体模糊或部分模糊，而背景(或前景)清晰。如果模糊程度恰到好处地体现了摄影主题，这样就可以传达出你所期望的动作感。拍摄高尔夫球手就是一个很贴切的例子，因为理想情况下，击球手的头、双肩、双腿应保持相对静止因而成像清晰，而挥动的手臂和球杆则形成一个朦胧虚化的弧形。

## 追随摄影

在许多种动作摄影类型(特别是高速运动的体育摄影)中，运用上述技法会有这样的风险：清晰的背景有可能喧宾夺主，成为注意焦点，而模糊的被摄主体(尤其是完全失焦的话)则毫无吸引力。为了应对这一情况，可尝试运用称为“追随摄影”(或称“摇拍”)的技法。摄影者双脚稳稳站立，将相机举至与眼睛齐平的高度，对准被摄主体取景，通过取景器跟随主体同速平移(注意只转动腰

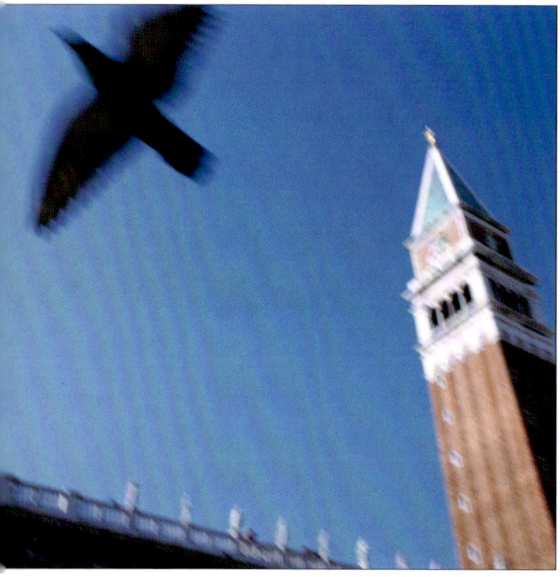

**下图** 并不是所有的影像都需要高度清晰。手持相机拍摄这张都市景物照时低速快门的使用为影像提供了动感，增强了画面的氛围。

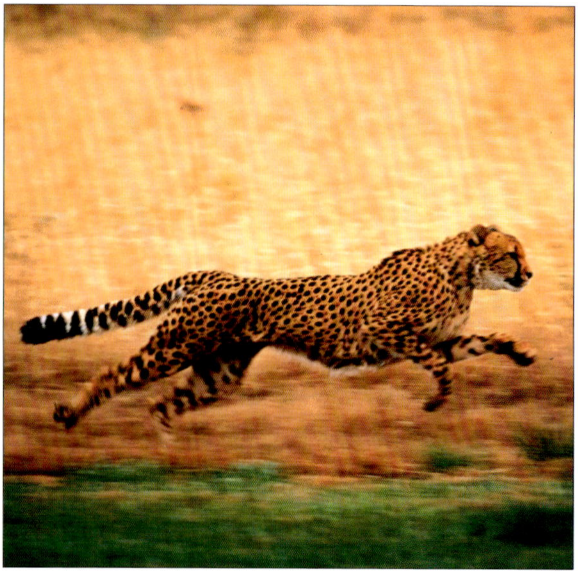

**下图** 拍摄横向移动经过取景框的主体时，运用摇拍是展现其速度的绝佳方式。只要用照相机追随主体运动即可。

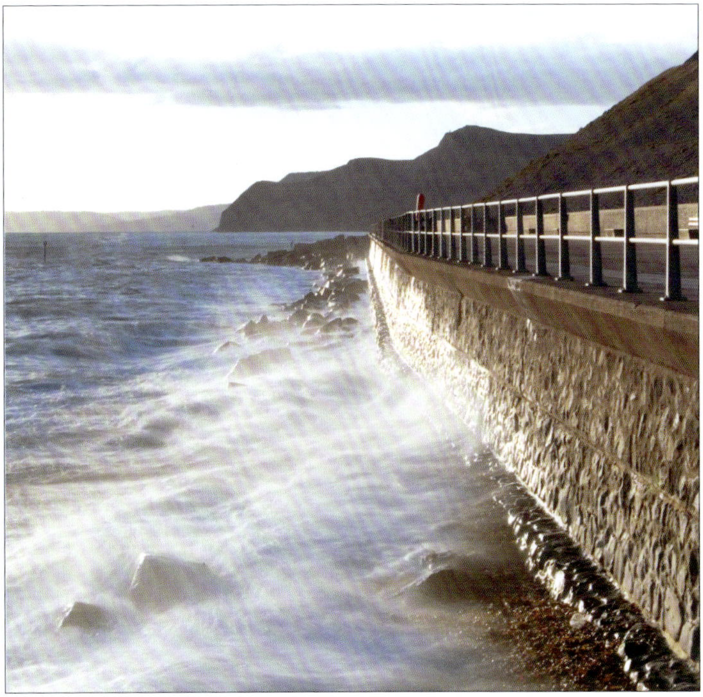

## 摇拍取景

学会成功地摇拍需要一段时间的尝试与摸索。不要一开始就变焦放大被摄主体导致其在取景框中占得太满，因为这样摇拍时出现任何错误都会导致主体的某些部分被切掉。成功几率更高的做法是稍微变焦缩小主体，若有必要可以之后再裁剪多余的背景。此外，一开始运用摇拍技法时要尽量使主体处于取景框的中央，否则容易导致前景或背景与主体分离开来。随着摇拍技能的提高，你可以试着使用焦距更长的镜头或设置来“拉近”主体，并且取景时让主体前方的空间大于后方。这样，取景框中就有多余的空间供主体向前“运动”，主体的动态形象会更好。

部以上的上半身)。主体进入要拍的场景时用连续拍摄模式(若相机有此模式的话)进行拍摄；在曝光过程中持续转动上半身跟随主体，直至其在被摄场景视野中消失。你或许只能较为自然地转身45°左右，但摇拍结果应当主体清晰，背景模糊。这不仅可以带来速度感，而且能够使被摄主体准确聚焦，从而自然而然地吸引观者的注意力。

摇拍时快门速度的选择与第一种方法中相同，即比通常凝固动作时所用的低4挡(拍摄大多数运动时一般使用1/30秒～1/125秒的快门速度)。若有可能，尽量面对明暗影调丰富的背景拍摄，以便使模糊效果更为明显。

**左上图** 低速快门可以用于增加风景的动感。这里，由于使用了低速快门，浪涛便化作一片“水雾”。

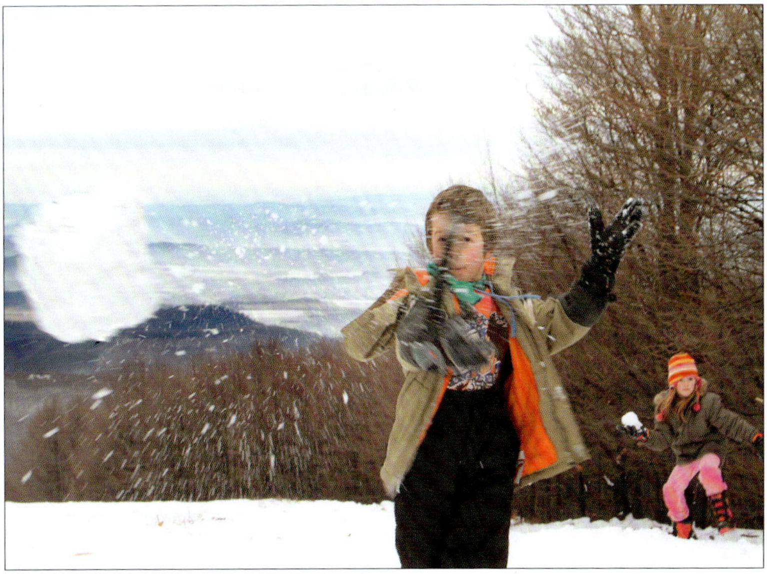

**左图** 低速快门让掷向摄影者的雪球变得模糊，而广角镜头的使用则加强了透视的戏剧性效果。

# 长时间曝光

虽然拍摄大部分照片使用的快门速度都不到1秒，大多高级数码相机能够进行更长时间(1至30秒)曝光的拍摄。有些相机还有B门设置，只要快门按钮保持被按下(或直至电力耗尽)，快门就一直保持在打开状态。那么，什么时候会要使用时间这么长的曝光呢?

## 变焦连拍

如果照相机具有手动变焦控制部件，你可以尝试制造"变焦连拍"效果。将相机固定在三脚架上，选择最小光圈和较低的ISO感光度来获得较低的快门速度——在1/4秒~1/2秒之间或更低的速度就足够了。对准明暗影调混杂的一个区域进行聚焦，使之在取景框中居中。将镜头变焦放大，设置好相机的自拍定时器，再按下快门按钮。听到快门开启的声音后，缓缓转动变焦控制部件将镜头变焦缩小。这样就获得了一张抽象的变焦连拍的照片。

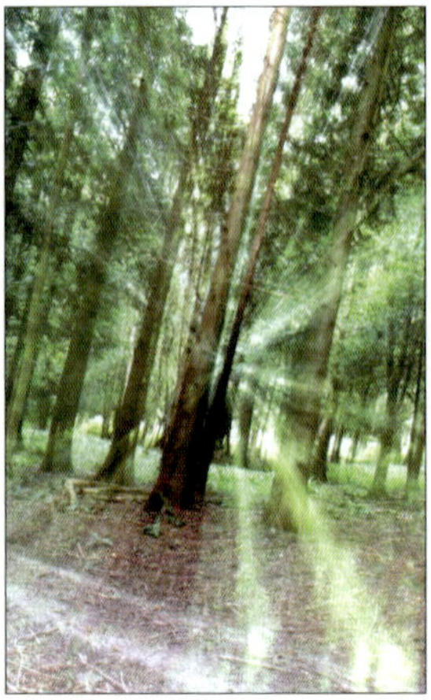

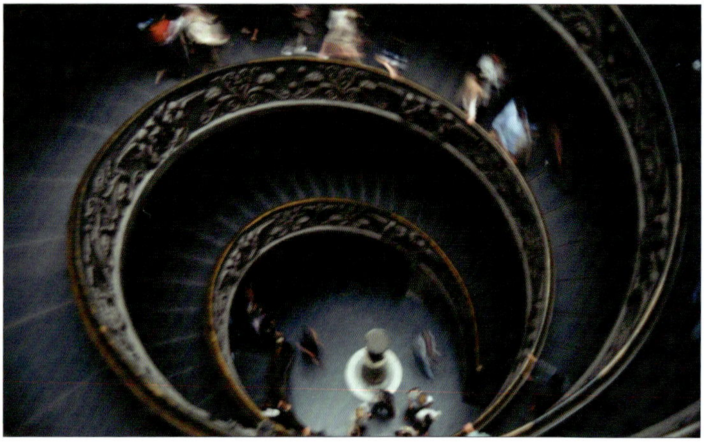

**上图** 为了获得合适的曝光量使用了低速快门拍摄室内，图中在旋转楼梯上走动的人物变得模糊朦胧，画面的动感得以加强。

## 弱光环境

大于等于1秒的长时间曝光一般用于弱光条件下的拍摄，这时手持相机无法拍出清晰影像。刚开始尝试弱光拍摄时，你需要使用三脚架，或至少将相机摆放在稳定坚实的支撑物上，以避免拍摄的夜景(或晨景)影像模糊。同时，使用相机的自拍定时器，或快门线或遥控器，降低你手按下快门按钮时发生相机抖动的几率。

由于相机安置于稳固的平台上，所以ISO感光度不必很高，你可以将其设置到最低挡，以拍出噪点很少的影像。另外，使用相机的降噪设置。

在夜间拍摄的(特别是摄于城镇的)一些效果极强的照片，展现了过往车辆的车灯的轨迹。找到一个可俯瞰一条繁忙大街的有利位置，在三脚架上固定相机后试验一下不同时长的长时间曝光。

**右图** 你也可以尝试用长时间曝光在同一画面中记录数朵烟花，创造出如图这样的迷人的照片。

若对夜空进行长时间曝光，星光的痕迹也能创造令人难忘的美丽画面。记录星星运动的轨迹经常需要至少数分钟的曝光时间，所以你多半得使用相机的B门设置。要想拍出最佳效果，选择晴朗无云、没有其他环境光的夜晚，试验所需的曝光时长。

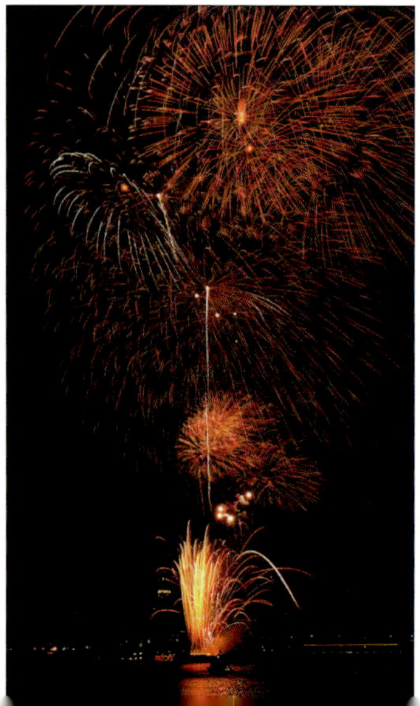

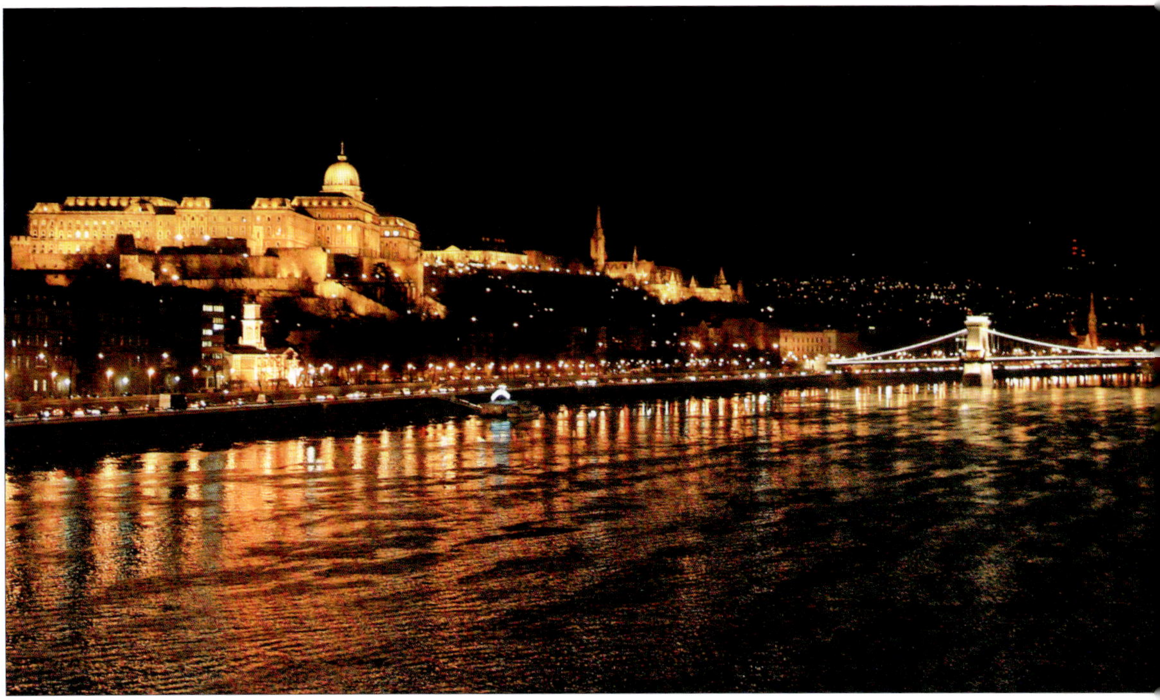

上图 要拍好这种夜间城市灯火通明的美丽景色，长时间曝光必不可少。拍摄类似的照片时必须使用三脚架。

## 白昼延长时间曝光

并非只有在夜间才可以用长时间曝光获得创意效果。有些白昼场景的拍摄也可以从中得益，尤其是有流水、薄雾或低云的场景。长时间曝光会使水流、云朵看上去平滑如丝、柔和朦胧。

由于白天的光线照度相对较高，最小光圈和最低的ISO感光度或许无法让你获得恰当时长的曝光，所以你得用其他方法减少到达影像传感器的光线量，如使用中灰密度(ND)滤光镜。这种滤光镜有点像太阳眼镜，可以减少到达传感器的光线量，但不会影响光线色彩——“中灰密度”由此得名。

## 白平衡

因为多数长时间曝光的照片都是在夜间拍摄的，且有许多是城镇景色，所以你会很快注意到钠灯、钨丝灯、汞蒸气灯投下的不同光线色彩。照片中光照种类丰富可能会加强画面效果，但假如整个画面笼罩着单调的橙色光，像左下方这幅影像这样，那就会让人感觉不舒服。

在这种时候，相机的自动白平衡功能恐怕无法解决问题。你需要用图像编辑软件来消除色偏，修正白色，或者手动调节白平衡(前提是你所使用的相机设有这一选项)。

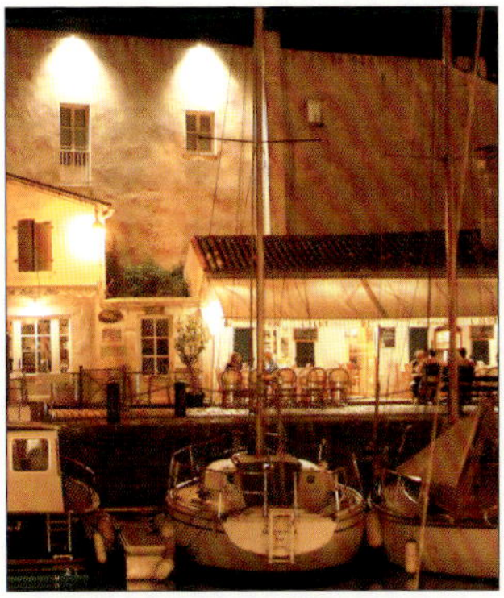

自动白平衡

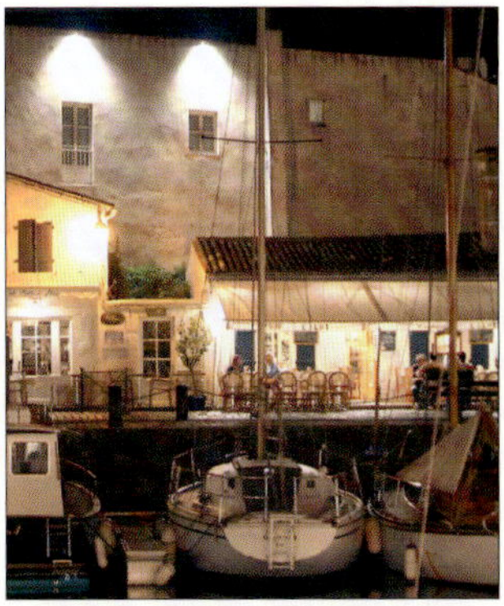

修正后的白平衡

# 创意曝光

更多地了解了曝光的概念，各种测光系统的运作方式，以及如何使用相机的手动设置之后，现在对于曝光设置试验你应该信心倍增了。相机的评价/矩阵测光系统如此精密，自动设置快门速度和光圈之做法又那么诱人，你很可能会让相机全权代理一切步骤，可是这样你就错过了许多拍出创意佳作的机会。数码摄影的妙处在于，用似乎“不准确的”曝光进行试验，除了耗费一点电力之外不会让你有任何损失。如果不喜欢某幅影像，那就删掉重拍好了。总之，稍作尝试不会让你有所损失，但不去尝试你却会一无所获。

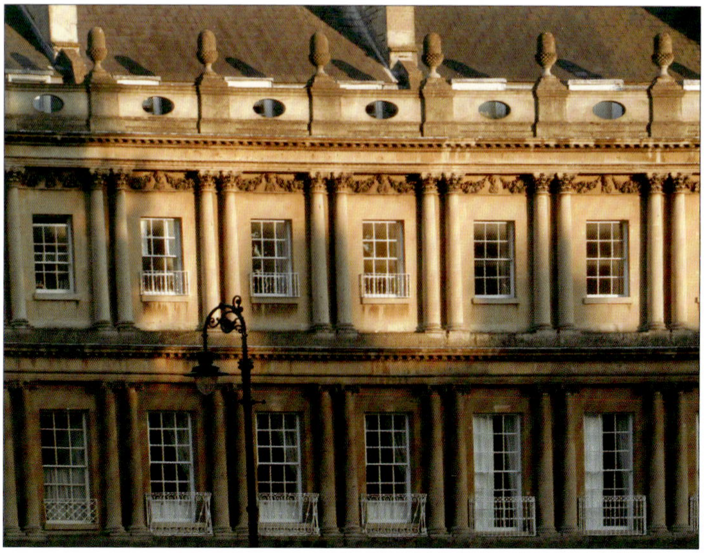

## 光　线

通常，一张平庸之作与一幅引人注目的影像之间的差别，在于光线的性质及亮部与暗部之间的关系。你会发现，如果将曝光的决定权留给相机，那么相机设置的曝光量会去尽量保证高光部分和阴影部分的细节都清晰可见。当然，这在很多情况下绝对是正确的做法，但如果影像效果的关键是明暗区域间的相互作用，而非具体细节的话，那么你就要去掌控相机，进行不同的曝光试验。你可能会发现，故意让照片曝光

**左下图** 这张花丛摄影习作，曝光准确，逆光照明以及“蓝绿海洋中一点红”的构图增加了画面的美感。

**下图** 这幅影像的画面内容与左图相同，但拍摄使用的快门速度更低，且曝光过程中相机发生了晃动，结果画面的色彩朦胧抽象，与左图效果截然不同。

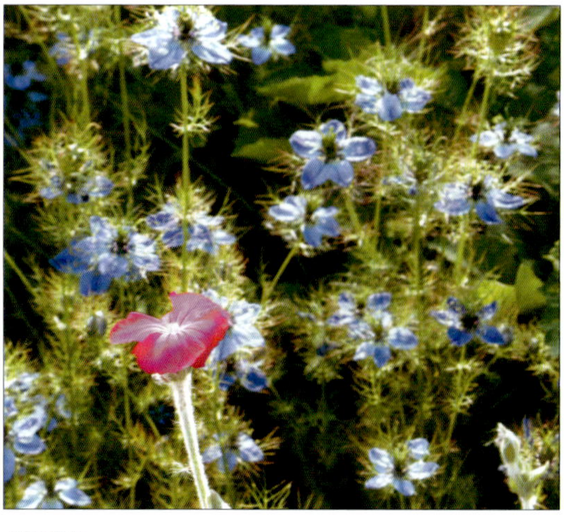

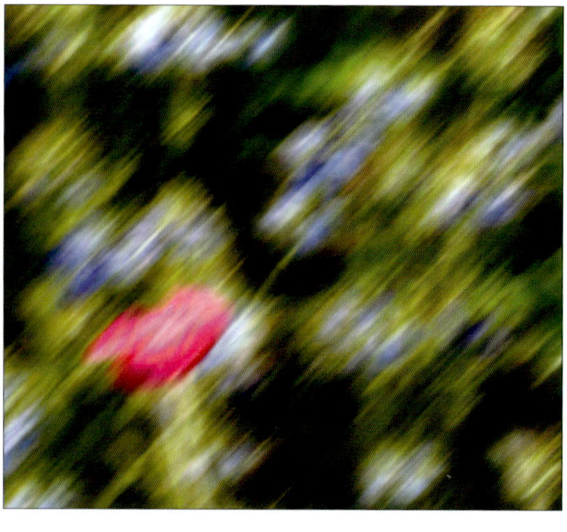

对页图 这张建筑照片的曝光决无"差错"，但所有的阴影区域都被保留下来，画面看起来缺乏对比。

下图 这里，曝光量略有调整，因而被摄场景看上去比第一张照片要暗些。阴影的加深使窗户更加凸显，从而使画面更加生动。

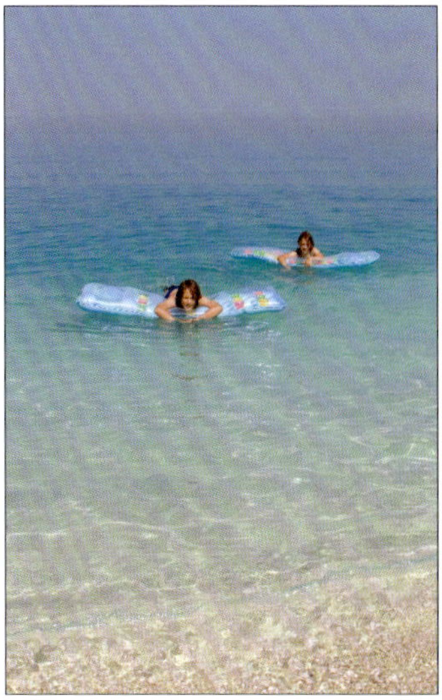

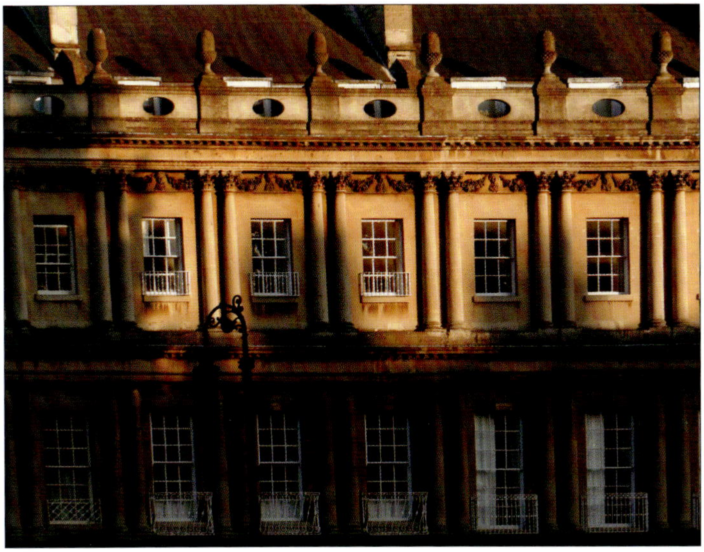

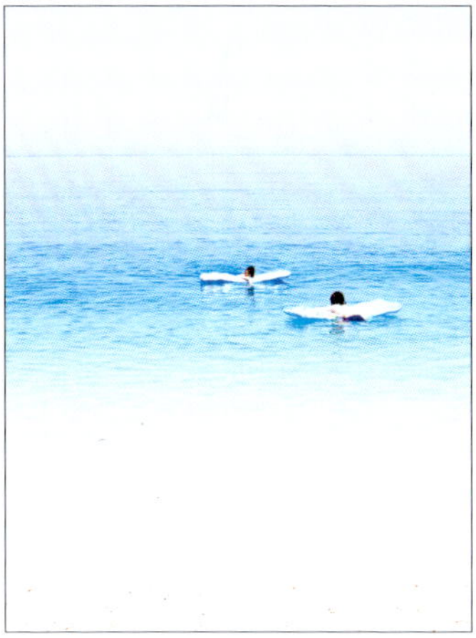

不足，尽管可能使阴影加深，细节变得不那么清晰可辨，但高光部分的影调和色彩却会更为丰富，亮部与暗部的对比会让观者更加难忘。同样地，有时故意使影像曝光过度，让高光区域的大部分"过曝"，或许会比准确曝光的影像在热度、光感甚至空间方面更具视觉冲击力，给观者留下更为深刻的印象。

## 照相机动态摄影

在前面几页中，我们已经发现，快门速度的灵活运用可以为影像带来锦上添花的创意色彩——既可以用高速快门凝固动态，也可以用低速快门为影像制造动感。曝光时间更长时，根据常识你会使用三脚架防止相机抖动，以确保影像高度清晰。然而，成功的照片不必总是清晰聚焦。有人曾在快门打开后故意用各种各样的方式移动相机进行试验——这被叫做"照相机动态摄影(kinetic photography)"。在线摄影网站Flickr(www.flickr.com)甚至设有一个叫"照相机抛空摄影(Camera Toss)"的群组，专供人们展示在1/2秒或更长的曝光时间中将相机扔到半空后拍下的影像效果。

虽然用价格不菲的相机进行如此极端的试验并不值得推荐，但你完全可以在设置很低的快门速度后移动或摇晃相机，看看会出现什么效果。注意最好在影调、色彩对比鲜明的场景中进行这样的试验，以便使拍下的运动轨迹更加明显。光线和相机移动拍摄的试验方式数不胜数，尽管很多时候试验结果可能没有很大的价值，但是每次试验后你所创造的影像都会是独一无二的，引人注目的。

顶图 使用相机的评价/矩阵测光模式后，这一场景的拍摄效果令人满意，因而这张照片在假日影集中并不会显得不合适。

上图 类似的场景曝光过度后却造就了一张适于展示的照片。曝光过度使前景沙滩和背景天空的影调区别模糊化，这让我们的注意力集中到了画面中央——被摄主体所在的条带状的蓝色海水。

# 动手尝试：曝光

你现在应该已经更好地了解了快门与光圈之间的关系，并进行了一系列"景深"练习，因而对照相机半自动模式和手动模式的设置操作更有信心了。

本节练习将帮助你进一步熟悉相机的光圈和快门控制，学会思考怎样通过调整曝光来为影像营造氛围或制造动感。之前介绍的"景深"练习所涉及的是，如何有针对性地运用照相机及镜头的机械特性和光学特性，将观者的注意力引到影像的特定成分上来。与此不同，下面这些练习更为主观，练习结果会因人而异。

## 控制光线水平

首先，重新熟悉一下照相机的各个控制部件。使用三脚架或遥控快门装置可以让练习更加容易，但也可以不用。在户外选用影调差别明显的物体和场景(如将深色物体放在浅色的桌上)进行练习。

将照相机设在手动模式，选择中等开度的光圈(如 f/8)和 100mm 的焦距。通过取景器，对 16 英尺(约 5 米)处的物体对焦，确保物体前后的区域可见。调整快门速度直到取景器曝光量标尺的指示为"0"，按下快门。然后将快门速度提高 2 挡(如从 1/125 秒调至 1/500 秒)，同时开大光圈以作补偿(如从 f/16 调至 f/8)，使曝光量标尺指示仍旧为"0"，再拍一张照片。比较前后两幅影像。两张照片的整体曝光情况应该没有什么区别，但第一张的清晰范围比第二张大——这正是我们在"景深"练习中所期望的结果。

下一步，快门速度提高后不再开大光圈作补偿，曝光量标尺指示应在"－2"左右，拍下照片。将快门速度降低 2 挡(这时标尺指示约为"0")，同时将光圈收小 2 挡，使标尺指示回到"－2"后再拍摄。这样拍下的两张照片都曝光不足 2 挡，但仔细观察，先看影像的整体影调。虽然暗部区域呈为曝光不足，但较亮的区域的影调却很可能更加丰富，易于辨认，而且这些部分的色彩更加饱和——这是因为影像越亮，色彩越不饱和。另外，若比较两幅影像的清晰范围，则第二幅的景深应该更大。

然后，用曝光不足 1 挡和曝光过度 1 挡或 2 挡继续进行试验。比较所拍影像，看看曝光过度或不足会对影调和色彩产生怎样的影响。

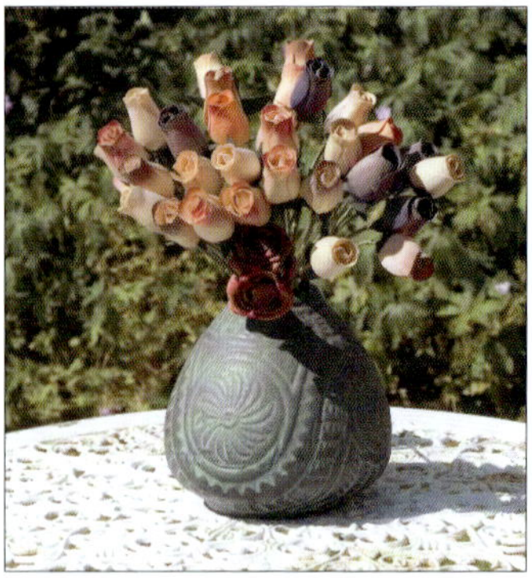

光圈：f/8

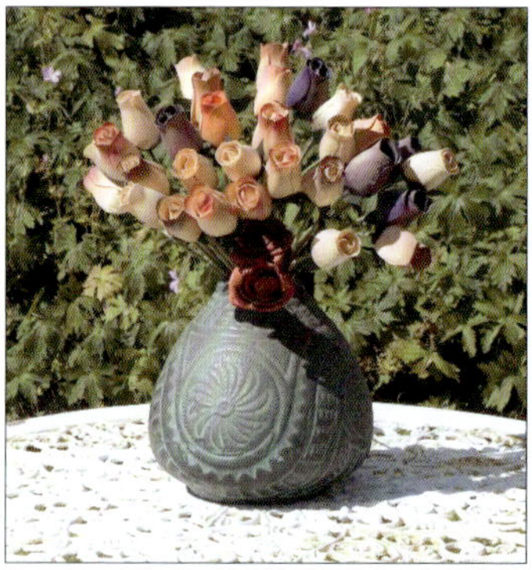

光圈：f/16

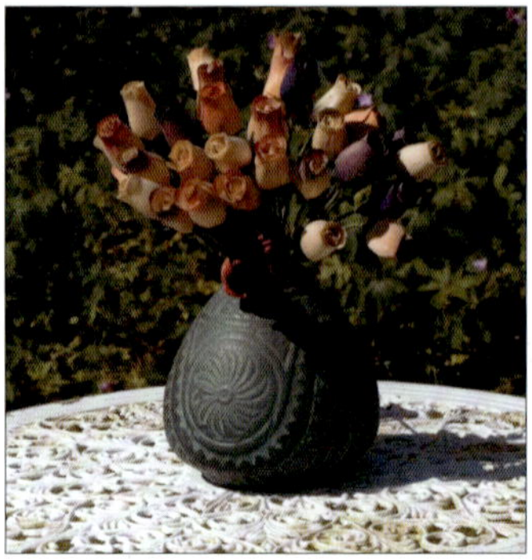

曝光不足 1 挡

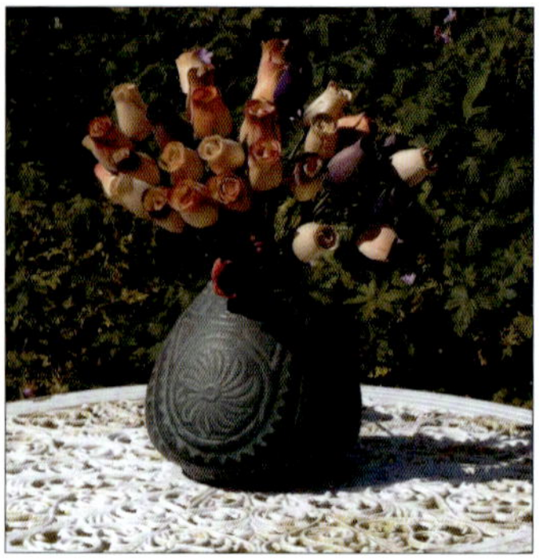

曝光不足 2 挡

**左图** 上方两幅影像曝光数据不同但均准确曝光，因此整体曝光量相同，景深较大；下方两幅曝光不足的影像，色彩更为丰富。

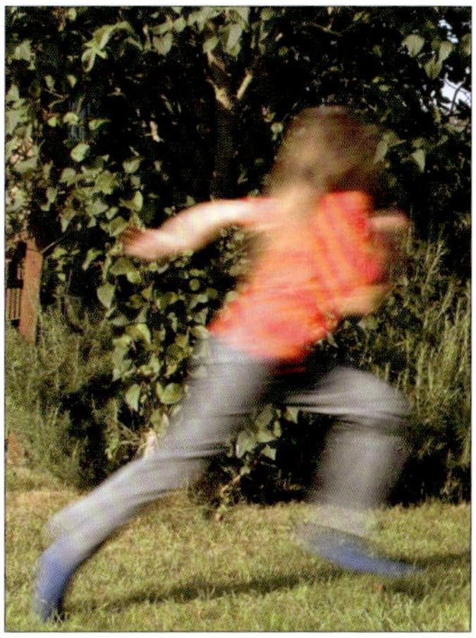

快门速度：1/30 秒

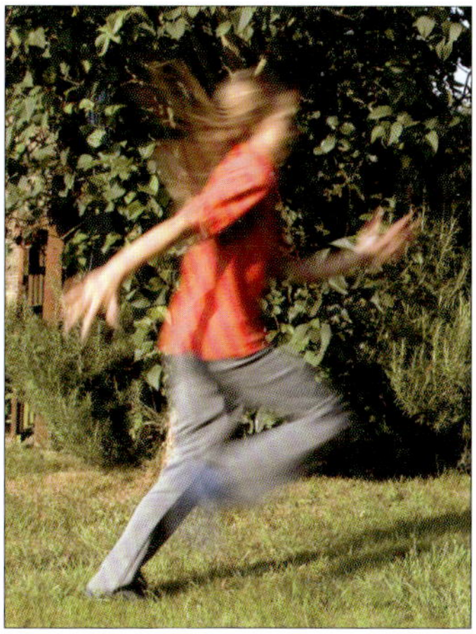

快门速度：1/60 秒

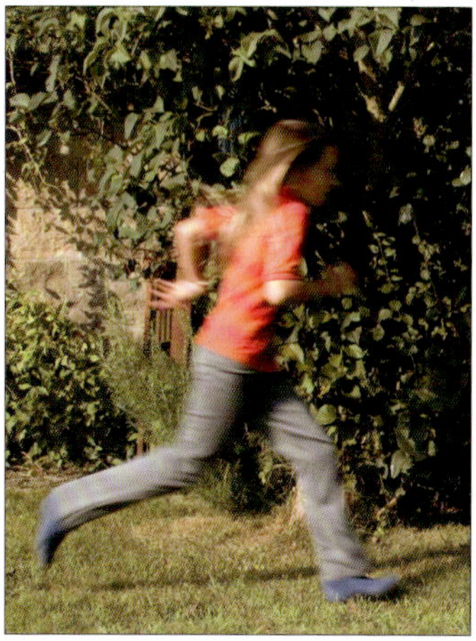

快门速度：1/125 秒

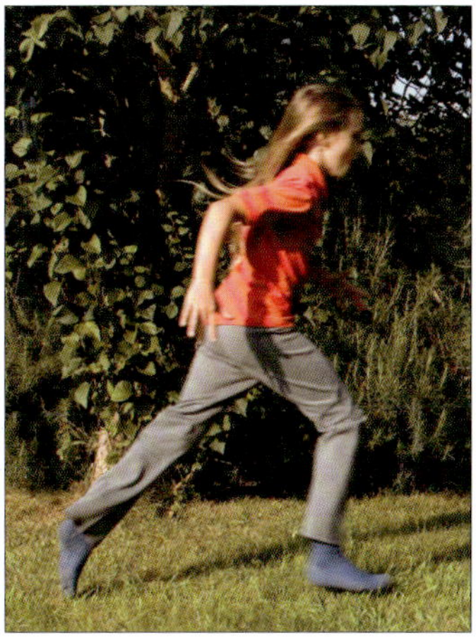

快门速度：1/250 秒

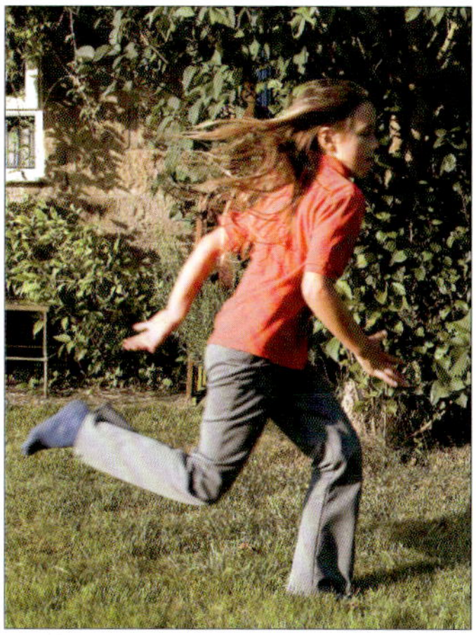

快门速度：1/500 秒

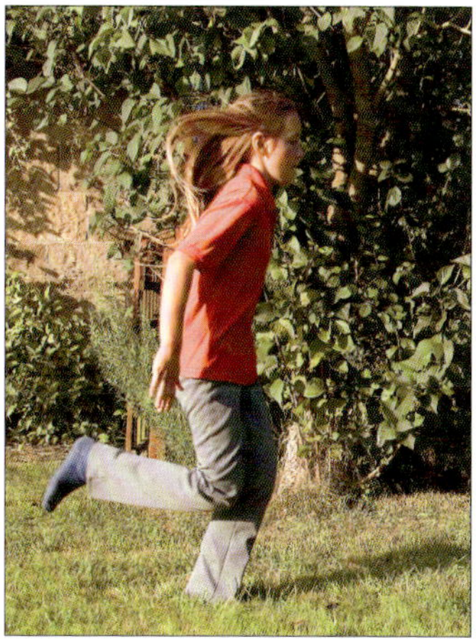

快门速度：1/1000 秒

## 有控制的模糊

使用约 500mm 的焦距，将相机设为快门优先(S/Tv)模式。开始练习时采用低速快门(1/30 秒)，并让某人在离镜头约 10 英尺(约 3 米)远的地方从相机前跑过。当主体出现在取景框中时拍一张照片。然后重复这个练习，每次提高 1 挡快门速度。当快门速度达到 1/500 秒左右时，跑步者的大多数动作可以被凝固下来，达到 1/1000 秒时人物影像完全清晰。再将快门速度降至 1/30 秒，在主体开始向前跑时对其聚焦，在他（她）跑到你正前方的位置时按下快门，并在曝光期间继续转动相机追随人物。这样拍下的照片中，主体或多或少地被凝固，而背景呈现模糊。

**上图和右图** 这里演示的简单练习说明了快门速度是如何控制动感的。虽然使用高速快门凝固快速动作的做法颇为诱人且也很自然，但这会导致拍出的影像显得静止。

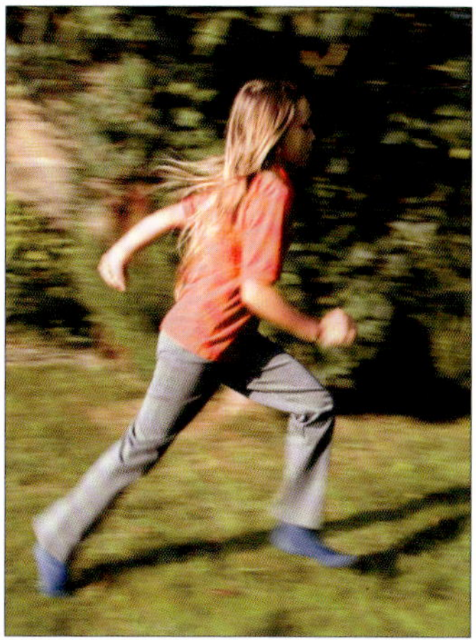

追随拍摄

# 影调对比

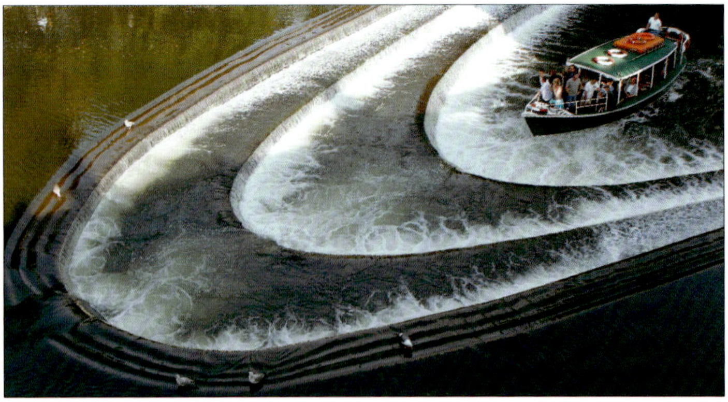

我们中的绝大多数人天生就懂得高反差影像与低反差影像之间的差别。不过，了解导致影像呈现不同反差的诸种因素仍然十分重要，这样你才能够快速地判断场景的反差状况，以便在拍摄中将其充分利用。

## 高反差

从本质上讲，只要是仅由很暗和很亮的影调(即两者之间的中间影调很少)组成的影像就可称为高反差影像。事实上，我们中有很多人仍然将其与黑白摄影紧密地联系起来。其实，影调的并置也会影响我们对一幅影像对比强弱的感受。举例来说，将一幅暗调与亮调紧挨在一起的影像与一幅明暗影调被中间影调分隔开来的影像进行比较，即使两者整体影调相类似，但前者的反差会显得更高。因此从这个方面来说，照片的反差是由被摄体决定的。

## 照 明

影响反差的第二个因素是照明。如果将一张纸前后来回连续折几下，使其呈之字形，然后把它放在桌面上，让灯光从上方将其照亮，那么纸面的影调几乎一致，对比度极小。但若改为从侧向照明，那么纸张折起的背脊投下的阴影会让纸面看上去几乎黑白分明。

## 剪 影

剪影的本质使其成为高反差照片中的极端形式。将被摄主体置于明亮的背景前，再根据背景曝光，就能使被摄主体的所有细节严重曝光不足，只能留下外形轮廓。

剪影虽然因为使用太过频繁已经有些过时，但仍能创造出一些强有力的、耐人寻味的影像。只

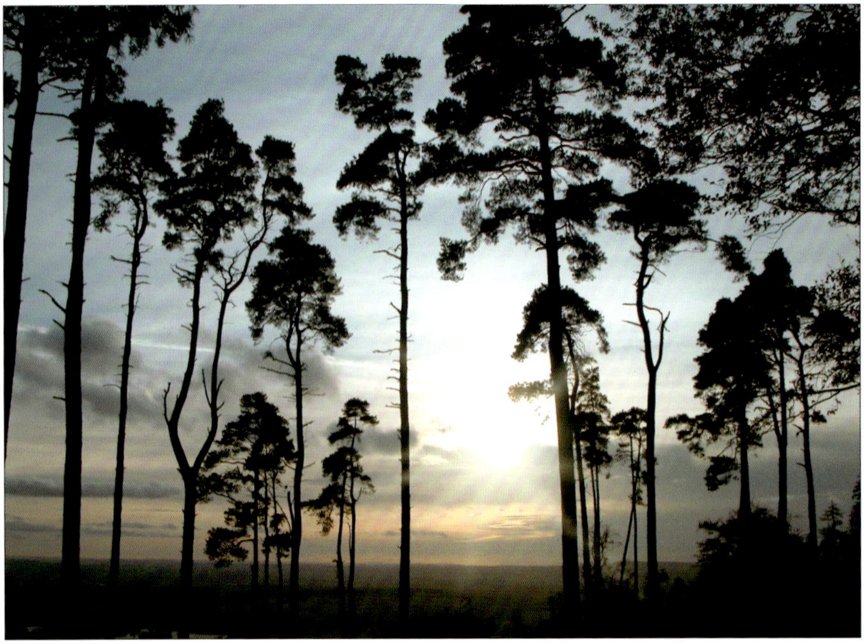

**上图** 这张照片的对比不在于光照，而在于被摄体本身——明暗相间的水流曲线。

**左图** 当背景比被摄主体亮得多的时候，拍摄剪影效果最好。这里以太阳作背景，而让树木呈现黑色。

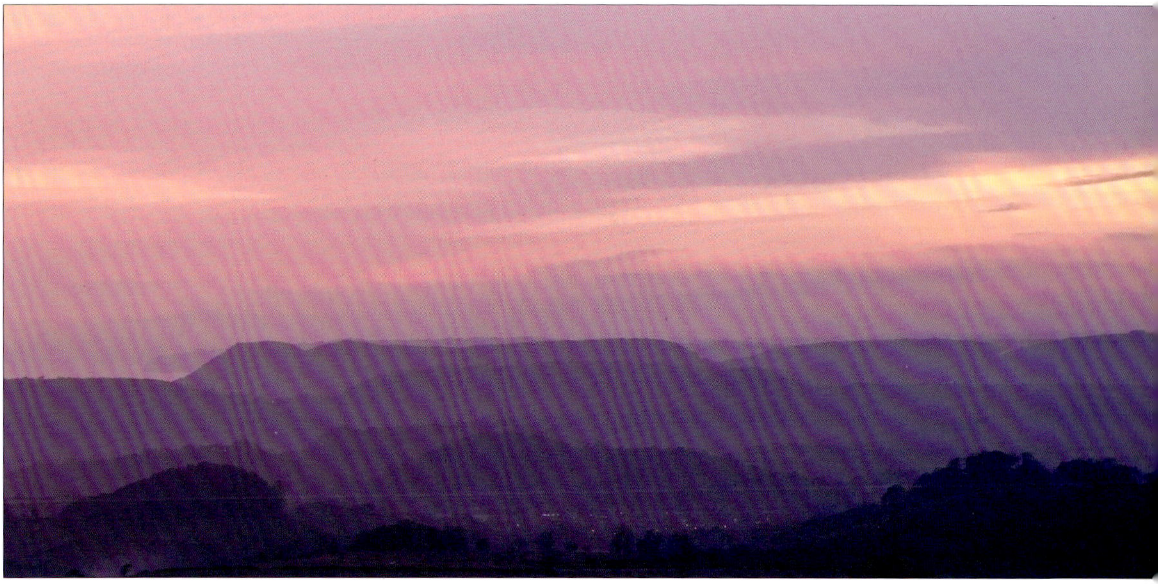

是要注意挑选被摄主体的形状，而非结构。同时也要记住，拍摄剪影时被摄主体不仅会失去结构，还会失去大多数的色彩。

## 低反差

所谓的“低反差”依赖于影像中间影调的互相渗透，渲染出一种安宁平和的气氛。说起低反差影像，我们很容易联想到朦朦胧胧的远山、日出前或日落后以及多云天气的柔和光线。大多数摄影者都不会喜欢这些场景，因为一切都显得单调乏味。不过，在这些环境中也能拍出引人注目的影像——只要找到能强调宁静飘渺特性的拍摄对象。

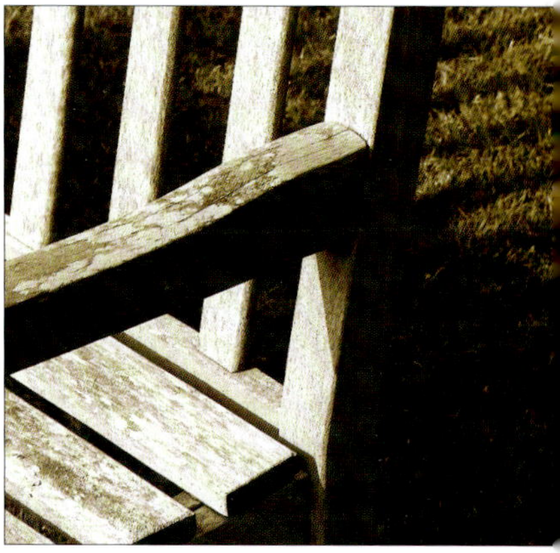

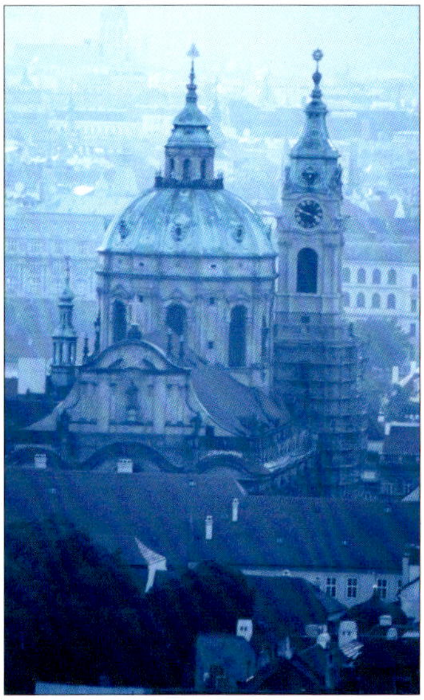

**顶图** 这张照片摄于日出前的当口，天空中弥漫着柔和的霞光，产生了一幅低反差的影像，如同黄昏时的情形。

**右上图** 硬光照明产生的高反差，特别适于表现轮廓分明的几何图形，如图中公园长椅的细节部分。

**左图** 雾蒙蒙的柔和的散射光照明，掩盖了景物的色彩差异，营造了一种低反差的场景。

**右图** 强烈的直射光产生明亮的高光和深沉的阴影，正适于表现闪亮的银色鱼鳞，结果产生了这样一幅几近单色调的高反差影像。

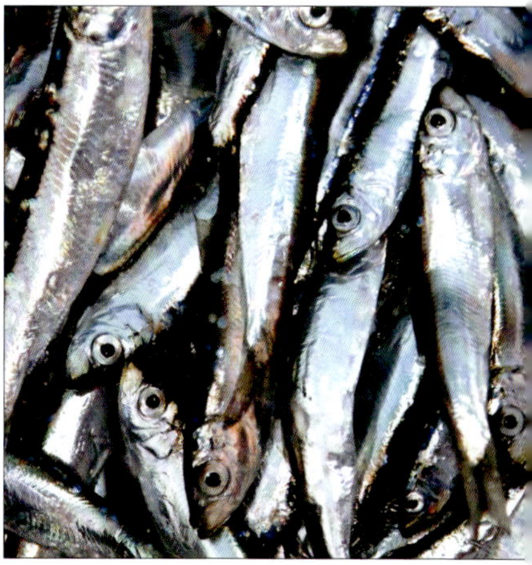

# 色彩对比

我们通常认为影调是影像对比度高低的决定因素，明暗影调的存在与并置发挥着这种决定性的作用。其实，还有一个因素决定着我们对对比度的感知——色彩。影调差异决定黑白影像的对比度，色彩区别也以类似的方式在彩色摄影中起着相同的作用。

## 色彩的强对比

后面我们将更为详细地探讨特定色彩的情感反应以及色彩饱和度的作用，但在本节中，我们先集中讨论如何运用色彩来强化或减弱对比，及其对观者产生的作用。

色环上相对区域内的色彩(如冷色的蓝和暖色的红)若紧挨并置，就会产生强烈的对比效果，并且如同影调上的高反差一样，也会为影像增添活力。以这种方法运用色彩时，最重要的是要确保影像中的色彩是主要的拍摄对象。如果被摄主体不易辨认，从许多方面说也无关紧要，因为你想要让观者作出的反应是由色彩而非由主体引起的。运用色彩强对比的最佳方式，是寻找只有两种主要色彩的被摄主体，最理想的情况是这两种色彩在色环上的位置正好相对。如果变焦放大，排除任何可能造成干扰的物体或色彩，那么对比效果会更加强烈。

### 色　环

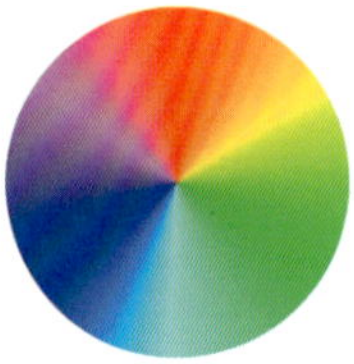

处于色环上相邻区域内的色彩会产生安宁、弱对比的效果；而在色环上位置相对的色彩则会为影像添加强对比效果。

## 色彩的弱对比

色环上位置相近的色彩之间对比微弱，会产生宁静舒缓的效果。主要由一种色彩构成的影像也是如此(尽管其对比效果依具体色彩而有所不同)。

色彩的强对比与弱对比之间的主要差别如下：对前者而言在于色彩，更确切地说是能够激起观者某种反应的色彩并置；对于后者来说，则影像需要含有其他方面的构图元素才能获得成功的视觉效果。质感、结构，甚至微妙的影调差异都有助于加强色彩的和谐。

**左下图** 由于橙红与深蓝在色环上几乎相对，图中这些伞状物使得影像色彩对比鲜明。

**下图** 在背景中绿叶和蓝天的映衬下，图中果实的红橙两色创造出了强烈的色彩对比。

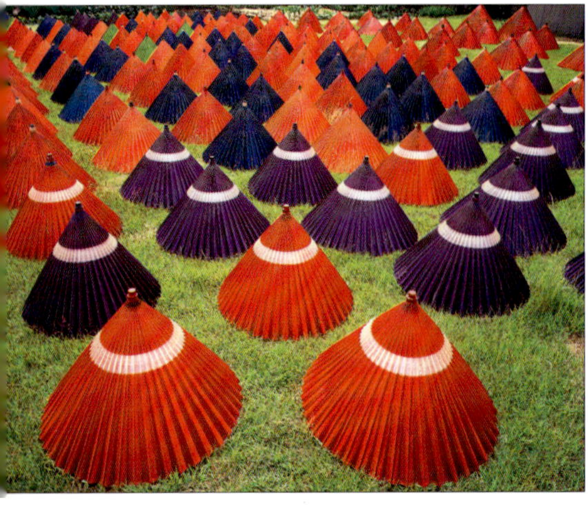

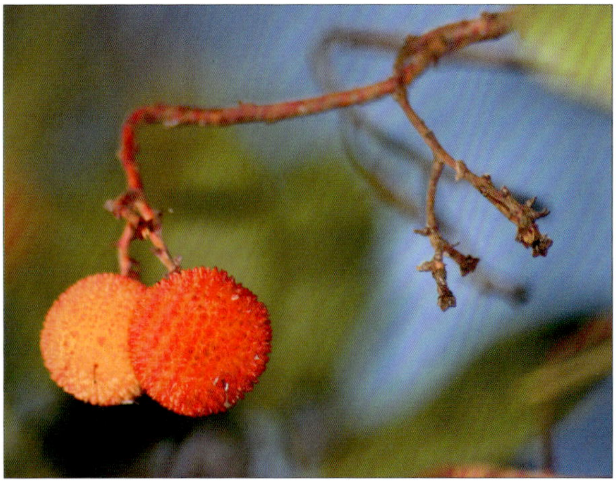

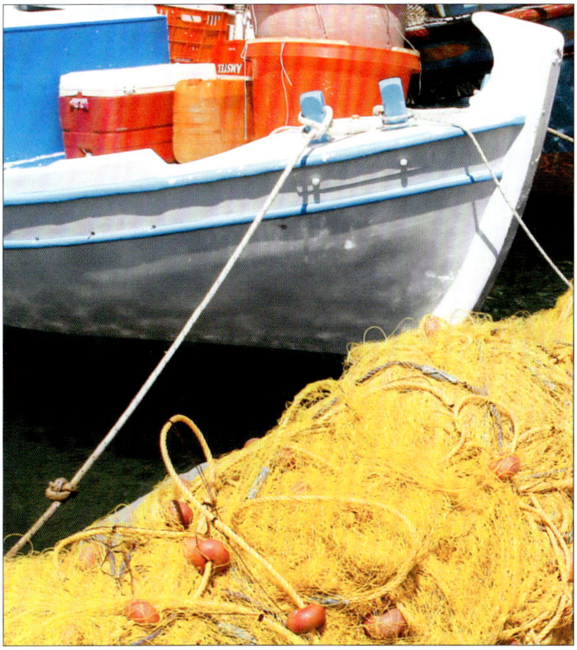

下图 这幅摩洛哥古镇的影像因其建筑统一的棕色调而引人注目，统一的色调能使观者的注意力集中于建筑的形状与图案上。

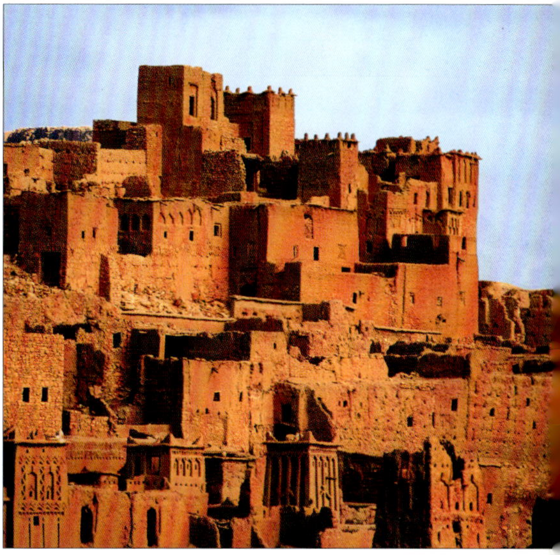

**上图** 渔船上渔网、塑料桶的醒目色彩，由于紧挨着渔船本身及深色水流的中性色调而显得更为强烈。

**右图** 若没有高度饱和的色彩和飞机留下的白色拉烟的绝佳位置，这幅简单得不可思议的影像就会趣味尽失。

**下图** 拥有相同色的多重影调，弱对比的彩色照片，如图中花瓣的抽象特写，会具有一种宁静舒缓的效果。

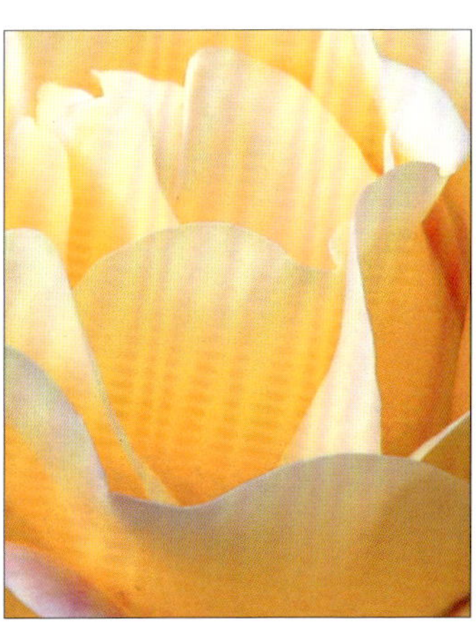

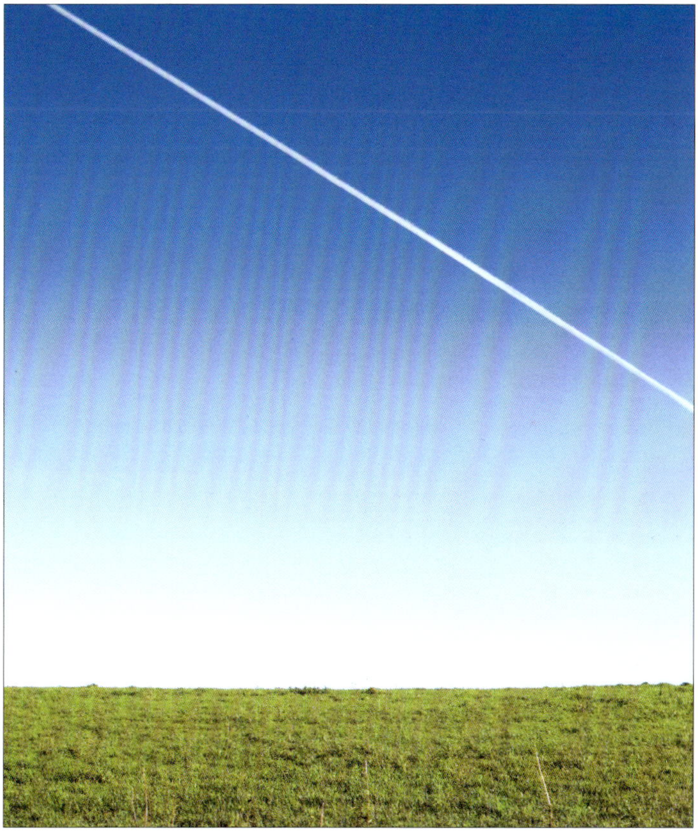

# 低调摄影

低调影像是由大片偏暗的中间调和阴影组成的影像。正因为如此，低调影像通常被认为是忧郁阴沉，甚至有压抑感，实际情况大多也的确如此。不过，成功的低调影像经常带有明亮的高光区域，与大片的深色调达到视觉平衡，从而为影像注入令人振奋的元素。

遇到阴天、多云天气或者阴暗的内景时，很多人会将相机搁置起来，等待晴朗天气的到来。事实上，这些时候的光线正适于拍摄效果显著的低调照片。其实暴风雨前后，常常是捕捉真正具有戏剧性风景画面的最佳时刻。找一处云层的缝隙，在太阳将要短暂显露时定好拍摄位置，以能在合适的背景下捕捉太阳的光线。

## 高光区域曝光

在上述这样的情形中，其实在任何小片高光区域特别明亮的低调影像中都是如此，高光区域的正确曝光至关重要。这些部分很可能是影像的关注焦点，所以与其让高光区域曝光过度或者说发生“过曝”，还不如让周围的区域曝光不足。如果你将相机正对太阳或其他特别明亮的区域或物体拍摄，这一做法通常是不可避免的，当然高光区域要尽可能地小。使用相机背面的液晶显示屏进行预览，并且每拍下一张照片后注意查看直方图(见第 40～41 页)，确保高光部分得到了准确曝光。或许你的相机还带有

### 动态范围

照相机影像传感器经常无法同时捕捉高光区域和阴影区域的细节，特别是在拍摄风景时。要应对这一情况，应使用三脚架，以保证影像有尽可能宽的动态范围(高光和阴影区域都包含可见的细节)。首先以适于高光部分的曝光量拍摄一张照片，然后调节曝光量使之适于阴影部分，再拍一张照片。后期用图像编辑软件合成这两幅影像，从而制作出一幅高动态范围的影像。

**下图** 这是一幅经典的低调影像。透射的阳光增强了黑暗阴沉的天空与呈剪影的黑暗的地面景物的韵味。

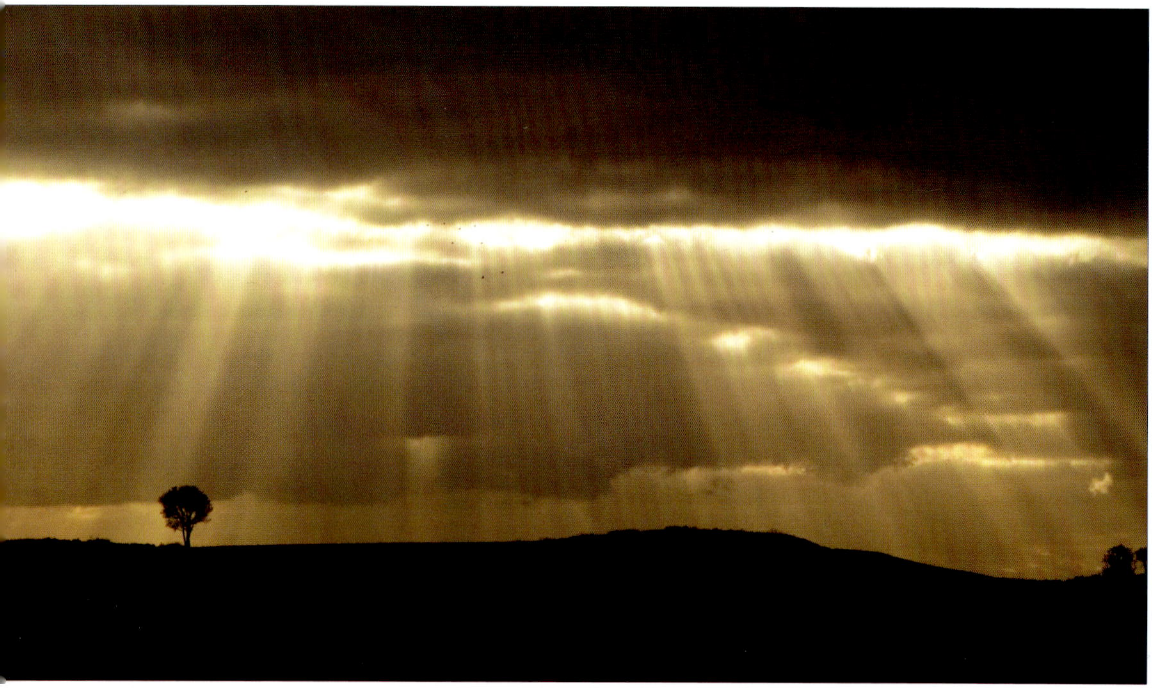

"高光过曝"警示选项,它会用一种闪烁的色调在液晶显示屏上标明曝光过度的区域。

## 图像编辑

如果你手头有几张候选照片，可能组合成包含有趣的高光的引人注目的低调影像，那么你可以在电脑上用图像编辑软件打开这些图像，裁剪掉任何多余的深暗的背景或前景部分。然后你可以用图像软件的亮度调节工具进行编辑，进一步增强图像的对比度和视觉效果。

### 黑白摄影

由于大多数低调影像都由大面积的深暗和阴影影调间以狭小的高光区域组成，所以这种影像特别适合于黑白摄影。

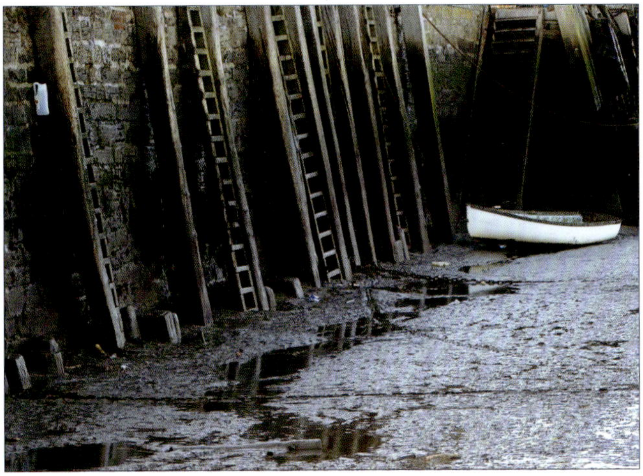

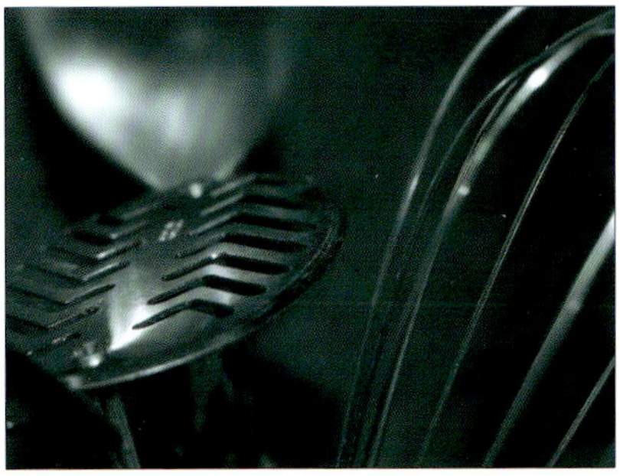

**上图** 即使像厨房用具这样平凡的物件，也能成为极其有效的低调的被摄体。

**左图** 在这张低调照片中，白色的划艇弥补了码头的墙面与泥地的阴暗色调。

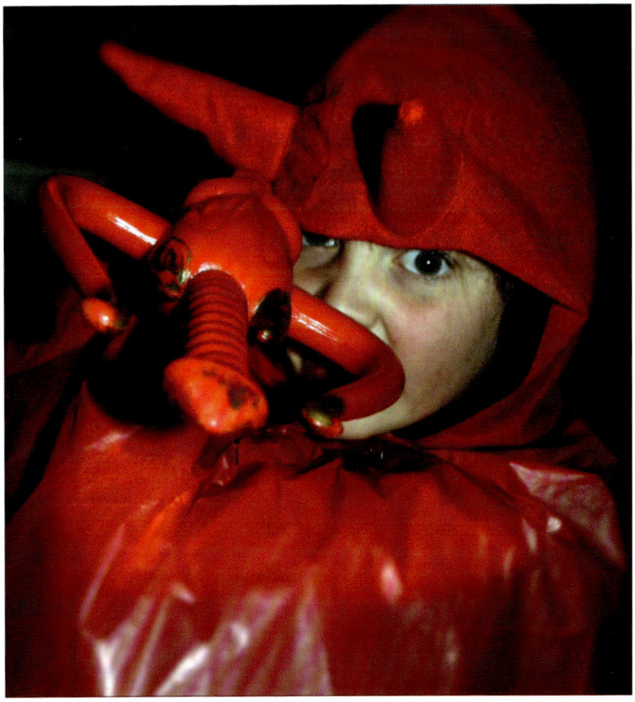

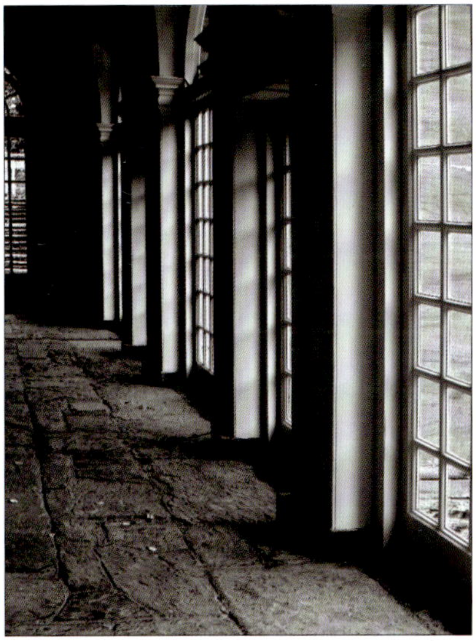

**上图** 图中的深色的石板与木制构件及浅色的廊柱的并置，非常和谐。

**左图** 低调效果的人像照片显得阴郁，但图中人物身穿万圣节服装表明了拍摄的情境。

# 高调摄影

成功的低调影像有赖于大片较暗的中间影调、阴影与小块高亮区域的并置。与此类似，优秀的高调照片会采用大片的亮白影调，缀以小面积的深色影调甚至黑色调来构成画面。这些深色调区域通常构成影像的关注焦点，所以曝光设定要确保这些区域中的可见细节尽可能的多，这一点很重要。

高调风景照需要大片亮色调，因此雪景、海景、高大的沙丘等都是理想的拍摄题材。

就天气条件而言，乌云密布的暴风雨天空不太可能提供高调风景摄影所需的理想光照条件；但也不是说应在万里无云的晴朗天气中拍摄高调照片。理想的条件是天空朦胧的夏日，或者轻云薄雾的天气，在温带地区的晚秋及初冬的数月中，这样的光照条件也常能见到。

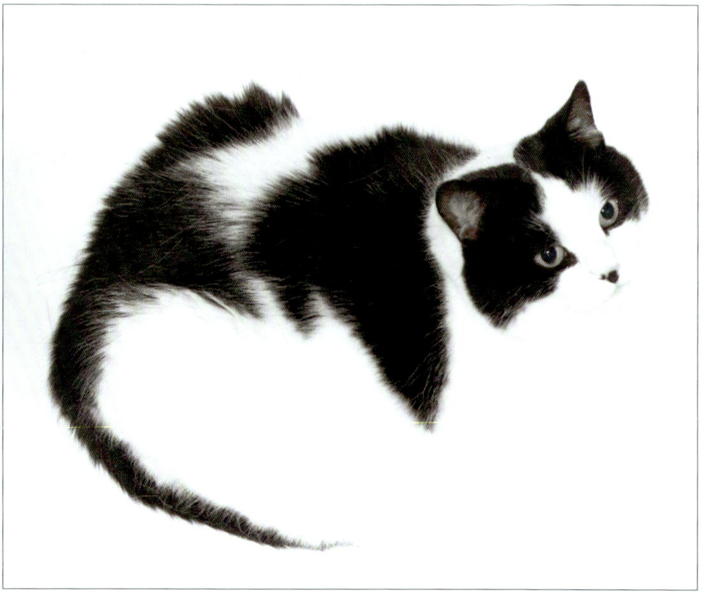

**左下图** 高调人像会导致皮肤质感的丢失，且人物的面部常常显得扁平。图中女孩的脸部被深色的头发框住，深色的双眼成为影像强有力的关注焦点。

**上图** 这张照片面对白色背景拍摄，且有意曝光过度。猫的白毛与背景融为一体，有助于强调其毛色的单色调。

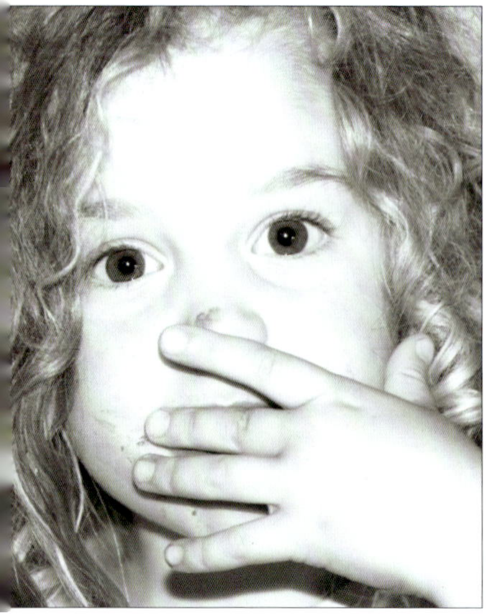

## 过度曝光

大多数码照相机的测光系统总是尽量让曝光趋于中性灰。也就是说，遇到潜在的高调场景时，相机会自动地曝光不足，以拍出高光区域的细节。

你可以将曝光补偿（EV）控制设为+1 或+2 来应对这一情况。在相机液晶显示屏上查看影像时，很可能会出现“过曝”警示，但你可将其忽略，因为高光区域曝光过度正是高调影像的艺术效果之一。

## 按阴暗区域曝光

与拍摄低调影像时要按高光区域曝光的情况恰好相反，拍摄高调影像时要按阴暗区域曝光。如果根据深暗的阴影区域的曝光量拍摄，你就能捕捉到其中的任何细节——这一区域多半会是影像的关注焦点，而保留明亮区域的细节则不那么重要。事实上，大多数高调影像在亮部的细节几乎或完全不可见时效果最好，因为这有助于营造并加强高调影像明快、淡雅的特性。

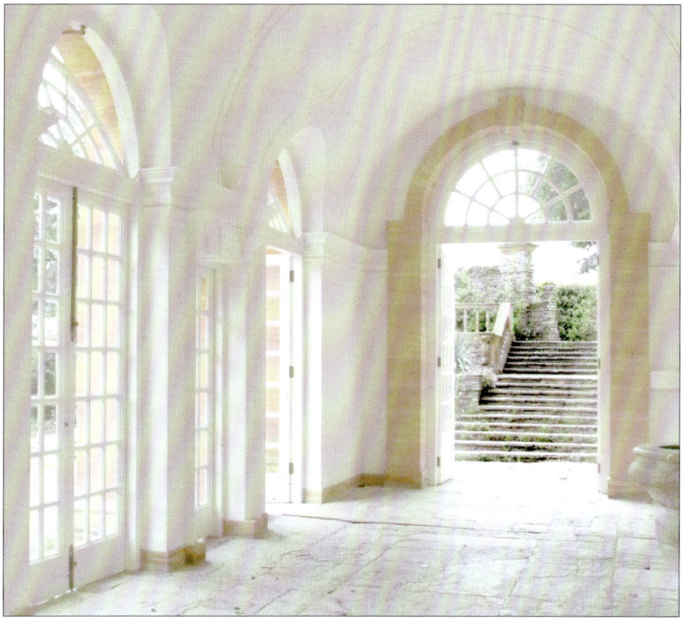

**左图** 拍摄如图这样的室内照片时，若让相机自动测光则多半会曝光不足，结果使白色的墙壁呈现灰色。

**左下图** 将曝光量比照相机自动设置的增加1～2挡（使影像有效地曝光过度），有助于让高光区域保持明亮。

**右下图** 高调影像的一大特色是阴影较暗却不一定呈黑色，赋予这类照片以明朗轻快的感觉。

**底图** 这是高调照片的一个极端例子，图中几乎没有可见的高光细节，黑色调也非常之少。

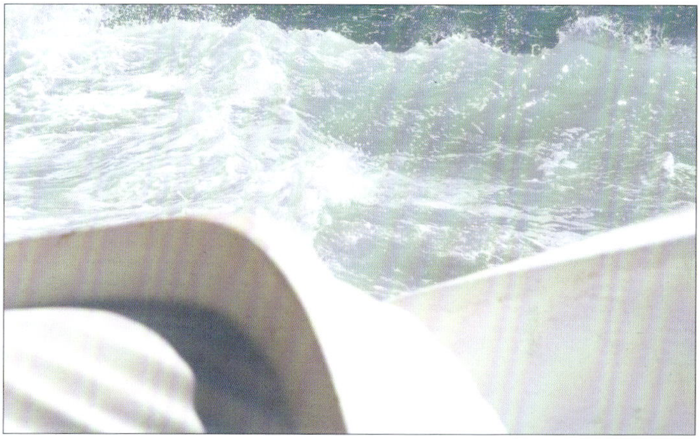

## 图像编辑

与低调照片的情况一样，当有几张候选照片你觉得有可能组合成出色的高调影像时，在电脑上打开这些照片并进行试验。首先裁剪掉任何多余的背景或前景部分。然后用图像软件的亮度调节工具进行编辑试验，进一步增强影像的对比度和视觉效果。

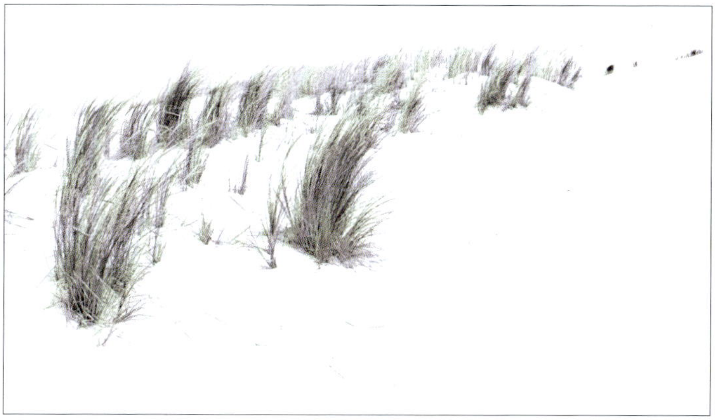

# 用色彩构图

色彩是一个能够唤起情感响应的奇异主题。无论是否意识到它的存在，人们都会对它产生某种反应。因此，在摄影中必须谨慎考虑色彩的因素。有很多书籍对色彩如何影响人的情感作过介绍，我们在此只作简略的提示。例如，我们都觉得红色是代表激情和力量的颜色，是自然环境和人类环境共有的警戒色。同时，红色也理所当然是暖色——日落时的色彩。

红色通常被认为是最具“前进性”的色彩，因为它给人的感觉总是比实际距离要近，因而更易引起注意。蓝色则是最具“后退性”的色彩之一，因为它给人的感觉总是比实际距离要远。而且蓝色是影像中的冷色，给人以平静安宁之感，并与红色形成强烈对比。绿色与大自然有关，或许正因为如此绿色才常被用来象征新生与希望。绿色在色环上与蓝色相邻，也是和红色形成鲜明对比的后退色。黄色与红色相类似，因为它也是前进色，有助于增强温暖感；此外，人们还把黄色与正午的太阳和火焰相联系。

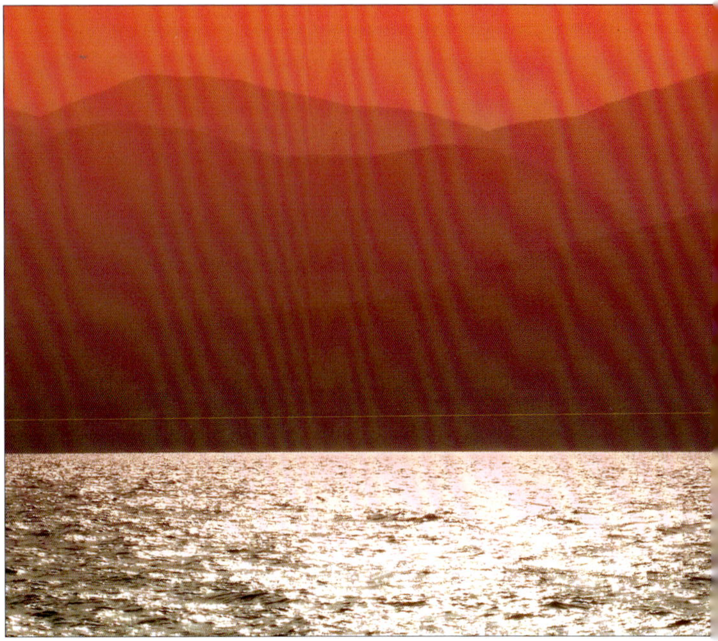

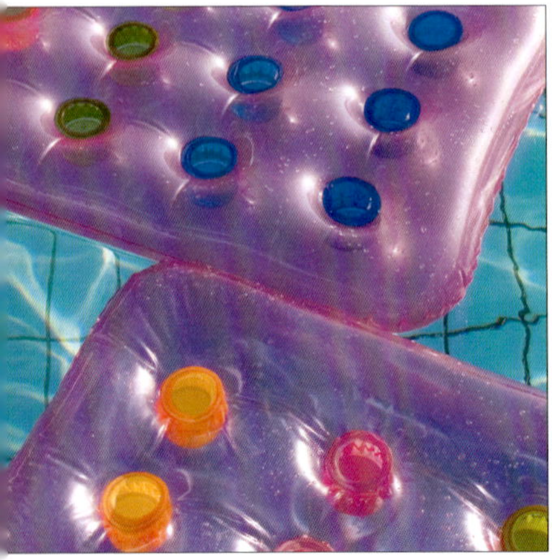

**左下图** 色彩鲜艳的人造物体通常非常适于拍摄醒目的抽象影像，如这张泳池中拍摄的照片。

**上图** 日出日落时光线泛红，为风景照增添了暖意。如图所示，这一效果还能通过使用彩色滤光镜得以加强。

这四种颜色是可视频谱上最重要的。其中不仅有运用于电视机、电脑屏幕、数码相机的加色法三原色(红、绿、蓝)，而且从光线角度而言，这些颜色混合起来又产生了青色、品红、黄色这三种间色。从上述最初的四种颜色中，我们还能得到艺术家调色板上绘画颜料的三原色(红、蓝、黄)，从中可以调出紫色、橙色、绿色这三种间色。

## 色彩的饱和与柔和

尽管鲜明饱和的色彩一眼见到就有强烈的视觉冲击，易于吸引我们的注意力(因而被广泛用于广告、包装、警示路标等)，但让人惊讶的是，在艺术和摄影中(特别是在风景和人像题材中)给人以持久印象的却是那些不那么鲜艳的色彩。不饱和的色彩更易触动情感，更加发人深思，且不会分散人们对被摄主体的注意力。不过，假如你要运用色彩来强调对比，那么影像中的色彩

**右图** 虽然明亮饱和的色彩会一下子抓住我们的注意力，但具有持久视觉效果的却常常是不太鲜艳的和较为柔和的色彩。

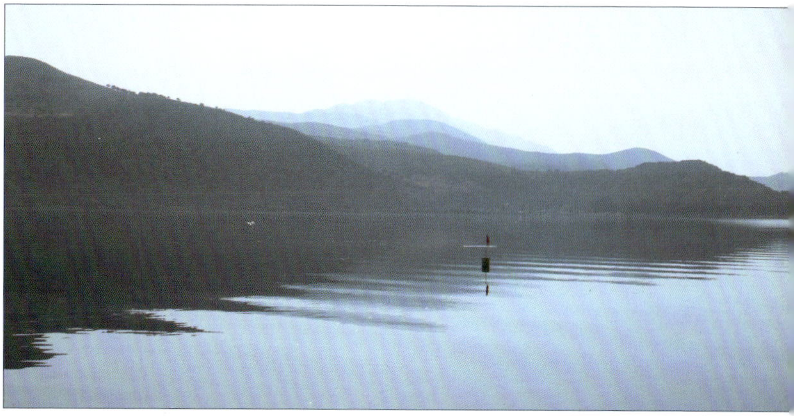

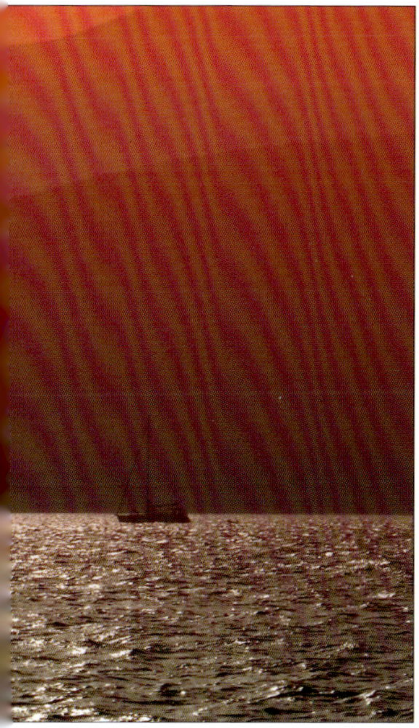

应当尽量鲜明。

在晴朗天气的中午，色彩最为饱和，因为此时干扰色彩区域的阴影较少。但是，一天将尽时偏冷的色温却会使红色、黄色和橙色显得更加艳丽。

## 减饱和

你可以在柔和的光照条件下使用长焦距将强烈的色彩减弱，因为光线在途经长距离时会被空气中的微粒更多地散射。不过，使用长焦镜头或长焦变焦设置可能无法让你满意地取景。你也可以采用另一种方法，即在电脑上用图像编辑软件的色彩调节工具淡化色彩。

**右图** 色彩是这张简洁而有魅力的风景照片的关键点。丰富饱和的草坡的绿色调和天空的蓝色调，极其引人注目。

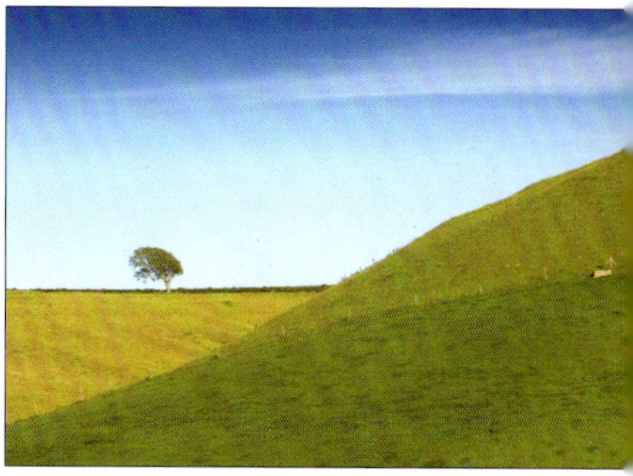

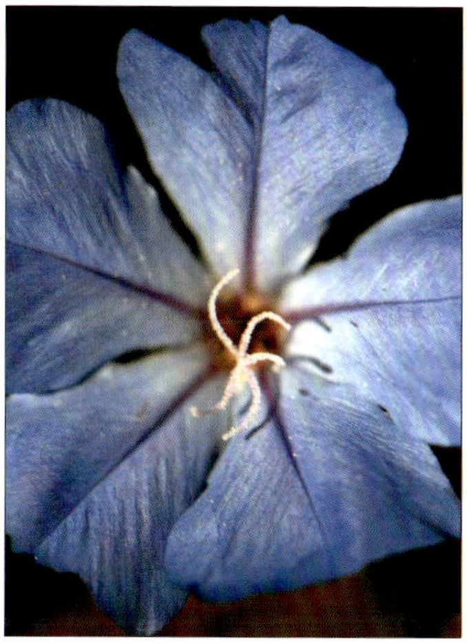

**左图** 不太饱和的色彩，像一些花朵的色彩，看上去似不会呼之欲出，但视觉效果较为和谐，更显宁静。

**下图** 这幅影像中丰富饱和的红色调（与绿色的辣椒柄对比鲜明），成功地使辣椒的辣味儿跃然纸上。

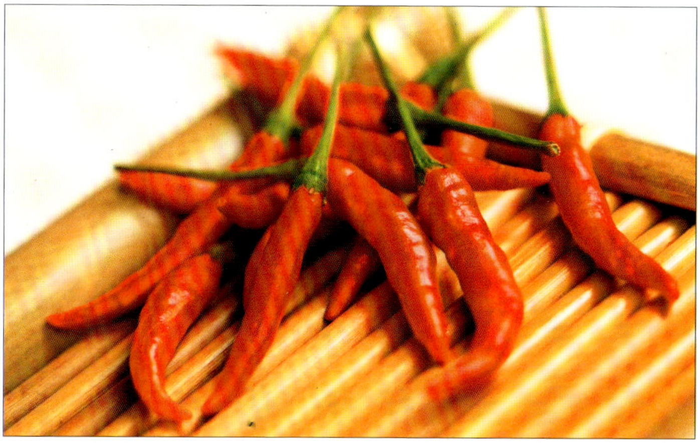

# 摄影照明

无论怎样强调照明在摄影中的重要性都不为过——其实,“摄影”的英文名称“photography”源于希腊语,在希腊语中的字面意思就是“用光(*photos*)作画(*graphis*)”。

光的强度、方向、色温和性质(其中光的性质受时间、季节、地点和各种大气条件的制约)几乎会影响影像的每一个方面。它们决定着色彩的亮度、阴影的深浅长短、远处物体的能见度、前景物体细节的明显程度,等等。

某些类型的照明会使景物看

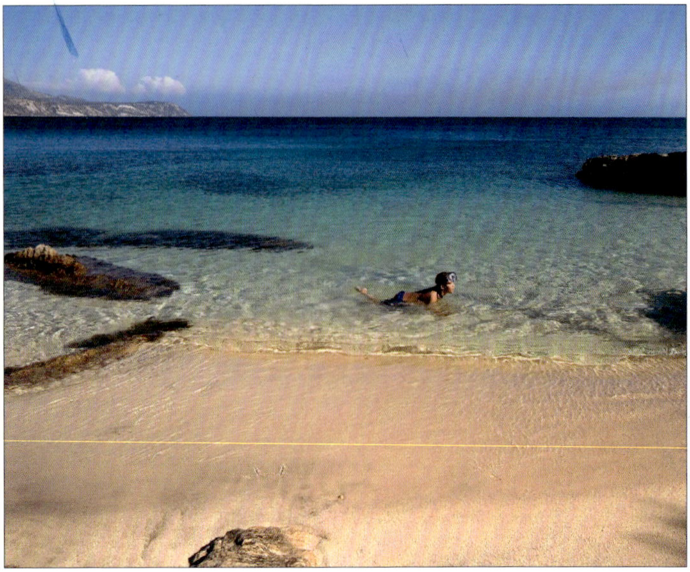

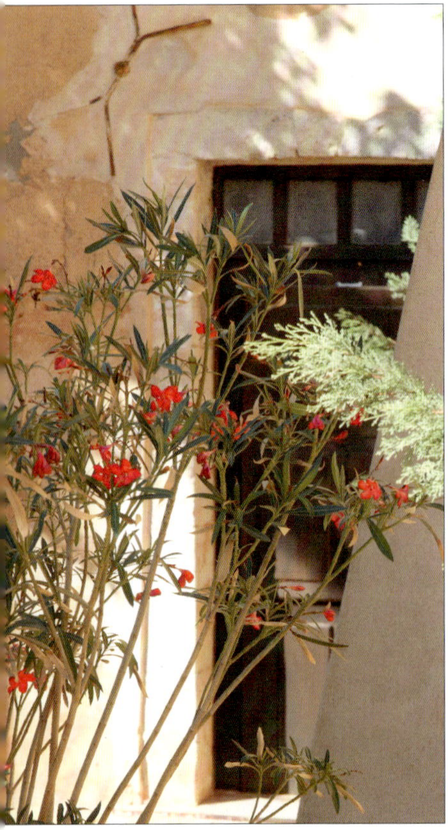

**左图** 这张照片虽摄于树荫遮蔽处,但明艳的红花与淡色调的墙壁和绿叶形成了对比,而背景中的阴影增添了暖意。

**上图和下图** 这两幅影像展现了光照情况迥然不同时的大海。下图昏暗阴沉,由于缺少阳光,近乎单色影像;而上图摄于午后明媚的阳光下,色彩饱和,阴影明显,海水在明朗的天空下显得十分清澈。

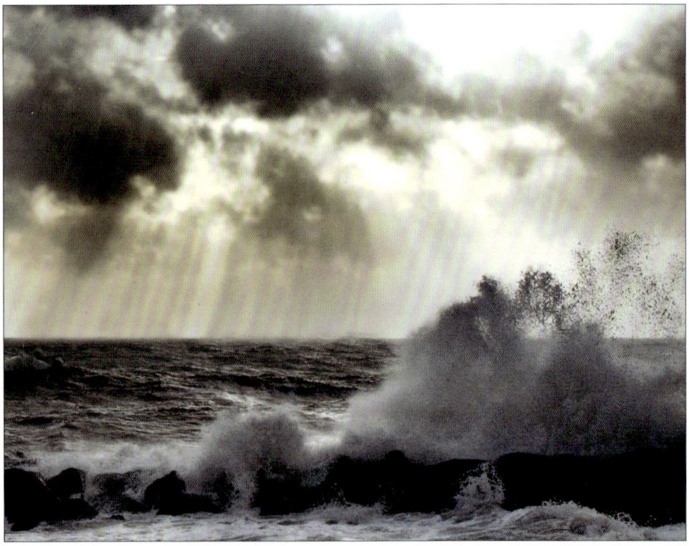

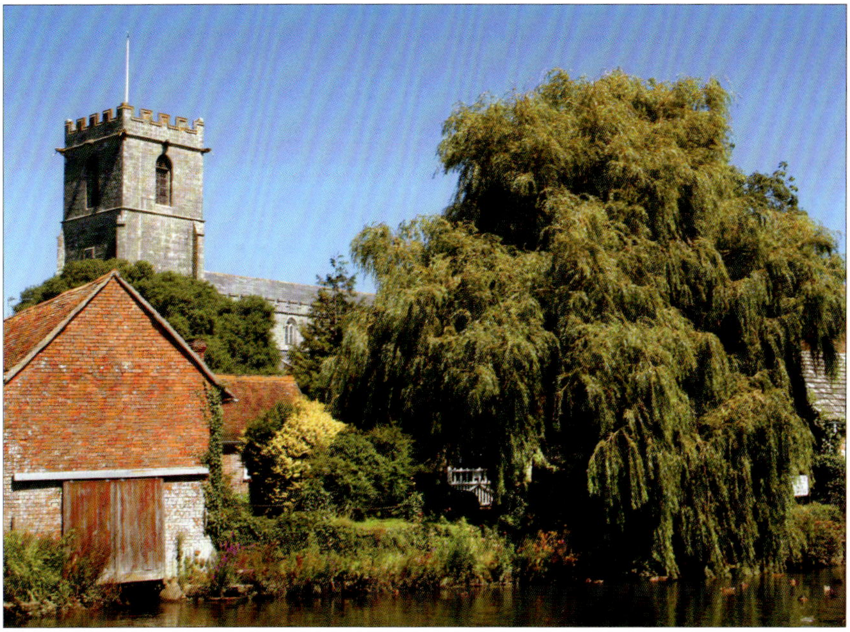

左图 正午过后，太阳逐渐下落，物体的色彩越来越饱和，质感越来越清晰，这时拍摄的影像会给人一种明信片般的如画的感觉。

起来平淡乏味或影调单调，而另一些则可以让同一景物显得质感、纹理分明，有凹陷起伏，影调对比丰富。事实上，影像中受光照影响不那么大的只有被摄主体，以及影像中各视觉成分相互之间的并置关系。从很多方面看，这正是摄影的精华所在。暂且不论专业摄影棚中的拍摄，作为一名摄影者，认识到不同照明条件下进行拍摄的可能性(与局限性)，是至关重要的。

几乎我们所有的人，在刚开始对摄影感兴趣时，都会误以为只有在阳光明媚时才能拍出成功的照片。这时拍摄的照片的确让人赏心悦目，但灰蒙蒙的阴天虽然给人的感受完全不同，却同样可以拍出令人印象深刻的照片。摄影中没有“差的光线”这一说。拍摄某一特定照片时光线或许会不合适，但“差”的光线永远不会阻止摄影师按动快门。

## 拍摄时机

耐心是所有摄影者都应该具有或者需要培养的重要品质之一。很多时候，你明知光线性质对于拍摄眼前的景物来说已相当完美，但必须再有几缕光线照在某一特定成分上才行。这时就值得耐心等待，因为这样拍出的可能不只是效果良好的照片，而是上乘的佳作。

下图 晨光加强了薄雾弥漫的柔和气氛，为这幅伦敦泰晤士河的风景画面罩上了一种玫瑰色的光辉。

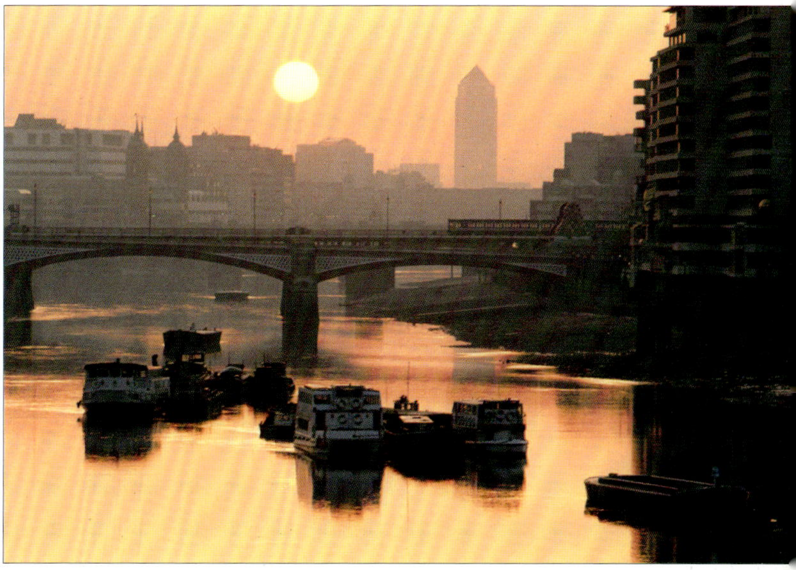

# 光的性质

你一定听到过或在书上看到过有关摄影师谈论“光的性质”的话题。从广义上讲，这一术语用来描述从光的色温(如日落时微微发红的暖调的光线)、亮度到光线射向物体的角度等光的多种性质。从狭义上讲，“光线性质”仅指光线的“软”或“硬”的程度。

## 柔光照明

顾名思义，柔光照明是一种柔和的散射的照明光线。在户外，常常是天空中云层遮日的结果：太阳的光芒在穿过云层时会被云中的小水滴和微粒散射到各个方向。柔光照明最大的特点是缺乏浓重的阴影，有时根本就没有阴影。然而，云层的种类无以穷计，且不同云层的相对移动速度不同，因此多云天气中的柔和光线每时每刻都会有微小的变化。

特别是当天空中云层厚得看不见太阳时，景物显得平淡，质感模糊，色彩也会有些暗淡。但并不是说这样的光照就不能用于摄影。相反，浓重阴影和明亮高光的缺失可以让影像中复杂的形状与场景更加清晰可辨。有时，人像照片也会因没有阴影干扰和改变人物特征而更加令人满意。

## 硬光照明

没有云层或雾气的散射阳光(如在晴朗的夏日)时，光照最为强烈，即光线最硬。这种时候能见度通常比较高，所以硬光拍摄远景风光颇为理想。在前面探讨质感的章节中我们已经知道，硬光照明能使原本看上去平淡乏味、缺乏特征的物体变得凹凸有致。这都是未经散射的直射光投下浓重阴影的结果。摄影师通常喜欢这样的光照条件，而将其充分利用，从而拍出色调明快、对比强烈的引人注目的照片。不过阴影浓重也有缺点。市场、街道等繁忙场景的照片中如果阴影很多，画面就会过于杂乱，不易辨认。在人像摄影中，阴影也同样鲜有帮助。

**右图** 要使被摄主体从周围环境中凸显出来，尝试在背景光线柔和时进行拍摄。

**下图** 柔和均匀的光照确保照相机能够准确地捕捉冬青树和冬青果实的色彩，由于没有浓重的阴影，因而影像不会混乱不清。

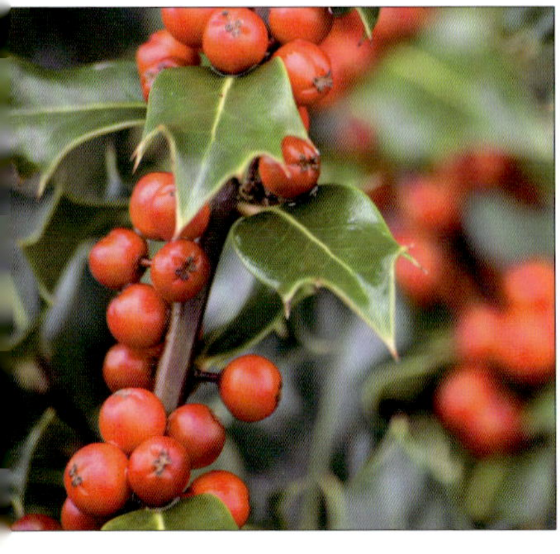

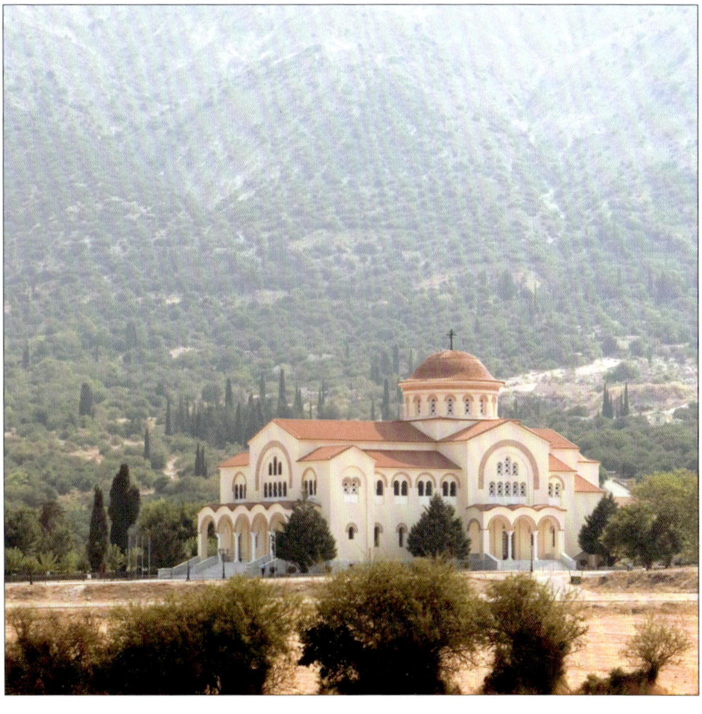

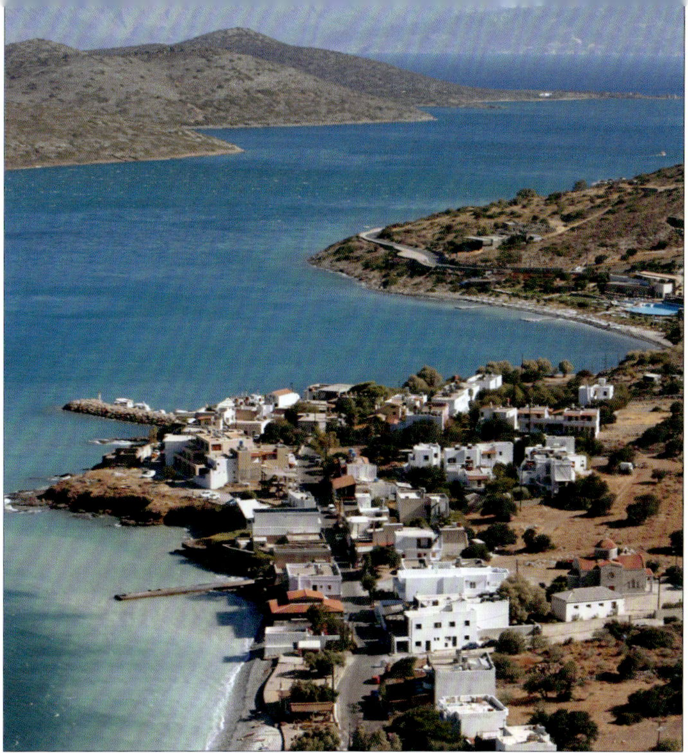

左图 硬光照明能拍出能见度良好，清晰明锐、阴影明显的照片。

## 柔光与硬光

是在柔和的散射光中拍摄，还是在强烈的直射光中拍摄，这对于影像效果有很大的影响。硬光会增加反差和色饱和度，而散射光则使色彩变得柔和并降低反差，让影像看起来更“自然”。

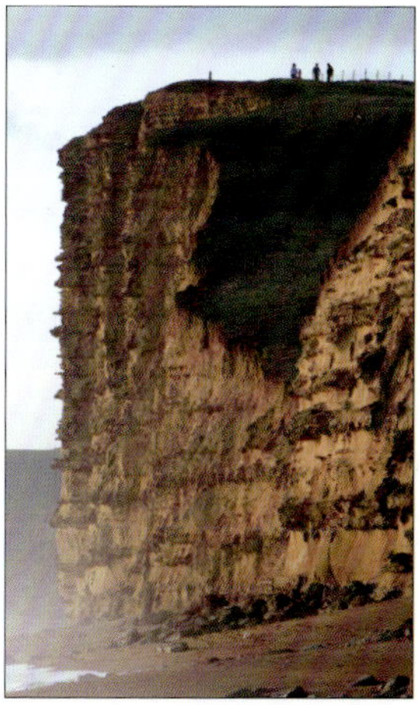

柔光

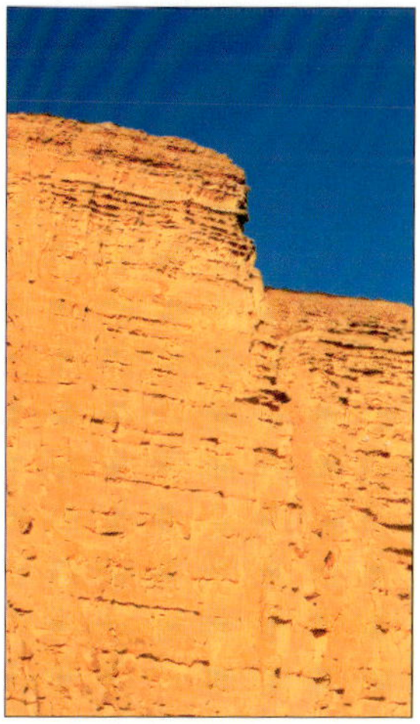

硬光

## 光照角度

硬光必须考虑的一个重要方面，就是光线射向被摄主体或场景的角度和方向。光线从正面照亮一个物体时，物体的特征和色彩看上去会与光线从侧面或背面照亮迥然不同。所以，在了解了硬光的一般性质之后，现在让我们来更加详细地看看，这些性质是怎样通过光照方向的不同来改变一个物体或整体场景的面貌的。

下图 强烈的直射光对于人像拍摄少有益处，但图中人物戴的遮阳帽散射了光线，照在人物面部的光线因此较为柔和。

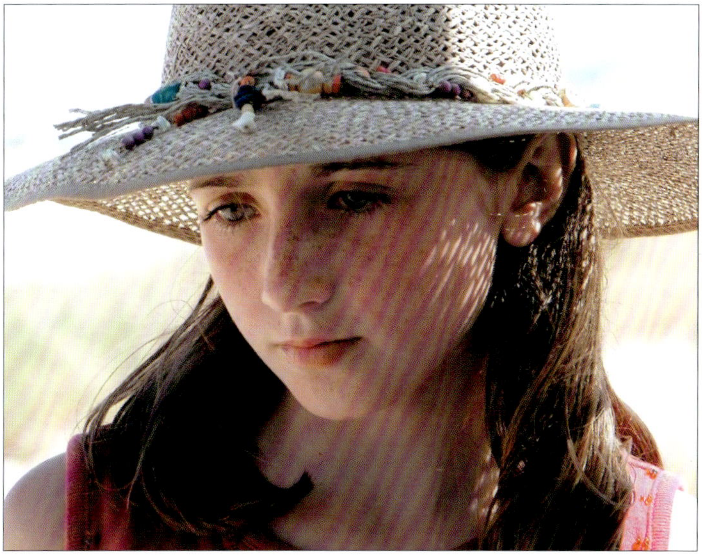

# 光的方向：顺光照明与侧光照明

散射光占主导地位时，光源(很多情况下是太阳)的位置对被摄体的位置没什么影响。但在硬光下，光从哪个方向照亮被摄体对于被摄体在照片中呈现的面貌具有重要意义。此外，太阳在天空中的高度也起着重要的作用。

## 顺光照明

当太阳在摄影者身后，直接照到被摄体上时，被摄体受到的是“顺光照明”。或许这是最常用的摄影用光方式，人们总被告知要背对太阳拍摄照片，即使对摄影不太熟悉的人很可能也牢记这一点。

顺光照明当然有其优点。由于太阳就在我们身后，阳光投下的阴影在被摄体背面，远离照相机，从我们的视点很可能看不到这些阴影。顺光照明的被摄场景没有浓重的阴影，由于场景缺少明暗对比(或动态范围低)，因些亮、暗区域都易获得适当曝光。此外，照片的色彩照明也较为均匀，所以影调上的微小区别也就变得明显了。

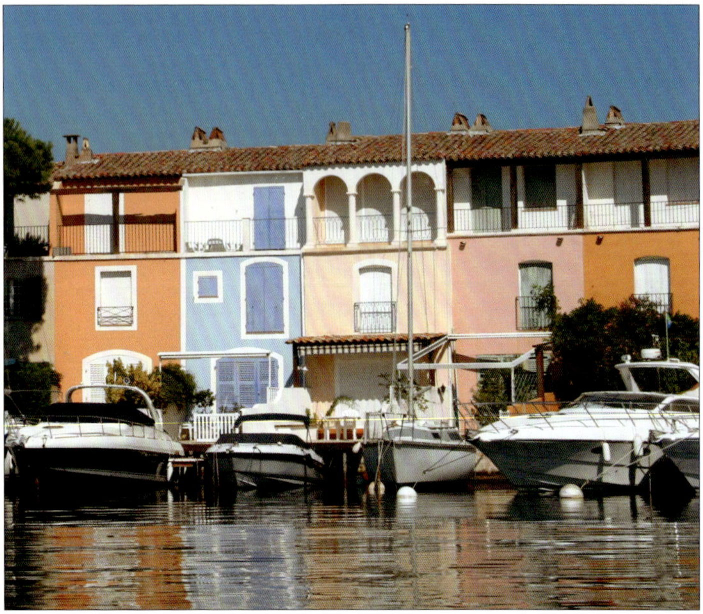

**上图** 在顺光照明下，图中这些房屋看起来几乎呈二维平面，因此照片着重展示的是房屋墙面的色彩，而不是它的结构。

**下图** 部分埋入沙中的这些木栅栏采用侧光照明拍摄，侧光投下的阴影赏心悦目，似有抽象风格。此外，侧光照明还有助于表现沙子的质感。

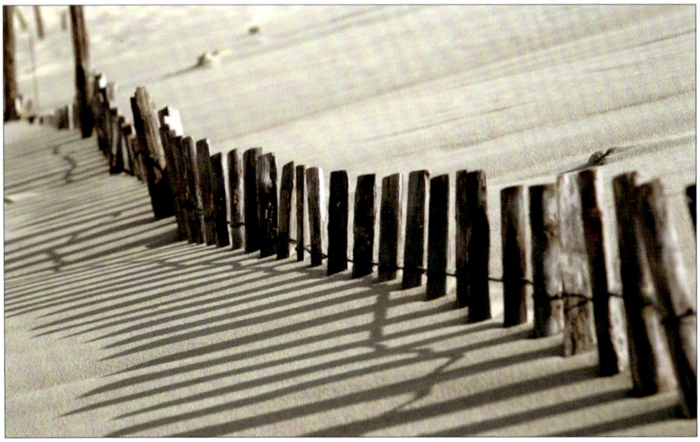

另一方面，顺光也有缺点。阴影的缺失会降低被摄体质感的可见度，会削弱整个场景的透视感，因此，画面可能会显得过于平淡和缺乏空间深度。

要拍出真正成功的顺光照明的影像，你得依靠有趣而强烈的色彩对比和影调对比。同时要记住，反光表面会将大多数顺光反射回来。此外，背对太阳拍摄时你还要注意自己影子的位置。太阳很低时，阳光会将你的影子拉得很长，影子若落在被摄场景中就可能毁了一张好照片。遇到这种情况，有些摄影师会试图将自身伪装起来，让影子看起来不像人影，而更像某种灌木或其他适于出现在被摄场景中的东西。

▶ **右图** 侧光照明有助于描述钟楼形状独特的顶部的结构。若光线从正面照亮，这种结构就看不到了。

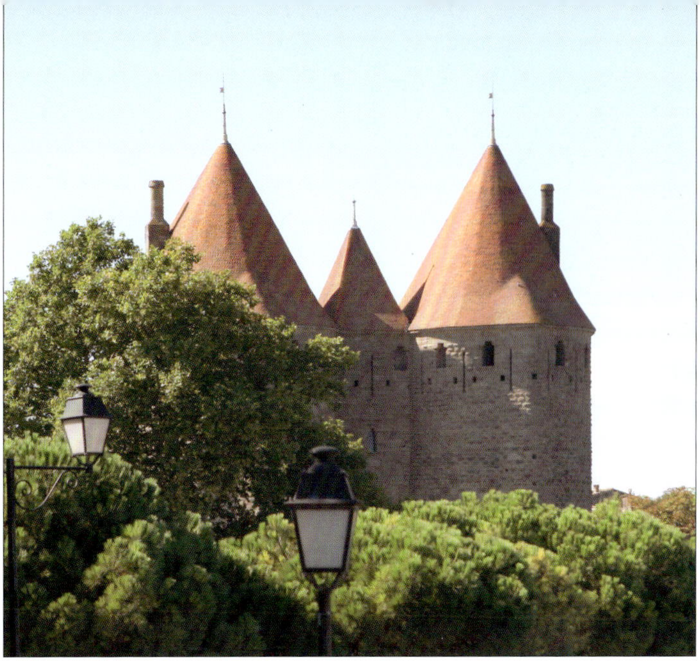

## 侧光照明

太阳从一侧照向你和被摄体时是“侧光照明”。顺光照明易使物体显得平板，而侧光照明则强调物体的质感和结构，因为画面中阴影很醒目，若太阳很低的话阴影还可能很长。

侧光照明也可以加强影像的生动效果。被摄场景的某些部分可能十分明亮，色彩饱和，而其他部分处在阴影之中，色彩暗淡。侧光照明非常强烈时，被摄场景既有亮白的高光，又有黑暗的阴影(形成了很高的动态范围)，因而对比度可能过高，导致照相机的影像传感器无法捕捉到场景中的所有细节。这种时候，你只能要么按照阴影部分曝光，要么按照高光部分曝光。选择哪一个最终要看摄影主题，以及你想唤起观者的何种情感。因此，拍摄高反差的侧光照明场景时，进行包围曝光比较明智，因为这样获得恰当曝光的几率更高。此外，你还可以用 RAW格式拍摄照片(见第 17 页)，进一步提高成功率。

### 顺光与侧光

- 顺光照明会削弱被摄主体的质感，但有助于使鲜艳的色彩更加醒目。
- 侧光可以展现被摄主体的结构，但要注意易造成混乱的阴影。

▼ **下图** 在明媚的阳光下拍摄人物合影有许多注意事项。比如说，应尽量让被摄群体转到侧对阳光的方向，从而既避免人物面对刺眼的阳光不由自主地眯眼，又防止浓重的阴影将他们的脸部遮住。

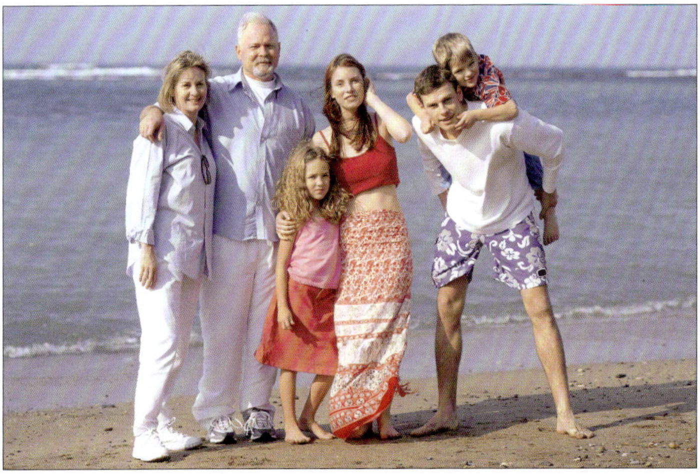

▼ **下图** 强烈的侧光照明创造出明亮的高光和浓重的阴影，很好地表现了被摄主体的结构。

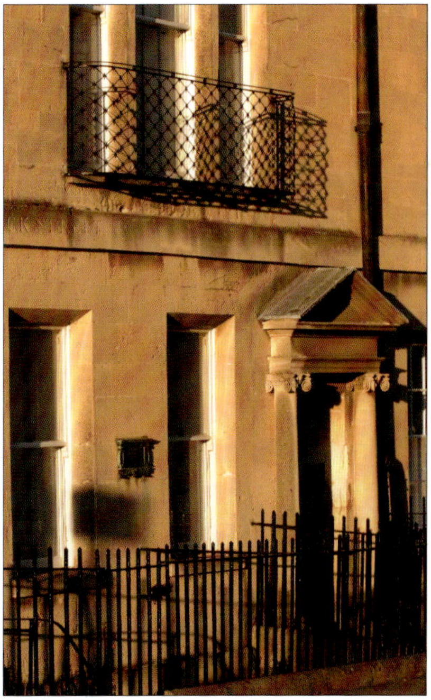

# 光的方向：逆光照明

在直射光下进行拍摄还有一种常见的方式，即将被摄主体置于太阳和照相机之间。这时被摄主体受到的是“逆光照明”。由于逆光照明场景所固有的高反差，因而逆光照明可以创造出生动的影像来。

## 剪　影

剪影是最广为人知的一种逆光照明技巧。拍摄剪影时，只要将被摄主体直接置于一大片明亮的区域(一般即太阳本身)的前方，照相机通常会自动使被摄主体曝光不足产生剪影效果。让被摄主体遮住太阳往往效果最好，要不然太阳的亮度可能使你根本捕捉不到任何影像信息。除非被摄主体是半透明的，否则你拍不出任何细节、色彩或纹理。能让人们认出被摄主体的唯一线索是它的外形轮廓。当然，剪影能够创造出有震撼力的影像，但有一点很重要：你必须根据外形特征来选择被摄主体，并且被摄主体所在的位置应当可以充分展示其外形。此外，出色的剪影照片几乎都有一个统一的浅色背景，使得被摄主体极为醒目。

建筑物(特别是像桥梁、码头那样具有趣味外形的独特结构)、树木、人物侧面像，事实上任何事物，只要外形有趣或感人，都可以成为很好的剪影主体。

## 半透明

要想获得更有新意的逆光照片，你可以尝试拍摄处于光源前方的半透明物体。若被摄物体选择恰当，其细节就能清晰可见，如一片树叶的脉络，色彩也会明亮饱和。但需注意，不要让被摄主体曝光过度。

## 轮廓光照明

尽管剪影效果极具感染力，但在任何摄影师的作品集中都不宜使用太多。其他逆光照明方式也能产生相同的效果，如轮廓光照明。轮廓光照明是光源在被摄主体后面略微偏向一侧时的一种逆光照明方式。根据被摄物体与背景的不同，照片中物体的轮廓边缘可能非常明亮，似光彩熠熠，画面效果引人入胜。

**下图** 直接对着光源进行拍摄会增加照片出现“镜头眩光”的风险。图中紫色和绿色的小斑点就是镜头眩光。

**右图** 逆光可以有效地将被摄体长长的影子投向照相机方向，产生一种生动的效果。

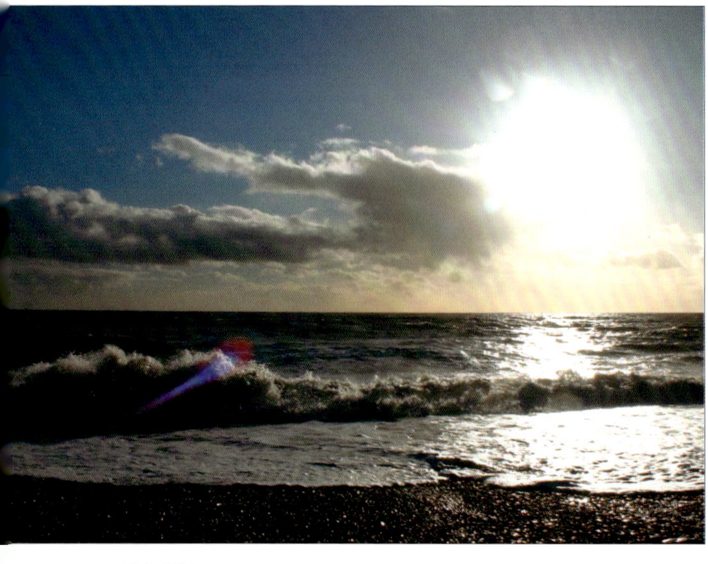

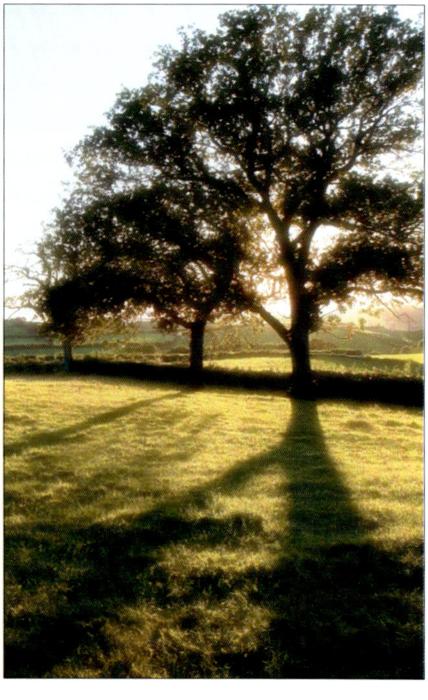

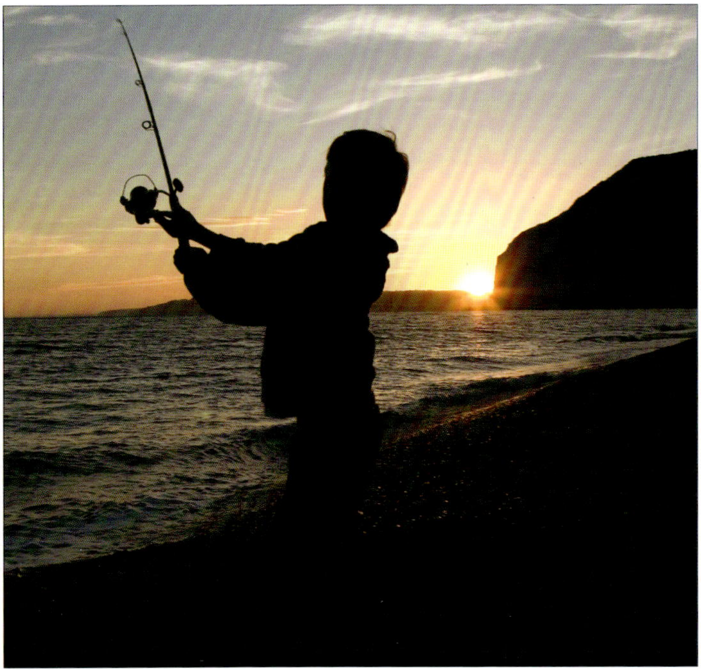

▲ **上图** 在最打动人的剪影照片中，被摄主体即使不显露细节也能让人轻松辨认，如图中钓鱼的男孩。

▼ **下图** 光从被摄主体后面偏向一侧的地方照射过来，会形成亮闪闪的高光，因而轮廓光照明效果给人的印象极其深刻。

▼ **下图** 并不是所有人像作品都必须光从人物前方照射，以让我们看清各个细节。光从人物后方照射，同样可以拍出动人的照片。

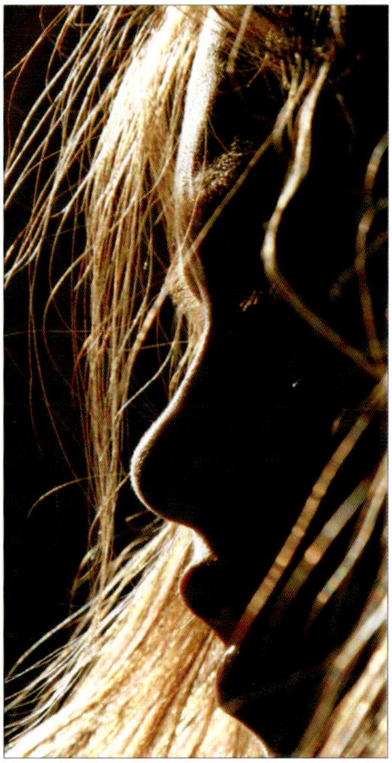

## 镜头眩光

在剪影及其他形式的逆光照片中，镜头眩光会比较明显，表现为太阳(或其他光源)附近出现一排排六边形(近圆形)的光斑。光斑的形状由照片拍摄瞬间的镜头光圈(或光阑)形状决定。虽然这种镜头眩光(由照相机镜头内部的反射作用引起)或许可以为照片增添一定程度的气氛，但还是应当尽量避免。这就是有时你看到一些照相机镜头的末端套有遮光罩(即花瓣状或杯状的塑料罩)的原因。

### 拍摄逆光照片

- 仅靠轮廓外形就能认出被摄主体时，剪影的拍摄效果最好。
- 将光源置于被摄主体后面偏向一侧的地方，能产生强烈的高光而增强生动的效果。
- 可使用镜头遮光罩为镜头遮光，避免出现镜头眩光。
- 大多数逆光照片的色彩都很暗淡；若色彩是照片中的重要元素，那么应改用顺光照明。

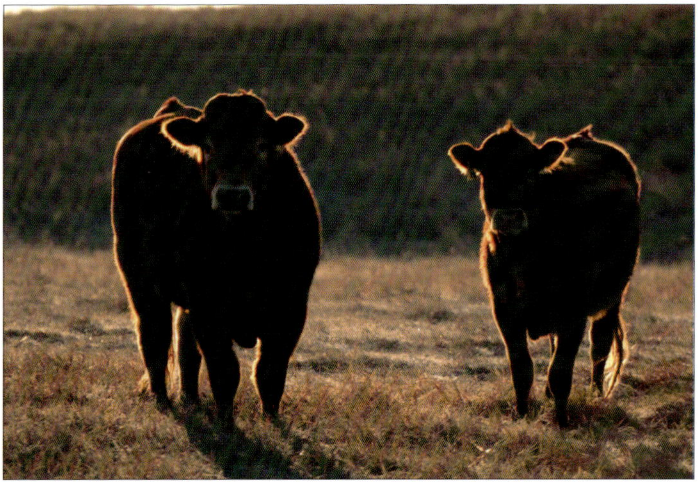

# 现有光

摄影中所说的"现有光"指的是用于照亮被摄场景的任何自然光源。虽然现有光也包括户外摄影时的日光，但我们这里主要关注的是室内拍摄时的日光(包括标准室内照明)以及夜间拍摄时的某些自然光源。

或许只有少数摄影发烧友才拥有小型的摄影照明设备，所以一般来说摄影者都不得不在一定程度上依赖标准钨丝灯之类现有的，或"现场存在"的光线，尤其是在室内拍摄或傍晚/夜间的户外拍摄中。

如今几乎每架照相机都有一个小小的内置闪光灯(后面我们还将更为详细地探讨内置闪光灯的使用效果)。不过，内置闪光灯虽然有用，但其光线照度通常相对较低，而且闪光光线照在被摄主体上往往显得刺目。

## 室内现有光

使用现有的室内光线(这里是指从窗户照进房间的日光以及普通的室内照明灯光)拍出的照片让人赏心悦目，因为使用现有光拍摄的照片往往比千方百计使用各种影室灯具及辅助设施时更富有气氛，而且真实感要强得多。

在这种照明条件下进行拍摄时，有一点尤需牢记：所拍影像中的明亮区域和阴影区域比肉眼所见的要明显得多。当我们身处一个房间中向四周亮度差异很大的地方看去时，我们的眼睛总会即刻做出自我调节，感觉房间内光照均匀。而照相机则只在某一瞬间捕捉到了房间的某一特定部分，因此导致影像的反差看起来

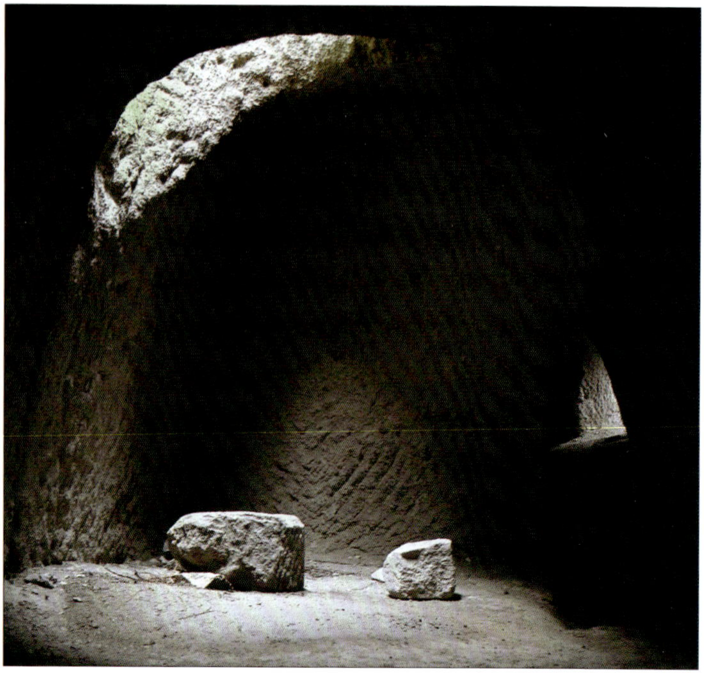

▼ **下图** 拍摄这张宠物照片时只利用了来自窗户的单纯的侧面光线。

▲ **上图** 利用从两个"窗口"照进岩洞的现有光进行拍摄，地上的石块变得十分醒目，立体感极强。

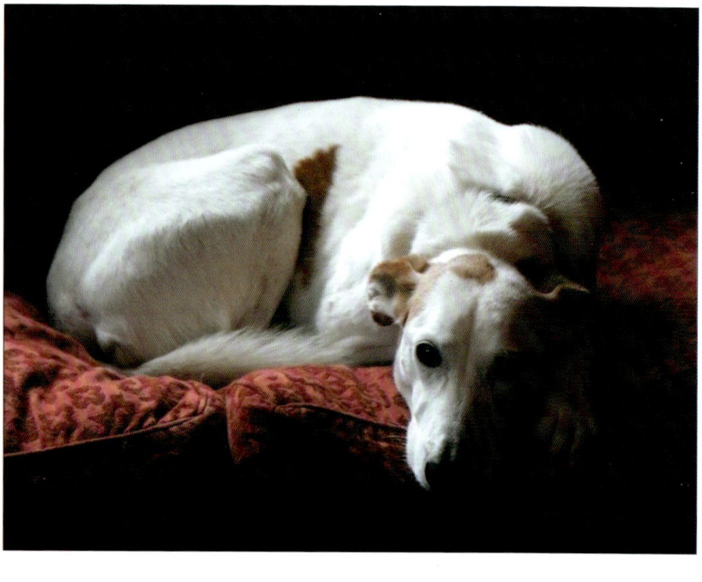

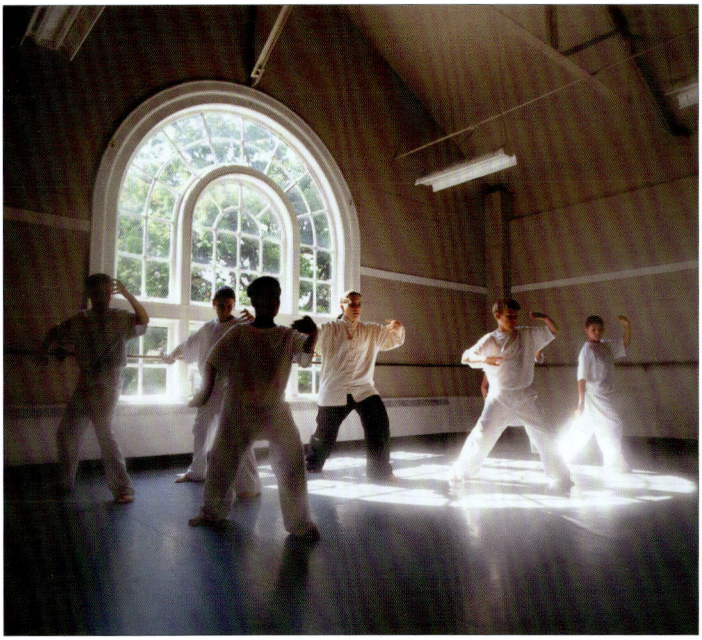

◀ **左图** 拍摄这张照片只利用了进入拱形窗户的光线，因此浓厚的氛围被保留在了画面上。

## 利用自然光

- 与闪光灯相比，环境光可以让你将被摄场景的特殊氛围更多地留存下来。
- 低亮度条件下，可使用低速快门、大光圈和高 ISO 感光度。
- 但要注意，高 ISO 感光度会产生数码噪点。

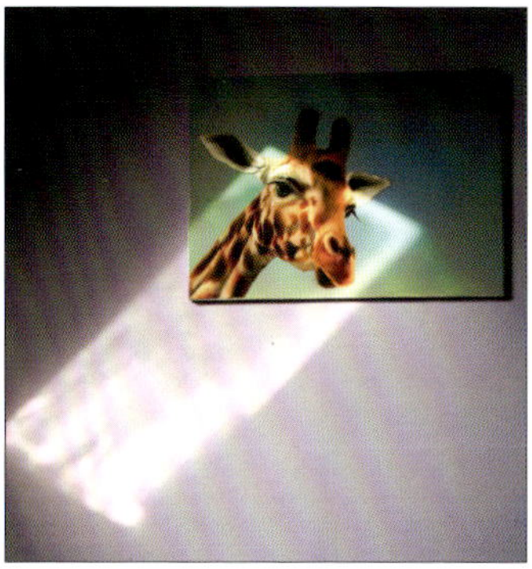

▲ **上图** 从窗户射入的光线不仅照亮了墙上的图像，而且也成了画面的一部分。

▼ **下图** 对炉中火光的利用使这一场景的氛围保存完好。若使用闪光灯则无疑会破坏场景的氛围。

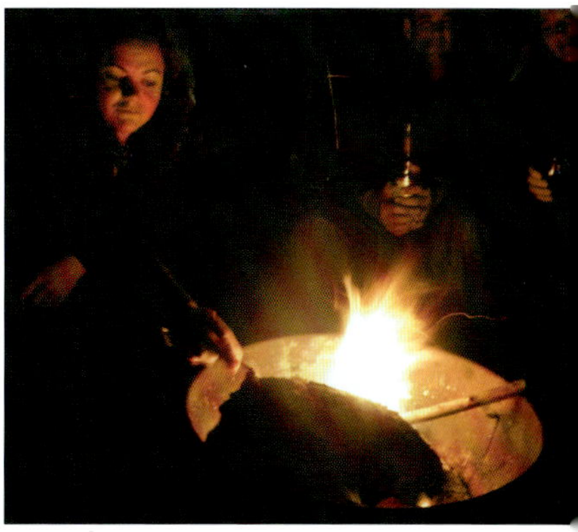

更为强烈。你可以利用这一特点强调某些成分或人物。例如，如果让某人坐在房间较亮区域的一把椅子上，你就会发现房间的较暗区域往后退缩，从而大大地强调了坐在椅子上的人物。

### 设定曝光

如果一扇窗户被纳入画面，那么设定曝光时就需考虑窗户与房间其他部分的亮度差别。首先应对靠近窗户的明亮区域测定曝光量，按下曝光锁定按钮，重新构图后再拍下照片。从窗户射入的光线强度不同，需要的曝光量也不同，但这样操作后你应该能够捕捉到房间里的大多数细节，同时窗户本身不至于发生“过曝”。如果没有把握，你可以使用包围曝光方法，在照相机的液晶显示屏上查看结果。

### 偏　色

钨丝灯是最常用的家庭照明灯具，色温相对较低。因此务必将照相机的白平衡设为钨丝灯模式或自动模式，以便抵消钨丝灯发出的带橙色调的光线。即使这样，拍下的影像或许仍然带有光线的色调，需要使用图像编辑软件校正偏色。

### 使用三脚架与调节感光度

在低亮度条件下拍摄时，若快门速度不够高，就可能发生照相机抖动。如果没有三脚架，你可以提高 ISO 感光度，但要小心调节，因为在深暗的被摄场景中，高 ISO 感光度设定会导致影像噪点更加明显(见第 14～15 页)。如果使用三脚架，那就可以使用能够避免照相机抖动的最低 ISO 感光度。请记住：即使是相对缓慢的运动，在 1/15 秒或更长的曝光时间中，都可能发生成像模糊。

# 阴　影

如果不去考虑阴影，那么对摄影用光重要性的任何讨论都是不完整的。阴影可以以各种方式来强化被摄场景主导的照明状况，并为影像增添气氛。我们能意识到影像中明亮阳光的存在，不仅是因为明亮的高光和饱和的色彩，还因为深黑的阴影。同样，影像中若没有浓重的阴影，整体反差就会降低，画面则会显得较为柔和。

除了在极为明显的散射光线中拍摄的照片外，几乎所有在户外日光下拍摄的照片都会包含阴影。但在构图时，由于常常将注意力集中在被摄主体上，我们很容易忽视阴影的存在。而且，由于阴影现象过于常见，我们总是到了查看所拍照片时才发现浓重的阴影毁坏了构图。

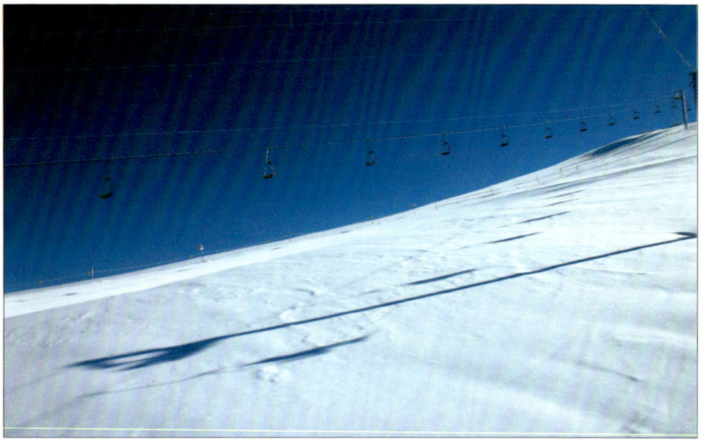

**上图** 若没有阴影，图中冬日的雪地就会是毫无特色、平淡单调的一片白色。

**下图** 夕阳照耀下的科罗拉多大峡谷由于阴影的存在而轮廓分明，阴影强调了峡谷中的峰峦与沟壑，增强了体量感和透视感。

## 强　光

户外摄影时有必要特别注意被摄场景中的阴影。检查一下你所在的位置，看看你与太阳的位置关系是否会导致某些阴影落在重要的构图成分上。尽管变动你所在的位置不会让阴影的投向有所改变，但你会发现，变换角度后能够拍出画面相似但没有阴影或者阴影不会产生干扰的照片。

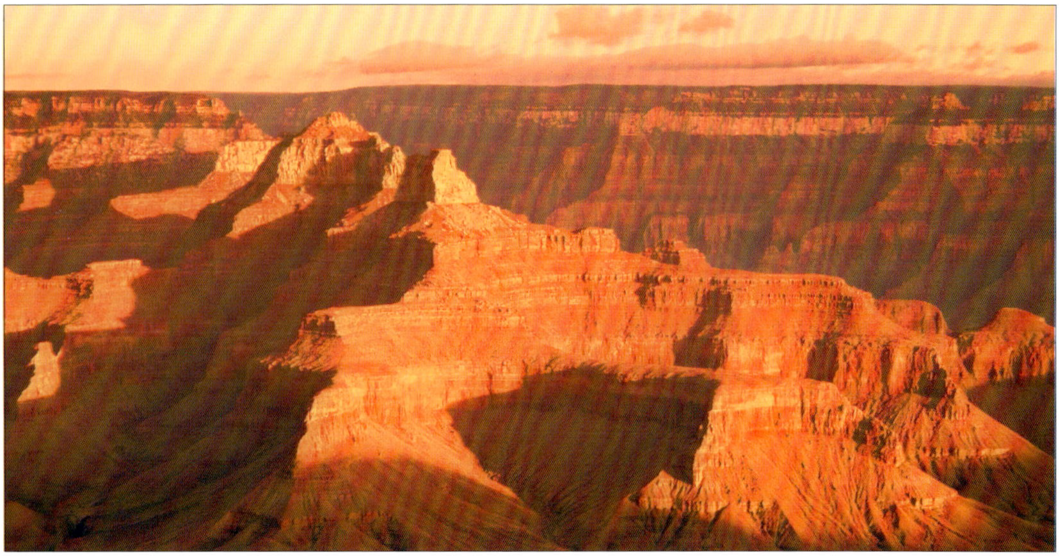

## 构　图

与消除影像中的阴影的做法相反，有时我们会有意想方设法将阴影纳入画面。阴影不仅能以其独特、隐匿的形状为画面增色，而且还有助于将观者的目光吸引进影像中——阴影常常可以作为引导线，将观者的视线直接引向被摄主体。

阴影还能提供有关影像的视觉线索，如照片的拍摄时间，当时的天气情况(晴朗或阴沉)，甚至照片拍摄地的环境类型，等等。也许从被摄主体本身就能明显看出照片是摄于城市还是森林，即使某些物体在画面中看不到，但只要拍下其阴影就有助于传递场景的气氛，不论是建筑物几何形的块状影子，还是枝条、树叶的天然阴影，都是如此。

## 结构与质感

当光线角度很低，与平面成一斜角照射时，阴影还有助于细致地揭示物体的质感，突出显示其结构。这一造型特征适用于从人体摄影到风景摄影的各种摄影门类。只要你想展示被摄主体的质感，你就可以利用阴影的这一特征。

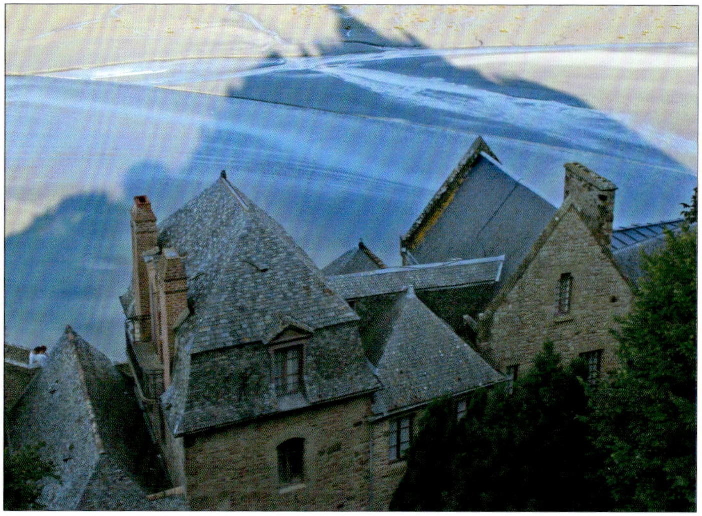

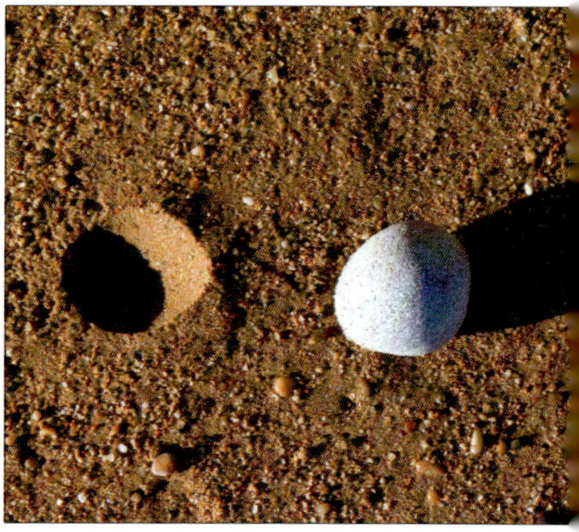

**上图** 这张照片虽然摄于晴天，但画面中冷色调的阴影与浅黄色的沙地形成的对比，令人赏心悦目。

**右图** 低角度光线投射的阴影，有助于描述被摄主体的结构。

**下图** 在这片林地景色中，长长的阴影为影像增添了另一层意境，使之愈显生动。

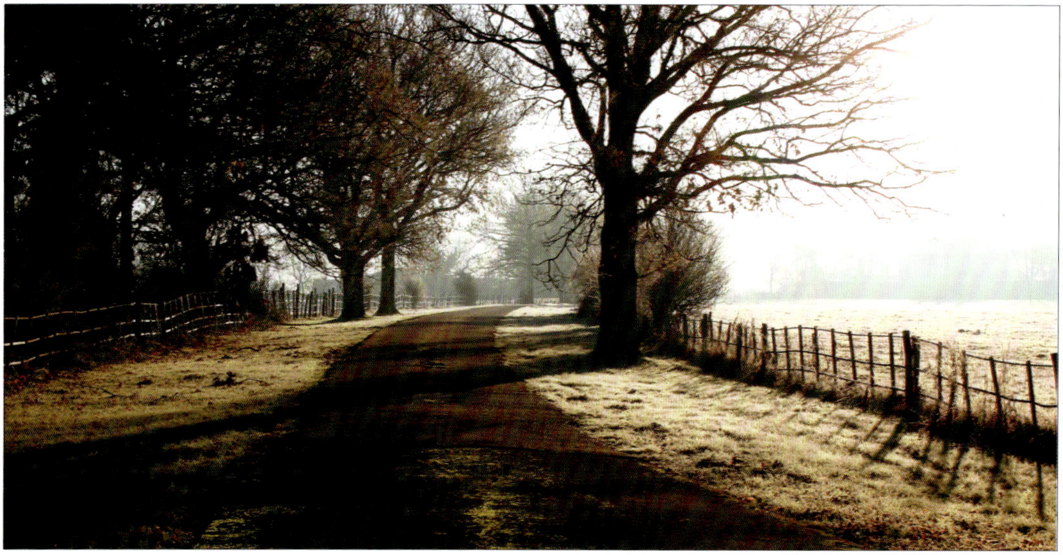

# 弱光摄影与夜间摄影

若拍摄得当，弱光和夜间场景可以产生美妙的、气氛浓厚的照片。遇到弱光情况或者在夜间时，人们往往将摄影计划延后，认为没有足够的光照，需要克服的技术困难太多，这是可以理解的。但其实只要稍稍坚持，做些摸索性的尝试，就能很快掌握弱光摄影的技巧。

任何场景都适于在弱光条件下进行拍摄，特别是城市景色。城市的灯光和高耸建筑物的轮廓线数不胜数，绚丽多彩，所以，在城市里通常可以拍出最吸引人的夜景照片。而乡间景色则往往在太阳刚落山时拍摄为佳。弱光摄影经验丰富的人都知道，太阳下山后约半小时内(在热带地区要短一些)仍有足够的光线拍出展示周围乡村景色的照片。

## 噪　点

数码噪点是弱光摄影中反复出现的一个问题，用某些照相机拍摄的夜景照片很可能总是出现噪点。不过，你可以采取一些措施将噪点减至最小程度。最显而易见的方法就是使 ISO 设定尽可能地低。也就是说，你需要在拍摄时将照相机固定在三脚架上或安置在代用物品上。如果照相机有降

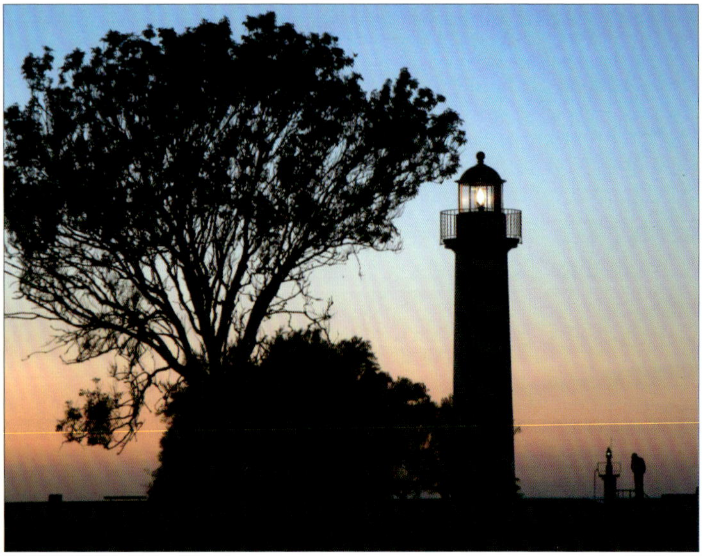

**上图** 晴朗夏日的日落时分是拍摄剪影的好时间。图中灯塔的灯光是整张照片的关注焦点。

**下图** “夜晚”的城市可以创造出色彩斑斓、引人入胜的影像。捕捉城市灯光的最佳时间在黄昏，大约太阳落山 45 分钟后，而非夜幕深沉之时。

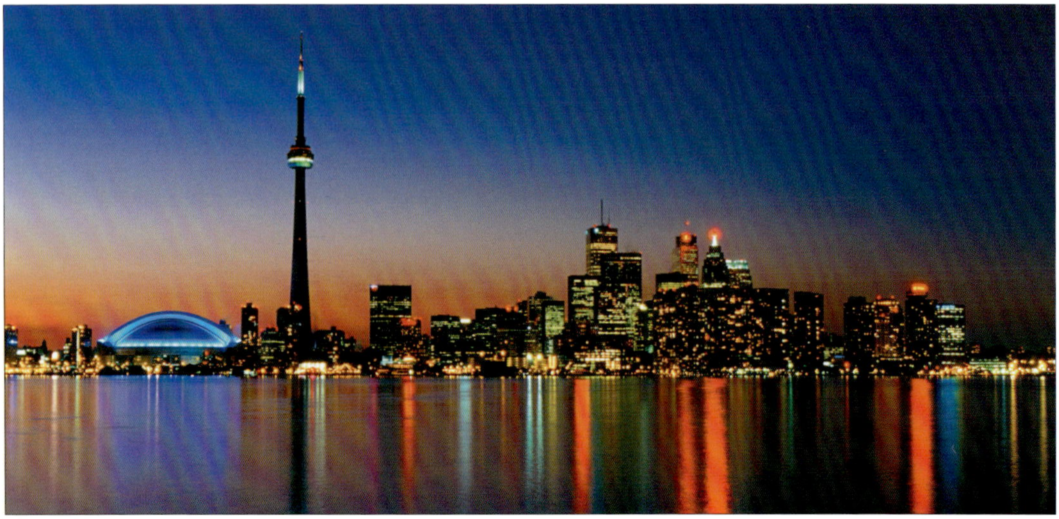

噪功能，可尝试使用。虽然这时存储影像所需的时间会加倍，但有助于减小背景噪点。

## 白平衡

在长时间的曝光中，照相机的自动白平衡设置(用于修正某些光线色温下出现的偏色)有可能因为光源的混杂而判断失误，特别是在城市夜景中，光源种类往往非常复杂，可能包括汽车车灯、霓虹灯、街灯等。多种多样的光源及其发出的光线颜色常常可以创造出赏心悦目的效果。

不过，如果你希望白色物体呈现为白色，那就得手动设置白平衡。大多数高档照相机所具有"用户自定义白平衡"模式(该模式名称因制造商不同可能有所差异)，可以让你做到这一点。选择这一模式后，先对你希望呈现为白色的一白色物体取景，使其充满取景框后按下快门。照相机会自动以此作为白色基准估计整体色温，所拍的白色物体就会呈为白色。

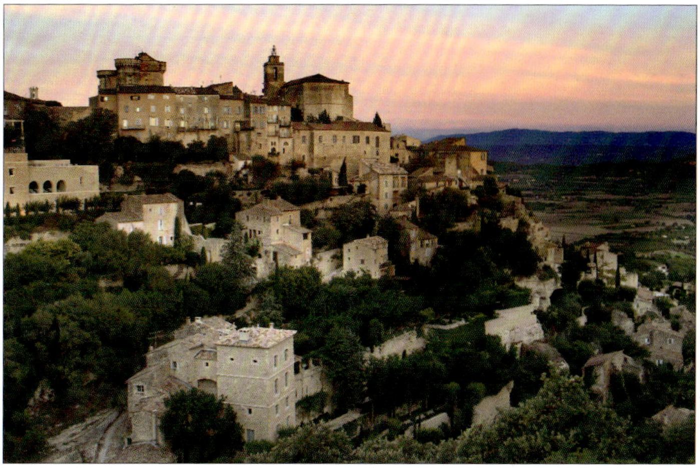

**上图** 日出、日落时，天空会在一瞬间从蔚蓝变为橙红或深红。此时选择正确的白平衡至关重要。

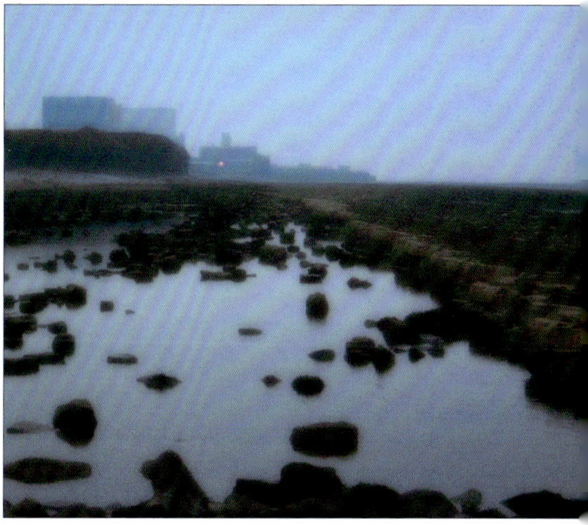

**右图** 画面中水天一色，若没有远处的一点黄色灯光，整幅影像看起来犹如着了一种色调的黑白照片。

**下图** 由于多种光线色温从"白色"到橙色的混合，夜幕下的城镇提供了非常好的弱光摄影主体。

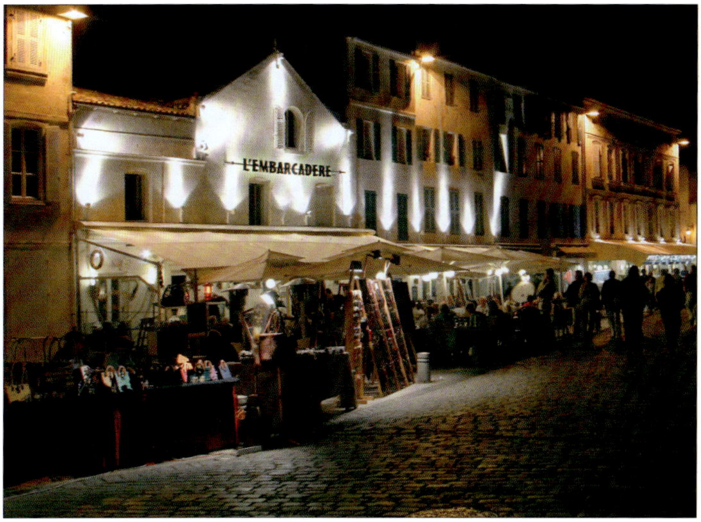


## 弱光构图

在弱光条件下可以拍出迷人的照片，所以值得对不同光源，无论是日落时的温暖的光线还是办公大楼或街灯发出的人造光，进行拍摄试验。

注意寻找池塘、湖泊、潮湿路面等反光表面进行拍摄。反射光不仅可以为你的试验增添新的光照方式，而且反射影像还能为你的构图增加立体感。

# 闪光灯的使用

我们所有的人都不时会需要一个强度较大、即需即用的光源，以便我们能使用快得足以定格动作的快门速度在夜间或室内拍摄照片。因此，大多数码照相机(不论是袖珍相机还是单反相机)都带有内置闪光灯。

## 内置闪光灯

有些情况下若没有内置闪光灯，也许你拍不了任何有用的照片。这些时候内置闪光灯可以帮你大忙，但同时它也有缺陷。

第一个缺陷是有效照明范围小。大多数相机内置的闪光灯只能照亮相机前方 5 英尺(约 1.5m)到 10 英尺(约 3m)的距离，在拍摄人数较多的合影或较大的场景时，这一有效距离就不够用了。

另一个问题是会产生“红眼”现象。这是由于闪光组件与镜头光轴的距离很近而造成的。闪光灯闪光时直接照亮被摄主体的眼睛，光线会通过眼底的视网膜反射回来，照出眼中的毛细血管。闪光灯与镜头间的近距离在单反相机的广角镜头上也会产生问题，因为闪光灯的设计不足以覆盖广角镜头视野的宽度，导致拍出的照片出现中间亮、四角暗的现象。

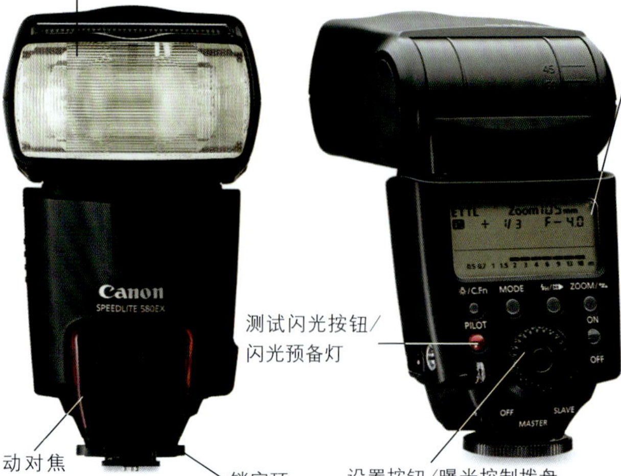


**上图** 外部闪光设备(如图中佳能的这款型号)比照相机内部自带的闪光组件拥有更大的照明强度，给予摄影者以更大的自主控制权。

最后，在内置闪光灯的一系列问题中，最为糟糕的也许是输出光线的性质问题。使用内置闪光灯拍出的照片常有刺目的阴影，显得很不自然。照相机的“闪光曝光补偿”设置(若有的话)通过降低闪光的输出强度，可对这一缺陷作一定程度的弥补，但你会发现所摄影像大部分可能曝光不足。

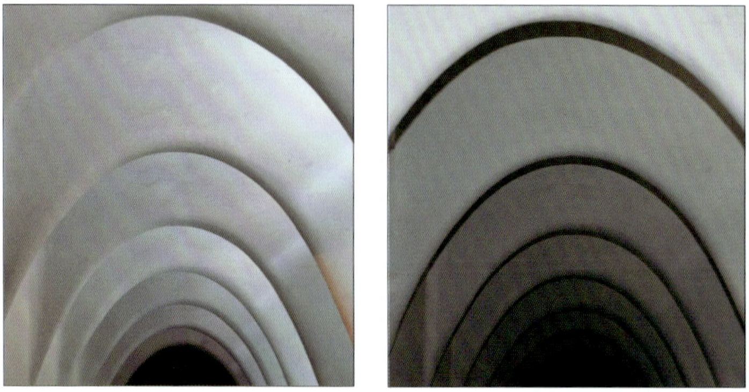

**上图** 这两张拱廊照片说明闪光灯的有效照明范围十分有限。左图使用三脚架和长时间曝光进行拍摄，从右侧射入的日光让走廊上的光照基本均匀；右图拍摄时使用了闪光灯，图中明显可见，离闪光灯越远的拱形就越暗。

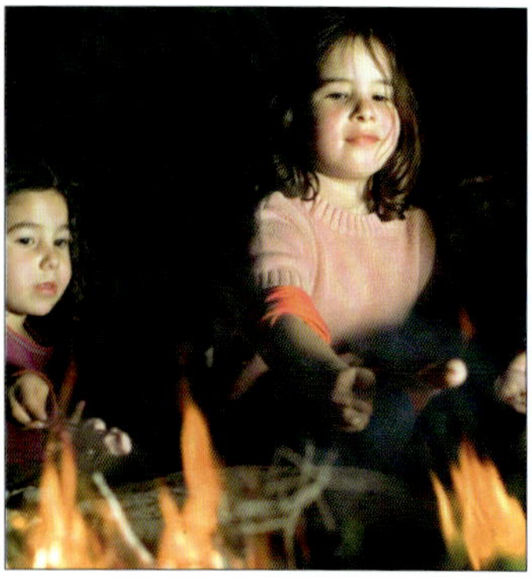

**上图** 环境光不足时，使用闪光灯是照亮被摄主体的简便方法，但要获得看起来比较自然的光线就很成问题了。

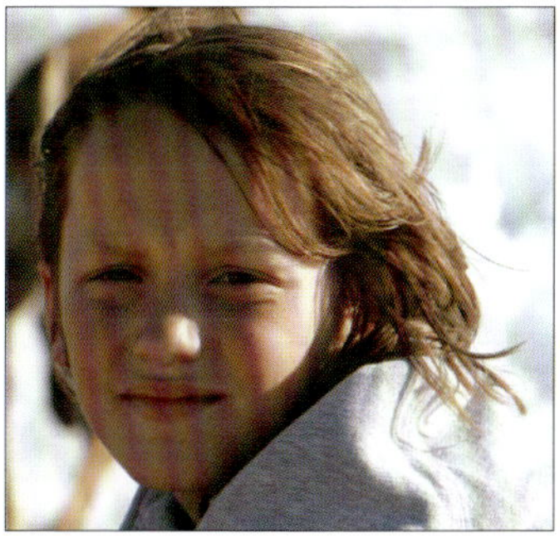

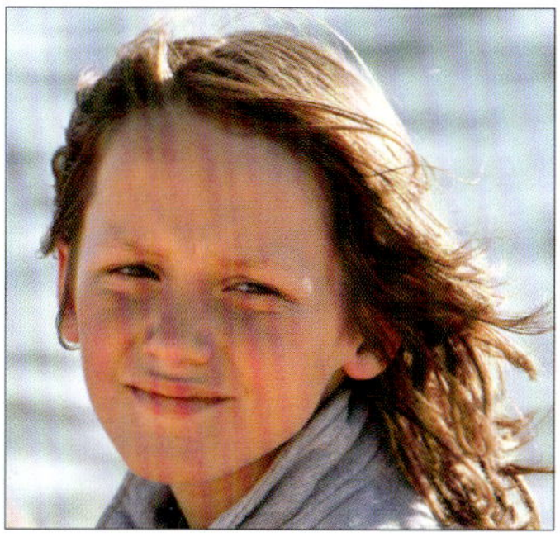

**左图** 并非只有在弱光环境中才使用闪光灯。拍摄右边这幅影像时，摄影者在强烈的阳光下使用了闪光灯，用以对被摄主体脸上的阴暗部位补光。。

## 补充闪光

内置闪光灯虽有上述缺陷，却是很好的补光照明工具。或许白天使用闪光灯看起来挺奇怪的，但你很可能看到过婚礼摄影师或摄影记者工作时他们的相机上无论何时(即使是在阳光普照的晴朗日子里)都装着外接闪光灯，其实这就是用来进行闪光补光的。

补充闪光是向被摄主体投射额外的光线，使处于阴影中的或在强逆光照明条件下的被摄主体不会过于阴暗或曝光不足。在这两种情况下使用闪光灯均可改善影像质量，为原本毫无生气的影像增添亮度与色彩。补充闪光的强度不必很大，内置闪光灯用作补光通常是理想的。

## 外接闪光灯(闪光枪)

如果你日益依赖相机内置闪光灯但对其效果又不甚满意，也许你该考虑买个外接闪光灯(闪光枪)了，即通过相机“热靴”插槽接口安装在相机顶部的自供电闪光设备。根据闪光强度和测光系统精密程度的不同，外接闪光灯的价格差异很大。不过，使用价格适中的外接闪光灯就可以大大改善闪光摄影的质量。

如今大多数外接闪光灯能自动与照相机同步工作，所以可像内置闪光灯一样在快门打开的同时发出闪光。外接闪光灯常常会进行“预闪”，让相机的测光系统为被摄主体设置正确的曝光(这称为通过镜头或“TTL”闪光)。精密的外接闪光灯还能获取相机对焦系统的信息以估测相机到被摄主体间的距离，从而更为精确地判断获得准确曝光所需的闪光强度。

## 闪光强度与反射闪光

使用外接闪光灯的最大益处在于其输出的光线强度比内置闪光灯大，这一点最明显的优势便是能够照亮更远处的物体。此外，它还有其他更加重要的益处。首先，功能强大的外接闪光灯具有倾斜(并可旋转)的灯头，可以使闪光光线照在墙壁、天花板等反光表面上发生反射。由于这时的光线实际上来自具有扩散阴影作用的宽大平面，所以反射闪光产生的光线比直接闪光要柔和得多。为使反射闪光发挥最有效的作用，需要增加外接闪光灯的闪光强度。其次，由于光线不是直接来自照相机，而是在相机上方(或相机一侧)，故反射闪光的照明显得更自然。再次，外接闪光灯中闪光部件的位置比内置闪光灯高得多，因此出现红眼的几率大大降低。不过，充分利用这一闪光效果需要耗费更多的电力。

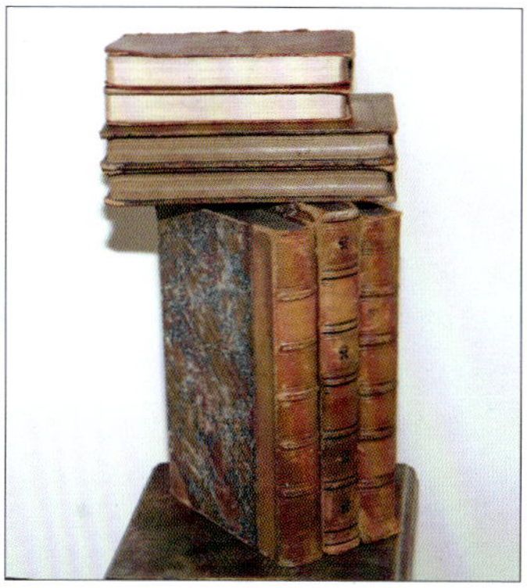

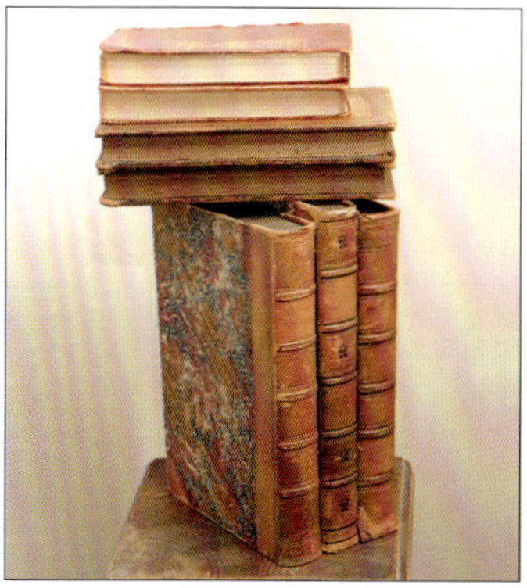

**上图** 闪光灯从照相机发出直射光时会出现生硬的阴影(顶图)；而闪光经由天花板反射后，拍出的影像就自然多了(上图)。

### 柔光罩

使外接闪光灯的闪光变柔和的另一种方法是加装柔光罩。柔光罩是半透明的白色塑料件，装在外接闪光灯的灯头上，用以在闪光时散射光线。柔光罩的性质决定了它能极大地减小闪光灯的照明范围(这也是专业摄影师选择功能最强大的闪光装置的另一个原因)，但柔光罩发出的光线比直接闪光要柔和、自然得多。

# 拍摄时间

任何关于最佳拍摄时间的硬性规定都是毫无意义的，因为支配光照的因素有很多。季节、地点、局部天气条件等均影响着光线的性质、强度、方向和颜色。

根据天气条件，你所处环境中的拍摄机会发生变化。例如，雾薄云低或许是拍摄某些乡村景色的最佳条件，但对于拍摄城市照片则可能毫无益处。

不过，知晓某些光照条件下的大致拍摄结果是十分重要的，这样你才能学会判断在自己身处的环境中拍摄何种照片效果最好。当然，这样的判断能力离不开通过仔细观察和运用常识所积累的经验。

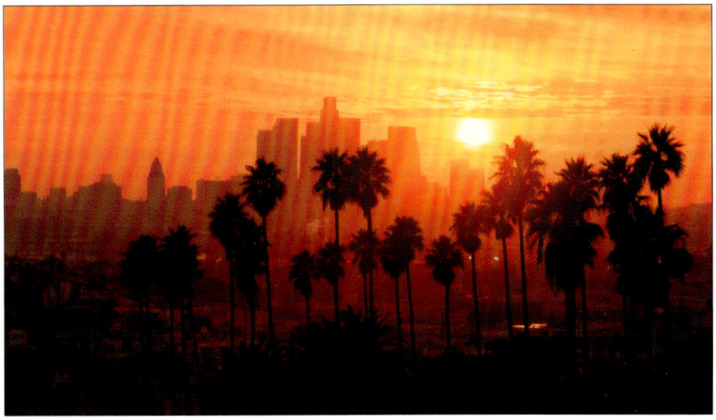

**上图** 温带地区的下午近傍晚时分天气若晴好，拍摄的影像往往会笼罩在一层温暖的带玫瑰色调的光辉之中。确保照相机的自动白平衡功能未被启用，否则相机会将这种偏红的光辉“修正”为更中性的白色。

## 上　午

晴朗的清晨，尤其是太阳从地平线上升后一小时内，光线是低角度斜射的，这时顺光、侧光、逆光、轮廓光这四种主要的照明方向都可以利用。正因为这一点，清晨是户外拍摄的最能产生生动效果的时间之一。在某些季节的清晨，低洼的地方或静水的上方会有薄雾，阳光照在高大建筑上还会发生强烈反射。一天中的这个时间段，光线的色温相对较低，带有一种辉煌的橙红色调，此时，太阳本身也能作为十分壮丽的被摄主体。

午前是日出约一小时后至正午之间的时间段。在这一时间段内，光的方向在发生变化，阴影更具美感，光线的色温更呈中性，所以拍下的照片能更准确地再现色彩。可寻找质感丰富、阴影造型较佳，或色彩精妙清晰的物体进行拍摄。

到了正午，太阳高挂空中，光线的硬度最高，你应将注意力从别致悦目的阴影转到清晰有趣的形状与明快饱和的色彩上来。此时的光线性质比较稳定，所以容易拍出锐利明快的影像。要注意

**下图** 这两幅泰姬陵的影像虽然不是摄于同一位置，但仍可看出一天中不同时段的光照对同一景场的巨大影响。

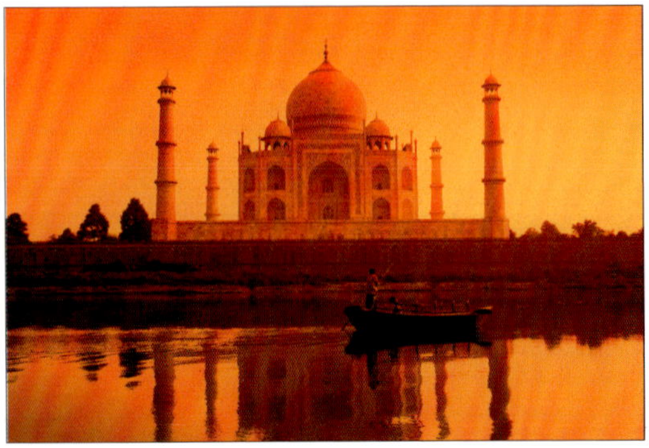

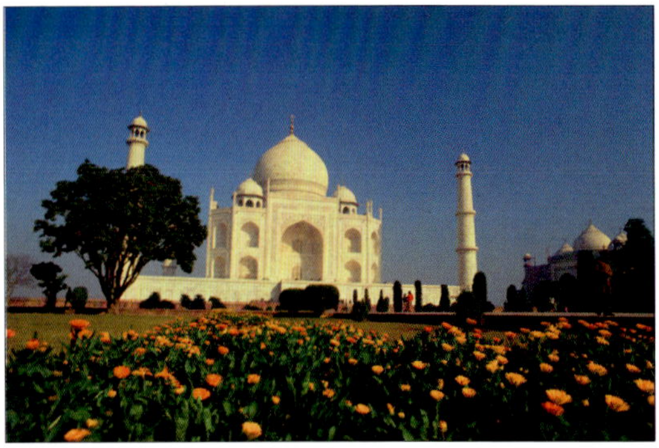

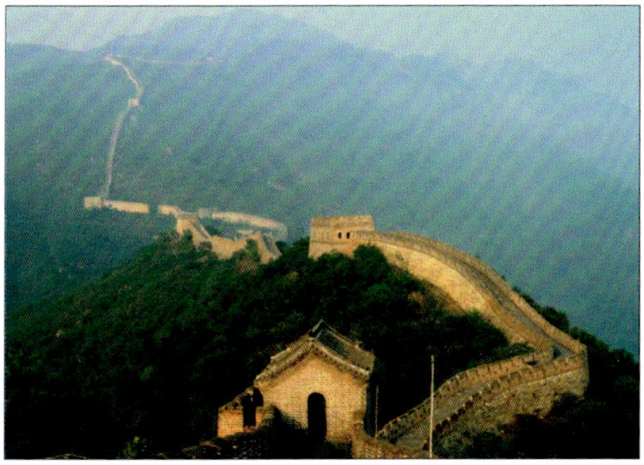

左图 虽然清晨的薄雾降低了能见度，导致远处的细节无法看清，但这正适于拍摄具有气氛的风景照片，尤其是使用远摄镜头或变焦镜头远摄端时。

的是，浓重的阴影也许会给某些场景增添混乱。

## 下午的中间时段与日落时分

与破晓时至上午的中间时段相逆，下午中间时段至日落后半小时内，光线色温逐渐降低，渐带金黄色调，阴影变长，光线照度逐渐减弱。这是寻找剪影主体的好时机，因为泛着红光的太阳很适于为剪影制造有趣味的背景。即使太阳落山后，也不要停止拍摄，因为落日的余晖能够产生柔和微妙的影调渐变，此时有可能创作出极具气氛的成功的弱光影像。

最后，考虑一下这一时段可以进行的室内摄影。由于太阳在空中的位置很低，你会发现，房间的某些部分被强光光束所照亮，而另一些部分则隐于阴影之中。

## 多云天气

根据云层的不同种类和厚度，多云天气时光线的性质与强度会有所不同。一般而言，云层可以使光线变得柔和，有助于扩散阴影。在基本晴朗但又有风的日子里，随风快速飘移的云朵会使光线照度变化不定，摄影者必须耐心等待，待云开日出，被摄场景被阳光照亮时再拍摄。这时往往能够捕捉到强烈的光影对比，构图更富有影调趣味。

铺天盖地的云层会让人觉得单调乏味，阴影完全消失，探索物体的质感与结构的机会也消失。不过，这种柔和、持续的光线往往能使诸如林地、森林之类复杂的场景得到简化，因此，你可以这种光线去探索错综复杂的形状和微妙的色彩变化。

## 薄雾天气

薄雾能为各种被摄场景带来性质独特的光线。除了有助于散射刺眼的光线和柔化阴影外，薄雾还可以淡化和降低色彩饱和度，从而增强影像的纵深感。若有远山，薄雾还能产生迷人的分层效应。要想充分利用这一效应，你可以使用远摄镜头或镜头的远摄设置。

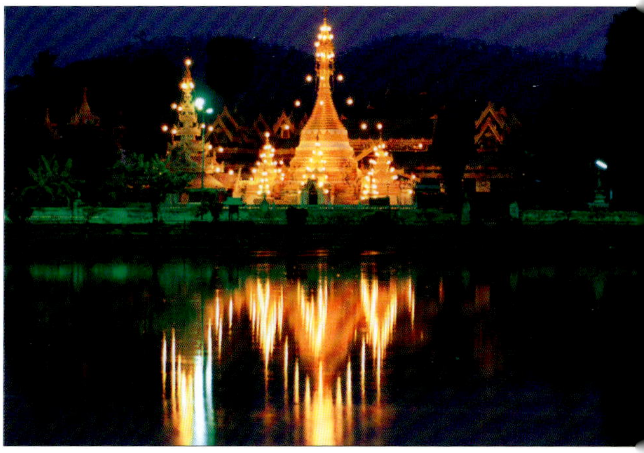

右图 日落后30～45分钟（热带地区要更短些），这一时间段是拍摄人工照明建筑的最佳时间。这时的自然光足以显示周围环境的细节，而灯光明亮的建筑也成像良好。

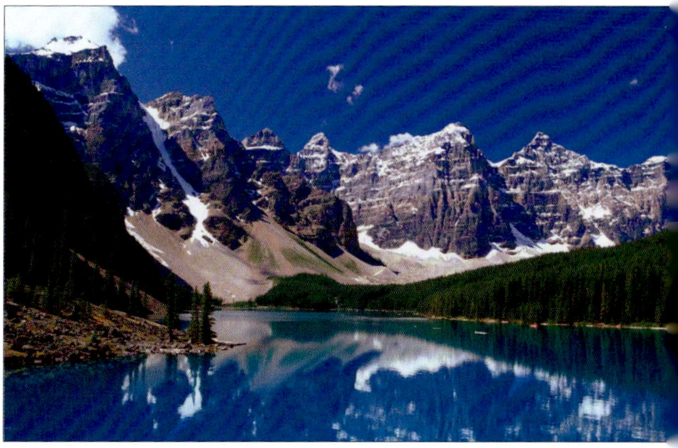

右图 正午前后太阳高挂空中，光线的颜色呈中性。若天空晴朗，这时拍下的影像最为明锐。

# 动手尝试：摄影照明

一个有效的方法可以用来探索不同光照条件对摄影的影响，即选取一个场景，在一天中的不同时段对其进行拍摄。若能在一年中的不同时间及不同的天气条件下对其进行拍摄，那当然更好。

为方便起见，你可以选择比较容易利用的场景。场景内容越丰富越好，例如，找一个既包括田野、树木、岩石和草地的自然物，又包括建筑、道路或其他人造结构的地方。这样，你就有望看到光线性质的改变对各种表面、纹理、形状和结构产生的作用。

## 分时拍摄

天气看起来基本晴朗时，请在日出前片刻到达选定的位置。将焦距调至 50mm 左右，安好三脚架以便能以最低的 ISO 感光度设置进行拍摄。仔细记下你所在的拍摄位置，在日出之际拍几张照片。之后每隔一小时回到这个位置拍摄同一场景。若这不可行，那么至少每隔两小时回去拍摄一次。如此往复，直到日落时拍下最后一张照片。

## 查看照片

将照片下载到电脑上进行查看。你首先注意到的是太阳开始升起时被摄场景的照明情况如何越变越好。有些被摄场景中可能有长长的阴影，并且根据不同的天气情况、拍摄时节以及拍摄地点，随着太阳的缓缓上升，你可以观察到，光线的色温在逐渐变化——从红色到无色。

到正午时，阴影会变短，但会变得很深，色彩越来越饱和。而最引人注意的是物体被照亮的方式，无论是侧光、顺光还是逆光照明。随着太阳在空中的移动，物体表面会以不同的方式被照亮，就此给影像带来极大的影响。

中午过后，太阳开始西沉，阴影开始渐渐变长，之前未被照到的表面可能被照亮，而色彩则渐渐变弱。

接近黄昏，阳光会给场景罩上一种玫瑰色的光辉(这取决于拍摄时节、拍摄地点和天气情况)，同时阴影会变长。日落时，场景中的各个成分呈为剪影，此时若有云层，则会反射落日的红色余晖。

## 分季拍摄

试着在一年内的不同时节重复上述练习，看看季节变换会对周围环境产生怎样的影响。测试一下自己能否区分晴朗夏日与晴朗冬日时光线的不同性质与色温。在温带气候下生活的人们，年幼时往往将蓝色的天空等同于温暖的天气，而事实上，仅凭蓝天是不可能辨别光线的色温的。

**左下图** 一天中的每一时段，都会赋予光线以独特的性质，这会极大地影响特定场景的拍摄效果。

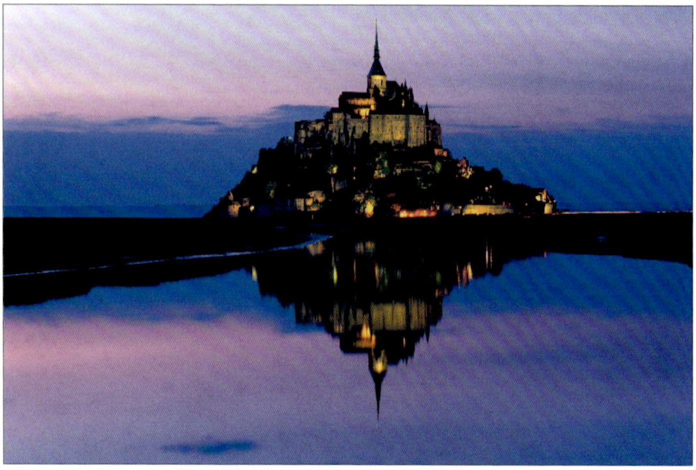

## 天气条件

有意在不同的天气条件下对选定的场景进行拍摄，看看"阴沉天只能拍出乏味的照片"这句老话在你所选的场景中是否属实。如果确实如此，那么怎样的天气条件才能为影像带来一丝活力呢？必须是阳光明媚的晴天吗？光、影、色调的微小差别能够在阴天里细致地展现出来吗？

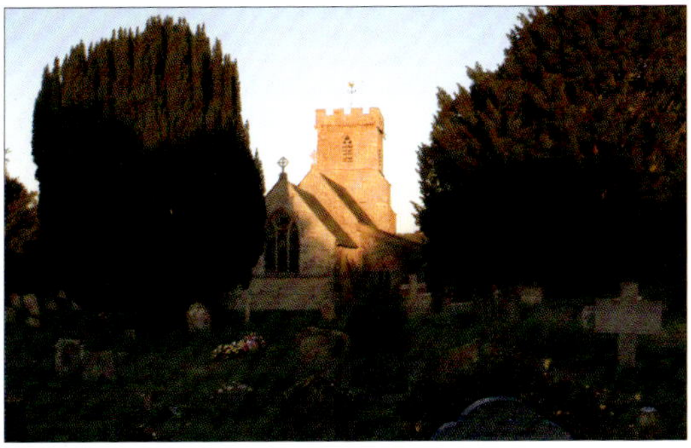

06:30

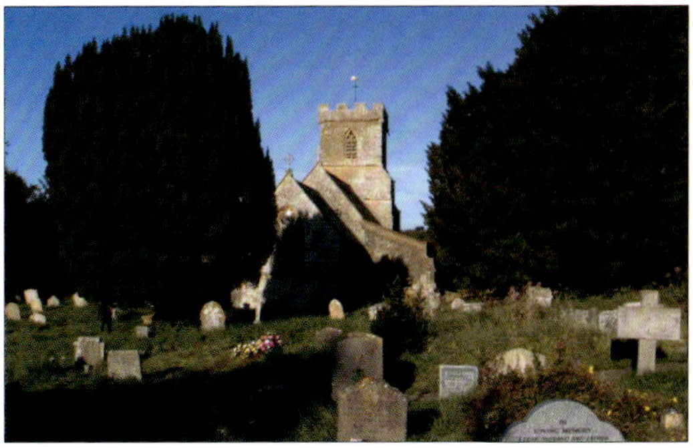

07:30

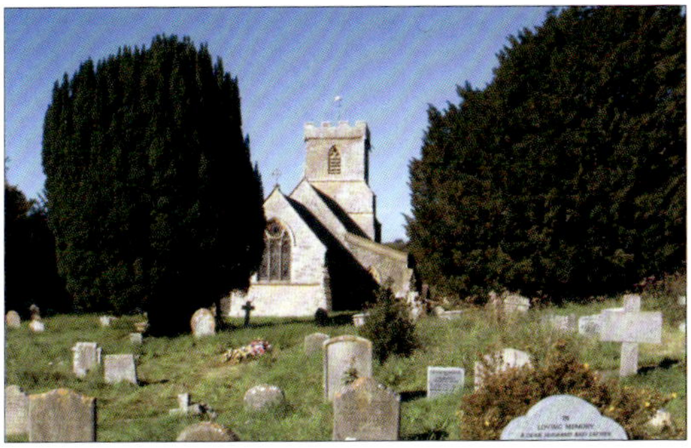

09:30

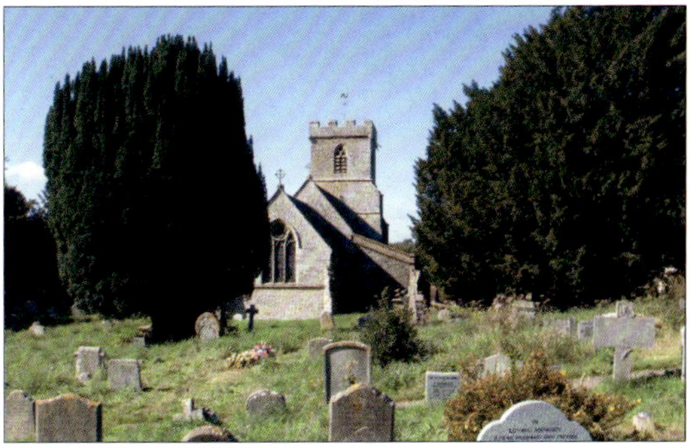

12:00

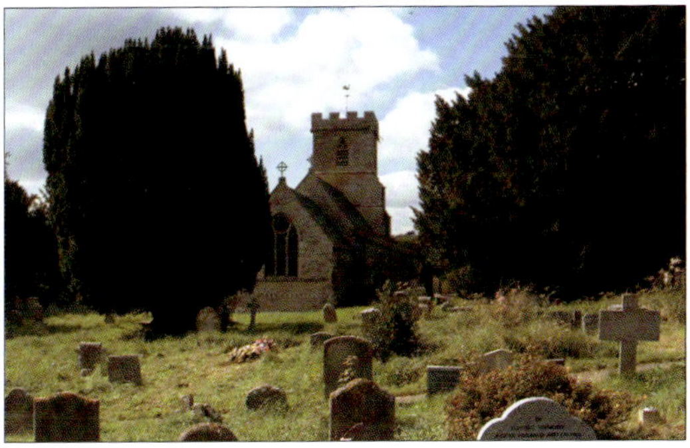

14:00

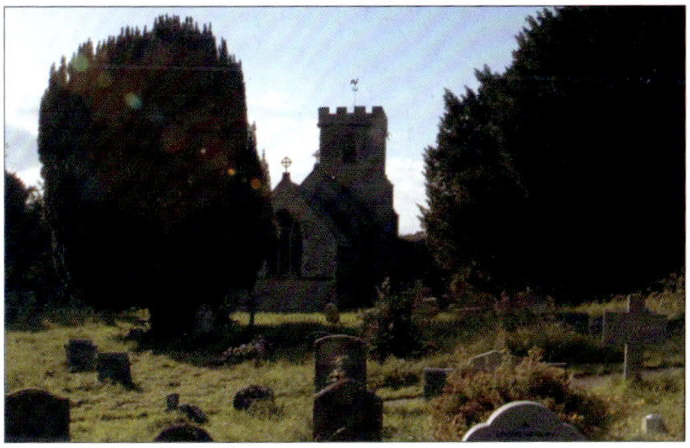

16:00

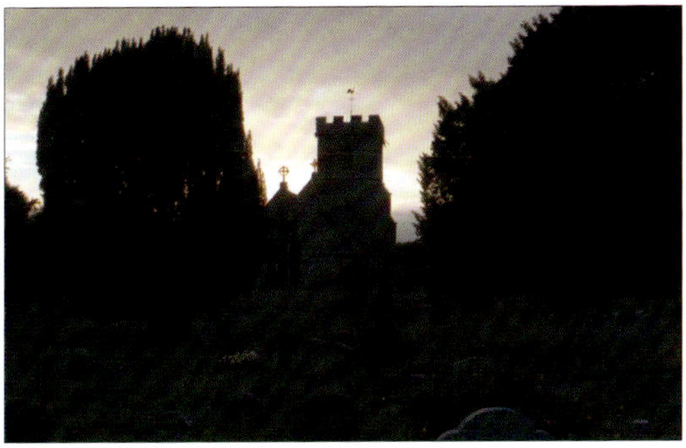

18:00

**本页图** 要想感受不同光照情况对影像产生的效果，可找一个合适的地点，然后从日出到日落一整天中拍摄一组照片。从上午到下午再到傍晚（左图），阴影的大小和投向发生改变，而光线颜色也从暖色向冷色不断地发生变化。

# 焦 距

镜头焦距是镜头的光学中心(即光线开始会聚的那一点)与焦点平面(即影像传感器的表面)之间的距离，其度量单位是毫米(mm)。过去，大多数摄影发烧友和专业摄影师都使用35mm胶片相机，那时对焦距的理解比较直接。而数码相机——更确切地说是数码相机上使用的各种大小的影像传感器——却让焦距问题变得不那么容易理解了。

所有镜头曾经都是为了在35mm的标准胶片(画幅尺寸为24mm×36mm)上投下影像而设计的。如今，数码单反相机上所用的影像传感器尺寸种类繁多，因此通过特定焦距的镜头所观的被摄场景影像不同以往，有效焦距常会因此加长。

## 等效焦距

让我们用数字更清楚地来解释。35mm胶片或“全画幅”影像传感器的对角线长43mm。因此要获得未经放大的标准影像，就需要43mm的镜头焦距(过去人们曾近似使用50mm的焦距)。

大多数常见的变焦袖珍数码相机的影像传感器要小得多，对角线长度只有9.5mm(这是1/1.7英寸影像传感器的标准尺寸)。使用这样的影像传感器，镜头焦距只需9.5mm就能获得1倍的放大率。

所以，43mm镜头用于“全画幅”影像传感器(1倍放大率，43÷43=1)时理论上可产生标准影像，而用到对角线长9.5mm的更小的传感器上时，其放大率为4.53倍(43÷9.5=4.53)，或者说等效焦距(efl)为195mm(43×4.53=195)，即一支功能相当强大的远摄镜头。

也许你在很多变焦袖珍相机上看到镜头焦距标注范围是9~70mm。这对于35mm画幅格式来说毫无异议，但如果转换为更小的影像传感器，那么其等效焦距则为从41mm(9×4.53)变焦至317mm(70×4.53)。

为了使这些容易让人混淆的焦距变得较有意义，摄影杂志、网站、销售材料上常常将等效焦距和实际焦距放在一起使用，以供人们参考。而许多混合式的照相机镜头，干脆将镜头焦距标为38–380mm(或10×)，或者同时写上实际焦距。

## 视 角

镜头焦距的长度决定镜头视角的大小。焦距越长，则视角越小，拍摄对象的放大程度就越高；焦距越短，则视角越大，同一拍摄对象看起来就越小。现在想想，如果镜头是用视角来描述的，那么我们就不必为焦距的换算而困惑不解了。下面的示意图展示了数码单反相机上使用的四种主要的镜头——广角镜头、标准镜头、远摄镜头、超远摄镜头——的视角。

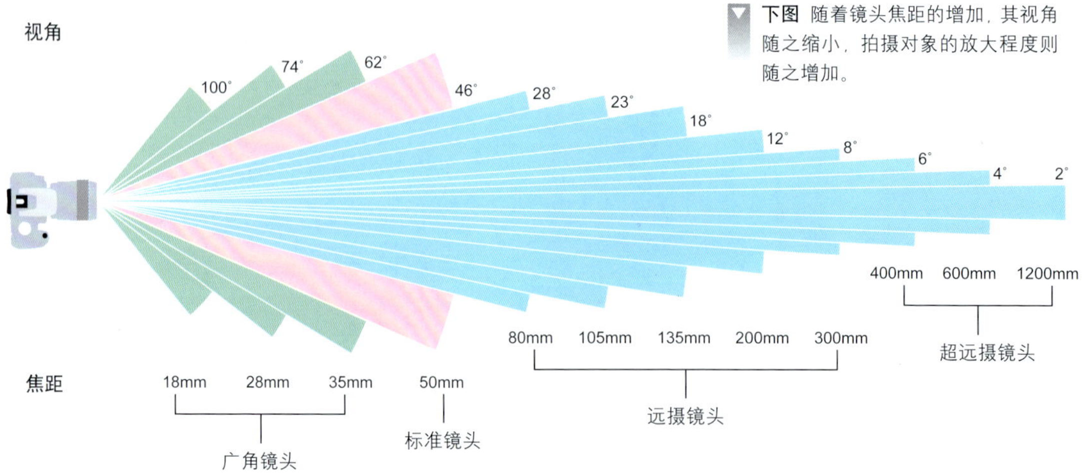


下图 随着镜头焦距的增加，其视角随之缩小，拍摄对象的放大程度则随之增加。

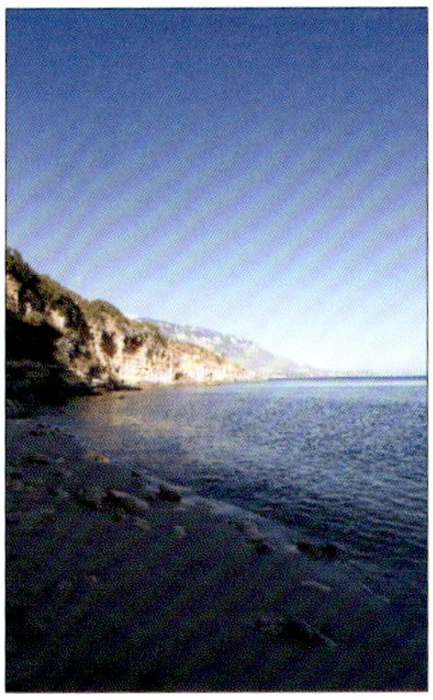

等效焦距 16mm

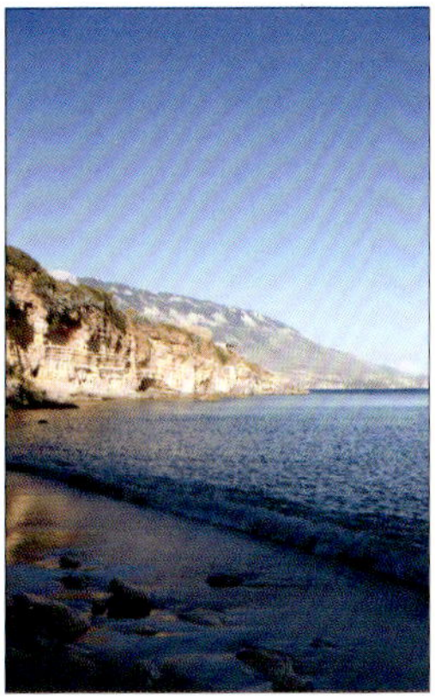

等效焦距 32mm

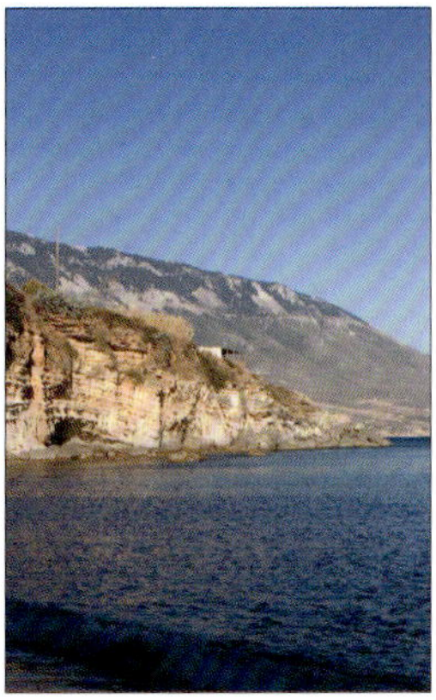

等效焦距 56mm

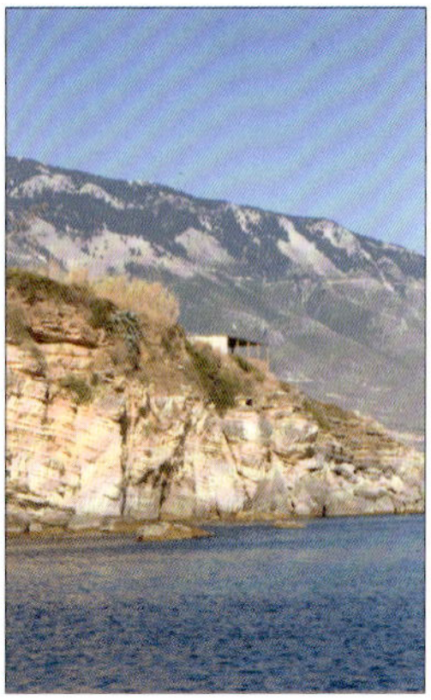

等效焦距 112mm

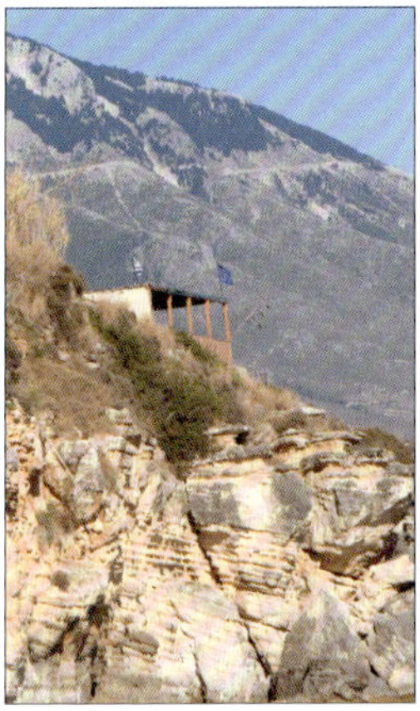

等效焦距 160mm

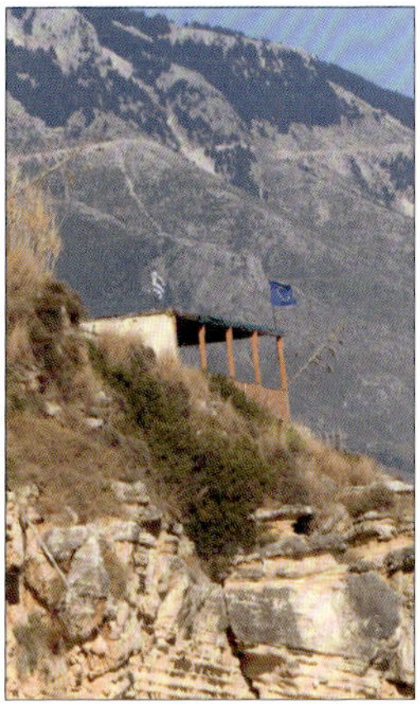

等效焦距 220mm

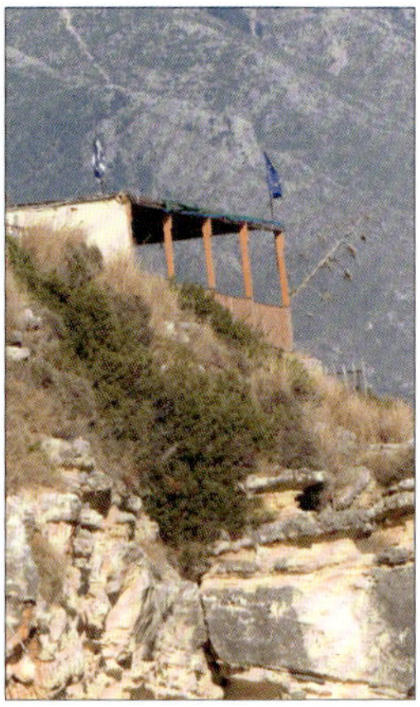

等效焦距 320mm

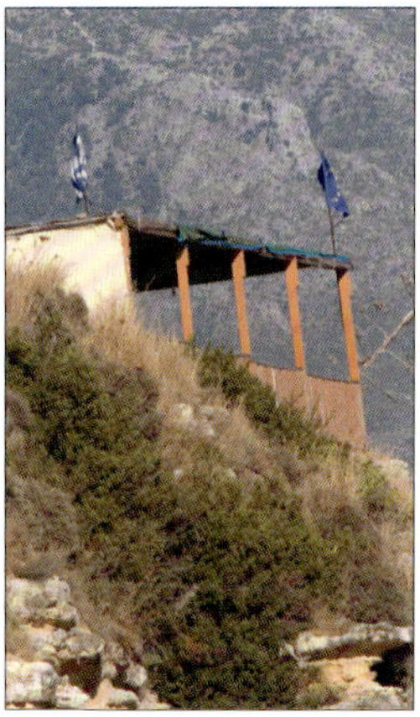

等效焦距 480mm

▲ **上图** 焦距以毫米(mm)为单位，焦距范围可从有效的广角焦距约16mm(或更短)增至远摄焦距的480mm(或更长)。

## APS

绝大多数数码单反相机使用APS尺寸的影像传感器。APS是Advanced Photo System(意为"先进摄影系统")的缩写，原为傻瓜相机的一种胶片画幅格式。这一系统现已基本被淘汰，但大多相机制造商都将其格式作为数码单反相机常用的传感器尺寸，因为它的生产成本低廉且成像效果出色。APS尺寸也有多种，易让人混淆，但多数使用的约为22mm×15mm。

## 裁切系数

APS尺寸影像传感器比35mm全画幅影像传感器要小，因而也同样存在焦距换算问题。为标准化起见，数码单反相机的可互换镜头是以实际焦距来标注的。数码单反相机使用者需要知道所用相机的影像传感器的尺寸，才能换算得出等效焦距。实际焦距除以对角线长度后所得的结果常被称为"裁切系数"。例如，佳能的半专业数码单反相机使用对角线长近27mm的影像传感器，其裁切系数为1.6，也就是说，要得知所装镜头的等效焦距，摄影者需要将实际焦距乘以1.6，所以实际焦距60mm的镜头的等效焦距为95mm。尼康、富士、索尼相机的影像传感器裁切系数为1.5，因而在这些品牌的相机上，60mm镜头的等效焦距为90mm。

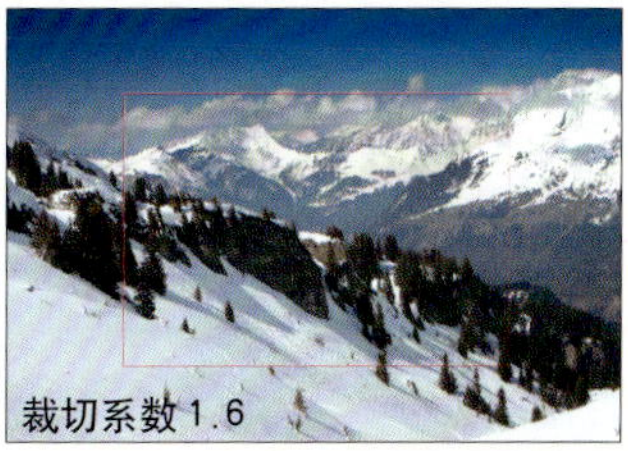

# 短焦距

等效焦距在 18mm 至 30mm 之间的镜头属于短焦距范畴。这样的镜头可提供 100°（等效焦距为 18mm 时)到 62°（等效焦距为 30mm 时)的视角范围，大于人眼的视角(约 46°），因此也被称为广角镜头。

广角镜头可以捕捉如此宽广的视角，这一点益处很多，能用来产生很好的构图效果。广角镜头最常见的用途之一是室内拍摄。由于视角宽广，这类镜头能够拍到的室内区域远远多于标准镜头(等效焦距为 35～50mm)。

风景摄影中也常常使用广角镜头，以强调广阔的空间，创造空旷的感觉。除了能容纳场景中更多的景物之外，广角镜头还能更清楚地区分被摄场景中的各个平面，从而明确地划分出前景、中景和背景。

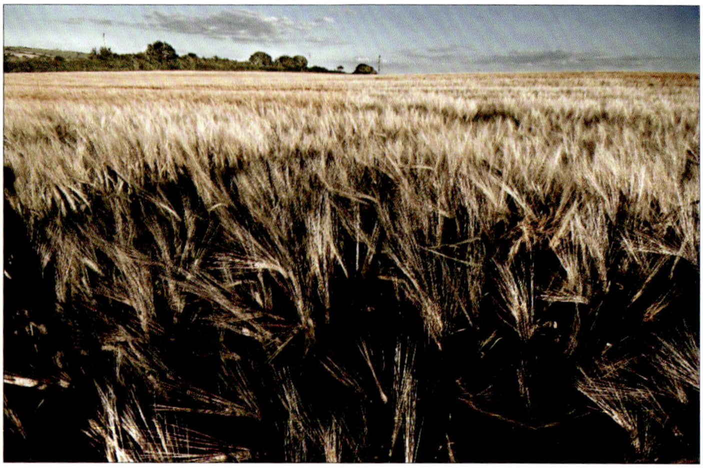

## 景　深

广角镜头最有用的光学特性之一是景深大，因为光圈设置不变时焦距越短，景深越大(见第 82~83 页)。这使摄影者可以确保远处的物体和很近处的前景物体都能焦点清晰。这样，影像的纵深感就得到了加强。其不足之处在于，若想有选择地使被摄场景中的特定部分模糊化会比较困难。

因为镜头焦距越短，出现相机抖动的几率越小，所以短焦距的广角镜头特别适于手持相机拍摄。比如，使用 35～50mm 的标准镜头，快门速度设为 1/30 秒进行拍摄，常常会因相机抖动而导致影像模糊，但使用有效焦距 18mm 的相机时就不太会出现这种情况了。

▼ **下图** 当你无法退后离开被摄主体时，使用广角镜头能让你拍下尽可能多的场景。

▲ **上图** 广角镜头能让你在画面中容纳很大的被摄场景，而且增大的景深还能将一切都拍得清晰。

▼ **下图** 短焦镜头可能出现“桶形畸变”效应，即竖线条(如墙面)的中段看起来会向外膨出。

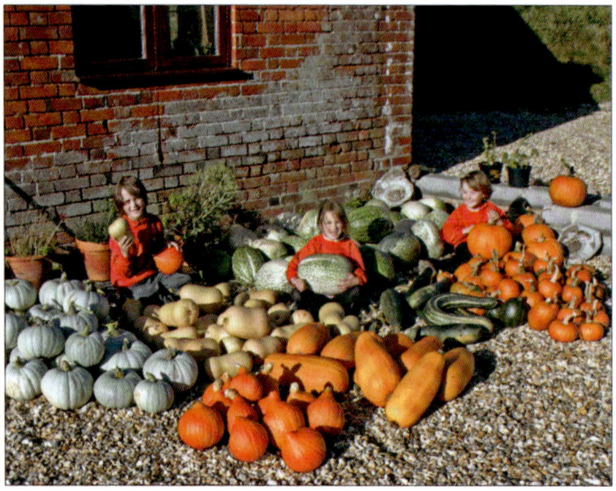

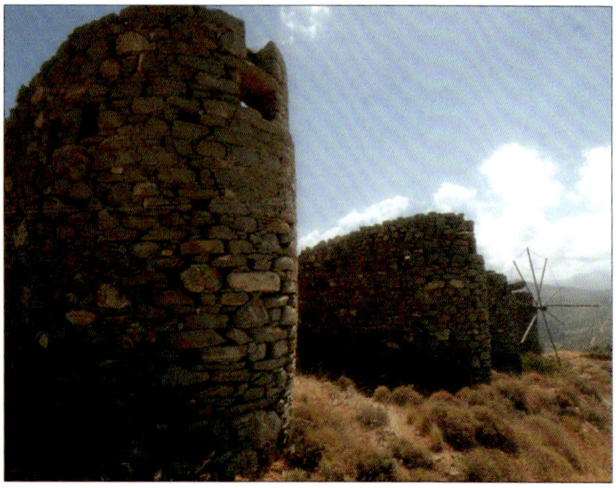

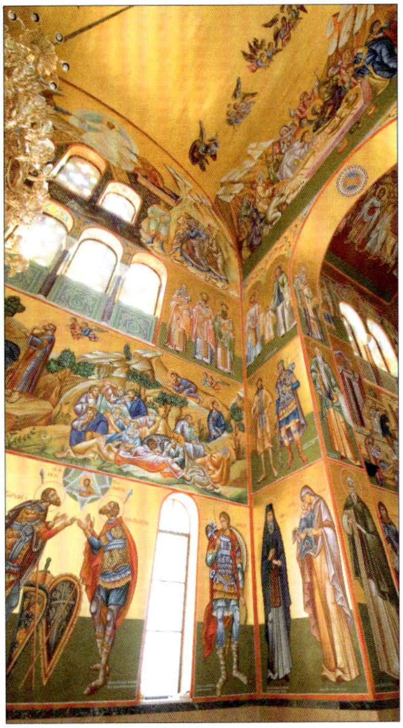

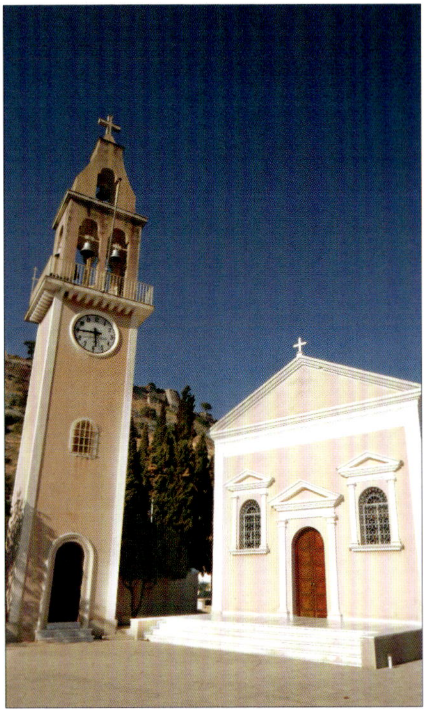

**远左图** 在室内使用广角镜头可以让你的画面容纳尽可能多的室内区域，但可能会引起畸变问题。

**左图** 广角镜头的视角会造成“垂直会聚”的畸变。

## 畸　变

畸变是广角镜头的另一个重要特点。焦距越短，畸变程度越大。这一效应在包括竖直线条物体(如建筑物)的照片中最为明显。在被称为“桶形畸变”的影像中，竖线条和横线条会向外侧凸出，这在画面的边缘部分最为明显。由于桶形畸变的存在，拍摄人像时除非你想获得特殊效果，否则不宜使用广角镜头，特别是超广角镜头。

与广角镜头有关的另一个问题是垂直线会聚。在这种畸变形式中，平行的竖线条越往上延伸看起来就越互相靠拢。这是由广角镜头的大视角引起的，在建筑照片中最显而易见。

### 广角镜头的实际焦距

如果你手头的数码单反相机没有全画幅传感器，或者你正考虑购买一支广角镜头，那么记得一定要考虑传感器的裁切系数(见第 133 页)。例如，大多数尼康数码单反相机的裁切系数是 1.5，也就是说，要获得 18mm 的等效焦距，镜头的实际焦距应为 12mm(12×1.5=18mm)。

## 袖珍相机与桥式相机的广角转换器

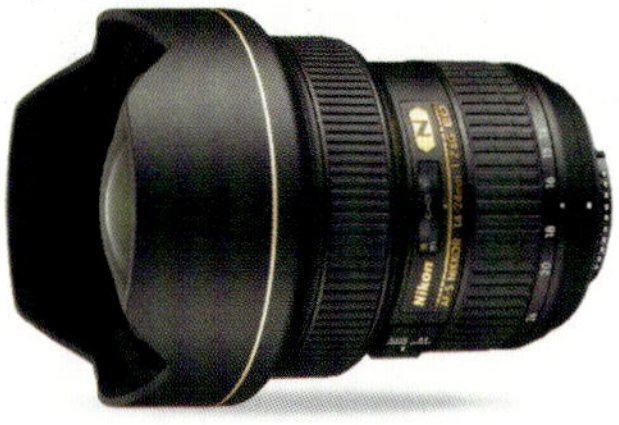

你不必非得有架数码单反相机才能获得真正的广角视野。除了主要的相机制造商外，有些第三方厂家也生产广角转换器(如图所示)。只要镜头末端有螺纹，广角转换器也能安装在多数袖珍相机或桥式相机上。不过，你得首先知道螺口尺寸。转换器可以提供的视角大小各异，但通常有从×0.8 至×0.5 的几挡。例如，一个×0.8 的转换器可以将 35mm 的镜头焦距转换到 28mm。

# 长焦距

虽然400mm、500mm甚至600mm的焦距也很常见，但人们通常将80mm至300mm之间的焦距认作为长焦距。这些镜头往往被叫做远摄镜头，视角范围从28°(80mm时)到6°(400mm时)。正是远摄镜头的小视角才产生了放大效应，而这一效应的用途十分广泛。

## 体育摄影与自然物摄影

远摄镜头常用于体育摄影与自然物摄影。拍摄所需的焦距长度取决于所拍自然物或体育的类型。比如说，拍摄网球运动时往往比拍摄足球、田径等在体育场中进行的运动时更易拉近放大被摄主体。出于同样的道理，拍摄小型鸟类时对镜头远摄能力的要求比拍摄大型哺乳类动物时更高。

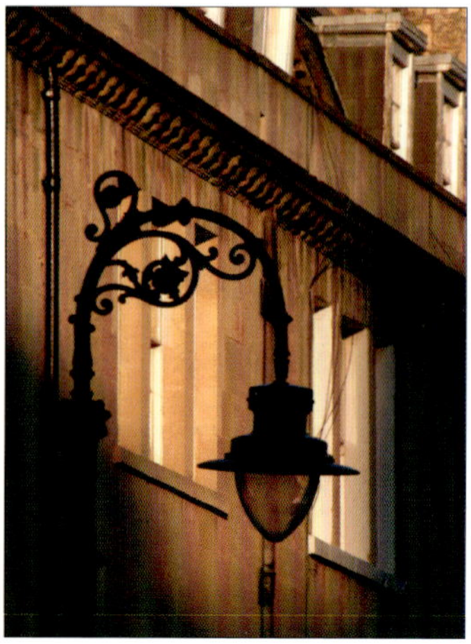

**左图** 长焦距镜头记录细节的效果极佳，能够拍出在广角照片中可能无法看到的细节。

许多变焦袖珍相机可提供10倍的放大率(等效焦距约为30~300mm)，这样的放大率已经足够大多数摄影爱好者使用了。对于拥有数码单反相机的人来说，如今的变焦镜头，其解析并捕捉细节的能力，几可与定焦镜头媲美。所以，如果已将相机的裁切系数考虑在内的话，选用焦距为70~300mm的镜头(这样的镜头所提供的远摄范围相当有用)不失为最佳选择，裁切系数为1.6的300mm镜头可提供480mm的等效焦距。即使专业的体育和自然物摄影师也很少使用焦距长于

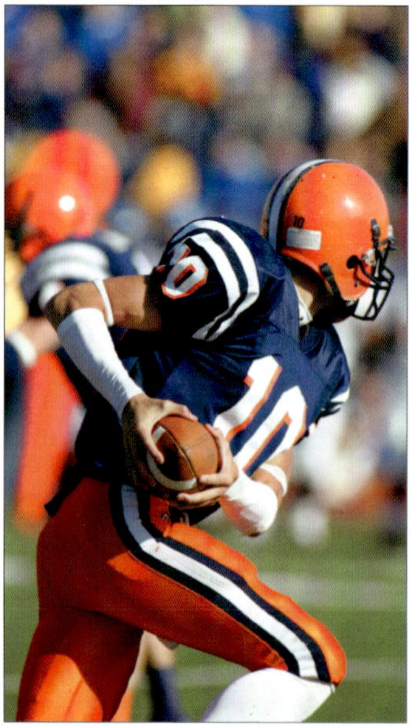

**上图** 拍摄体育运动常常需要使用远摄镜头，但很多远摄镜头的最小光圈很小，比如只有f/5.6甚至f/8。这就是说，需使用较低的快门速度才能确保准确曝光。

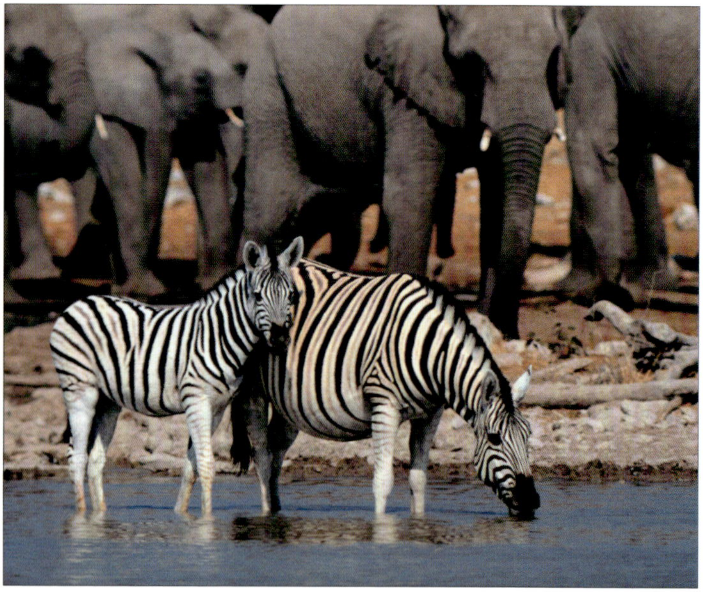

**上图** 对所有野生动物摄影师来说，焦距很长的远摄镜头是必不可少的拍摄工具。这样他们才能够“接近”被摄主体，同时既不会打扰动物，又不会因为靠得太近而冒生命危险。

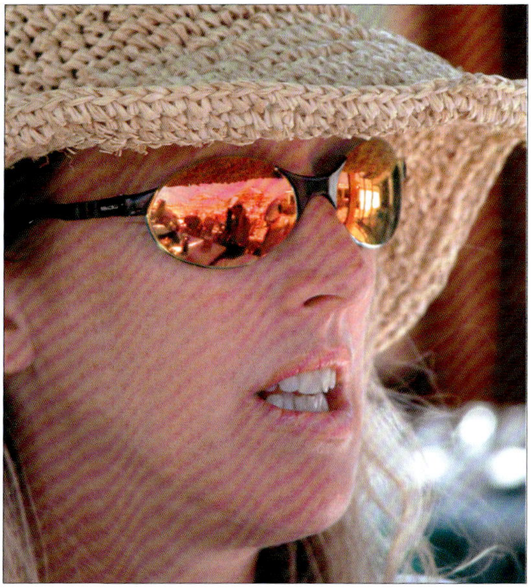

上图 用远摄镜头拍摄人像，可以让你轻松地将可能造成干扰的背景失焦。

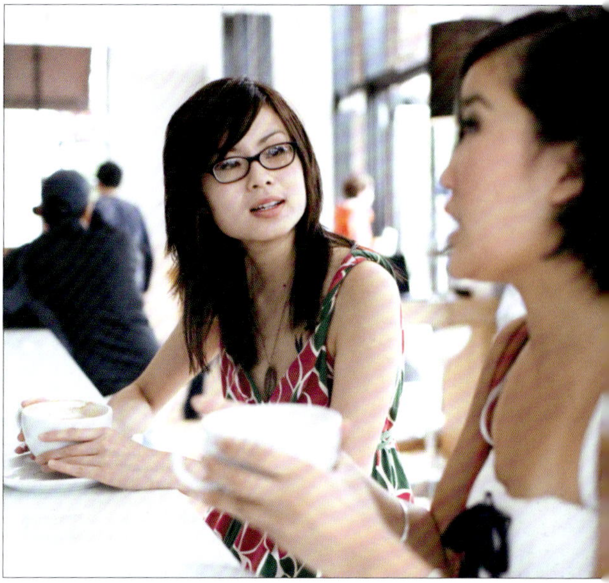

上图 进行街头抓拍时，使用远摄镜头是再好不过的选择，因为它可以让你与被摄主体保持距离，从远处观察。

500mm 的镜头。这些镜头速度极快，光圈常常能够开大到 f/2.8，因此镜头体积很大。

## 风景摄影与抓拍

或许你想不到，远摄镜头也是风景摄影师的一件实用工具。长焦距的一个重要特点在于压缩被摄场景的透视，因而能使绵延起伏的远山呈现出让人愉悦的层次感。此外，风景摄影师可以用远摄镜头把被摄场景中特别吸引人的视觉成分分离出来，拉近放大。这一点其实在所有摄影门类中都很有效。远摄镜头特别有助于摄影者在构图时将拍摄对象充满画框，使用变焦远摄镜头还可以直接在照相机上框定照片的构图，不必之后再在电脑上进行裁剪。

远摄镜头的另一个用途是用于街头抓拍(这时越小心遮掩镜头越好)。此时你的构图和拍摄时间都很短，但拍摄结果可能令人满意，因为摄影者捕捉的动作、表情往往只有在屏幕上查看时才清楚显现。

## 人像摄影

最后一点，焦距相对较短的远摄镜头(等效焦距在 80mm 至 130mm 之间)堪称出色的人像镜头。其实在摄影术发展的早期，这样的远摄镜头就常被称为“人像”镜头。远摄镜头不仅有助于使摄影者与被摄主体间的距离更远(以避免被摄主体局促不安)，而且长焦距还会让人物的五官稍稍变平些，所拍的人像会更加讨人喜欢。此外，远摄镜头与大光圈结合使用形成的小景深，更易使背景失焦。

下图 这支尼康 70～300mm“超变焦”镜头，拥有较宽的远摄焦距调节范围，其自身的减振功能有助于避免相机抖动。

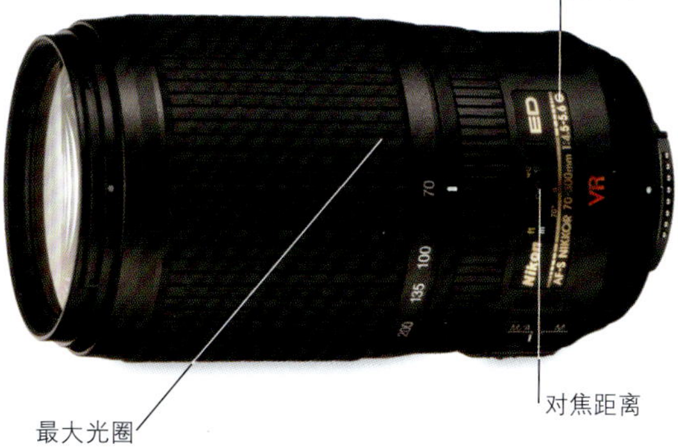

# 焦距与背景

在前面关于景深的章节中，我们讨论过，除了镜头光圈设置和对焦距离外，控制景深的第三个因素是焦距。在更详细地阐述了焦距这个概念之后，现在让我们再回到景深与焦距的关系上，进一步探讨如何通过调整焦距来改变背景。

## 焦距与景深

我们知道，等效焦距为28mm的短焦距镜头，当光圈设置在f/5.6时，其清晰范围约为设置在同一光圈等效焦距为50mm镜头的两倍。所以用远摄镜头拍摄人像往往比较有利，因为它更易使可能造成干扰的背景失焦。你只需走到离被摄主体更远的地方，将其变焦放大，重新拍摄主体大小相同的照片即可——焦距越长，背景越模糊。但焦距改变后，并非只有景深发生变化，你还可以使用不同的焦距来改变背景范围。

## 改变视点

电影中有一个常用的特技镜头的拍法，多用于增强一种不安或惊恐感——被摄主体静立不动，而背景视点由小变大或由大变小。这一技法叫做“移动摄影机变焦”，因悬念大师希区柯克在其执导的悬疑影片《眩晕》(1958)中的成功运用而闻名。拍摄时，相机沿着一条轨道前后移动，同时变焦放大或缩小。这样，被摄主体的大小与形象始终不变，而背景的视点和透视，则因相机焦距变化引起镜头视角变化而发生了变化。这一特技镜头拍法也可为图片摄影师所用，获得特殊效果。

这一特技效果的基本原理是，照片中离相机近的物体比离得远的物体要大得多。因此，如果使用短焦镜头，并让被摄主体离相机较近，那么被摄主体看起来就会显得夸大，而背景则会显得很远——这一方法常用于营造被摄主体的孤立感。反之，退远一些，使用较长焦距的镜头使被摄

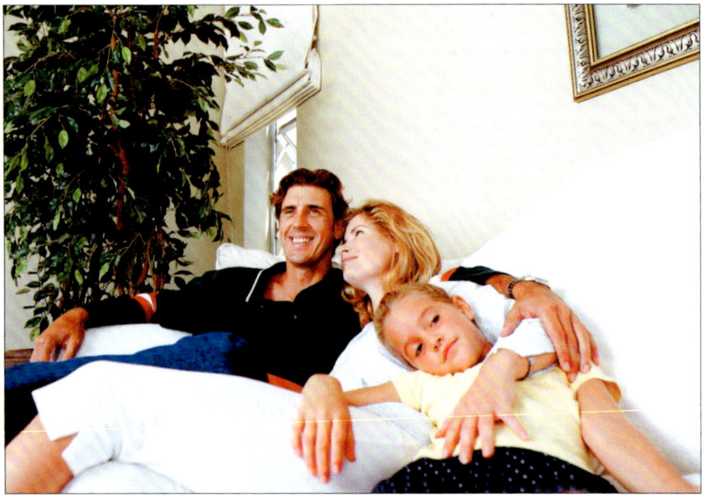

**上图** 使用广角镜头及小光圈，图中从前景中的女孩到背景中的男士，每个人都焦点清晰，营造出一种融洽和睦的氛围。

**下图** 长焦镜头或镜头设置在长焦端可轻松地使前景和背景失焦，从而使观者的注意力集中到被摄主体上。

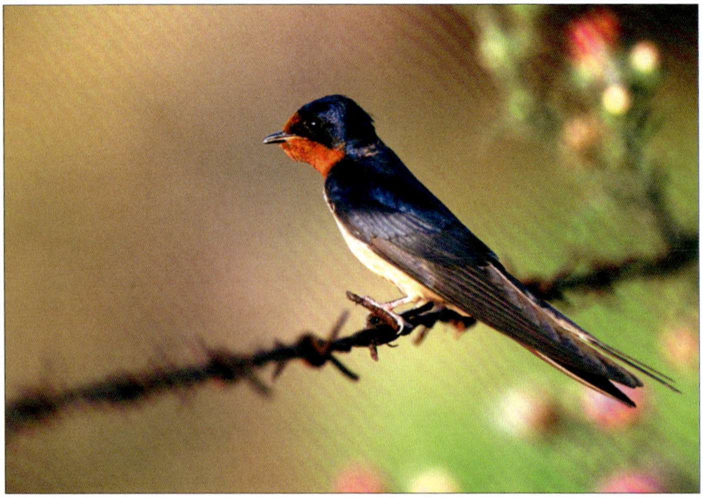

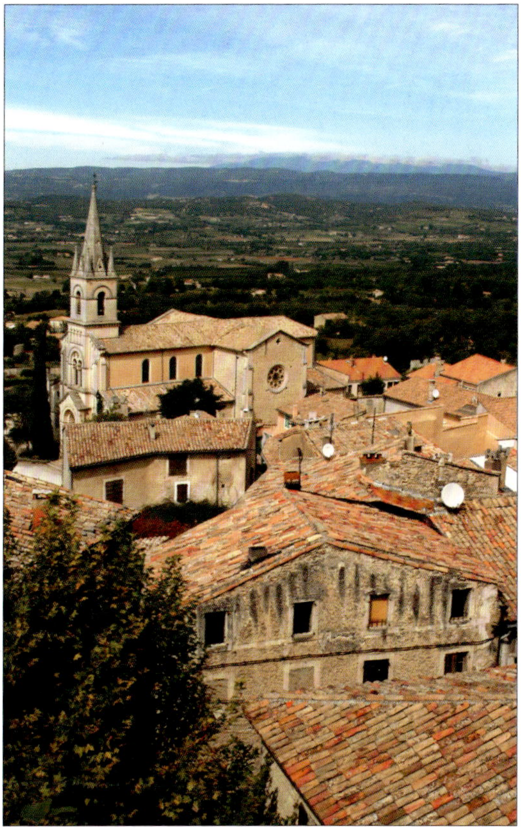

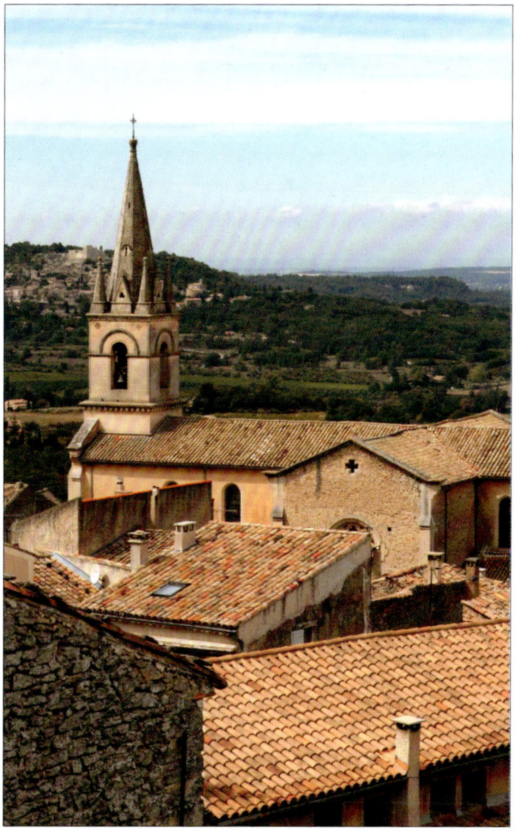

主体在画面中呈现同样大小，那么背景看上去会离被摄主体更近，尺寸也显得更大——在这张照片中，被摄主体似乎更加与周围环境融为一体了。这在一定程度上是长焦镜头压缩透视效应的结果。

**上图** 通过调整视点和略微变焦放大，摄影者成功地将塔楼与背景分离开来，使之愈加凸显。

**下图** 采用靠近地面的低拍摄角度，并使用镜头短焦设置或广角镜头朝上拍摄，这些鸽子的剪影在天空背景中清晰呈现，成就了一幅生动的影像。

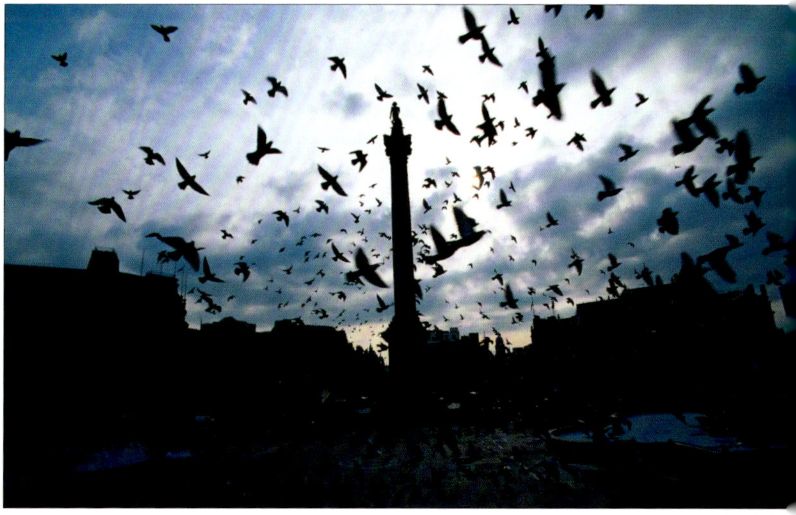

## 选择背景

明白焦距会改变视点这一点，有助于你在被摄主体大小不变的情况下，选择将某些背景成分纳入画面或者排除出去。此外，受焦距影响而产生的镜头视角变化在水平方向和垂直方向都会发生，所以相机拉近拍摄所引起的透视压缩效果，可用来分离细节(见第 140～141 页)。

# 动手尝试：焦距

本节练习设计用于探究不同焦距对照片的影响。第一个练习与焦距对景深的影响有关，第二个练习则涉及如何有效地利用焦距来改变背景视点。

最好把照相机装在三脚架上进行练习，因为这样便于拍摄，更易比较拍摄结果，而且在昏暗的光照条件下拍摄时也不必担心快门速度不够高。

## 景　深

在一小块地上以 10 英尺(约 3 米)的间距前后摆放两个物体。将照相机置于第一个物体前方约 13 英尺(约 4 米)的地方。其实这些距离并不重要，只要确保等效焦距在 35～170mm 的范围内你都能看清这两个物体即可。接着将焦距设在 170mm 左右，取景时前一个物体的高度占据取景框宽度的一半，并将其作为对焦点(同时保证后一个物体仍清晰可见)。将相机设为光圈优先模式，选择最大光圈拍摄一张照片。保持相机位置不变，变焦缩小至约 80～100mm，再拍摄一张照片。之后，变焦缩小到 28～35mm，再次按下快门。

如果要在查看照片时获得最佳效果，你最好将照片下载到电脑上，并对后两张进行裁剪，只保留和第一张照片差不多的场景——即前一个物体的高度占据画面高度的一半。进行裁剪时，你不必担心影像质量，因为这个练习所关注的只是景深。

三幅影像展示的场景大致相同，在焦距为 170mm 的照片中后一个物体应当完全失焦，在焦距为 80～100mm 时略微清晰，而最后一张焦距为 28～35mm 的照片中，前后两个物体都焦点清晰。

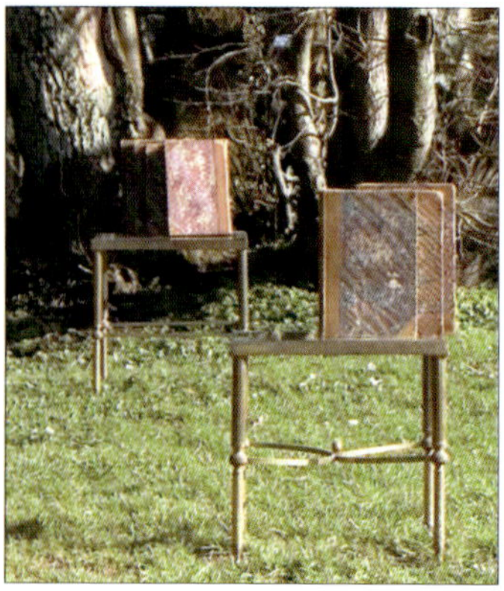

38mm

## 改变视点

第二个练习需要稍大一些的场景区域，而且若最短焦距和最长焦距间的差别越大，结果就越明显。这里展示的影像拍摄时的变焦范围为 35～170mm(等效焦距)，效果不错。如果你有三脚架，请记得使用，以免相机在拍摄间歇出现移动。

**下图** 在这三张照片中，摄影者一次比一次靠近被摄主体，同时将镜头逐次往短焦变焦，使主体在取景框中大小不变。注意观察长焦距是如何压缩前景和背景区域的。

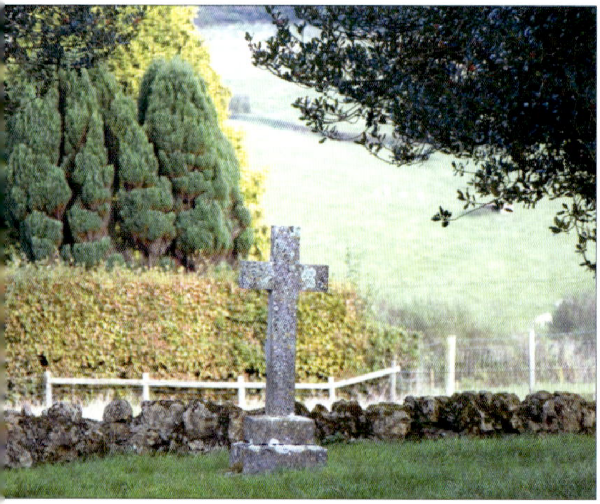

170mm

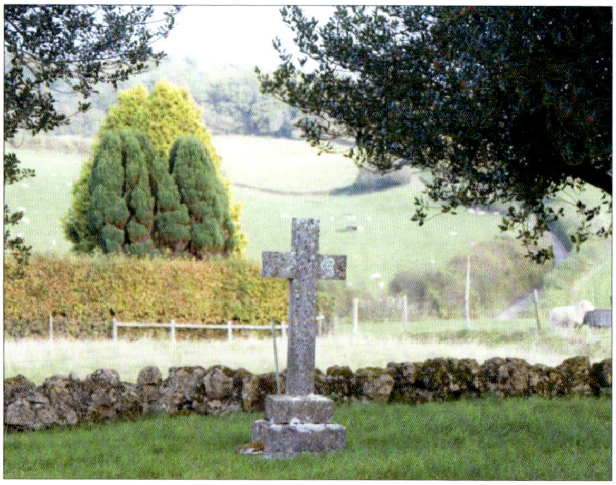

80mm

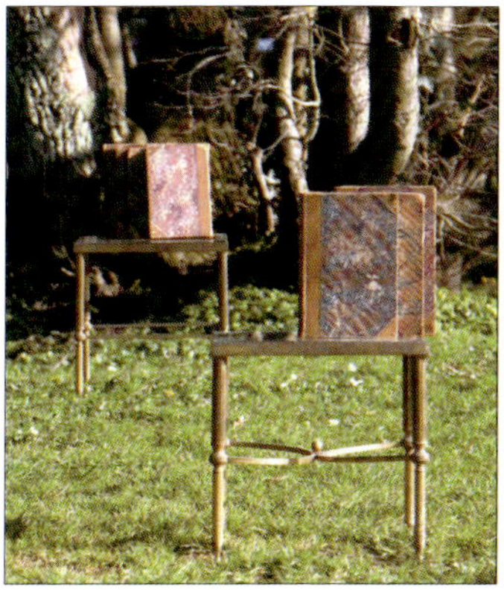

80mm

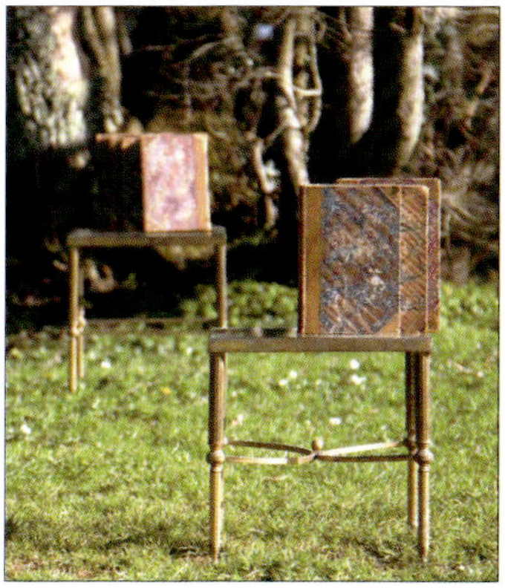

170mm

**左图** 先分别用38mm、80mm、170mm的焦距拍摄三张照片，之后裁剪到相同尺寸，便获得了这三幅影像。注意体会，焦距增加是如何减少景深并最终使远处的图书排除在焦点之外的。

**下图** 与亲自靠近被摄主体相比，增加焦距往往是更为实际的方法，尤其是在拍摄野生动物的时候。这里使用了500mm的远摄镜头来拉近这对梅花鹿母子。

首先选择一个高3～7英尺(1～2米)的被摄主体，一个家庭成员或朋友就很适合。确保被摄主体所处的位置有丰富多样的景物，与背景之间有清晰可辨的深度层次，如在不同距离的地方分别有一棵树、一段树篱、一个围栏。这些东西具体是什么并不重要，只要能看到它们之间的相对距离即可。

变焦设置到最大焦距，并调整相机与被摄主体的距离使被摄主体占据取景框的下半部分，拍一张照片。然后将焦距变焦减半，同时走近被摄主体(尽量跟原有背景保持一致)，使其仍然大致占据取景框的下半部分，再拍一张。最后，变焦缩小至镜头的最短焦距(即镜头视角最大)，走到离被摄主体更近的位置，取景要求与前两次相同，最后拍一张照片。

将照片下载到电脑上仔细查看。结果应当显而易见：在焦距最长的照片中，背景似乎被压缩了，而且视角狭窄。在第二和第三张照片中，虽然被摄主体的大小基本不变，但背景渐次向远处延伸，各个背景物体之间的空间一张比一张清晰。此外，我们也注意到，随着镜头向短焦变焦，镜头视角的高度、宽度均得到了扩展。

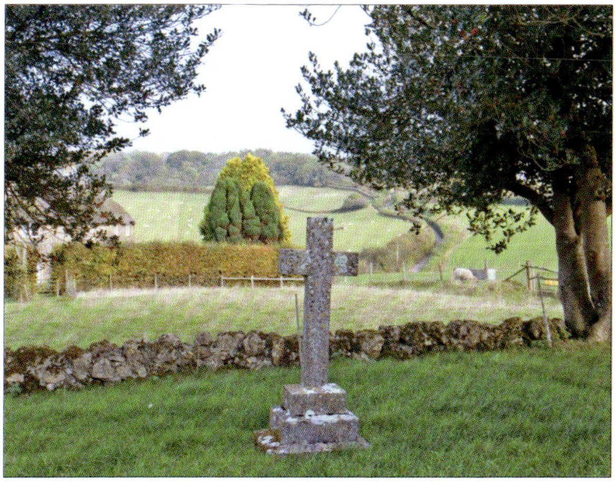

38mm

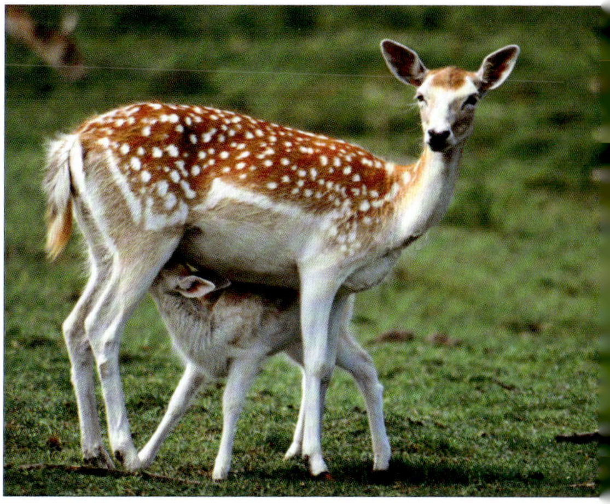

# 近距与微距

随着镜头研制技术水平的迅速提高(这在定焦袖珍相机镜头、混合式相机镜头以及数码单反相机的适配镜头上都显而易见)，越来越多的人着迷于用相机或镜头的微距性能拍摄微小物体。

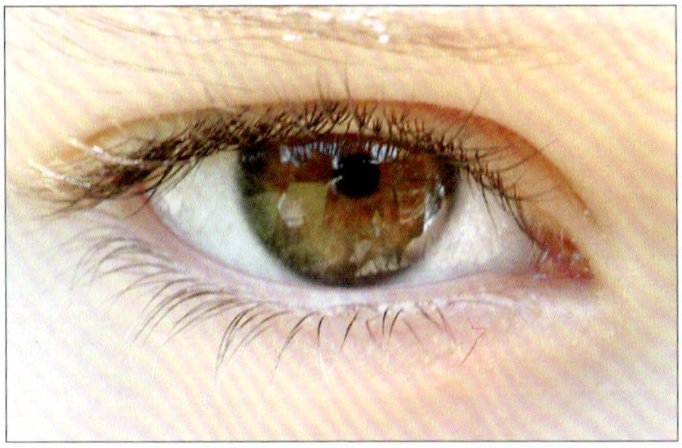

左图 "真正"的微距镜头能在传感器上拍下尺寸比为 1：1 的影像，有些镜头的放大率甚至更高。

## 真正的微距

在了解有助于拍摄出色的近距离影像的一些器材和技巧之前，有必要区分一下微距摄影和近距摄影。严格说来，能在传感器上投下与被摄主体大小相同的影像(即二者尺寸比为 1：1)才是微距摄影。但随着时间的推移，这一定义要求有所放宽。如今，投下影像的尺寸若能达到原物的一半(1：2)，这样的镜头就被公认为是微距镜头了。很多相机和镜头制造商更进一步，开始将放大率仅为 1：4 的镜头也标为“微距”，尽管这样的镜头不是严格意义上的微距镜头，只是具有“近距”对焦能力，能让摄影者捕捉到物体的微小细节罢了。

相反，有些微距镜头几近于科学研究仪器，能以 5：1 的尺寸比捕捉影像，即影像是原物大小的 5 倍。

## 专用设备

如果你拥有数码单反相机，要想既能获得最佳效果又使用简便，那最好是选择配备一支专用微距镜头。专用微距镜头保留了普通镜头的所有常见功能，如自动对焦、自动测光和完全景深控制，而且拍摄效果相当不错。微距镜头的焦距范围约为 50~180mm。焦距越长，你就可以离被摄主体越远而仍能捕捉真正的 1：1 尺寸比的微距影像。这在拍摄昆虫等镜头一旦靠近就会飞走的物体时可以发挥很大的作用。决定购买镜头前别忘了考虑相机的裁切系数——例如，大多数数码单反相机上的 60mm 的焦距具有约 90mm 的等效焦距。绝大多数微距镜头专为微距拍摄而设计，但它们也非常适于拍摄人像。

下图 许多微距照片的景深很小，常见于广告影像中。

## 微距辅助工具

要想获得最高的影像品质，给数码单反相机配备专用微距镜头是最好的选择，但也是最昂贵的选择。除此之外，你还可以在普通镜头与照相机之间加装近摄接圈来进行近距对焦，或者安装倒转接圈，用以“倒装”镜头。这两种方法的花费相对较少，但你得手动对焦，或许还得手动设置光圈。

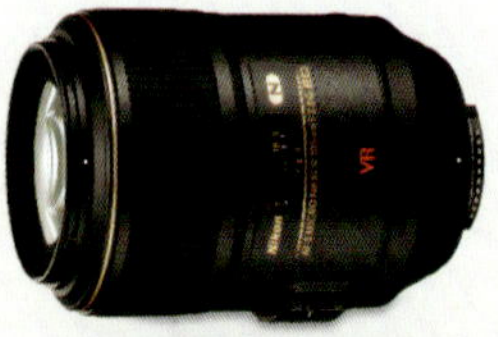

微距镜头

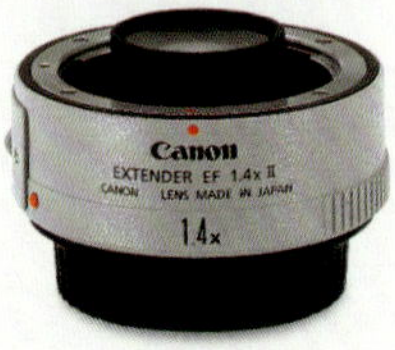


近摄延伸管

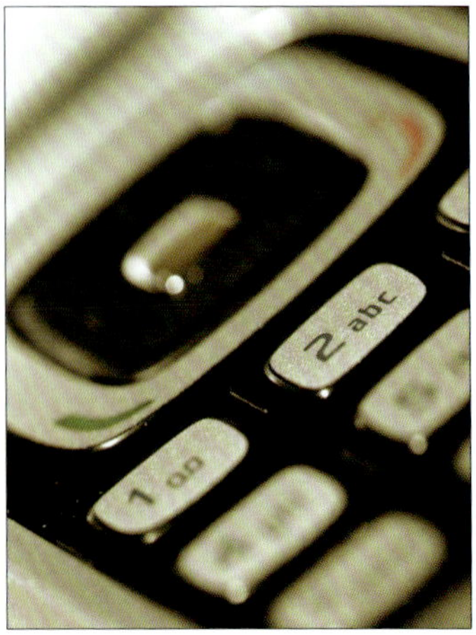

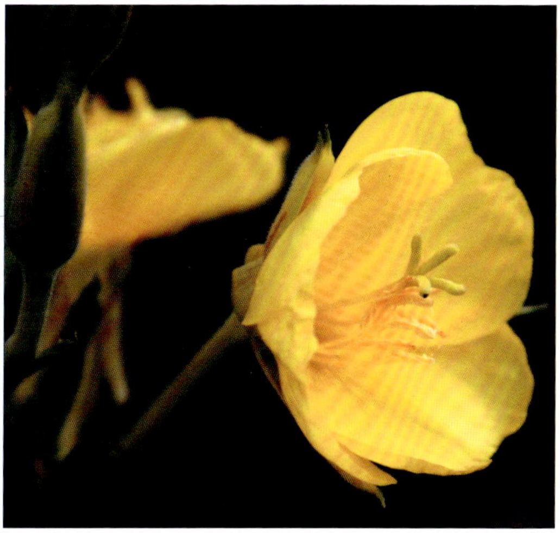

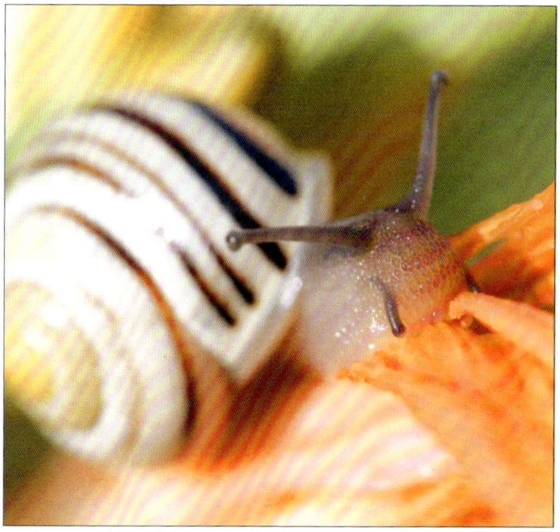

90～100mm(摄影中最常见的微距焦距)的等效焦距长得足以拍出讨人喜欢的人像，而且这样的镜头相当“快”，通常拥有约f/2.8的最大光圈。

## 倒转接圈

倒转接圈比专用微距镜头要便宜得多。顾名思义，倒转接圈可以将镜头前端与相机机身相连接，具有很强的放大被摄主体的作用。使用这一工具的近摄效果不错，但你需要手动对焦，而且调节光圈时光圈会缩小，导致取景器变暗，使得取景、对焦都愈加困难。

## 近摄延伸管

近摄延伸管比倒转接圈要贵一些，但与专业微距镜头相比仍然便宜很多。近摄延伸管没有光学部件，只是通过增加传感器与镜头之间的距离来缩短镜头与被摄主体的对焦距离。近摄延伸管可在多种焦距镜头上使用，拍摄效果也不错。

## 桥式照相机与袖珍照相机

使用桥式相机或袖珍相机也能拍出一些效果极好的近摄照片，因为这些相机中的影像传感器很小，所需镜头的焦距很短，因而你可以靠近被摄主体拍摄，使之焦点清晰。

## 手动对焦

无论你所使用的是何种类型的相机，关闭相机的自动对焦设置而进行手动对焦都可能要容易很多。不要使用对焦环或按动对焦按钮，而应当将相机对需最清晰成像的一点对焦，然后移动上半身，向前靠近或向后离开被摄主体，直到对焦准确时按下快门。

## 三脚架支撑

景深太小是微距摄影的一个常见问题。虽然这能用来增强影像的视觉效果，对摄影者有利，但这也意味着得仔细考虑被摄主体的哪些成分需要成像清晰。

扩大景深的一个办法是使用小光圈进行长时间曝光。这时需要使用三脚架，而且，所摄物体在整个曝光过程中必须保持完全静止。

**左上图** 微距摄影的景深很小，能让你挑选出被摄主体的微小部分。

**上图** 手动将对焦点落在需清晰成像的区域，然后前后移动，直到获得你所想要的聚焦效果为止。

**下图** 即使是最先进的自动对焦系统，在进行微距对焦时也很容易出现失误，因此请尝试手动对焦。

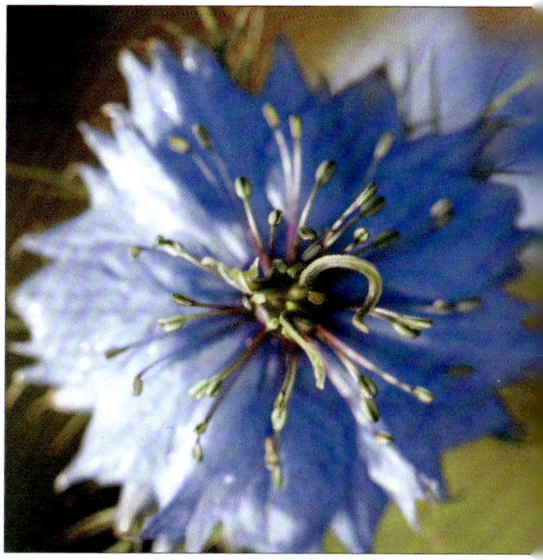

# 滤光镜

近年来，市面上的图像编辑软件越来越先进，于是越来越多的摄影者在后期处理照片时通过数码暗房来模拟镜头滤光镜的效果。那么这是否就意味着滤光镜的末日到了呢？

滤光镜由玻璃或塑料制作而成，按装接形式分为两种：一种是螺口滤光镜，直接装在镜头末端；另一种是插片滤光镜，需要带有滤光镜插片架和螺口转接环的专门装置进行连接。转接环旋在镜头末端，插片架用来夹住滤光镜。螺口滤光镜多为圆形；插片滤光镜可为方形，放入插片架的滤光镜插口中即可使用。

所有数码单反相机的镜头和许多混合式相机的镜头都可以使用滤光镜——只要镜头末端带有螺纹。螺口滤光镜的口径多样，从45mm到95mm不等。插片装置的大小也基本如此。镜头前部应该有标出适配滤光镜的口径大小。此外，一些数码袖珍相机也有带螺纹的镜头。

## 彩色滤光镜

在胶片摄影时代，使用彩色滤光镜或是为了校正人造光引起的偏色，或是为了给整幅影像增添某种色调——照片拍好后要想在暗房处理中做到这两点可不容易。

在拍摄数码照片时用彩色滤光镜校正偏色当然仍旧可行，但如果你是用RAW格式拍摄影像的，那么在电脑上进行编辑的影像的色彩校正将更为准确。同样地，用彩色滤光镜也仍然可以让影像“变暖”（略呈红色）或“变冷”（略呈蓝色）。很多摄影师仍然使用这种方法，即便用数码相机拍摄也是如此。不过，通过电脑编辑也能获得同样好的效果，而且你对特定的色彩及其强度的控制权还会大得多。

虽然后期制作时可以在很大程度上模拟某些滤光镜的效果，但有一些滤光镜也许你仍需考虑购买。

## UV（紫外）滤光镜

在镜头上安装UV镜是值得考虑的，这倒不是因为它的光学特性，而是因为它能为镜头提供保护。使用UV镜旨在减少进入镜头的紫外光总量，紫外光在某些情况下会导致影像朦胧。UV镜本身通常无色，因此对影像的色彩和影调毫无影响，可以一直装在镜头上。很多摄影者就用这种滤光镜来保护镜头的前组件，因为更换滤光镜比去除昂贵镜头

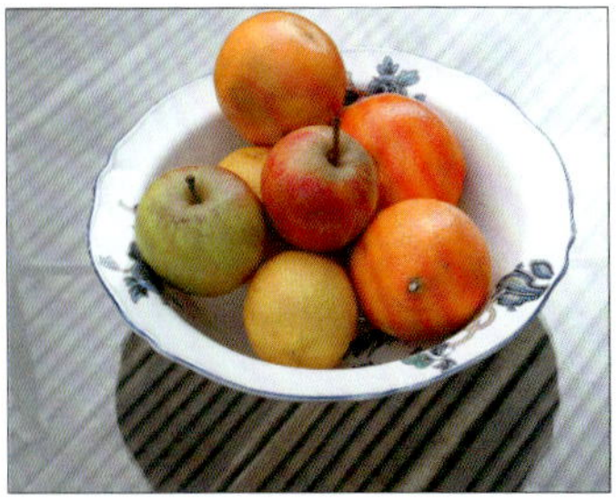

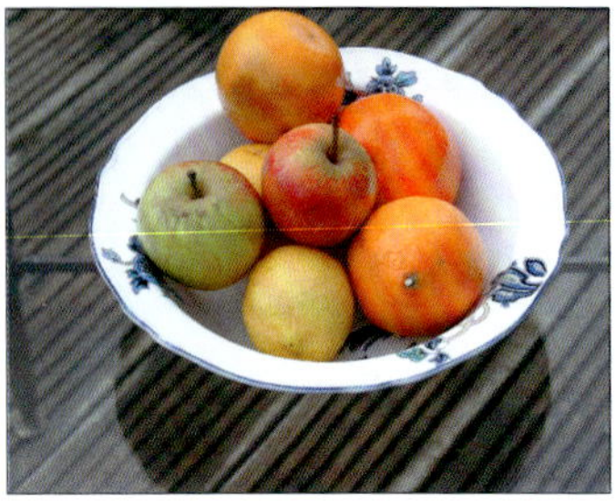

**上图** 这两张照片显示了偏振滤光镜的使用效果。不用偏振滤光镜时（顶图），影像上部的玻璃桌面有明显的反光，致使玻璃呈乳白色。在镜头前加上偏振滤光镜后（上图），反光消失，玻璃更显透明。

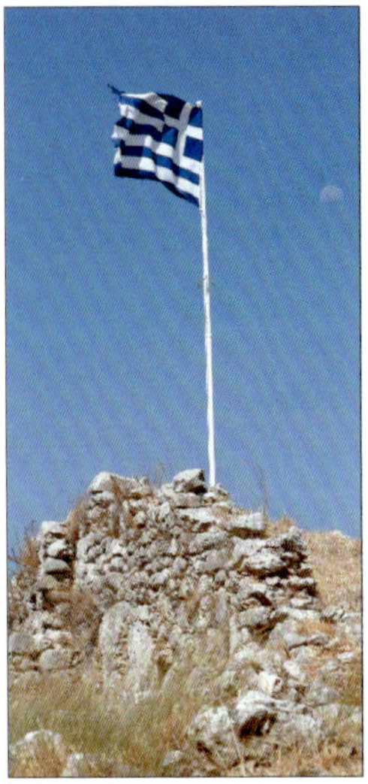

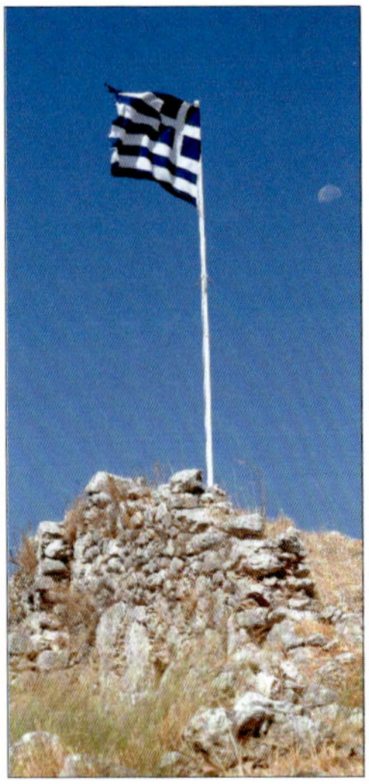

**左图** 偏振滤光镜在风景摄影中应当是必不可少的，因为这种滤光镜不仅可以消除反光，而且还能使天空显得更蓝（左图）。

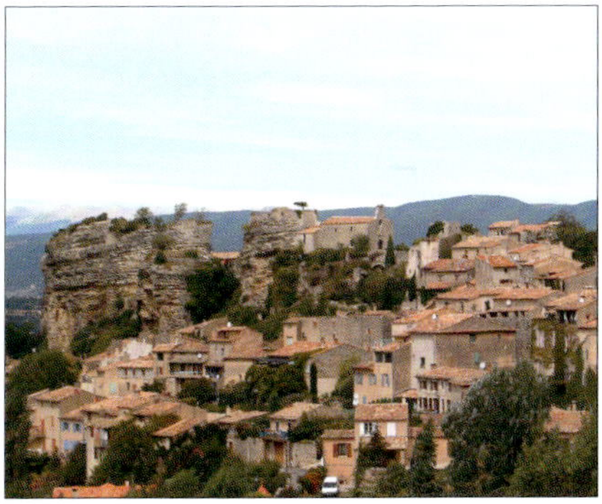

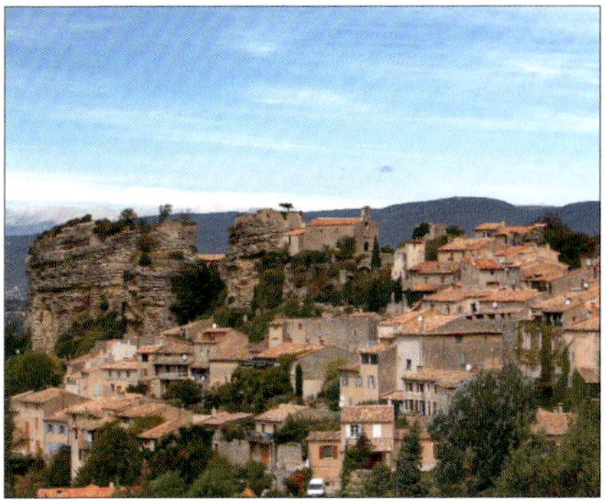

**左图** 与偏振滤光镜一样，中灰渐变密度滤光镜也是风景摄影的理想器材，能让你平衡明亮的天空与深暗的背景。

上的一条划痕要便宜得多；而且老是清洁镜头易磨损镜头镀膜，不如经常擦拭滤光镜。

## 偏振滤光镜

有些滤光镜的效果用电脑软件不易模拟，偏振滤光镜就是其中一种。这种滤光镜的原理与太阳镜的偏振片一样，都能削弱反射光线，减少眩光和雾霾。摄影中常常利用偏振滤光镜的这些光学特性。此外，偏振滤光镜还可用来加强多云时天空的对比度(使得天更蓝，云更白)，提高影像整体的色饱和度。

由于偏振滤光镜会使影像整体变暗，所以务须注意曝光量会降低1～2挡。换句话说，本来用f/16、1/125秒的曝光拍摄的风景，用了偏振滤光镜后，可能需要f/16、1/60秒或1/30秒的曝光，或f/11或f/8、1/125秒的曝光。或者，你把ISO感光度调高1～2挡。

假如你真的打算配备偏振滤光镜，请务必购买圆型偏振滤光镜。市面上也有线型偏振滤光镜，但是这一类型的偏振滤光镜的滤光方式有时会使照相机的测光系统和自动对焦系统运作失常。

## 中灰渐变密度滤光镜

专业风光摄影师常带着身边的另一组滤光镜是中灰渐变密度滤光镜。这种滤光镜的顶部为中性灰色，由上至下逐渐变浅直至底部的无色，专门用来解决天空很亮、地面很暗时常见的曝光问题。如此宽广的动态范围通常会造成两种情况，要么是地面曝光准确而天空曝光过度，要么是天空曝光准确而地面曝光不足。使用中灰渐变密度滤光镜后，你就可以按地面的测光进行曝光，而滤光镜上半部分的灰色(即“中灰密度”)能避免天空曝光过度。

一组中灰渐变密度滤光镜有多种灰度，根据天空的明亮程度可选用灰度深浅不一的滤光镜。除了中灰渐变滤光镜之外，渐变滤光镜还有多种色调，如红色、蓝色、黄色。

## 平调中灰密度滤光镜

你还可以使用镜面呈均匀灰色的中灰密度滤光镜(英文缩写为ND，简称灰镜)。灰镜能够减少到达传感器的光线量(不影响色彩)，因而使用灰镜可以进行更长时间的曝光或获得更小的景深——在某些情况下你可以创造性地运用这两点。如同中灰渐变密度滤光镜，灰镜也具有不同的灰度——ND2、ND4、ND8，分别可使曝光量降低1、2、3挡。

**右图** 中灰密度滤光镜减少了穿过镜头到达传感器的光线量，这样就可以使用较低的快门速度进行创意拍摄。

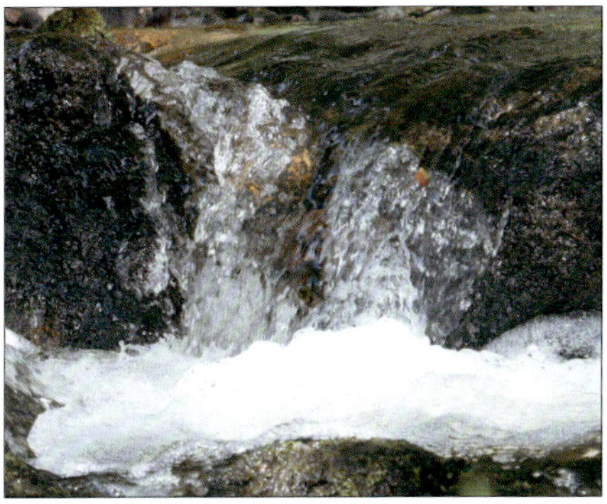

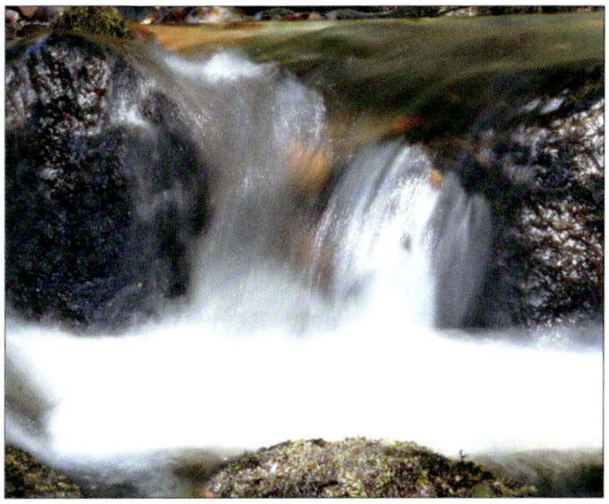

# 摄影新闻：不只是艺术

到目前为止，我们一直在着重介绍数码相机运作的复杂方面；怎样通过数码相机的手动模式、半手动模式拍得可能的最佳效果，以及如何运用一些基本的构图要领改善照片质量。这些都有助于你拍出曝光得到优化、构图具有美感的照片。

不过，除了构图美观的照片以外，还要留意用其他方式创作引起人们关注的影像，比如画面具有幽默感、辛辣意味或提出了某个特定问题。若是你捕捉影像的时间不足一秒，此时最好的办法莫过于选择自动拍摄模式，然后只管按快门。这样拍下的照片可能不是最有创意的，但假如没有时间仔细考虑场景构图，自动模式至少能够让你获得基本准确的曝光和对焦结果。此外，如果你已经拍下了可用的影像，那么如果时间允许，你尽可以改用手动或半手动模式去尝试改善景深或曝光效果。

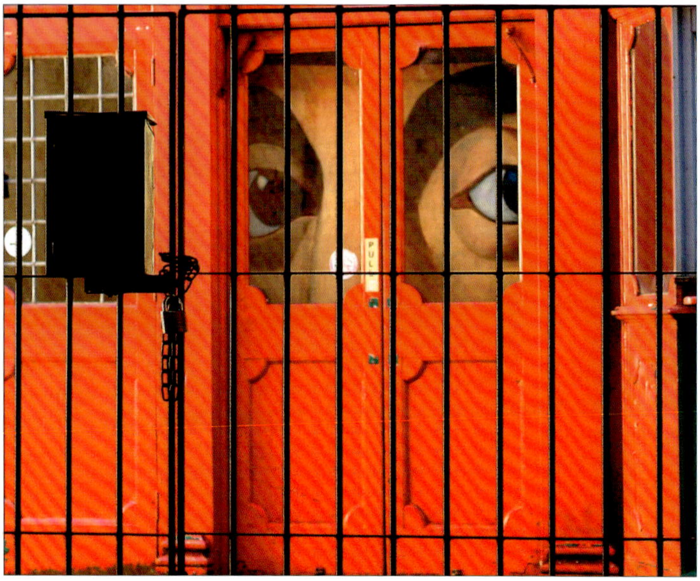

**上图** 除了拍出技术过关的照片之外，还要一直留心寻找非同寻常的被摄主体，比如图中这个从门后向外张望的"巨人"。

**下图** 这些孩子完全没有意识到自己被拍摄下来。进行抓拍时，使用袖珍相机比使用个头大且专业味儿十足的数码单反相机要容易许多。

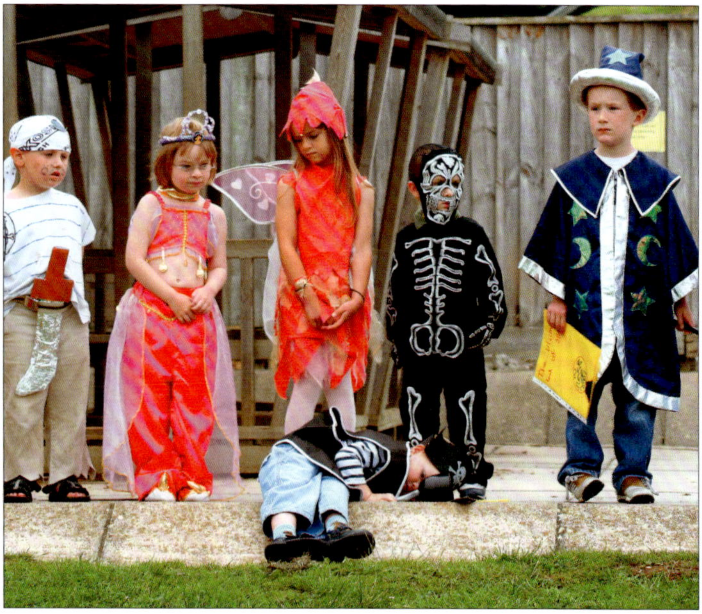

## 用袖珍照相机抓拍

许多职业摄影师在外寻找拍摄对象时会故意不带专业数码单反相机及配件，反而青睐于小型的数码袖珍照相机。要及时抓拍稍纵即逝的动态街头情景，袖珍照相机自然大有作为。新款袖珍照相机启动速度和反应速度都较快，而且机身小巧(不像单反相机有个长长的变焦镜头，十分显眼)，让你可以四处抓拍，不必担心太引人注意。使用袖珍相机时，也许你无法拥有与使用单反相机时一样的创意控制能力，但你至少能够成功地记录身边发生的事情。

有个习惯值得养成，那就是无论你走到哪里都带上相机，即使心中并无特定的拍摄想法也带上相机，因为在每一天中你都很可能遇到值得拍摄的事物，而养成寻找、评估潜在被摄场景的习惯，能帮助你提高摄影技艺的方方面面。

## 摄影者的权利

拍摄什么是合法什么是不合法的，这方面的规定，不同国家差别很大。一旦有不确定的情况，你可以向你信赖的人寻求建议或请求许可。若你在海外旅行，可以询问当地的使馆或领事馆人员。如果你想拍摄某个著名的标志性建筑，就要先与其所有者或资产负责人取得联系并征得同意。如果你只是逛逛某个城市或大城镇，那么也许可以从旅游咨询服务中心获得有用的建议。

过去，摄影在英国、美国和大多数欧洲国家并不受人关注。摄影者可以无拘无束地游览大城市，拍摄主要的标志性建筑，而不必担心引起安保人员或警察的注意。如今，由于社会安全意识的提高，有关当局往往会质询摄影者。尽管在公共场所拍摄建筑和人物完全是你的合法权利，但你会发现在大城市中有关部门的人员可能会询问你是谁，在做什么，甚至试图扣押你的摄影器材。记住：虽然从法律上说警方人员有权合法扣押私人财物并随后实施拘留，但是，没有法院指令，警方就不能扣押私人财物。如果有人自称安保人员，让你交出摄影器材，你应该礼貌但坚决地询问对方的姓名和是为什么部门工作的。假如对方拒绝答复，一味要扣留器材，纠缠不清，那么就报警。

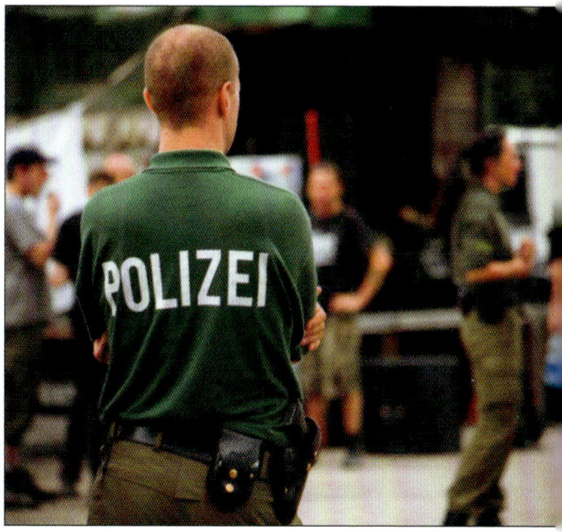


**右图** 政治集会与游行往往会产生强烈、生动的画面。这种时候用袖珍相机拍摄比单反相机要隐蔽得多。

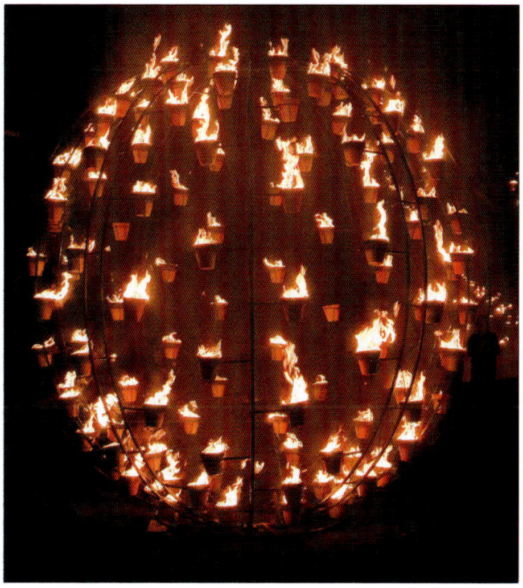

**左图** 许多新式的袖珍相机即使是在最困难的光照条件下也能捕捉到能让人接受的影像。因此应该随身携带，一旦遇到如图的火焰展示这样意想不到的事件，就可以随手拍摄下来。

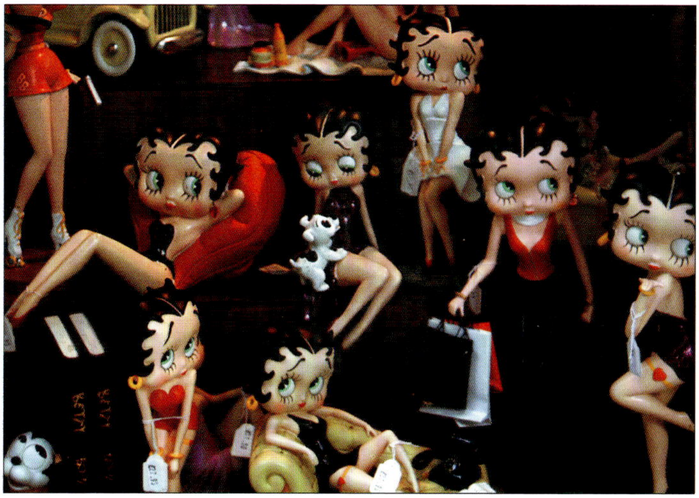

**下图** 如果你随身携带着相机，你就能信手拍下任何使你感兴趣的事物了，如这里的商店橱窗摆设。

# 黑白摄影

虽然科技进步催生了电视、电影从黑白到彩色的转变，同样让我们得以拍摄和打印色彩精确的彩色照片，但黑白摄影依然具有极强的生命力和很大的发展空间。关于黑白摄影艺术的网站、杂志、书籍层出不穷。对于许多人来说，黑白影像是艺术摄影的巅峰所在。

在很多方面，彩色摄影可被看作是捕捉和传达我们周围世界的图像的一种方式，它可以是美的，也可以是令人震惊的，因为我们大多数人看到的都是彩色的世界。然而，黑白影像则已将色彩从"现实"中抽离出去，因此，与其说一幅黑白影像只是表现某个场景，不如说它是在传达摄影者对该场景的理解。彩色摄影固然也可以传达摄影者的想法，但这一点在黑白摄影中分量更重，这就是黑白摄影久盛不衰的原因。

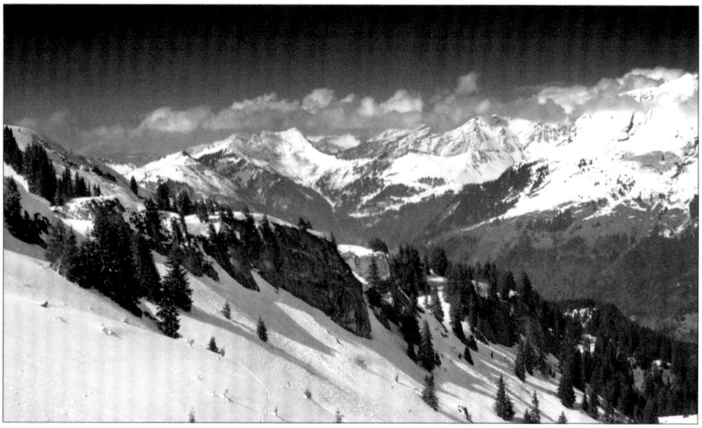

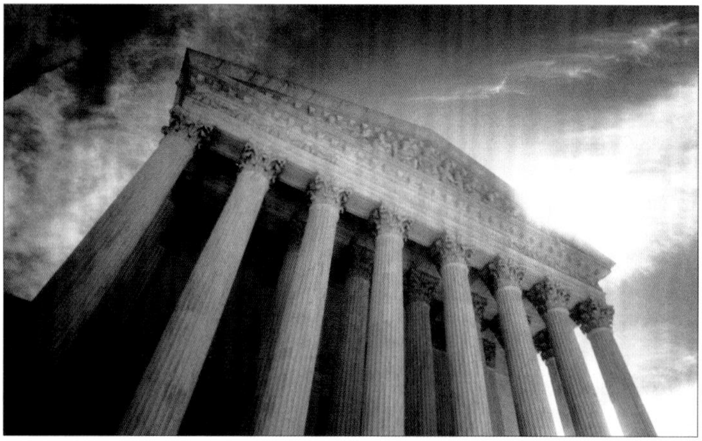

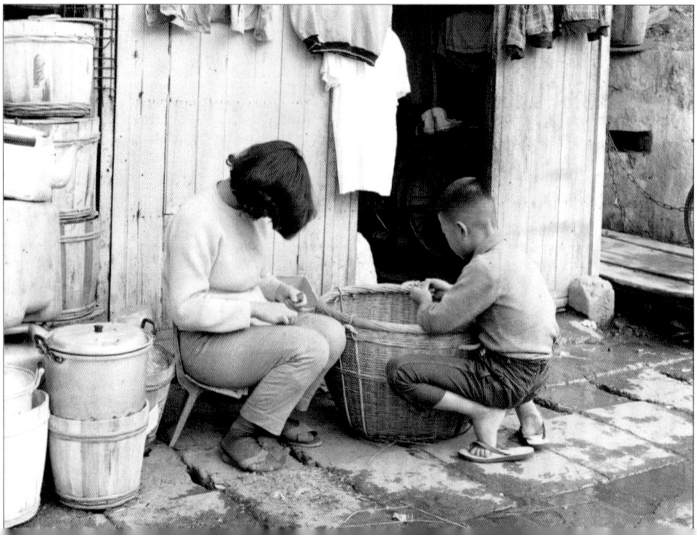

**顶图** 去掉色彩，通常有助于我们更明晰地展现自然景物不寻常的构造与形状。

**上图** 黑白影像传递庄严肃穆的感觉常常比彩色影像更为强烈。

**左图** 在很多摄影师看来，街头摄影的唯一媒介就是黑白摄影，因为它立即给人以带有"砂砾感"的报纸图片的感觉。

## 数字黑白

在胶片摄影的时代，摄影师在拍摄前需要考虑使用黑白胶片还是彩色胶片，一旦作出决定就不能更改。如今身处数码影像时代,你就不再面临这样的抉择。只要愿意，拍摄任何东西都可以用彩色，后期再去决定哪些照片要转换成黑白图像。

这种做法本身固然无可非议,但对于黑白摄影来说,却未免有误打误撞之嫌,相比之下,如果预先了解良好的黑白摄影构图需要哪些成分，那么效果就会好多了。毫无疑问,大多数习惯于彩色摄影的摄影者转换到黑白摄影时,都会有惊讶之感。在开始拍摄黑白照片之前，我们都不会意识到我们的摄影创作是多么地依赖于色彩。所以,我们至少可以花些时间只用黑白两色进行“思考”,可能的话最好亲身体验一下黑白摄影。

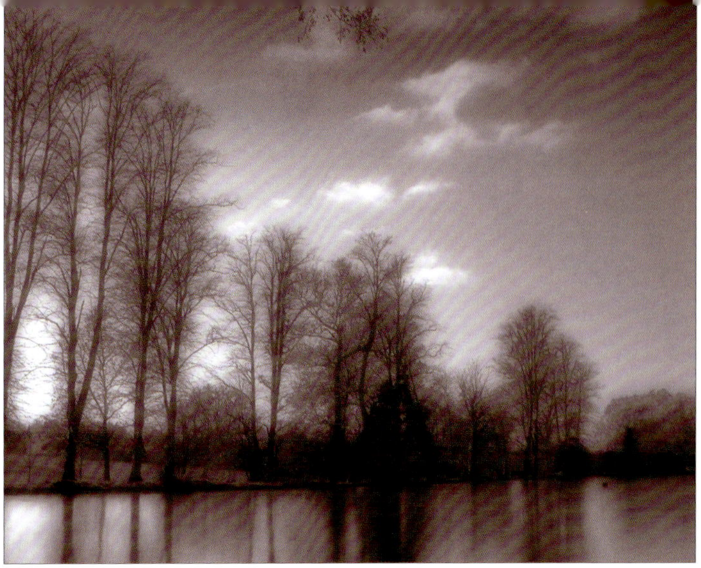

## 拍摄黑白照片

大多数照相机都设有黑白模式，尽管这不是捕捉黑白影像的最好方式，但带着相机外出时使用这一模式可以进行很好的黑白摄影练习，因为你可以即时预览到黑白画面。要想获得黑白摄影的最佳结果，请用RAW格式进行拍摄(若相机存储格式有这一选项的话)，这样可以比采用JPEG格式拍摄保留更多的影调信息。

可是，如果你要直接从照相机打印黑白图像，那就只能用JPEG格式拍摄了。虽然直接打印的黑白照片效果尚可，但这时你对图像质量的掌控程度就不如把照片传至电脑后再打印时那样大了。

在接下来几页中，我们将探讨如何学会进行最佳的黑白摄影构图的方法。要想拍出引人瞩目的黑白影像，学习构图不仅至关重要，而且当你再转到彩色摄影时，这一学习过程也会让你受益匪浅。

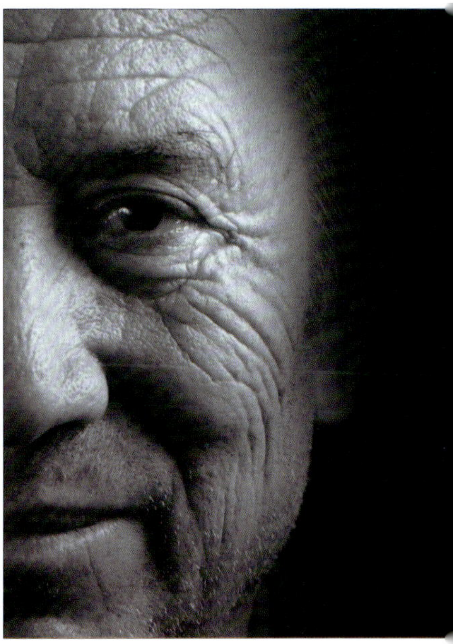

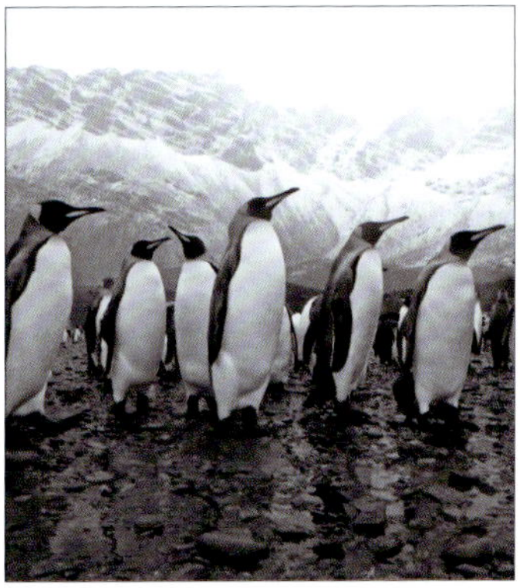

### 噪点

与彩色摄影相比，黑白摄影或进行黑白转换时，都更需要将ISO感光度尽量调低，因为噪点在深灰、黑等暗色调中比在任何色彩中都要明显，尤其是在弱光摄影时。

**顶图** 这张照片非同寻常的美感全在于画面的柔和色调。画面有些朦胧，而且低速快门的使用抚平了波纹，这都使色调更显柔美。

**上图** 黑白人像的视觉冲击往往比彩色人像更加强烈。

**左图** 拍摄黑白照片避免了潜在的色彩干扰，你可以把注意力集中在影调和质感上。

# 黑白摄影构图

由于不能借助于色彩，其他构图要素就必须发挥更大的作用才能拍出成功的黑白影像。这正是黑白摄影的美感与挑战所在，也正因为这一点，才会有那么多的人如此推崇黑白摄影。黑白摄影让我们时刻保持敏锐的洞察力，促使我们更加仔细地观察潜在的拍摄对象。

## 影调、形状与质感

因为没有色彩，尽可能细致地捕捉微妙的影调就显得十分关键。要做到这一点，无疑重要的是要熟知一天或一年之中不同时间段的光线性质。清晨和下午近傍晚时分的光线通常最适于表现影调的微妙之处，但这并不是说强烈的正午光线就不适用于黑白摄影。正午太阳高挂空中，物体的形状因此得到凸显，而且，如果光线与被摄主体之间的角度恰当，那么物体的质感也会更加清晰。此外，明亮刺目的光线可以让你获得更宽的动态范围——白色会更白，黑色更黑。若题材合适，黑白分明、中间灰阶很少的光照条件，能让你拍出生动有力的影像。

进行了一段时间的黑白摄影之后，你就会领悟到光线对黑白影像和彩色影像的影响方式是如何的不同。例如，昏暗的光线也许不适于彩色摄影，因为这时的色彩呈现为单调乏味，但你很快会发现，这样的光线用于黑白摄影却很理想，因为能让摄影者探索和强调场景的影调，而不必担心刺目杂乱的阴影和高光的干扰。同样，昏暗的光线也常常最适于拍摄人像，因为这时的影调更加讨人喜欢，而且较弱的反差有利于充分展示人物脸部的精细结构。

## 图　案

对占主导地位的光照条件的依赖并不太大的一个构图方面，就是图案。无论是在刺目的硬光还是柔和的柔光下，你都可以找到适合于黑白摄影构图的图案。对许多摄影师而言，没有了色彩的干扰，图案的重复特性会更加醒目，而色彩这在很多场景中是区分各个成分的唯一方式。

**右图** 这张莫斯科圣巴西尔大教堂的照片因缺少色彩，促使观者不仅关注教堂圆顶的结构和质感，而且还会注意圆顶之间的空间。

**下图** 强有力的线条在黑白画面中比在彩色画面中更加重要，因为它们能够吸引观者的注意力。

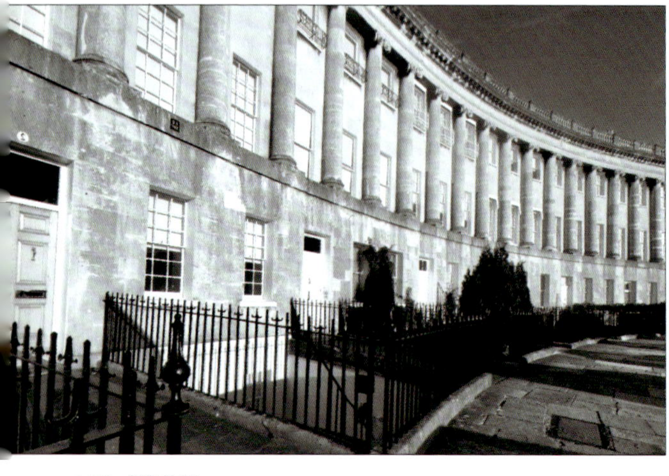

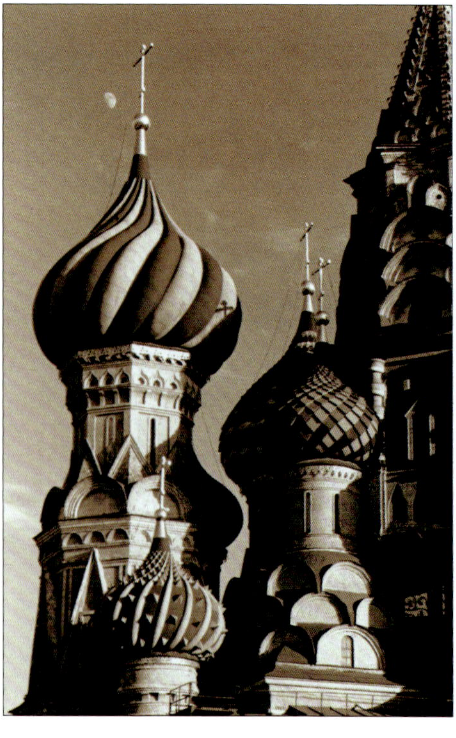

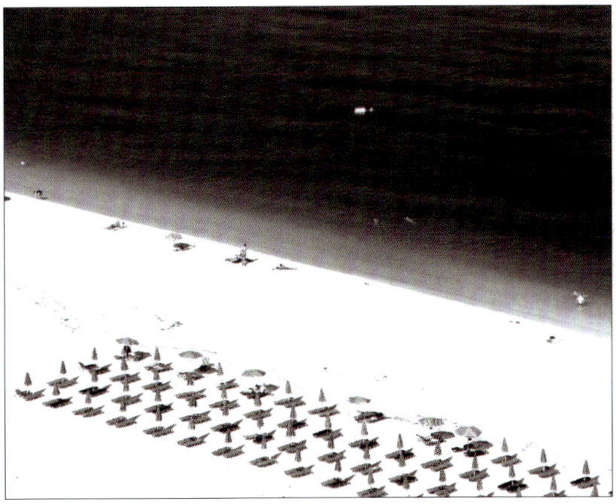

上图 如果你不借助色彩而想让观者"读懂"与理解一幅影像，那么被摄主体的结构、形状和影调就具有更重要的作用。

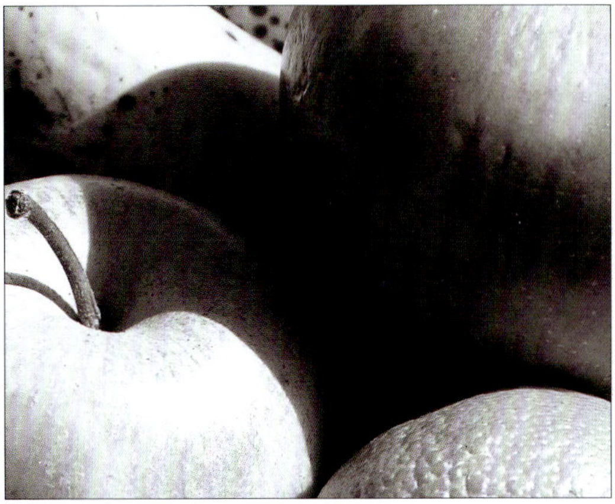

上图 借助于浓重的阴影，有可能创造出令人印象深刻的黑白影像，同样的画面拍成彩照未必会有这样的视觉冲击力。

## 水平线、垂直线与曲线

没有色彩时吸引观者注意力的另一个办法，是去寻找强有力的引导线来引领观者观赏影像。虽然引导线在彩色摄影中也很重要，但它却是一幅出色的黑白影像的关键之所在，而且其作用越强，影像就越不像是某个场景的再现，而越像是一种表现某种立意的视觉宣言。

## 影调对比

用黑白两色"看"世界时，也许最难的是强迫自己区分影调对比与色彩对比。举例来说，红色和蓝色在色环上的位置正好相对，因而对比强烈，但转换到黑白影像中后，这种对比就会大大地减弱，甚至消失。进行黑白摄影时务必记住：色彩的色相并不重要，重要的是色彩的亮度。

尽管黑白摄影和彩色摄影的构图规则基本一致，但开始时要拍出令自己满意的黑白影像会更加费力。虽然拍摄彩照后再用电脑转换成黑白影像可以让你获得同一场景的两个版本，但不久之后，观察潜在的黑白摄影的场景会成为你的自觉行为。而且，这也可以让你对黑白转换的过程拥有更强的控制能力。

下图 虽然剪影的被摄主体总呈黑色，但剪影在黑白影像中往往效果更好，因为没有背景色彩的干扰。

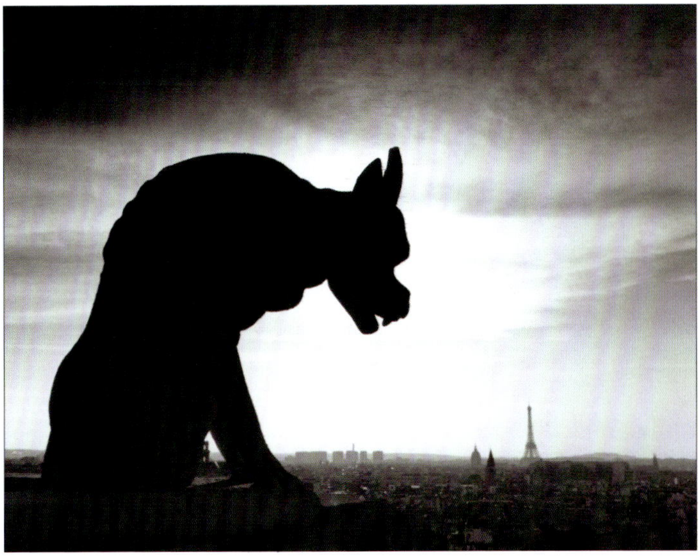

### 构　图

色彩在构图中既有益处又有弊端。在没有色彩可以依赖的情况下，要拍出具有作用力的黑白照片就得付出更多的努力。时刻留心潜在的影像中的明显的引导线条、图案、质感和形状，以及光影和影调的微妙变化。

# 动手尝试：黑白摄影

拍出成功的黑白影像没有捷径可走；这是需要不断实践、积累经验才能逐渐掌握的技能。如我们所知，虽然黑白摄影的构图规则与彩色摄影相差不多，但的的确确你须进行更多的黑白构图练习，并且问问自己究竟想要拍出怎样的照片。

## 对比黑白与彩色

启动黑白摄影试验的最好方法，是回到你曾经拍过一些成功的彩色照片的地方，尽量按原样再现当时的拍摄画面，使用相机的黑白模式重新拍摄。

将黑白照片下载到电脑上，与以前拍摄的彩色影像进行比较。或者你可以用图像编辑软件，把一些自己喜欢的彩色影像转换成黑白影像。

假如黑白版本的效果远不如彩色版本，你也不必担心，因为这个练习的目的不是到户外拍摄绝妙无比的黑白影像，而是通过比较两组影像，体会各个构图要素转到黑白影像中是什么效果。注意观察色彩是如何转变为不同的灰调的。仔细对比两组照片，看看形状与结构在黑白版本中是否得到了强调。另外，色彩缺失是否改变了影像的整体气氛。

## 拍摄黑白照片

进行了照片对比练习之后，你就会对什么是好的黑白构图有了更多的认识。下次带着照相机出门时，就有意地去寻找创作黑白影像的机会，同时特别要注意以下几个方面：

• 质感与影调。留心寻找影调渐变较佳(从深灰到浅白)的物体或场景，尝试在不同的光照条件下进行拍摄，看看影像的整体对比度会受到怎样的影响。在光照情况不同时返回拍摄同一个场景，以便比较刺目的高反差的光线与柔和的低反差的光线的不同效果。另外，寻找具有鲜明质感，看到就几乎可以“触摸”到的物体或场景进行拍摄。

• 图案与形状。色彩的缺失非但不会削弱图案效果，反而能使之得到加强。无数自然的及人造的物体和场景常常出人意料地显现出某种图案。此外，要留意轮廓分明、形状富有趣味的物体。和图案一样，这些物体也能为黑白照片增色不少。

• 如果你热衷于风景摄影，那么注意拍摄有着丰富的白云的蓝天。在美国著名摄影师安塞尔·亚当斯的所有作品中，最受人称道的或许要数其黑白风光摄影作品，其中有很多照片的特色就是大片的白云绵延于灰暗几近黑色的天空。可使用偏振滤光镜来强化天空与云朵的对比。

• 引导线和曲线在彩色摄影中颇为重要，在黑白摄影中则往往更加关键。注意寻找具有醒目的水平线、垂直线、斜线和曲线的景物。这些视觉引导可以将观赏者的注意力引入画面，并为影像加入生动的造型元素。

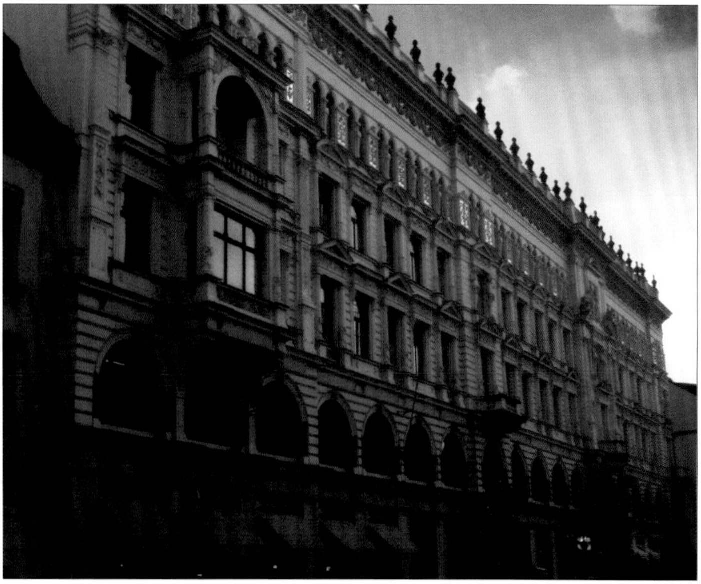

**右图** 布拉格的这座建筑的年代和规模，很适于用黑白影像来表现，仿佛能将我们带回到过去的时代。

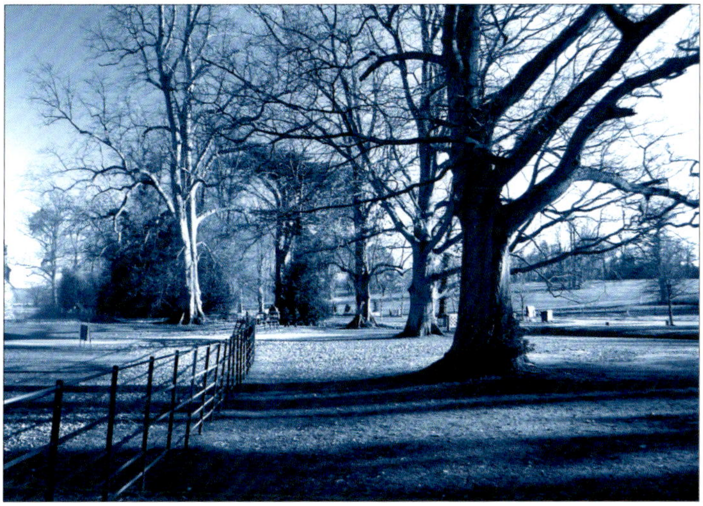

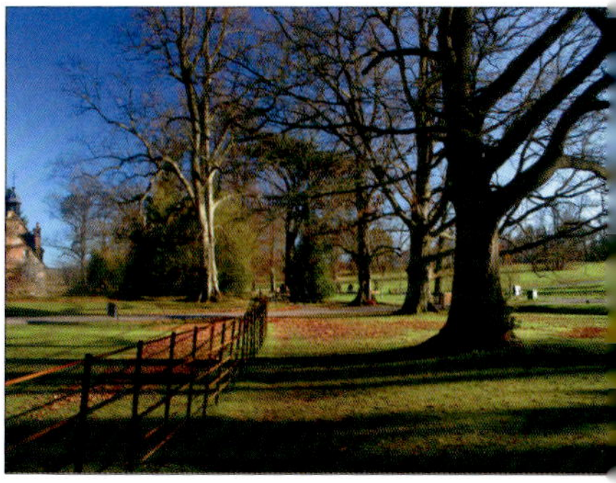

**上图和右上图** 在电脑上将你的一些彩色影像转换为黑白影像是开始学习黑白摄影的一个好方法。比较这两幅图像你可以发现，树木和围栏一天然一人造的结构的并置，以及片片阴影，在单色画面中都更为明显。

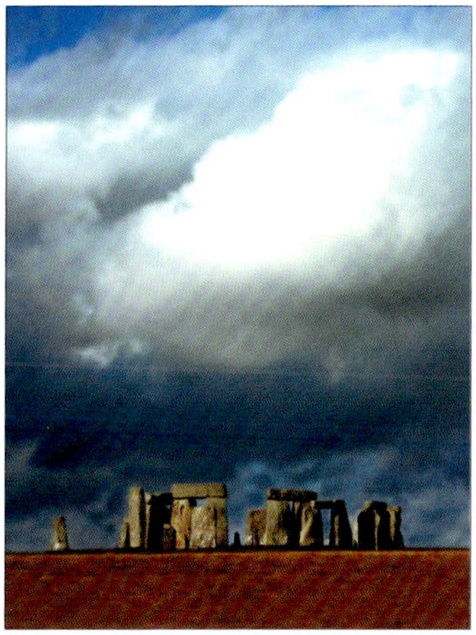

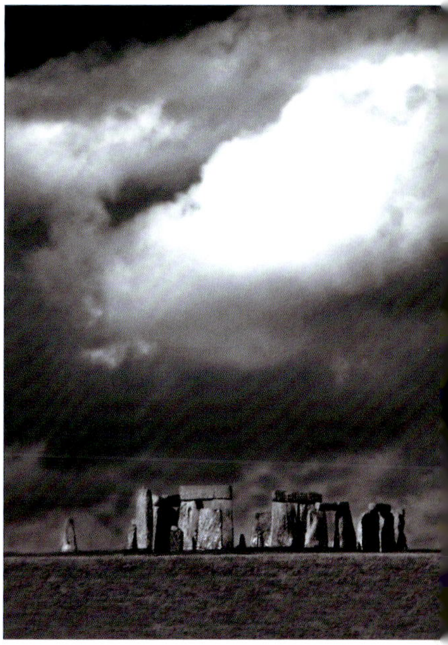

**右图** 并置这两幅影像的目的，在于比较黑白影像与彩色影像的质感，如比较巨石之间与天上云朵之间的质感。

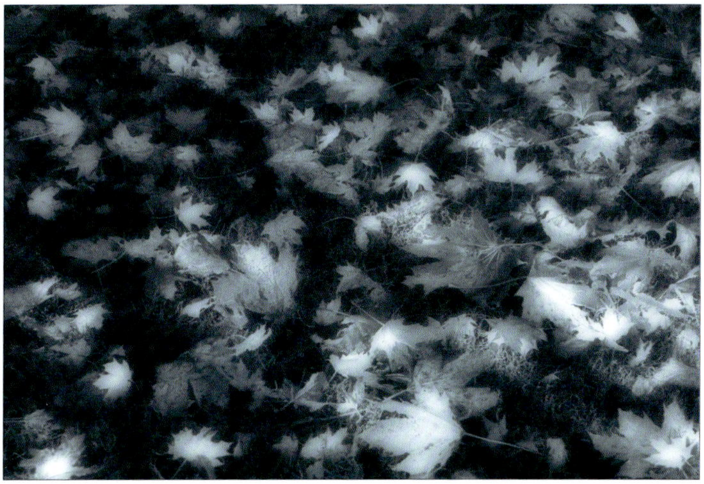

**左图和下图** 斑驳的阳光在黑白的版本中仍然显明，而且黑白影像呈现得更加抽象。

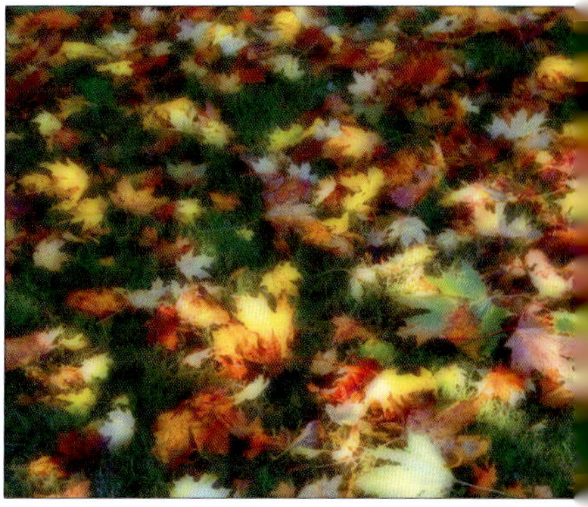

# 考虑后期制作的拍摄

如今，大多数业余数码摄影爱好者(以及所有专业数码摄影师)，都把使用电脑和图像编辑软件视为摄影工作流程中的一个环节。这样做常常是为了达到标准化的编辑效果，如锐化、裁剪、调节白平衡或对比度。如果是用RAW格式拍摄影像的话就更不用说了，因为用RAW格式拍摄时照相机内部不会对影像进行任何处理，影像需要经过这些基本的编辑过程才能打印出来。

很多时候，摄影者在拍摄照片时就打算日后在电脑上对影像进行处理——这一处理过程通常称为“后期制作”。

## 高动态范围

为便于进行后期制作而在拍摄时就作精心考虑的最常见情形之一，就是遇到被摄场景的动态范围超出了照相机传感器捕捉能力的情况。例如，有的时候天空很亮而地面很暗，传感器无法同时正常地记录高光区域和阴影区域，结果不是高光过曝就是阴影过暗失去细节。这时要成功地展现场景的整体影调范围，最好的做法是拍两张照片，一张以适于天空的曝光量拍摄，另一张以适于地面的曝光量拍摄，然后在电脑上将两张照片合二为一。

## RAW 格式

用RAW格式拍摄，你可以事后在电脑上调整曝光量，并可生成两幅影像(分别以天空和地面为曝光依据)，供合成一个影像文件之需。有许多方法可以扩大影像传感器的动态范围，但高光区与阴影区的差别常常很大，后期制作中施加的曝光补偿可能导致影像最暗的一些部分(这些是最易出现噪点的部分)出现噪点。

## 全景照片

如果想要制作全景图像，摄影者经常会事先精心地拍摄，以便进行后期制作。在这种情况下，摄影者要先对被摄场景拍摄两三张甚至更多张互相略有重叠的照片。为了确保几幅影像能准确对接，通常需要借助三脚架。之后下载这些照片，使用图像编辑软件

**左图与下图** 建议你建立一个小型图片库，收藏一些不同类型的天空图像，如暴风雨、多云、晴朗等不同天气的天空，因为说不定什么时候你会想为一张不错的但天空阴沉沉的照片更换一个更有趣味的天空。不过，进行这种改动时不要逾越道德规范的界线。

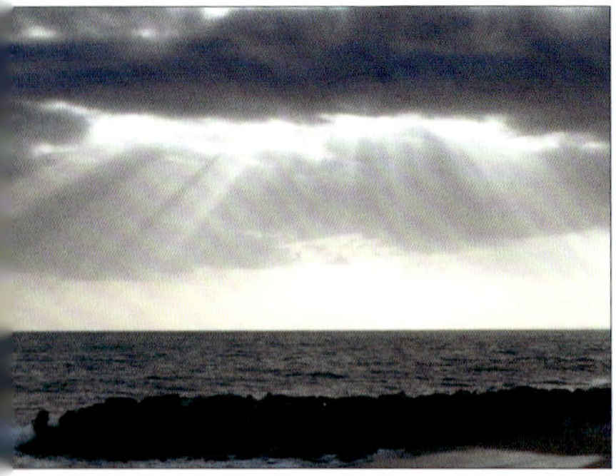

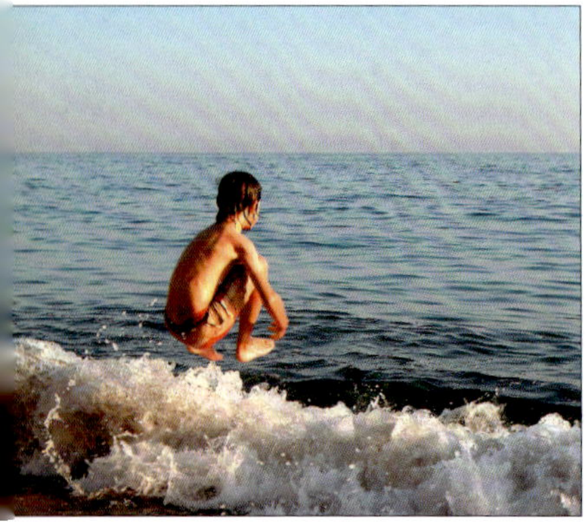

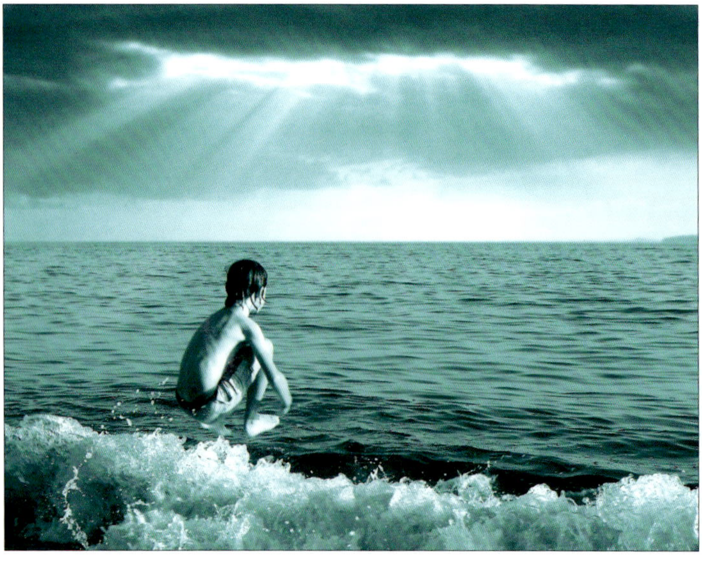

右图 数码摄影与电脑和基本的图像编辑软件结合起来，可以让你方便快捷地合成照片。在影像目录中稍稍搜索一下，进行编辑，你会得到无穷无尽的组合结果。

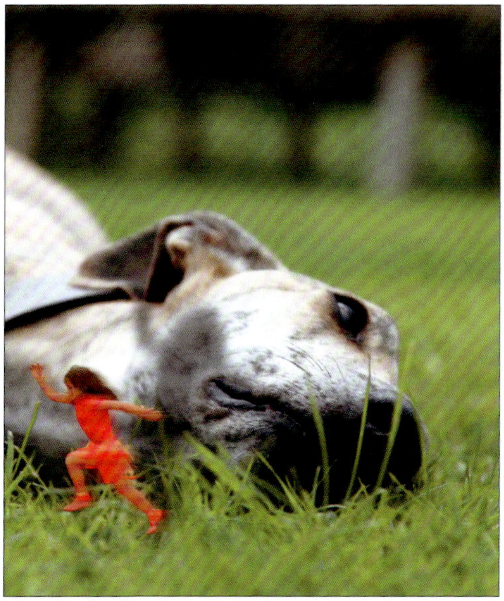

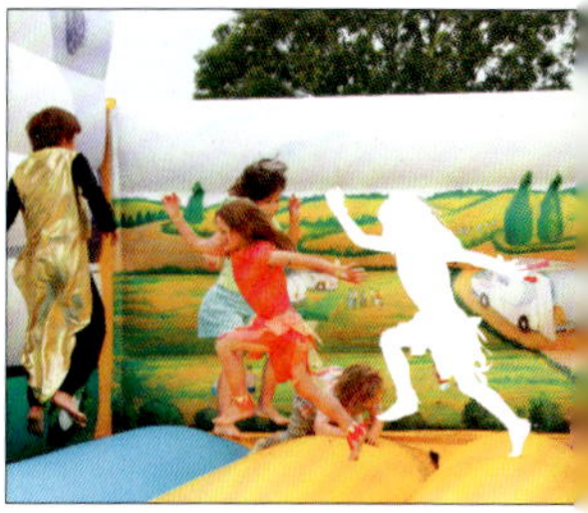

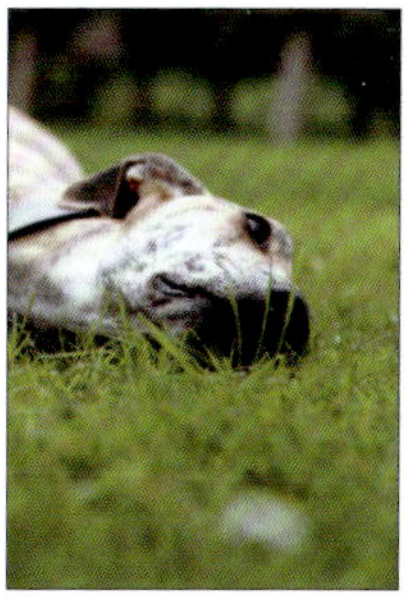

将其“拼接”起来，形成一张长长的全景照片。

大多数图像编辑软件都具有部分自动地拼合多幅影像的功能，即通过寻找场景中的重复“图案”，将一幅幅影像叠加拼接起来。

## 照片合成

为方便后期制作而拍摄的第三种常见情况，是创作具有摄影蒙太奇效果的合成照片。摄影的蒙太奇手法由来已久，几乎在摄影术出现以后就开始运用，主要是将两张或两张以上其内容、风格等互不协调的影像合而为一。在传统的胶片摄影时代，通常只能用美工刀小心翼翼地裁下各个成分，再将其组合在选定的主背景影像上，才能合成照片。如今有了功能强大的图像编辑软件，借助软件中精密的裁剪工具、图层及混合模式等，我们可以轻而易举地合并影像，制作出天衣无缝、不可思议的奇妙场景来。

## 图片库

由于使用图像编辑软件能够无缝拼接两幅影像，现今很多摄影者备有影像素材的“图片库”，收集了诸如日落、多云的蓝天、无人的海滩等素材图片。每拍下一幅今后可能有用的影像，他们就会把它加到素材库中。这样一来，他们就可以进行替换加工，如某张照片中的天空略显乏味，就可以给它换个更合适的天空，让整幅影像焕然一新。

## 道德制约

图像处理必然受到道德因素的制约。曾有一名专业摄影师，为使照片更具感染力，将爆炸后产生的一片浓烟稍微加厚了些，因此被一家著名通讯社解雇了。虽然采用传统的暗房技术也能获得类似的照片效果，但在摄影专业领域，人们对数码图像处理特别担忧，违反摄影道德行为的人常常受到严厉的惩罚。当然，对于只是将照片展示给亲朋好友看的业余摄影爱好者来说，并不存在这个问题。但是，假如参加摄影比赛，且比赛严格规定影像只允许经过微小处理，那么这一点就值得注意了。

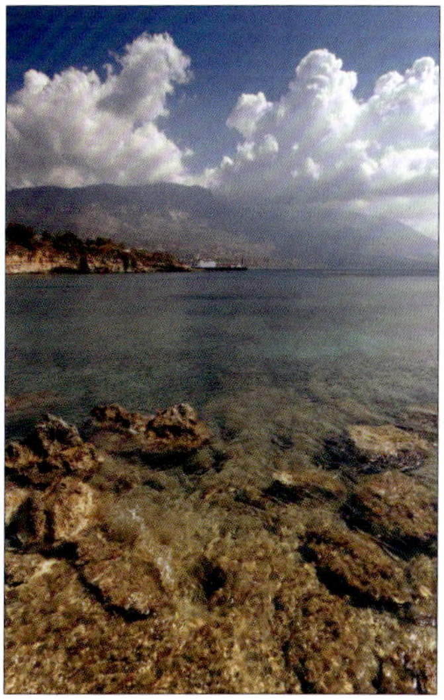

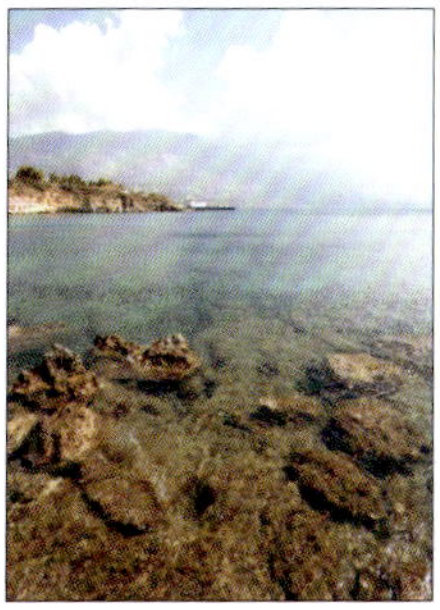

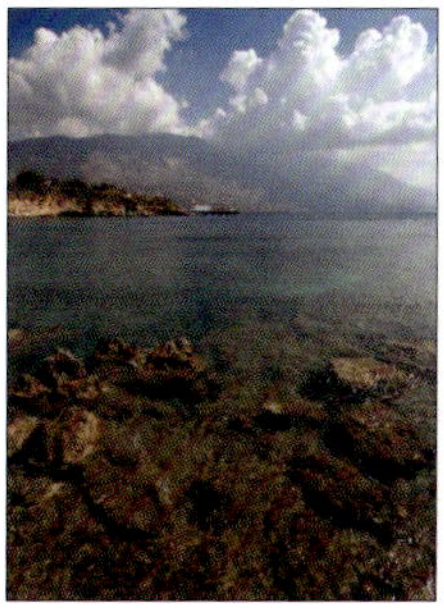

右图 将分别按前景和天空进行曝光的两张照片结合起来是获得高动态范围影像的有效方法。如果手头没有中灰渐变滤光镜就可以采用这一方法。但需要使用三脚架或利用其他坚固的物体来稳定照相机。

# 第 4 章

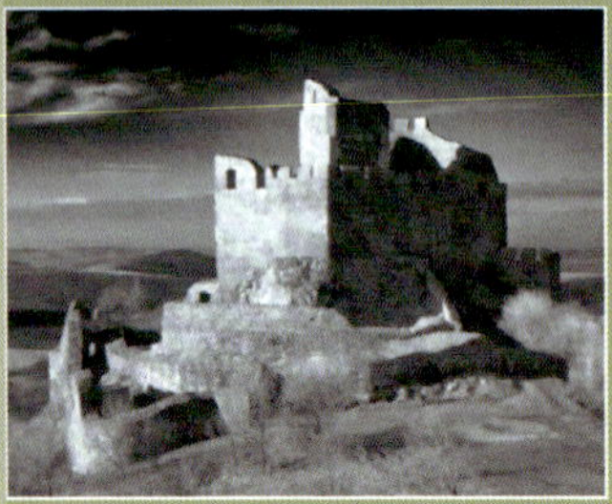

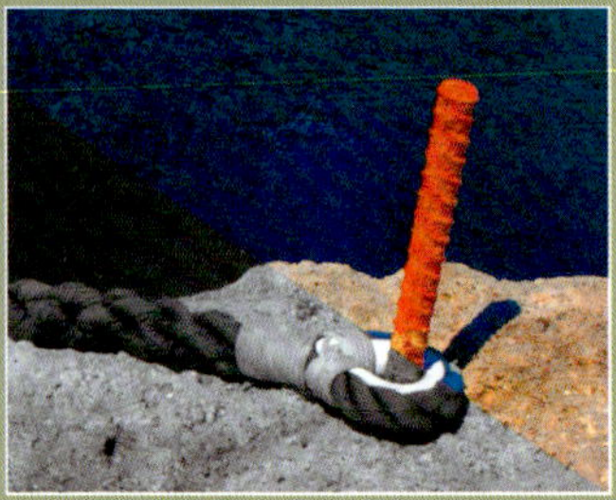

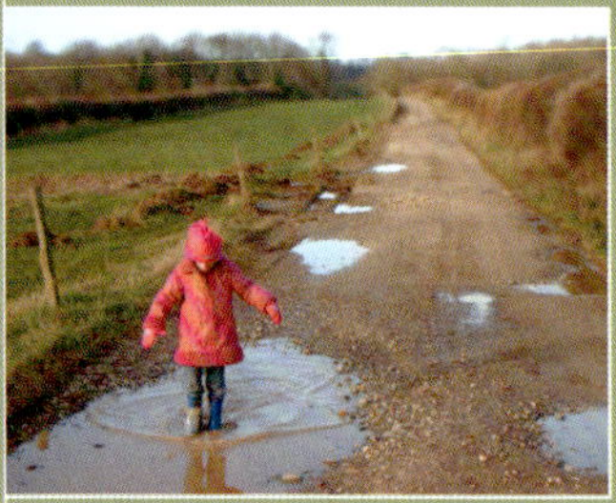

# 基础图像编辑

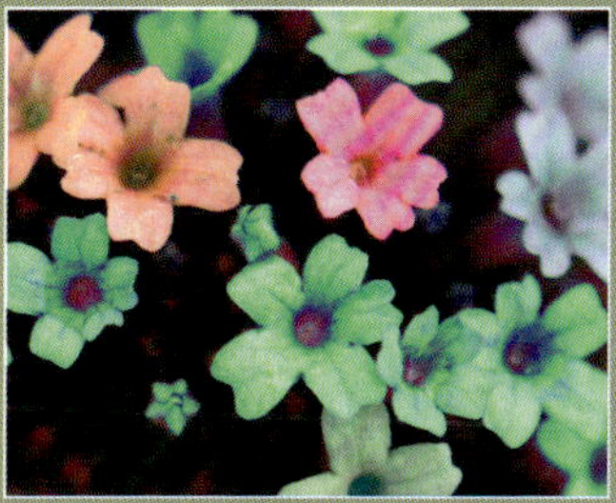 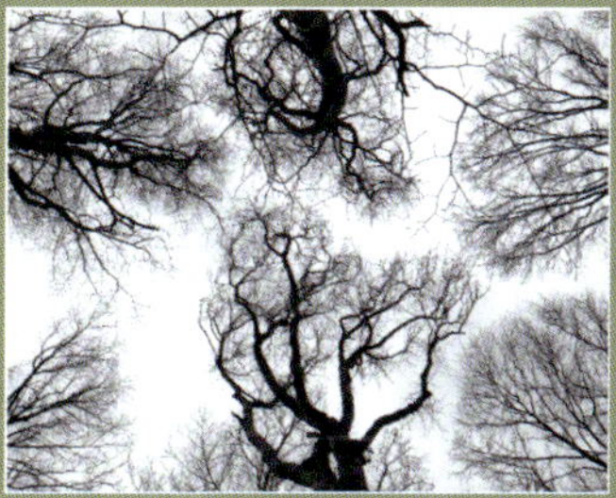 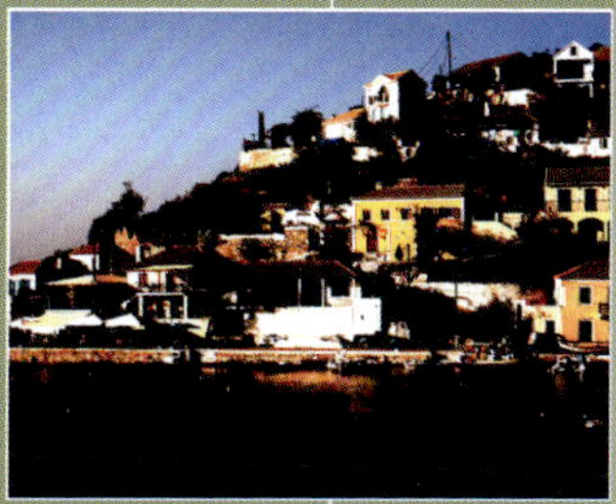

大多数的假日快照和家庭照片，能直接从储存卡或相机里打印出来。但是，对于想精心创作的图像和以 RAW 格式拍摄的快照来说，如果想达到最优质量，就需要对亮度、清晰度等属性进行处理。本章主要介绍能提高图像质量的基本图像编辑软件，以 Photoshop CS（工业标准编辑应用程序）和 Photoshop Elements（最畅销的图像编辑软件）为例。当然其他的应用程序，如 Corel 公司的 Paint Shop Pro 或 PhotoImpact，也能以相似的工具和菜单控制完成同样的任务。

# 电脑与显示器

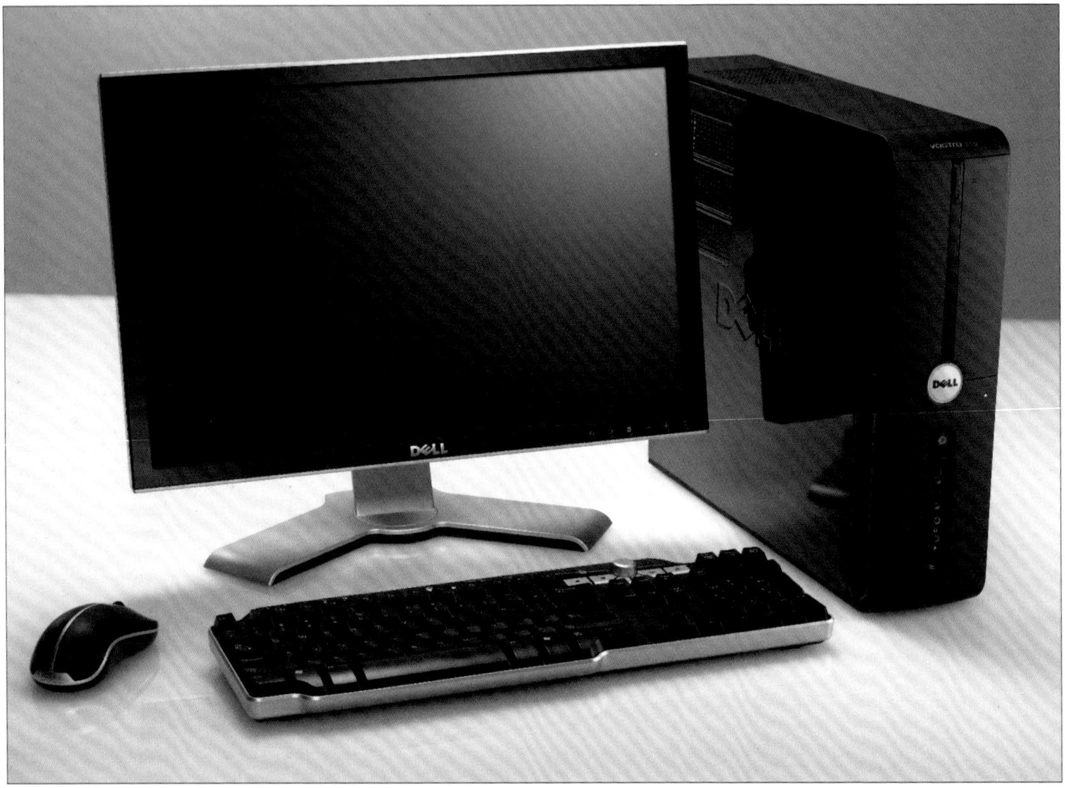

上图 选择合适的电脑对编辑图像很重要，因为相应的图像处理软件的运行对电脑的处理器、内存、显示器及操作系统的要求很高。

随着电脑成为当今数码摄影师工作流程中的一个重要组成部分，花一些时间来认识对图像编辑和存储有用的配置，学会使用相关的外接设备，是非常必要的。

## 处理规格

自世纪之交开始，电脑技术和数码相机技术蓬勃发展，可以说 2003 年以后生产的任何电脑都有足够的处理能力来运行常用的图像编辑软件，这里介绍一些具体的细节：

• 一台基于 Windows 系统的个人电脑(PC)，至少需要 Intel Pentium4 处理器或者 Intel Celeron(或可兼容)1.3 GHz 处理器，最好是 Windows XP 或 Vista 系统，并配备有 512M 以上的内存以及 500M 的硬盘空间，而现在大多数的电脑均以 80G 或以上的硬盘作为标准，所以这一切已不再是问题。

• 一台 Mac(苹果牌)电脑，必须配备一个 PowerPC G3、G4 或 G5 处理器，以及 OSX 10.3 或 10.4 系统。同样，通常 512M 的内存配置就可以运行相应的软件了。

无论是哪种操作系统，电脑显示器的像素分辨率至少为 1024×768，支持 24 位色的显卡。

电脑还需配备 CD/DVD 读写光驱，以便安装软件以及用刻录方式储存、分享和备份图像。

同时要确保电脑系统有合适的接口，如 USB、USB 2.0 或者 FireWire，用它们能直接从你的相机或者读卡器中读取图像，同时又可以连接打印机、扫描仪或

CD/DVD 读写光驱等其他外接设备。

有了上述各种配置，相信电脑运行大多数的图像编辑软件均不成问题，但要注意这些只是最低配置，如果你有能力买一台高配置的电脑，效果会更好。

## 升 级

如果电脑运行缓慢，或者不能同时使用所需要的程序，通常不需要购买一套全新的设备，只要增加内存条就能满足你的需要，现在有很多公司生产的内存条能与大多数电脑相兼容，并且容易安装。

如果电脑运行缓慢却找不到任何理由，这时应该查杀病毒，因为病毒会影响电脑的运行速度，目前很多杀毒软件能检测并清除最常见的病毒。

## 外接移动硬盘

无论一台新电脑的硬盘空间有多大，总有一天会被图片占满，应该考虑购买外接移动设备来增加空间，利用外接移动设备为图片作备份。这样做，即使遇到硬盘驱动完全瘫痪这种最糟糕的情况，也不会措手不及。

## 显示器

电脑的显示器非常重要，因为对图像作出调整，取决于它所显示色彩、色调的精确性。当今大多数显示器能显示 1670 万种颜色，与肉眼可以辨别的色彩数目相当，因而足以进行图像编辑。此外，大多数显示器的像素分辨率为 1024×768，这对各种图像编辑来说也足够了。

挑选显示器时，最重要的是看它的尺寸及是否具有阴极射线管(CRT)屏幕或者 LCD 液晶显示屏。在尺寸方面，尽可能选择购买能力之内的最大尺寸，因为屏幕越大，图像、图像编辑工具以及对话框的显示就越大，但大显示器的缺点在于它所占据的空间比较大。

虽然以往 CRT 屏幕可以提供明亮饱满的色彩，而当今 LCD 液晶屏性能更优于 CRT 屏幕，且图像显示效果亦与之相当，更需要指出的是，平板的 LCD 液晶屏占用空间更小。

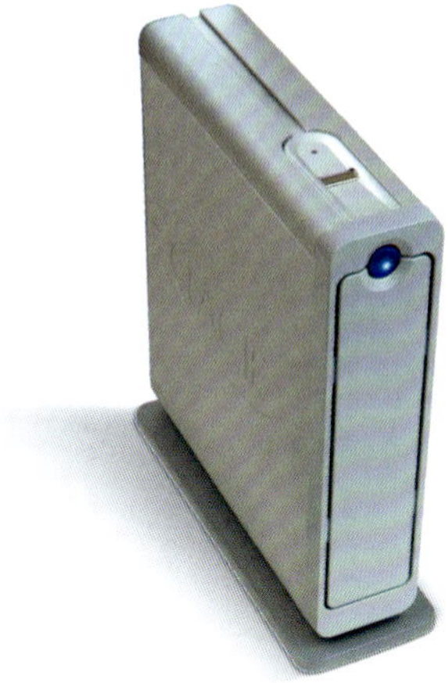

**上图** 当数字图像开始导入电脑时，不论硬盘容量有多大，其空间都会迅速减少，此时可以通过 FireWire 和 USB 连接外接移动设备。

**下图** FireWire 和 USB 是两种最常用的外接设备连接接口。有些外接设备非常有用，如打印机和扫描仪，而有些则多点娱乐成分，如 USB 风扇或手电筒。

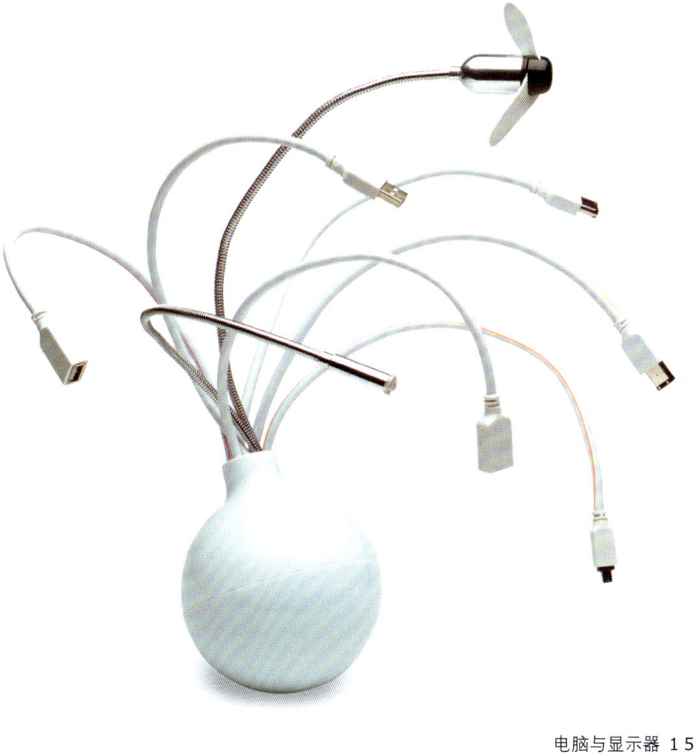

# 图像编辑软件

随着数码摄影日趋普及，图像编辑软件的迅速发展也就不足为奇了。图像编辑软件的复杂程度各不相同，这在售价中也有所体现，功能最强大的Photoshop软件的售价相当于一架准专业的数码单反相机。当然也有一些是可以免费下载的软件，以下简单介绍几种最流行的软件。

## Adobe Photoshop

Photoshop多年来都是图像编辑软件行业的领头羊，现已发展到第十版，可以单独购买Photoshop CS4，也可以购买含有该软件的Adobe应用程序组合包Creative Suite。尽管最新版本的软件价格让业余摄影师望而却步，但可以用大众化的价格购买编辑功能依然强大的较老的版本。

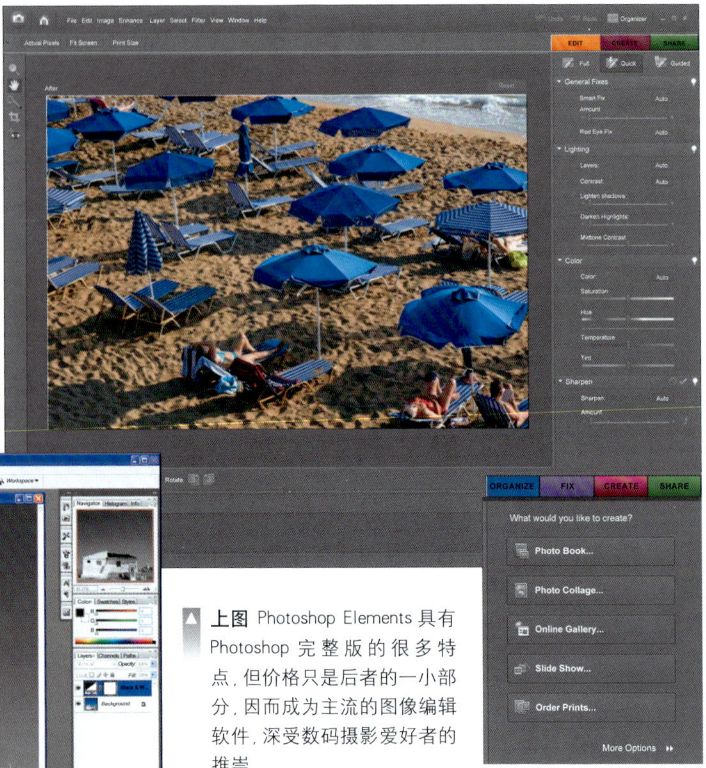


上图 Photoshop Elements具有Photoshop完整版的很多特点，但价格只是后者的一小部分，因而成为主流的图像编辑软件，深受数码摄影爱好者的推崇。

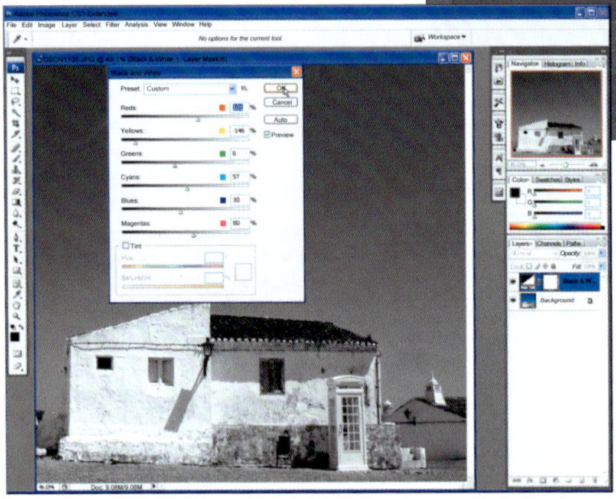

上图 最新版Adobe Photoshop强大的图像编缉软件，其编辑命令与工具条的设置令人耳目一新，操作便捷的黑白转换功能是其新增的特色。

## Adobe Photoshop Elements

Photoshop Elements是基于Windows平台开发的第六版，基于苹果(Macintosh)平台开发的第四版。Elements吸收了以前版本的很多特点，包括图层、颜色混合模式以及色阶、锐化、色调/饱和度等其他较为熟悉的操作程序。该版本涵盖了摄影剪辑时要用到的所有功能，比Photoshop更加适合摄影师，还含有数字图像专用的Quick Fix快捷编辑工具。尽管Elements有强大的编辑、查看和分享的功能，但使用起来依然十分方便，这主要在于其程序结构独特的设计和拥有很多帮助的功能。

Elements同时又是一个很有效的图像管理器，能够自动把图像从相机或读卡器里下载到电脑中，然后按照日期分类管理，并且分批重命名。数字相册就是通过鼠标把图像拖曳到文件夹而形成的，每张图片都标有关键字以便日后检索。

## Corel Paint Shop Pro

Paint Shop Pro 现已发展到第十二版，称为 Photo X2，其售价与 Elements 相当。Paint Shop Pro 与完整版的 Photoshop 有些方面非常相似，并且可以进行极为复杂的图像编辑。但与 Photoshop 完整版一样，学习使用 Photo X2 需要较长的时间，比起 Adobe 的应用程序来，在很多方面更难上手。Photo X2 是一个集合很多特点的软件包，虽然有指导手册，学习起来仍然比较费力，但只要坚持学下来，则能够进行高水准的图像编辑。

## Ulead PhotoImpact

与 Paint Shop Pro 一样，PhotoImpact 也发展到了第十二版，就特性而言，PhotoImpact 的性价比很高。这个成本较低的应用程序含有强大的编辑工具以及中空滤镜，虽然后者并不是必需的。

与 Paint Shop Pro 一样，PhotoImpact 也不是一款容易上手的软件，快捷键也不易找到。如果只想对图像做最基础的修改，并希望用软件轻松地管理图像，那么 PhotoImpact 可能不是最合适的软件包。但对热衷于数码暗房处理的使用者来说，PhotoImpact 绝对是一个高性价比的选择。

## Serif PhotoPlus

尽管该软件已经研发到了第十一版，这里主要介绍一下可以免费下载的第六版。作为编辑软件，Serif Photo Plus 提供基本编辑的功能，如裁剪、亮度和对比度调整、增强色彩浓度与消除红眼等。作为一个免费的软件，它为图像编辑新手详细介绍了基础的图像编辑任务，并使其了解图像编辑流程。

对于那些想发挥自己创意的人来说，PhotoPlus 6 的功能显然满足不了他们的需求，他们转而使用具有更加高级功能的程序，如 PhotoPlus 11，该版本包括图层和图层蒙版，与 Corel Ulead PhotoImpact 一样，虽然有时候使用起来不是那么方便，但是该版本性价比相当高。

## 免费试用

网上还有其他一些基础图像编辑软件供免费下载，你的电脑或许已经安装了这样的软件。这些程序往往只有最简单的编辑功能，但对新手而言，它们是一个好的起点。随着使用经验的增加，也许会想升级到更加强大的程序，不过到底怎样的程序才合适，取决于使用者的具体需求。因为提供免费试用版本的软件开发商很多，可以试用各种软件包，找到合适的版本。

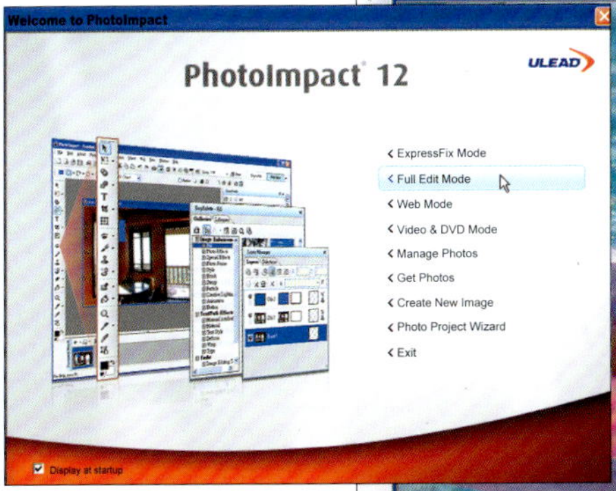


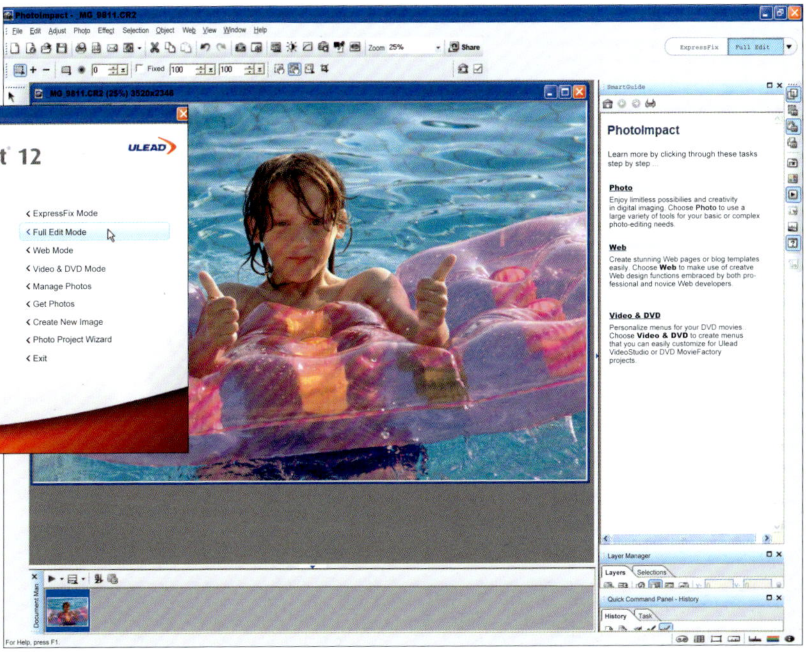


上图及右图 Ulead PhotoImpact 12 提供了可能用到的所有基础图像编辑功能以及中空滤镜。

# 裁剪与旋转

随着拍摄照片数量的增加，构图很自然地成了拍摄的重要组成部分。在进行美妙的构图时，你会开始注意图像的垂直或水平边框，确保相机水平持握，所拍摄的图像才不会歪斜。

但很多时候受时间和环境的限制，往往无法确保一切完美，唯一能做的就是在别人阻挡视线之前快速拍摄，这样的作品会在构图上存在这样或那样的缺憾。如果一张照片在电脑屏幕上显示时有些歪斜，可以通过图像编辑软件来重新构图。

## 重新构图

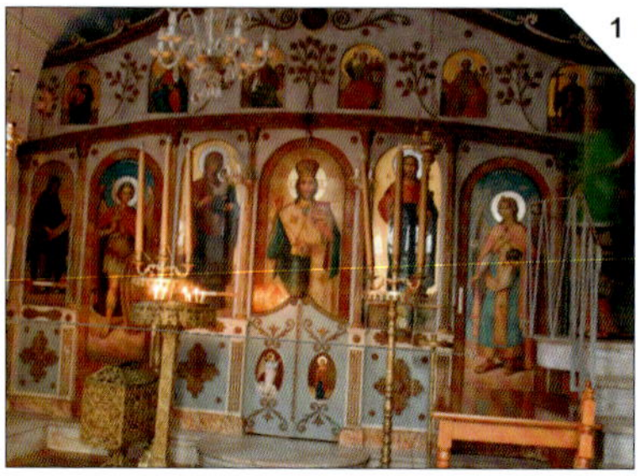

1

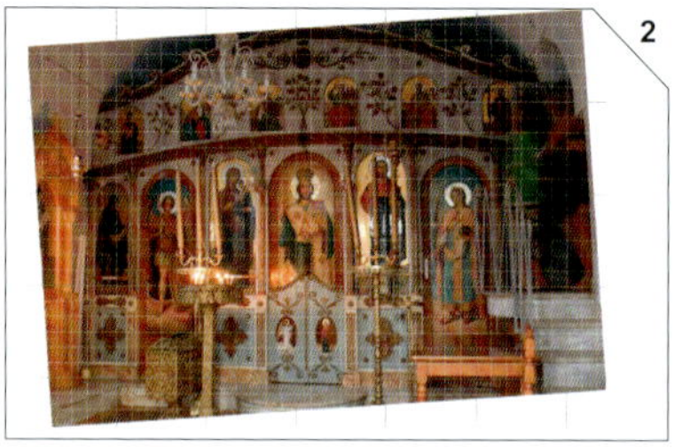

2

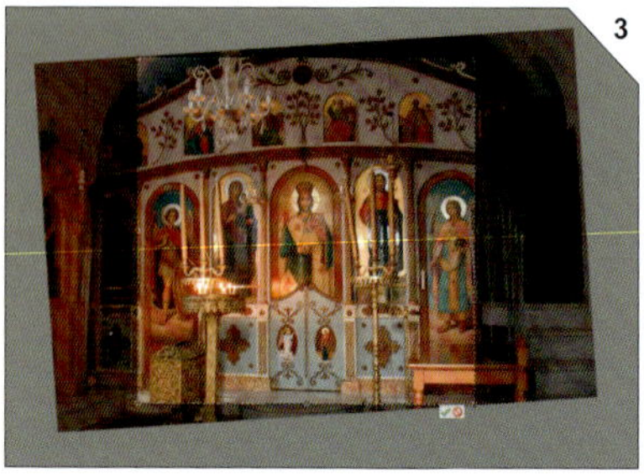

3

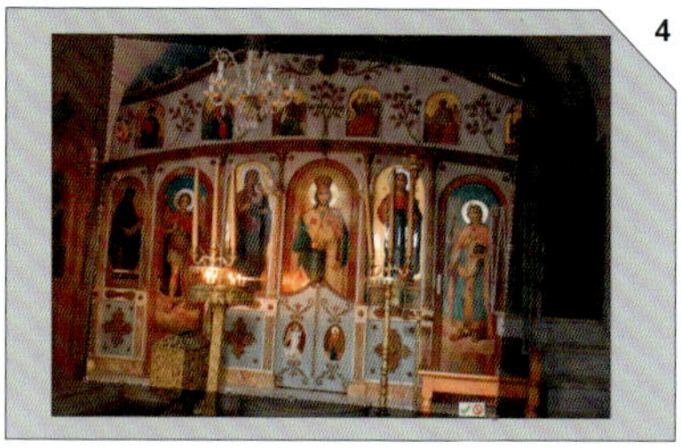

4

这张图像存在一系列问题需要处理，最主要的解决方法是裁剪和旋转。

1. 在 Photoshop Elements 软件里，可以用主工具箱中部的拉直工具来拉直一张图像，运用起来也很简单。

如果使用的是 Photoshop 完整版，会发现没有这种工具，那么直接跳至第四步。第四步中详细解释了如何运用手动旋转图像进行校正。

在位于顶部的选项条里，把画布选项的下拉菜单设为“增加”或者“缩小画布适应”，这确保了图像在拉直后仍然完整。拉直图像时，找到一条原本为水平的直线，单击并拖动该直线，如图 1 中底部的淡灰色木板。

2. 处理后的图像将反映所做的校正，如果想要查看，选择视图>网格线(View>Grid)，把水平和垂直的轮廓线与网格线进行对比。除非物体拍摄时笔直，否则无法把图像拉到完全笔直，这时手动旋转图像更为有效，详见第四步。

3. 图像拉直以后，需要进行裁剪，如果构图没有原来紧密，可以选择“裁剪工具”进行裁剪。

在顶部的选项条中，把图像的“纵横比”设到“无限制”，以便随意裁剪。单击图像的一角，沿着对角线拖动，拖出需要在剪裁后保留的区域，选框以外的区域颜色会变暗，表明该区域将被剪裁。通过调整边句柄或角句柄，按需调整选框的大小，然后单击“提交”图标，或按“Enter”键进行裁剪。

这张图像被剪裁成了正方形，从而消除了右边模糊的人像，并且使得祭坛装饰的中点和裁剪的中心成一直线。

4. 还可以用裁剪工具来手动旋转图像。首先，在菜单中选择网格线命令(如第二步所示)，然后选择并设置裁剪工具(如第三步所示)。

拖动光标选定想要裁剪的大致区域，接着把光标移到任何一个边句柄或角句柄上，显示旋转标志后，单击并拖动光标来旋转裁剪的区域。这种方法也有一个不足，即不能在旋转的区域显示网格线，因而需要用肉眼来判断轮廓线是否水平或垂直。

5

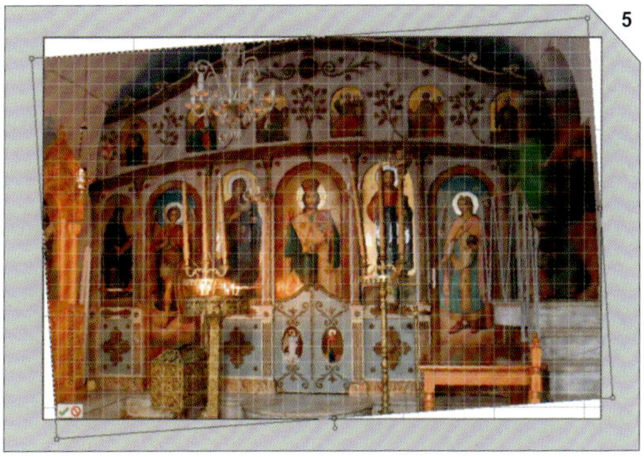

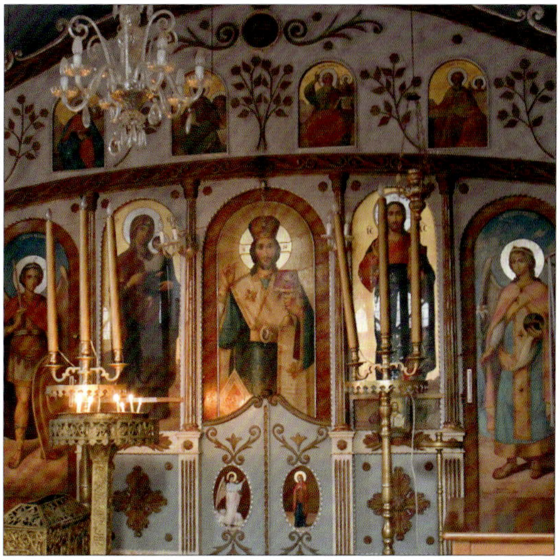

5. 或者单击选择>全选(Select>All)选定整幅图像，接着选择编辑>变换(Edit >Transform)，显示变换对话框。

拖动鼠标即可旋转选框，旋转时还可将图像与网格线进行比较，但是画布没有扩大，有时需要扩大画布来容纳旋转过的图像。选择图像>调整大小>画布大小(Image>Resize>Canvas Size)，然后键入你认为足够容纳旋转后图像的尺寸。除非选用的是多倍 90 度旋转，否则旋转是一个极具破坏性的过程，所以如果对第一次非常不满意，选择编辑>撤销(Edit>Undo)命令，然后重新旋转一次，这样就可以尽可能多地保留图像信息。

## 裁剪到具体的尺寸

也可以通过在选项栏中键入尺寸和分辨率来裁剪一个图像。

1. 把图 1 裁剪到分辨率为 300ppi 的(10cm)的正方形。

2. 只需将裁剪工具拖到图像上，高(Height)、宽(Width)就能重新定位可选的图片，然后单击 OK 键，图像自动调整到 300ppi 的 4 英寸(10cm)正方形。

1

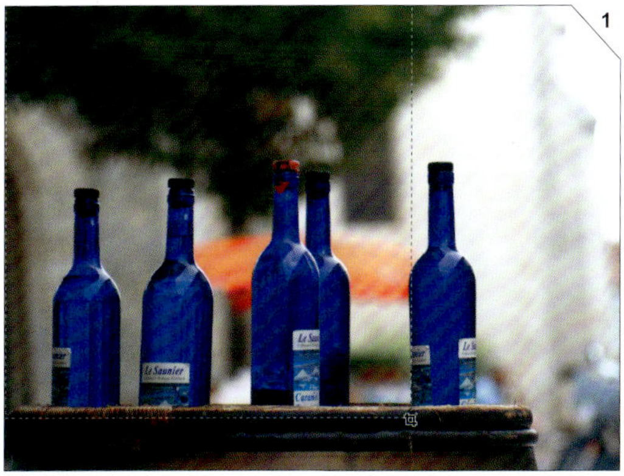

2

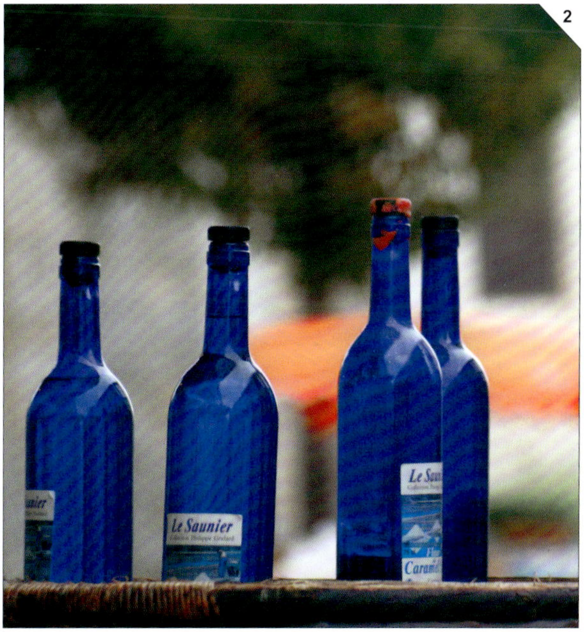

1

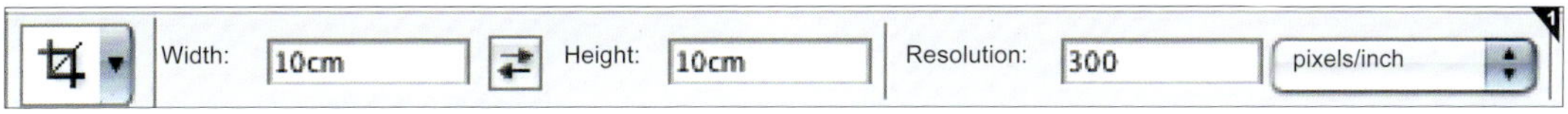

# 亮　度

不管相机是由摄影师手动调节，还是将其设置为自动功能，要保证每次曝光都正确并不是一件简单的事。有时拍出来就是不对劲，往往是因为照明的原因，最常见的例子就是在明亮的阳光下拍摄时，想拍的东西却偏偏在背光面。在这种情况下拍出的图像，不管其总体亮度正不正确，所摄物体看上去都会很单调。这是拍摄中很难避免的问题，所以很多人使用图像编辑软件时，倾向于使用亮度设置功能。要提醒大家的是，千万不要使用这一方法！这一方法不仅很少有效，而且还带有破坏性，更严重的是，亮度设置会丢失原有的色彩信息，并且不能恢复。此时，可以用色阶对亮度进行调整，这里以 Photoshop Elements 为例来介绍。

## 色阶调节亮度

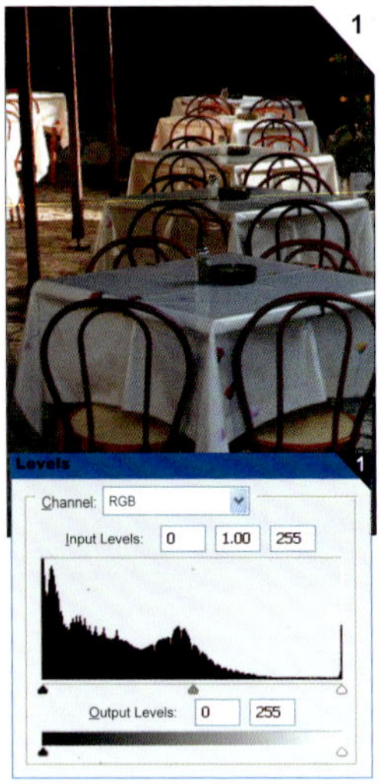


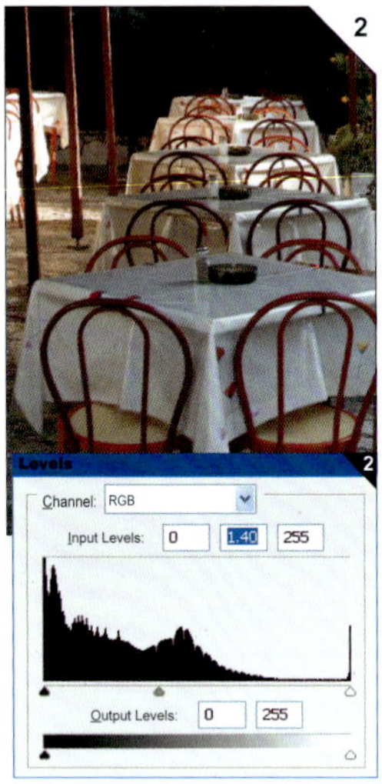


本例中的图像颜色偏暗。

1. 选择图像>调整>色阶(Image>Adjustment>Levels)，调出“色阶”对话框，直方图的左边显示暗调数值，右边显示高光数值。

图 1 的直方图中，像素都集中在暗调区域，除了右边白色滑块的峰值(代表该图中少有的高亮区域)之外，没有一种颜色的亮度超过中间色调。

2. 两种因素能使图像看上去昏暗，即缺少高光数值或伽马数值(灰度数值)，后者是黑白两色交汇的中点。如要增加伽马数值，可以单击直方图下面的灰色三角滑块，向左边拖拉。

在对话框中查看“预览”，可以看到图像变亮，不过如果拖拉过度，增加的伽马值会使图像发白，所以在大多数情况下，输入“色阶(Input Levels)”拖到 1.4 即可。

3. 如果要让图像看上去更加光亮，点住直方图右边的白色三角滑块并向左拖拉。虽然看上去似乎缩小了色调范围，实际上却提高了亮度。此时，位于灰色三角滑块上部的黑色圆柱区域中的像素变成白色，而其他的像素在此范围虽保持同样的比例，但结果却是——图像更加明亮。

注意，此时白色三角滑块右边的区域都会变白，加亮的细节也消失不见了，因此，如果向右拖拉过度，图像质量则会受到影响。

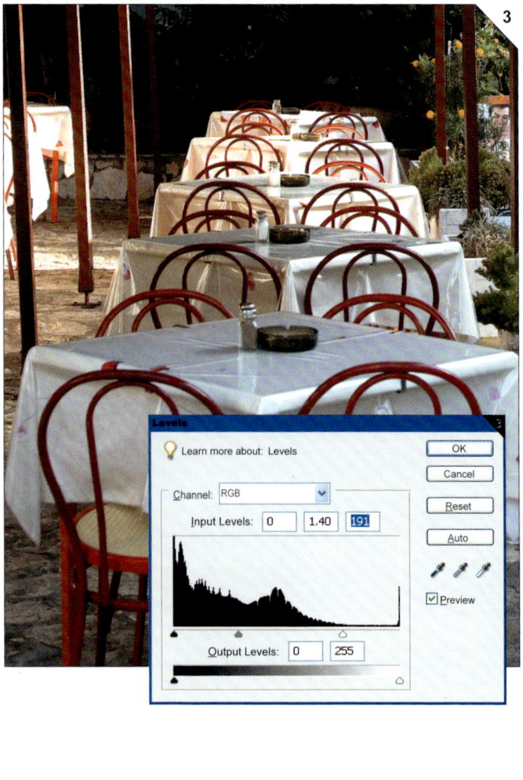

4. 左右拖拉滑块直到对图像的效果满意，单击OK即可。然后再次打开图像>调整>色阶(Image>Adjustment>Levels)，调出“色阶”对话框，从右图可看到，此时的直方图显示为“梳子”样式，因为当色调数值在一定范围内展开时，会有空隙出现，这虽然并不是大问题，但会使图像看上去缺乏色调变化，同时也说明了为什么用图像编辑软件修正过的图像，颜色没有一开始就正确拍摄的图像来得饱满。

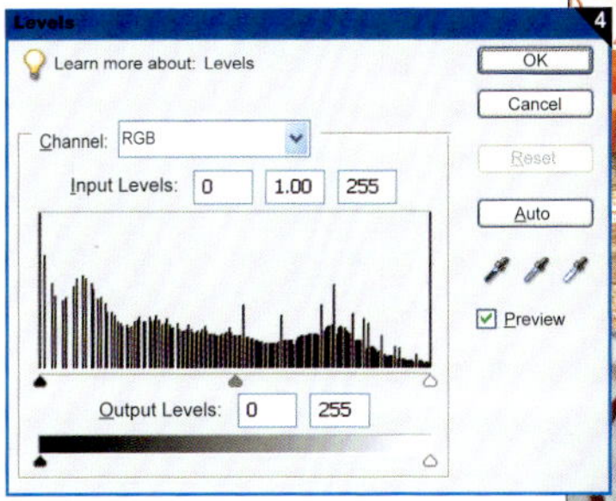


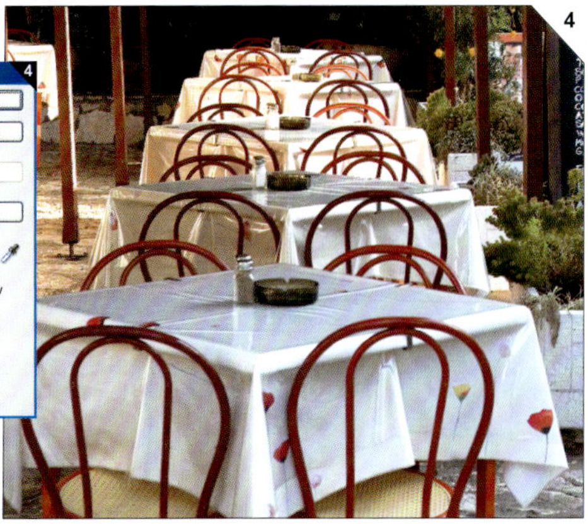
4

5. 通过“色阶”对话框还有另一种方法可以修正亮度。假设图像偏暗，单击色阶对话框右边白色取色器图标，就会出现取色器光标。

把它移到图像上，单击光亮的点，但不是图像中最亮的，单击处的色调值将成为图像中最亮处的色调值，比它更亮的像素都将变成白色，效果和拖动直方图上的白色三角滑块类似。白点设置也会影响色彩平衡，因此，在单击本来是中间色调或白点的同时，也修正了偏色。如果图像色彩太亮，可以通过相反的方法来修正——选择黑色的取色器，单击图像上比较黑，但不是最黑的点即可。

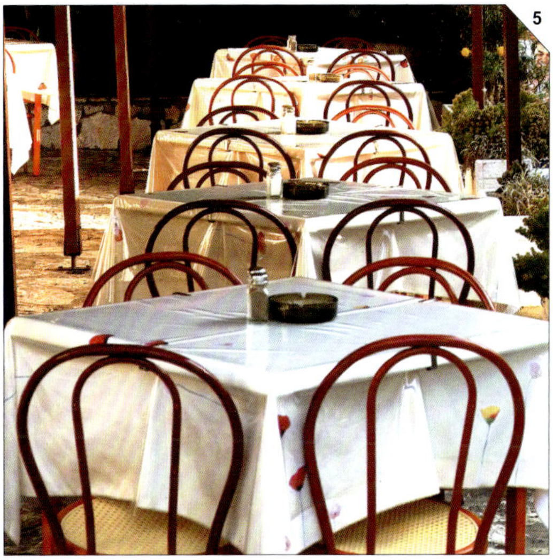
5

## 将图像变暗

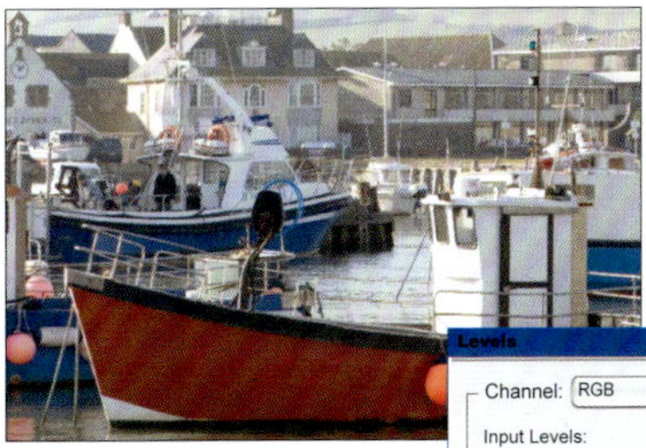

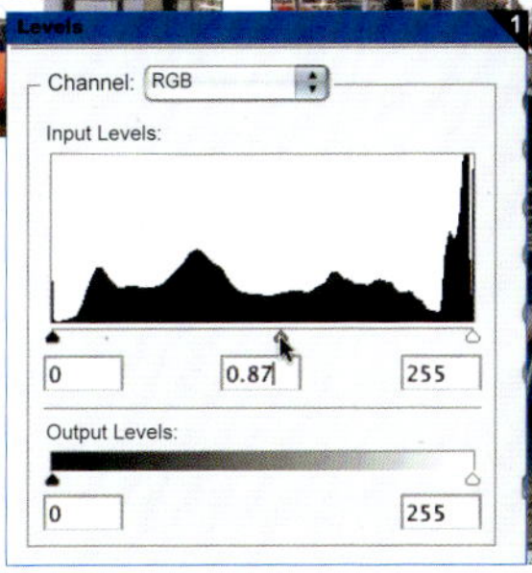


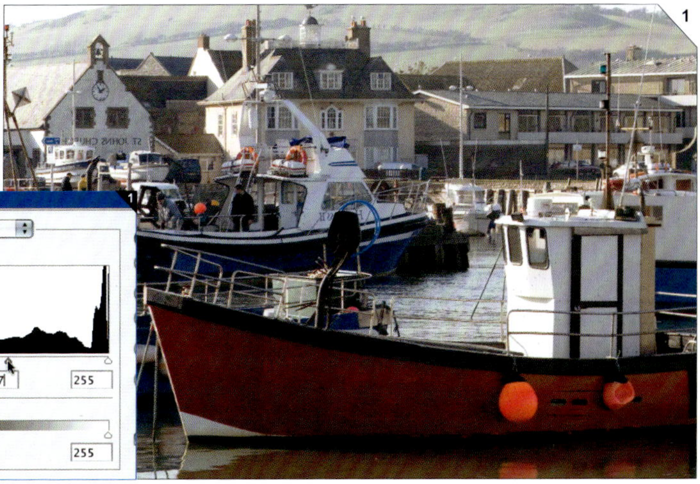
1

上图中的图像有些曝光过度。

通过在“色阶”对话框里调出灰度系数分值，即将灰色三角滑块向右轻微移动，图像就会变暗。

# 调整对比度

即使在曝光正确的情况下，有时图像看起来仍可能有些暗淡，这十之八九是因为图像缺乏对比度引起的，而对比度的缺乏可能是色调范围太小造成的。对于一张好照片，怎样的明暗反差才合适，并不存在整齐划一的标准，这其实关乎个人的品味，并且因不同的照片而异。例如，许多经典的黑白风景照片的反差较低，主要靠色调的细微差别来吸引观众的注意力。但最常见的情况是，很多人期望通过提高图像的对比度来增加照片的感染力。此例中，通过 Photoshop Elements 来展示如何提高图像的对比度。

## 提高对比度以增加感染力

这张照片摄于朦胧的光照条件下，没有使用长焦镜头，且只有中等对比度。

1. 要提高对比度，选定亮度/对比度(Brightness/Contrast)命令，该命令在 Photoshop Elements 中位于增强>调整亮度(Enhance>Adjust Lighting)下，在 Photoshop 中位于图像>调整(Image>Adjustments)下。将对比度设定提高到+40，可以获得满意的效果。

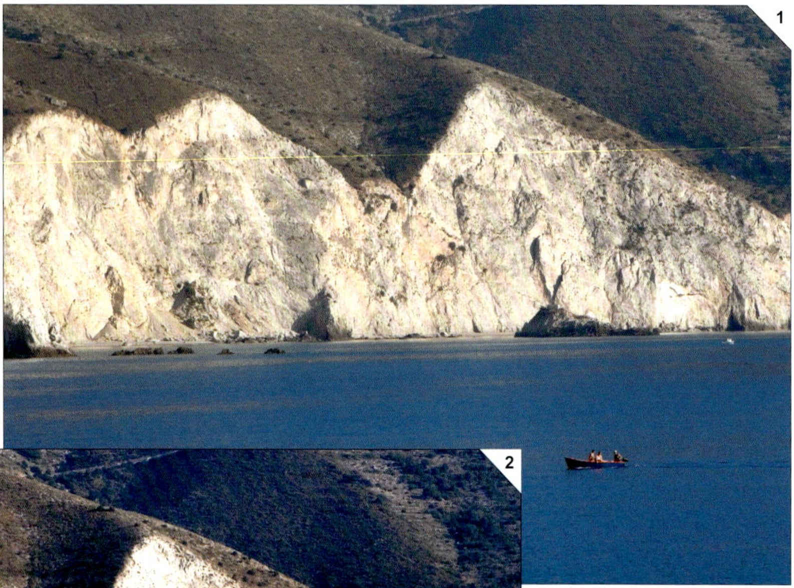
1

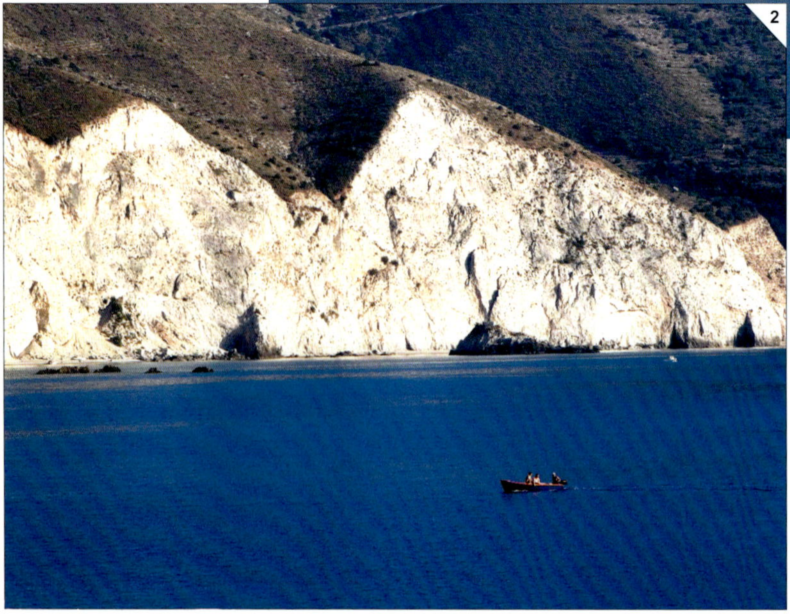
2

2. 对比度命令是一种比较生硬的工具，如果将其提高得太多，如图 2 所示，图像中最亮的区域会完全失去灰度。

如果打开信息面板，将光标在最亮的区域移动，显示的亮度值均变为 R=255、G=253、B=255，这意味着所有高光区域的细节都丢失了，即使在最谨慎的调整中也可能发生类似的情况。

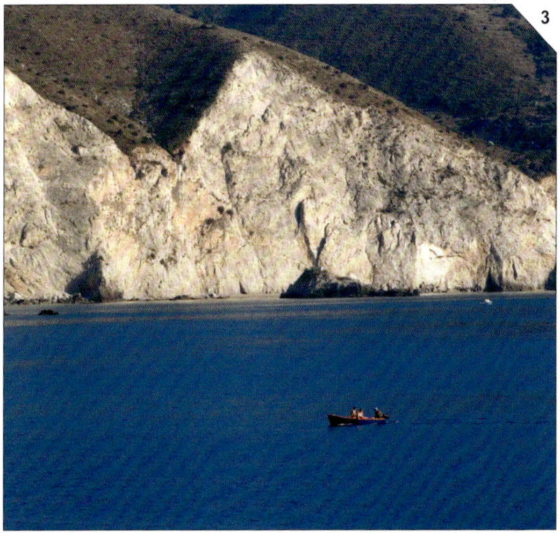

3

3．较好的做法是打开图像>调整(Image>Adjustments)菜单，选择“色阶”命令。在一张低对比度的图像中，可能会发现直方图显示的标尺左右两端缺乏色调值——即最亮值和最暗值，色调值都集中在中间，从中间向两边快速下降。

想纠正这种现象，依次点住黑色和白色的三角滑块，从两端向中间拖动，停留在数值开始上升的刻度上即可。这项修正非常精妙，细节部分完整无缺，以便更加准确地控制最终的效果。

某些图像的直方图没有问题，但对比度看起来还是不够。将黑白滑块向内移动会有理想的效果，但应密切留意阴影部分和高亮区域细节的损失。

4．不要忘记灰度设定，由直方图中间的灰色三角滑块控制。将其向左侧移动可以进一步强调阴暗色调，创造色调浓重的图像，将其向右侧移动会使图像显得更加苍白。

通过调整对比度和和黑白滑块的位置，可以分别控制图像的对比度、亮度和暗度。例如，白色滑块保持不动，将黑色滑块向中间适当移动，然后向左边拖动灰色滑块，此时，海面可以获得更高的对比度和更多的细节。

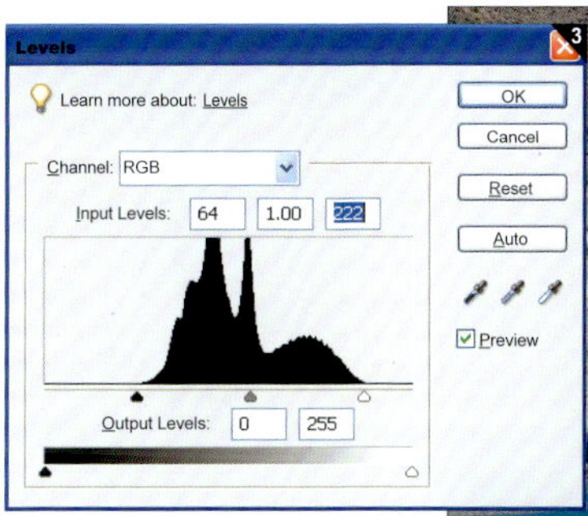


3

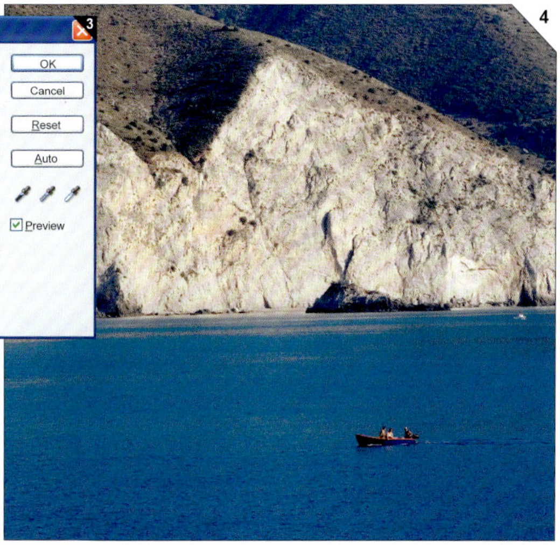

4

## 自动调整对比度

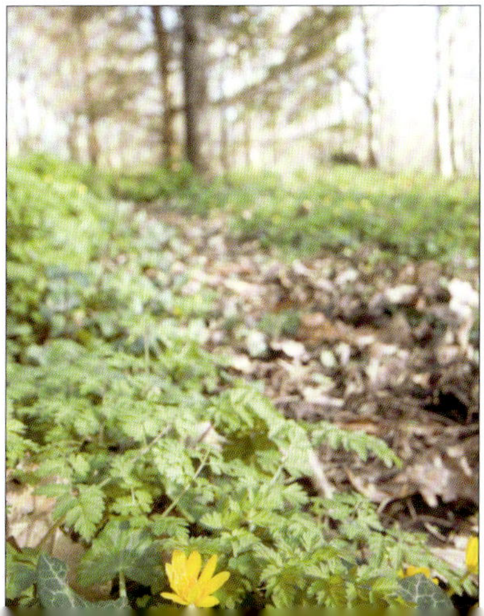

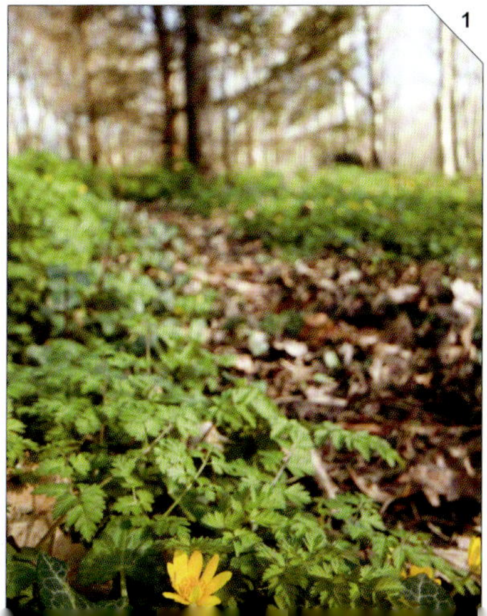

1

此处介绍另一种方法来手动调节色阶命令里的黑白滑块。

使用“自动对比度”命令[在图像>调整>自动对比度(Image>Adjustments>Auto Contrast)菜单中]。与前面执行第三步操作的效果相仿，但这种方法的优点在于不会影响色彩平衡，如左图所示。

# 校正偏色

大多数相机都配备良好的自动白平衡(AWB)校正功能，位于相机的内置处理软件中，该项功能能够分析正在拍摄的景物，并尝试纠正强光造成的偏色，如钨丝灯和荧光灯造成的偏色。通常可以不考虑自动白平衡校正功能，而选择使用白平衡模式。

例如，如果正在室内用白炽灯或荧光灯拍摄照片，可以从白平衡菜单中选择两者中的任何一种模式，无论周围的照明条件如何，相机会自动把色调调整到更为自然的状态。不过，在这些设定下，也很少能拍出十分完美的图像，相机可能会被误导，从而作出错误的判断，这将导致整张图像出现偏色。

## 使用色阶命令校正偏色

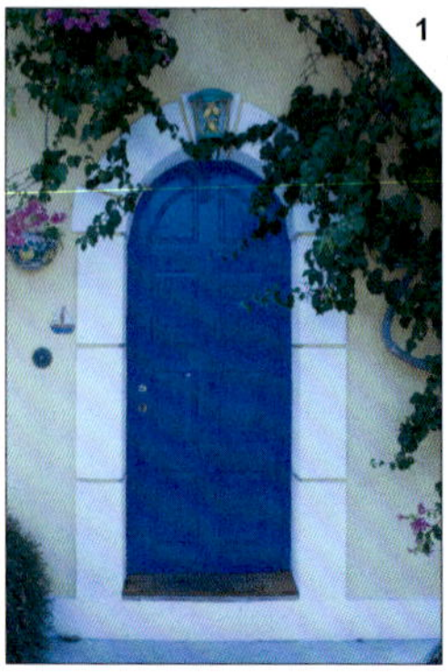
1

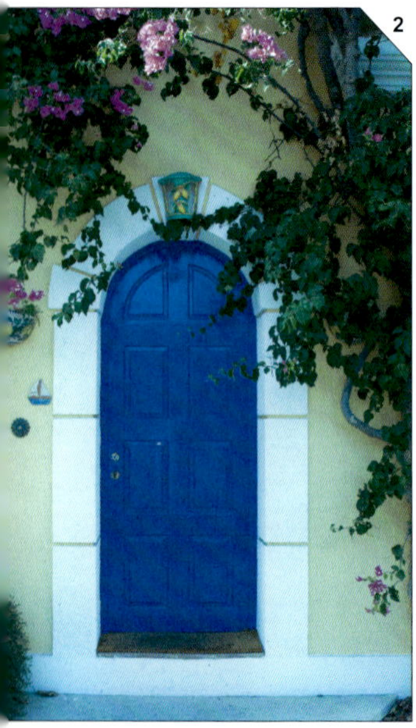
2

在此例中，相机的自动白平衡无意中被设定到钨丝灯，造成了各种各样的色彩问题。

1. 冷色调的蓝色影响了整张图像，最明显的是石头门框，本来应该是明亮的白色。

2. 在图像编辑软件中，可以使用许多方法来校正偏色，目前最有效的是色阶命令，因此首先来尝试使用“自动色阶”命令[在图像>调整>自动色阶(Image>Adjustments>Auto Levels)菜单中]。使用“自动色阶”命令时，Elements会分别在3个色彩通道(红色、绿色和蓝色)中找到最亮和最暗的像素，并且分别将其转换成白色和黑色。

在这个例子中，Elements并未达到理想的效果，调整后的图像变得太黄，看起来有点退色，使用撤销功能“编辑>撤销(Edit>Undo)”回到源图像中。

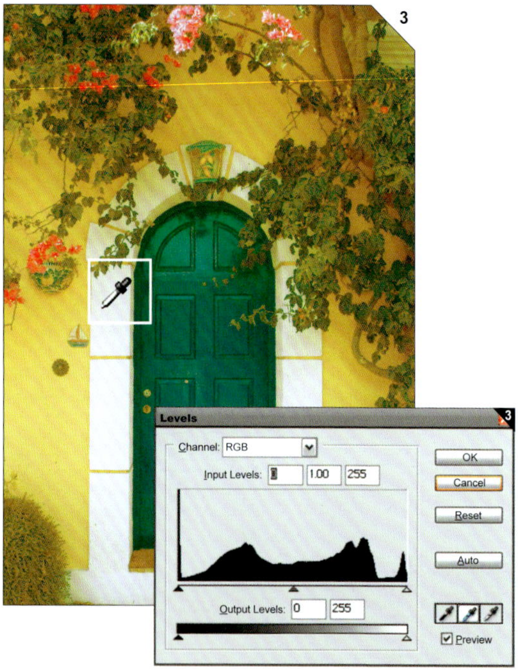

3

3. 接下来进行更多的调整，看看能否进一步改善图像。打开“色阶”对话框，点击灰度取色器(Eyedropper)工具(色阶对话框底部右侧有3个图标，点击中间那个即可)。用取色器点击图像上的任何灰色部分，以便告诉Elements中间色调的特性，Elements将重新平衡色彩，这样点击的区域就会变成中性的灰色。

不要尝试点击太亮或太白的区域(例如石头门框)，因为这样做会造成完全错误的结果，详见图3。

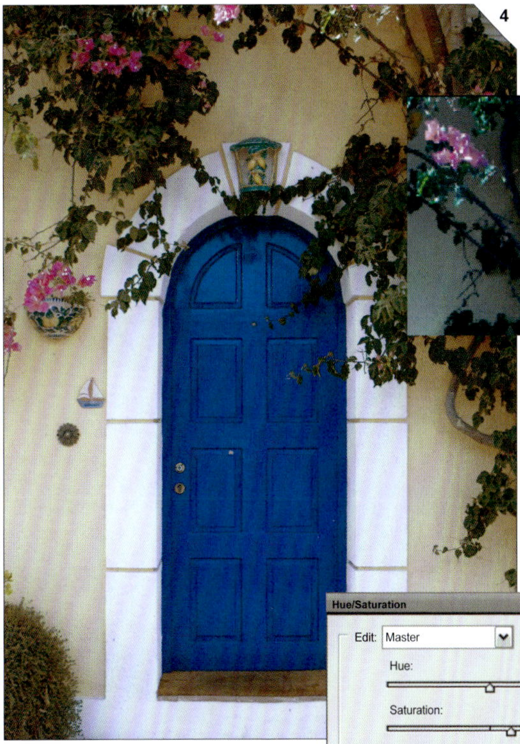


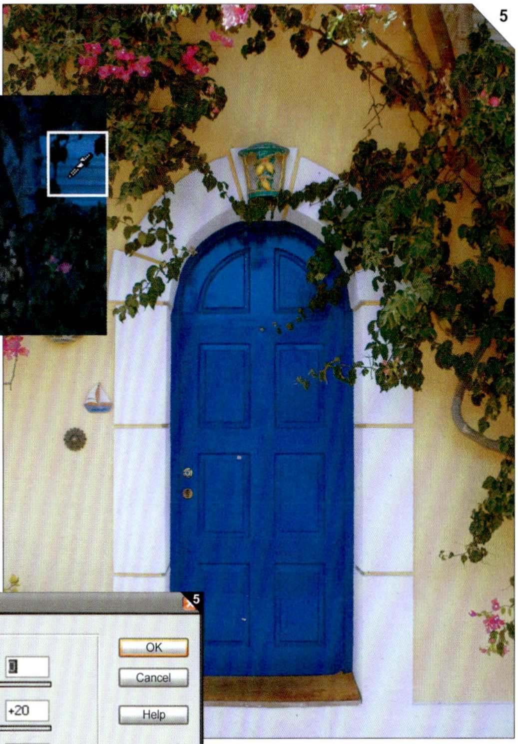


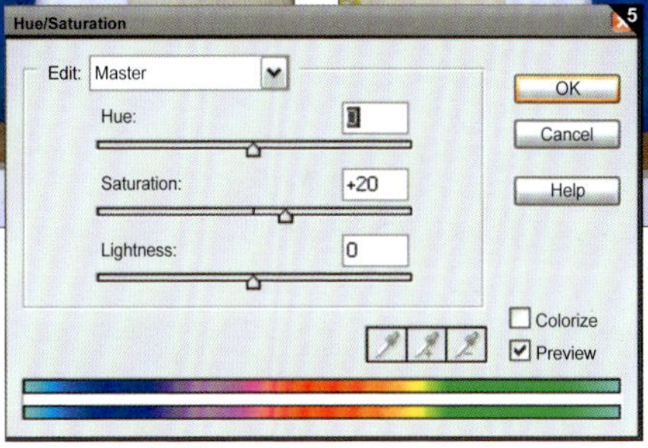


4．如果图像本身的色彩就基本平衡，则应该在图像上另外寻找一个中间色调的区域来加以改善，并且该区域必须接近中性的灰色。此例中选择了图像顶部右侧的一块石头屋檐，如图 4 所示，点击屋檐槽口中的阴影区域，偏色得到了更好的校正。

5．去除偏色之后，选择增强>色相/饱和度(Enhance>Hue/Saturation)命令，提高图像色彩的饱和度，不必担心该步操作会加剧偏色。此例中，饱和度等级已经增加了+20，大大提高了色彩的浓度。

## 自动颜色

此处再介绍一个自动命令，同样可以用来校正本例中明显的橙黄色偏色。

使用“自动颜色”命令在图像调整>自动颜色(Image>Adjustments>Auto Color)菜单中，有的时候有种运气成分，不能确保屡试不爽，但此处成功地去除了室外小餐馆里街灯的偏色。

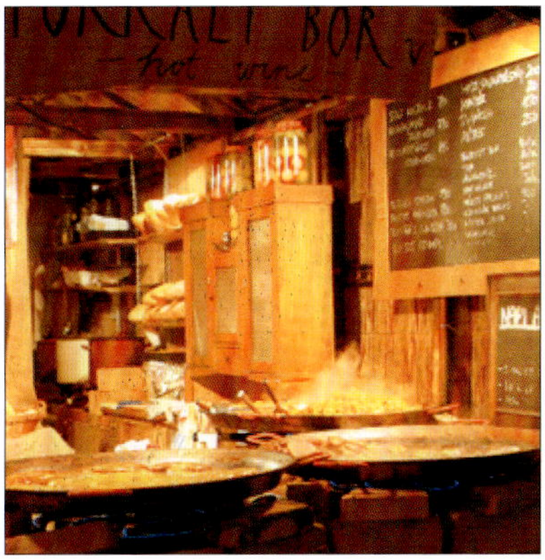

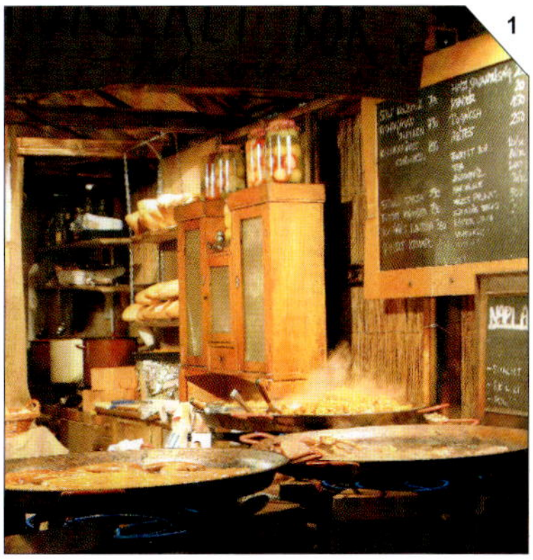

# 曲　线

曲线调节功能是色调调整的一种，也是修饰照片的专业人员最常用的功能。图像上由暗到亮的渐进由一条对角线表示，该对角线可以转换成一条曲线(或者任何形状)，以便赋予照片想要的色调。由于功能强大，任何版本的Photoshop都具备曲线调节功能，最新的版本还增强了该项功能，以便提供更多信息，更好地控制单个色彩通道。最近Photoshop Elements中也引入了这项功能。

## 用曲线工具调整色调

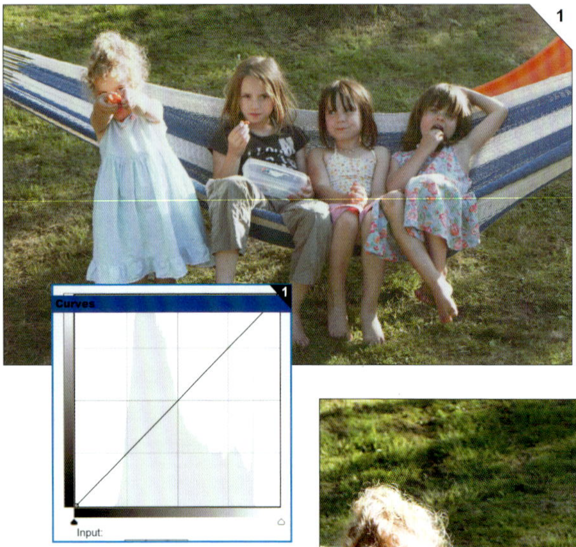


1. 曲线工具功能强大，用途广泛，可用于调整任何照片的色调，同时，它也可以代替色阶调整，用于增强看起来有些单调和灰暗的照片，如图1。

选择图像>调整>曲线(Image>Adjustments>Curves)命令，打开“曲线”对话框。与“色阶”对话框类似，出现一个直方图，刻度的最左边为暗调，最右边为高光，里面的每一条垂直线条代表某个特定亮度值的像素数量。覆盖在直方图上的是一条对角线，这条对角线显示出水平轴上的源图像(或“输入”)和垂直轴上的经过曲线功能调整后的图像(或“输出”)之间的关系。

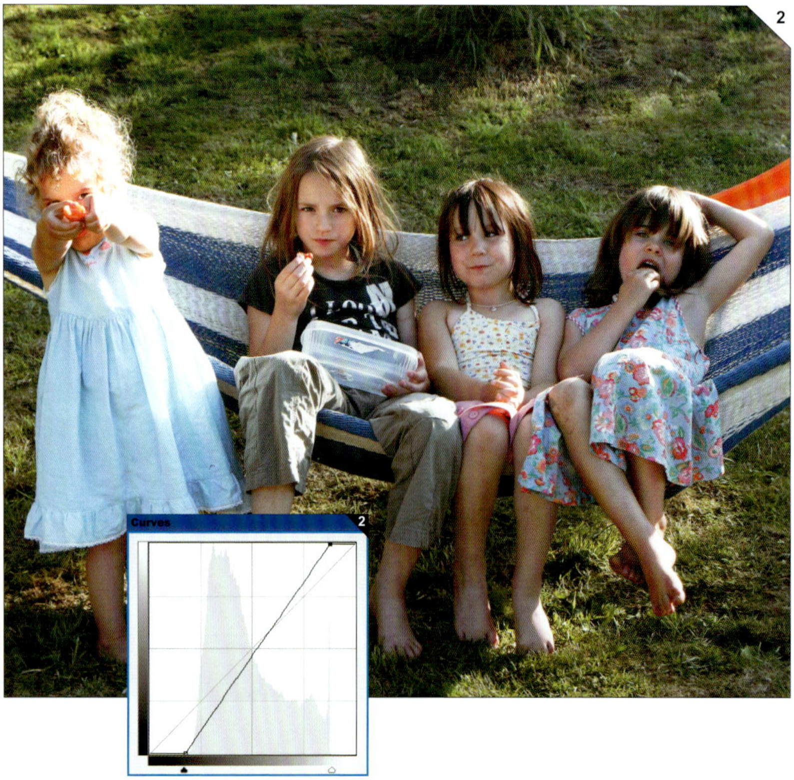


2. 在这个图像中，背景上的灰色直方图(Photoshop CS3的新功能)在刻度的两端消失了，这意味着图像缺乏阴影和高光区域。与“色阶”对话框类似，可以移动水平轴上位于左右两侧的黑白滑块来纠正这个问题。将滑块移动到数值开始上升的地方，对角线的终点也会和滑块一起移动。

3. 在“色阶”对话框中，把中间的灰色滑块(即伽马滑块)向左侧或右侧拖动即可调整图像的整体色调。利用曲线功能，可以对从暗调到高光的整个渐进范围进行更好的控制。点住对角线的中间并向下拖动，随着阴影变深，照片整体看起来更暗，但整体亮度和细节保持不变。

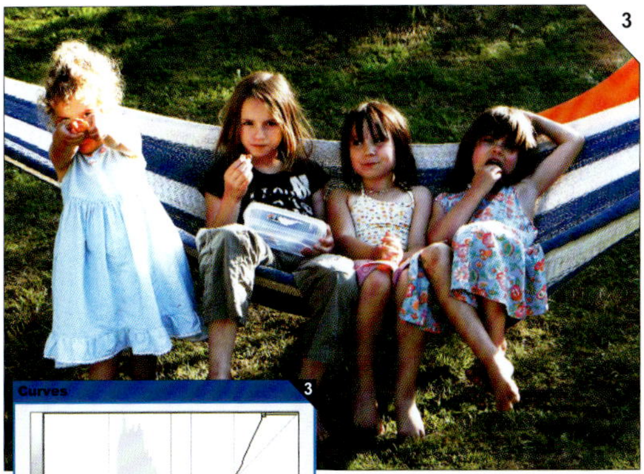


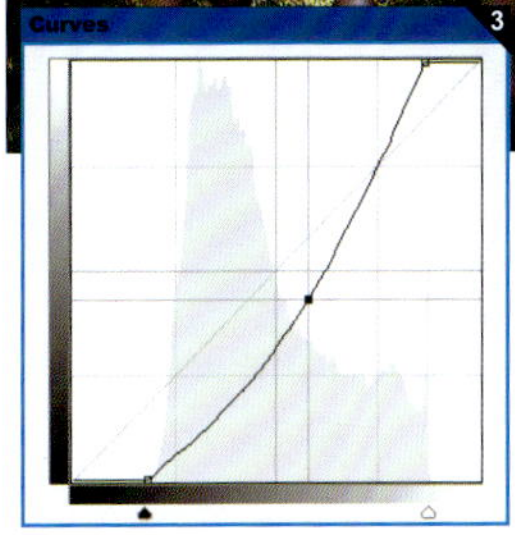


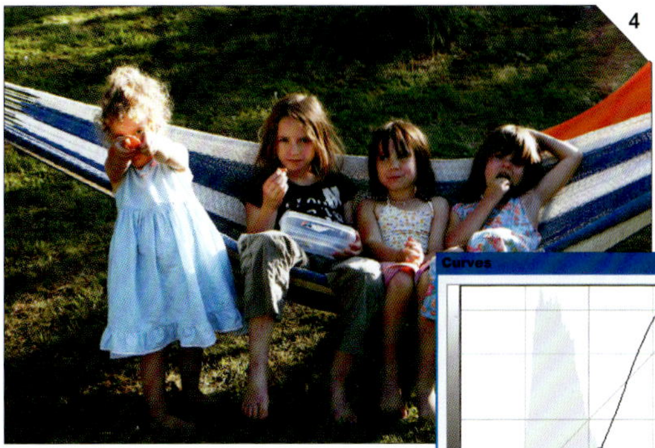


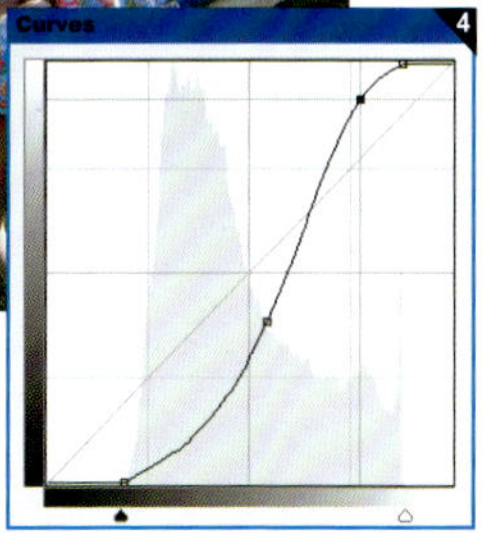


4. 如果想提高照片的亮度，点击靠近曲线顶部右侧的地方，曲线上出现第二个点，将这个点向上拉动，曲线会改变形状，通常称其为 S 形曲线。用这种曲线来加深阴影或突出高亮区域，可以创造出色调鲜明、对比度明显的图像。

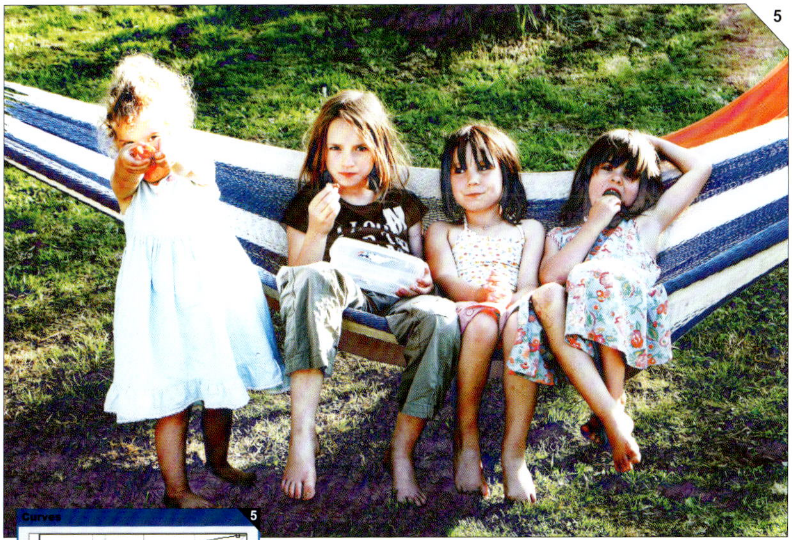


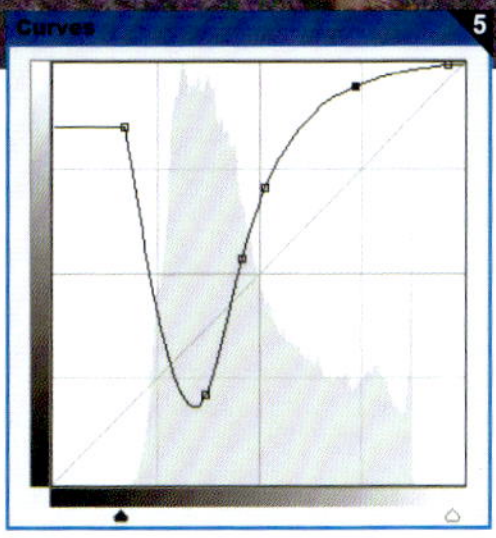


5. 除了校正功能外，可以富有创意地使用曲线工具。此例中用曲线创造了一个高调的图像，阴影的色彩比较虚假，带有迷幻的效果。在黑白图像上，具有数个波峰和波谷的曲线可以创造出一种金属质感的效果。自己实验一下，看看效果如何。通常，如果不打算创造特殊效果，曲线应该保持平滑，并且从左到右，每一个点的位置都应该比后面的点高。否则，会出现非常单调、毫无特色的图像效果。

除非你需要借助黑白滑块进行调整，否则就要保持曲线平滑地延伸到刻度的两端，并且确保曲线不能水平，这样做可以避免阴影或高光区域被裁剪掉。

## 保存色彩

注意观察调整曲线时，图像的颜色和亮度是如何受影响的。随着图像对比度增强，图像的色彩也变得更加饱和。如果想在保存色彩的同时调整对比度，只要在使用曲线命令前，将图像从 RGB 模式转换成 Lab 模式即可：图像 >模式>Lab 颜色(Image>Mode>Lab color)。接下来就只能调整曲线的亮度通道了，该通道仅影响图像的亮度，并不影响色彩。

# 减淡与加深

“减淡”和“加深”，这两个听起来稍微有些奇怪的术语可以追溯到传统的暗房时期。它们均用来指代感光相纸用于扩印照片时对局部冲印的曝光控制。

例如，“加深”通常用来确保明亮的天空有充足的曝光，增加其密度，以便显示云彩的细节。摄影师会制作一个前景蒙版，在经过一定时间的曝光后，使用蒙版遮盖前景，使天空多接受几秒钟的曝光，从而表现其细节。“减淡”的工作方式则与此相反。如果图像的一部分处在很深的阴影中，摄影师会制作一个蒙版，在冲印曝光时用来部分遮盖这些区域。通过这样的操作，摄影师人为地减少了照射到阴影区域的光线，使阴影区域的影调与图像的其他部分趋于一致，以便保留阴影区域的细节。

数字版本的减淡和加深工具用于复制这些效果。换句话说，这两个工具可以令图像的特定部分变得更亮或更暗，用来展现这些区域内可能失去的细节。

## 调整亮度和阴影

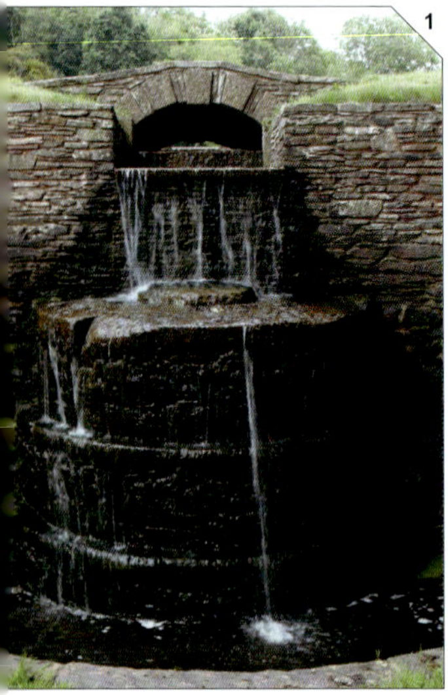


1. 这张水的特写照片拍摄于阴天。细节淹没在照片中最暗(曝光不足)的区域中，同时特写照片的顶部和远处的树木曝光过度，看上去有些退色。小心使用减淡和加深工具，能够平衡这两个区域。

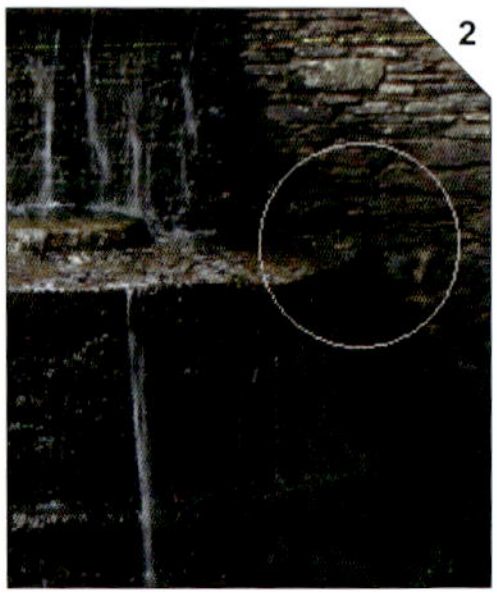


2. 要将细节从最暗的阴影中抽取出来，选择工具箱中的减淡工具，把工具选项条上的曝光(Exposure)设定到5%和10%之间，然后用工具选项条上的下拉式菜单将减淡工具设定为阴影，并将其调整到恰当的尺寸，然后在最糟糕的区域上涂抹。

结果显示出来可能有点慢，有时使用减淡工具后并不一定能提高选定区域的亮度，反而会使其看起来有点阴沉。

3. 想改变任何曝光过度的区域，选择加深工具和减淡工具在同一个位置上，但这次把曝光度设定在大约为50%，并从工具选项条中选择中间色调(Midtones)，然后用加深工具在所有曝光过度的区域上涂刷。用加深工具降低亮部的亮度，比用减淡工具提高暗部的亮度效果更好，但在控制方面需要技巧。

4. 因为减淡和加深工具使用起来很难控制，因此加亮和调暗图像的某个区域最有效的方法都不涉及使用这两种工具。

取而代之的是另一种方法，首先点击图层面板顶部的“创建一个新图层”(Create a new layer)图标，创建一个新的空白图层。在图层面板顶部的混合模式菜单中，将混合模(Blending Mode)式转换成覆盖(Overlay)。

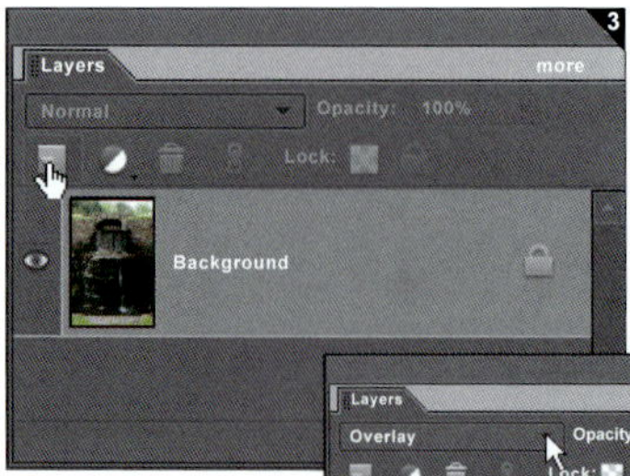


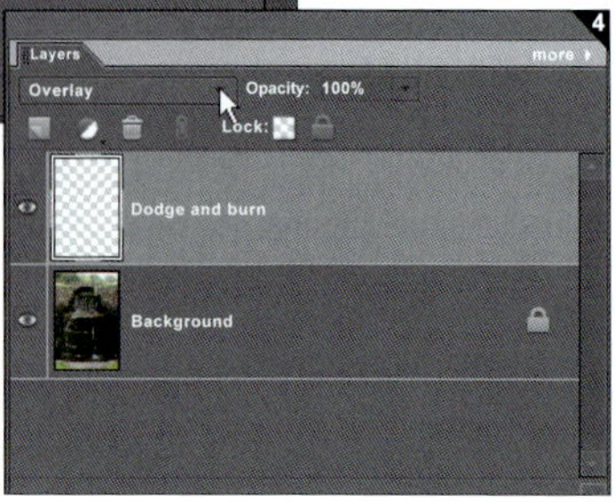

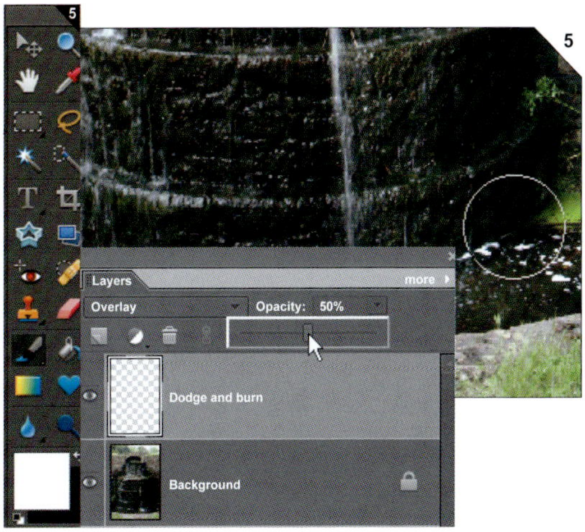


5. 选定工具箱中的画笔工具，点击工具条中的默认背景/前景(Background/Foreground)图标，确保背景和前景的颜色为黑色和白色。

下一步，点击默认颜色图标旁边的小直角箭头图标来转换背景和前景的颜色，此例中前景色转换成了白色。使用方括号键来设定刷子的尺寸，在工具选项条中将不透明度(Opacity)设定到30%和50%之间。和前面的做法一样，用刷子涂抹阴影区域。此时，应该注意到调整的速度要比前面快，而且提亮效果要比使用减淡工具好。

如果想要提高或降低加亮效果，也可以增加或减少不透明度，还可以提高或降低图层面板中图层的不透明度。

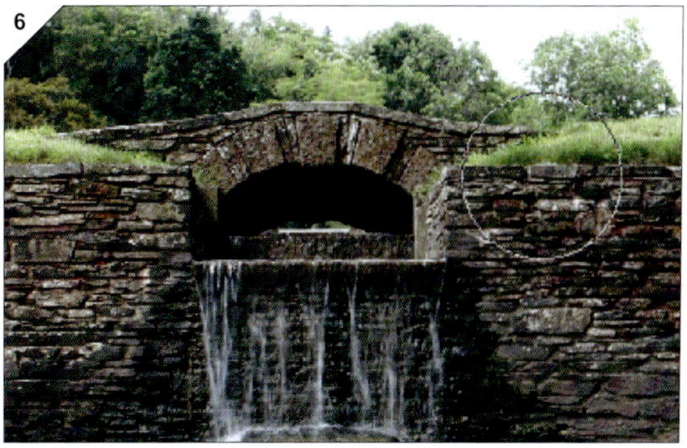


6. 使用复制加深工具，只需选定黑色作为前景色。和前面一样，涂抹过度曝光的区域，将其加深，然后添加一些色彩。仔细看看，现在树木和前景草地的颜色变得鲜亮多了。如果想要调整加深效果的强度，也可使用工具选项条中的不透明滑块。

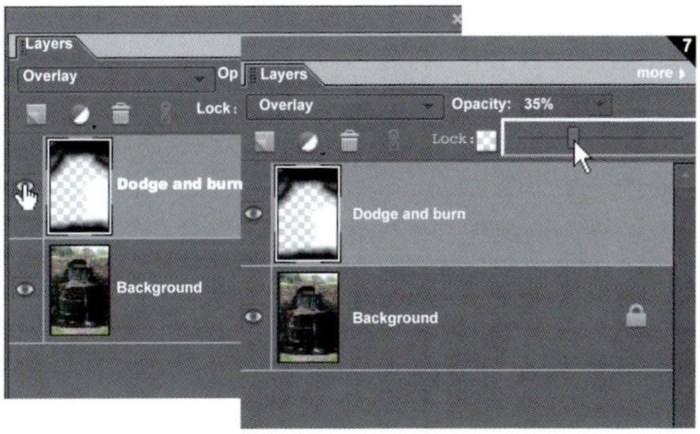


7. 如果对整体的调整效果感到满意，尝试点击加亮和调暗图层的指示图层可见性，将其关闭或打开。

这项操作能即刻显示图像“之前和之后”效果。如有需要，可以退回去，在任何过度提亮的区域上涂抹，太暗的区域也可同样操作。还有另外一个备用选项，即通过降低减淡和加深图层的整体不透明度来降低亮度。

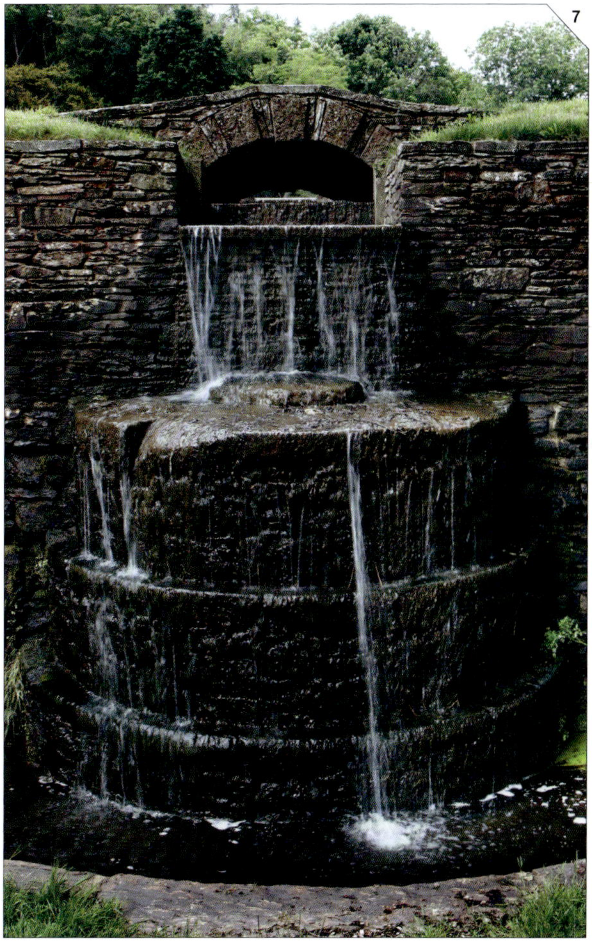

# 锐　化

锐化是图像编辑软件最重要的功能之一。虽然锐化功能主要在用RAW文件格式拍摄照片时使用(因其需要一些后期制作和编辑)，但是如果发现一张图片聚焦不良，只要问题不太严重，锐化也可起作用。在看起来已经是清爽明快的图像上，一定程度的锐化也能确保细节部分真正突出，尤其是对需要打印出来的图像锐化的作用不可小觑。锐化还有一个重要的技术功能，它能抵消缩放图像时将其放大或缩小而导致的柔化。

## 应用非锐化蒙版

1．在考虑锐化图像之前，最好先用100%的放大倍率进行仔细观察(屏幕上的一个像素代表图像上的一个像素)。在调整色调和颜色时，需要把图像缩小，以便看全整个图像，但对于锐化操作而言，只能在放大倍率为100%时进行判断。

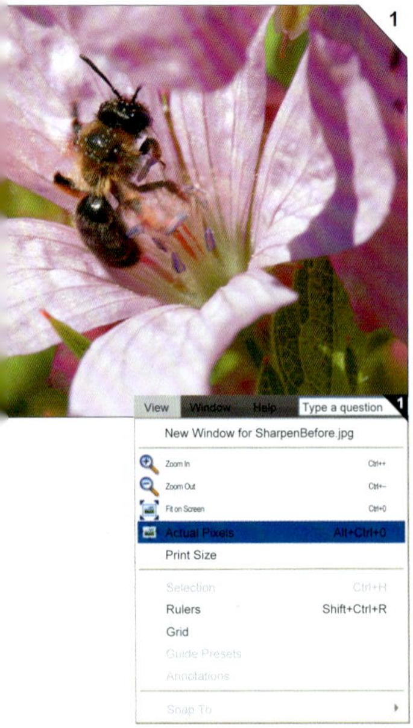


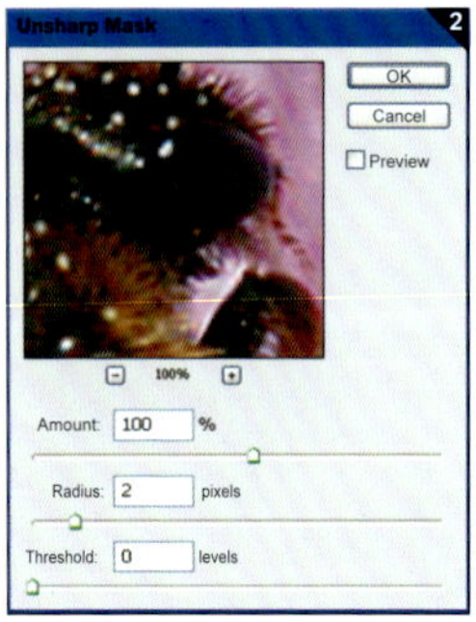


2．非锐化蒙版(Unsharp Mask)几乎可用于所有的锐化目的，该名称反映了一个事实，即这个滤镜是通过减去图像的一个模糊的副本来起作用的，这是传统图像处理使用的数字版本中的一项技术。在Photoshop的所有版本中，该命令都位于文件>锐化(Filter > Sharpen)命令下，但在Photoshop Elements 5中，该命令被转移到增强菜单中。

选择非锐化蒙版会打开一个对话框，对话框内有3个滑块和一个小的预览窗口。勾选预览窗口，查看主图像上的结果，或取消勾选，比较预览图像和源图像之间的差异，目的是找到图像的正确滑块设定。首先尝试设定数量(Amount)：100%、半径(Radius)：2，阈值(Threshold)：0。对于低分辨率的图像，将半径设定为1，以便获取更大的锐化效果。

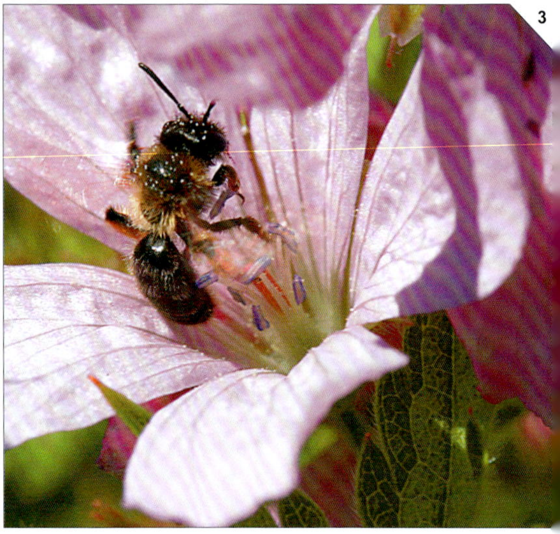


3．查看图像效果。大多数图像的景深有限，因此锐化要集中在打算拥有清晰聚焦的区域。

在这张高分辨率的照片中，蜜蜂需要进行锐化，需要画出眼睛，并且和柔软的花瓣形成对比，创造一个昆虫世界的印象。

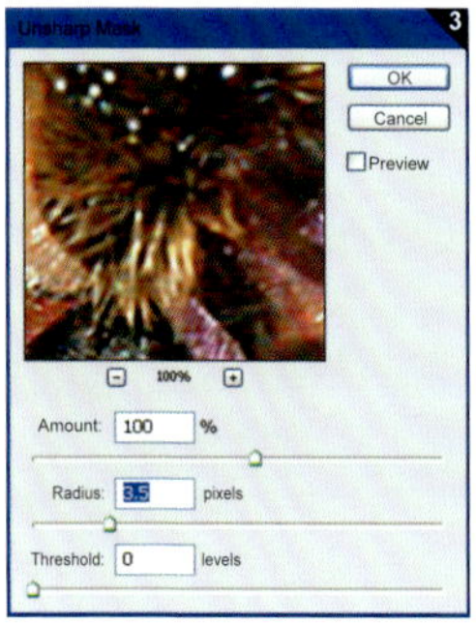


完成这个任务，要不断提高半径的设定值，直到细节部分的边界变得更加清晰为止。此例中，3.5像素的设定值就足够了。

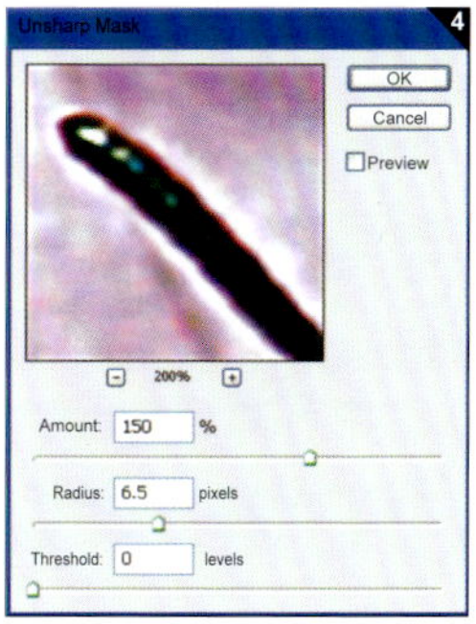


4. 如果想要创造一个更加强烈的效果，也可提高数量(Amount)的设定值。但要注意，不要将这些设定提得过高，这点很重要，因此应时刻留意边界周围的“光晕”和细节的丢失。

在这个例子中，锐化有些过度，已经在蜜蜂的触角周围创造了一个显著的光晕，失去了提亮部分的细节。

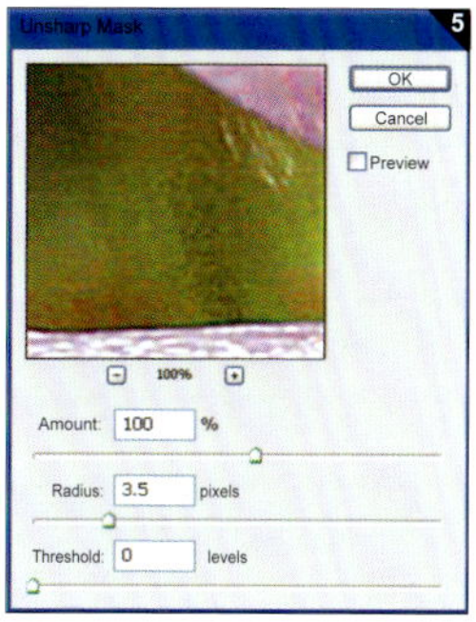


5. 在关键的细节区域已经设定了前两个滑块，以便获得最佳效果，接下来，使用第三个滑块——阈值(Threshold)滑块，来减轻任何副作用。

在低对比度的背景区域，例如花瓣后面远处的植物，本来看起来很光滑，但非锐化蒙版(Unsharp Mask)在这个原本平滑的区域造成了杂色(数字颗粒)。

## 锐化缩小的图像

在利用四色工艺印制图像时(这也是印刷本书使用的方法)，通过点染法将像素转换成墨点。这种方法具有柔化效果，因此，想要保持照片的清晰和明快，应该将图像锐化得比正常情况稍微多一点。现代喷墨打印中使用的抖动或随机筛选法，对锐度的影响会更小一些。

众所周知，数字图像一旦过度放大，超过了其适当的尺寸，就会有损图像质量，有不少人认为缩小尺寸则不会影响图像质量，其实这种说法并不完全正确，因为一个图像在缩小后看起来仍然不会像以前一样清晰。在用一个较小的尺寸打印一张高分辨率照片时，使用图像>调整大小>图像尺寸(Image > Resize > Image Size)命令重新取样。在对话框底部，勾选重定图像像素，并将重定图像像素的方法设定为(两次立方<较锐利)。然后在文件大小(Document Size)命令下输入所需的具体尺寸。

如果想要获得更佳的效果，特别是打印非常小的图像，可以尝试采用两次立方分阶段重新取样，每次缩小的比例不超过70%，最终缩小的图像需要采用100%和0.5像素半径的非锐化蒙版。

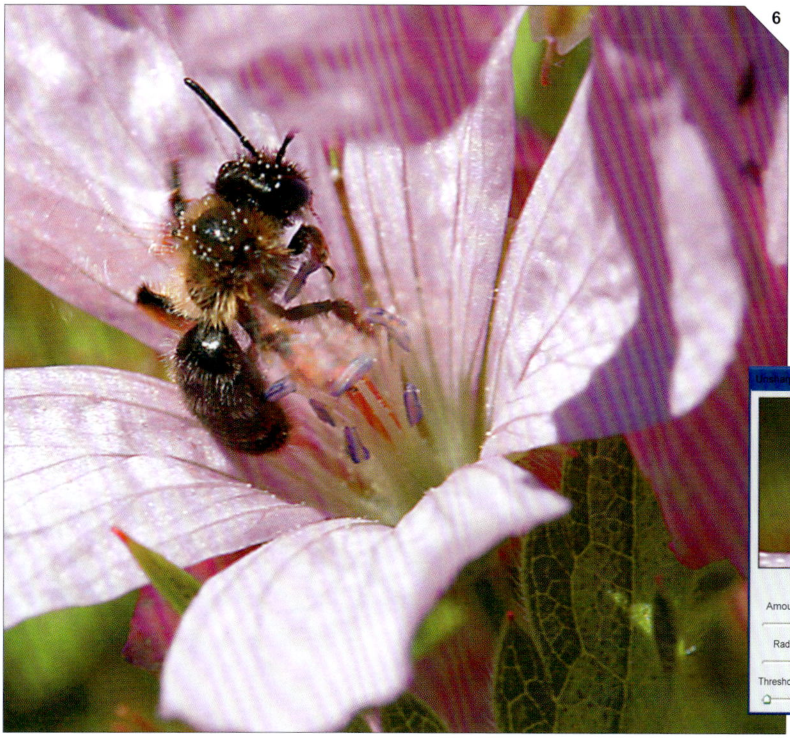

6

6. 如果想将锐化效果限制在高对比度的边缘，同时又保持图像中比较柔化的区域，使用阈值设定是一个很好的方法。通常，一个较小的阈值设定就可解决问题，此例中将其设定为4就足够了。需在应用非锐化蒙版滤镜前，围绕图像平移。

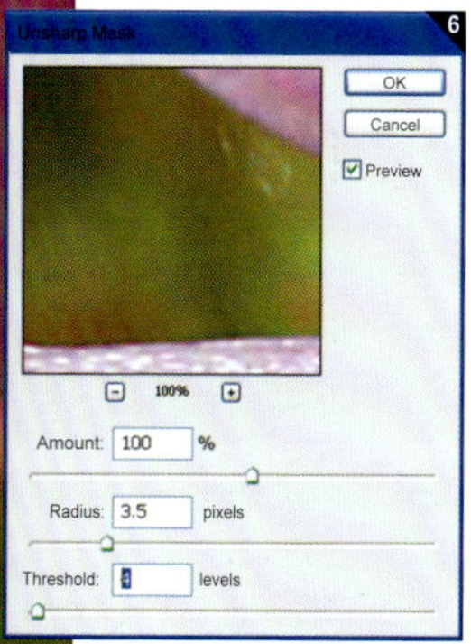

# 高级锐化

有些照片的焦点完全没有对准，很难调整。这可能是手动对焦稍稍不准造成的，如果在一个物体还在移动时就按下快门，相机的自动对焦功能很可能会选取错误的部分对焦，还有一种情况就是自动对焦受到昏暗光线的影响。

软件的锐化功能不可能完全纠正糟糕的对焦，但可以恢复到较好的清晰度。不过，恢复清晰度的过程也会给图像造成负面效果。想要限制这些负面效果，不能仅仅使用非锐化蒙版，还需要使用更加先进的技术。

## 用非锐化蒙版手动改善对焦

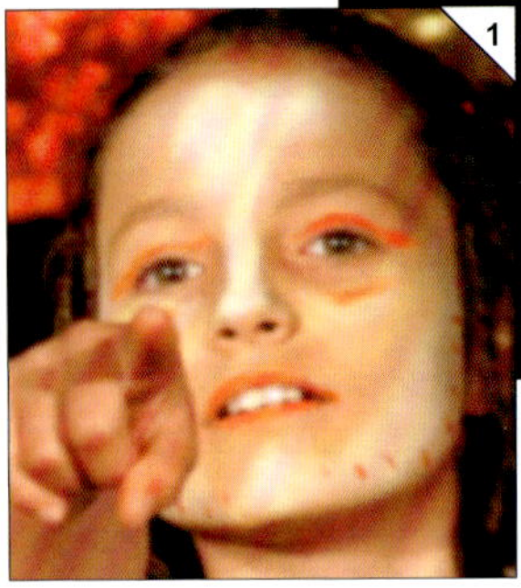
1

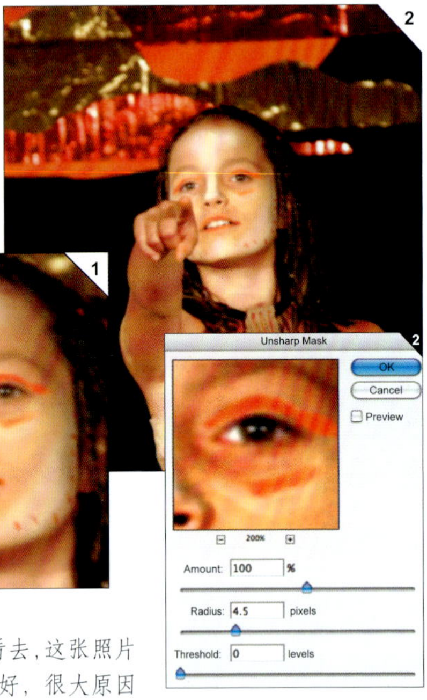

2

1. 第一眼看去，这张照片似乎对焦良好，很大原因是背景上的红色和金色装饰未聚焦，相比之下，前景的人物就显得比较清晰。

但在数量中植入100%，可以发现照片中的人脸非常柔化，特别是眼睛，缺乏有力的细节，改善这一区域，就会使整张照片令人印象深刻。

在自己的照片上找出类似的区域，这个便是需要努力改善的区域。

2. 将照片放大到200%，以便获得一个更清晰的效果，然后选择滤镜>锐化>非锐化蒙版(Filter > Sharpen > Unsharp Mask)命令，并将滑块设定到一个基本水平上。在这样一个模糊的图像上，需要提高半径的设定值，这里显示的图像中，采用4.5像素即可获得显著的改善。

3. 这种强烈的锐化，造成了一种不希望出现的副作用——围绕边缘的光晕更加明显，杂色增多。部分原因是在调整一张彩色图像时，在提高边缘对比度的同时，对色彩的视觉效果也有了影响。要避免这样的负面效果，只需将高光和暗调信息从颜色信息中分离出来，这项操作非常容易，只需将图像的色彩从标准的RGB模式(其中3个通道存储了每一个像素的红色、蓝色和绿色值)转换成LAB模式即可。

要转换到LAB色彩模式，应取消非锐化蒙版对话框，并选择图像>模式>Lab颜色(Image > Mode > Lab Color)。

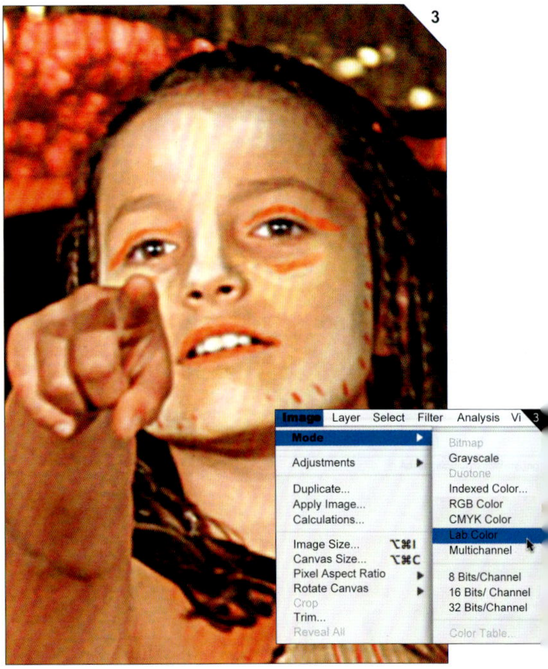

3

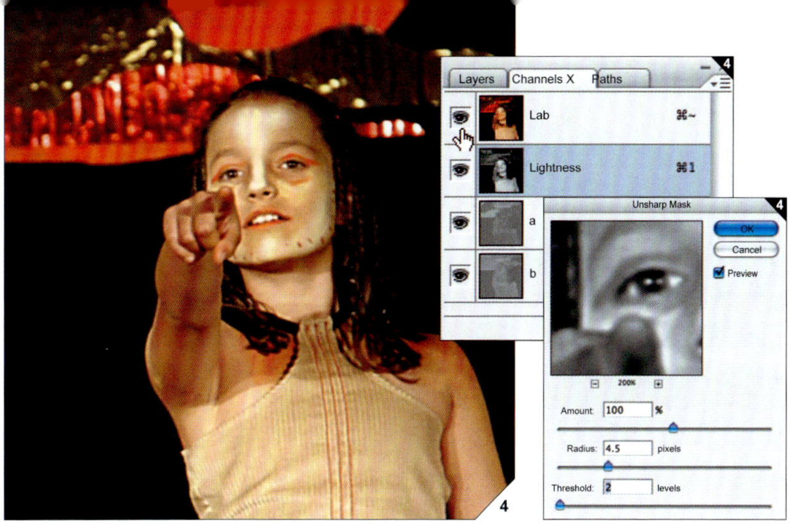


4. 如果观察通道(Channels)面板，会看到图像被存储为“a”和“b”通道(这包含了色彩信息和亮度)。

点击亮度(Lightness)通道，图像以黑白色出现，这仅仅显示出每一个像素的亮度，而不是色彩。点击顶部的合成Lab通道左边的小框，重新显示“眼睛”图标。虽然正在查看的是全彩色图像，但在应用锐化功能时，只是在亮度通道上操作。

打开非锐化蒙版滤镜，可以在反应单色亮度通道的对话框看到预览图。此时，设定一个能够改善清晰度同时又避免过多光晕的半径值，则变得非常容易了。

注意低反差区域的杂色，不过一个较小的阈值，例如两个像素，在大多数情况下足以校正这个问题。

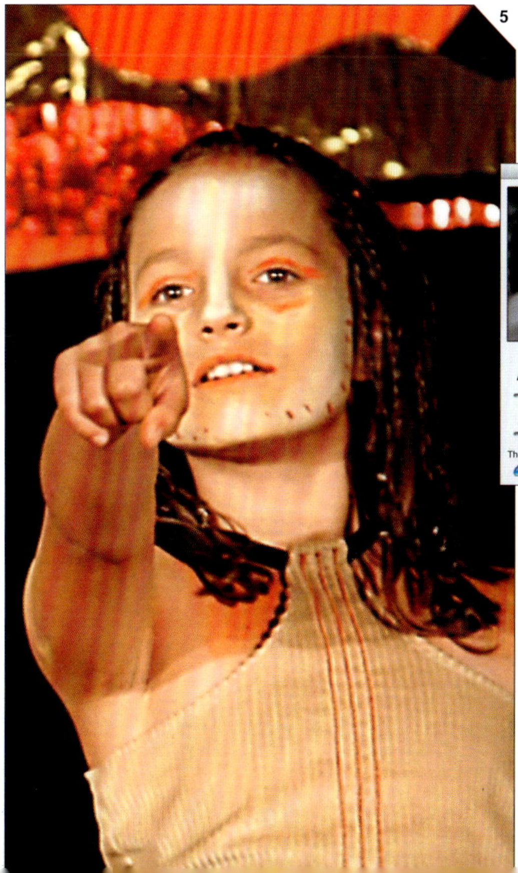


5. 进行两次锐化可能对提高锐化效果更为有效，因此，回到非锐化蒙版，尝试使用一个更小的半径，如有需要，还可以用一个更高的阈值来避免杂色。

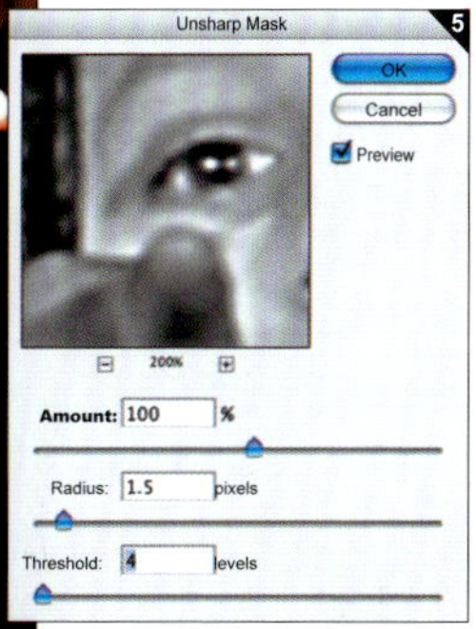


首先，用第一个非锐化蒙版让边缘从背景中显露出来，再用第二个非锐化蒙版锐化这些边缘。获得满意的结果后，用图像>模式>RGB颜色(Image>Mode>RGB Color)将图像转换成RGB色彩模式。

## 智能锐化

Adobe也提供了另一个锐化命令，可以使用类似于LAB色彩模式转换的方法来尽量减少负面效果，同时又把图像保持在RGB色彩模式下。如果使用的是Photoshop，选择滤镜>锐化>智能锐化(Filter>Sharpen>Smart Sharpen)命令，如果你使用的是Photoshop Elements 5，则选择增强>调整锐化(Enhance>Adjust Sharpness)命令。

删除(Remove)下拉式菜单中有一系列选项。可以选择透镜模糊(Lens Blur)来减少光晕，但你可能会发现，需要更高的设定来获得明显的改善。此处没有阈值控制功能，因此无法直接修正任何由此产生的杂色。

在Photoshop中，可以点击高级(Advanced)获得额外的控制功能，将锐化效果限制在阴影和高亮区域。如果目标区域产生最佳效果的锐化设定使其他区域出现光晕或杂色，使用这种方法将十分有用。

# 克隆工具

克隆工具是大多数图像编辑软件的一个重要功能，它是功能强大的编辑软件，使用简单的复制或“克隆”，将图像上一个区域的像素复制或“克隆”到图像的另一个部位上即可。这项功能通常用于删除图像上的划痕、瑕疵，甚至整个多余的物体。 由于想要删除的图像类型各异，因此大多数图像编辑软件包都提供一系列的克隆工具。这些工具确保了校正所有瑕疵(除了不可见的部分)能顺利进行，并且加快了图像编辑的过程。这里主要介绍 Photoshop 提供的克隆工具，其他软件也会提供一系列非常相似的工具。

## 删除多余的痕迹和物体

### 斑点修复刷

1

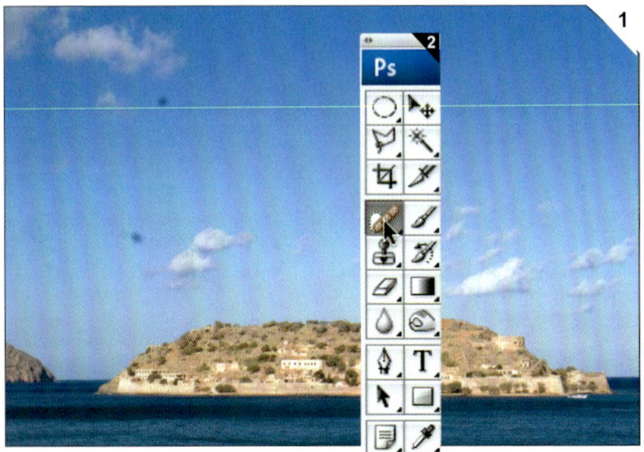

2

1. 在相机配备内置的除尘系统之前，数码相机的使用者要面对灰尘进入相机内部并且附着在图像传感器上的问题。

甚至在配备了新型的除尘系统后，灰尘仍然会附着到传感器上。这些灰尘会以黑点的形式显示出来，这在一个图像的纯色区域中尤为明显，例如拍摄非常清爽的蓝色天空，如果使用小光圈时，这些黑点会变得更加清晰。

如果传感器不被清洁，黑点会在照片的相同位置上一张接着一张不断地出现。

2. Photoshop 和 Photoshop Elements 都配备非常好的工具，即斑点修复刷用来清除图像上的灰尘和斑点。

只需从工具箱中选择工具，并使用“[”键和“]”键来调整修复刷的大小，直到修复刷光标的大小恰好能覆盖讨厌的斑点，接下来要做的就是点击鼠标。

3. 修复刷同样能成功地去除任何皮肤瑕疵，例如斑点、雀斑和胎记。

工具选项条中的斑点修复刷中有两个选项，近似匹配和创建纹理，前者主要从选区边缘进行像素的取样以替换瑕疵区域，后者可以在选区内进行所有像素的取样。

2

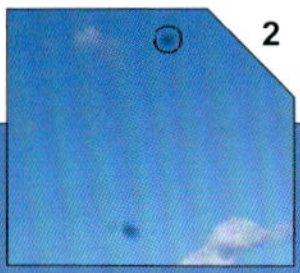

3

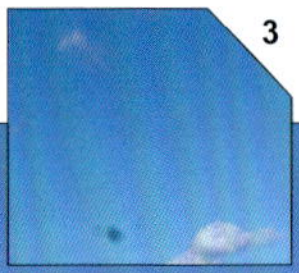

3

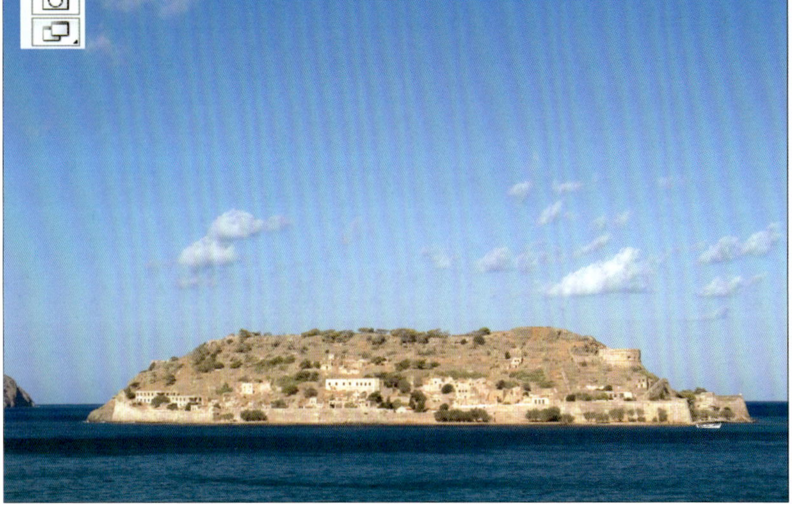

## 修复刷

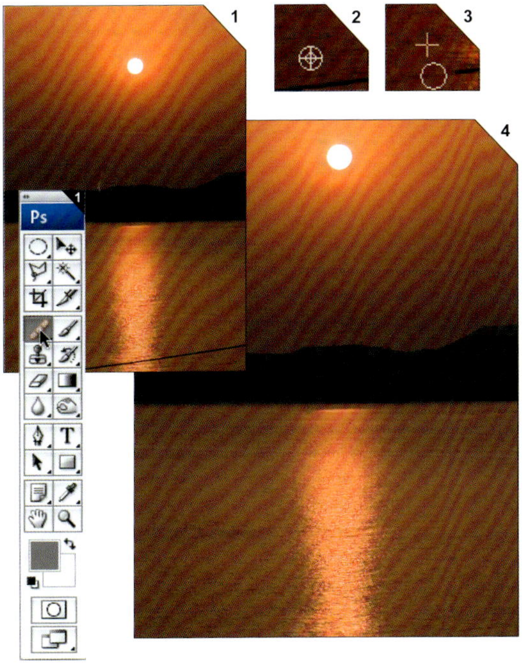

1. 修复刷和斑点修复刷是一对工具，以相似的方式进行工作。这里显示的落日图像的底部有一条电缆横穿而过，这在拍摄时是很难避免的。

2. 从工具箱中选择修复刷工具，并使用“[”键和“]”键来调整修复刷的大小。使用柔软的修复刷将更为有效。

如要开始取样，应按下 Alt 键，将修复刷尽可能靠近想要替换区域的起点。圆形修复刷图标将转换成一个靶子，标明工具现在处于“取样”模式。这表示现在可以开始修复问题区域，这张图像里的问题区域就是电缆。

3. 在该区域取样，然后涂抹难看的电缆。此时靠近修复刷符号附近会出现一个十字形，涂抹时该十字形随修复刷而动，用来指明修复刷正在取样的区域。此例中，当修复刷沿着电缆移动时，它正在自动从金色的水面区域取样。

4. 使用修复工具，只需花费几秒钟就可将电缆从图像中删掉。

## 克隆图章

1. 如果想要替换的区域面积非常大，且正在进行取样的区域图案不均匀，这时最佳的工具是克隆图章。例如在右边的图像中，如果能将岩石上的大标记去掉，图像的视觉效果会更佳。

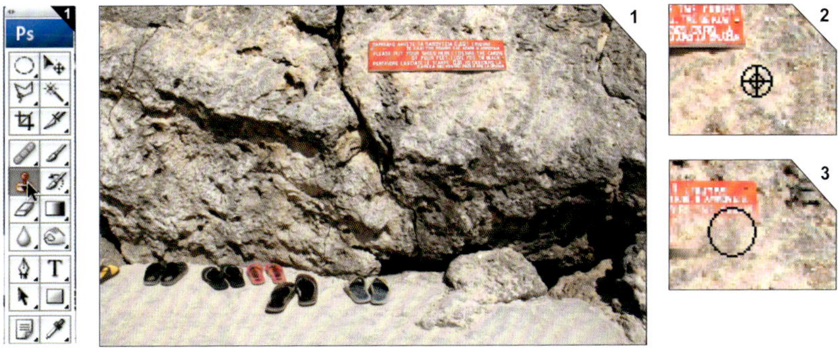

2. 如果使用修复刷，首先选择一个尺寸合适的软刷，然后按下 Alt 键来对想要复制的岩石部分进行取样。

3. 在完成这项操作后，放开 Alt 键，然后用修复刷点击想要替换的区域，操作中可能会发现，多次点击修复刷有助于删除想要替换的区域。

4. 继续从不同区域取样，以避免造成图案单调规则，露出克隆的痕迹。可能会发现需要对已经取样的区域进行重新取样，调整刷子的大小后，从图像的不同区域进行取样，很快就能够创造出一个效果逼真的岩石表面。

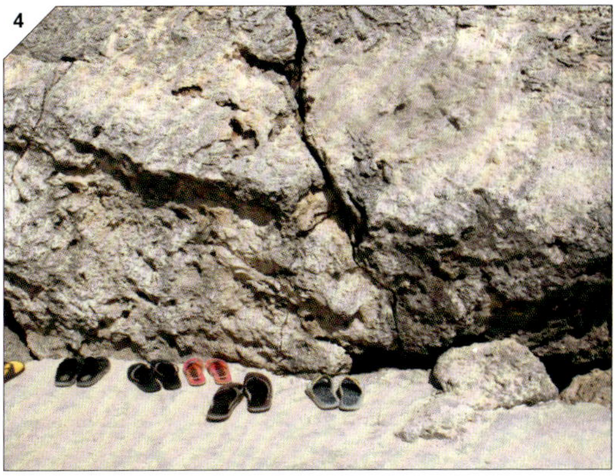

# 高级克隆

克隆工具是Photoshop和Photoshop Elements工具箱中不可缺少的工具。如果图像中存在多余的物体或痕迹，破坏了本该完美的照片，克隆工具可能是首选的修复工具。通过取样和用附近的像素进行涂抹，可以有效地根除、延伸或复制场景中的某个部分，通常只要点击鼠标数次即可完成。

## 删除照片上多余的部分

1．在这张照片上，代表现代文明的卫星接收器破坏了原本古朴的小镇屋顶风光。虽然可以侥幸避开架空的天线，但这里的圆盘式卫星接收器则必须去掉，此时，克隆工具将担此重任。

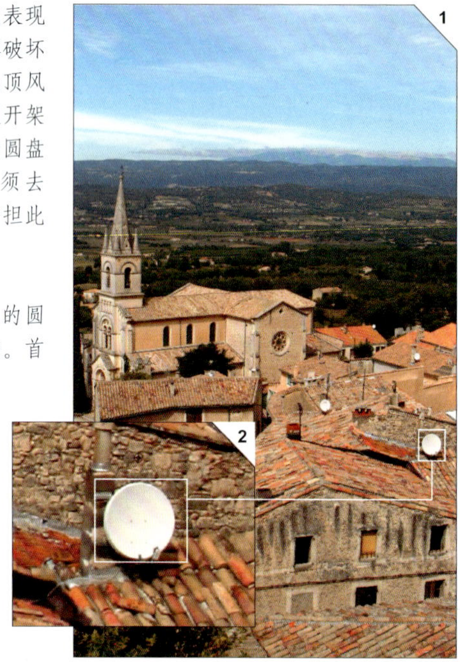

2．我们从去除右边的圆盘式卫星接收器开始。首先，按下Alt键并点击图像，在圆盘式卫星接收器周围任何区域的石墙上取样，点击时不要太靠近卫星天线区域，但也不要离想要从图像上删除的区域太远。

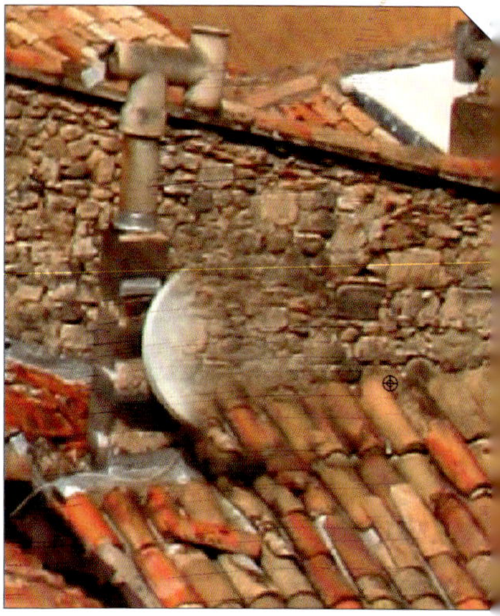

4．如要复制屋顶的瓦片，将克隆工具放置在某个现有瓦片的边缘上，并适当克隆掉卫星天线的某些部分。你可能会发现使用较硬的修复刷时，线条更加整齐清晰。

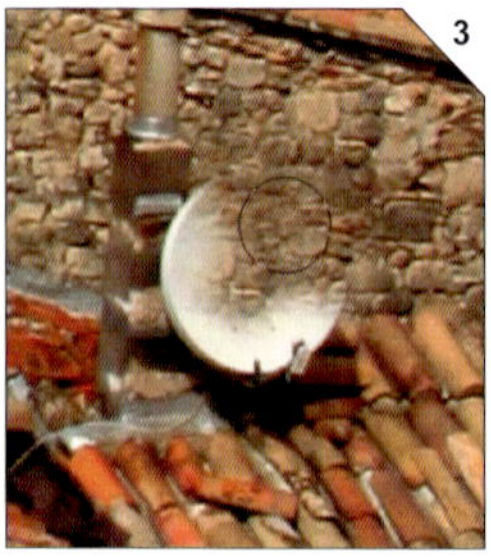

3．将克隆工具设定到较小的尺寸，对墙壁进行取样，并且通过单击，剪切掉墙壁前面卫星天线的一部分。

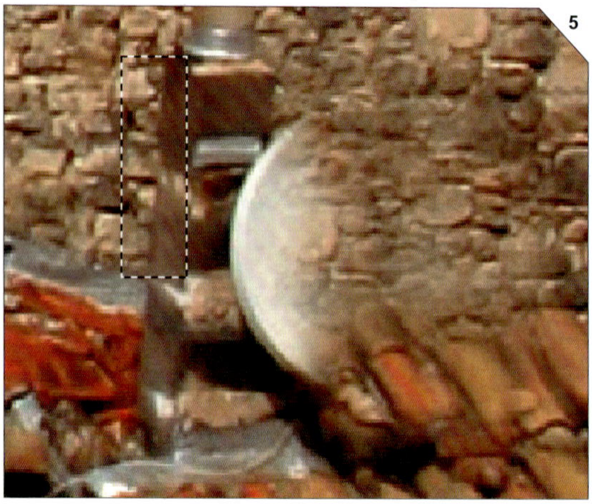

5．对于包含直线的区域，以及与临近区域反差很大的区域，例如被高烟囱“覆盖”的石墙区域，最佳方法是沿着现有的边，画一个选区并且复制。并将复制的选区粘贴到卫星天线的剩余部分上。

6. 在粗略地粘贴好复制的选区后，使用“转化”命令翻转选区，并将其旋转到正确的位置上。合并图层，像前面一样，用克隆工具处理新的部分。

7. 可以对剩下的一小部分卫星天线进行同样的操作，仔细将其遮盖掉，但应密切留意围绕在卫星接收器周围的图案花纹。如果仔细选择取样的区域，最终能创造出一个不移动卫星接收器并丝毫不露破绽的完美小镇屋顶的图像。

在进行细致的克隆工作时，要像图例中所示的那样，应该先把图像放大进行操作，然后缩小到正常的尺寸来查看整体效果。

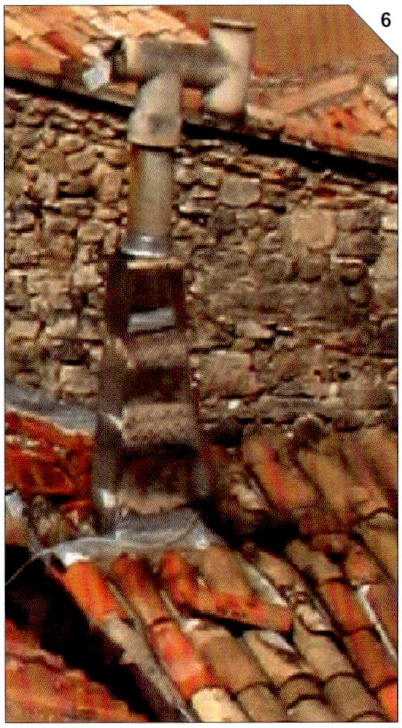
6

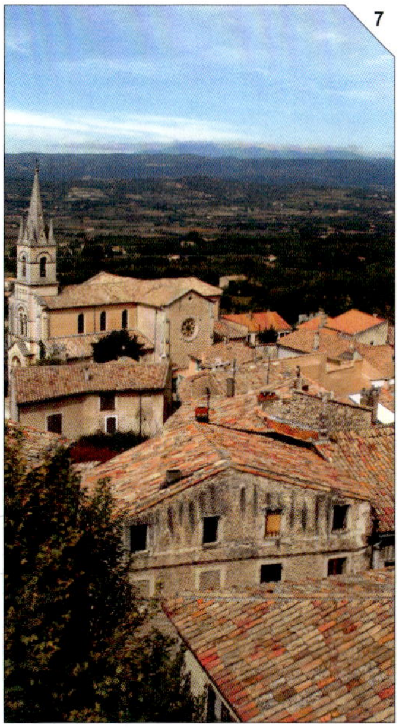
7

## 用修补工具删除图像

Photoshop 也配备有一个功能强大、使用便捷的工具，用于删除任何物体——小到面部瑕疵，大到整个物体。这个工具称为修补工具。

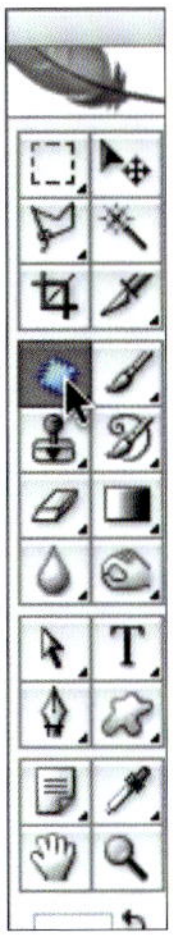

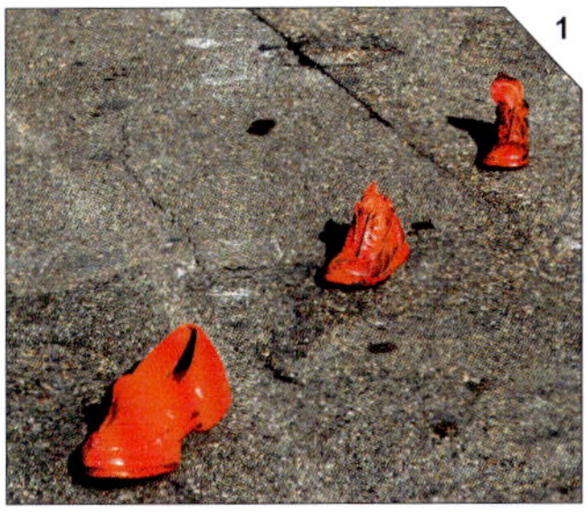
1

1. 在这个例子中，使用修补工具来删除图像中3只红色鞋子中的最后面的一只(即最小的一只)。

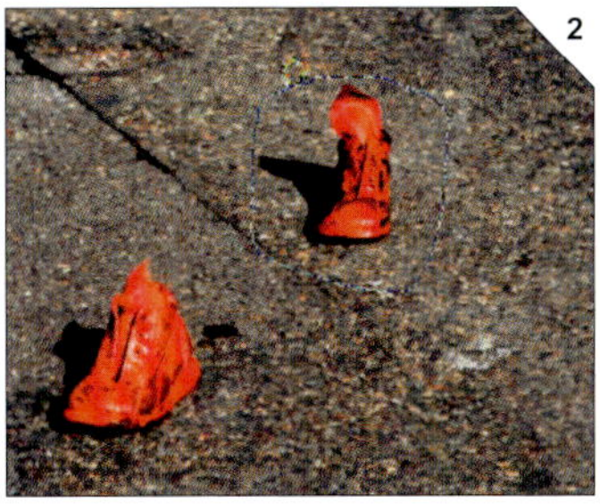
2

2. 选定修补工具后，沿着想要删除的物体勾线。完成这项操作后，选区会转换成常见的虚线，或“蚂蚁线”。

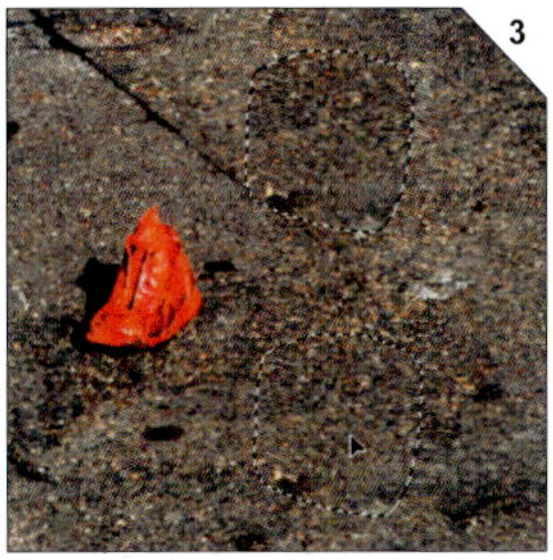
3

3. 确定选区后，点击并把选区拖动到图像上与想要删除的物体背景最为相似的区域，然后释放鼠标。

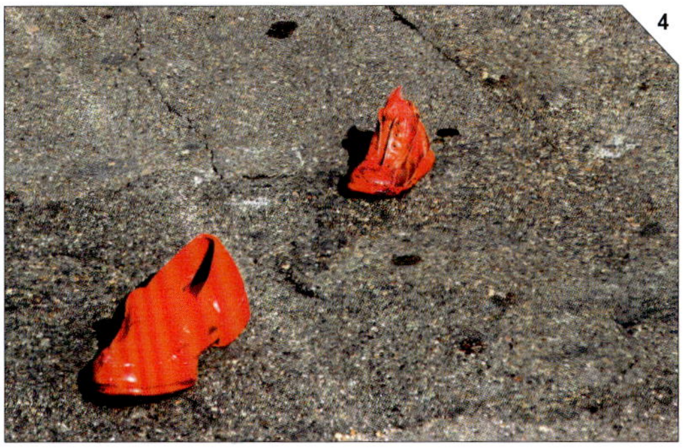
4

4. Photoshop 会在拖动后的新区域上进行取样，并且用新区域替换原来的选区。

其有效程度取决于选定区域和取样区域的复杂性。此例中，对道路的不规则图案的修补效果十分逼真。

# 第5章

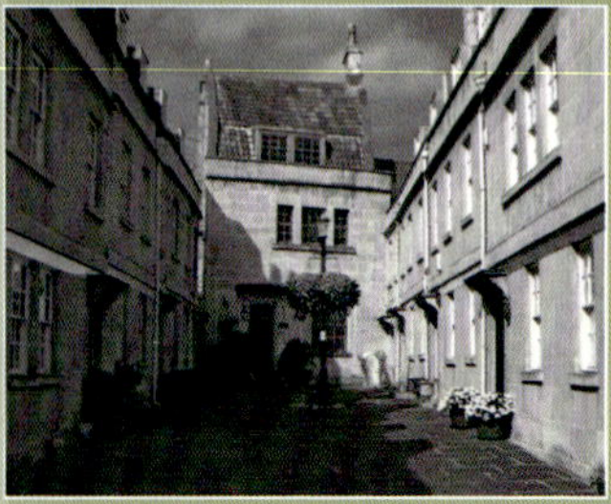

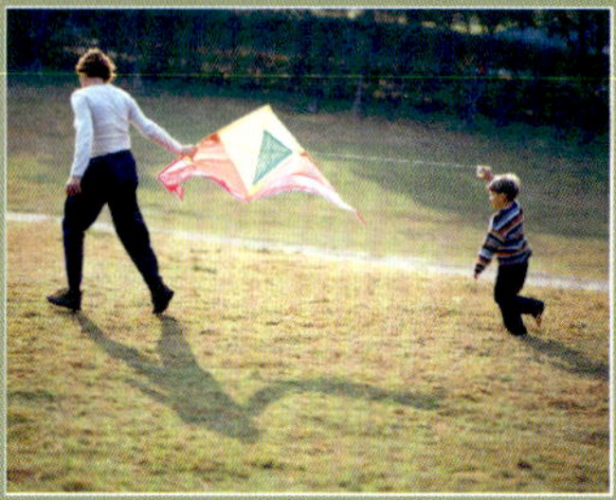

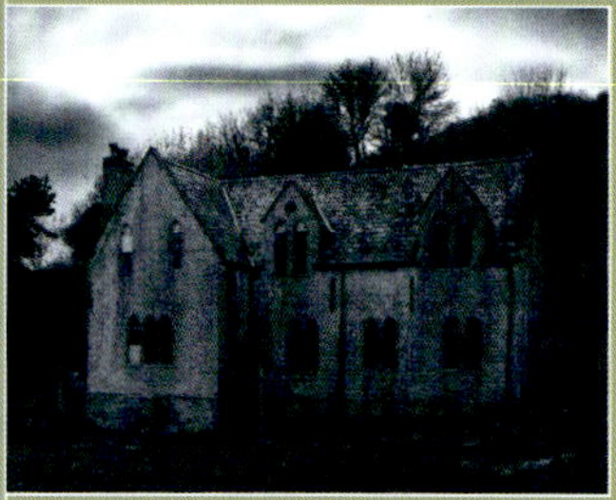

# 高级图像编辑

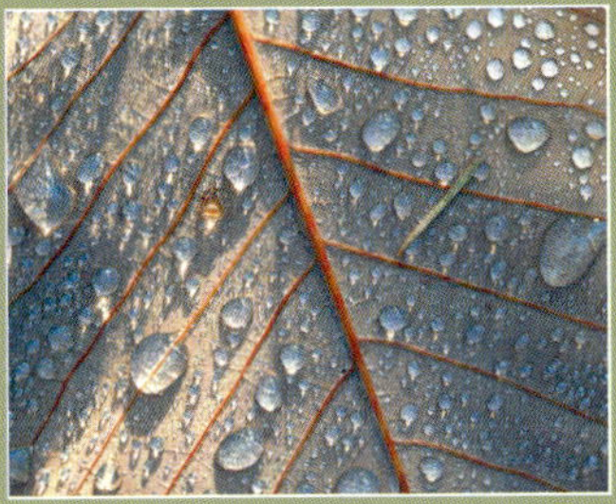
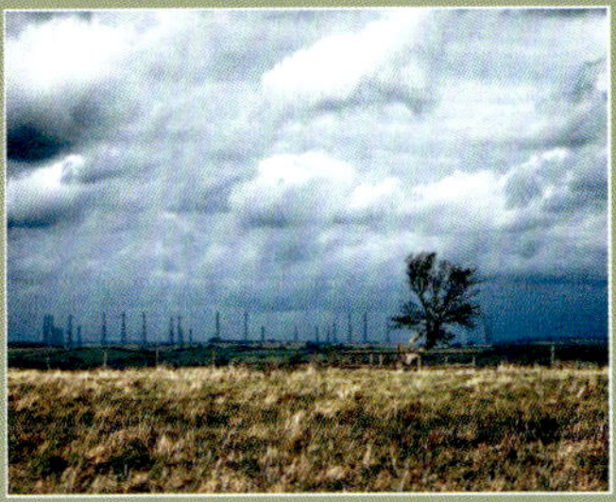
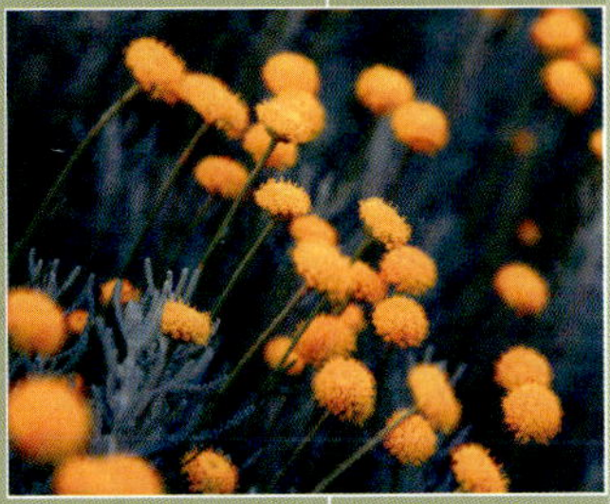

现代图像编辑软件在为图像增色方面拥有许多功能。此类软件通常在图层系统的基础上进行工作，对图像进行局部或大面积调整而不会影响原始文件。通过使用图层并控制图层之间相互的作用，利用各种混合选项、编辑工具和颇具创造性的滤镜，让所摄图像拥有无限的可能性，成为想象力可以完全自由驰骋的创意空间。 本章介绍了其中的一些功能，虽然内容并非包罗万像，但提供了必要的信息，便于读者日后独自探索。

# 图层简介

Photoshop 的第三版 —— Photoshop 3 首次引入了图层的概念。图层的引入，使得图像编辑软件有了翻天覆地的变化，使图像编辑比在一张传统的单层画布上编辑要容易得多。利用图层，能够完成原先在传统的单层画布上不可能完成的工作。

图层的工作原理可以用一叠透明胶片的概念来解释，以投影仪上使用的透明胶片为例，尽管是从一个单图层开始(通常称为背景图层)，但仍可以在上面创建一个新的、空白的透明图层，正如可以在投影仪上已有的胶片上覆盖一张新的透明胶片，图层也是如此，可以在覆盖背景图层的新图层上绘图，而不会改变背景图层本身，可以任意滑动新图层，而无须考虑背景图层。背景图层不会发生任何改变，可以在需要时任意添加新的图层。目前大多数图像编辑软件都支持图层功能，在此用 Photoshop 来解释这个概念。

## 基本图层结构

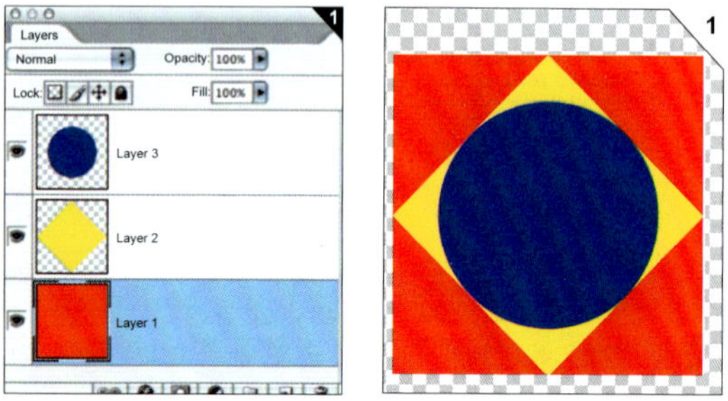


1. 选择图层 >新建图层(Layer > New)命令，即可调出左边由基本的圆形、菱形和正方形组成的 3 层可视结构，3 个结构中的每一个都绘制在其独有的图层上，此外每一个新建图层都将覆盖在前一个图层之上。

示意图左边对应的图层面板显示了一个图层是怎样覆盖在另一个图层上面。图层面板显示了在红色的“背景”正方形上覆盖了一个黄色的菱形，而菱形上又覆盖了一个蓝色的圆形。

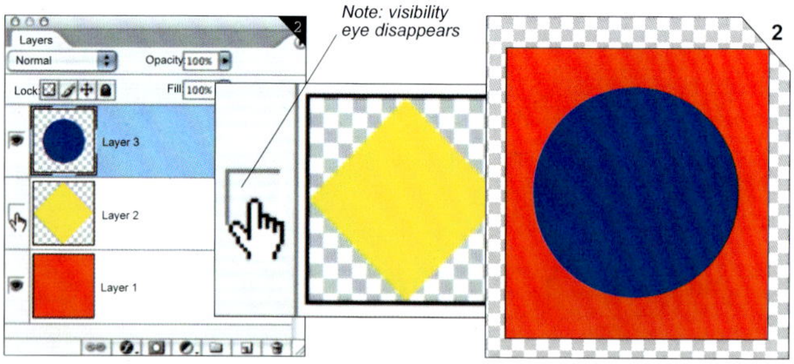


2. 单击面板上图层缩略图旁边的可见度眼睛(visibility eye)按钮，可以“开启”和“关闭”特定的图层，使其可见或隐形。此处单击黄色菱形图层缩略图旁边的可见度眼睛按钮，可使得该图层隐形，仅剩下红色方形和蓝色圆形。通过“开启”和“关闭”图层的操作，可以对调整前和调整后的图像进行评估。

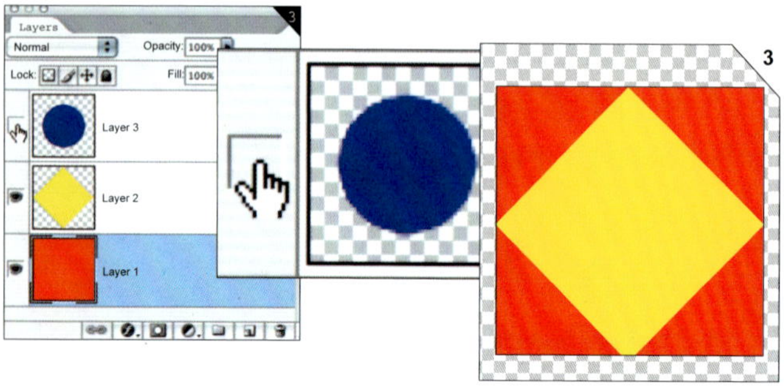


3. 再次单击可见度眼睛按钮，蓝色圆形图层(图层 3)也被关闭，仅可看到红色的方形和黄色的菱形。图层的编辑是独立的，不会相互影响，可以对单个图层进行调整而不影响整个图像，而且仅通过单击图层和在图层面板上拖曳图层，就可以改变图层的顺序。该项操作在第四步中介绍。

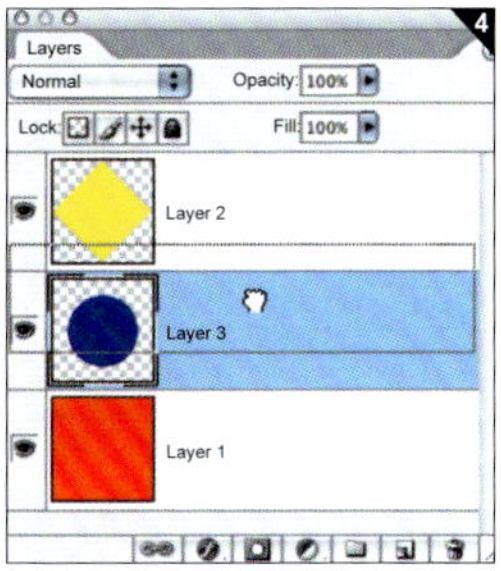


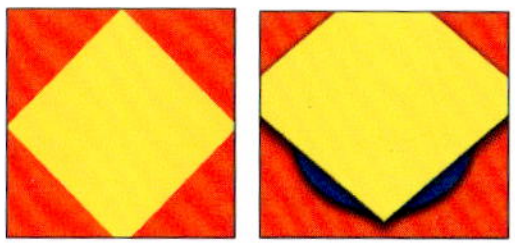

4. 在上面右侧的图像中，蓝色圆形被拖曳到黄色菱形图层的下面(或后面)，黄色菱形完全掩盖了蓝色圆形。作为一个说明性演示，该三维图像显示了蓝色圆形是怎样被黄色菱形掩盖在下面的。

和投影仪上的透明胶片不同的是，数字图层是完全透明的，因此，不管添加多少图层，下面的图层将始终保持清晰。数字图层在其他方面也有不同之处：例如，图形的透明度或不透明度可以调整，这样，下面图层上的图形可透过上面的图层显现出来，其可见度取决于上面图层的透明度。

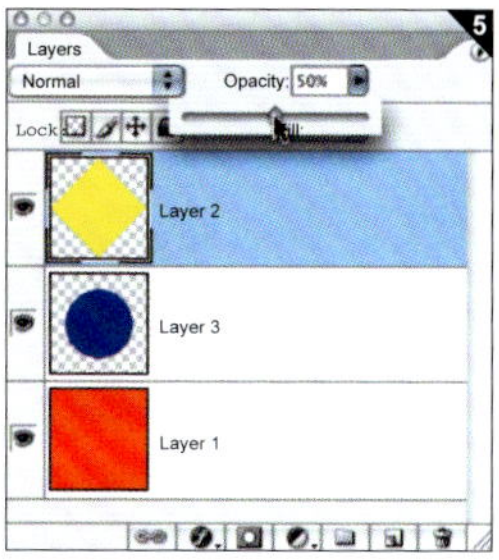


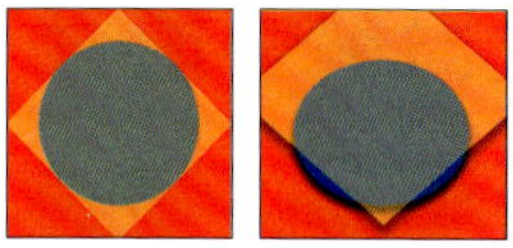

5. 拉动不透明度(Opacity)滑块，降低黄色菱形图层的透明度，让蓝色圆形开始穿过图层并显现出来。需注意的是，在降低黄色菱形图层的不透明度时，其色彩饱和度也被“削弱”。一旦和另一种色调叠加，如红色或蓝色，将会出现第四和第五种颜色。

混合模式，决定了一个图层上单个像素和另一个图层上相应像素的色调、饱和度和亮度值的相互影响方式。混合模式是许多软件编辑程序的另一个强大功能，通常位于图层面板上。有关混合模式及其如何工作的更多信息，请参见第190～191页。

## 图层操作实例

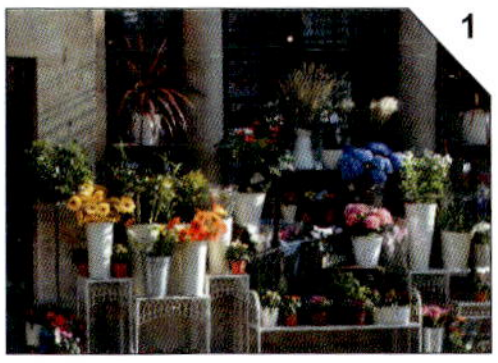

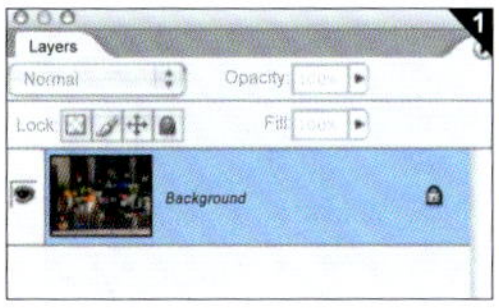


1. 打开Photoshop中的图像时，就像打开一张标准照片或艺术家的画布一样。图像上有一个单图层(称为背景图层)，可以在上面直接作画或涂色，或者使用任何一种编辑工具。在大多数图像编辑软件中，图层的核心是图层面板，它显示了图像文件中的所有图层。

2. 可以通过创建一个副本来复制背景图层，也可以用另外几种方法来复制，但最简便的方法是将背景图层拖到“创建一个新图层”图标上，该图标位于图层面板上。

或者选择图层>复制图层(Layer>Duplicate Layer)命令，也可以安全地编辑一个图像的副本，同时不会改变原始的背景图层。

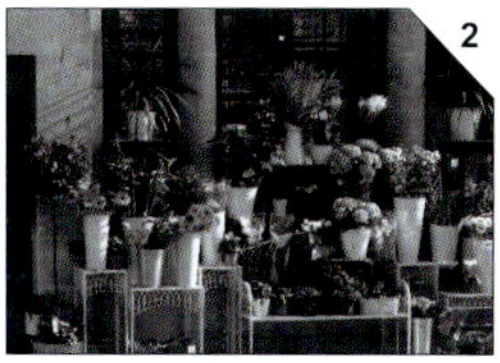

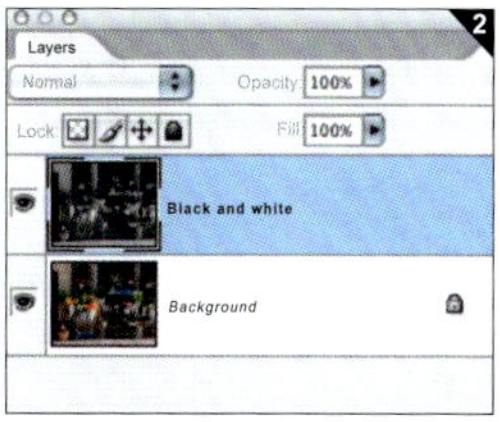


3. 一个充分利用图层的简单方法是移除上面图层的某些部分，使下面的图层能够显示出来。选择橡皮擦工具，擦除周围的一半黑色和白色图层，使原始彩色图层显现出来，对结果感到满意时，选择图层>合并图层(Layer>Flatten Image)命令，这时所有图层将合并为一个图层，以减少文件的容量。

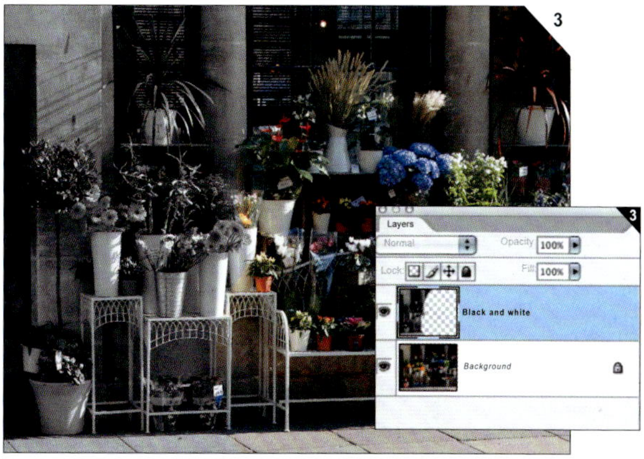

# 使用图层

上一节中介绍了图层的基本概念，了解了怎样通过复制和修改背景图层来创建某些有趣的效果，本节中将学习如何通过将两个或更多图像组合在一起，创建一个新的合成图像。这种方法类似于众所周知的合成照片的方法，将多个图像组合到一起，创造出一件超现实主义的艺术品，或者将两个或更多图像组合起来，创造出一个全新的，但又完全可信的场景。此处以 Photoshop Elements(但其他软件也能达到相同的效果)为例，介绍如何将一个图像中的天空替换到另一个图像上去，创造出一个新的天空景色。用一张照片上蓝色多云的天空来替换原有照片上阴天——平淡无奇的天空，这是一种常见的特技。

## 用图层组合图像

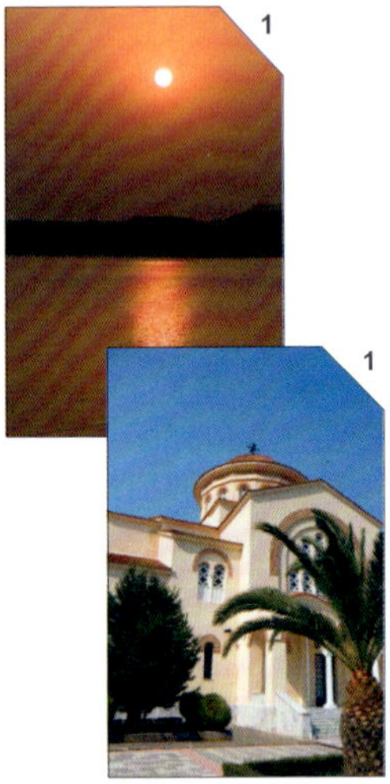


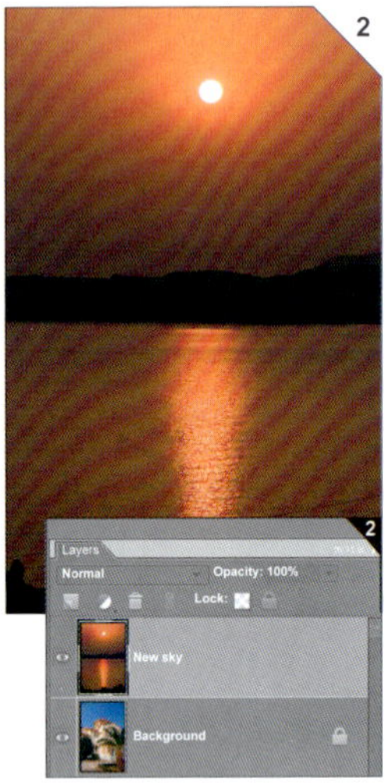


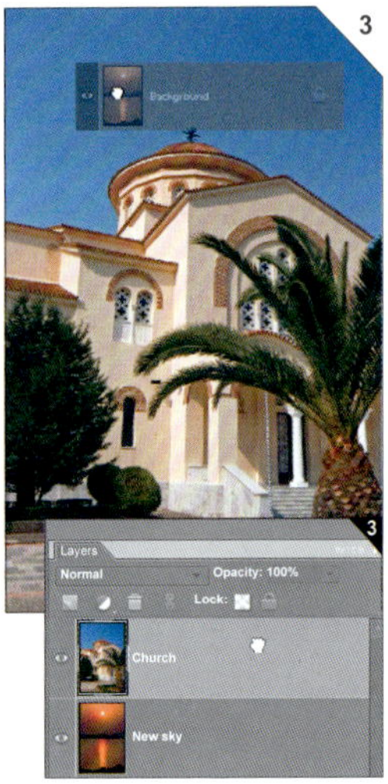


1. 上图有两张源图像，一张是下午晚些时候的太阳，另一张是空旷蓝天下的希腊正教(Orthodox)教堂。这两张图像在气氛、颜色和拍摄视角上有很大的不同，但用图层组合这两张图像则非常快捷并且易于操作。如果想替换的天空的色调和颜色越均匀，使用魔棒工具来剪切图像就越容易，基于这一点，选择用于替换天空的源图片尤为重要。

2. 从将两个图像组合成一个文件开始。在图层面板上，单击并拖曳一张照片的背景缩略图，将其放在另一张图像的画布中。这时围绕图像出现一个边界，表示可以放开它，按下“Shift”键以确保图像位于中心。至此，日落图像已经被拖曳到教堂图像中，并完全覆盖在上面，图层面板上则显示存在两个图像。

3. 用右键单击或双击教堂的背景图层，将其转换成一个标准的浮动图层，以便改变图层的顺序。由于背景图层是固定的，因而只有这样做才能移动背景图层。Photoshop Elements 会询问是否为新的图层命名，此时将其命名为“教堂”，然后把教堂图层拖曳到天空图层上面，使其转换为图层面板中最上面的图层，并覆盖在天空图像上。

4. 使用魔棒工具选择教堂上的蓝色天空，如果魔棒工具没有选定图中天空的所有部分，则应按下“Shift”键并点击遗漏的区域，将其添加到选定部分中去。选择了天空之后，点击选择>羽化(Select > Feather)命令，并输入数值1，柔化教堂的边缘，使其与天空更逼真地融为一体，最后按下退格键，删除蓝色天空。

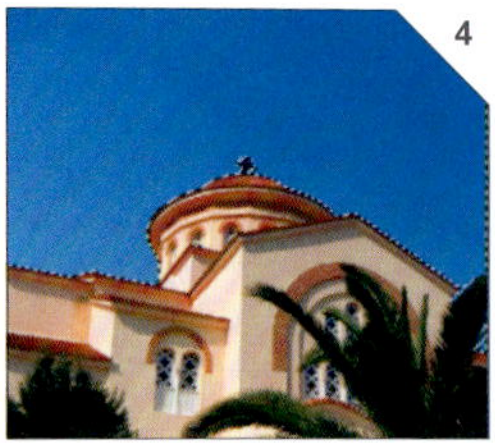


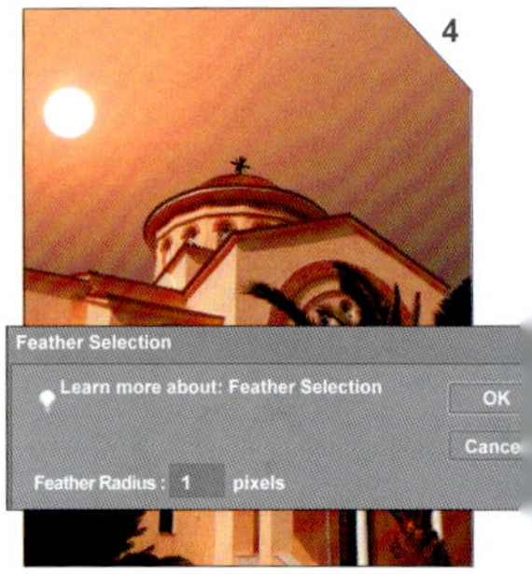

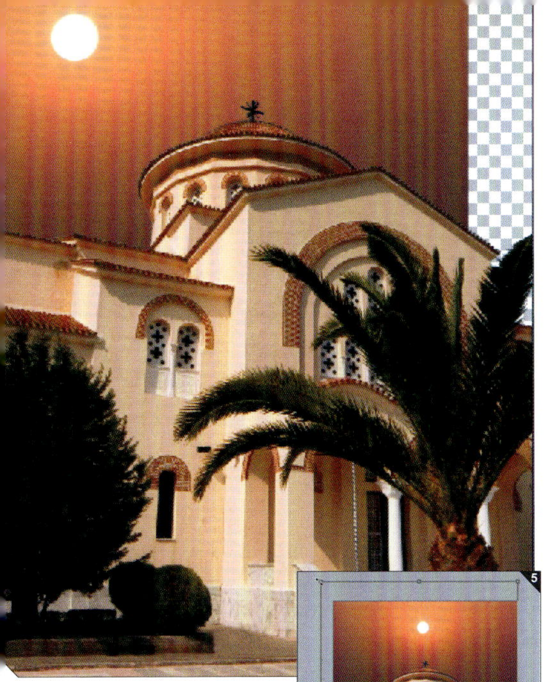

5. 现在需要将太阳向左边稍稍移动一点，以便和教堂的阴影部分相协调。要做到这点，必须将新天空图层放大一点，将光标移动到图层面板上并选定新的天空图层。此外，在屏幕上方工具选项条中的“显示转换控制”选项上打勾，这项操作将围绕图层创建一个方框，其中带有8个重新调节框(4个在角上，4个在边线的中间)。此时，选择视图>缩小(View > Zoom Out)的命令，以方便观看，然后调整查看窗口的大小。接下来勾选工具选项条上的“比例约束”选项，抓住其中一个角，调整日落天空图像的大小，调整至合适大小时移到图像的左侧。最后使用移动工具重新定位日落图像。

5

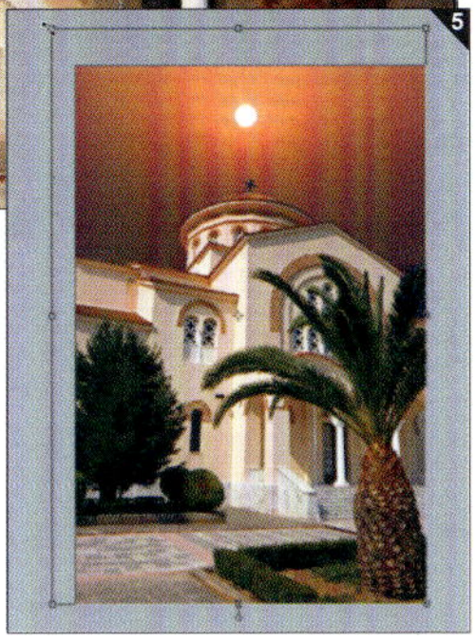

6

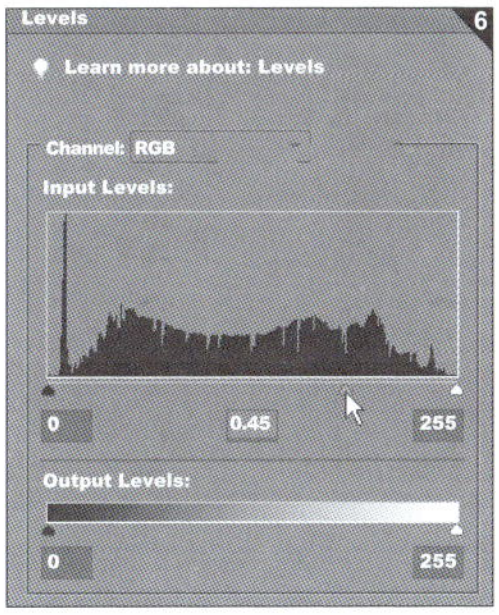


6. 建筑物和天空在色调和色彩方面需要进一步融合。选定教堂图层，点击图像>调整>色阶(Image > Adjustments > Levels)命令，打开色阶对话框。将中间的伽马值调节滑块(或灰度滑块)向右侧移动，使教堂图像变暗。

7

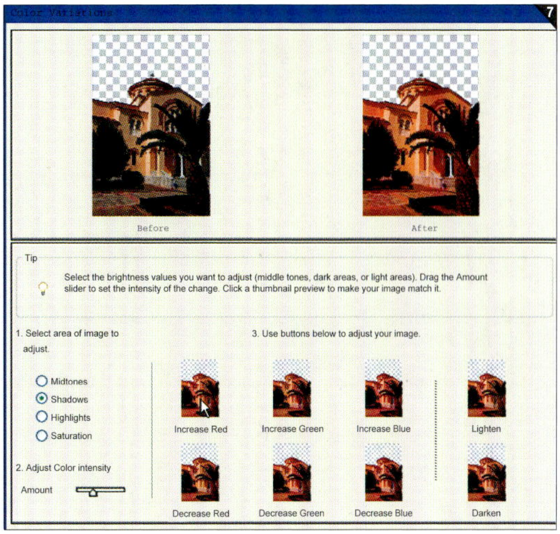


7. 还需要调整教堂的色彩，使其和日落天空协调，选择图像>调整>变化(Image>Adjustments>Variations)命令，并点击增加红色(Increase Red)，使图像变成暖色调。

8

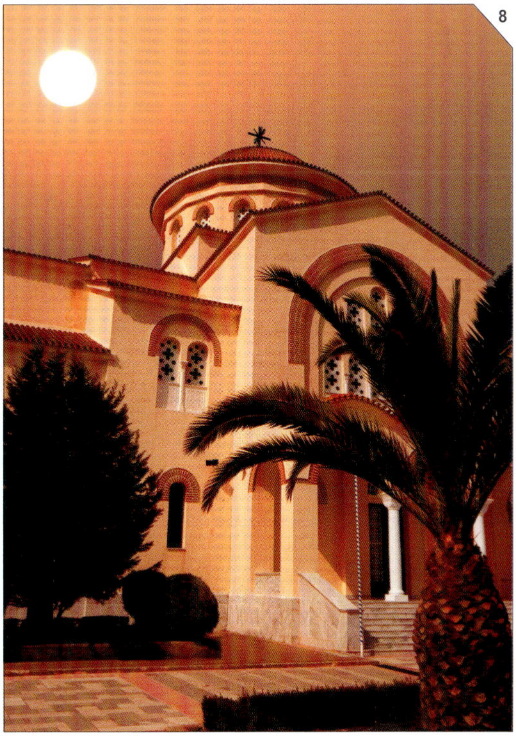

8. 到了这一步已大功告成，只需将太阳稍稍向左边移动并重新定位，稍微调整教堂的颜色和亮度，使其与天空相协调，即可创造出一个令人信服的天空景象，而这一系列操作仅使用了两个图层。

# 调整图层

图像编辑调整功能可以改变原有呆板无光的图片，为实现创意提供无限的空间，解决诸如照明、色调甚至曝光等问题。遗憾的是，使用这种方法存在一个巨大的不足，即一旦采用了某种调整，就很难复原，且如果接连进行了几个调整，图像的质量就可能下降。目前许多编辑软件提供了另一种应用调整的方法，即对图像所做的调整只停留在一个单独的图层上。使用这类“调整”图层编辑图像时，可以应用所有的编辑工具和命令，但不会影响到背景图层，因此编辑中对图像的亮度、色彩和色调所做的修正，都可以返回、修改或者完全删除。此处以 Photoshop Elements 为例来说明功能多样的调整图层是如何使用的。

## 图像环境的控制

1. 打开想要编辑的图像。此例是把一张白天拍摄的照片转换成明亮的夜景照片。选择图层>新调整图层(Layer > New Adjustment Layer)命令，显示出图层调整的一个子菜单。选择一项调整即会出现一个对话框，可以在对话框中为调整图层指定名称。如果正在对一张图像进行大量的修正，或者希望创建一个多图层的合成图像，则可以为每个图层单独命名以提醒自己每个图层的用途。

和其他的图层一样，一个调整图层有自己的混合模式和不透明度，可以将这些暂时作为默认设定，因为总是可以在后面的阶段返回并进行调整。

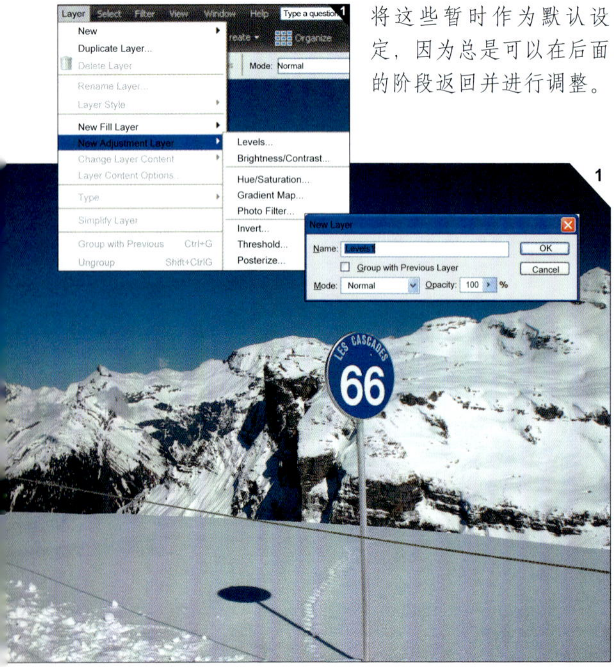


1

2. 为图层命名后点击 OK 即可。接下来根据你所做的调整选择，会出现相应的对话框，此例中是色阶对话框，按照标准的方式使用即可，勾选预览，以便看到主图像上的效果。此处左侧的(黑色)滑块和中间的伽马值调节(或灰色)滑块被移动到右侧，图像变暗，白昼变成黑夜。

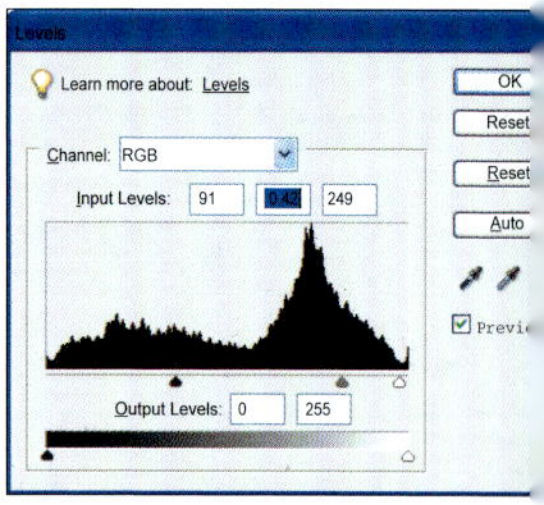


3. 点击 OK，调整即被应用到图像上，但还不是直接应用。如果观察图层面板，将看到一个包含调整的单独图层已被创建，该图层带有在第一步中应用的名称。点击名称左边的眼睛图标，隐藏该图层，然后可以看到原始图像显现出来，未发生任何变化。

选定调整图层后，可点击图层面板顶部的不透明度(Opacity)下拉式菜单，若想降低调整的强度，只要拖动滑块即可调整。如果对做出的调整不太满意，双击图层名称较远处左侧的缩略图，该图详细描述了作出的调整记录。此时，色阶对话框重新打开，一个色阶直方图将显示出来，可以精确地调整各种设定，直到你满意为止。如想要推翻全部的调整内容，则需删除图层。由于调整是应用在“活的”图像上，因而可以任意添加多个调整图层，并在任何需要的时候对单个图层作变更，不会造成图像质量的任何累计递减。

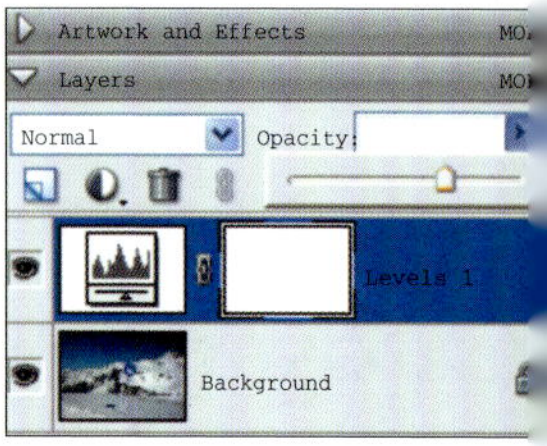

4. 调整图层缩略图右侧的缩略图代表一个图层蒙版。默认时，图层蒙版是白色的，表示调整将应用于整个图像。

如果要将一个调整图层应用到一个图像的限定区域上，首先应创建一个选项。此例中，天空被魔棒工具隔离开来。如果已经添加了一个调整图层，在创建一个选项前，务必选择图层面板中的背景图层(或包含图像的任意图层)，然后切换到顶图层，这样新的调整将显示在这上面。

接着选择图层>新调整图层(Layer>New Adjustment Layer)命令并选定所需的调整部位。此例中用了色相/饱和度(Hue/Saturation)图层来调整天空。将色相滑块向左侧移动，天空的蓝色更冷，同时降低饱和度(Saturation)使蓝色不那么鲜艳，然后提高亮度(Lightness)，使得色调和图像下部的雪景协调一致，并使合成图像更加均衡。

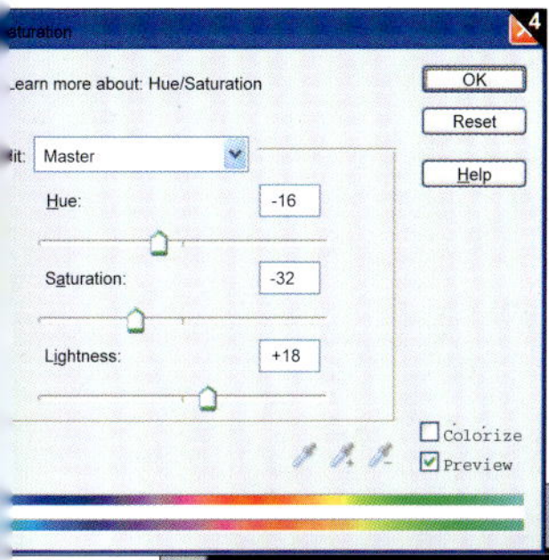


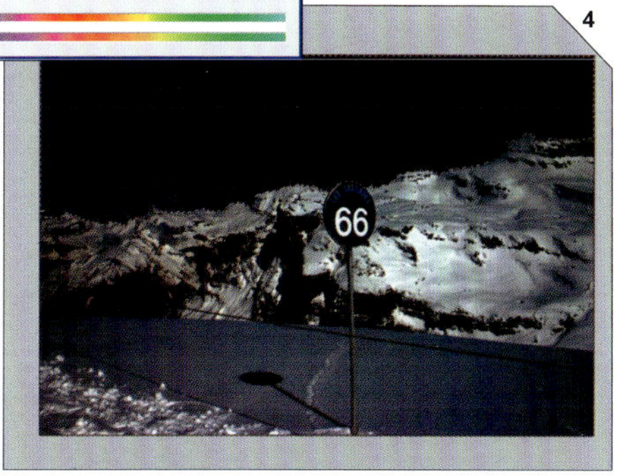


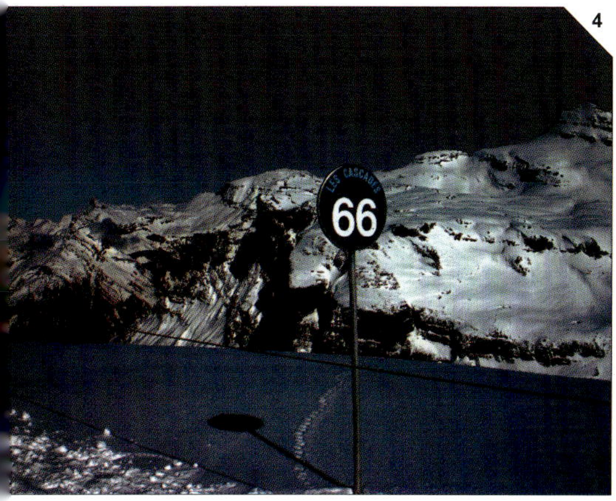


5. 点击OK，创建蒙版用以调整图层。在图层面板上，蒙版缩略图用白色显示经过调整的区域，用黑色显示其他区域。更多关于如何使用图层蒙版的信息，请参见第200～201页。

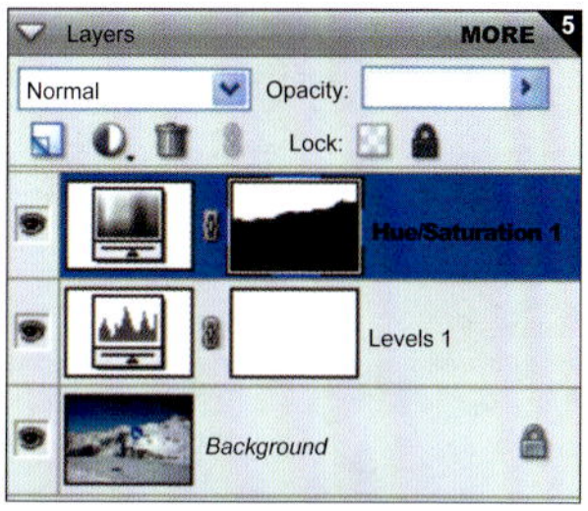


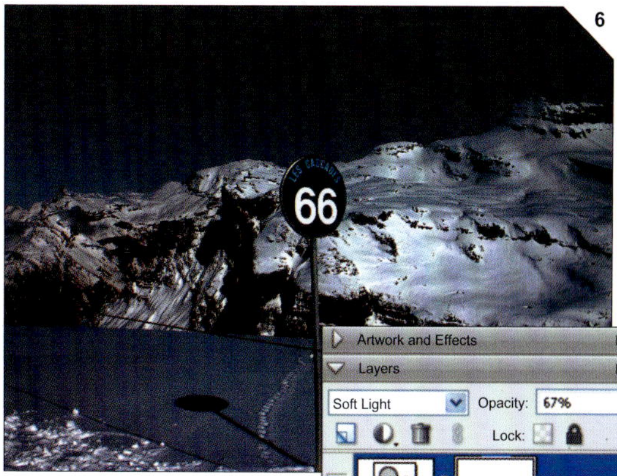


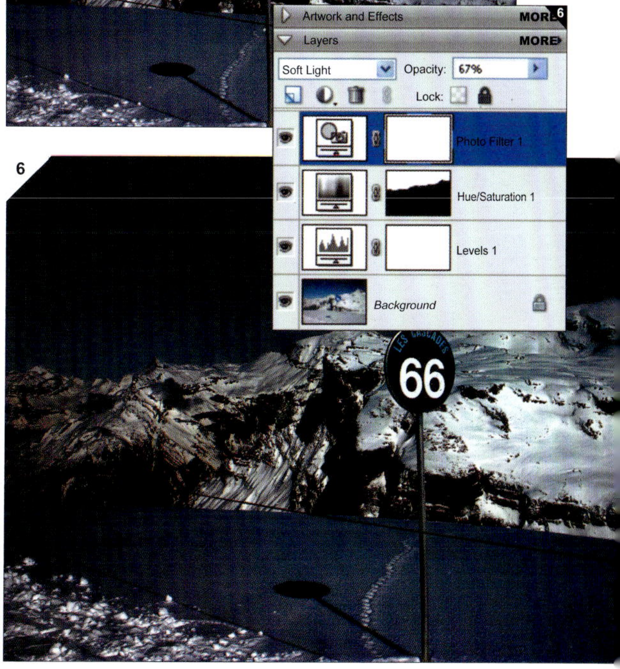


6. 也可以使用调整图层的混合模式来改变图片的效果。只需使用图层>新调整图层>照片色调(Layer>New Adjustment Layer>Photo Tint)命令，一个蓝色色调即可添加到整个图像上，不过合成的单一色调效果并不完全令人满意。在图层面板上，只要将调整图层(Photo Tint)的混合模式从标准转换成柔光(Soft Light)，即可提高对比度，同时保留更多的底色。此外，降低不透明度也有助于控制图像的效果。

# 混合模式

上一个章节介绍了调整图层的混合模式是如何改变图像效果的，除此之外，混合模式还有多种用途。每一个图层都有一个混合模式，其默认值是标准模式，表示这个图层上的任何图形都将掩盖下面的图层。注意，大多数编辑程序都带有混合模式功能，此处以 Photoshop 为例，演示一些实际应用的例子。

## 调整色调和色彩值

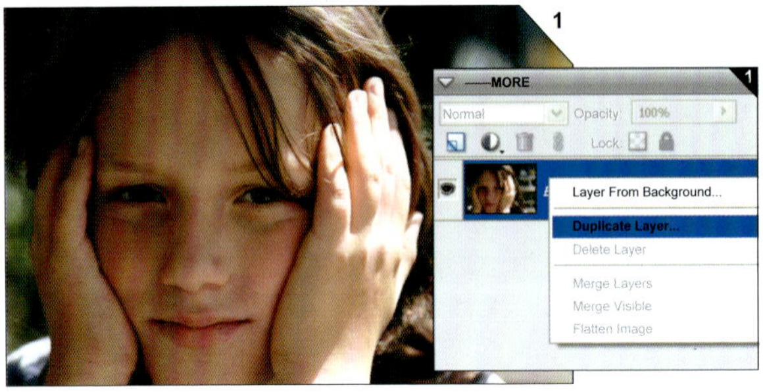


1. 要使用混合模式，首先需要一个图像，该图像需是带有一个图层以上的图像。在摄影中，有效使用混合模式的一个方法是将图像复制到源图上，调整最上面的图像。

打开照片并进入图层面板，右键单击或双击背景图层，并从菜单上选择复制图层(Duplicate Layer)命令。在对话框中，重新命名新图层，或直接点击 OK。

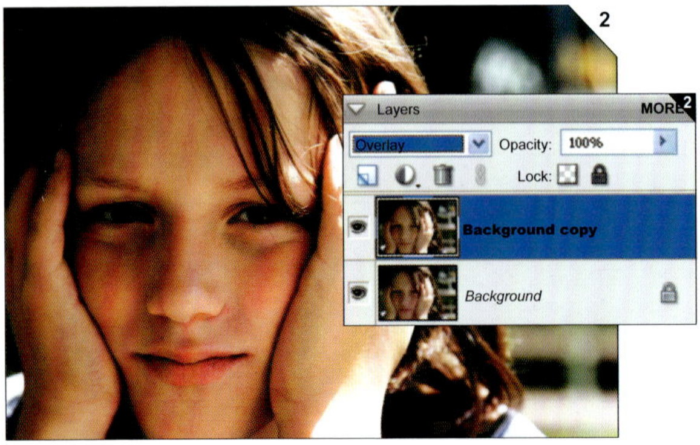


2. 在图层面板顶部左侧的下拉式菜单中显示了当前图层的混合模式。将其从正常(Normal)模式转换到覆盖(Overlay)模式，这一步有助于增强图像的视觉效果，能使阴影更暗，亮部更亮，色彩更加饱和，让图像看上去反差强烈，富有时尚感。

3. 如果想获得对比更加强烈的效果，选择色彩减淡模式，该模式通过提高对比度和色彩饱和度使图像更加明亮。对于包含大量红色和黄色色调的典型人像照片，其效果是创造了在强烈阳光下拍摄的怀旧风格的照片，当然，也可以使用不透明度滑块来降低混合模式图层的效果。

4. 对于这张 24 位像素高分辨率的特写镜头，如果想获得柔光效果，可以使用具有一个大半径的高斯模糊[滤镜>模糊>高斯模糊(Filter>Blur>Gaussian Blur)]的模式，使用了上述混合模式后，下面图层的细节部分仍然可以透视上来；与此同时，低反差的区域，将被作平滑处理。

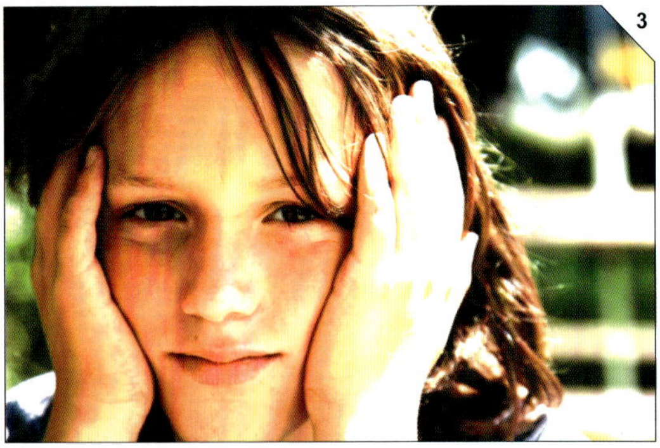


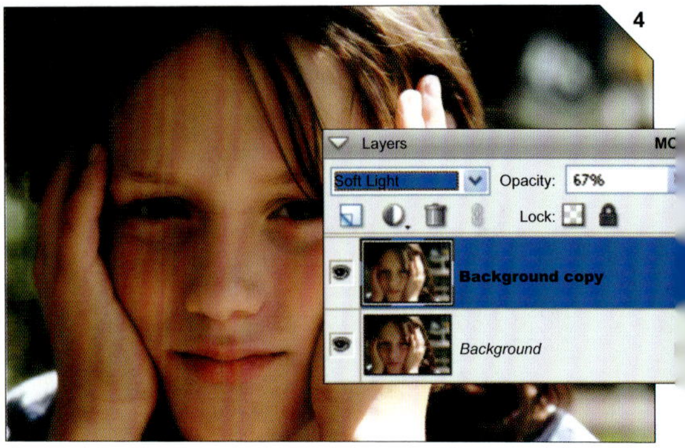

5. 混合模式也能用于进一步组合图像。在本例中可以看到，利用自定形状工具，一个经过设计的气泡已经被添加到新的图层上，同时其不透明度降低，允许下面的图像透视上来。接下来要添加一张由儿童画中扫描来的图像。

6. 在标准的混合模式中，白纸覆盖了图像和气泡。将应用软件切换到正片叠加(Multiply)模式，便可按照自己的设想将图像叠加到气泡上。

## 混合模式释义

了解各种混合模式，有助于在编辑图像时选择正确的模式。一个标准的彩色图像包含有每一个像素的红色、绿色和蓝色(RGB)编号，为每一个像素提供从 0 到 255 的值，这一套编号称为像素的色彩值。在一个混合图层中，图层像素的色彩值是“混合色彩”，图像中像素的色彩值在添加图层之前是“基本颜色”，一项数学运算运用到这些值上，产生了一个“结果颜色”。

两个基本的混合模式是正片叠加模式和屏幕模式。在正片叠加模式中添加一个图层，类似于在一个投影仪的投影灯前面同时放置两张幻灯片。两张幻灯片各自阻挡了一些光线，因此组合图像变得更暗。正片叠加模式通过将基本和混合色彩相乘，然后除以最大值 255 来起作用。就例图而言，将一个图像覆盖在（源图）上，其像素的红色值为 100，则结果为(100X100)/255=39。

屏幕模式与此恰恰相反，可以创建出更加明亮的图像。覆盖模式将正片叠加模式和屏幕模式组合起来，在基本色彩暗淡的情况下采用正片叠加模式，在基本色彩明亮的情况下采用屏幕模式，其结果使对比度获得显著提高。

混合模式分为提高图像亮度、降低图像亮度以及两者同时作用三类，这些分组显示了每种模式的中性色彩。当降低图像亮度时，图层上的所有纯白色都将保持下层图像的原样不变；当提高图像亮度时，图层上的所有黑色也都将保持下层图像的原样不变。采用平衡模式时，通常 50%的灰度是中性色彩。

5

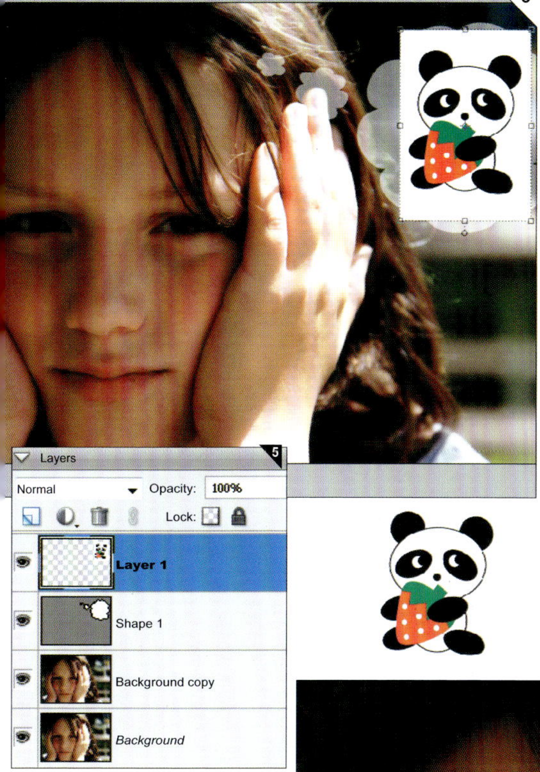


6

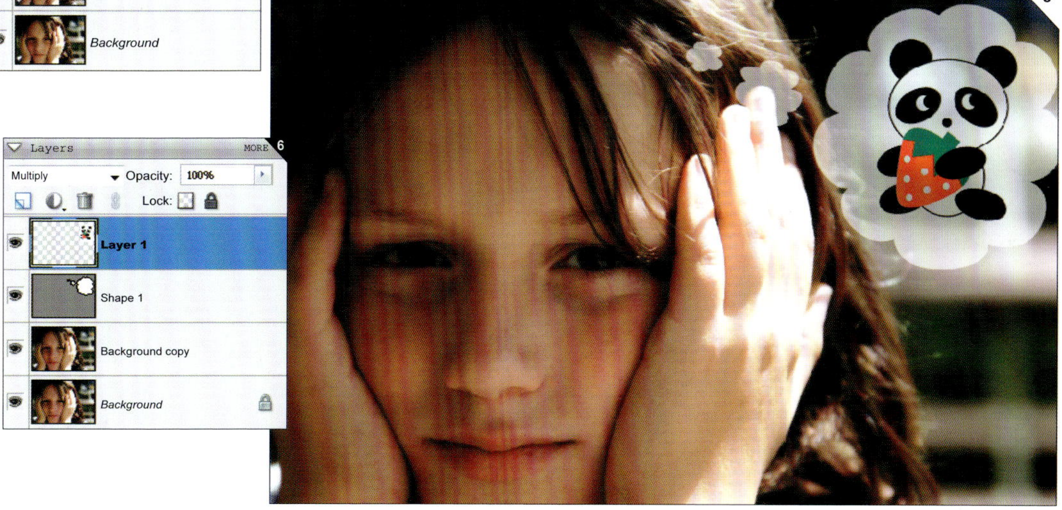

# 合并到高动态范围

对于许多数字摄影新手来说，术语“合并到高动态范围（HDR）”听起来可能非常陌生，但实际上这是个非常容易领会的概念，也是能为所摄照片添加大量特效的模式。合并到 HDR 的照片，仅仅是将同一景色的多张不同曝光度的相片合并到一起，以提高一张照片的动态光照渲染效果的方法。过去，胶片相机和数码相机都只能捕捉到一定范围的色调，超过这个范围的色调不是变成纯白色就是变成纯黑色，其细节部分都是不可见的。但是，现在许多编辑软件允许将不同曝光度的几张照片组合到一起，以便捕捉到更大范围的色调。这些照片多多少少都以相同的方式工作，此处以 Photoshop 为例来演示合并到 HDR 照片的功能。

## 控制亮度等级

1. 这张现代建筑物的照片是在晴朗的天气下拍摄的。明亮的阳光从建筑物的右侧照射下来，在窗户和玻璃阳台上形成了一个强烈的高光部分，同时建筑物的左侧位于阴影之中。最终的结果是照片的亮度非常不均衡。

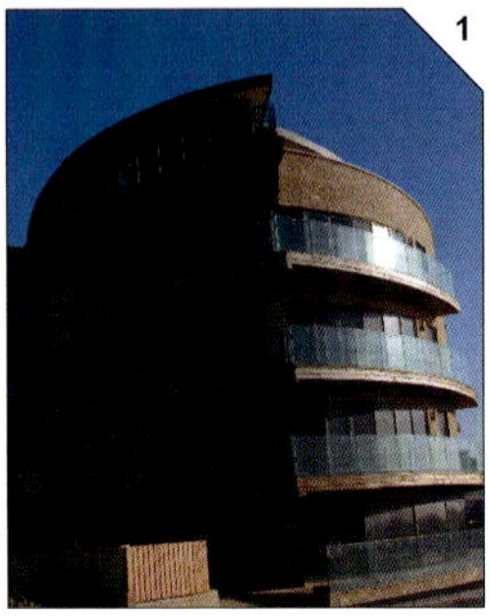


3. 选择文件>自动>合并到 HDR(File>Automate>Merge to HDR)命令，出现合并到 HDR 的对话框，该对话框将帮助你寻找文件夹和想要合并的特定文件。虽然文件的数量没有限制，但 5 到 6 张不同曝光度的照片最能获得高动态的光照渲染效果。选定了文件后，点击 OK 即可。

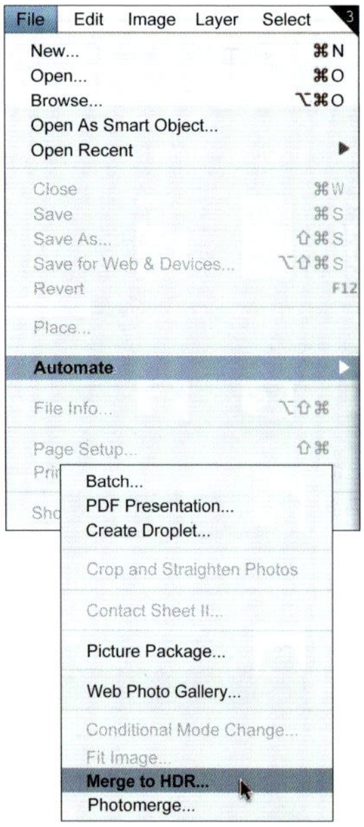


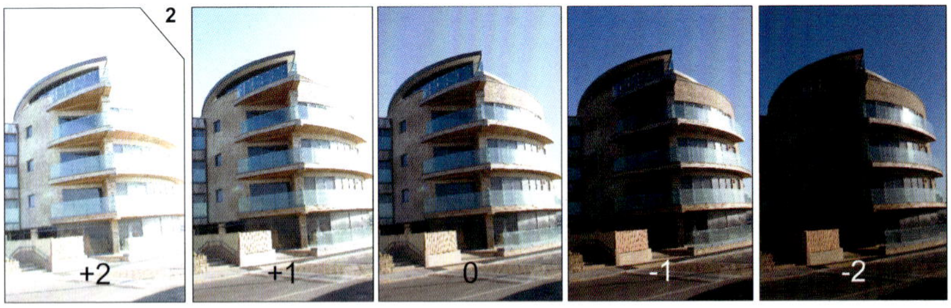


2. 想修正这种不均衡，首先得将相机架在三脚架上进行拍摄，需要拍摄几张同一个景色但曝光指数不同的照片。手动拍摄也能做到这一点，只要设定曝光量，然后将相机设至手动模式即可。从相同的曝光量开始，将光圈提高和降低 1 至 2 挡，这样就拍摄了曝光量为+2、+1、0、−1 和−2 的几张照片。或者，如果相机带有自动模式，将其设定到+2 至−2，即可在这一区间自动拍摄一组照片。只要曝光了所有高光部分和阴影，所摄的照片数量并不重要。如果拍摄了原始照片，将发现最佳效果正在靠近。注意把图像下载到电脑里的同一个文件夹下。

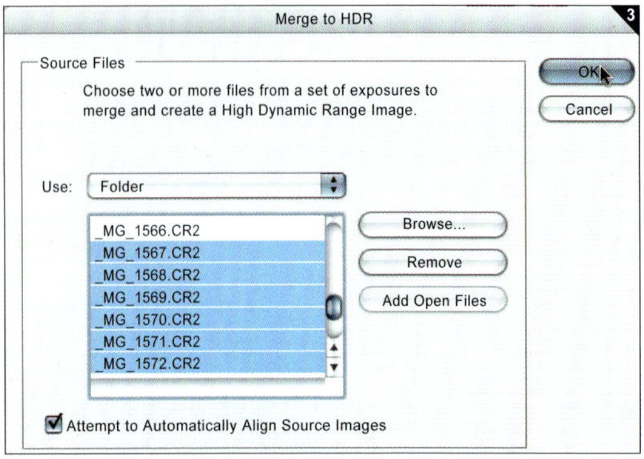

4. 接着 Photoshop 需要耗费一点时间来评估与合并图像。合并到 HDR 的对话框将在左侧展示出具有各种补偿曝光度的图像。此时，主图像看起来可能和左边的一个图像相同，因为显示器不能显示 32 位模式的图像。

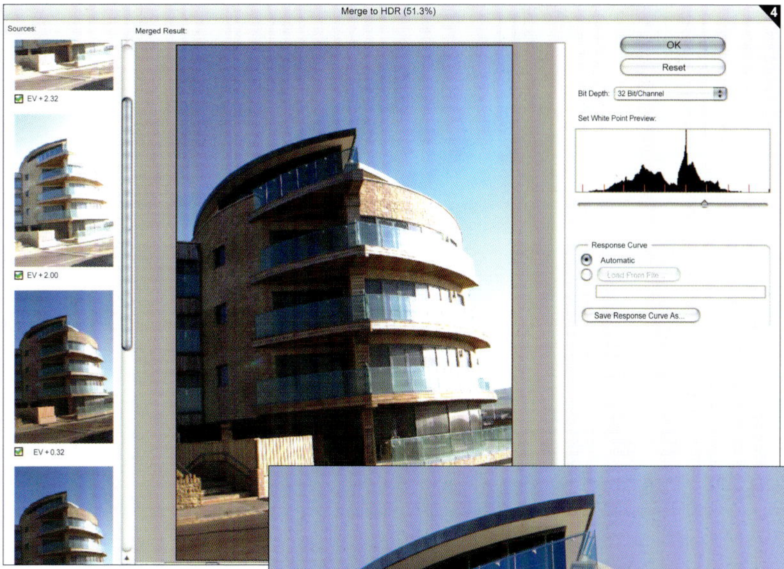


5. 如果要使其真正的效果显示出来，选择模式命令并选择 8 位/通道(8 Bits/Channel)模式。Photoshop 会打开 HDR 转换(HDR Conversion)对话框，提供 4 种模式给用户选择。高光压缩模式和平衡直方图模式均采用自动设定，但曝光、灰度系数和局部适应模式允许进行手动调整，并且带有最佳控制等级。由于每个图像都是不同的，因此需对所有 4 个选项进行试验。

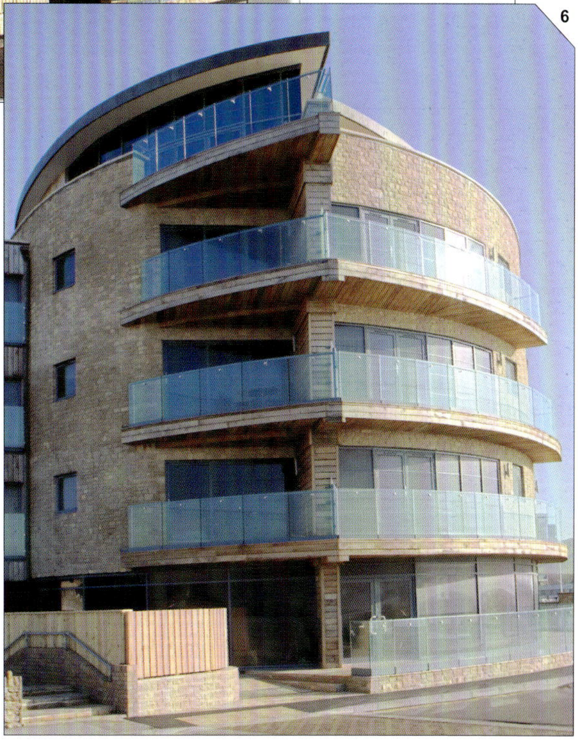


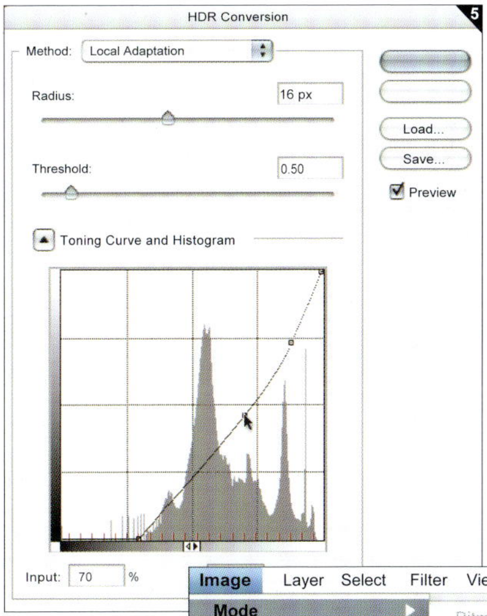


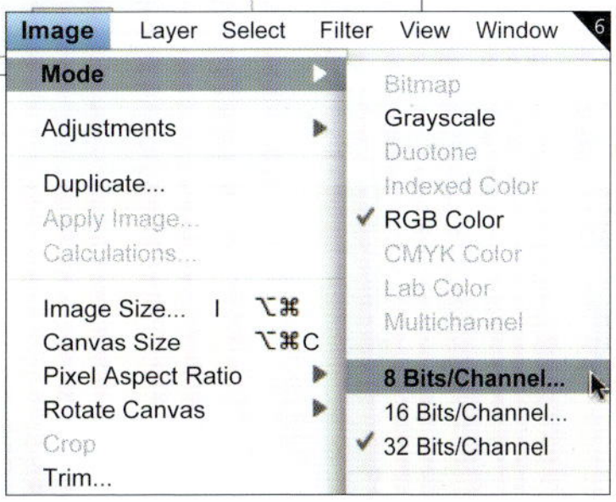


6. 一旦从图像上提取了最佳色调范围，则应选择模式命令并将图像从 16 位/通道模式(会自动默认)转换为 8 位/通道模式。接下来便可使用传统的图像编辑命令进一步改善图像的色彩和色调。

合并到 HDR 的照片常常能创造出与真实状况不符的场景，采用这种方法处理过的照片，往往能让人轻而易举地分辨出来。不过可以肯定的是，由于 HDR 模式具有独特的色彩和色调，合并数张图像的方法能够创造出非常特别的效果。

# 使用选择工具

无论使用什么程序，选择工具对于图像的精细加工都至关重要。理论上讲有很多选择方法，但是选择哪一种，则取决于选择区域的性质和正在使用的特定软件，此处以 Photoshop Elements 为例进行选择。虽然每一个工具都可以独立使用，但只有在多个选择工具组合起来并隔离了特定的区域时，软件真正强大的功能才能显示出来。例如，魔棒是选择相似色块的良好工具，选框工具在选择分散的色块上非常有效，而且不管是什么色彩。利用添加或减少选项，可以使用套索工具清除用魔棒做出的选择。

## 选择改变一个图像的局部

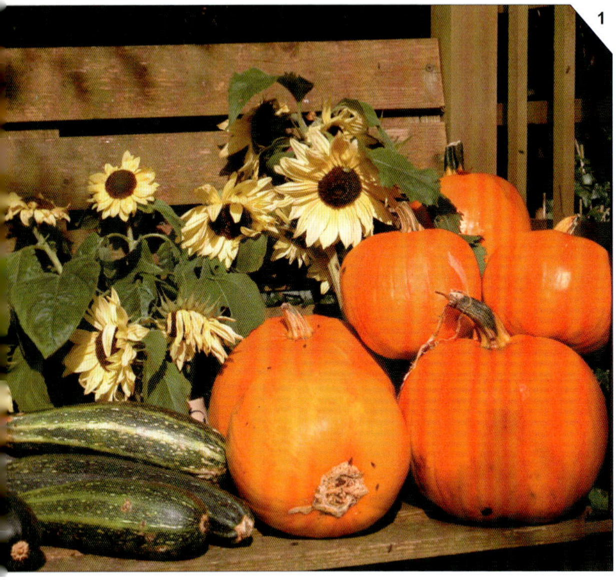


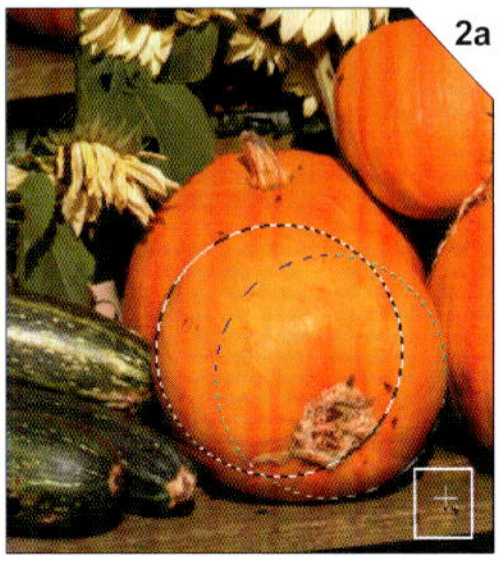


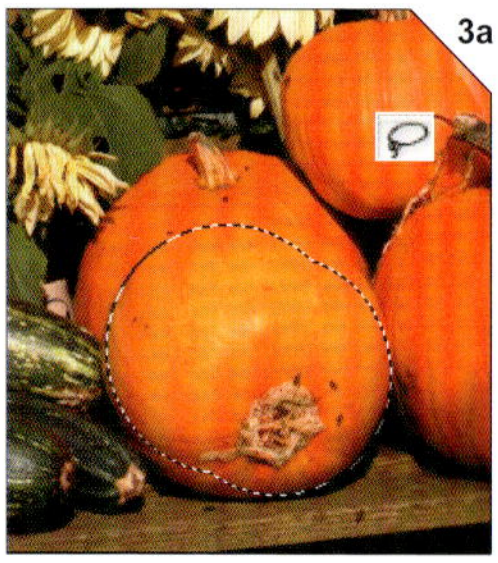


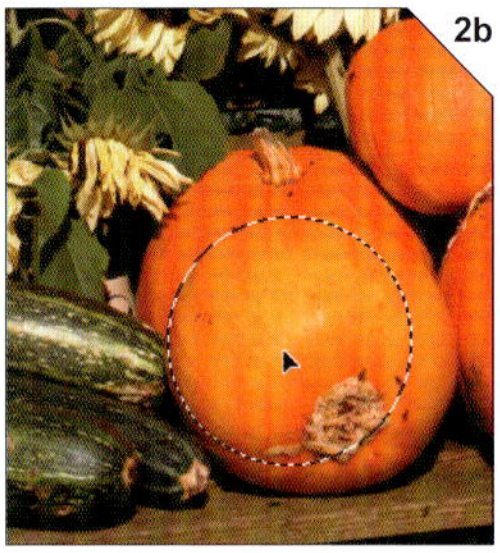


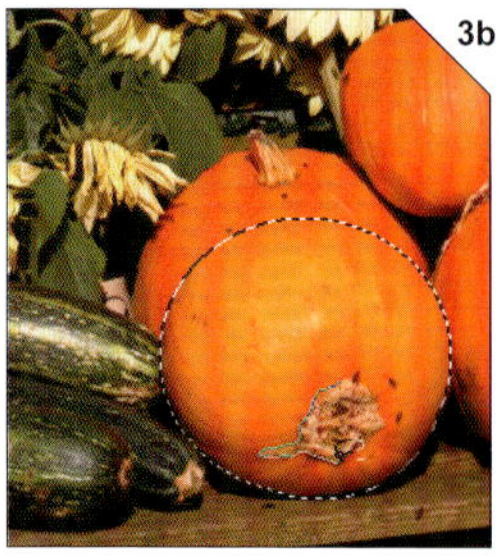


1. 如果希望在一个图像上选定一个区域，可能会面对图示中的情况，即有多个选项。此处演示了几种添加选择的简单方法，有助于提高图像编辑的速度。

2. 位于图像左下方的一个南瓜的颜色和其他南瓜的颜色稍有不同，通过选择，让这个南瓜的颜色更加不同。一个简单的选项是使用椭圆形选框工具，在按下“Shift”键后从中心向外拖动的同时点击并从南瓜的中间开始拖动，此时会自动创建一个完美的圆形选区。可以在选区内拖动来移动选区的目的，也可以使用“Shift”键(添加)和“Alt”键(减少)来精细调整选区，可以将拖动出的额外区域添加到现有的选区内，也可以将其从现有选区中切除。

3. 选取了南瓜的外形，使用套索工具，同时按下“Alt”键(一个很小的“–”减号符号会出现在工具光标的旁边)，沿着南瓜的木质纤维基底的周围拖动，取消这个选区。

精确选取了南瓜的外形之后，就可以使用色相/饱和度(Hue/Saturation)命令从根本上来改变南瓜的色彩。

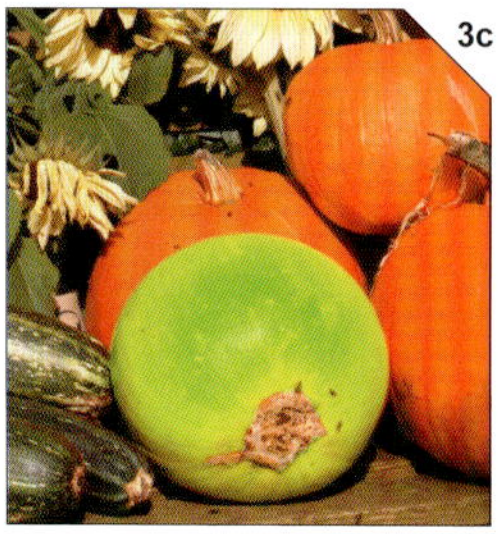

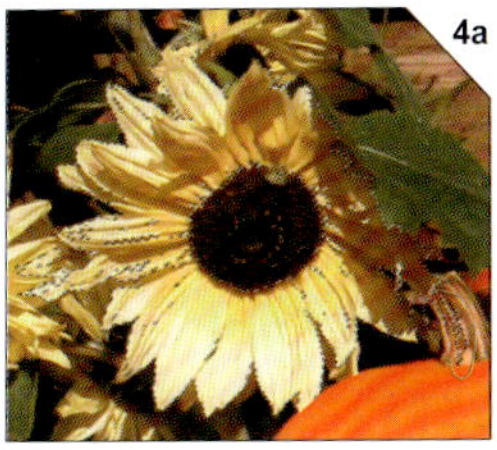


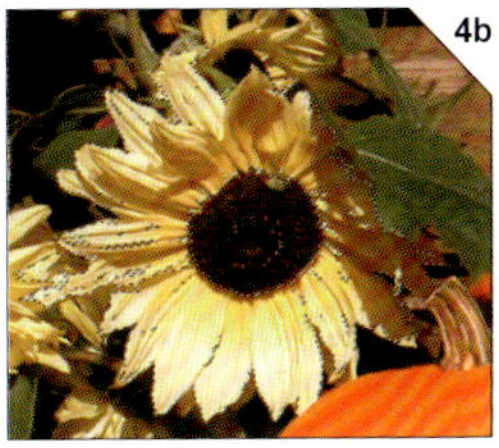


4. 下一步使用魔棒工具来选定一个向日葵。开始时沿着图像周围移动魔棒并按下“Alt”键添加选区。注意，如果不小心选择了一个较大的不必要的区域，可以切换到套索工具，将“Alt”键按下，沿着不必要的选区划线并取消该选区。

5. 精确选取了向日葵头部后，可以再次使用色相/饱和度(Hue/Saturation)命令来改变向日葵的颜色。

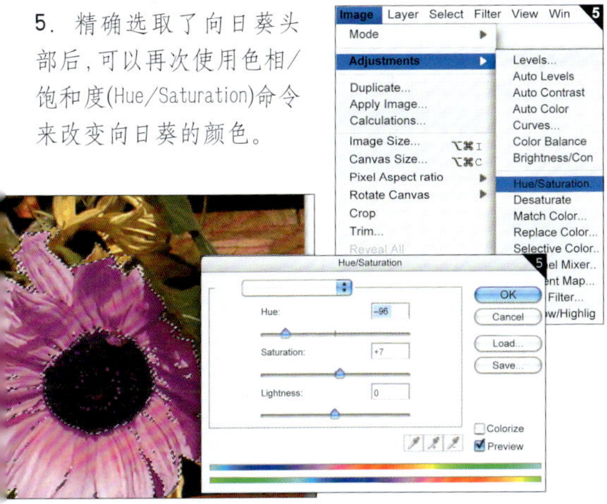


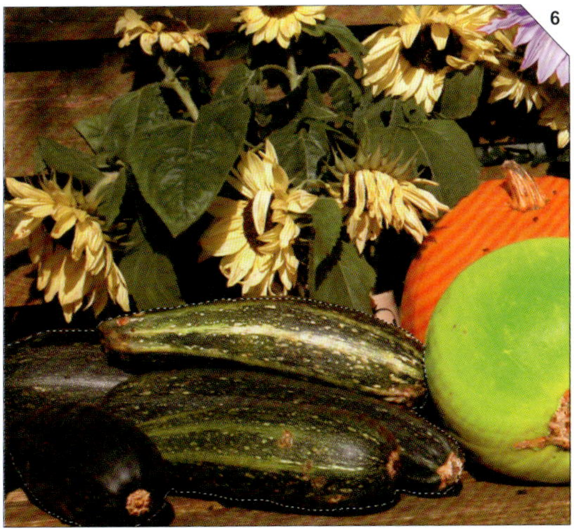


6. 接下来试着用魔术画笔工具围绕小胡瓜堆选定一个大致的选区。如果使用的软件版本没有魔术刷工具，可以使用一个类似的选择工具。

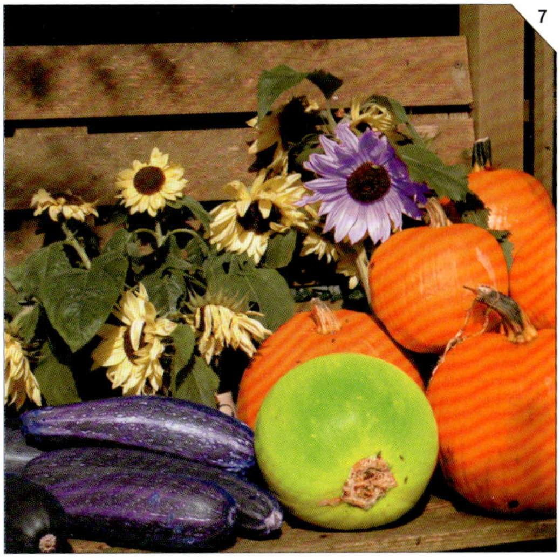


7. 光用魔术刷工具做出最初的选择，再用套索和磁性套索工具，按下“Shift”键来添加部分区域到选区，或者按下“Alt”键从选区内删除部分区域。完成选择后，这个区域的图片便可重新着色。

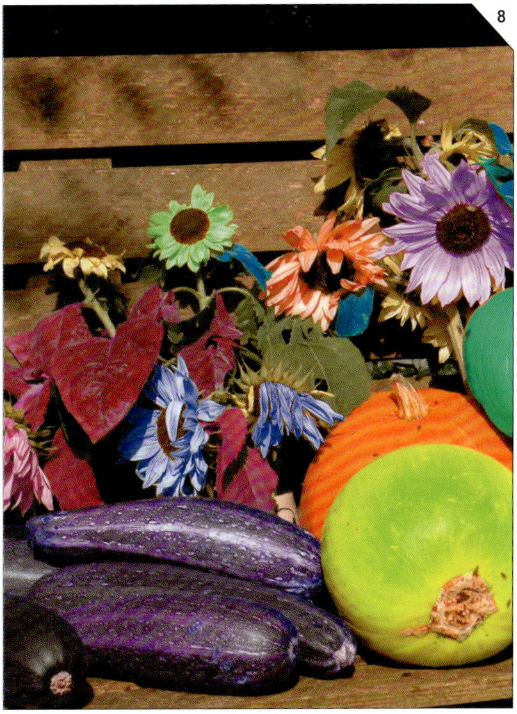


8. 通过使用各种工具，增加或删除部分选区，你会惊奇地发现最困难的选择也变得轻而易举，所以，选取色彩斑斓的水果和蔬菜更不在话下了。

# 制作剪切图像

如果你热衷于创作集锦照片，喜欢为家庭成员或朋友合成照片，希望目标能在不同的背景中呈现，精确地剪切图像可能是一个时刻需要实施的步骤。所有编辑软件都配备有制作精确、自然的剪切图像所必须的工具。

进行照片剪切的方法很多，其中的一些可能涉及上一章讨论过的选择工具。在下面的例子中，用Photoshop Elements在需要剪切的图像周围创造一个蒙版，这可以提供最佳控制并允许不断地修正剪切，直到满意为止。

## 用蒙版制作剪切图像

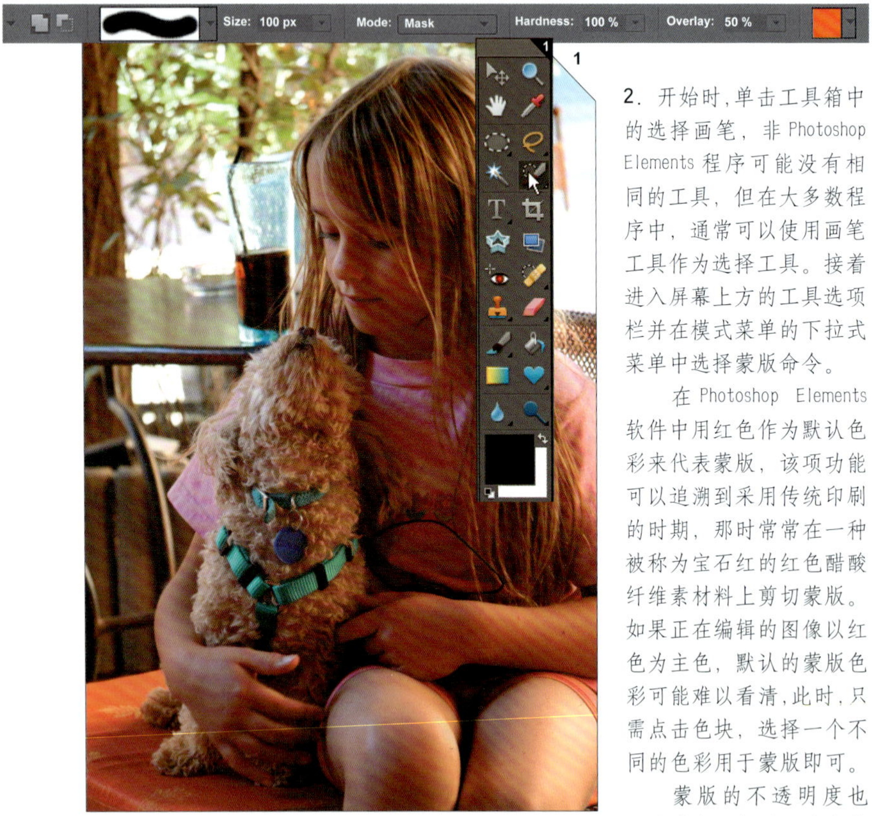


1. 这张小女孩和狗的图像，展示了制作精确的剪切图像涉及的一系列有趣的问题。首先需要围绕小女孩的头发和狗的毛发进行剪切，众所周知，这一步较难处理，而且背景在色彩分布上极不均匀，这就不可能用魔棒工具进行选取。

2. 开始时，单击工具箱中的选择画笔，非Photoshop Elements程序可能没有相同的工具，但在大多数程序中，通常可以使用画笔工具作为选择工具。接着进入屏幕上方的工具选项栏并在模式菜单的下拉式菜单中选择蒙版命令。

在Photoshop Elements软件中用红色作为默认色彩来代表蒙版，该项功能可以追溯到采用传统印刷的时期，那时常常在一种被称为宝石红的红色醋酸纤维素材料上剪切蒙版。如果正在编辑的图像以红色为主色，默认的蒙版色彩可能难以看清，此时，只需点击色块，选择一个不同的色彩用于蒙版即可。

蒙版的不透明度也可以改变，但对于大多数编辑操作而言，保留其原始设定，即100%为佳。

3. 开始时将画笔的硬度设定为100%，确保获得一个清晰干脆的边界。用“[”键和“]”键调整画笔的大小，并开始在想要剪切的区域上涂刷蒙版。对于较大的区域，如果涂刷到背景上的风险很小，可以选用一支较大的画笔，这将加快操作的速度。

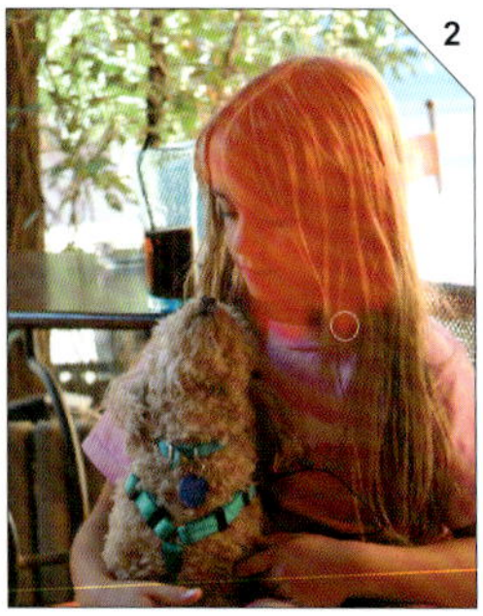


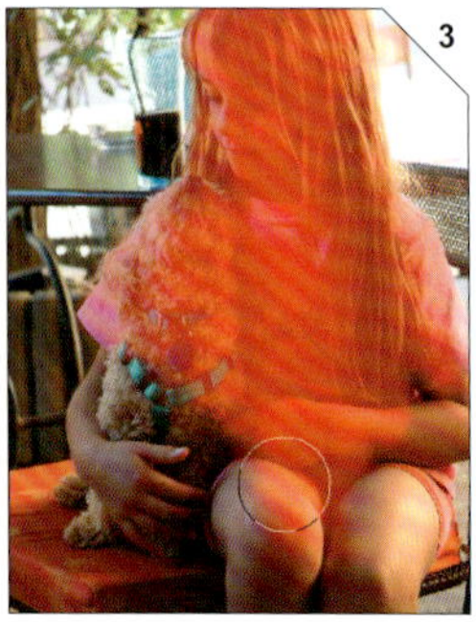

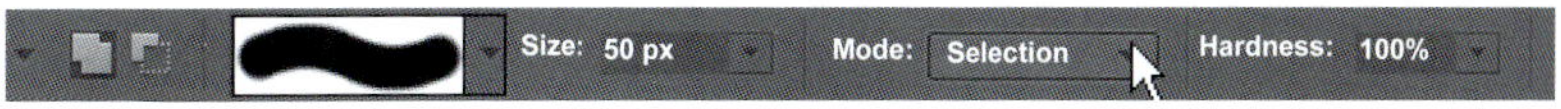


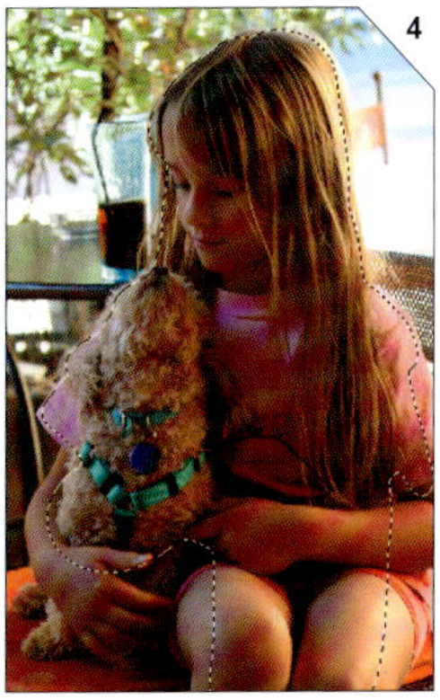


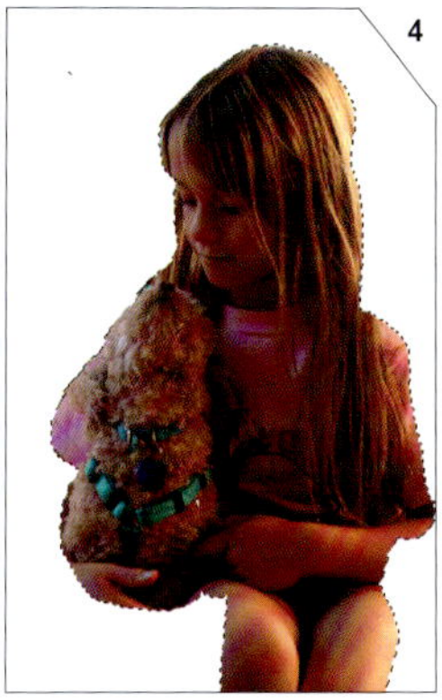


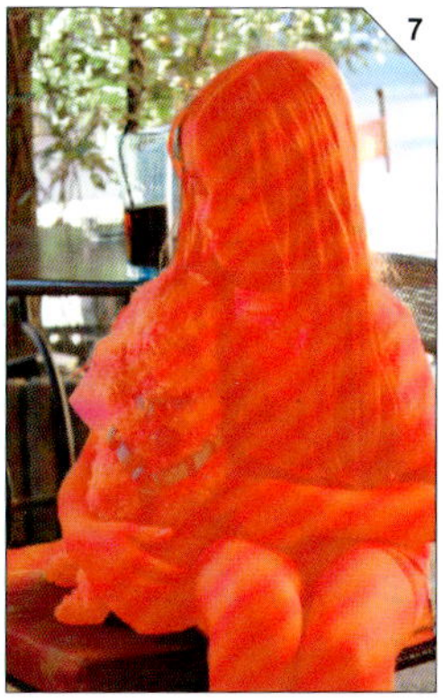


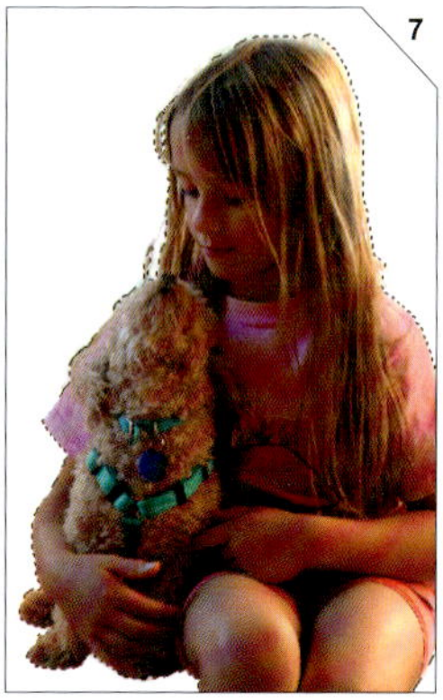


4. 虽然正在涂刷的是一个蒙版，实际上同时也是在选取一个区域。

如果想看到这个选区，进入工具选项栏，将模式从蒙版变更到选择，这时眼前出现熟悉的匹配网格选区。在这个操作中，按下退格/删除(Backspace/Delete)键即可显示蒙版的处理进度。点击编辑>取消(Edit>Undo)命令便可退回到上一步，恢复背景。

7. 对蒙版的效果感到满意时，选择滤镜>高斯模糊(Filter>Gaussian Blur)命令，并用0.5的半径模糊蒙版，只需稍微模糊其边缘即可。

再将蒙版转换成工具选项栏中的一项。此时，背景被删除，仅在一个白色的图层上留下剪切图像。

8. 也可以复制剪切的图像，然后将其粘贴到一个新的文件中，便可创建一个完全不同的背景。

5. 开始接触细节部分时，例如勾划狗毛和女孩的衣服部分，需要缩小画笔的尺寸，这样才能更加精确地描绘图像的轮廓。

也可以在工具选项栏内降低画笔的硬度值，设置一支边缘更软的画笔，有助于进一步柔化选区的边缘。

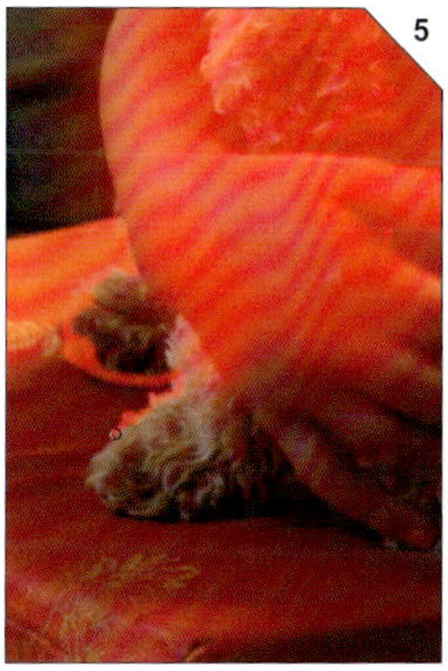


6. 如果不小心涂抹到背景上，只需按下“Alt”键去除蒙版即可。开始精细调整蒙版时，放大图像并使用非常细小的画笔处理比较困难的区域。

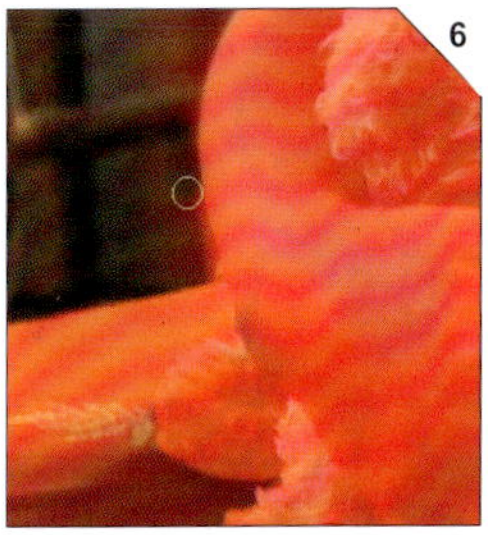


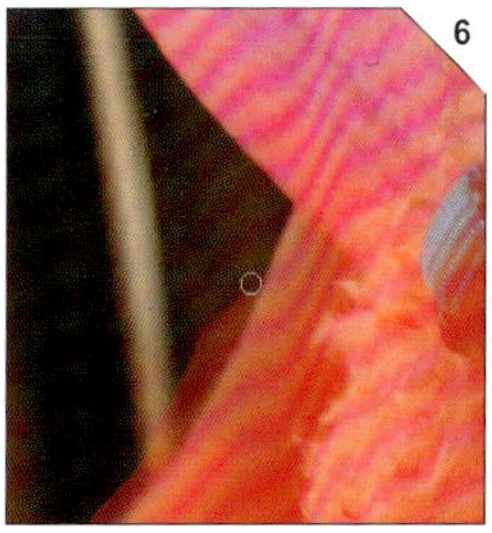


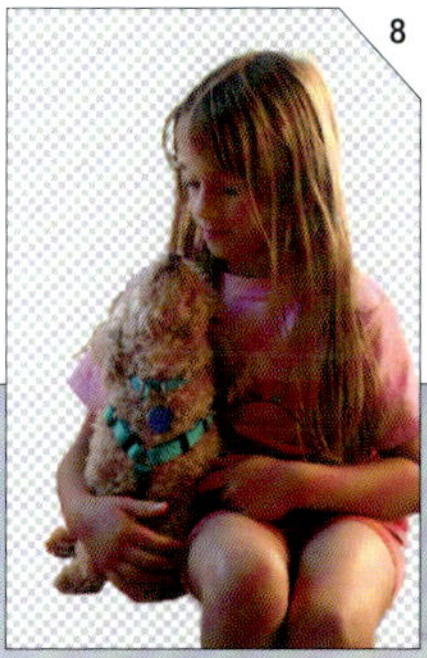


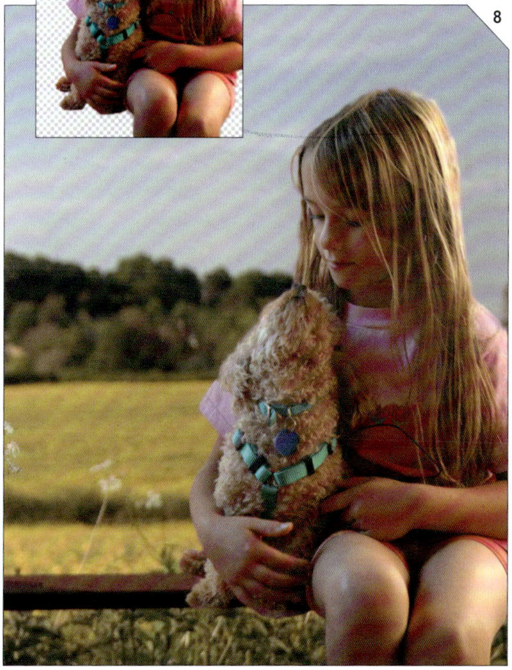

# 创建合成照片

在学完如何进行选择和制作图像上单个元素的精确剪切后，接下来将学习如何综合运用这些技巧来制作一张合成照片。使用图像编辑软件制作一张合成照片比起使用旧照片和一把剪刀要快得多，也容易得多，而且，由于能够组合图像，其结果比传统的合成手法令人满意得多。开始制作一张合成照片之前，先把正在考虑使用的所有照片放在一个容易识别的文件夹内，操作时就能迅速、方便地读取。所有编辑软件都能制作合成照片，此处用 Photoshop 来进行示范。

## 整理合成照片的构成图像

1. 选择合成照片的第一张图像是最重要的，因为它将构成图像的中心，并设定景物的主体和色调。

选择这张图作主图的原因是主体景物周围存在着大量的空间，可以添加新的图像。

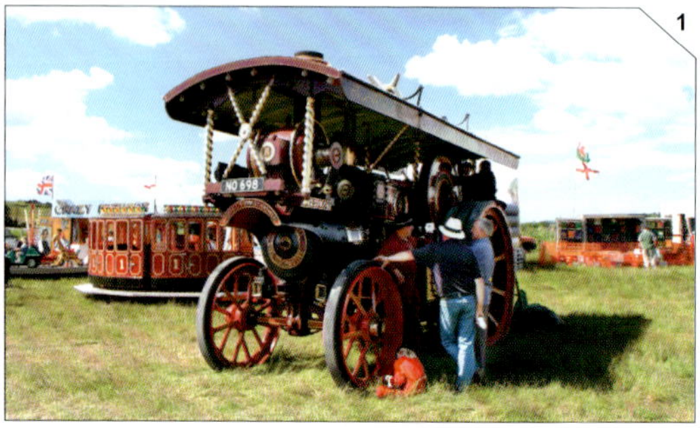

1

2. 打开第二张图像并对其进行适当的编辑和调整——进行剪切图像、调整其清晰度或亮度，确保其与第一张图像尽可能接近并协调一致。最好将两张图像放置在同一屏幕上进行调整，这样可以获得最佳的效果。

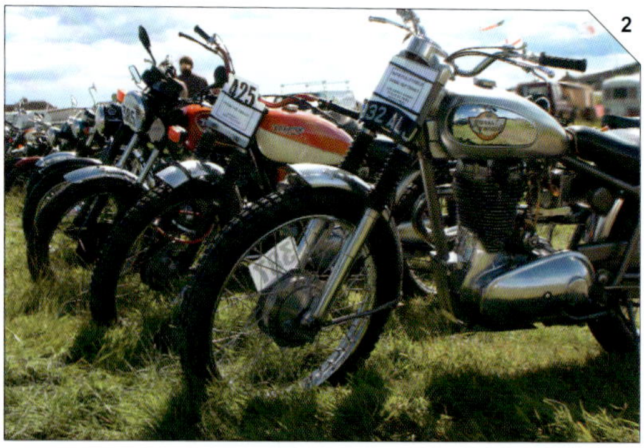

2

3. 使用移动工具将第二张图像拖曳到第一张图像上。在图层面板上，可以看到第二张图像已自动创建到一个新的图层上，此时需为该图层取一个恰当的名称，以便明确合成照片的不同构成部分。这个例子中将图层命名为“摩托车”。

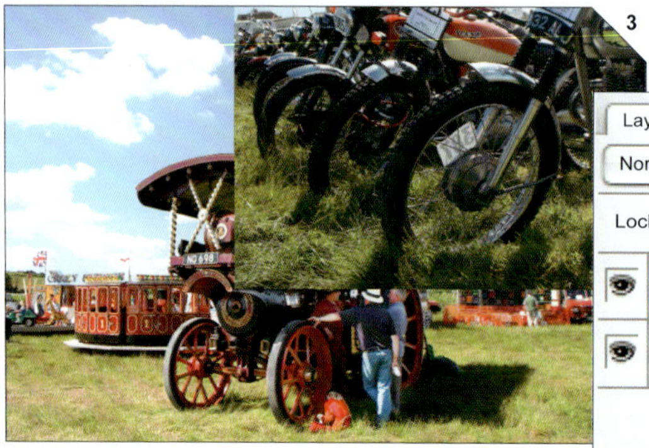

3

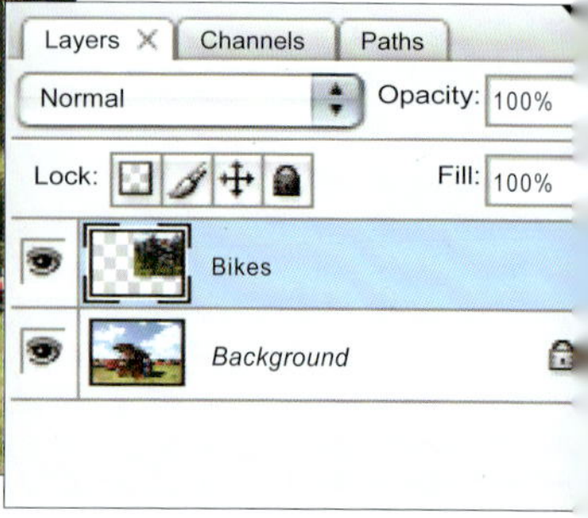


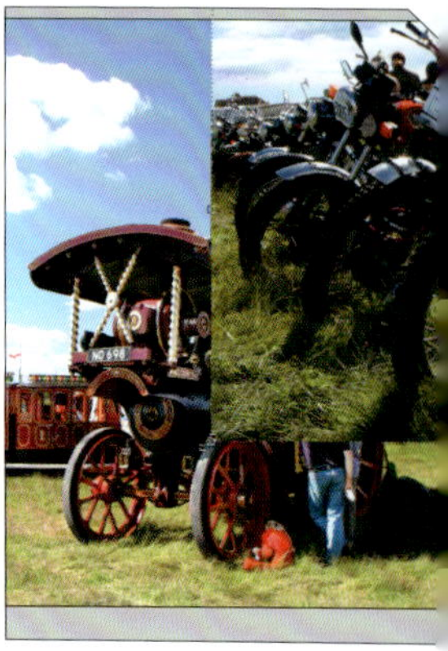

4. 勾选工具选项栏中“显示转换控制”，接着按下“Shift”键，同时点击图像上某个角的方框保持图像的比例，然后将图像调整到需要的尺寸。在对第二个图像的尺寸和位置感到满意时，点击 OK。

5. 进入工具箱并选择橡皮擦工具。在工具选项栏中，将不透明度设定到大约30%，并使用“[”键和“]”键选择一支大小合适的画笔，小心地擦掉第二张图像上不希望在合成图像上出现的部分。首先集中处理边缘部分，注意，如果犯了错误，可以点击取消命令来撤销上一步的操作。

6. 可以对任何数量的图像重复进行这项操作。不过要记住，为图层面板中的每一个新图层命名，这样可以明确图像中的每一个构成部分。

7. 当所有部分都调整到位，并且对合成的图像感到满意时，试着用各种不同的混合模式进行试验，并且降低某些图层的不透明度，这可以为合成照片增加深度。对合成照片的视觉效果感到满意时，选择图层>合并图层(Layers >Flatten Image)命令，然后选择保存命令将文件保存到硬盘内。

6

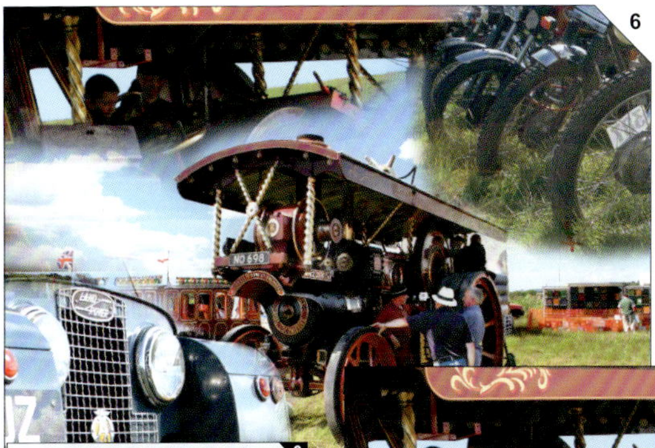

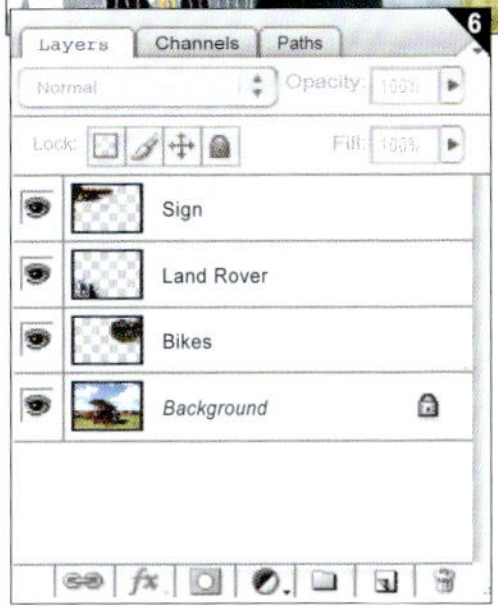


7

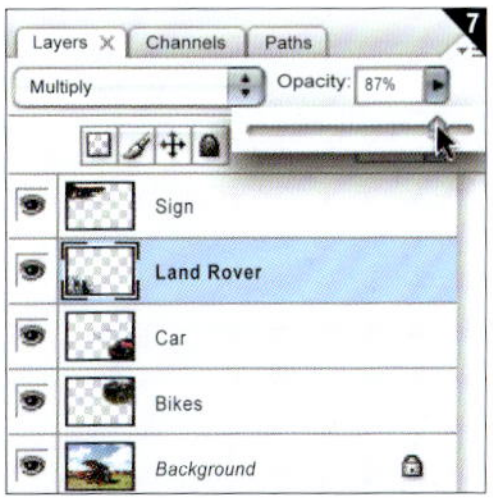


5

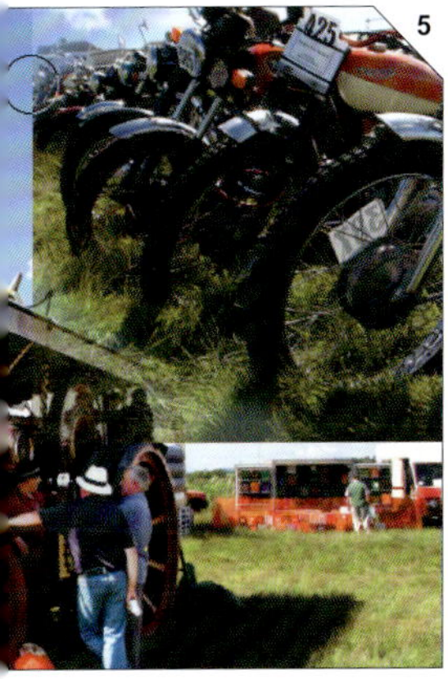

7

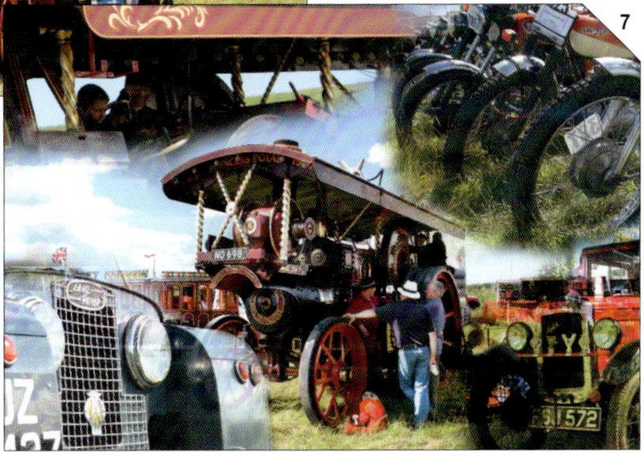

8. 合成的照片已被赋予了一个主体，但在合并图层之前，需要用一个色相/饱和度(Hue/Saturation)调整图层来降低色彩的饱和度，将饱和度(Saturation)滑块向左侧移动，创建一个略微退色、稍显怀旧的视觉效果，这样会使合成图像在视觉上更趋一体化。

8

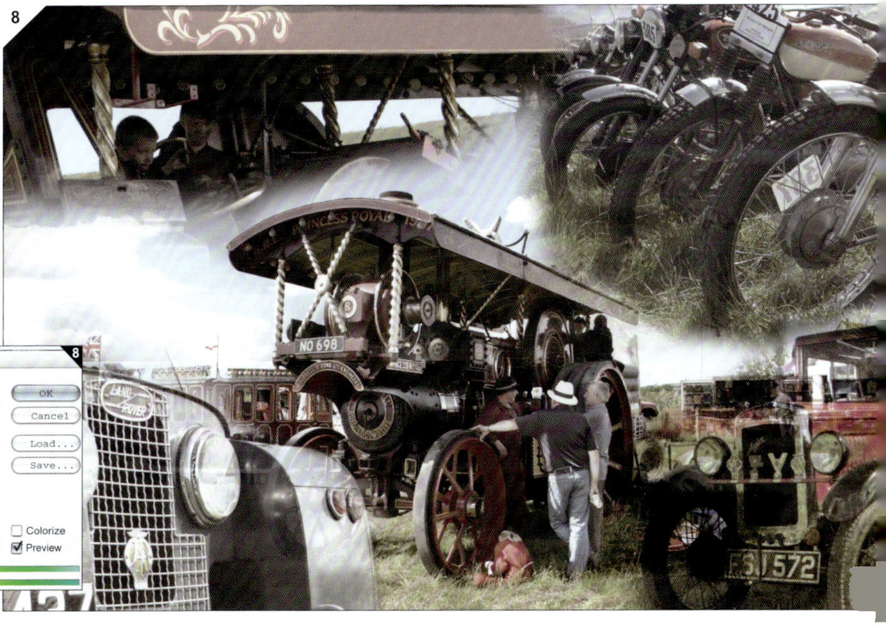

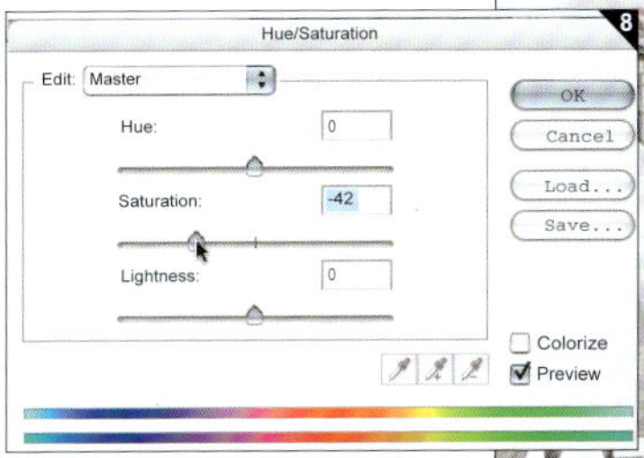

# 图层蒙版

许多比较先进的图像编辑软件都有一个强大的编辑工具，称为“图层蒙版”。创建“蒙版”在前面的章节就已经描述过，这里有部分是前述章节的延续。众所周知，术语“蒙版”来源于传统的印刷术，为了避免图像的一部分受到另外工序的影响，使用一个从醋酸纤维素材料中剪切的蒙版来保护图像。电子图层蒙版以大致相同的方式来工作，但要灵活得多。类似的原理适用于大多数编辑软件，此处重点介绍如何在 Photoshop 或 Photoshop Elements 中使用图层蒙版。

## 使用图层蒙版改变图像

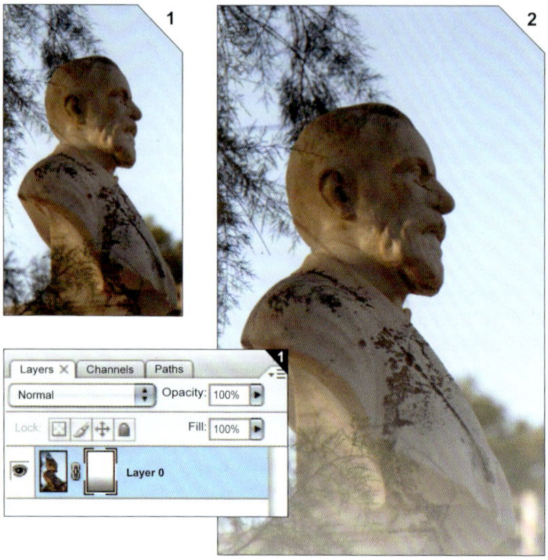


此例的目的是将一个简单的蒙版应用到一张半身像的图片上。

1. 进入图层面板(Layers palette)，然后双击背景图层。程序将询问是否重新命名该图层，点击“是”并命名为图层 0。这样做的原因是一个图层蒙版不能被直接应用到背景图层上。

在图层面板中点击添加图层蒙版，图像缩略图旁边会出现一个白色方框。

2. 确保图层面板是激活的(激活的图层面板有一个双轮廓)，回到主图像并在图像上描一个简单的黑色渐变色，此时图像的一部分会淡出。观察图像面板，可以看到淡出的图像部分由图层蒙版缩略图上的一个退色的黑色渐变色来代表。只要黑色出现在图层蒙版上，图像的相应部分将显示被删除(但在合并图层前仍然存在，实际上并未被删除)。

接下来会在一个非常简单的“真实世界”中应用这些功能。图例演示的目的是将城堡墙上的开口遮盖住，并替换背景。

1. 点击添加图层蒙版，创建蒙版。回到图像，将刷子工具设定为涂刷成黑色，开始涂去城堡墙上的开口。注意，使用一支小型的柔软画笔涂刷轮廓，然后用一支较大的画笔填充剩余部分，确保不透明度设定到 100%，与此同时，图层面板上的图层蒙版缩略图里能够反映已经涂刷的区域。

2. 图层蒙版完成后，打开用来替换的图像并使用移动工具将其拖曳到城堡墙壁的主图像上。

勾选工具选项栏中“显示转换控制”，然后重新调整新图层的大小。

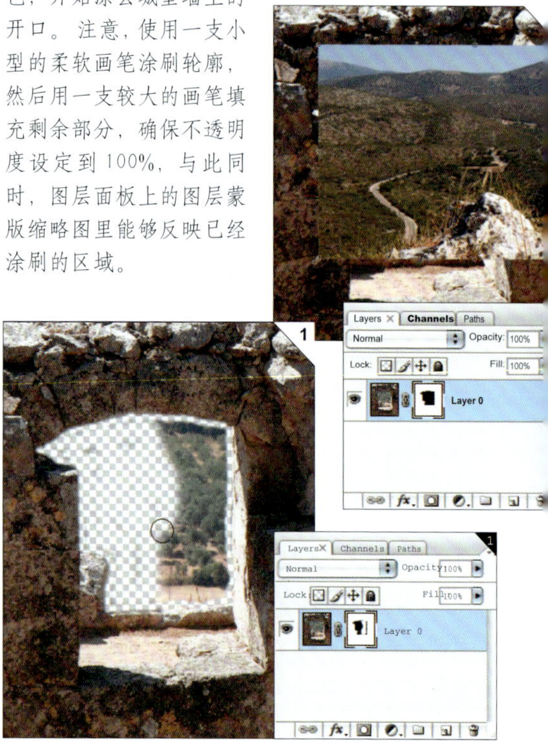

3. 如果要将新的替换图像放置在窗口里，可进入图层面板并将其移动到图层 0 下面。这样可以单独编辑图层，使其在色调和亮度上与蒙版协调一致。只要蒙版到位，替换任何图像都轻而易举。

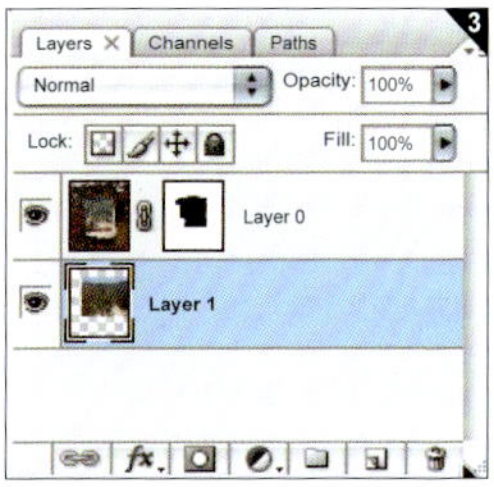


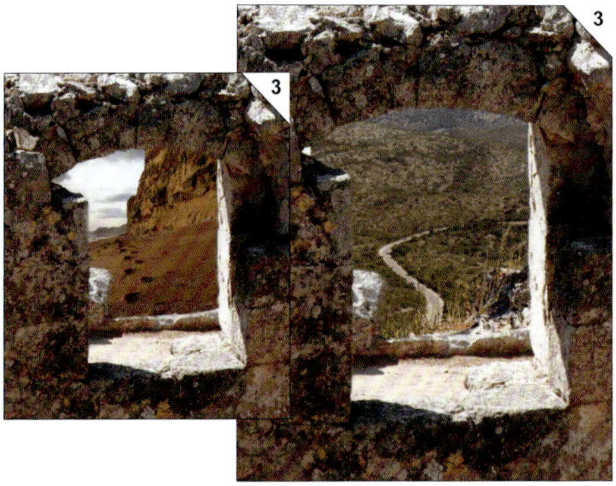


## 创建复合图层

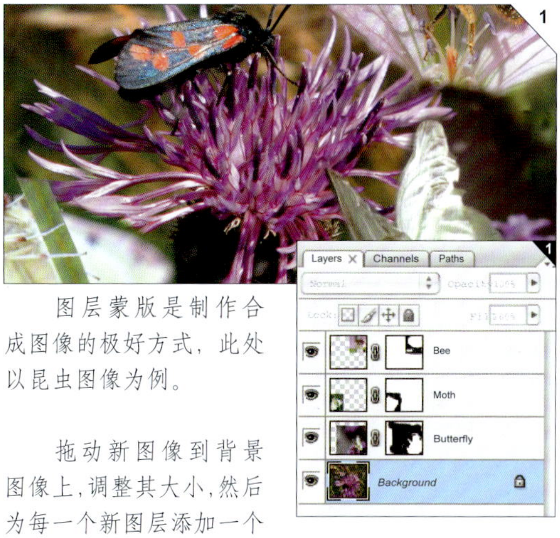


图层蒙版是制作合成图像的极好方式，此处以昆虫图像为例。

拖动新图像到背景图像上，调整其大小，然后为每一个新图层添加一个图层蒙版。图层蒙版准备就绪后，用一支黑色的画笔涂刷，将下面的图层显现出来，用一支白色的画笔即可恢复所有可能已经被删除的新图层。

## 图层蒙版的图层调整

Photoshop Elements 不以完全相同的方式支持图层蒙版功能。但是，任何新的调整图层都会自动带有相应的图层蒙版，两者同时出现，因此可以根据前面描述过的方式使用这些图层蒙版。

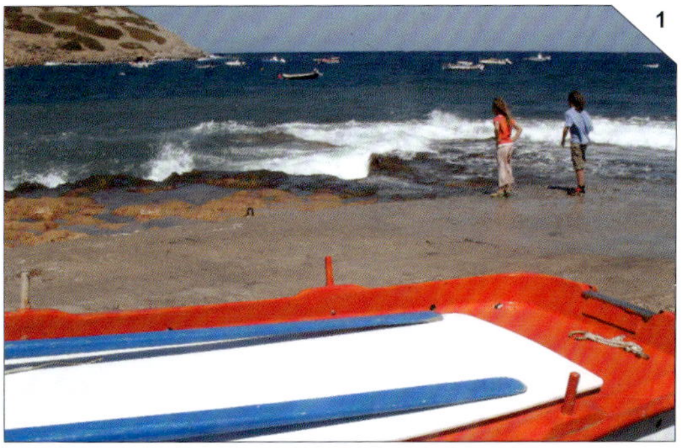


1. 在这个例子中，使用图层蒙版创建一个图像(该蒙版与色相/饱和度调整图层同时出现)，图像的一部分是乌贼墨(sepia)色调，而其他部分完全保持源色调。

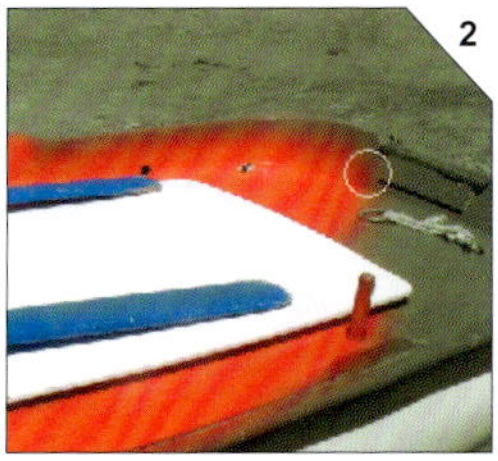


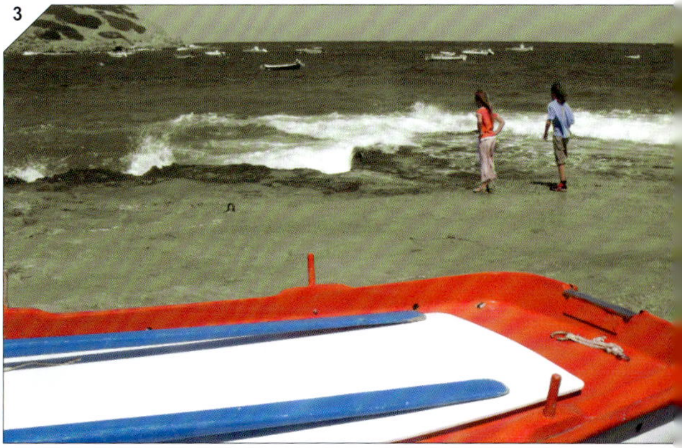


2. 在创建了色相/饱和度(Hue/Saturation)调整图层后，点击色相/饱和度对话框内的着色命令，调整滑块来创造乌贼墨的色调效果，接下来便可选择用白色画笔来涂刷图层蒙版，将下面的色彩显现出来。

3. 片刻之后，调整图层的图层蒙版上，用白色涂抹的部分就将前景的船只和远处的人物恢复到了原来的色彩。

同时，图像的其余部分拥有了色相/饱和度调整图层所创建的乌贼墨色调。

# Photoshop 滤镜

Photoshop 和 Photoshop Elements 提供了大量种类不同的滤镜，它们可以用各种方法改变一个图像，从控制色彩、添加纹理、放大或删除细节、分辨边缘，到模仿一种着色或绘画风格、收缩或扭曲画布，功能多种多样。每天都用到这些滤镜的几率很小，但是在制作探索性的、有创意的图片时，使用这些滤镜乐趣无穷。 使用滤镜需要特别注意的是，图像的分辨率越低，滤镜的效果就越显著。滤镜画廊提供了一个包含很多滤镜的特殊用户界面，该界面带有一个大型预览界面，可以通过扩展窗口进一步放大。 OK 键左侧带有两个人字形的圆形按钮，可以显示或隐藏滤镜列表，滤镜列表也提供了缩略图来展示每一个滤镜的效果。 使用滤镜画廊是熟悉其名称及其对应效果的最佳方式。 下面介绍几种可供选用的部分主要滤镜。

## 色调分离滤镜

该滤镜位于第一组，是最简单的滤镜。 例如，色调分离滤镜只是减少图像中色彩的数量，通过调整色阶的数量以获得想要的效果。典型的效果是在装饰性的低画面质量中的怀旧风格，如在流行艺术作品中的效果。

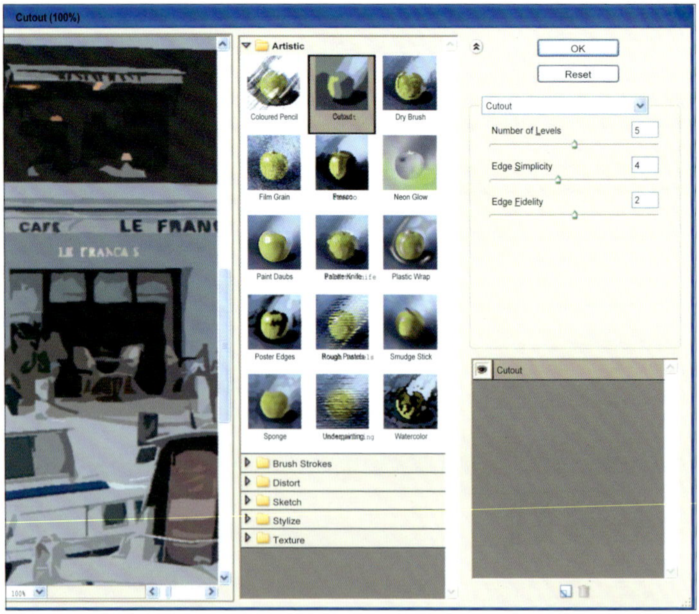


## 剪切滤镜

艺术效果滤镜组稍微复杂一点，带有多个滑块，以便更好地控制图像效果，但通常默认设置的效果已经足够理想。

剪切滤镜将图像分成单色调的数个区域。 此例中使用了 8 个色阶、边简化度 6、边逼真度 3。

## 胶片颗粒滤镜

滤镜不仅仅是(或总是)在画面上显示的效果， 例如，胶片颗粒滤镜在模拟劣质印刷品效果比模拟胶片的颗粒效果更好。

将强度和颗粒设定到高位值，然后增强高光区域，在牺牲细节的情况下恢复图像亮度。

## 粗糙彩笔滤镜

留意尺寸、长度或比例的设

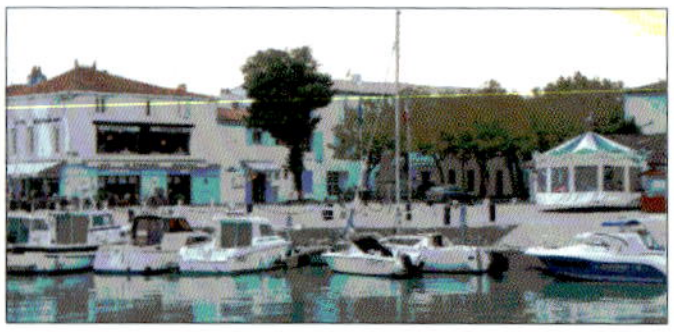

色调分离滤镜

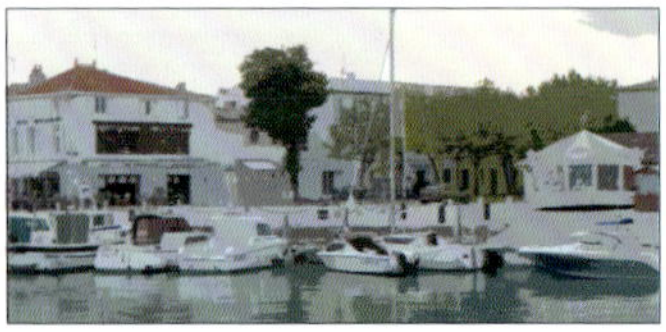

剪切滤镜

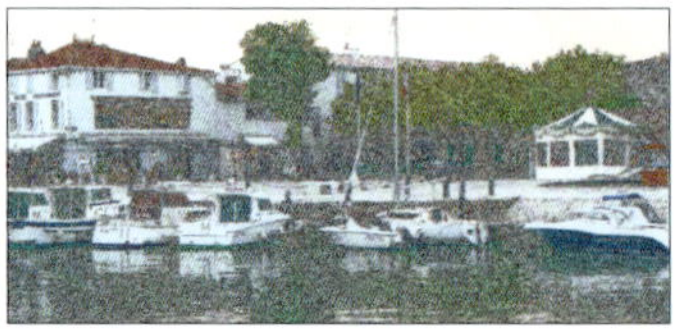

胶片颗粒滤镜

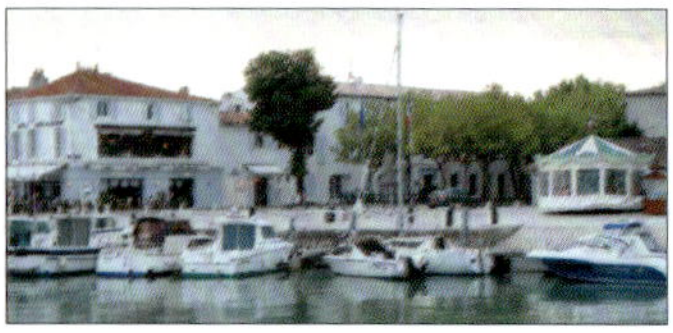

粗糙彩笔滤镜

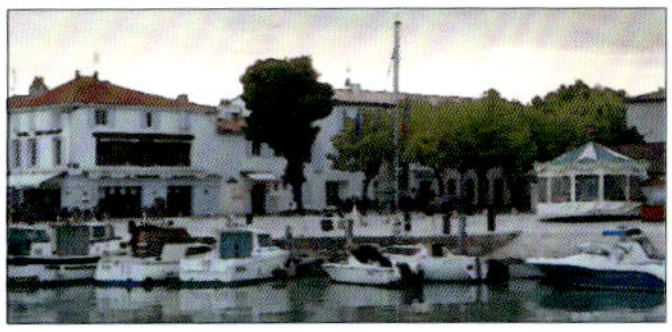

强化边缘滤镜

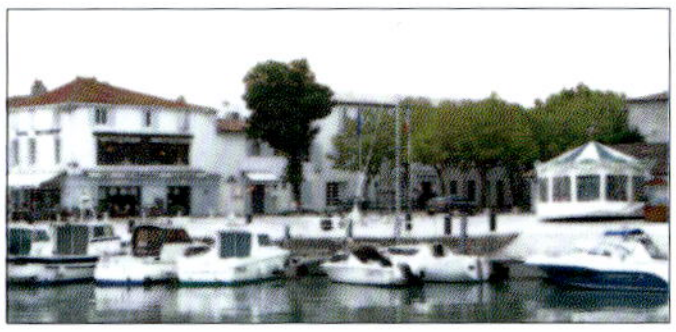

扩散亮光滤镜

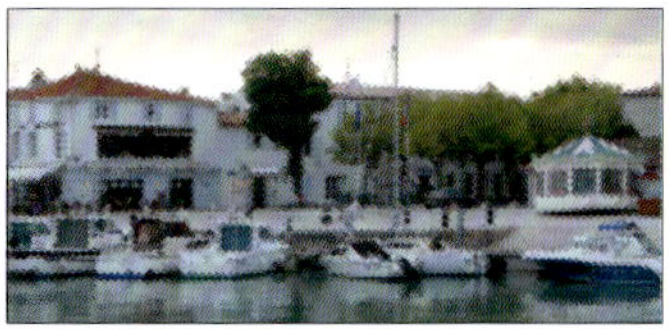

玻璃滤镜

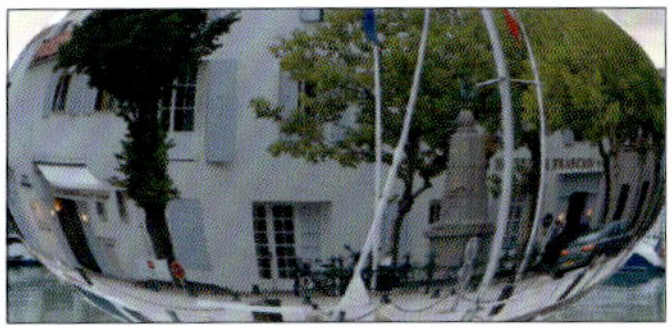

球面化滤镜

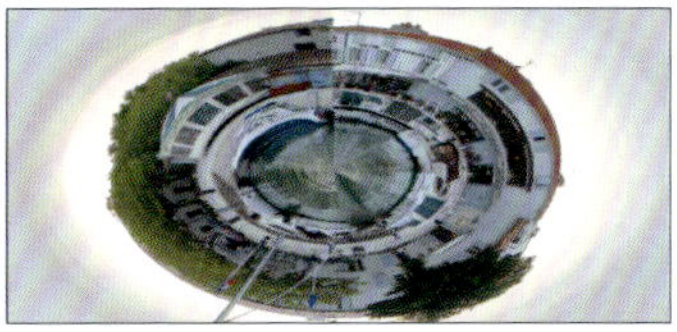

极坐标滤镜

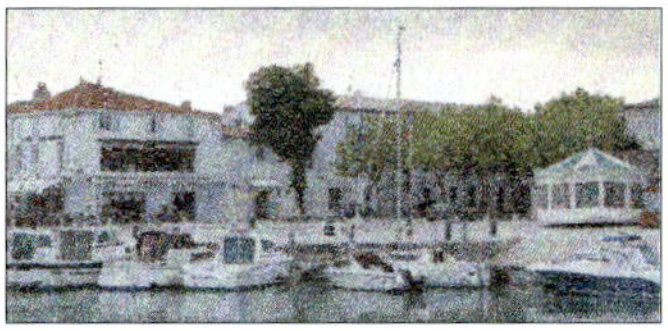

点状化滤镜

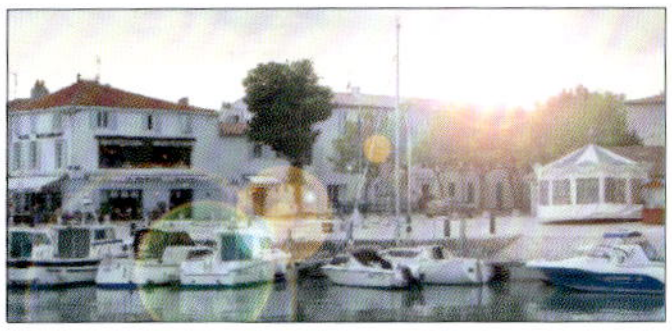

镜头光晕滤镜

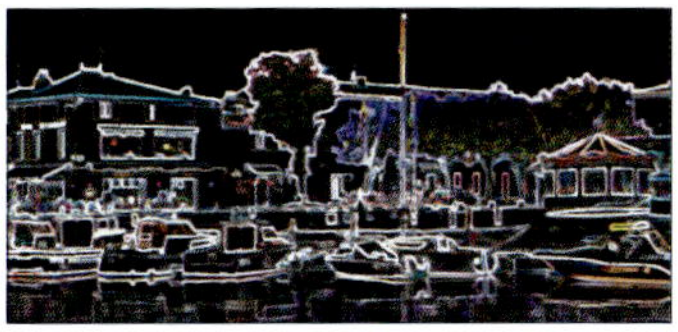

照亮边缘滤镜

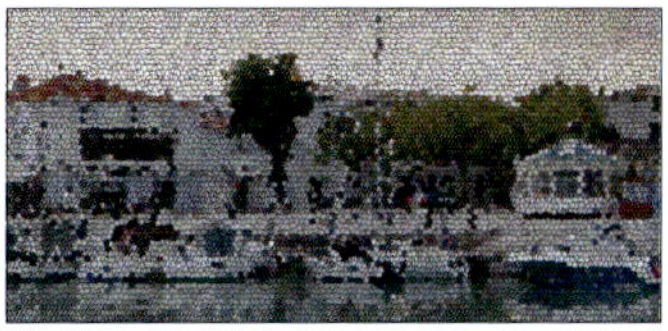

染色玻璃滤镜

定，因为这些需要根据图像的分辨率来调整。此例中配合滤镜使用的笔画长度为17、画布纹理为166%。

## 强化边缘滤镜

强调边缘的滤镜有好几个。强化边缘滤镜(在画笔描边下拉菜单中)是更加万能的一个滤镜，要求使用更多的滑块操作。该滤镜的最强大功能是模仿钢笔和水彩素描。

## 扩散亮光滤镜

扩散亮光滤镜是一个畸变滤镜，它会移动像素，目的是创造一个柔光效果。通过增加亮光数量可以营造一个更强的效果，增加清晰度即可恢复细节。

## 玻璃滤镜

在低值设定时，选择雾化纹理，玻璃滤镜将在图像前面加上一层磨砂玻璃。调整比例以适应图像大小，或者将纹理切换到小镜头，同时提高设定值。

## 球面化滤镜

畸变滤镜乐趣无穷，此处运用球面滤镜以及一个正值来创造一个玻璃鱼缸的效果，同样非常有趣。100%已是最高设定值，但并不那么强大，因此尝试多次应用滤镜，一个较小的负值设定可以有效对抗广角镜头畸变。

## 极坐标滤镜

畸变滤镜的最极端是极坐标滤镜。较好的做法是先将一个风景图片旋转180°(即将其颠倒过来)，然后再把直角坐标系转换到极坐标系。此例中先在一个带有暗淡天空的全景风景画上尝试，然后将一个地球的图片放在画面的中间。

## 点状化滤镜

像素化滤镜让图像呈分色彩单元，而点状化滤镜则模拟了印象派画家乔治·修拉(Georges Seurat)的“点画法”技巧。

## 镜头光晕滤镜

渲染滤镜是最复杂的滤镜。镜头光晕滤镜模拟了面对太阳或一个强光源拍照所产生的光环，使用时，点击鼠标将光晕中心和光源对准，然后选择一个镜头类型，设定光晕的尺寸和外观。

## 照亮边缘滤镜

素描滤镜常常用在硬边线的图像中，常常在复杂的图像中留下空白。与之相比，更为有用的是风格化滤镜，其中的突出滤镜特别值得一试。照亮边缘滤镜会将所有图像的边缘转换成霓虹灯的颜色，但仍然保持较高的平滑度。

## 染色玻璃滤镜

纹理是滤镜的一个有趣的设定。由于用染色玻璃滤镜创建的标题是白色而不是黑色，所以如果进行调整，得先颠倒图像，然后选择滤镜>纹理>染色玻璃滤镜(Filter>Texture>Stained Glass)命令，将光强度设定为0，按照喜好调整另一个滑块，点击OK，然后再次颠倒图像。

# 戏剧性天空效果

许多风景照片之所以成功的一个主要因素是天空引人注目，在没有降低图像其他部分吸引力的同时，无论是令人生畏的暴风云雨或者清爽纯粹的蔚蓝色，天空总能抓住观众的注意力并增加图像的整体气氛。

但是拍摄时要同时为天空和地面设定正确的曝光量，有些时候不可能做到，特别是在相机缺少中灰渐变滤镜时。中灰渐变滤镜的顶部带有色彩，向下逐渐退色，到底部时变为完全透明，在地面曝光度设定正确的情况下，使用这一滤镜能防止天空曝光过度。但只有在数码单反相机和某些混合相机上才配备这种滤镜，而且并非每个数码单反相机的使用者会随时将在这些滤镜带在身边。

因此，只要能设法防止天空看起来过于突兀，并且保留大部分细节，就能够用图像编辑软件增强天空，获得中灰渐变滤镜所拥有的效果。

## 用渐变滤光镜增强亮度效果

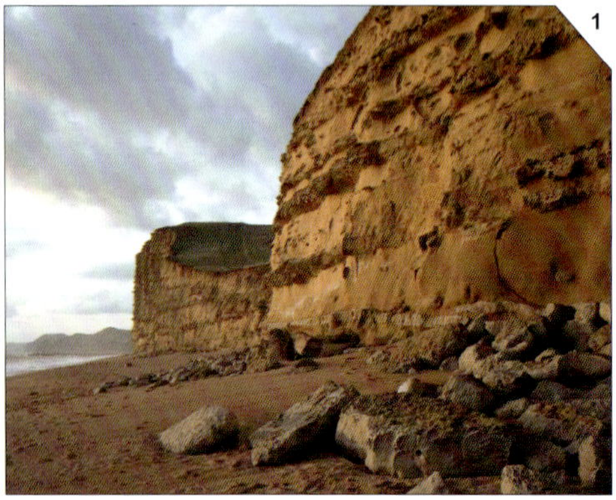

1

1. 尽管例图中天空和地面的亮度等级有非常大的差别，在图像编辑软件中使用中灰渐变滤镜可以增加云彩的颜色浓度，赋予其更加饱满的立体感。

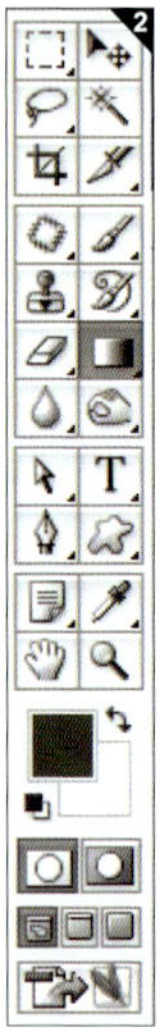


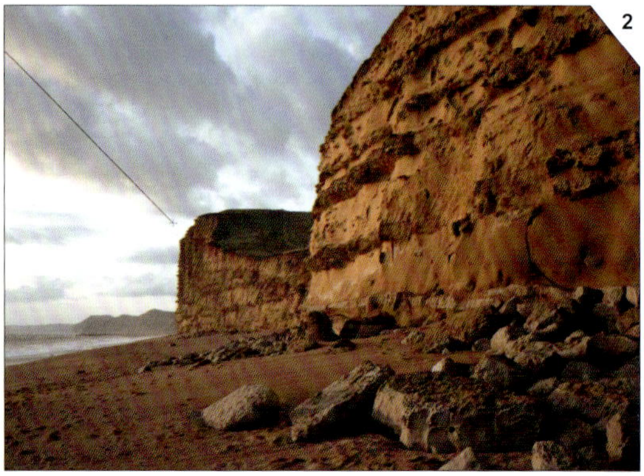

2

2. 要重现中灰渐变滤镜的效果，在图层>新层>图层(Layers> New>Layer)中创建一个新的空白图层，该过程称为渐变。把工具条上的前景/背景(Foreground/Background)颜色设定为默认的黑色前景和白色背景，接下来选择工具条上的渐变工具，并选定前景到透明。

接下来，画一条穿过天空的线条，可以看到线条从图像的左上侧呈对角线延伸到悬崖起始的部位。

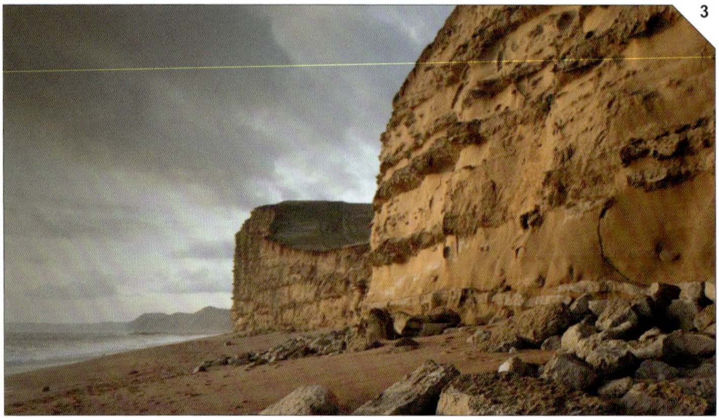

3

3. 放开鼠标后，沿着渐变线的区域将变暗，这是在源图像上创建一个黑色到透明渐变色的结果。试着改变渐变线的长度，观察它是怎样影响图像以及影响多大的范围。

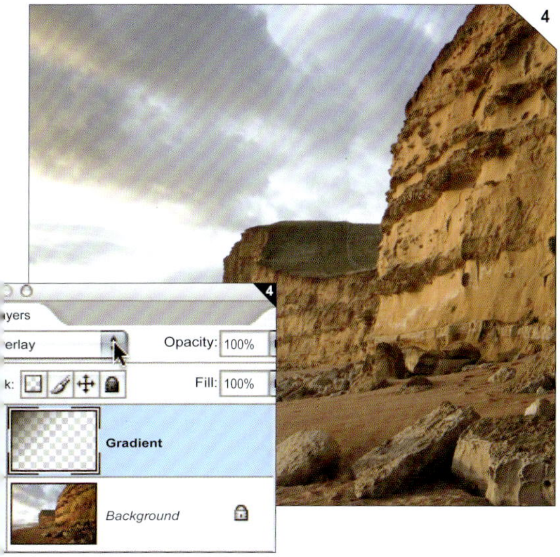


4. 要获得灰色渐变效果，进入图层面板，勾选渐变图层(Grandient Layer)并将混合模式转换到覆盖(Overlay)，此时背景云彩融入昏暗的渐变灰色中。

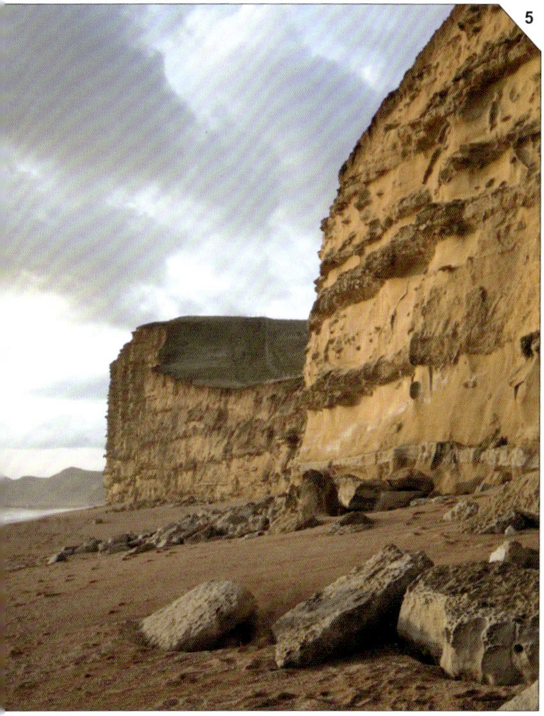


5. 可以通过降低渐变图层的不透明度来调节渐变的效果。但对这个图像而言，天空的云彩应该进一步增强，因此，渐变图层被复制，在图像上呈现出双倍的效果。

## 提高阴暗区域的亮度

使用类似的技术提高一个图像某些区域的亮度是可行的。在这个例子中，图像的下半部分非常灰暗。

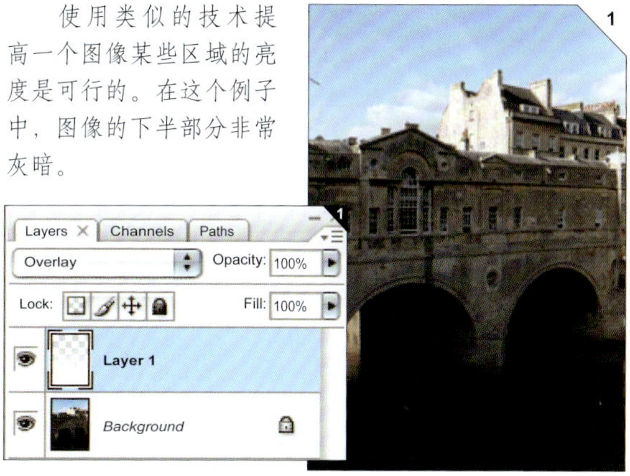


1. 和前面的例子一样，先创建一个新的空白图层，但这次在画渐进线之前，选用了白色作为前景色，而不是黑色。要完成这个任务，仅需点击直角箭头图标即可实现两种颜色之间的切换。如果前景和背景色是除白色和黑色之外的其他任何颜色，则仅需按下“D”键(已获得“默认颜色”)。和前面的做法一样，把渐变图层的混合模式转换到覆盖(Overlay)。

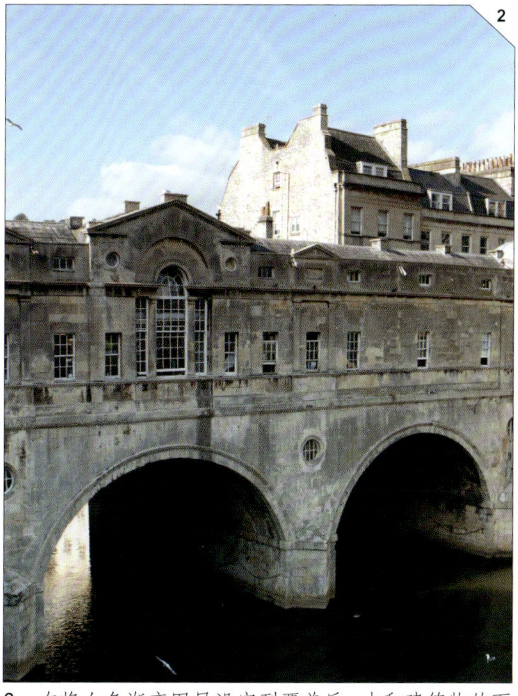


2. 在将白色渐变图层设定到覆盖后，水和建筑物的下部就戏剧般地变亮了。

# 黑白转换

把彩色图像制作成黑白图像，并非像听起来那么简单，有些人可能会天真地认为所有该做的事情就是将数字图像上的彩色信息删除掉。的确，从技术角度而言，这正是获取一张单色图像所应该做的一切。

但是，在艺术效果上，如果只有这样一个简单步骤，而缺乏一些数字调整，其结果很难尽如人意。部分原因是图像在被捕获到黑白胶片上之前，摄影师长期使用彩色滤镜来改变图像。拍摄时，由于色彩的不同，不同颜色的滤镜会造成不同目标和区域的提亮或变暗，

这一点关系重大，因为对于特定的目标，如草地和天空，两者的颜色不同，但其亮度实际上或许非常接近， 这可能会形成一个“单调的”黑白图像，如果想把其中相似的区域融为一体，就需要在镜头前使用滤镜。除了花钱购买滤镜以外，也可以在Photoshop中复制这种效果。

## 在 Photoshop 中复制滤镜

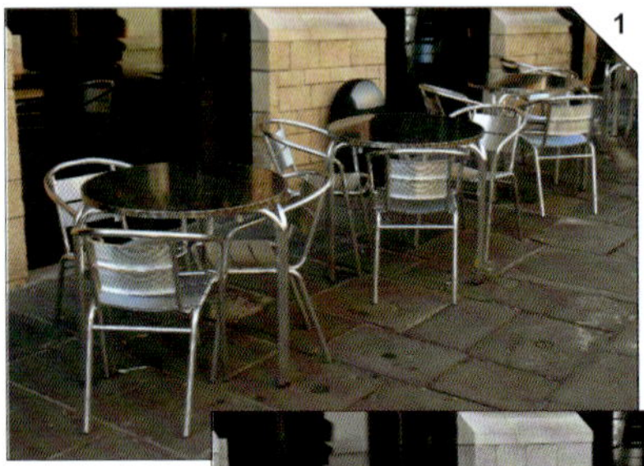


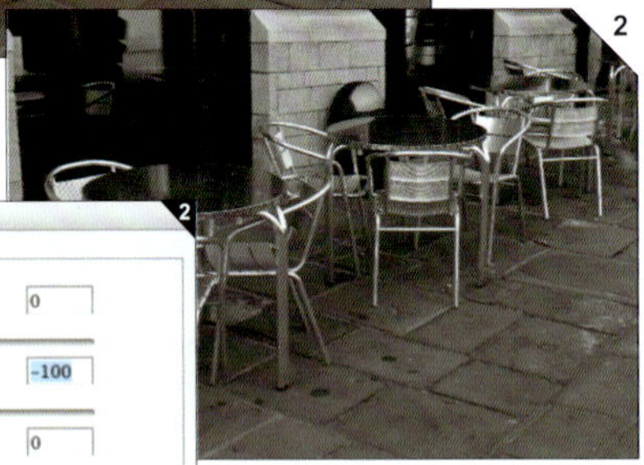


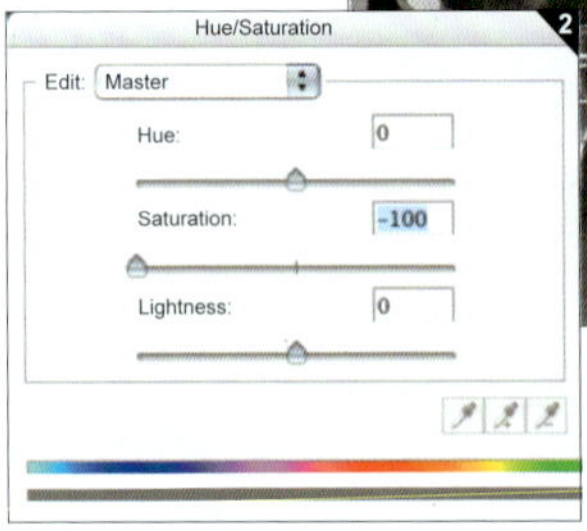


1. 上面是一张原始的彩色照片，我们试图将其转换为黑白照片。照片中太强烈的色彩并不多，如人行道、桌子和门都是中性色彩，因而要将其转换为黑白照片非常具有挑战性。

2. 创建一个调整图层，使用色相/饱和度(Hue/Saturation)命令，将图像上的彩色信息删除，将饱和度(Saturation)滑块设定到−100，以删除彩色信息。

此时，黑色的人行道占据了画面的主要部分，成了视觉的重心，椅子和桌子明显处于弱势，在与人行道的对比下似乎有点消失在画面中的感觉。

3. 正如一个摄影师使用彩色滤镜调整景物中各种物体之间的亮度对比一样，在图像去色之前也可以预先用滤镜调整图像的亮度。完成这项操作，需要在背景图层上创建一个新的图层，然后用纯色来填充。先选择图层面板中的背景图层，选择图层>新填充图层>纯色(Layer>New Fill Layer>Solid Color)命令，点击OK，在随后出现的“颜色选择框”内，选择一个恰当的颜色。在这个例子中选择的是铁蓝色，把颜色填充(Color Fill)图层中的图层混合模式设定为彩色，可以看到图像退色，但人行道变得更亮了。

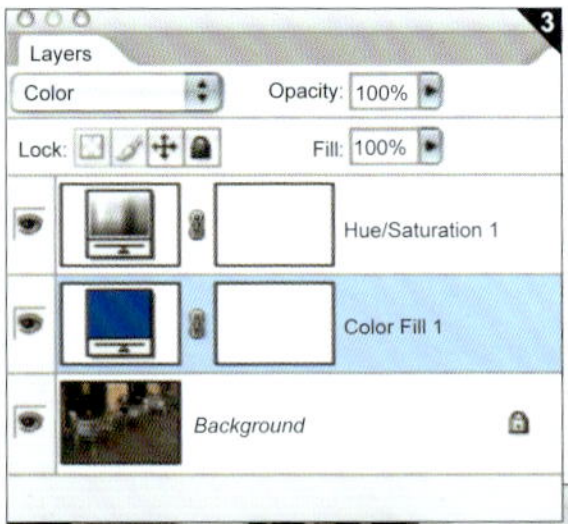


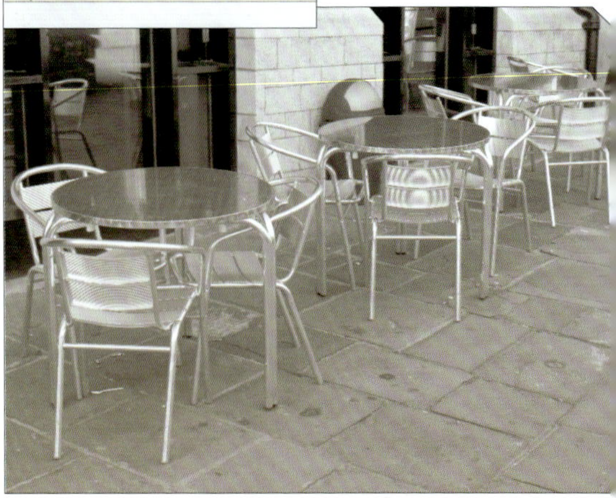

4

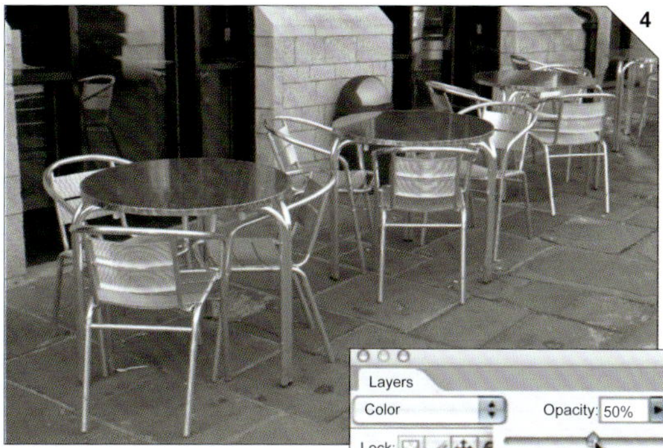

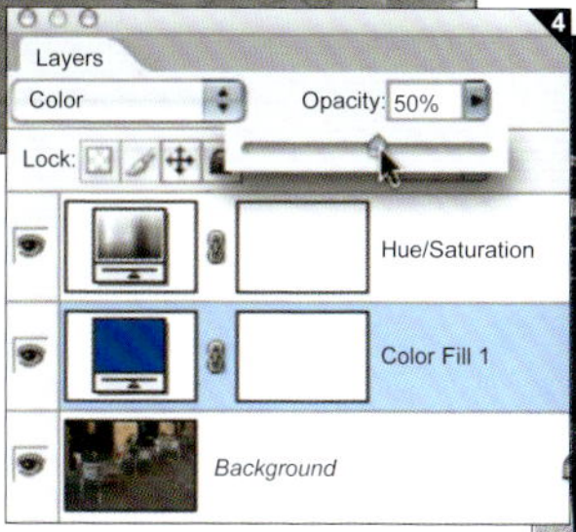


4. 可以通过改变颜色填充图层的色调来调整图像中的不同色彩，这类似于更换镜头上的滤镜。

在图层面板中，右键单击或双击颜色填充图层上的图层缩略图。

选择颜色选择框HSB选项中的H，拖动滑块调整彩色滤镜的色调，这将改变各种色调之间的关系。此例中彩色图层不透明度(Color Layer Opacity)已被降到50%，因此效果不很明显。

5. 在色相/饱和度(Hue/Saturation)图层上添加亮度/对比度调整(Brightness/Contrast Adjustment)图层，增加图像的对比度。

将对比度(Contrast)滑块向右侧移动，直到获得想要的效果。很快便可看到桌子和椅子从人行道上凸显出来了。

5

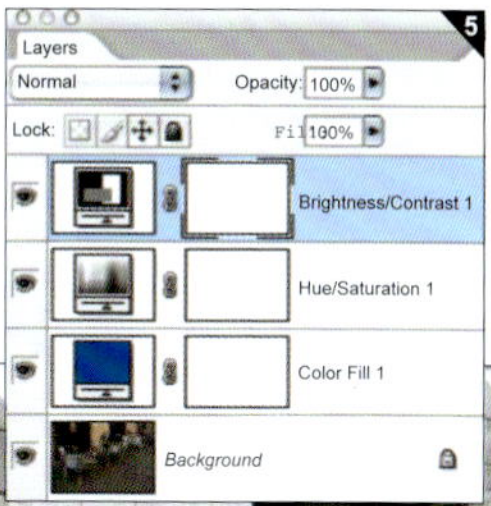


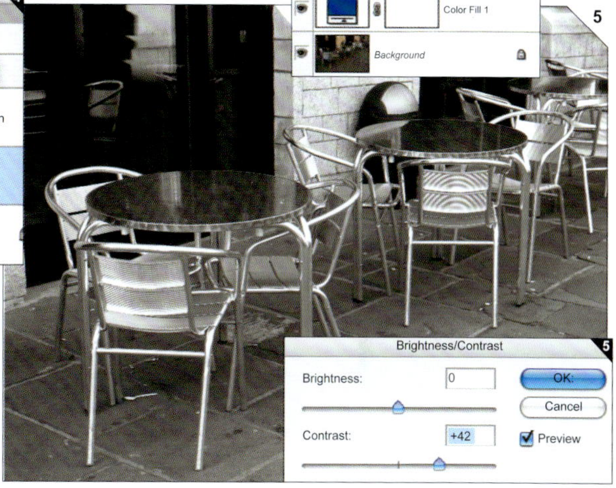


6

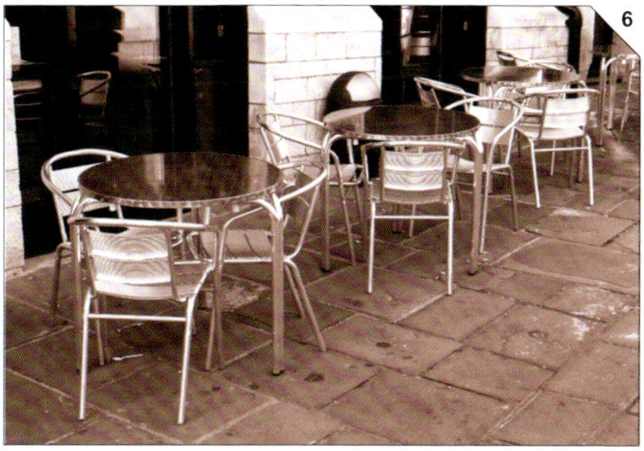

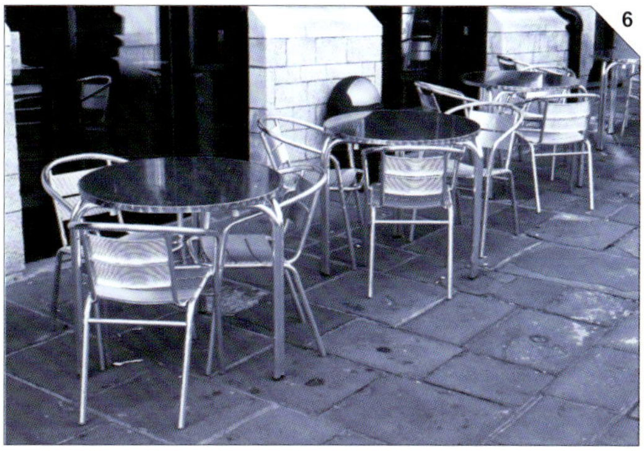

6. 使用调整图层的优点是可以从后面的阶段退回，对每一次调整进行编辑。实际上，当调整图层准备就绪后，甚至可以将文件存为Photoshop(.psd)或TIFF(.tif)文件。只有在合并图层时，才不能退回并修改调整图层。通常用合并图层来压缩文件大小，选择图层>合并图层(Layer>Flatten Image)命令即可执行。

在左边展示的两幅图像中，右键单击或双击图层面板上的色相/饱和度(Hue/Saturation)调整图层，激活色相/饱和度(Hue/Saturation)对话框。勾选着色(Colorize)按钮并滑动色相/饱和度(Hue/Saturation)滑块，调整图像的色彩和颜色浓度，以达到理想的效果。

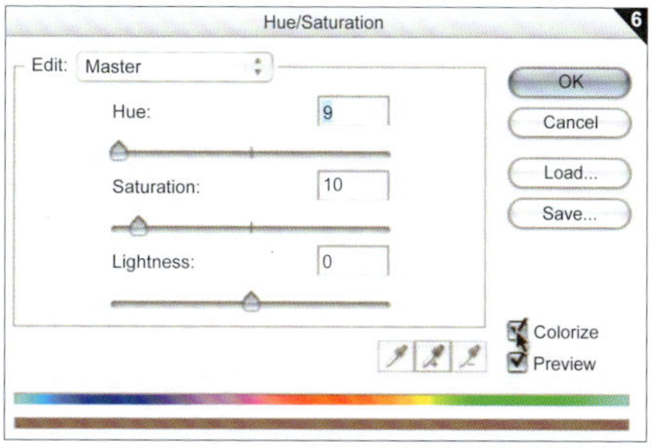

# 双色调与三色调

人们在浏览杂志和书籍中所刊登的黑白图像时，可能会对其丰富的色调表示惊讶。其实这些图像并不是严格意义上的黑白照片，换句话说，这些图像并不是纯粹由各种不同层次的灰色构成的。

大多数印刷机，不管是专业印刷中使用的印刷机，还是大多数的桌面喷墨或激光打印机，都不能精确地呈现一张真实黑白图像的细微色调变化，因此，人们常常添加第二种、第三种、甚至第四种颜色来增加色调范围，以提高打印质量。在专业的平板印刷机上，利用滚筒将颜色添加到图像上(通常为青色、品红、黄色和黑色)，以构成一张完整的“四色”图像。双色套印中首先用一个黑色滚筒滚压图像，然后再用另一个特定颜色的滚筒滚压，而三色套印则使用三种颜色的滚筒，四色套印使用四种颜色的滚筒。

附加的色彩和真正的灰阶图像的色调结合起来，能够达到将任何一种想要使用的颜色覆盖到整个图像上的目的。Photoshop 配有一组用于创建双色调、三色调和四色调的强大命令，并且，所有这些命令在任何时候都有助于将单调的黑白图像转化为合成图像，以确保色调的丰富。

## 为灰度图像添加色调

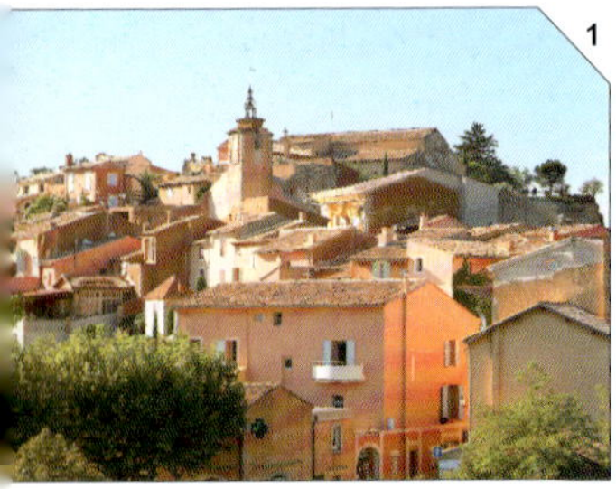


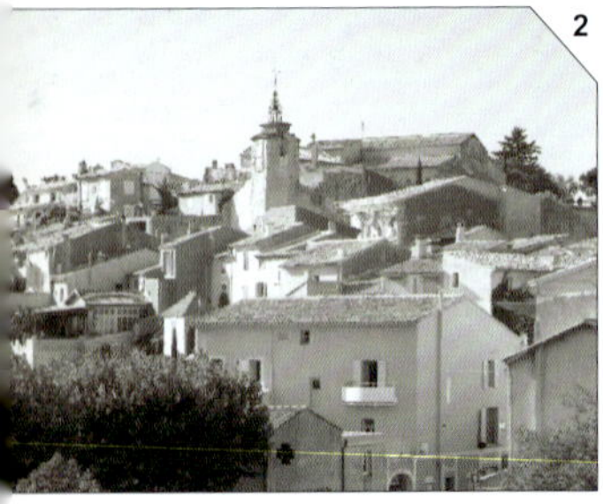


1. 首先，选择一种希望加入到黑白图像中的颜色。然后使用上一节描述的图像转换技术，将彩色照片转换为黑白图像。

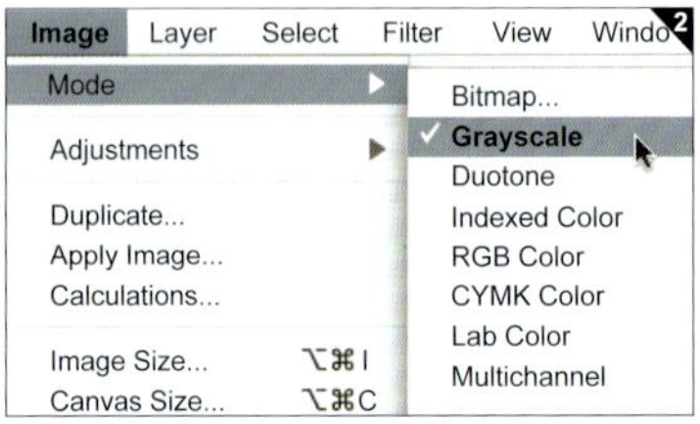


2. 完成黑白图像的转换之后，图像看起来像是单色的，但仍然具有三个明显的色彩通道(红色、绿色和蓝色)。在继续进行下面的双色调处理之前，必须删除这些通道。

要完成这项操作，选择图像>模式>灰度(Image>Mode>Grayscale)命令，如要继续创建双色调，选择图像>模式>双色调(Image>Mode>Duotone)命令即可。

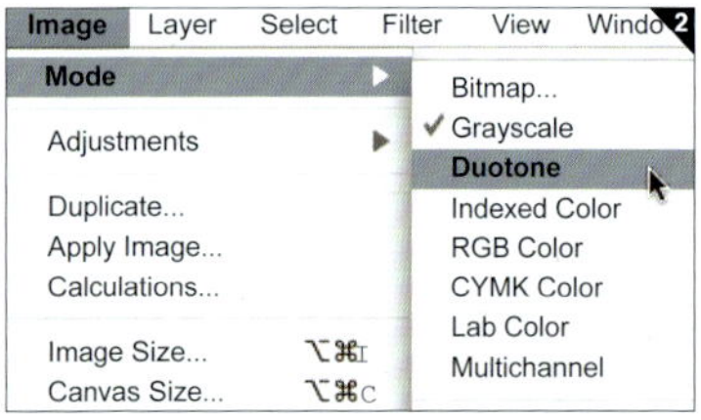


3. 选择双色调(Duotone)，打开双色调选项对话框。如果是第一次使用双色调选项，Photoshop 将引入品红作为默认颜色，就像此图例显示的一样。之所以选择品红作为默认颜色，是因为双色调是由黑色和另一种色彩构成的。

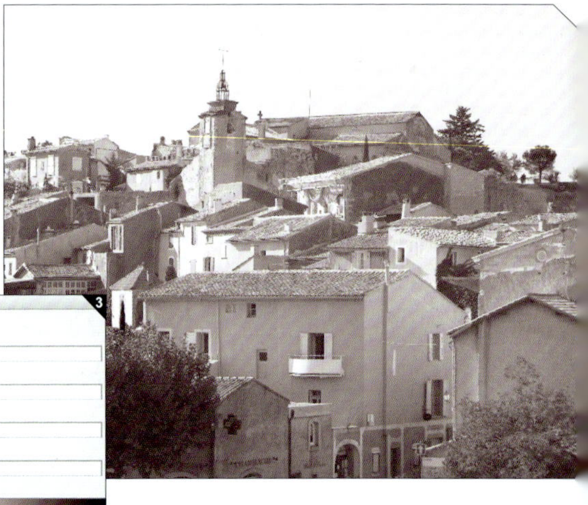

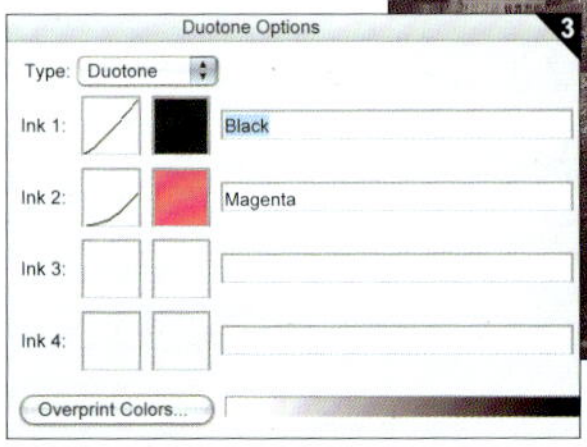

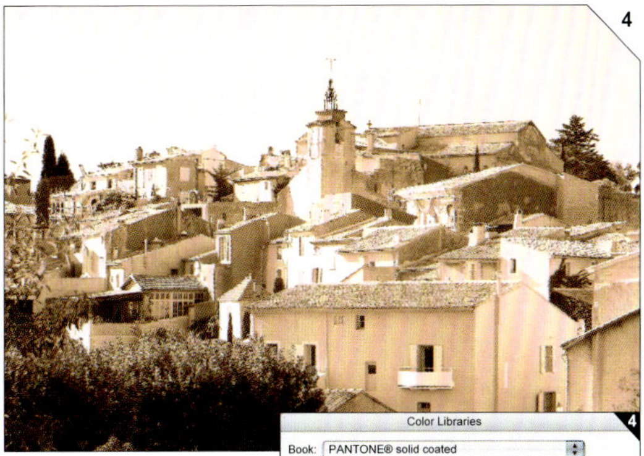


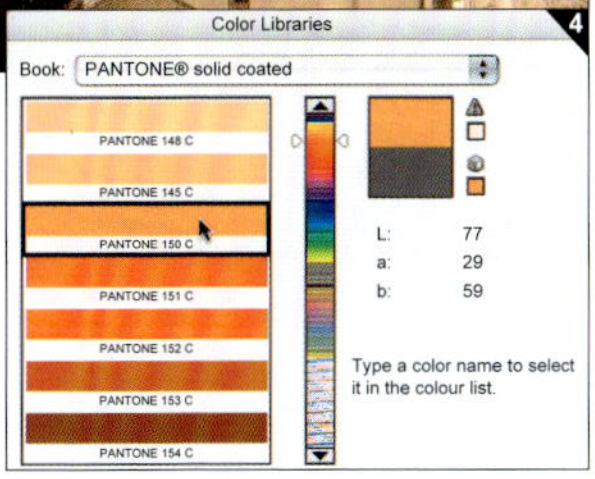


4. 当然，如果Photoshop使用了默认颜色，并非仅限于使用这种颜色。点击第二种颜色的方块，Photoshop将打开色彩库(Color Libraries)对话框。

色彩库显示了可供创建双色调图像的大量色彩，此处选用了一种明亮的橙黄色来创建一个“乌贼墨色”的视觉效果。

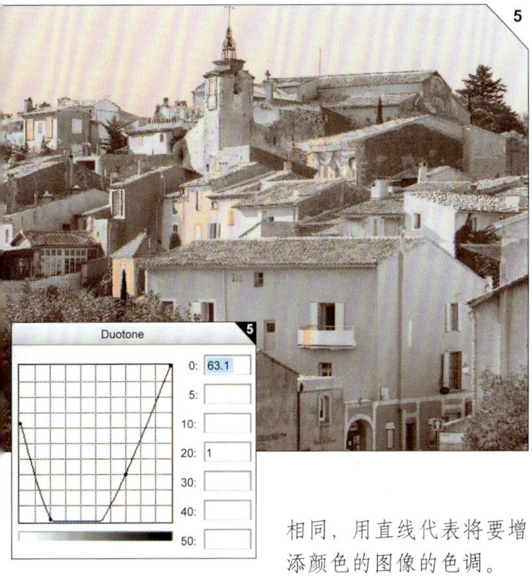


5. 在双色调选项对话框中，颜色的旁边会出现一个小框。点击这个小框，出现双色调曲线(Duotone Curve)对话框，外表类似曲线对话框，其作用方式也相同，用直线代表将要增添颜色的图像的色调。

此例中，左边的点代表图像中最浅的色调，这个点已被向上拉起，导致橙黄色被引入图像的高光区域。可以改变曲线，根据需要对图像进行调整。

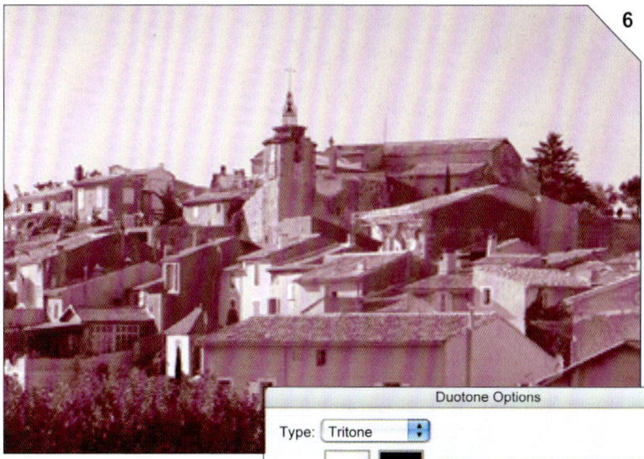


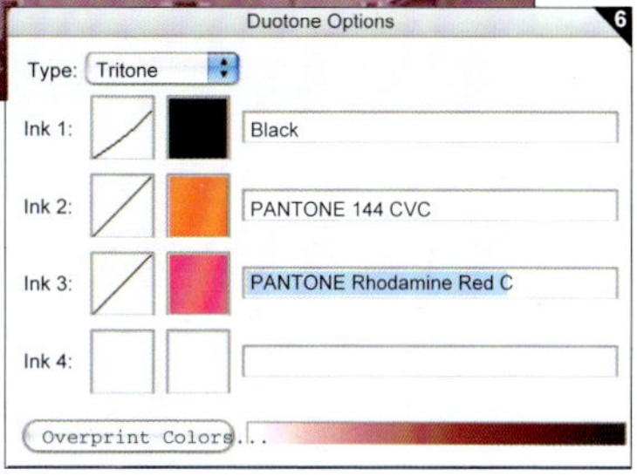


6. 如果要将图像从双色调转换成三色调，回到双色调(Duotone)选项对话框，然后从下拉式菜单栏上选择三色调(Tritone)。

点击颜色方块打开色彩库(Color Libraries)对话框，选择一种颜色作为第三种“墨水”。此例中选择品红色作为第三种颜色。

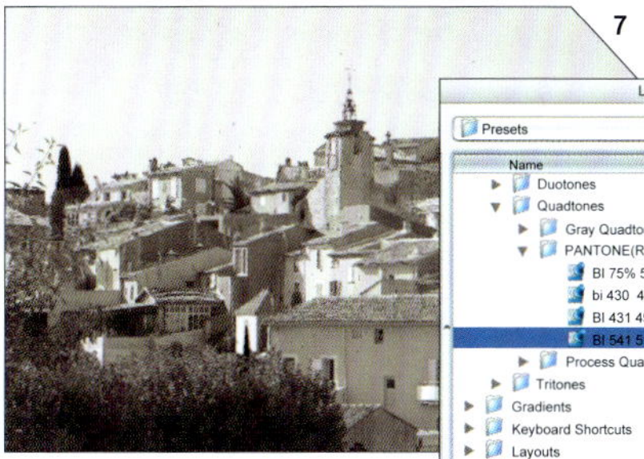


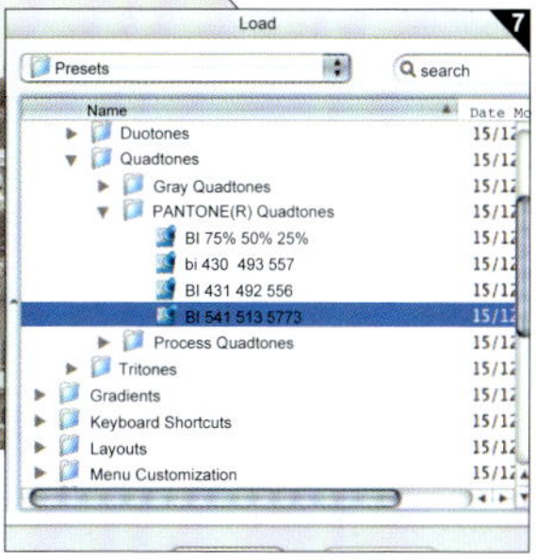


7. Photoshop提供了大量已经选定的预设色彩组合，以便于创建特殊的视觉效果，也能够自主选择需要使用的色彩。

如果要访问预设(Preset)对话框，点击双色调(Duotone)选项对话框中的载入(Load)命令。在预设窗口中，下拉到双色调文件夹并打开。双色调文件夹中包含了三个文件夹：双色调、三色调和四色调，其中的每一个文件夹都包含无数个预设色调选项。

遗憾的是，色调的名称并不能清晰描述其含义，例如，这里使用了四色调Bl 541 513 5773。

保存图像时只能将其保存为Photoshop(.psd)文件，这是为了确保如果一个文件要采用平板印刷机印刷，印刷机能正确解读其设定，目前大多数喷墨打印机也能够很顺利地打印.psd文件。

# 会聚的垂直线

拍摄建筑物的照片，特别是一幢非常高的建筑物,最常见的问题就是:为了将整个建筑物纳入取景框中,通常必须将相机镜头朝向上方。这样做时,越向上看，建筑物的侧面墙面似乎就靠得越近。 这种效果类似于观察一条长长的、笔直的道路,越看向远方时，道路似乎就收缩得越厉害， 在这种长长的距离下，道路的两边似乎在一个“消失点”上会聚，对高高的建筑物来说，道理也是同样的。 要获得真正准确的笔直建筑物照片，专业摄影师会使用专用设备，但同样也可以通过图像编辑软件来改善会聚垂直线的情况。

## 校正透视

这是一张几年前用传统 35 毫米胶片相机拍摄的照片，存在明显的透视缺陷，先将这张照片扫描到电脑里。

1. 这张曝光良好的照片捕捉到了建筑物的不同寻常的细节，因此花几分钟时间来纠正会聚垂直线的问题是值得的。

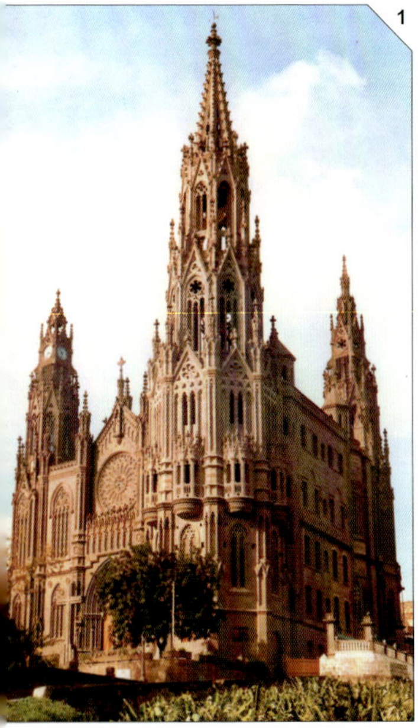

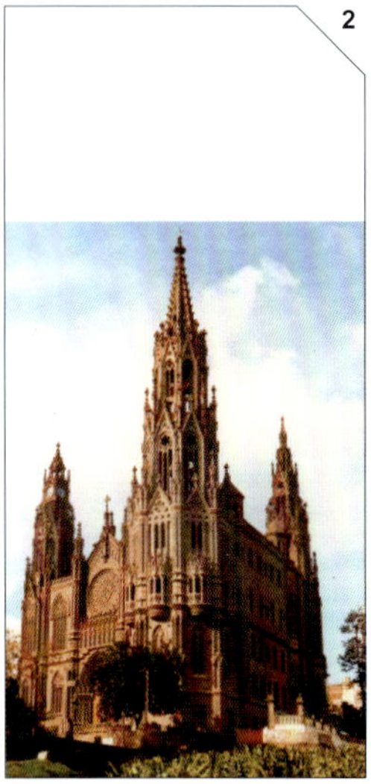

2. 首先增加正在调整的画布高度，选择对话框中的图像>画布大小(Image>Canvas Size)命令进行调整，然后点击定位(Anchor)旁边位于底部中间的方块，这表示仅需从“地面”开始向上拉伸画布。

点击高度框旁边的下拉式菜单并选择 Percent(百分比)， 在高度框中输入 150，增加画布的高度到 50%。

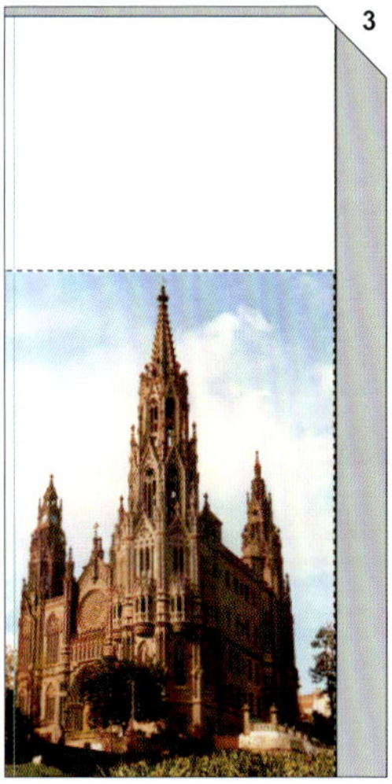

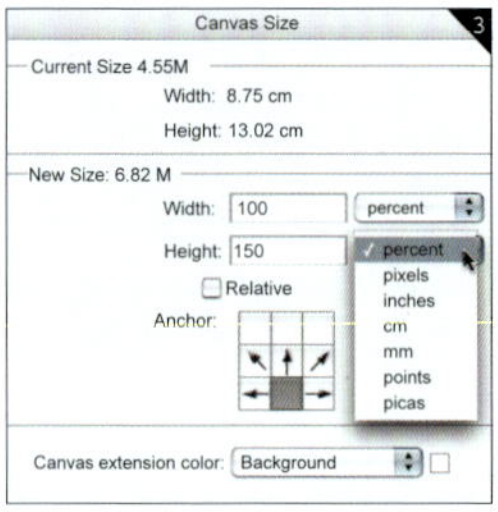


3. 使用矩形选框工具选择源图像。接下来，选择视图>标尺(View>Rulers)命令，从选框的边缘到图像区域拉一条垂直的直线作为参考线，确保将建筑物的墙壁调整到垂直状态。

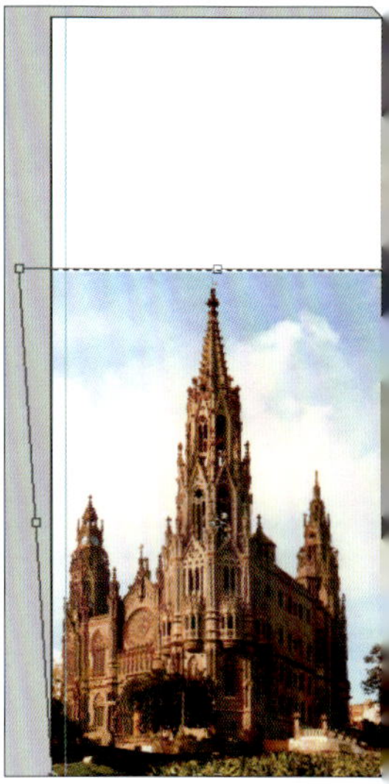

4. 选择编辑>转换>透视(Edit>Transform>Perspective)命令，可以看到角点出现在图像的角落和图像侧边的中间。

拖动选区的一个角落，可以看到对边的角点也同时开始向外移动。继续拖动，直到建筑物的墙壁看起来垂直， 将其和之前画好的参考垂直线相比较。 当垂直的墙壁看起来笔直向上时，勾选工具选项栏上的测量

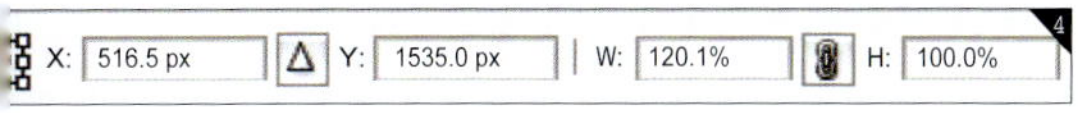

4

值，记下图像顶部增加的宽度。

此例中，图像顶部的宽度大约增加到原来的120%。对调整的结果感到满意后，点击复选框，确认调整结果。

5. 在选区仍然处于激活状态的情况下，选择图像>转换>扭曲(Image>Transform > Distort)命令。用光标抓住图像顶部中间的操作图标，并将建筑物向上拉伸，此时，图像实时延伸，可以及时看到调整的结果。

作为示范，此时应继续拉伸图像，直到其高度达到原来的120%，以便抵消透视调整带来的影响。

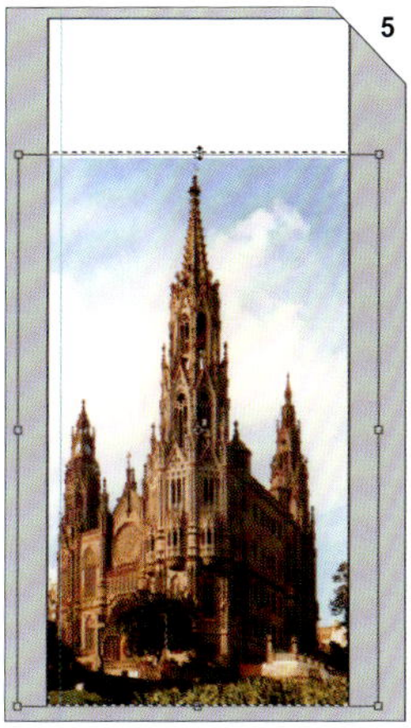
5

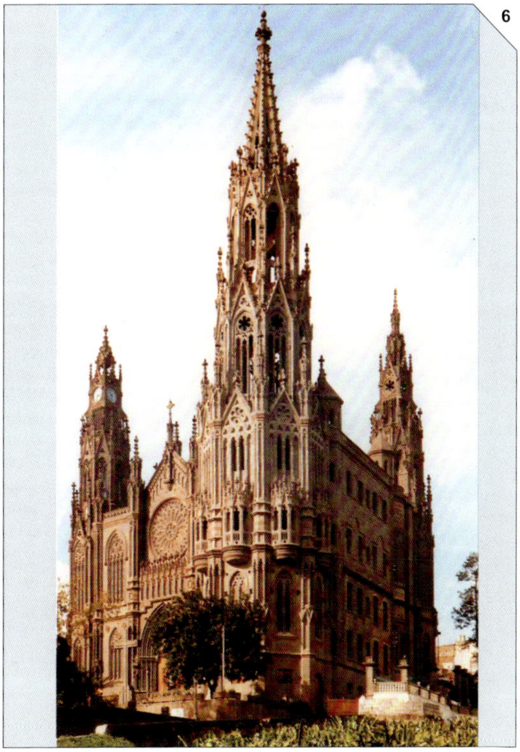
6

6. 完成时，取消选区选择>取消选择(Select > Delete)并使用裁剪工具裁掉未使用的画布。

## 使用畸变滤镜

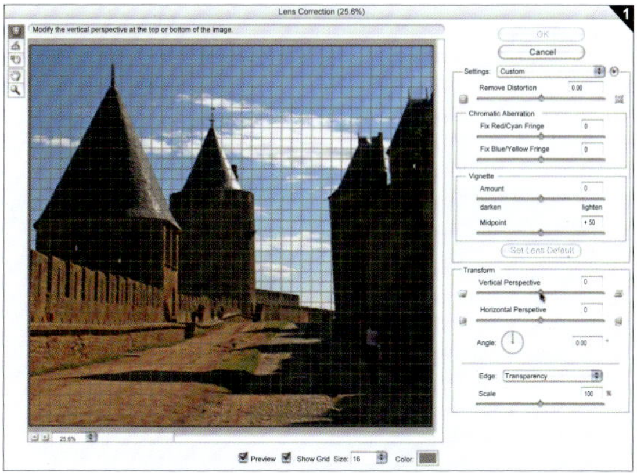

1

Photoshop 和 Photoshop Elements 的更新版本配有一个畸变滤镜，可用来修正诸如垂直线会聚等问题。

1. 进入滤镜菜单。在 Photoshop 中称之为镜头畸变，在 Photoshop Elements 中被称之为校正相机畸变，两者都以相同的模式工作。

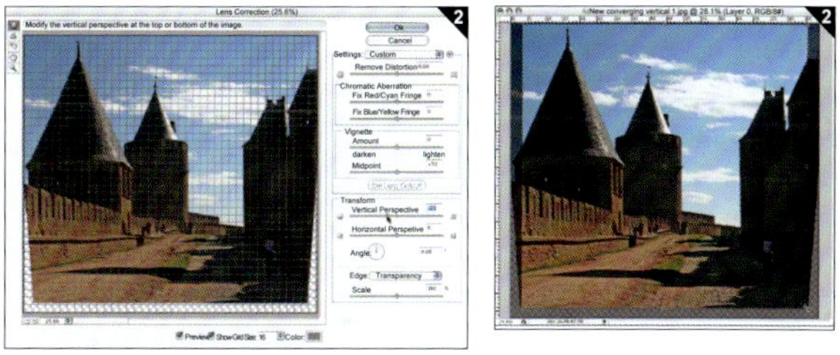
2

2. 将垂直透视(Vertical Perspective)滑块滑向右侧，建筑物被设定与网格垂直。校正完成后，点击 OK。

3. 接下来只需将选框底部图像上新创建的透明部分裁剪掉即可。

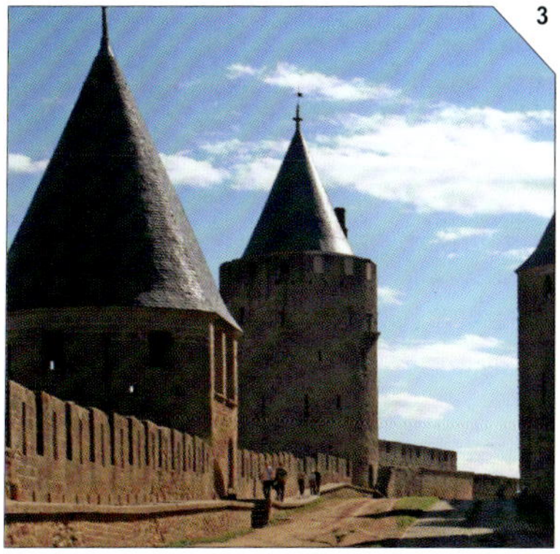
3

# 柔光效果：风景

在传统的胶片相机时代，摄影师需要试验各种技术来获得柔光效果，包括在相机上的透明滤镜上涂抹凡士林，利用旧丝袜包住镜头或者使用专用的柔光镜。

以上这些方法至今仍然十分有效，但几乎所有的图像编辑软件在后期制作时都可能再创造一种柔光效果。图像编辑软件有其独特的优点，即摄影师能更好地控制柔光效果，获得更加直接的、未使用滤镜的图像。

## 柔光效果和图层、滤镜

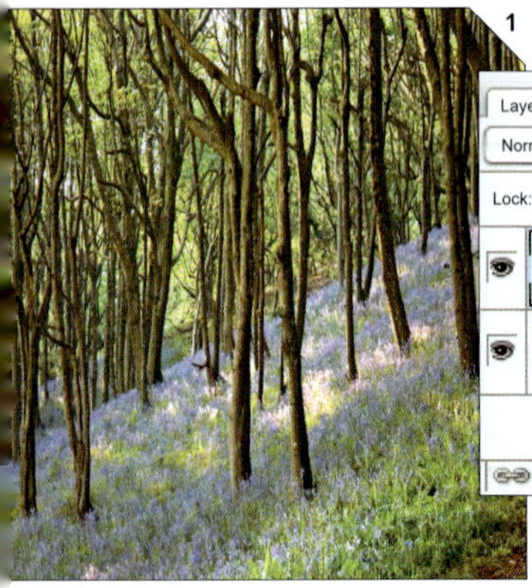

1

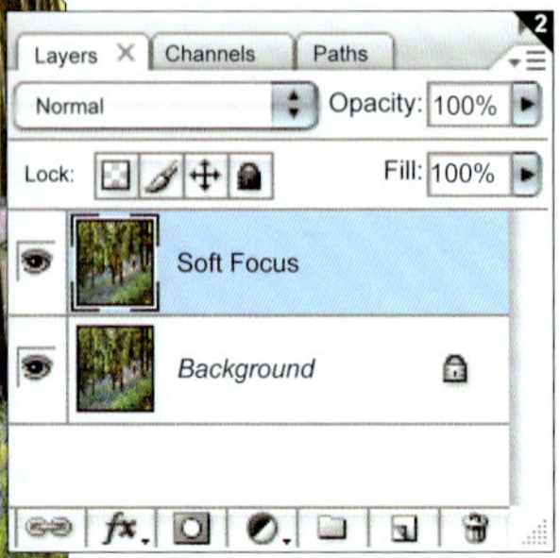


2

1. 以上面的这张树林中春天盛开野风信子的图片为例，该图片就是那种可以成功地结合滤镜和图层以达到柔光效果的图片。

2. 首先复制背景图层(Layer > Duplicate Layer)，该步骤可以删除任何不想要的效果，同时保留原始图片。

还可以通过另一种方法复制图层，进入图层面板，将背景图像的缩略图拖曳“创建一个新图层”图标上，然后将新图层命名为“柔光”。

3. 大多数图像编辑软件包都配备柔光镜效果，Photoshop Elements 和完整版本的 Photoshop 也不例外。

在这些 Adobe 公司开发的程序中，这种效果被称为扩散亮光，可以在滤镜>畸变>扩散亮光(Filter >Distort>Diffuse Glow)滤菜单中找到。有 3 个滑块用来控制滤镜的整体效果，花点时间一一进行试验，并在预览窗口中观察这些滑块对图像产生的影响非常重要。

如果图像对于预览窗口来说太大，注意对话框底部左侧角上的一个菜单，可以将其设定为适合窗口大小。

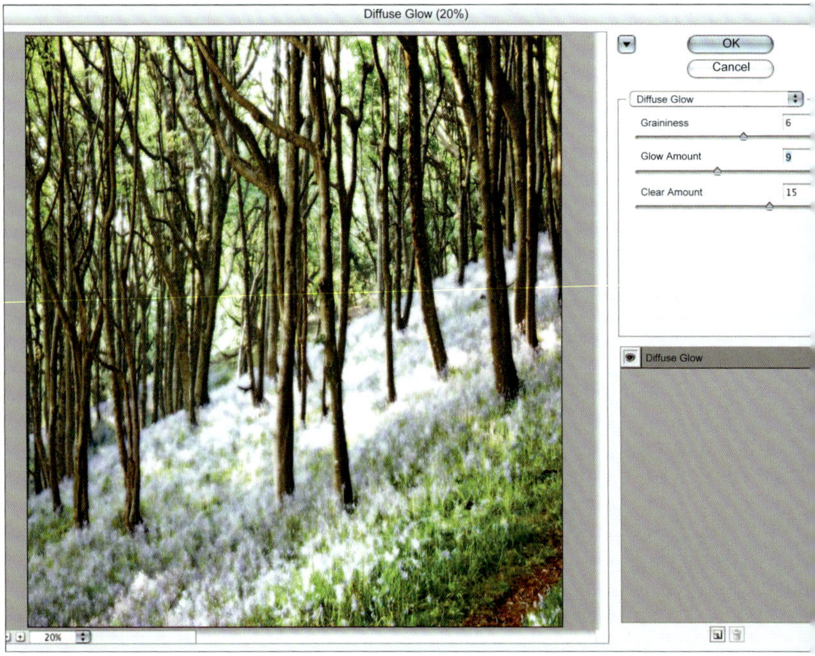

4. 对预览窗口中滤镜的效果感到满意时，点击OK，滤镜就会被应用到原始图像的复制图层上。此时，Photoshop 中的扩散亮光滤镜已经创建了令人满意的效果，但仍然可以重新采用野风信子的某些原色彩，只要降低图层面板中柔光图层的不透明度即可采用这些色彩。

5. 如果使用的软件没有配备柔光镜，或者对滤镜提供的效果不满意，可以采用备用方案——高斯模糊滤镜。

可以在柔光图层上大量应用高斯模糊滤镜效果。此例中的半径被设为30，以便使图像获得明显的柔光效果。

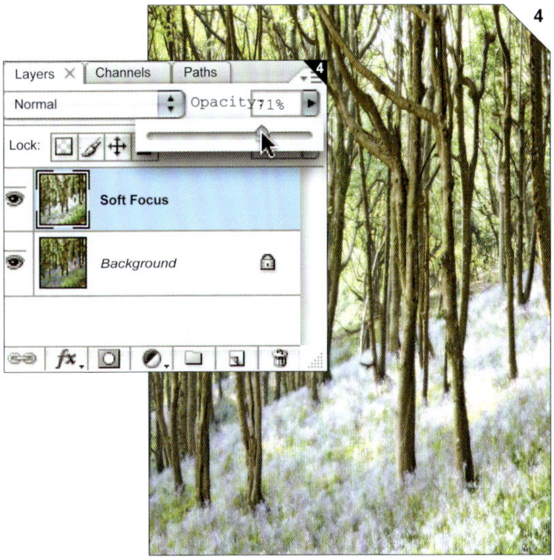


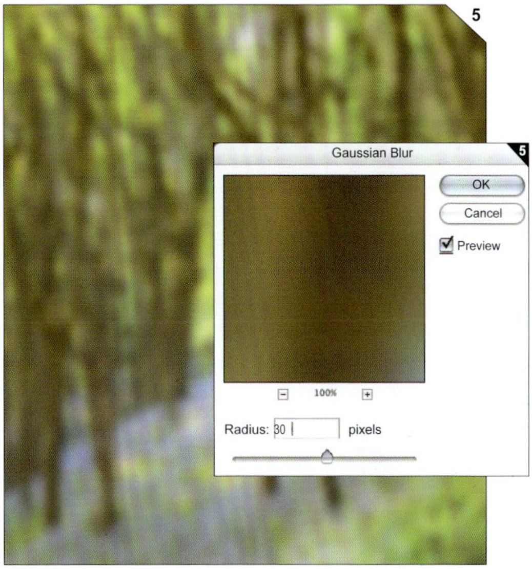


6. 模糊复制图层后，选择色阶命令来提高图像的亮度[图像>调整>色阶(Image>Adjustments>Levels)]，此例中的白色滑块和中间的灰度滑块都已移动到左侧。

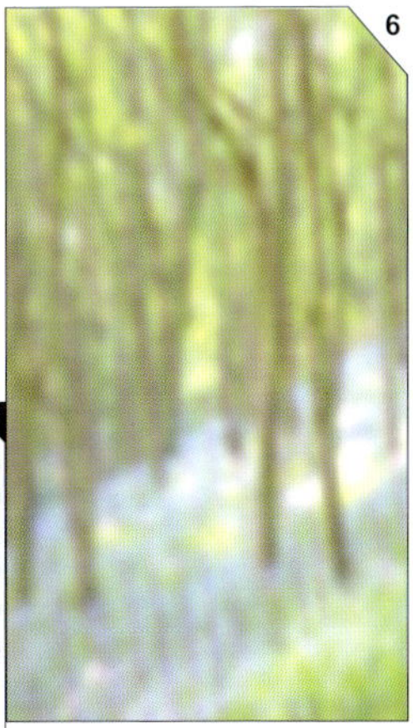


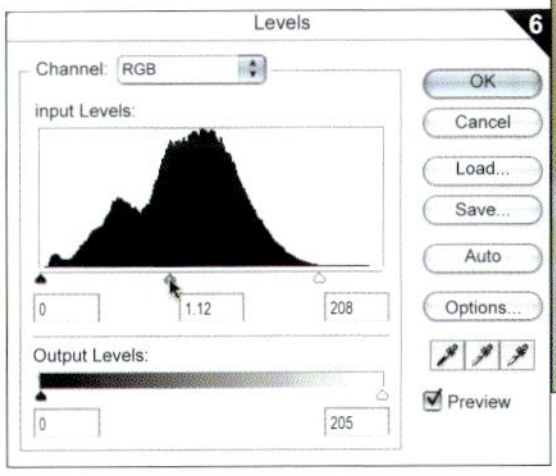


7. 返回图层面板并降低柔光图层的不透明度，这样源图像就开始透视出来，如之前的一样。这时应使用不透明度滑块进行试验，直到获得恰当程度的柔光效果，然后选择图层>合并图层命令来合并图层。注意，一旦图层被合并，必须为文件单独命名，或者覆盖源文件，步骤很简单，只要选择“另存为”命令，然后键入恰当的文件名即可。

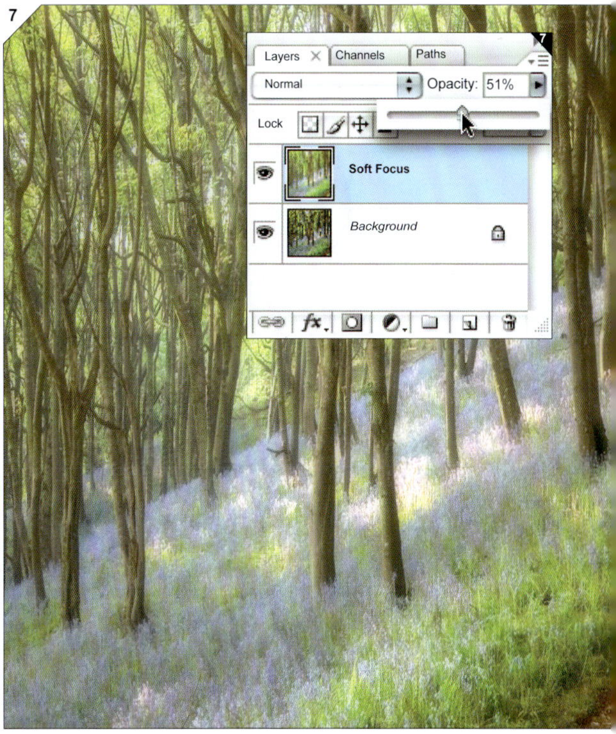

# 柔光效果：人像

不仅仅是风景照从柔光处理中受益，多年来，使用胶片拍摄人像的摄影师也在他们的摄影作品中使用柔光技术和效果。柔光镜常常用来美化照片中的人物，因为它能隐藏瑕疵，让皮肤变得更光滑。此外，这种效果能提供一种更加梦幻、超凡脱俗的效果，特别适用于儿童的人像处理。对人像进行柔光处理时，所用的数字技术与用其对风景照所做的处理非常类似，但它涉及混合模式的使用，并且需要一两个深入步骤来进一步调整。

## 用混合模式达到柔光效果

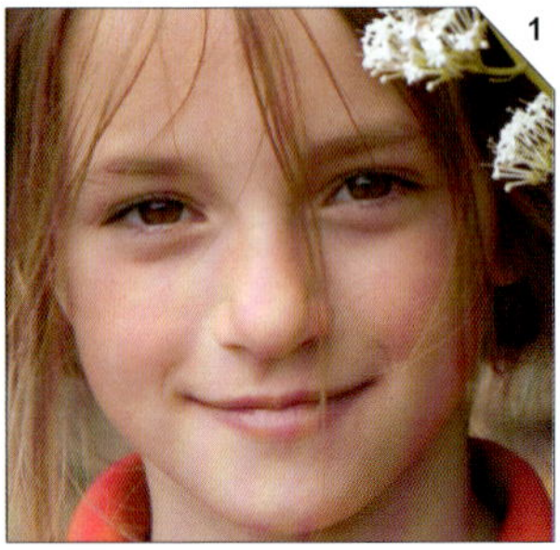


1. 此例中，使用Photoshop将数字柔光效果应用到人像照片上。当然，也可在其他图像编辑软件中运用相同的技术。虽然这个女孩非常年轻，皮肤非常柔嫩、光滑，但柔光效果将赋予这张照片更加独特的魅力。

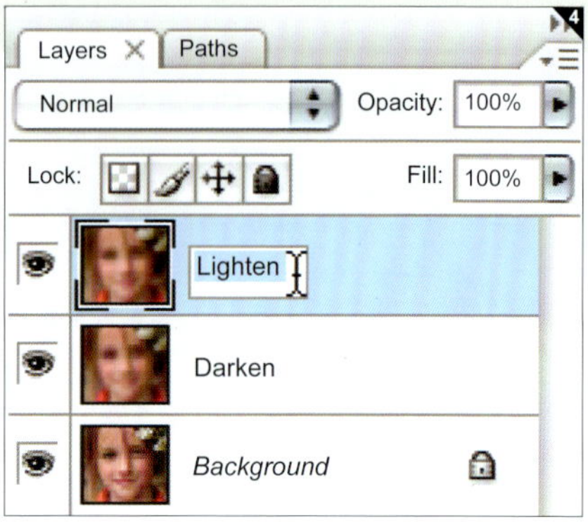


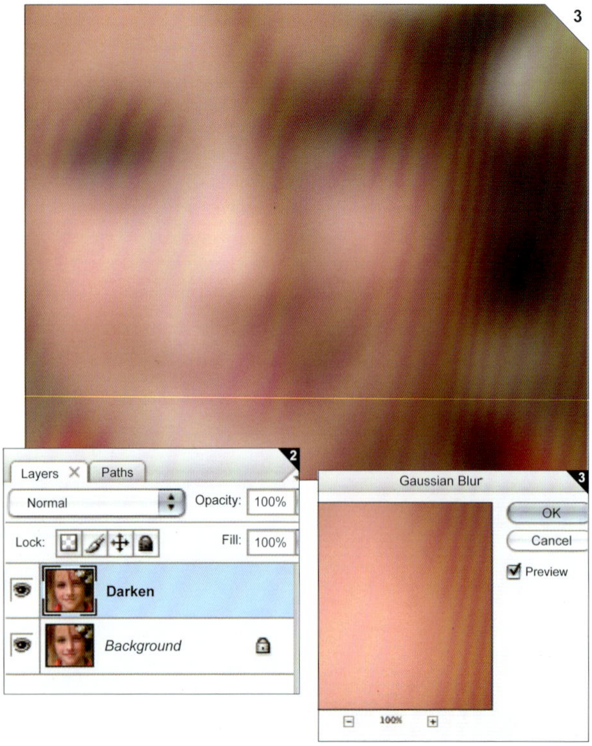


2. 首先复制背景图层。可以在图层面板中将背景缩略图拖曳到“创建一个新图层”图标上来复制图层，也可以选择图层>复制图层(Layer > Duplicate Layer)命令。

前面多次提过，要养成为新图层命名的良好习惯，此例中把图层命名为“暗化”(Darken)，这有助于工作进展中明确各种图层的用途。

3. 与对风景进行柔光处理时一样，进入滤镜菜单，选择滤镜>高斯模糊(Filter>Gaussian Blur)命令。

将半径设定为30像素，与上一节中的风景照处理相似，这张图像将立即变得模糊，无法辨认。

4. 用步骤2中复制背景图层的方法复制和暗化处理图层。将这个图层命名为“亮化”(Lighten)，点击暗化了的图层，并在图层面板顶部的下拉式菜单中选择变暗混合模式。下一步，将不透明度降低到大约40%，但要注意的是，这个阶段在图像上看不到变化的效果。

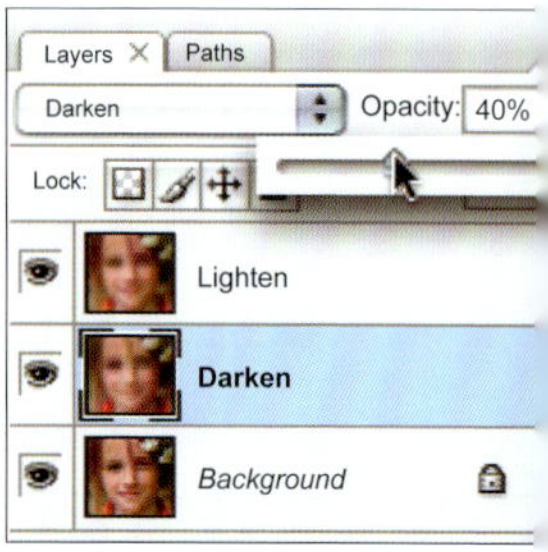

5. 点击亮化了的图层并将混合模式设定为亮化(Lighten)，同时将不透明度(Opacity)降低到大约60%。

在这个阶段，柔光效果开始显示出来。但是，将其运用到整个人像上之后，人物的目光失去了神采，而眼神正是人像摄影中最重要的一个要素。

6. 要找回一些失去的神采，必须降低柔光镜的效果。

选择暗化了的图层，并点击图层面板底部的添加图层蒙版图标，此时，在暗化图层缩略图的旁边出现一个新的空白图层蒙版缩略图。

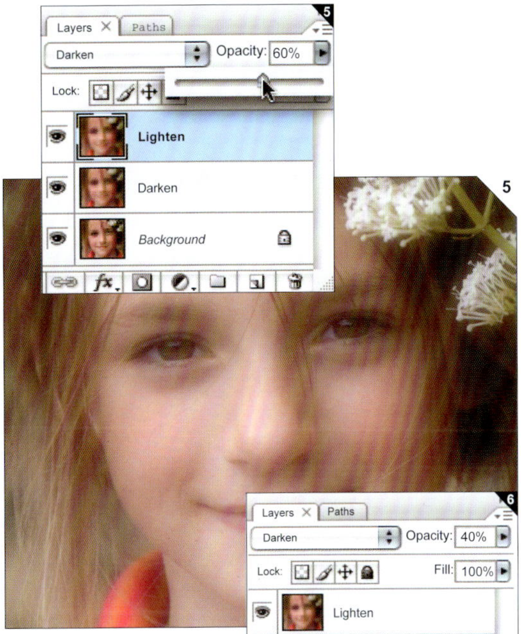


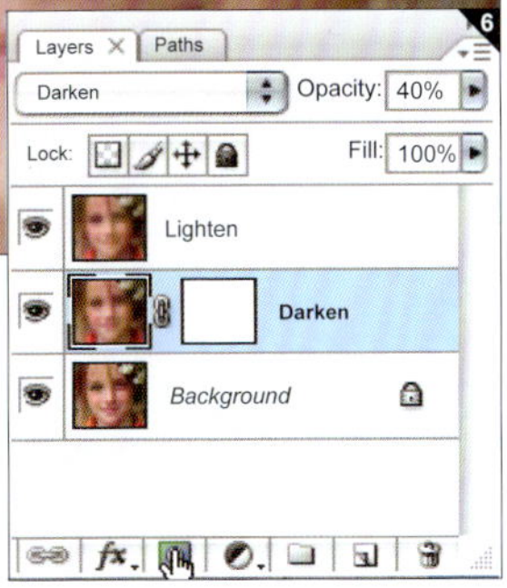


7. 首先，确保在进入工具箱选择画笔工具之前，图层蒙版处于激活状态(如果激活，图层蒙版周围应出现一道细小的黑色边界)。在黑色为前景色的情况下，开始涂刷眼睛部分。

记住可以非常容易地使用“[”键和“]”键来调整画笔的大小。在涂刷人像时，人像的眼睛应回到清晰状态，重新获得神采。注意观察图层面板中的图层蒙版如何显示正在被涂刷的区域。

如果想获取更多的柔光效果，按下“X”键，将前景色转换成白色，继续涂刷蒙版。

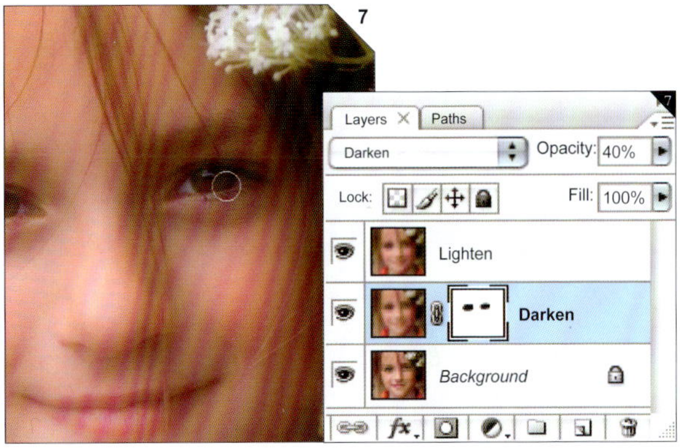


8. 完成后的照片应该会是一张漂亮可爱的柔光人像，主要的脸部特征和皮肤得到柔化，但眼睛仍然能清晰地显示出来。如果对最终的结果完全满意，选择图层>拼合图层(Layers>Flatten Image)命令并保存。

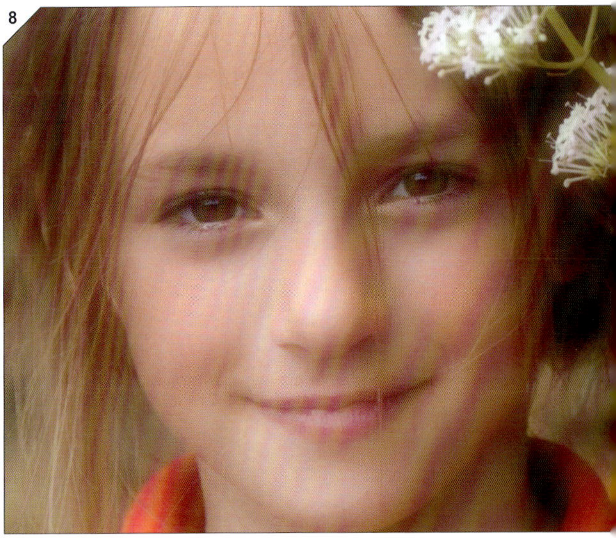


## 柔光效果的备选方案

本小节例子中描述的技术使用了图层蒙版，某些图像编辑软件并不具备这个功能，如Photoshop Elements。

不过，通过复制背景图层并将高斯模糊滤镜运用到新的图层上，也能获得一个非常接近的效果。只要降低图层面板中模糊图层的不透明度，然后使用橡皮工具来显示出更清晰的背景图层即可。

# 再造景深

景深是有创意的摄影师刻意追求的。拍摄精彩的风景照片时，设定一个小光圈，用长时间曝光来补偿，能获得非常锐利的焦点，包括最近的前景细节和最远的地平线上的每一个物体。

但在拍摄人像、运动、儿童或动物时，使用大光圈减小景深能为照片增加冲击力和戏剧效果。使用这种方式，通常会受限制，并需要一个相当快速的镜头，这也成为把专业摄影和普通的节日照片区分开来的一个要素。如果用大光圈摄影来获得浅景深行不通，或者直到看到拍好的照片时才想到要用浅景深，这些在使用数字摄影后都不是问题了，这种效果完全可以用软件和仔细运用选择性的模糊滤镜来重新获得，难点在与必须使图像看起来真实。

## 应用浅景深

1

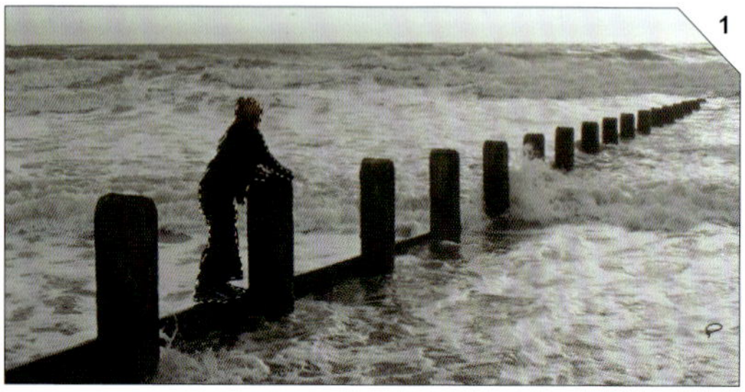

1. 首先，确定图像的焦点。通常的目的应该是突出一个特定物体或人物，在这张例照中，焦点是站在防波堤上的男孩。

确定一个选区，用前面提到过的方法之一将男孩和景色的其他部分分隔开来，选区不需要绝对精确，因此可以很快完成。

2. 要想创建一个真实的景深效果，不仅仅是保持想要突出物体的清晰度、将景色的其余部分模糊化那么简单。与镜头距离相同的每一个物体看起来应该同样清晰，因此应该把落在相同焦点平面上的任何物体作为最初目标。

2

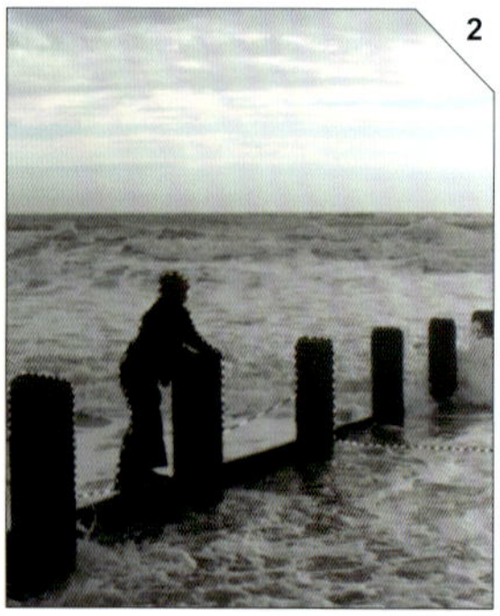

在这张照片中，除了防波堤，没有任何物体和人物直接对齐，因此可以使用矩形选框工具选择围绕男孩的防波堤带。

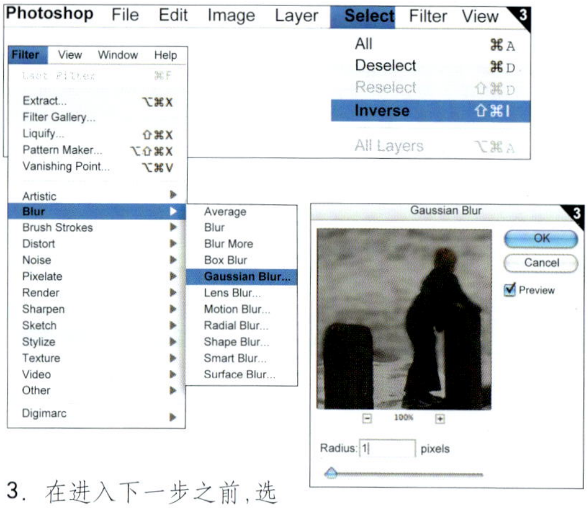


3. 在进入下一步之前，选定选择>保存选择(Select >Save Selection)命令保存选区，选择顶部的新建，为选区命名，点击OK，这样就保存了选区，便于以后参考。接下来真正要选择的是需要进行模糊处理的区域，即主体人物以外的所有区域。选定选择>颠倒(Select >Inverse)命令，颠倒选区。也有可能想要暂时隐藏边缘闪动的选区，按下Ctrl+H键(PC机上)或命令+H键(Command+H)(苹果机上)来隐藏即可。完成上述操作之后，选择滤镜>模糊>高斯模糊(Filter >Blur>Gaussian Blur)命令，在高斯模糊对话框中，模糊的强度由半径的设置决定，因此，要创造景深效果，必须将半径设定为数个像素。

如果试图仅用一步就完工，会发现围绕目标周围创造出的是一个不自然的光晕效果，甚至在预览图中就可以看出。此例中会看到目标似乎要"融入"到背景中去了。

4. 想避免出现这种效果，首先应从1像素的模糊半径开始。点击OK，然后选择选择>修改>收缩(Select >Modify>Contract)命令。

在对话框中，将半径设定为3像素，点击OK，这将使选区从目标周围收缩。但是，由于选区不再紧贴目标的轮廓，必须进行羽化，以免造成一条硬边线，选定选择>羽化(Select > Feather)命令，将半径设定到3像素，然后点击OK。完成后，重新打开高斯滤镜(Gaussian Blur)，并将半径设定为1.5像素，点击OK。

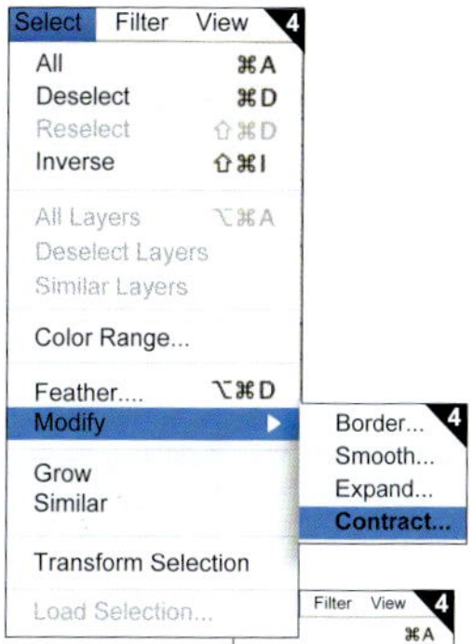

4

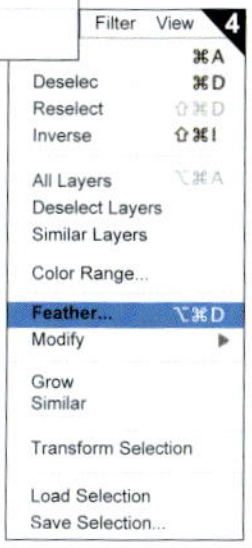

4

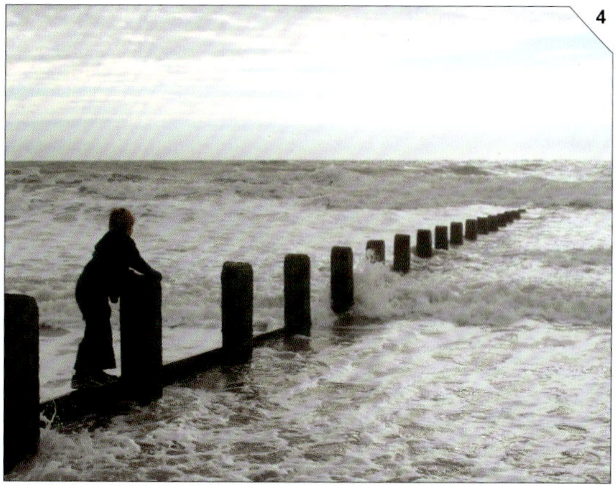
4

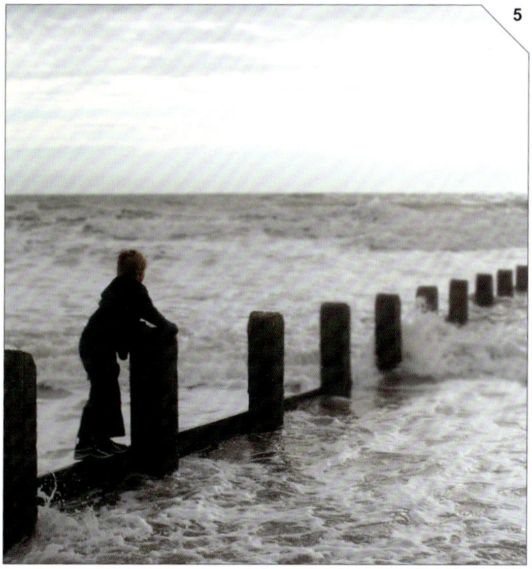
5

5. 要完成景深效果，只需重复3种滤镜的操作步骤，每次采用稍微大一点的尺寸即可。例如，采用10像素来收缩和羽化，采用10像素来高斯模糊，然后分别采用40像素，依此类推。在大多数景物图像中，无需弄清焦点的正确位置，运用3个步骤的滤镜操作便可达到逼真的效果。此例中海洋远处的背景看起来被严重模糊化，如果使用大光圈来拍摄，这个区域也是最远离焦点和最模糊的区域。

然而，处理后的图像突出了人物，拥有真实的小景深照片所具备的效果。

## 用图层蒙版快速修复

使用图层蒙版，可以模拟景深。

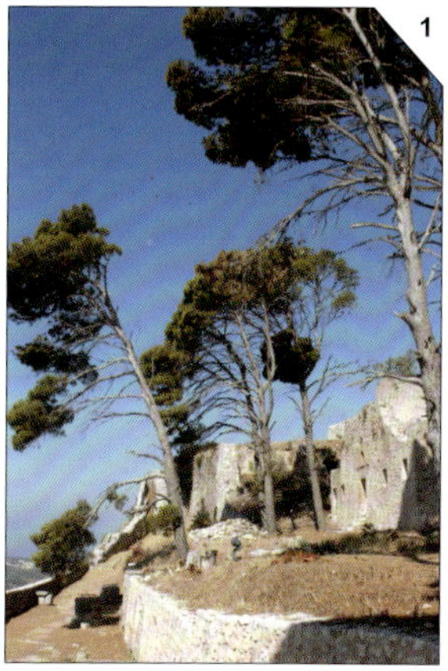
1

1. 复制背景图层，点击添加图层蒙版。下一步，当蒙版被激活时，在图像上画一个黑色到透明的渐变色，涂黑的区域保持清晰。

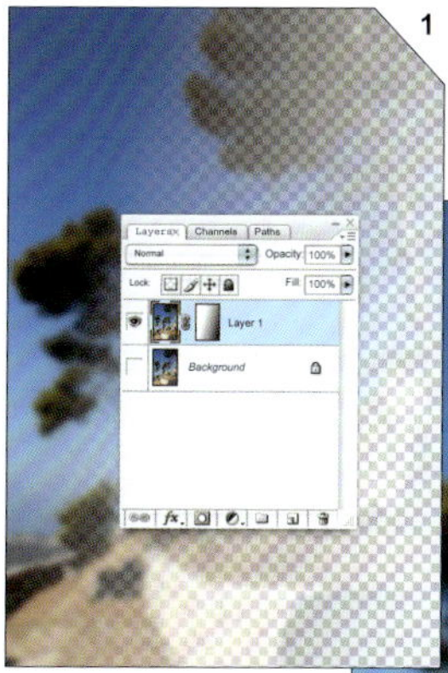

1

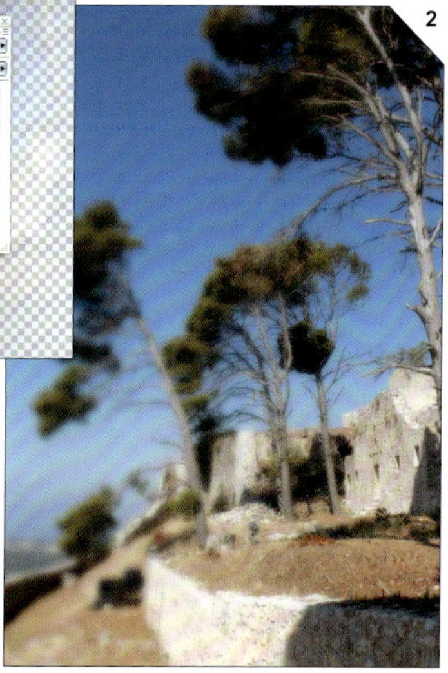
2

2. 在复制图层上，点击缩略图并应用高斯模糊滤镜。未被渐变色遮盖的区域变得模糊，而被遮蔽的区域仍然保持清晰。

# 创建全景图像

对着同一个景物以不同的角度拍摄数张连续的照片，以便将这些照片拼接起来，创建一幅长长的全景图像，这一创意由来已久。如今，越来越多的数码相机制造商竭尽全力为他们的相机开发专用的“全景设置”，这样，摄影师可以更准确地将单张相片拼接起来。

图像编辑软件开发商一直致力于改进他们的软件，以提高其拼接能力。例如，Adobe公司开发的最新版本的Photoshop极度精细，拍摄时已经不再需要使用三脚架和手动曝光来确保完美的图像，因为软件会在后期处理这一切。但是，如果没有这样先进的、高版本的软件，还是可以通过最佳的方法来获得想要的结果的。

## 将一系列图像拼接起来

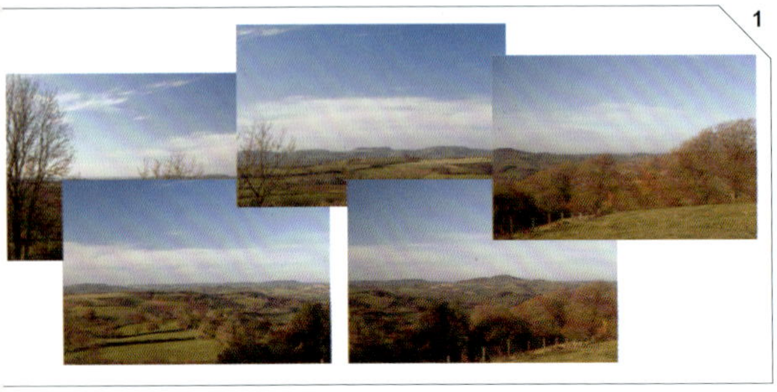

1. 这5张照片拍摄时使用了三脚架，在确定整个景色的正确曝光后，采用手动的方式拍摄。三脚架有助于准确对齐所拍摄的各个图像，而手动拍摄可以确保各张单独的照片在亮度值方面没有变化。

照片拍摄后，下载到电脑硬盘的一个文件夹中。

2. 首先打开Photoshop，选择文件>自动>照片拼接(File>Automate>Photomerge)命令，选择想要拼接到全景图像中的文件夹，然后点击OK。

3. 在这个典型的例子中可以看到，即使是功能强大的Photoshop CS2也没有在拼接图像方面做得特别好，因此需要手动调整图像。

4. 点击图像的各个部分，照片就会重新排列成正确的顺序，然后Photoshop会将像素匹配到一起，自动对齐图像。

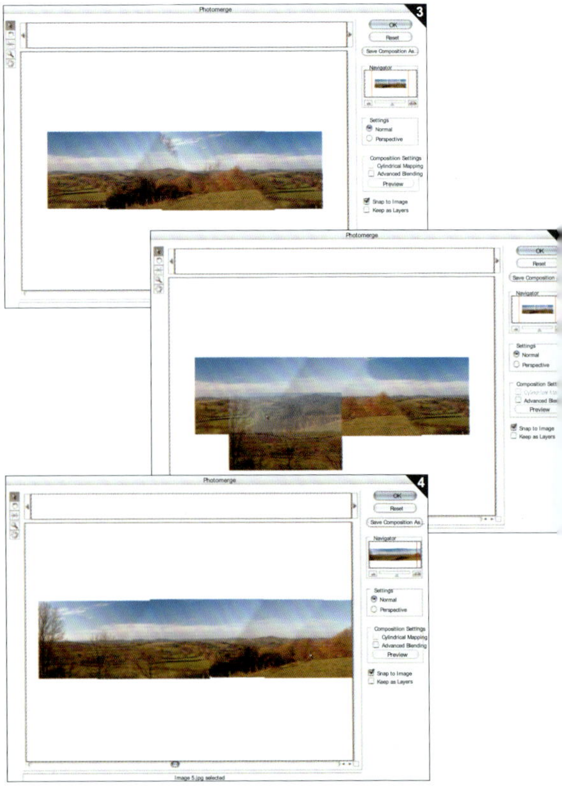

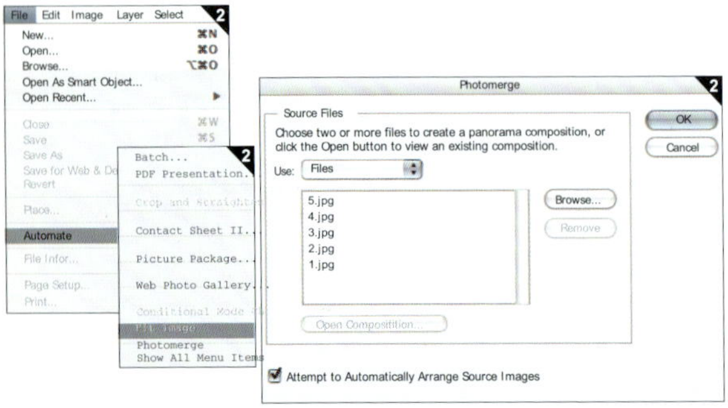

5. 照片按正确的顺序排列后，选择高级混合(Advanced Blending)，如预览(Preview)中所示，这将极大改善两张图像之间的“连接”。

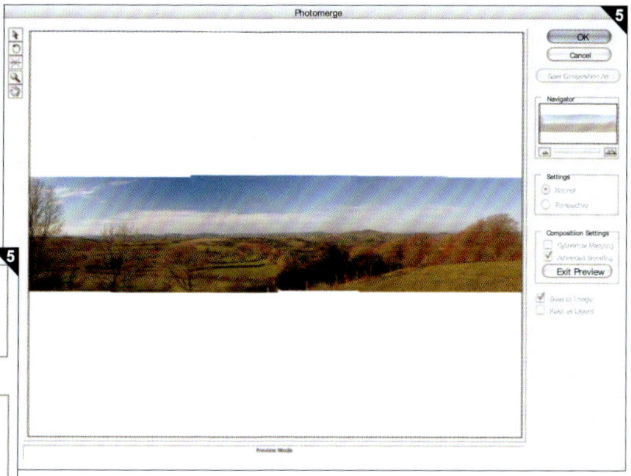


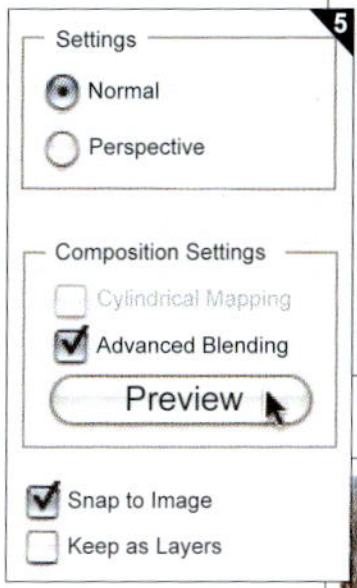


6. 在对全景图像进行改善之前，需要用裁剪工具裁掉风景照中所有多余的背景区域，这步操作可以尽可能降低文件尺寸。

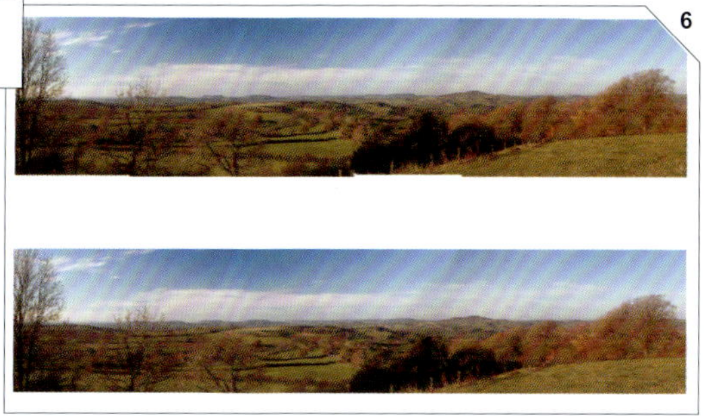


7. 剪裁掉多余的背景后，可对全景图像进行全局性的修正。例如，此处的图像已经用色阶(Levels)命令提高了亮度。接下来放大图像，修正图像上没有正确匹配的特定区域。此外，该图中天空占据了很大的画面比例，但色调并不均匀，可以使用克隆图章来纠正这些不均衡，同时纠正有明显接缝的所有区域。

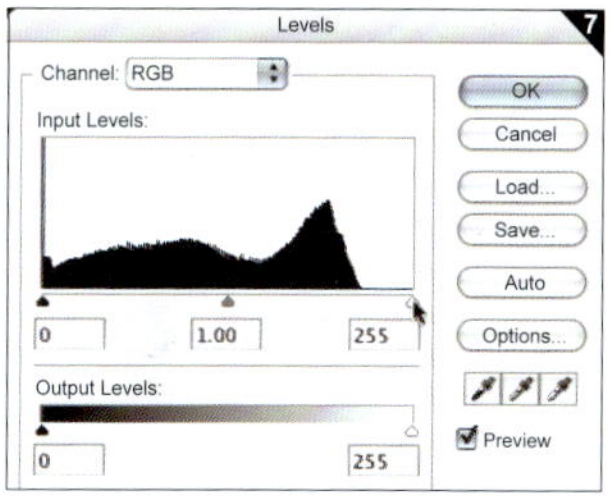


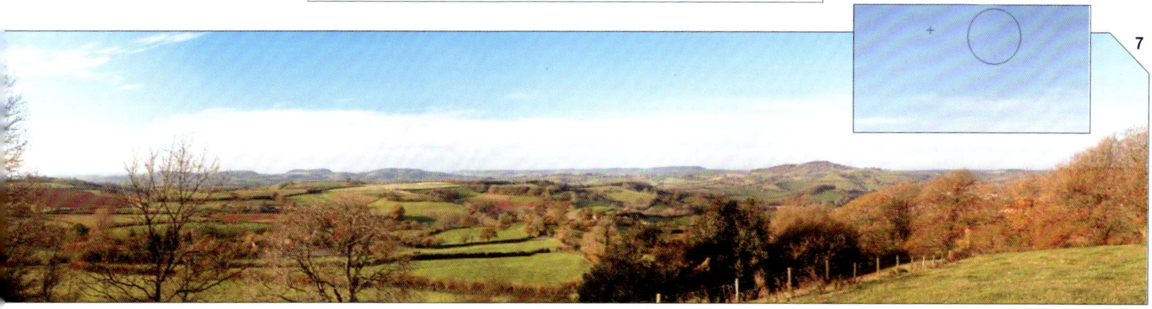


8. Photoshop CS3 和 Elements 6 都配备功能更强大的照片拼接工具，工作方式与前一个版本大致相同，但是打开照片拼接命令时，可以看到各种不同的选项，均可用于将图像拼接在一起上。“全景”设置能够真实地再现全景，而“柱形全景”(Cylindrical)设置可以拍摄出更加常见的风景，如同选择“仅重新定位”(Reposition Only)一样。

试验这些选项非常重要，同时需要关注一点：CS3 和 Elements 是怎样将图像如此成功地拼接在一起，以至于完全不需要任何修正(除了色调和颜色外)就可以获得满意的图像。

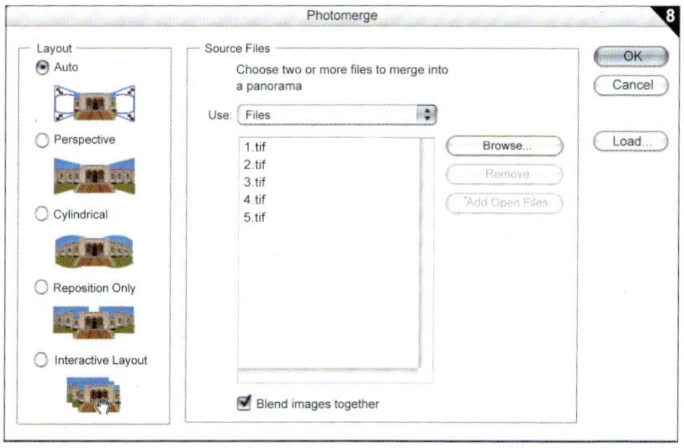


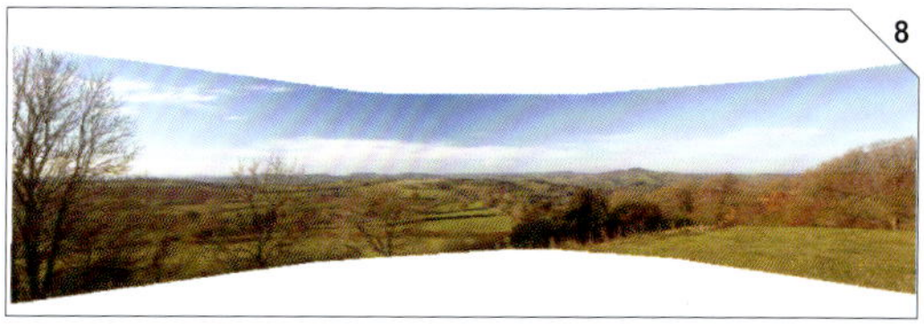

# 手工着色照片

在彩色照片出现之前，向照片添加色彩的唯一方法是使用彩色油画颜料和手工着色。

虽然获得的效果远远没有今天看到的彩色照片来得逼真，但手工着色的照片在当时非常流行，并且获得了用彩色胶片也无法复制出来的独特视觉效果。

如今，使用图像编辑软件便可以创造出这种“老式的”手工着色照片，同时省去了手工着色所需的一系列繁杂的工具及材料，不存在颜料涂抹后不能撤销的麻烦。着色的操作简单而有趣，是儿童进行着色训练的理想工具。颜色可以根据个人的喜好来选定，可清淡，可浓艳，可模拟老式的、维多利亚式的或手工着色的照片，也可以创造出鲜艳悦目的作品(如同受到现代艺术家的影响一样)。

## 向彩色图像添加颜色

这个例子中，源图本身就是一张彩色图片。

1. 图层面板中，将背景缩略图拖曳到“创建一个新图层”图标上来复制背景图层，也可选择图层>复制图层(Layer > Duplicate layer)命令。

2. 选定复制图层，选择图像>调整>去色(Image>Adjustments>Desaturate)命令，创建一个黑白图像。

1

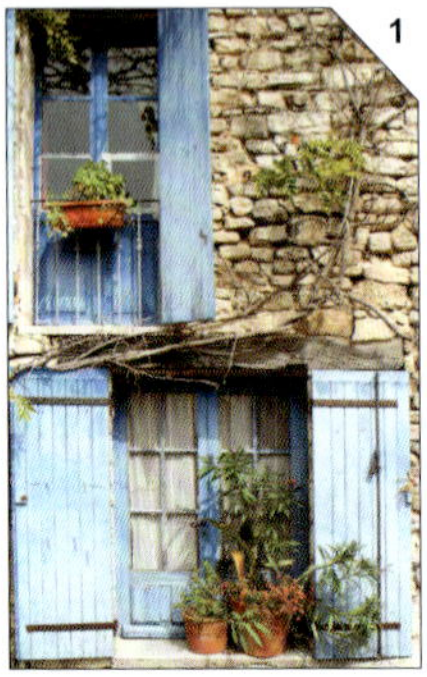

2

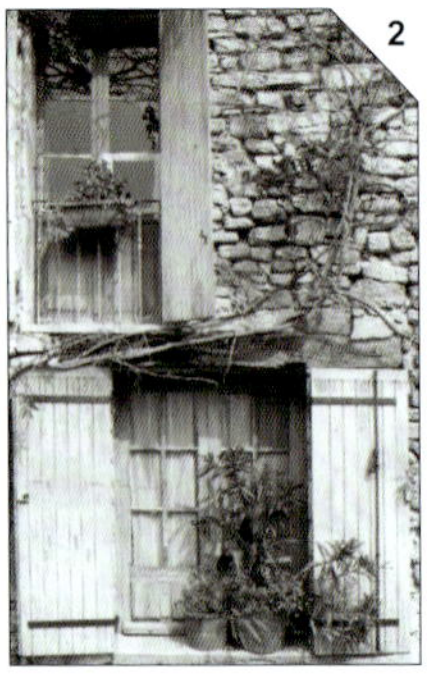

3

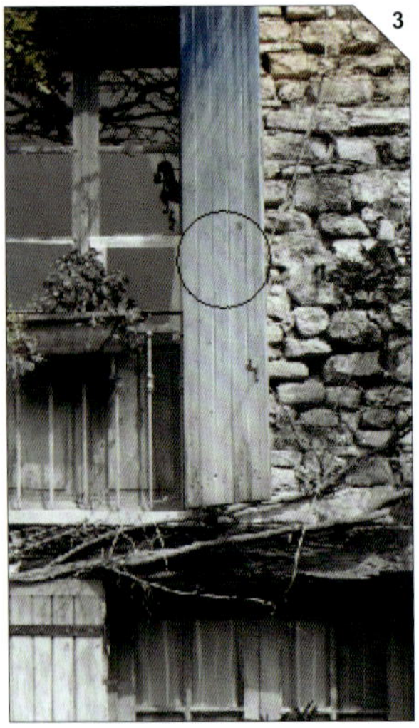

3. 现在需要做的是从工具箱中选择橡皮擦工具，并将工具选项栏中的不透明度设定到30%和40%之间，接下来只需擦去黑白图像，将下面的彩色图层显现出来。

4. 如有需要，在第三步之后也可以使用高斯模糊滤镜来模糊黑白图像，调试模糊的程度，直到获得想要的效果。

4

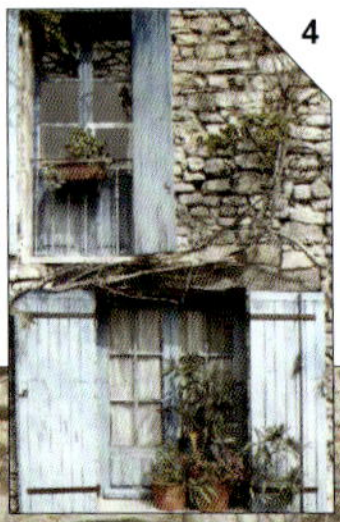

5

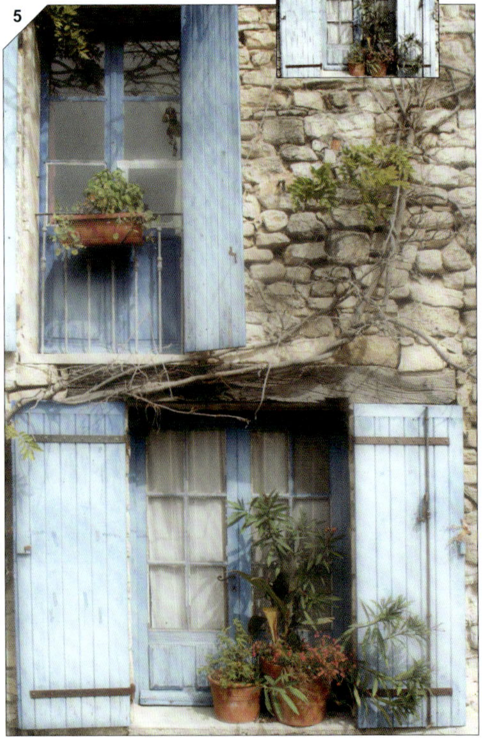

5. 和往常一样，可以调整顶图层的不透明度来增加或减少颜色的浓度。

# 给黑白照片添加色彩

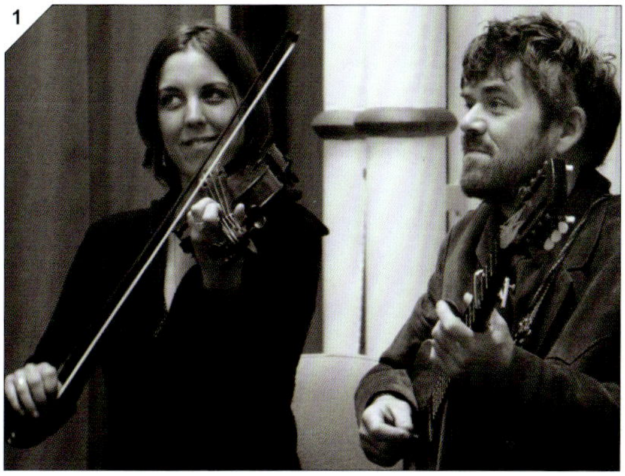

这张黑白图像可能是被扫描到电脑里，也可能是用数码相机的黑白模式所拍摄，或是由彩色照片转换而成。

1. 首先，选择图像>模式>RGB 颜色(Image>Mode>RGB Color)命令，可以将色彩添加到图像上。

2. 下一步，需要复制背景图层。在图层面板中，使用下拉式菜单将复制图层的混合模式转换为“彩色”，然后将这个图层命名为“彩色”。

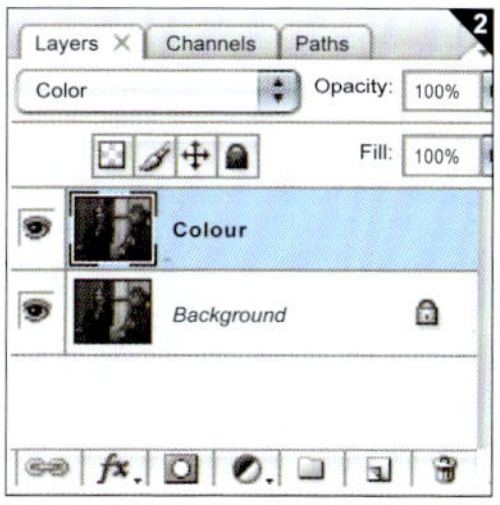


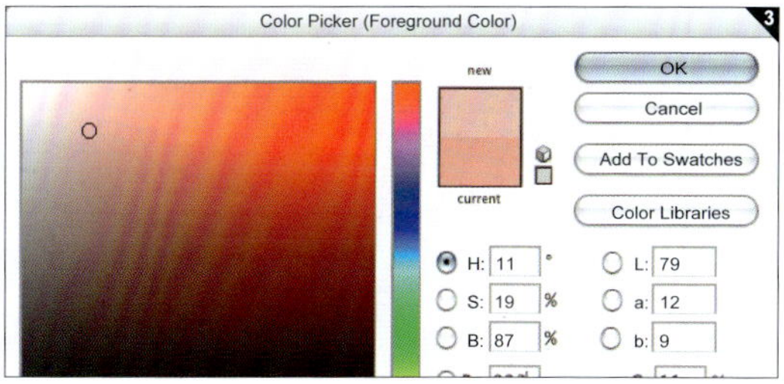


3. 需要添加的第一种色调是肉色，将其添加到皮肤暴露的所有区域上。要完成这步操作，一种做法是打开一张带有肉色(例如一张人像)的彩色图像，然后在图像的恰当区域用取色器对肉色进行取样。然后点击皮肤，将前景色转换为选定的色调，该步操作可以在工具盒底部的前景色(Foreground Color)框内找到。

另一种方法是点击前景色框，打开(颜色选择框)，使用滑块和光标选取恰当的颜色。

4. 选择一支小而柔软的画笔(可用“[”键和“]”键来调整)，并把工具选项栏中的不透明度设定到大约30%。

首先在颜色图层上用第三步中选择的肉色色调涂刷皮肤区域。

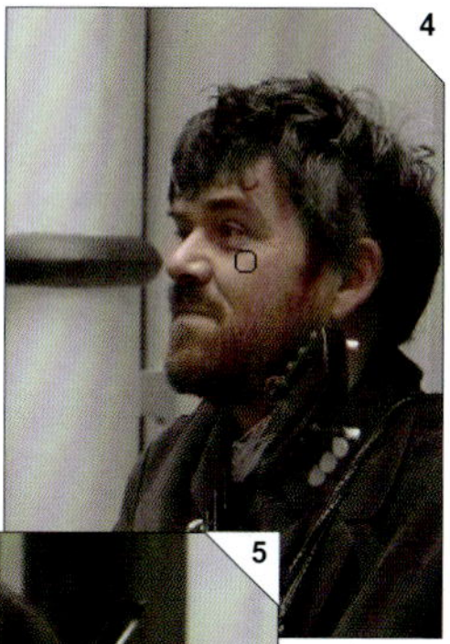

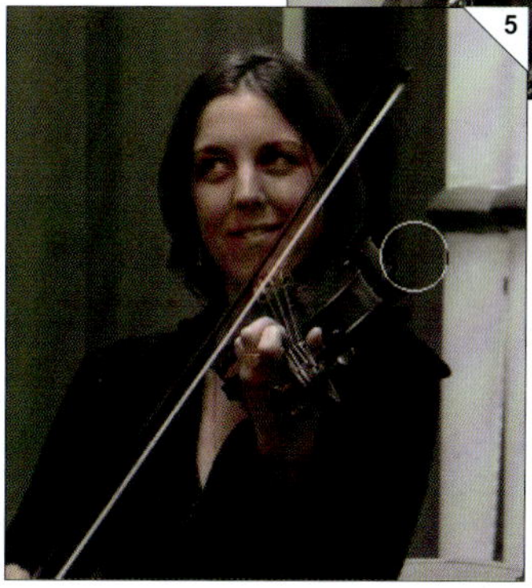

5. 一旦完成涂刷皮肤，返回颜色选择框，选择图像其他区域使用的颜色。不用过分担心需要在图像的各个准确区域上进行着色，因为着色的目的仅仅是为图像的每一个主要部分涂上推荐的色彩，而不是创建一张全彩色照片。

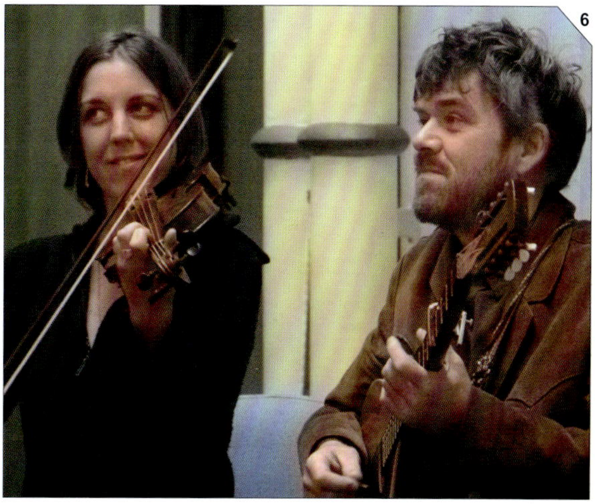

6. 这张例照共使用了 6 种颜色来着色，最后使用了高斯模糊滤镜稍稍模糊颜色图层。

# 修复老照片

本书第 4 章中介绍的各种克隆选项和修复刷功能强大,用途广泛,是修正和恢复老照片及坏损照片的理想工具。与几年前用墨水和细小的画笔修复照片的传统方法相比,现在已取得了重大进步，如今,只需配备一台桌面扫描仪、一台电脑和一些相当便宜的图像编辑软件，就可以将相片修复到非常理想的效果。

## 使用软件修复图像

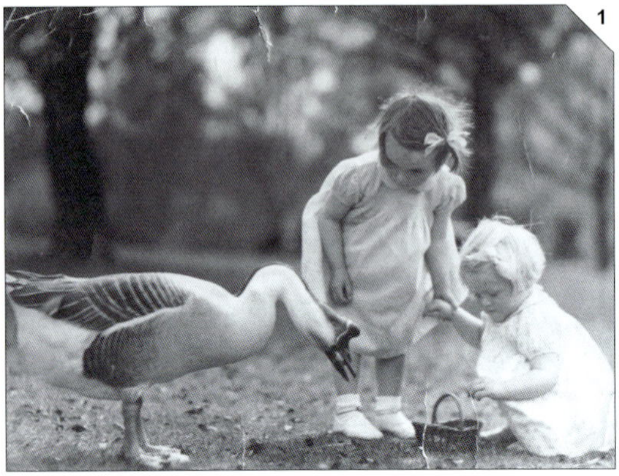

1

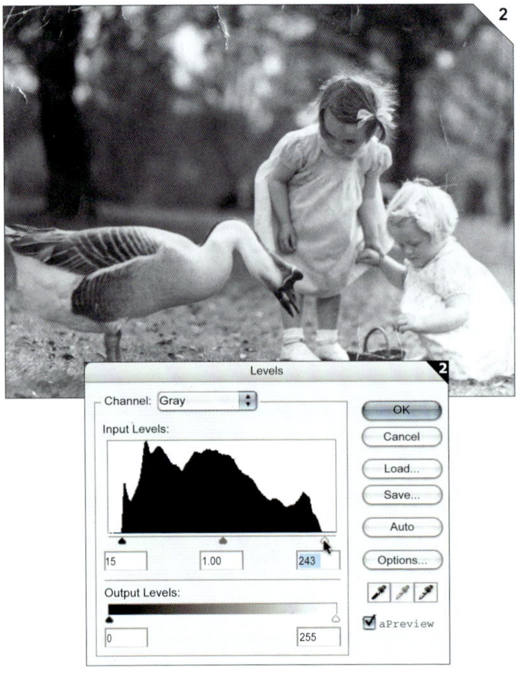


2

1. 这张可爱的照片展现了两个小女孩喂养一只中国鹅的情景，摄于 1938 年。70 多年岁月并没有善待这张照片，照片表面出现了撕裂、折痕以及无数的灰尘和刮痕。

2. 将照片扫描后,首先要检查色调等级。打开色阶对话框图像>调整>色阶(Image>Adjustments>Levels),可以看到黑白两个滑块不在最佳状态上，这两个滑块都被向内移动了一点，因此位于直方图末端的下面，将图像的对比度提高了一点。

3. 下一步是修复大量的撕裂痕、折痕和刮痕。对于大面积损坏的区域，最好的工具是克隆图章。克隆一个尽可能接近试图修复区域的点，但记住要从其他区域中取样，以避免造成重复的图案。可以使用“[”键和“]”键来选择恰当尺寸的画笔，如果修改稍稍出错，选择编辑>取消(Edit>Undo)命令撤销即可。

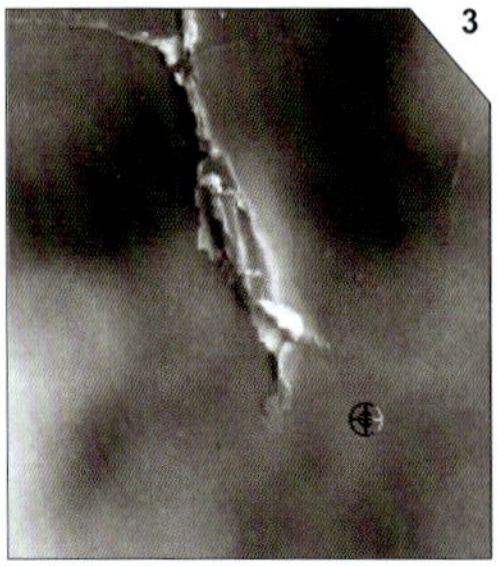

3

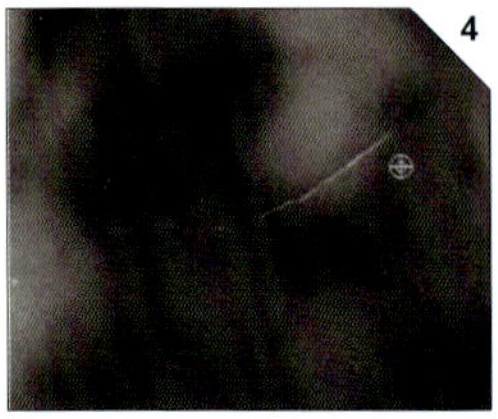

4

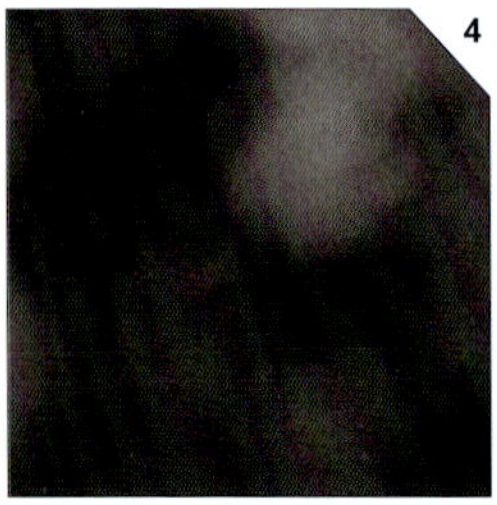

4

4. 对于小而多的刮痕,尝试使用修复刷工具。在尽可能接近待修复区域的地方取样，并沿着刮痕慢慢移动。

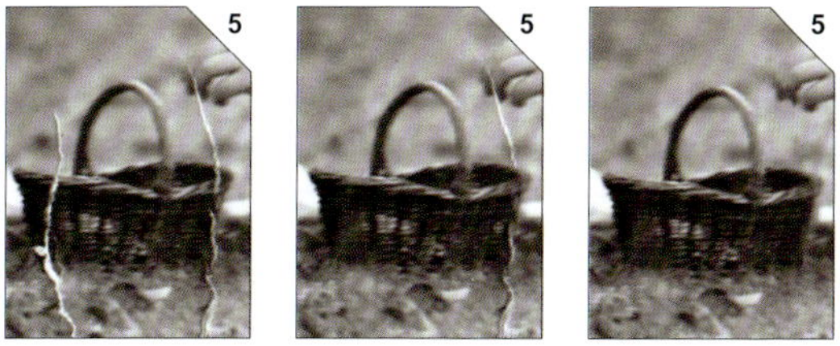

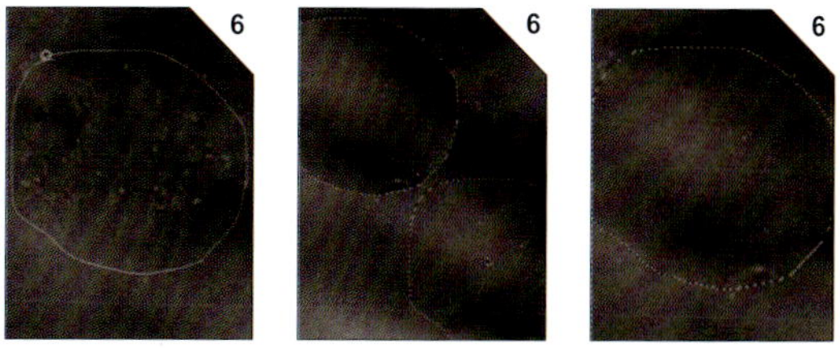

5. 所有图像都存在稍微复杂的区域需要进一步修复的问题。 对于这些部分，需要回到克隆图章工具，然后在和试图修复区域的图案相同的区域进行取样，当然也可能在照片完全不同的部分找到合适的取样点。

6. 如果可以使用修补工具，应该尝试在没有明显图案的区域使用，在此例中，感光乳剂变得非常粘稠，因而留下了一个干燥的斑痕。接下来围绕损坏的区域画线，并将其拖动到一个与想要修正的区域非常接近的区域。

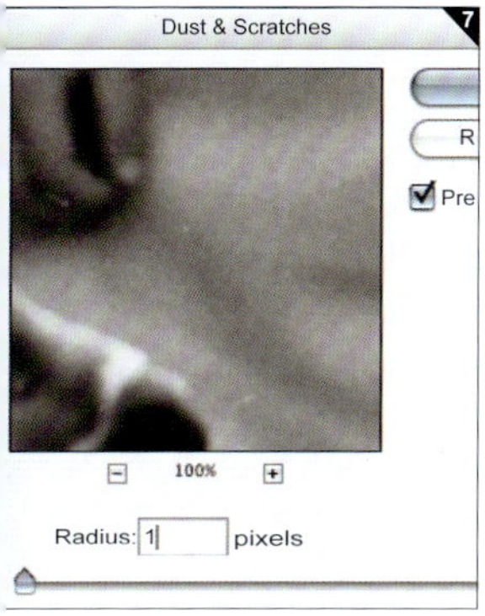


7. 这张图像也有很多由灰尘造成的痕迹。

修复这些痕迹，应使用蒙尘与划痕滤镜，即进入滤镜>杂色>蒙尘与划痕(Filter>Noise>Dust&Scratches)，同时采用非常小的半径，否则，图像会被柔化到不理想的程度。

8. 修补完成后，图像即可获得和源图像相同的效果。

9. 把图像存入电脑，便可任意进行修改。此处使用了色相/饱和度(Hue/Saturation)命令，点击变成彩色选项，应用了一个浅的乌贼墨色调。在色阶调整图层上，提高色彩的对比度，赋予照片怀旧的效果。

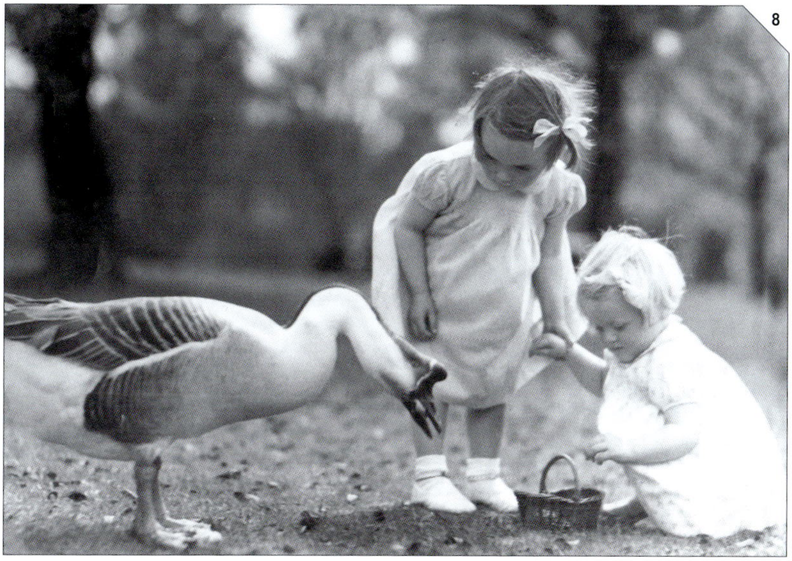

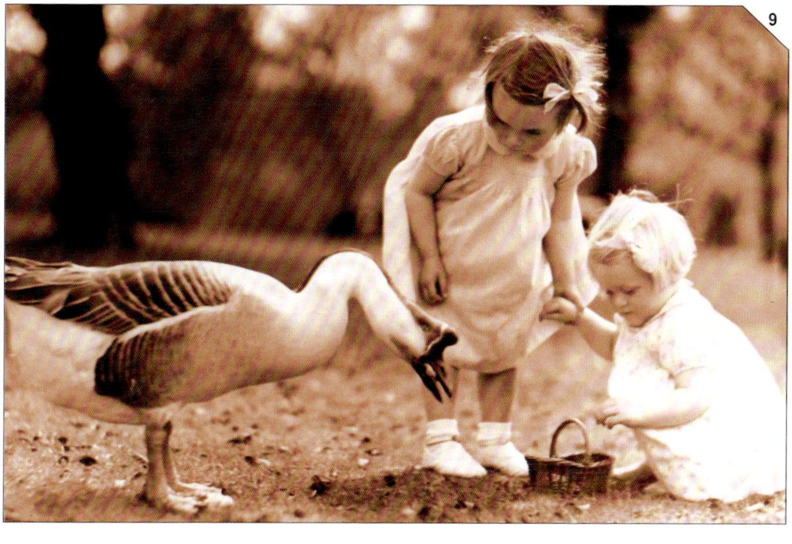

# 修饰人像照片

数字图像的优点是易于修改，只要有需要，连像素多少都可以改变，这意味着不仅仅可以轻而易举地修复扫描后的老照片和已坏损照片，也可以方便地编辑和修正不够完美的数字相片。最常用的修饰技术是去除人像照片上皮肤的瑕疵和细微的衰老痕迹。实际上，在广告中看到的每一张照片(特别是在时尚和美容行业中)都采用了数字“修饰”，以使模特看起来尽可能地完美无瑕。

利用图像编辑软件进行类似的修饰其实十分简单，不需要像时尚行业做得那样极端，采用相当快捷和易于使用的一些简单命令及工具，便可获得印象深刻的修饰结果。

## 数字修饰皮肤

1. 这张照片中的人物皮肤有一些皱纹，眼角有鱼尾纹，脸部多处出现瑕疵，大部分人到了一定的年纪都会有这种情况。几乎任何编辑软件都可以减少年龄的痕迹，消除皮肤的瑕疵，使人像看起来更加年轻。

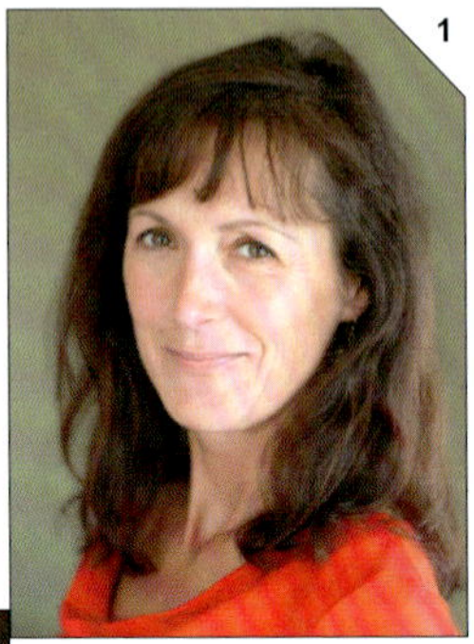


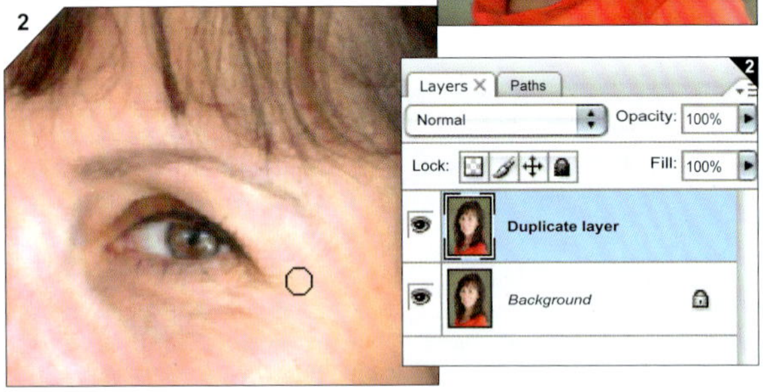


2. 近距离的观察，更加明确了需要完成的任务。第一步是去除(或减少)左眼周围的鱼尾纹。

首先要复制好背景图层，有了这一步，便可以较容易地纠正任何错误，或减少一些过度的修饰。保留源图像后，可以非常快捷、容易地对修饰前和修饰后的图像进行比较。

使用克隆图章工具和一支小而柔软的画笔(画笔的不透明度大约为40%)，在左眼鱼尾纹最集中的区域内取样，只用一笔就将该区域复制下来。在之后的操作中，进行取样区域的皮肤将越来越光滑。

3. 人物嘴角的笑纹也可以稍微减轻甚至去除，但进行这项修饰时最好使用稍大一些的画笔，因为肤色的改变会非常大。

半径较大和笔刷柔软的画笔有助于平衡色调，确保图像保持逼真的视觉效果。

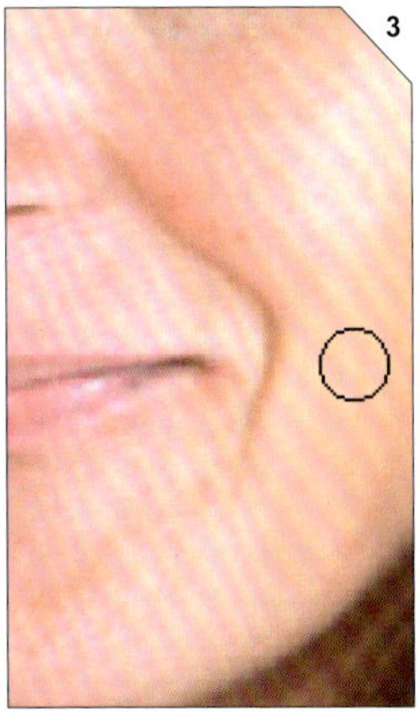


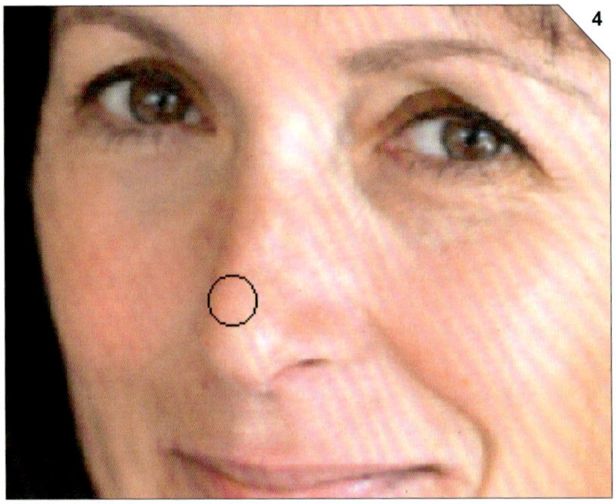


4. 去除了左右脸和前额上的主要皱纹之后，便可以修复鼻子上的瑕疵了。用克隆图章工具在皮肤颜色相似的区域内取样，并轻轻涂抹标记部分。

5. 最后，点击图层面板上的创建一个新图层图标，创建一个新图层。

使用取色器进行取样，用画笔在复制的图层上涂色，注意保持全神贯注，在想要把皮肤颜色调整均匀的区域上操作。仔细涂抹，并将工具选项栏中的不透明度设定到较低值，这个操作可以为照片添加最后的光泽。

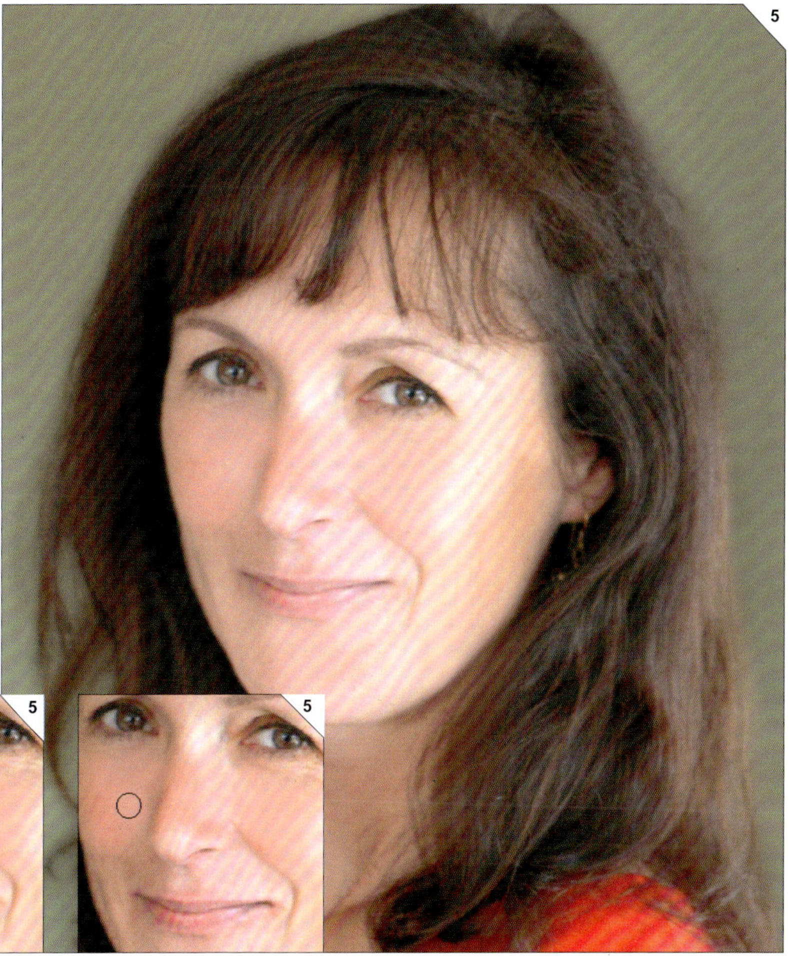


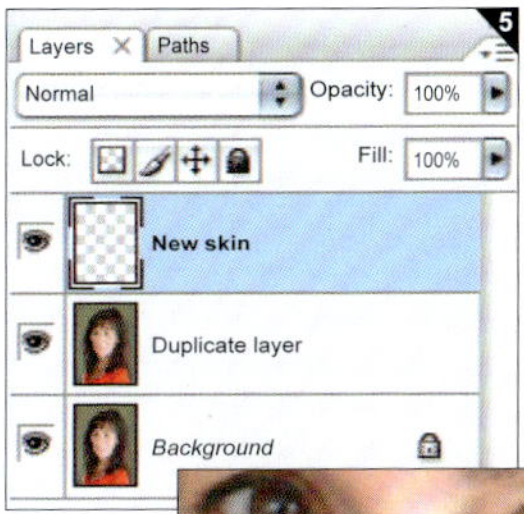


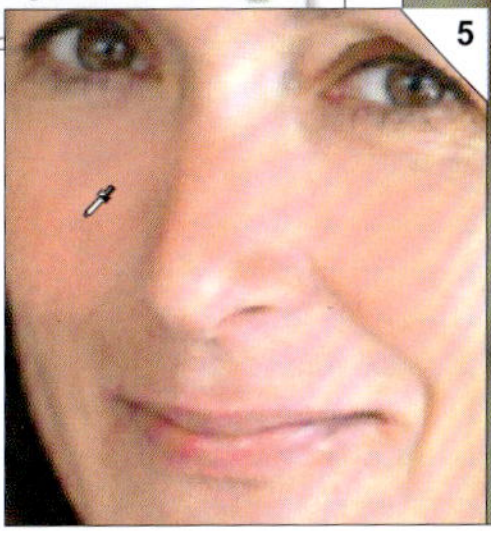


## 用高斯模糊滤镜快速修饰照片

如果想非常快地修饰照片，可以使用与处理柔光人像时相同的技术，但程度上比后者轻一些。

1. 复制背景图层，然后应用少量的高斯模糊(进行试验，以控制数量)。

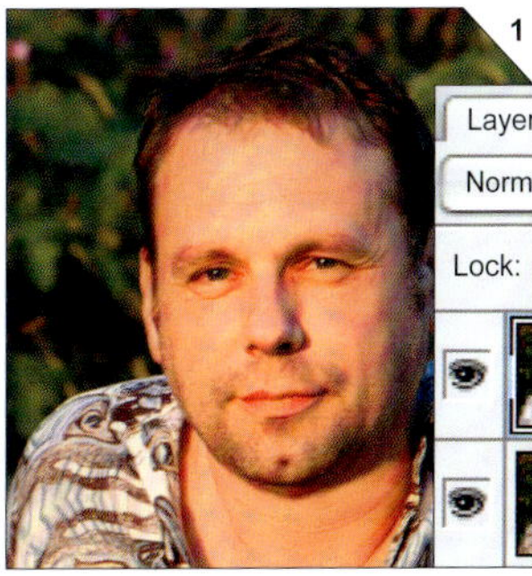


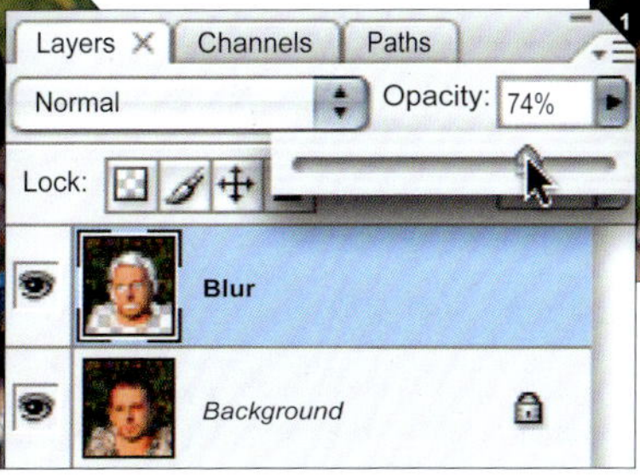


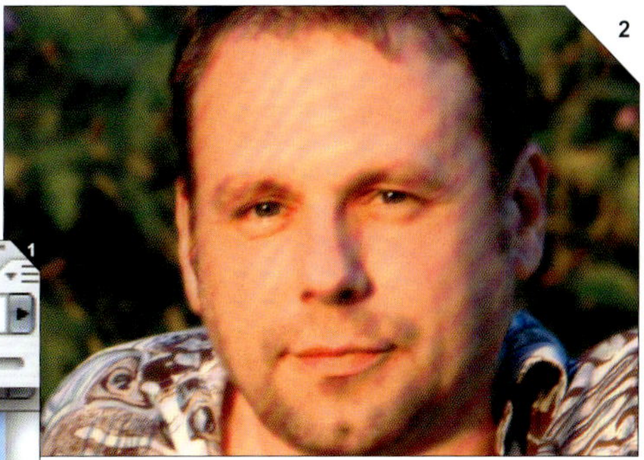


2. 下一步，使用橡皮擦工具擦除围绕眼睛、嘴巴、头发以及任何希望保持清晰的区域内模糊的图层。

# 添加文字

如果一个业余摄影师有能力创造出能够单独使用的文字，或者可以将文字添加到图像上，那么他称得上是业余的美术设计员。不管是制作新年贺卡，还是邀请函，或者是明信片和CD封面的设计，图像上添加文字这项功能打开了又一个充满无限可能的全新世界，而且这些可能性是无穷无尽的。

几乎所有的图像编辑软件都具有某种形式的文字功能，但某些软件的文字功能比较复杂。Photoshop和Photoshop Elements配有大量的文字功能，使用这两个软件将文字添加到图像上则非常容易和直观。目前，有多种多样的文字字体、样式和效果，还可以从网络上下载更多的字体。

## 将文本引入图像

1. 将文本添加到图像中时，首先需要从工具箱中选择文本工具。Photoshop、Elements和其他许多图像编辑软件同时具有水平和垂直两种文本工具。此例中选择水平文本工具。

选定文本工具后，将光标放在想要添加文字的大致位置上。这个阶段不必担心文字的确切位置，因为在合并图像的图层之前，可以任意移动文本。

2. 键入想要添加的文本。文本的字体可以变换，最后确定一种即可。

完成文本键入后，点击工具选项栏上的OK，在点击OK时，一个带有添加文本的新图层会自动创建在图层面板上。

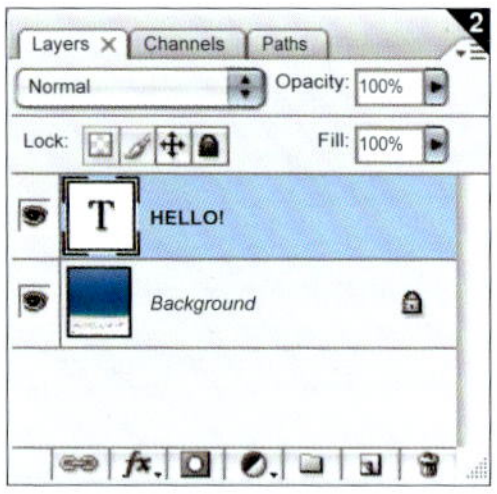


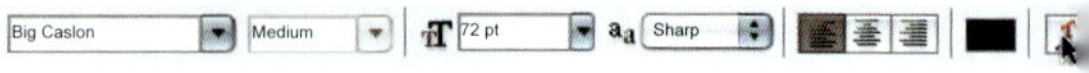


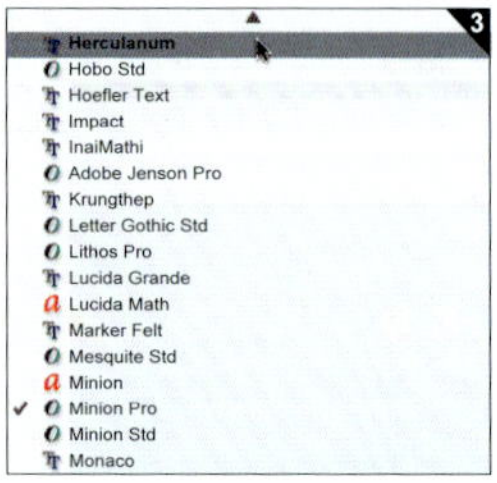


3. 在文本添加到图像上之后，可以用多种方法修饰文字的样式。工具选项栏有大量的文字字体、尺寸和颜色可供选择，总能找到一种满足你需求的样式。

4. 点击创建变形文字图标，打开变形文字(Warp Text)对话框，该功能包含了大量怪异的自定义形状和图案。点击某个形状，例如鱼眼(Fisheye)，打开对话框，用于调整文字的尺寸和形状。

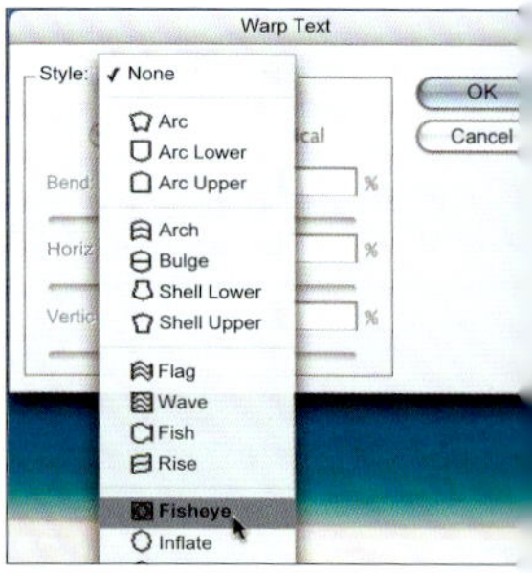


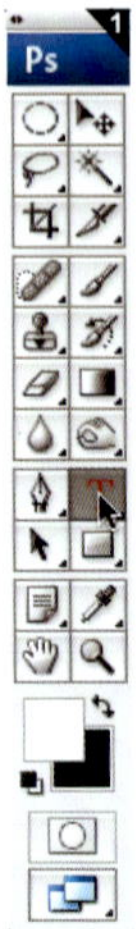


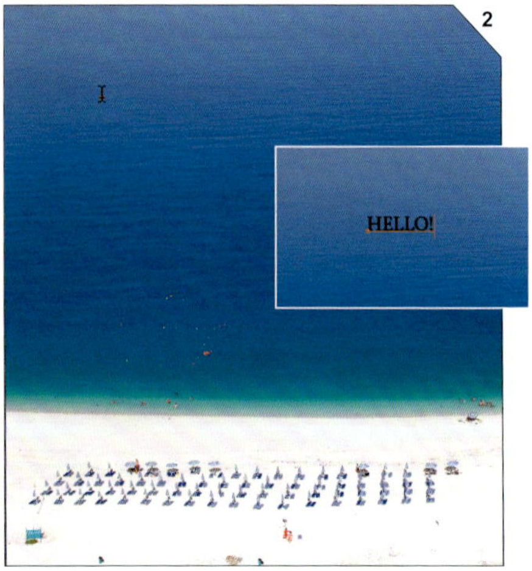


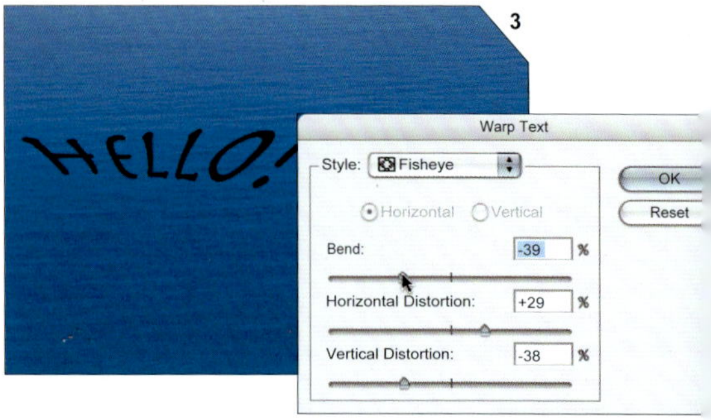

5．选定了变形文字之后，进入图层面板点击创建图层样式(Create Layers Style)图标，这步操作将引出大量额外的式样，可应用到文本上。

此例中选择了投影(Drop Shadow)。然后点击图层样式对话框，选择外发光，调整投影的设定，以便获得与此处相同的效果。

6．黑色文本看起来有些沉闷，点击工具选项栏中的色彩框，打开颜色选择框便可以选择一个不同的颜色，快捷方便。

选定颜色后，将图层样式应用到文本图层上，回到图层面板便可看到应用的效果。

点击任何造型图标都将打开相应的对话框，便于做出进一步的调整。

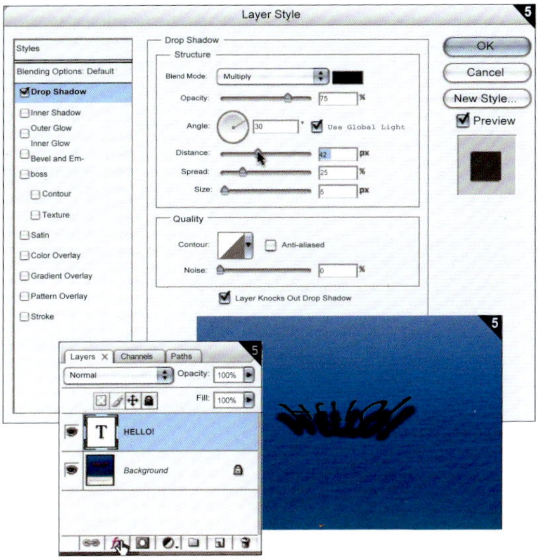


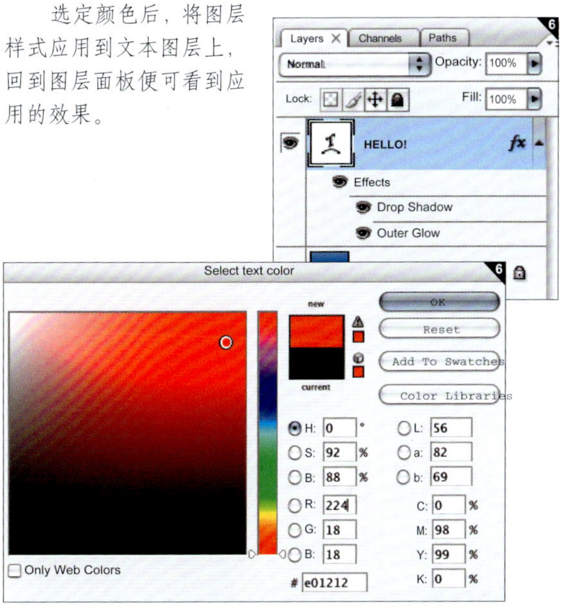


7．点击移动工具，同时勾选工具选项栏上的显示边界框选项，之后就可以重新定位、旋转和拉伸文本。

8．如果要添加额外的文本，点击打字工具，这步操作将创建新的图层，在执行图层>合并图层(Layer>Flatten Layers)命令之前，可以在新的图层内调整文字、修改样式或重新编辑。

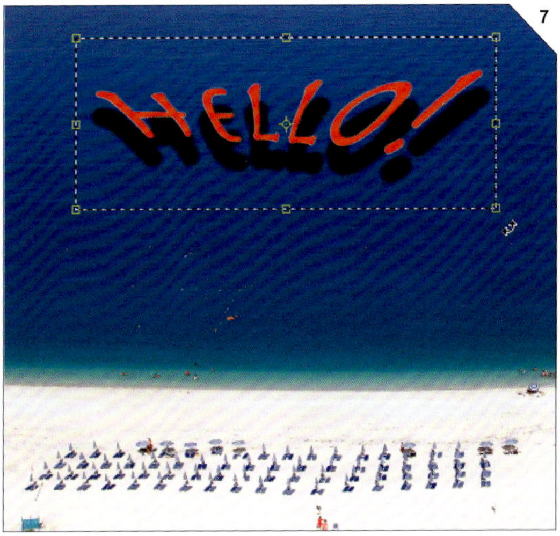


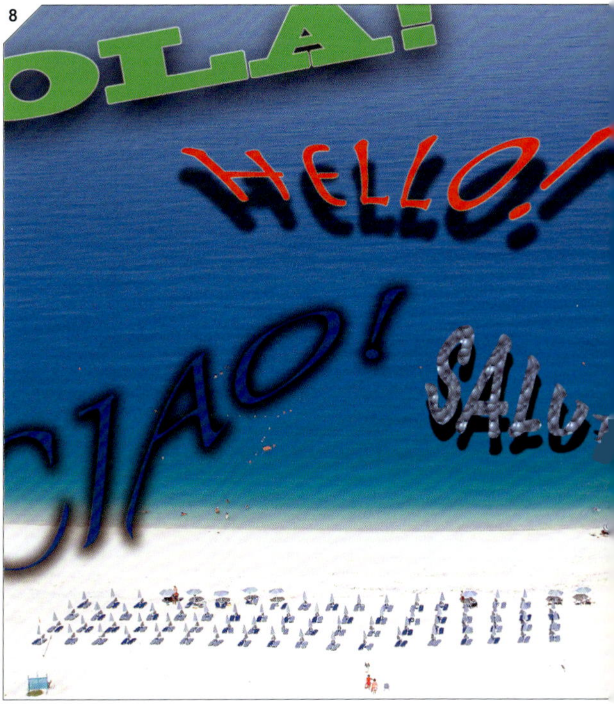

# 添加边框

在创造了自己的摄影佳作后，为何不尝试添加一个边框使之更加完美呢？本节中介绍的方法是使用 Adobe 公司开发的滤镜组随意地进行试验，该滤镜组适用范围广，功能强大，Elements 和 Photoshop 这两种软件都配有这些滤镜。当然，其他软件也配备类似的滤镜组，可以通过相同的方法来应用，如果对最初选择的滤镜不满意，还可以撤销，应用另一种滤镜，直到找到喜欢的那种为止。用不了花多长时间，便能找到一个边框，为图像增加一点专业性。

## 使用滤镜添加边框

1. 打开想要添加边框的图像，选择矩形选框工具，沿着图像的内部边缘拉出一个边框。也可以使用椭圆选框工具，围绕图像创建一个椭圆形边框，或者使用套索工具徒手画出一个边框。

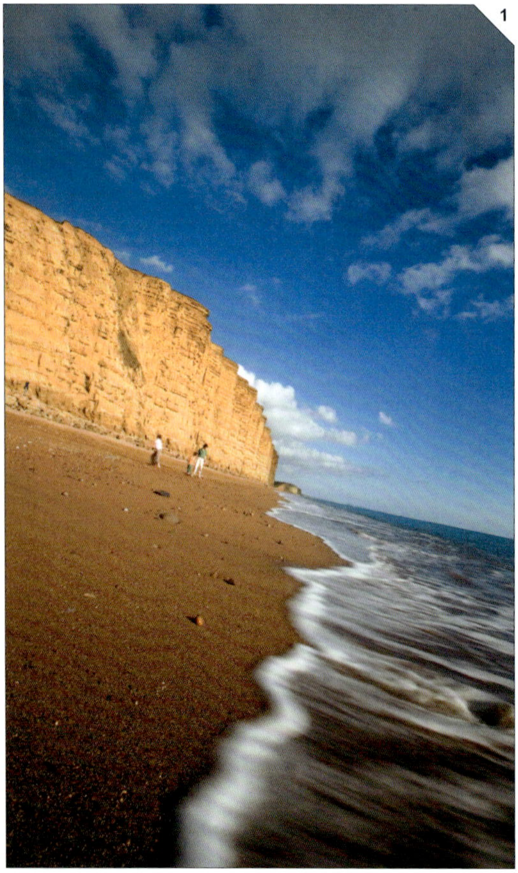

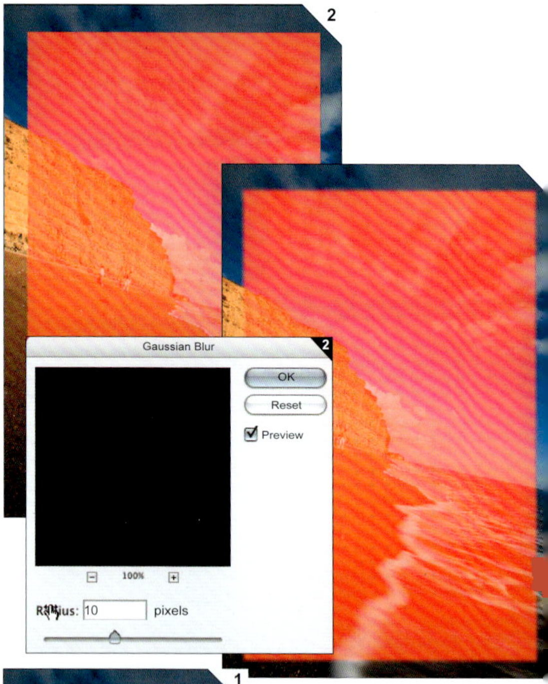


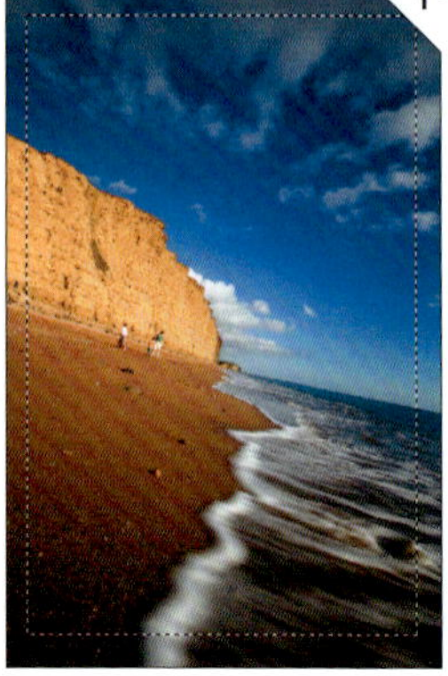

2. 画好边框后，点击选择>翻转(Select>Inverse)命令并点击工具箱底部的快速蒙版模式编辑图标，然后用滤镜>模糊>高斯模糊(Filter>Blur>Gaussian Blur)中的轻微模糊蒙版。这个阶段加入的模糊量越多，结束操作时，模糊的效果就越明显。

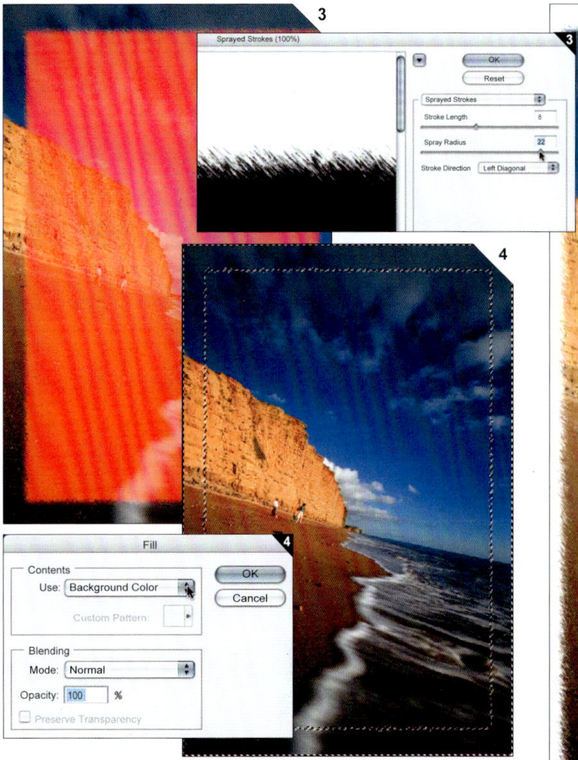


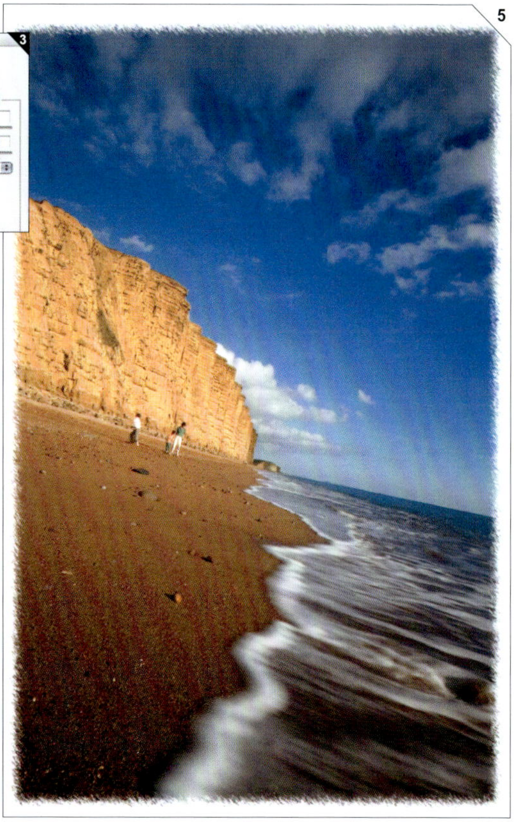


3. 选择滤镜>画笔描边>喷色描边(Filter > Brushed Strokes > Sprayed Strokes)命令，多次试验设置，直到窗口中出现满意的效果。注意，该滤镜正在被应用到蒙版上，而不是应用到图像本身，必须牢记一点，图像的分辨率越高，滤镜的效果越不明显。在对设置的效果感到满意时，点击 OK。

4. 回到主图像，点击快速蒙版模式图标，将蒙版转换成一个边缘不断闪动的选区，也称这种选区为“蚂蚁行军”。然后选择编辑>填充(Edit>Fill)命令，选择适合的颜色填充边框，此例中选择了白色作为边框的颜色。

5. 最后看到的就是添加了边框的图像。

## 备选边框

在下面附加的例子中，使用了喷笔滤镜、玻璃滤镜（即小透镜）和突出边缘滤镜，用相同的操作便可添加边框。对感兴趣的滤镜进行试验。在试验时，每一次都可以使用历史面板撤销，尝试另一个选项，只要删除滤镜画廊并选择另一个滤镜即可重新开始。如果找不到适合图像的滤镜，也可以浏览网站下载另外的边框效果，其中有些需要付费，有些则是免费的。

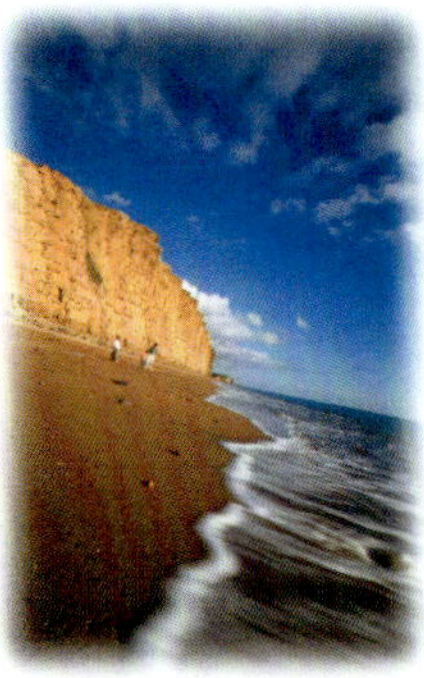

喷笔滤镜

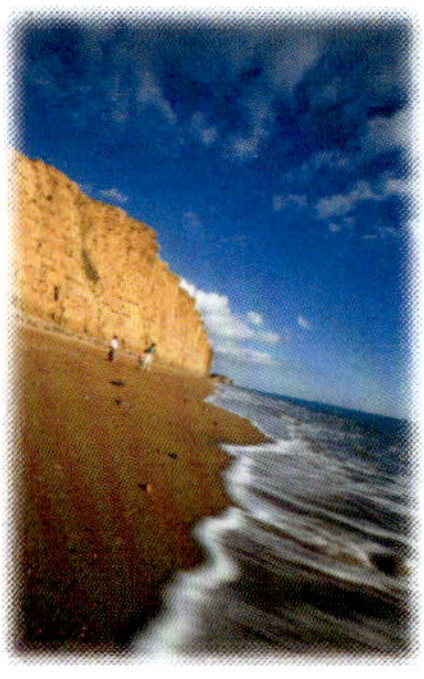

玻璃（小透镜）滤镜

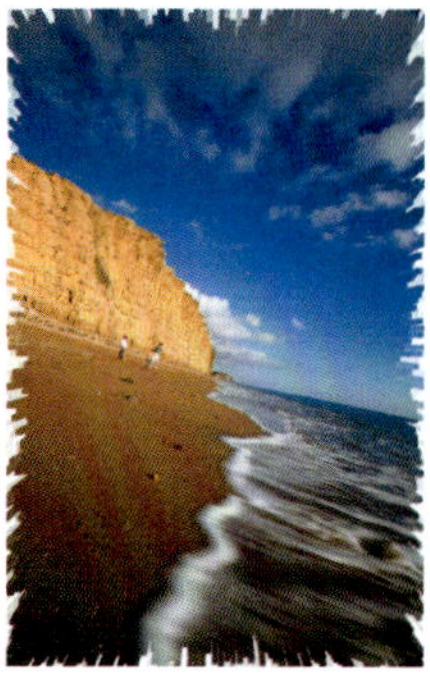

突出边缘滤镜

# 第6章

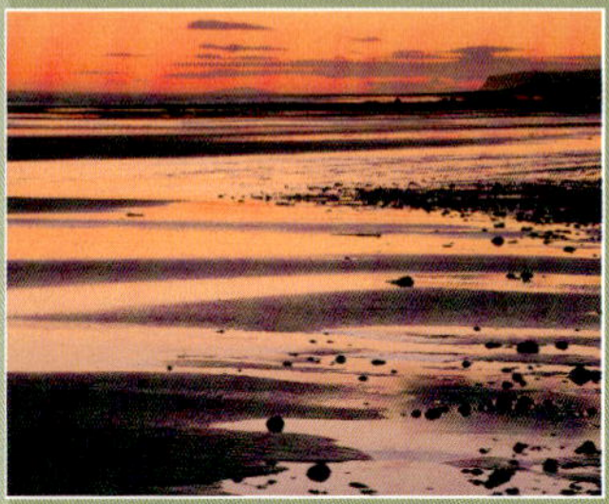

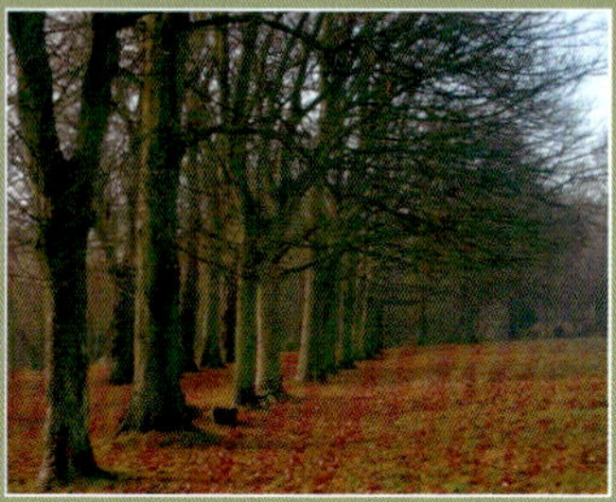

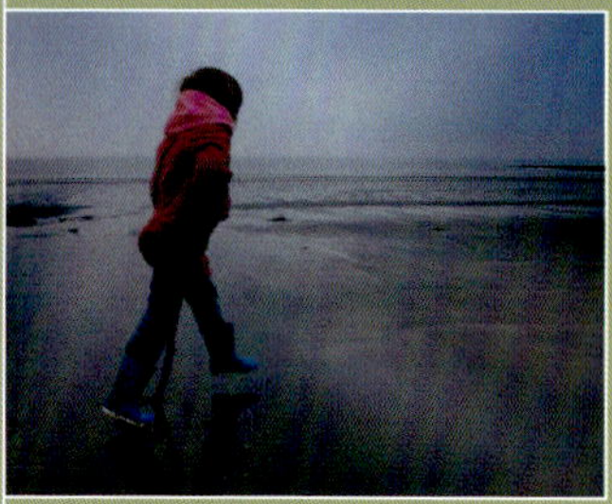

# 照片的浏览与分享

 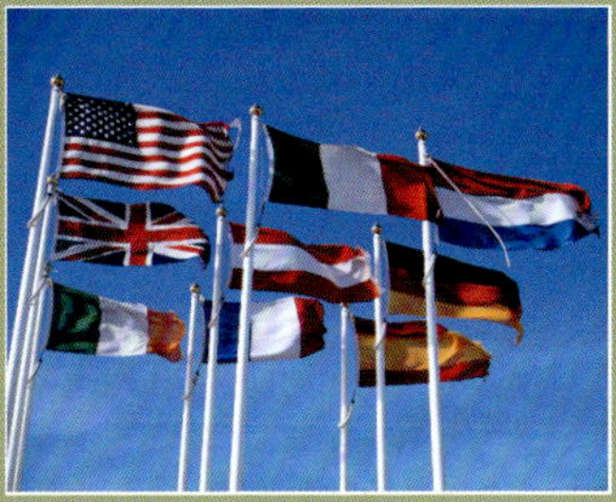 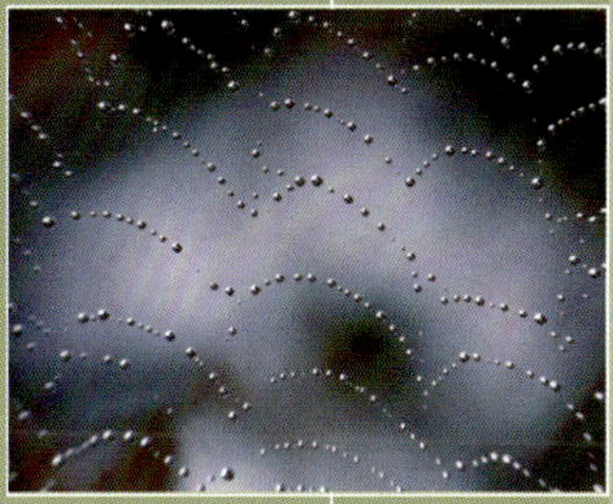

无论是平常的家庭照片还是参加摄影比赛用的艺术照片，你迟早都会想把其中的一些打印出来，或者转换成可以通过邮件发送的电子版本，或者通过光盘放映幻灯片。本章囊括了照片浏览与分享方面的所有知识，包括如何打印出非常专业的照片，如何将一组图像转换成网络画廊或幻灯片，并加上照片说明和背景音乐。本章末尾还会教你如何将宝贵的图像完好无损地长期保存。

# 扫描仪与扫描

尽管大多数业余摄影爱好者和越来越多的专业摄影师都只用数码相机进行拍摄，但扫描仍是数码摄影中一个实用的附加流程。因为你可能有些老旧的印刷图片、底片或者幻灯片，想要将其转为数字格式，以便进行编辑和美化。也许你仍然喜欢用高分辨率的中画幅胶片进行拍摄，但若想打印所拍照片，则必须先经过扫描。总之，多种多样的原因都可能让你想要将图像扫描到电脑中。

## 平板扫描仪与胶片扫描仪

台式扫描仪可分为两种——平板扫描仪和胶片扫描仪。前者最为常用，其特点是在玻璃表面或"平板"上盖有一个用铰链连接的扫描盖板。平板的大小决定了可以扫描的幅面尺寸。多数平板扫描仪的扫描幅面为 A4，可扫描的最大纸张达 10 英寸×8 英寸(约 25 厘米×20 厘米)，这样的幅面对大部分扫描任务来说已绰绰有余。大多数新型平板扫描仪的盖子上还有一种叫做"透扫光罩"的透明胶片扫描适配器，可用于扫描单张幻灯片或条状胶片。不过，平板扫描仪主要是为扫描印刷品而设计的，而且大多无法提供扫描胶片所需的高分辨率。因此，假如你的扫描材料大多是胶片，那么使用专门的胶片扫描仪可以获得更好的效果。

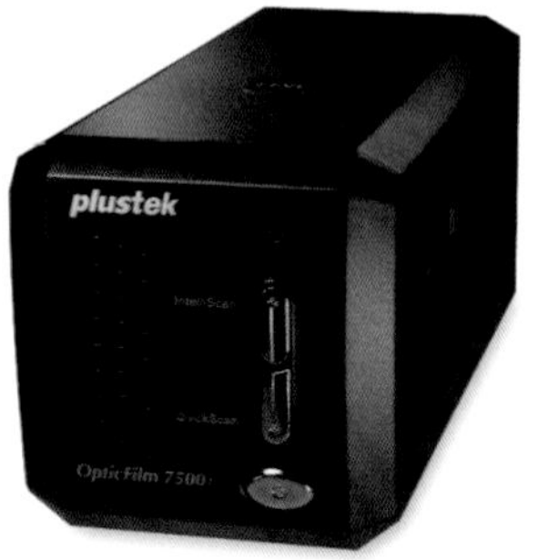


上图 如果你仍用胶片拍摄照片，或者有大量的胶片图像，那么选择胶片扫描仪可以提供足够高的分辨率，让你还原胶片的所有细节。

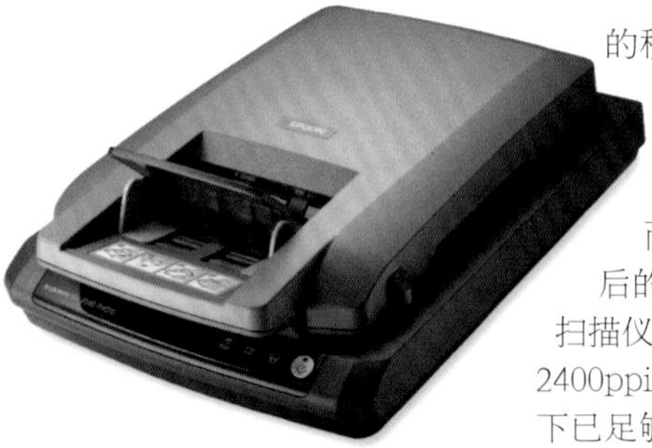

上图 大多数平板扫描仪具有内置的透扫光罩，除了扫描印刷品之外还能扫描幻灯片和底片。

## 工作原理

平板扫描仪和胶片扫描仪的工作原理基本相同。图像传感器(如 CCD)先记录下印刷品或胶片的色彩和色调信息，再将这些信息像数码相机中那样转换为数字信号并存储下来。不同之处在于，扫描仪的传感器一次只能浏览记录一行信息——因此得名"扫描仪"。

## 分辨率

选购扫描仪时需牢记 3 个要素：分辨率、色彩位数、动态范围。扫描仪的分辨率常用两个数字表示，如 2400×4800(ppi)。前一个数字表示传感器实际的"光学"分辨率，后一个数字则说明扫描头的移动精度。

选购时应以第一个数字为准，并确定该数据确实是实际分辨率，而非通过数学计算增大后的插值分辨率。如果平板扫描仪扫描打印用的图像，那么 2400ppi 的分辨率在大多数情况下已足够了。而胶片扫描仪则需要更高的分辨率，4800ppi 左右比较适用。

## 色彩位数

扫描仪能够分辨的色彩数量也是一个关键要素。即便是最基本的扫描仪也有 24 位的色彩位数，即能够分辨 1670 万种色彩。假如经济条件允许，你可以购买色彩位数为 36、42 甚至 48 位的扫描仪，因为色彩位数越高，编辑图像时的色彩范围就越大，而且阴影部分的细节能更好地得以显现。

## 动态范围

动态范围这一要素也决定着扫描仪捕捉高光和阴影中的微小细节的能力。扫描仪的动态范围有多个级别，理论上以 4.8 为上限。在实际运用中，分辨率为 11000ppi 的专业滚筒式扫描仪，其动态范围约为 4。若购买平板扫描仪用于扫描彩色印刷品，那么你要挑选动态范围(用 DMax 表示)为 3+的型号；若购买胶片扫描仪，则挑选 3.8+的型号。

此外，不要轻信制造商所宣称的动态范围，因为动态范围没有标准的测定方法，两台 DMax 标示相同的扫描仪，往往不一定有同样的动态范围。

## 扫 描

所有扫描仪都带有用于自身运行的配套软件。软件安装到电脑上后，你可以直接启用这一软件进行扫描或通过图像编辑软件打开扫描软件。

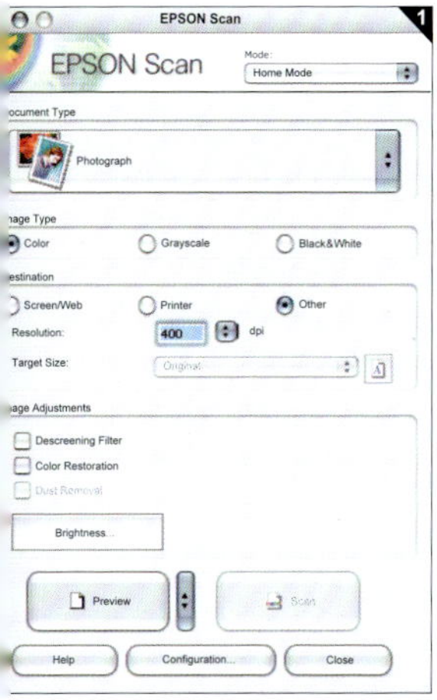


1. 如果你正处于Elements软件的图像编辑模式下或正使用Photoshop，那么单击文件>图像>选择扫描仪(File>Import>Your Scanner)就可以开始扫描。若在Elements的图像管理模式则可以单击文件>导入图像>经扫描仪输出(File>GetPhotos>From Scanner)。其他图像编辑软件的操作步骤与此类似。打开软件后，你通常可以选择扫描预览。

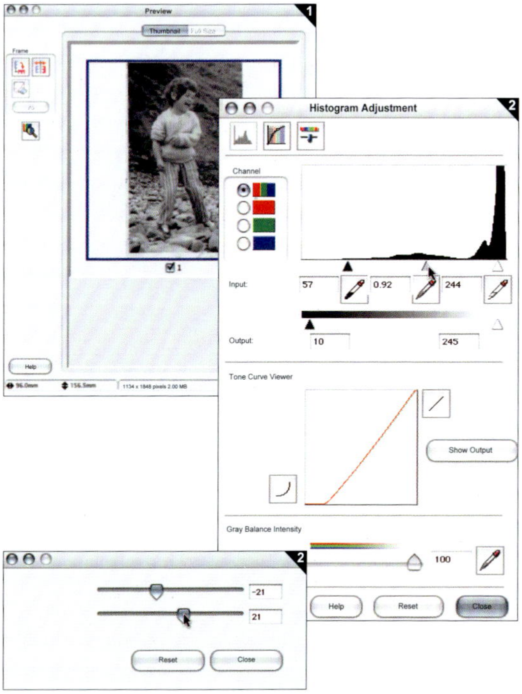


2. 扫描预览过后，在最终扫描前，你一般可以调整图像。例如，在爱普生的家庭版中，你可以调整亮度和对比度；若使用专业版，你对扫描结果的控制权就更大。

3. 若对预览结果满意，那么单击“扫描”即可完成扫描。根据此次扫描所选的分辨率大小，扫描过程将在1～5分钟内完成。

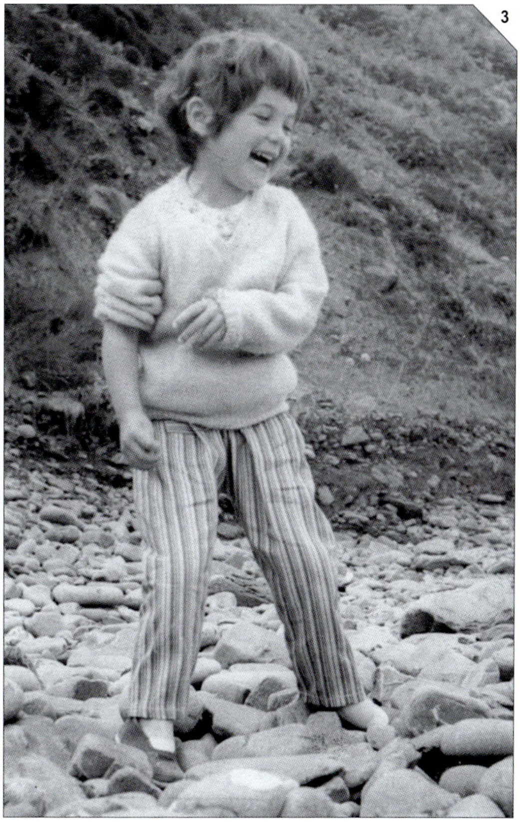
3

### 选择扫描分辨率

扫描印刷品、底片、透射稿时，对分辨率的选择可能让人感到困惑，因为这很大程度上取决于扫描后最终图像的用途或尺寸。以下为一些较为实用的参照标准。

| 原稿 | 用途/尺寸 in(cm) | 扫描分辨率(ppi) |
| --- | --- | --- |
| 照片 | 用于网络 | 72～100 |
| 照片 | 与原稿尺寸相同 | 200～300 |
| 照片 | 原稿尺寸的两倍 | 400～600 |
| 照片 | 原稿尺寸的四倍 | 800～1200 |
| 照片 | 原稿尺寸的一半 | 100～150 |
| 35mm 底片/幻灯片 | 6×4(15×10) | 1200 |
| 35mm 底片/幻灯片 | 10×8(25×20) | 2400 |
| 35mm 底片/幻灯片 | 18×10(46×25) | 3600 |

# 打印机

通过相机或扫描仪获取图像之后，你迟早会想把自己喜欢的图像打印出来，给亲朋好友看看，甚至举办展览。于是，种类繁多的家用打印机应运而生，家用打印(直接从相机打印或通过电脑打印)日益流行起来。

## 喷墨打印机

随着数字摄影时代的到来，曾经不被看好的喷墨打印机又获得了新的生命力。人们一度以为激光打印机会取代喷墨打印机，但之后很快就发现，喷墨技术非常适用于打印数码图像。如今，虽然价格适中的彩色激光打印机和热敏打印机(或染料热升华打印机)在市面上不断涌现，但在同一价位的产品中，喷墨打印机的图像质量仍旧是最高的。

## 打印机体积

喷墨打印机的体积有大有小。便携式打印机体积小巧，标准打印幅面为6英寸×4英寸(15厘米×10厘米)，非常适用于打印家庭度假照片；而最大的专业打印机则能够打印海报尺寸的图像。如果你热衷于摄影，那么购买一台能够打印A4幅面的打印机当然物有所值。这并不是说A4幅面的打印机只能打印A4大小的图像，因为打印机上有一个托盘，在打印照片时可以存放更小的纸张，并自动进纸。不过，假如你想把自己最喜欢的照片打印后装裱，挂到墙上用于展示，那么使用这样的打印机就能够让你获得大小合适的图像。从长远来看，购买纸张和油墨的费用比打印机本身要高得多，因此，你或许还可以考虑购买A3幅面的打印机(A3幅面的比A4幅面的贵不了多少)。

下图 业余摄影者最常用的打印机种类是喷墨打印机，其价格越来越低廉，技术则日臻完美。

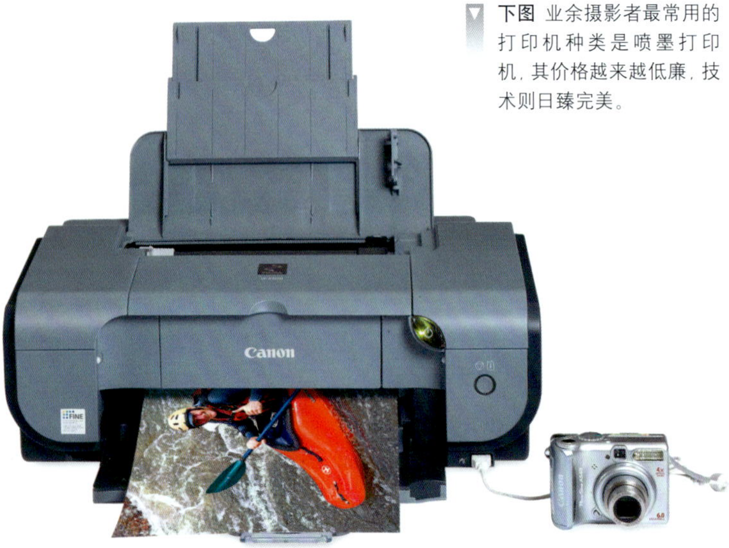

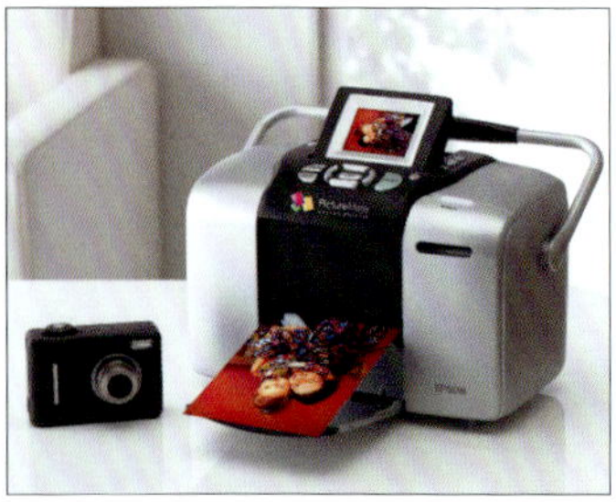

上图 有的喷墨打印机(如图中爱普生的Picture Mate 500)小巧轻便，让你在外出途中也可以打印图像。

## 打印机分辨率

打印机解析细节的精度(即分辨率)用每英寸所打印的墨点数(dots per inch，缩写为dpi)来衡量。图像本身的分辨率用每英寸的像素数(pixels per inch，缩写为ppi)来衡量。请注意区分两者，千万不要混淆。dpi数值表示打印机能在每英寸纸上打印多少个墨点，因而这一数值越大，打印机的分辨率就越高。如今，大多数打印机都有360dpi、720dpi、1440dpi、2880dpi这几挡设置。其中最低的分辨率用于使用标准普通纸张，完成信件打印等基本打印任务，而使用更高的分辨率则应配套使用更高级的照片专用打印纸。你所购买的纸张通常会标明打印时可用的分辨率。若用高分辨率设置却在普通纸上打印，那么纸上的油墨会过多。

## 色彩数量

评价一台喷墨打印机的性能时还需考虑一个关键的因素，即打印机所使用的色彩数量。所有喷墨打印机都用基本的CMY三

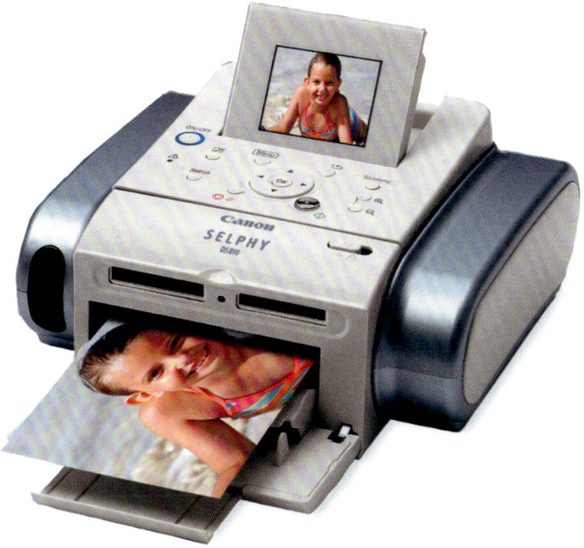


**左图** 虽然市面上也有一些更大的型号，但染料热升华打印机的打印幅面主要限于6英寸×4英寸(15厘米×10厘米)。染料热升华打印机打印每张纸的耗材费用比喷墨打印机的要高。

间色——青色、品红、黄色——来呈现数码图像中的各种红、绿、蓝色(RGB)。此外，所有喷墨打印机还使用黑色油墨(K)来加深图像的黑暗部分。尽管从理论上说，CMYK四色油墨足以展现可见频谱上的所有色彩，但一些更为高档精密的打印机还有浅青色、浅品红等附加色彩，用于还原更细微的色彩渐变。有的打印机还有浅黑色或灰色，可以提高黑白图像中间色调部分的打印质量。

## 直接打印

不用电脑也可以在家打印高品质的图像。佳能、爱普生等许多制造商都生产了能够直接连接数码相机或用存储卡直接进行打印的打印机，打印效果非常不错，但你需要明确打印之前有多大的编辑程度。比如说，有些打印机只能进行简单的裁剪，而另一些则可以让你修正亮度、色调，甚至进行其他更高级的调整处理。但是，无论打印机的内部编辑能力多么全面，与图像编辑软件相比，都会显得微不足道。

## 染料热升华打印机

虽然喷墨打印机是最为流行的家用照片打印机，但打印照片还有其他类型的打印机。市面上正出现越来越多的染料热升华打印机，其中多数是小巧的便携式机型，打印幅面为6英寸×4英寸(15厘米×10厘米)，且有很多也是能从相机或存储卡直接打印的。

染料热升华打印机使用磁带状的色带盒进行打印，色带盒内部装有青色、品红、黄色三种色带，另外还附加一条透明覆膜带，能给打印后的图像表面镀上一层保护膜。纸张通过打印机时，色带被加热，上面的染料便升华转印到了打印纸上。因为染料热升华打印机是三色循环打印，每一次打印一种颜色，打完三次，最后再进行覆膜，所以纸张在打印通道中来回过四遍才能完成打印，输出覆膜后的最终图像。如果你考虑购买染料热升华打印机，那么不要一看到广告上300～400dpi的分辨率就掉头走开，因为染料热升华打印机与喷墨打印机的工作原理不同，这样的分辨率其实已经可以提供很高的打印精度了。事实上，就色彩感觉和图像质感而言，染料热升华打印很可能比喷墨打印更接近于传统的彩色打印效果。

至于打印图像的质量，很多人认为染料热升华打印机和喷墨打印机的打印质量一样好，但用前者打印每张纸的耗材费用更高一些，特别是A4(信纸)幅面的染料热升华打印机，更为少见，也更加昂贵。不过，随着越来越多的人购买这种小巧稳固的打印机，其耗材价格也会下降。

## 激光打印机

彩色激光打印机尽管已有价格适中的型号，但是仍然多用于办公事务处理(如打印大量彩色报表等)。激光打印机的照片打印质量不如喷墨打印机和染料热升华打印机那么高，很少用于家用。

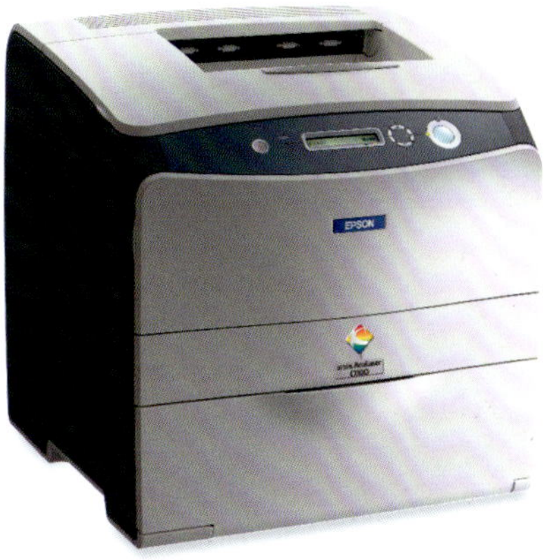


**右图** 图中是爱普生的Aculaser C1100激光打印机。人们曾经一度以为彩色激光打印机会成为摄影者的首选打印设备，但结果却是喷墨打印机和染料热升华打印机取代了这一位置。

# 纸张与油墨

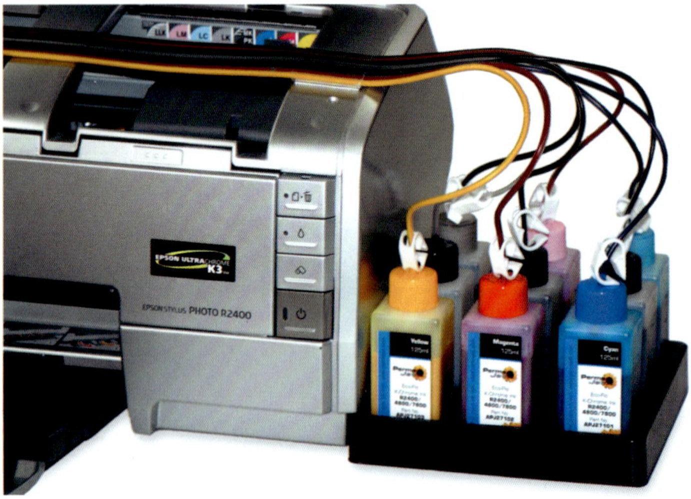


**左图** 有了图中这种连续供墨系统，你就不必经常更换墨盒了，打印每张照片的耗材费用也会相应减少。

无论喷墨打印机的价格是高还是低，其打印质量都受到另外两个要素的影响，即纸张和油墨。因此，长期使用廉价劣质的打印耗材会让你得不偿失。

## 纸　张

要想获得尽可能好的打印效果，就必须认真考虑选用何种纸张。根据经验，纸张越重，其打印效果越好。如果你尝试过在普通纸上打印彩色图片，那么你就知道结果会有多么的糟糕，因为油墨会洇开，色彩显得暗淡乏味。这种纸张每平方米约重 80 克。而获得“真正”照片品质的打印效果(注意制造商给各种纸品的定名)需要使用每平方米重 210～250 克的纸张。与较轻的纸张相比，这样的重磅纸贵多了，特别是 A4 纸(信纸的尺寸)和 A3 纸(小报的尺寸)。由于这种纸张价格较高，也许你可以用轻磅纸进行打印测试，用更小尺寸的纸打印假日照片和家庭照片。

## 油　墨

和纸张重量、纸张品质一样，你所使用的油墨也会影响打印效果和着色耐久性。从表面上看，大量第三方油墨生产商的产品似乎比爱普生、佳能等公司生产的品牌油墨更加物有所值。其实，虽然这样的油墨价格相对便宜，但很可能并不划算。首先，第三方生产的油墨可能打印质量无法如你所愿；其次，打印结果可能很快就会退色，尤其是暴露在日光中时。当然，打印贺卡、测试纸等不必长留的内容时可以使用这样的油墨。但若要获得尽可能高质耐久的打印效果，最好使用同一制造商生产的打印机和油墨。

**右图** 打印用的纸张对打印质量的影响很大。打印好照片时请使用优质纸张。

## 连续供墨系统

连续供墨系统是另一种油墨使用方式，可以降低打印成本，特别是用于打印中磅纸或重磅纸时。Lyson(www.lyson.com)、Permajet(www.permajet.com)等公司出产这种系统，其特色在于可以连续加墨。连续供墨打印机外面有存放油墨的大容器(叫做“外置墨盒”)，通过一系列狭长的供墨管线与打印机相连，供墨管线又与打印喷嘴相连。

购置连续供墨系统费用很高，但因为有连续加墨功能，最终还是很划算的。首先，单独购买油墨比购买整个彩色墨盒要便宜得多。其次，使用某些彩色墨盒时，一种颜色用完了你就得更换整个墨盒；而连续供墨系统中各色油墨的使用与替换可分开进行，你

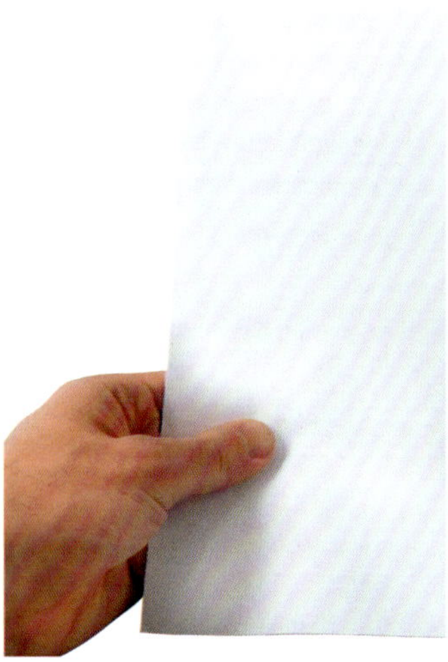

只需更换已经用完的油墨——除了节省成本的经济优势之外，我们还需要考虑连续供墨系统可持续利用的环保优势。

## 专有油墨

Lyson 和 Permajet 还生产专有油墨，是专门为使用喷墨打印机的摄影者设计的。除了为某些品牌的打印机特别设计的彩色油墨，这两家公司还生产一系列灰色油墨和黑色油墨，可以共同使用，以便打印高品质的黑白照片。在黑色油墨中加入灰色，有助于使黑白图像色调的微小变化得到最佳强调。

这两家公司均极力宣传自己所生产的油墨基于天然色素，耐久性很强，有些甚至测试指出可以 100 多年不退色。

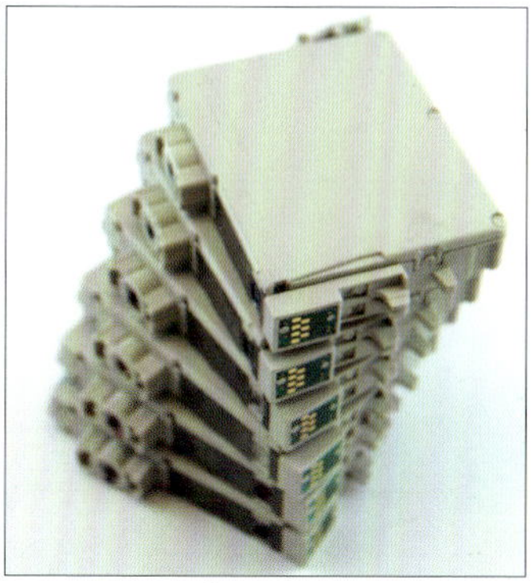

▲ **上图** 高级喷墨打印机的彩色墨盒有多个，各色分开存放，你一次只需更换一个已经用完的墨盒。

## 网上打印公司

虽然在家里就可以比较容易地打印出看起来不错的照片，但这可能耗时较长，而很多人没有足够的时间。如果你就也属于这种类型，那么可以考虑找网上打印公司代劳。只需一台可以连接互联网的电脑（网络速度越快越好），在网络上稍稍搜索一下就会找到很多打印公司。选定其中一家进行注册，之后根据步骤指示一一操作即可。这些步骤指示包括：上传你想打印的图像，付费，等待打印后的图像邮寄过来（通常在一两天以内）。用这种方式购买大量打印图像不仅十分方便，而且比在家打印要便宜，效果往往也很不错。许多网上打印服务不只是打印照片，还可以在画廊、T恤衫、海报、杯子、贺卡等上面印制图像，这些方式十分受欢迎。大部分网上公司还有网络画廊，供你存储、分享照片。

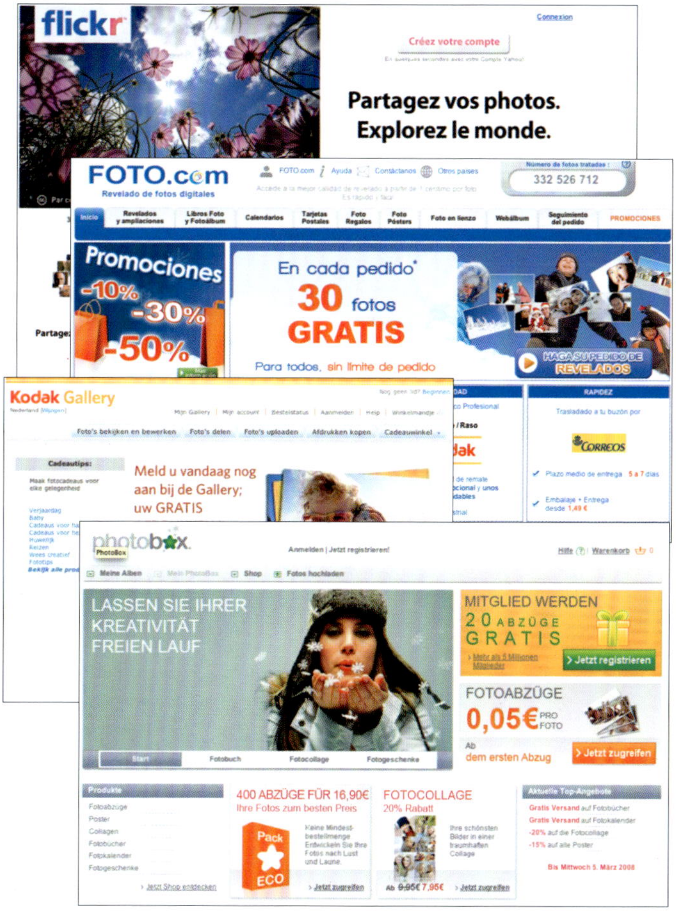

# 打　印

如果刚刚购买了一台打印机，会发现打印机附带着一张 CD，里面装有打印机的驱动软件，而该软件又包含了电脑和打印机之间进行对话需要的所有软件。没有驱动程序，电脑不会识别打印机，也就无法使用打印机。安装驱动程序时，先将光盘插入电脑的光驱，然后按照屏幕上的指示进行操作。操作非常简单，只需花费几分钟即可完成。如果购买了一台二手或者翻新的打印机，不附带 CD，不必担忧，只需上网查找打印机的制造商即可。网上能够找到所有相关的信息，可以下载到符合你的打印机型号的驱动程序。

## 打印机选项与功能

在打印机的驱动程序安装妥当，装入高质量的墨水和纸张后，只需点击鼠标，即可获得与冲洗出来的照片质量相当的打印图片。虽然打印是个简单直接的过程，但在第一次打印的时候，还是需要留意一两个事项。此处用 Photoshop Elements 来演示一个特定的打印任务，其他软件也有类似的命令和对话框。

1. 用编辑模式完成图像的编辑任务后，就可以开始打印了，选定文件>打印(File > Print)命令，打开打印对话框。在打印机的下拉式菜单中，选定你的打印机名字。

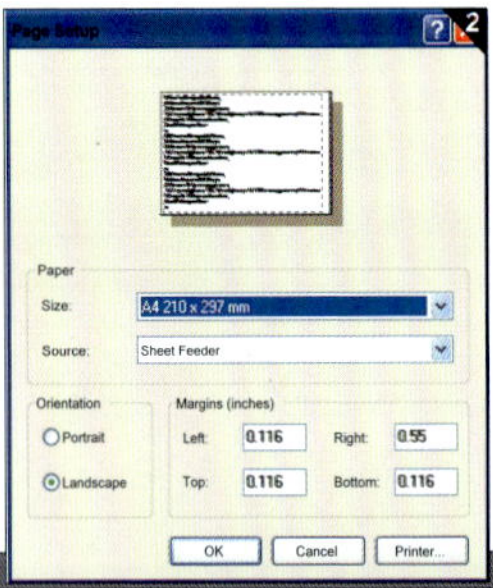


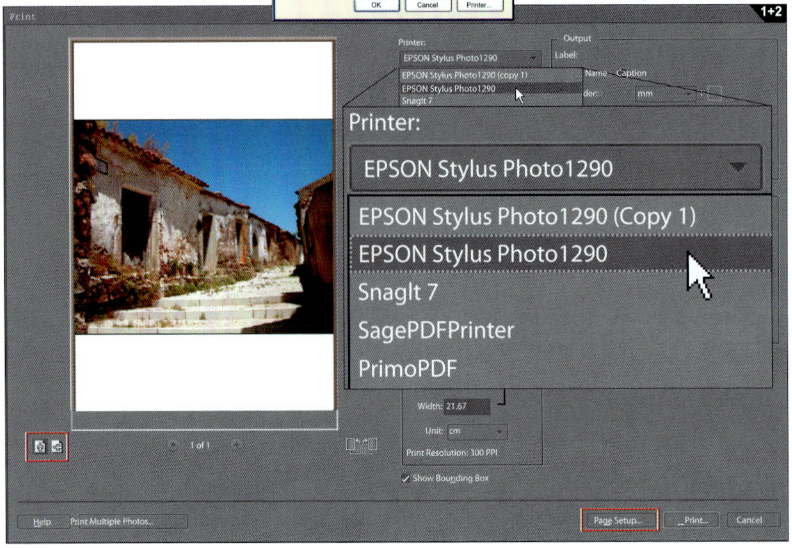


2. 确保图像以正确的版式打印。在这个例子中，风景模式在打印时被错误地设定为人像模式。要纠正这个错误，点对话框底部左侧的风景/人像(Landscape/Portrait)模式图标即可。

开始打印前，确保使用正确的纸张尺寸和类型设定。点击对话框底部右侧的页面设定(Page Setup)命令。

3. 在页面设定对话框内，从尺寸下拉式菜单中选择纸张尺寸，这里选择 A4 幅面。点击打印机符号，打开打印机属性窗口，里面有很多控制选项，但最重要的是打印介质类型下拉式菜单。点击你想要打印的纸张类型。菜单内几乎包括纸张制造商使用的最常用术语。一切设置就绪之后，点击 OK 即可返回页面设置窗口，此后，再次点击 OK 返回到 Elements 打印对话框。

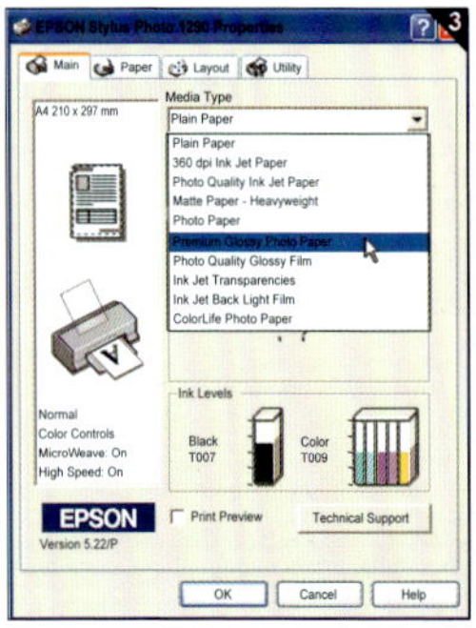

4. 选择好正确的纸张尺寸和类型后，在打印前，还需要最后确定图像的打印效果。在打印尺寸(Print Size)菜单下，图像会默认到实际尺寸。

从某种程度上来说，尺寸并不重要，更为重要的是在缩放打印尺寸(Scaled Print Size)区域的底部，查看打印分辨率(Print Resolution)。这里，图像采用 300 ppi 来打印，即最佳的打印设定。预览窗口白色边界的外沿表示纸张的尺寸。

5. 当我们将图像按比例缩放时，注意打印分辨率的变化。从打印尺寸下拉式菜单上选择一个较小的打印尺寸(3½英寸 x 5 英寸/8.9 厘米 x 12.7 厘米)，打印分辨率将提高到 546ppi，但如果选择一个较大的打印尺寸(8 英寸 x10 英寸/20.3 厘米 x 25.4 厘米)，则打印分辨率则降低到 255ppi。勾选显示边界框(Show Bounding Box)选项，此时便可拖动图像一角的小方框按比例缩放图像。

如果在第一次打印图像时，只有一小部分出现在预览框内，且这个部分完全覆盖了整个预览纸张区域，则应检查打印分辨率设置。可能是你的相机使用了 72 ppi 的分辨率来保存文件，就要在打印前重新调整图像比例。勾选缩放适合打印(Scale to Fit Media)复选框，并记下百分比值。下一步勾去缩放适合打印复选框，输入一个更小的百分比值，接着就可看到边界框的角，便于缩放图像。将图像缩放到你想要的尺寸，查看分辨率是否达到 200 ppi 或者更高，然后点击打印命令。

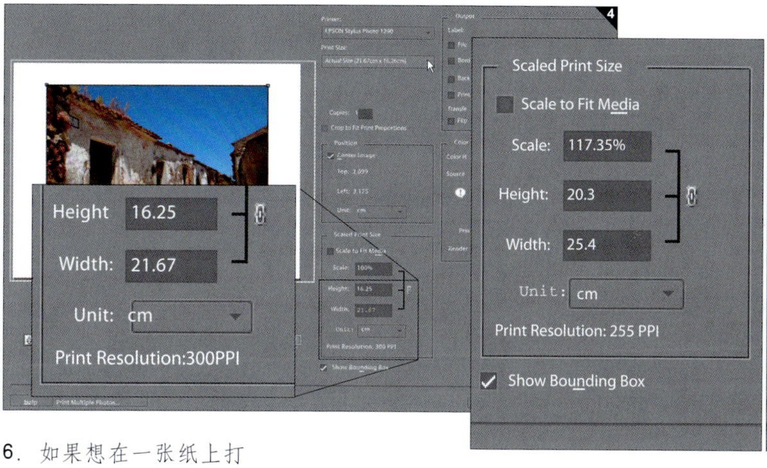


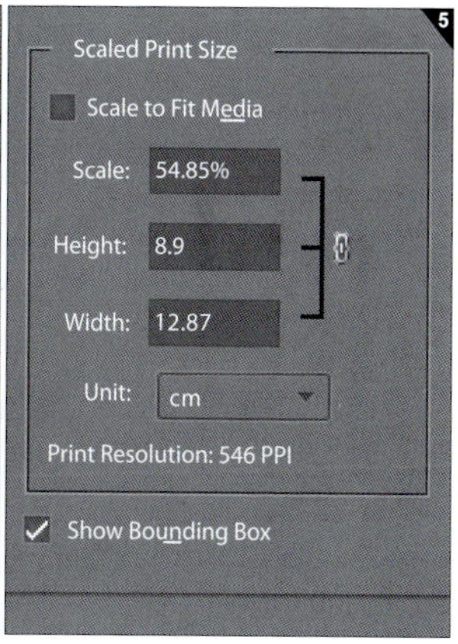


6. 如果想在一张纸上打印更多的图像，选择"打印多张图像"选项，打开打印照片(Print Photos)窗口。在选择打印类型(Select Type of Print)菜单上，会看到各种打印样式，包括联系表(contact sheets)和图片包(Picture Package)等。

7. 在选择模式(Select Layout)菜单中，可以选择图像的展现形式，以及是否为图像添加预先设定的边框样式。可以在左边的窗口中从选区里添加或删除图像。

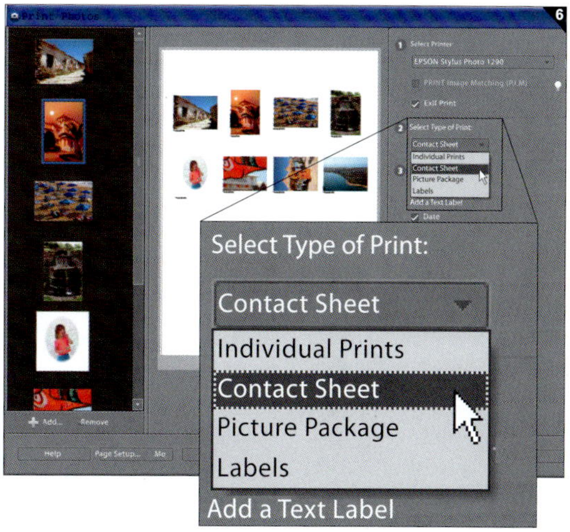


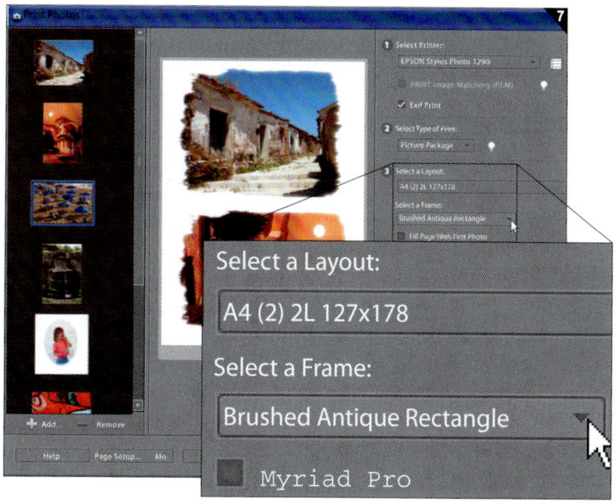

# 通过 E-mail 发送照片

随着网络的普及，越来越多的人通过 E-mail 与朋友和家人保持联系。与此同时，宽带网络大大提升了网速，因此传送图像时就不必担心对方需要花费大量的时间来下载。即便如此，除非确定图像将用于打印，否则，如果只用于在屏幕上浏览，还是将文件缩小些比较好。如果使用的图像编辑软件包比较高级，E-mail 发送图像就变得非常简单。

## 共享图像

1．在 Elements 中，只需轻轻点击鼠标，即可用 E-mail 发送图像。在主浏览窗口选择共享(Share)并点击 E-mail 附件(E-mail Attachments)按钮，打开 E-mail 对话框，可以在这里选择你喜欢的 E-mail 软件。

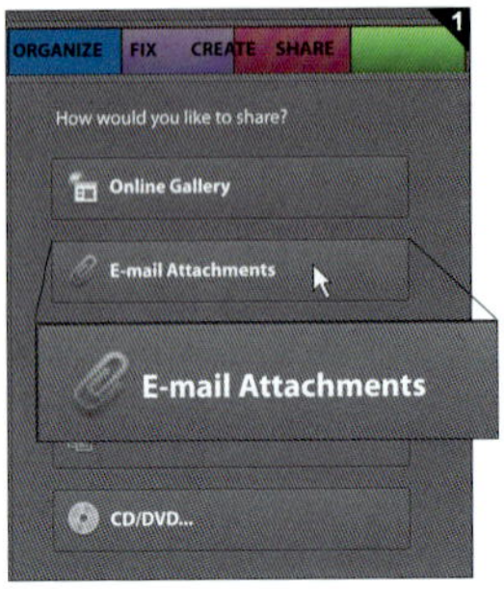


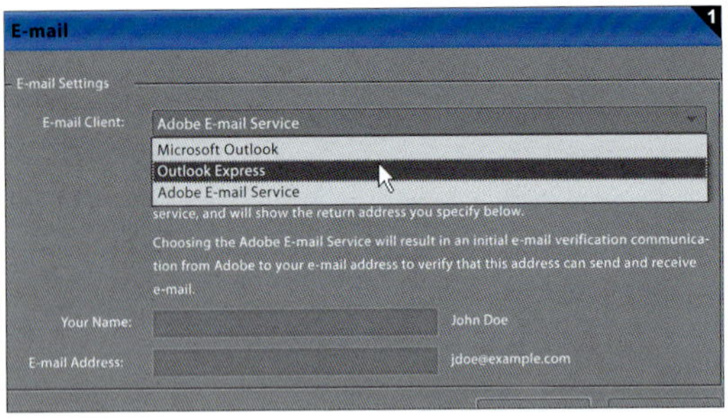


2．如果想发送的图像在编辑窗口中打开，这些图像将被自动选定并被放入 E-mail 附件窗口中。在相同的窗口，点击转换照片为 JEPG 选框，这是目前用 E-mail 发送图像最有效的格式。Elements 默认的最大照片尺寸相当标准，800x600 像素的图像在大多数电脑上，包括笔记本电脑上显示效果都较为良好。如有特别的需求，可以选择更大或更小的文件。质量(Quality)滑块决定图像上应用了多大的压缩率，数值越低，压缩率越高，图像质量越低；数值越高，压缩率越低，图像质量越高。

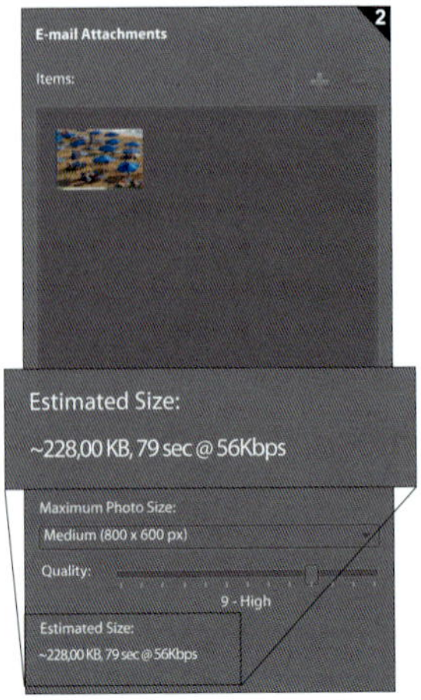


设定了图像的尺寸和压缩率之后，Elements 会告诉你文件的大小，以及用速度较慢的拨号上网下载这个文件预计要花费的时间。如果认为下载文件花费的时间太多，只要降低文件尺寸或提高压缩率即可。

3．如果想添加图像，点击 E-mail 附件窗口的“+”符号，打开添加图像(Add Photos)对话框。在这里可找到你的图像文件夹，并且添加任何你选定的图像。完成选择后，点击完成(Done)，然后回到 E-mail 附件窗口。如果对选定的图像满意，点击下一步。

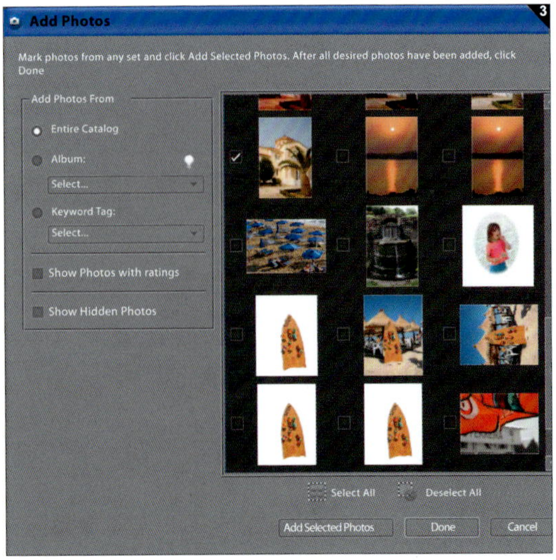

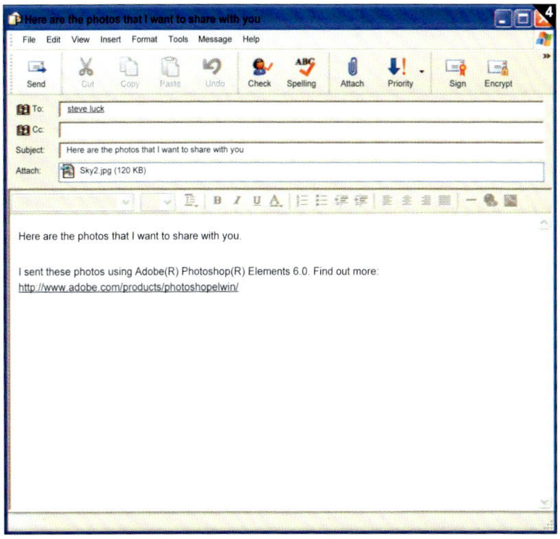


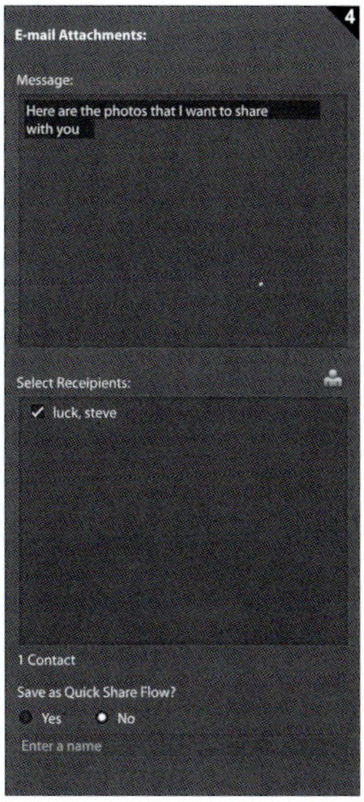


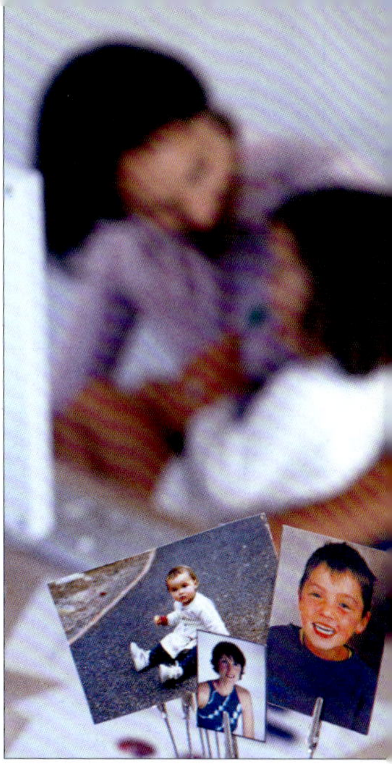

4．在下一个屏幕中，会看到用于键入消息以及图像收件人的空白处。选定收件人后，点击下一步，Elements将打开你选定的E-mail软件，带有之前设定的E-mail格式和收件人列表，并且包含了你的图像和附加的消息。接下来所要做的就是发送。

**上图** 通过E-mail和朋友共享照片如此简单，瞬间即可将图像发送到世界各地。

## 手动调整尺寸

如果没有Elements，并且不熟悉你的软件自动调整图像尺寸的操作，也可以进行手动调整，所有软件都能以这种方式调整图像的尺寸。

1．通过手动调整，将一个图像的尺寸调整到适于网上使用，选择图像>重新调整尺寸>图像尺寸(Image >Resize>Image Size)命令，打开图像尺寸对话框。印象中12MB的图片并不大，但是这样的尺寸远远超过了网上使用的图像尺寸。

2．勾选图像重新取样，并使用两次立方(较锐利)，这是一种降低图像尺寸的特殊算法。将图像的分辨率转换到96 ppi，大多数使用Windows操作系统的电脑屏幕采用这个分辨率，然后将高度(Height)设定为600像素(即所有屏显图像的最佳像素)。这步操作将图像尺寸降低到966K(刚好低于1MB)，但这对于网上的图像来说仍然很大。

3．选定文件>另存为(File >Save As)命令，重新命名文件。添加一个“web后缀”，这样就不会覆盖源文件，选择JPEG作为文件格式。点击OK，打开JPEG选项对话框。此处选择的压缩率(Quality )为8，即将文件的尺寸降到114K，在网上仍然可以使用。

也可以将文件保存为渐进格式，这样在打开时，图像会很快显示出来，虽比较模糊，但在选择特定的扫描方式后，图像逐渐变得清晰。

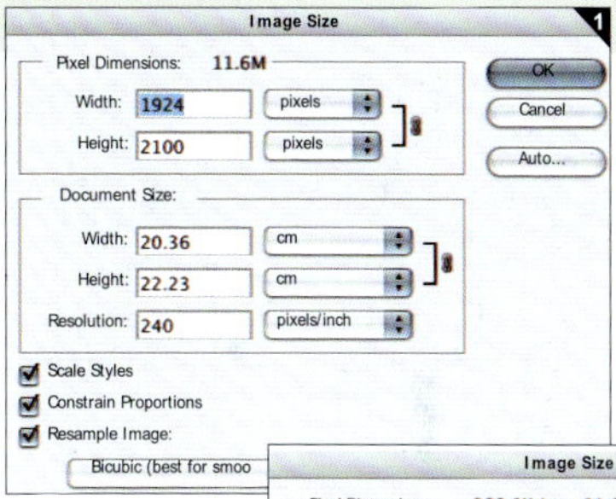


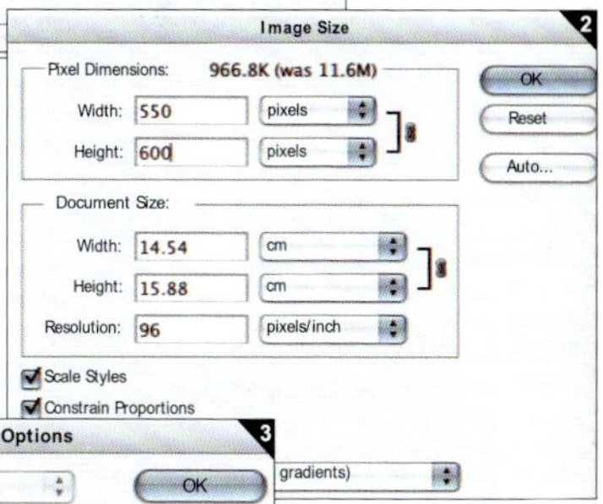


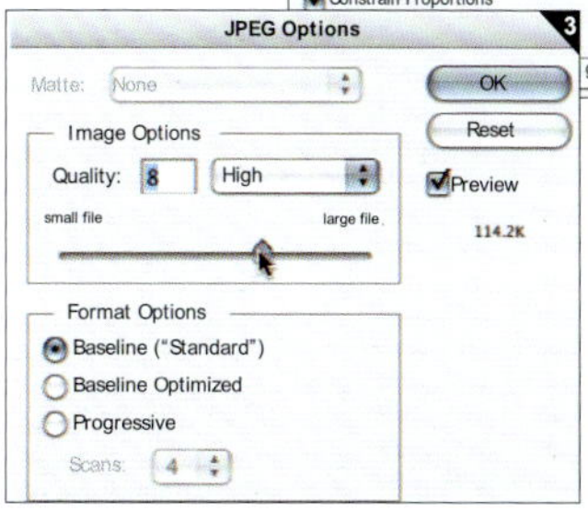

# 网络画廊

Photoshop Elements配有很多功能强大的自动工具，使图像的编辑尽可能简单，其中最有用的是网络画廊命令。本质上，用该命令选择图像没有数量限制，然后Elements将自动调整其大小，并将其转换为预设的画廊样式。接着画廊就保存下来，你可以随时将其上传到网上，无论你有多少朋友，无论他们身在何方，这种方式都是与他们分享婚礼或其他重大事件照片的理想途径。如果你使用的是Photoshop，可以通过浏览器窗口创建类似的画廊。只需选定包含你想要使用图片的文件夹，然后，还是在浏览器窗口中选择工具>Photoshop>网络照片画廊(Tools > Photoshop > Web Photo Gallery)命令即可。此处有许多预设的画廊样式可供选择，选定了某个画廊样式后，Photoshop将自动重新调整图像的尺寸，并且制作用于网上浏览的画廊。

## 建立网络画廊

1. 在开始创建画廊之前，你可能想预选一些图片在浏览器窗口中展示，这么做从长远来看能加快处理过程，但并不是必需的步骤。也不需要手动调整图像的尺寸，使其适于E-mail传送，Elements会自动完成这项操作。

开始创建画廊时，点击Elements界面右上角的共享(Share)符号，然后选定网络画廊(Online Gallery)。

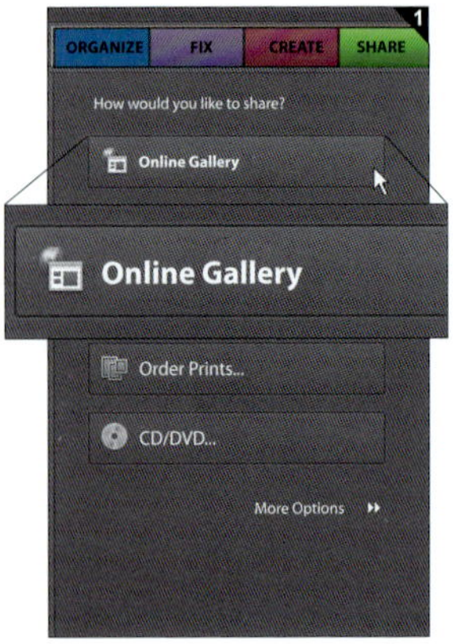


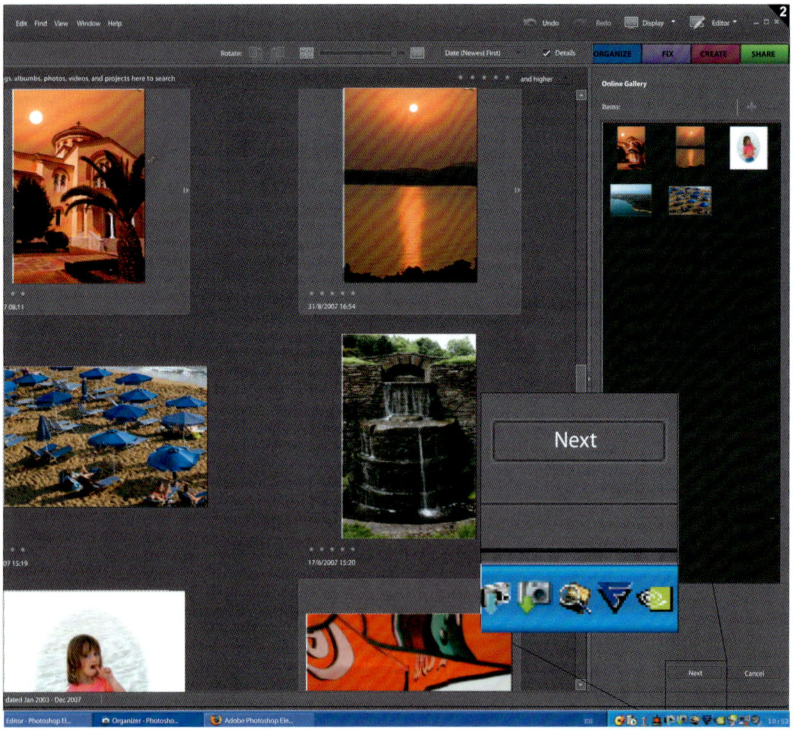


2. 点击第一个网络画廊界面顶部的“+”号，定位到图片文件夹。将文件夹拖进窗口，或浏览单个文件夹并将其一一拖进窗口。可以拖动小窗口中图像的缩略图，重新安排图像的出现顺序。完成选择后，点击窗口底部的下一步(Next)。

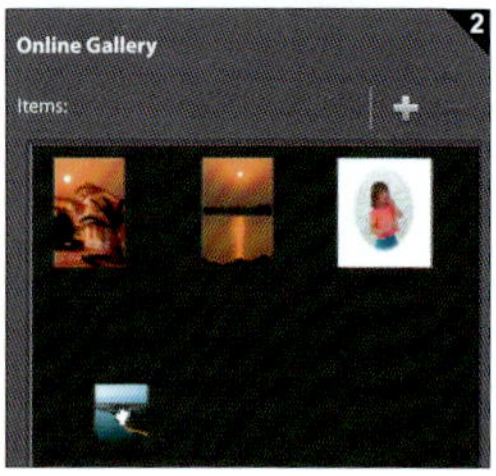

3. 接下来Elements呈现了可供选择的多种画廊模板。选定一个模板时，Elements将在窗口底部显示你所选定模板的简短说明，包括能否在模板上添加标题。可供选择画廊样式各异，很容易就能找到一个合适的样式。也可以选择照片在画廊中的显示方式，交互式允许浏览者选择特定的缩略图，然后放大观看，其他的选项，如标准，将从头到尾放映画廊内的图像。选定画廊模板后，点击下一步。

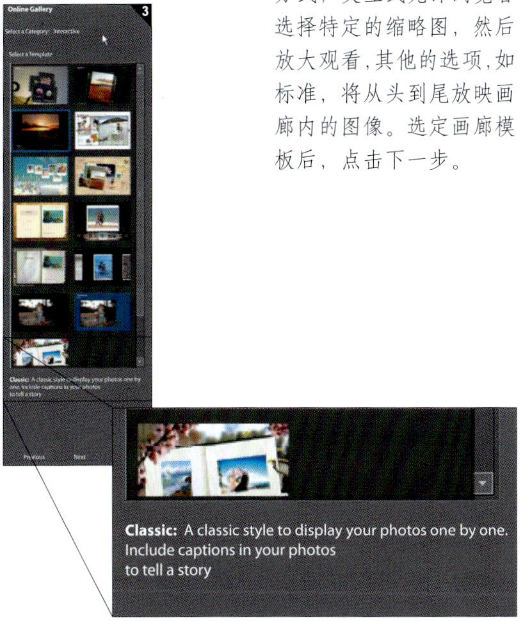


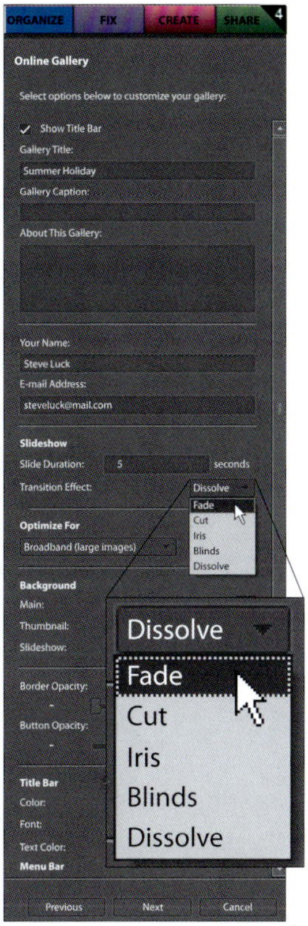


4. 基于选定的模板，接下来Elements将向你展示一个界面，可以在这个界面中定制画廊。在这里，你可以输入画廊名称和其他关于画廊的细节，例如你的姓名、E-mail地址，这样其他人就可以非常容易地知道画廊的主人及其联系方式。此外，根据不同的画廊类型，可以选择切换效果，试验各个选项，例如淡入淡出(Fade)、切入(Cut)等，选出最佳效果。你也可以选定图像的存储大小。上网有两种标准设置，即宽带或拨号上网，如果知道你的大部分浏览者拥有快速的网络连接，选择前者，否则选择拨号上网更为适当。

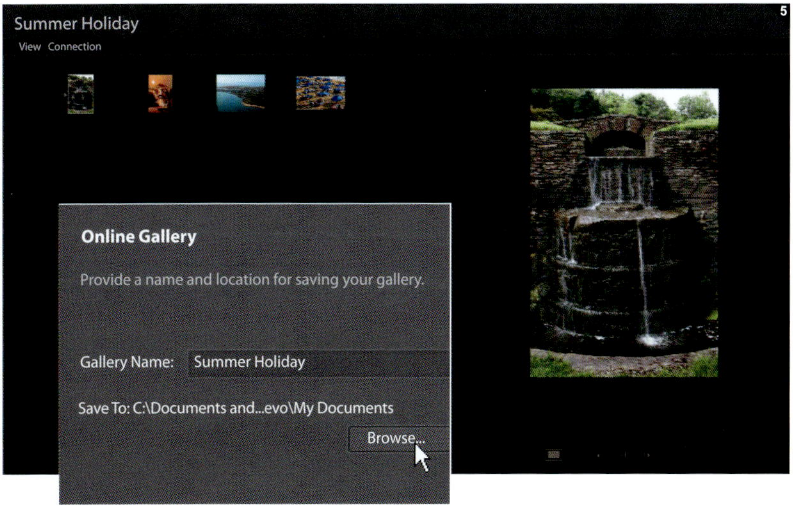


5. 几分钟后，Elements将向你展示完整的画廊，你可以通过运行画廊来查看最终效果。如果想改变模板样式，回到网络画廊窗口并选择上一级菜单，可以在这里选定另一个模板。如果你对整个画廊效果非常满意，程序将要求你给画廊命名，并且存入硬盘。输入上述信息之后，点击下一步。

6. 最后，你可以使用窗口中的一个选项，选择上传并和他人分享你的画廊。上传方式取决于你的因特网服务供应商。如果对上传有任何疑问，联系你的因特网服务供应商，他们将告诉你所需的步骤。

如果你想将画廊刻录成CD盘后与他人分享，Elements也提供相应的选项。

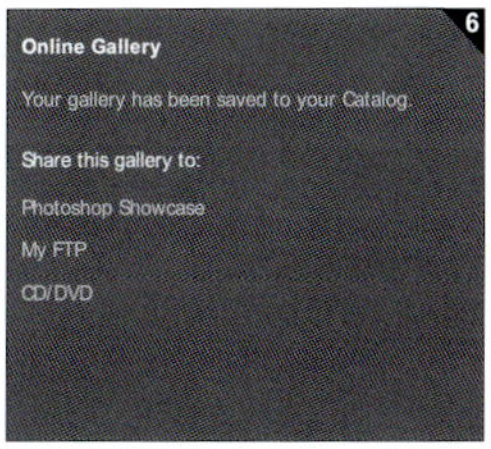

# 幻灯片放映

向朋友和家人展示照片的另一个绝佳方法是将选定的照片以幻灯片形式放映，无论是近期某个节日的家庭照片，婚礼的照片还是你新家的照片，幻灯片均能生动地展现。大多数图像编辑软件包都带有这个选项，Photoshop Elements 也不例外。你可以利用 Elements 的幻灯片选项，加入你喜欢的照片，配以音乐、画外音、文字等，无需很长时间，就能制作出专业的效果来。

说起来或许令人惊讶，Photoshop 不具备幻灯片功能，因此使用 Photoshop 软件的用户只能使用上一节中介绍的网络画廊功能来与友人分享照片。

## 创建一个幻灯片文件

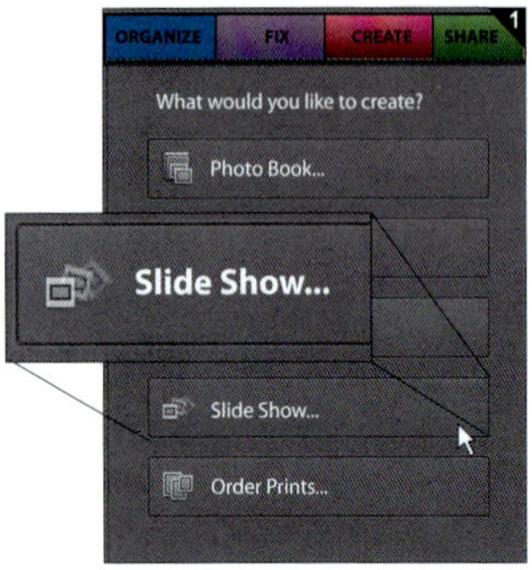


1. 在开始创建幻灯片之前，你可能会想将图像存放在一个容易识别的文件夹中，这个方法确实很好，可以节约时间，但在网络画廊中这并不是必需的操作步骤。开始时单击创建(Create)窗口中的幻灯片(Slide Show)选项。

2. 第一个窗口提供用于制作幻灯片的基本选项，大都数都比较简单，例如静止时间(Static Duration)、切换时间(Transition Duration)、背景颜色(Background Color)等。转换(Transition)框的下拉式菜单中有各种转换样式。

虽然你可能会想去选用一些比较奇异夸张的样式，但这会花费很多时间，特别是切换时间会延长，因此尽量选择切换时间短的样式。

移动缩放功能增强了幻灯片的专业效果，但如果应用到所有幻灯片上又显得多此一举，有的时候用得多并不等同于效果好。如果没有在专业幻灯片(Slide Show Preferences)窗口中点击这个选项，你仍然可以手动选择每张幻灯片的切换方式，此时便可将移动缩放功能应用到合适的幻灯片上。基本选择结束之后，点击 OK。

3. 现在 Elements 将打开幻灯片编辑器(Slide Show Editor)界面。在这里，点击界面顶端的添加介质(Add Media)按钮，便可以选定想要包含在幻灯片中的图像。通过添加照片(Add Photos)窗口，你可以选择你想要添加的图像。选定照片之后，点击界面底部的完成(Done)，回到幻灯片编辑器窗口中。

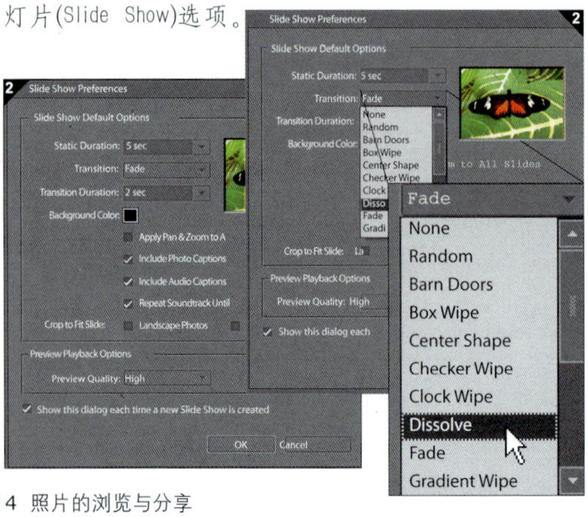


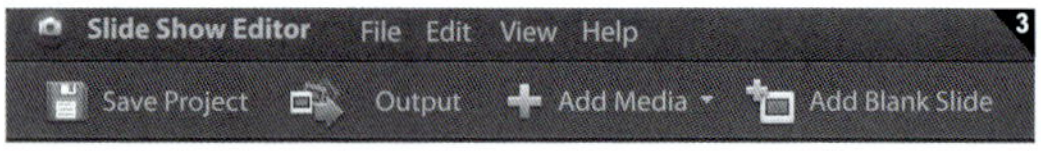


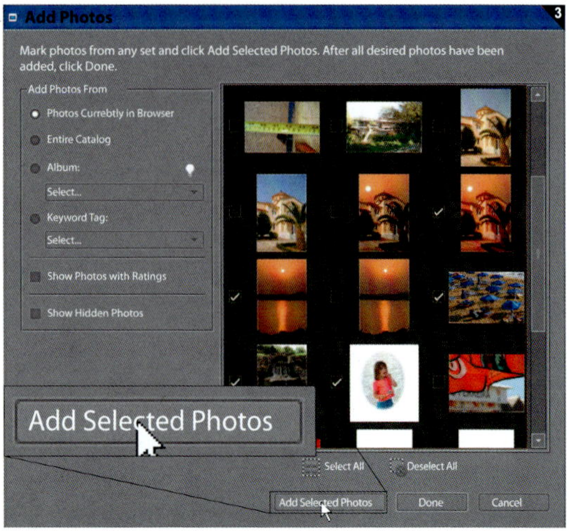

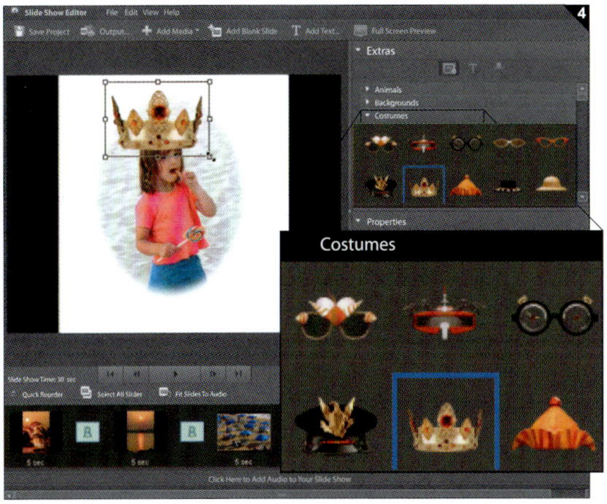


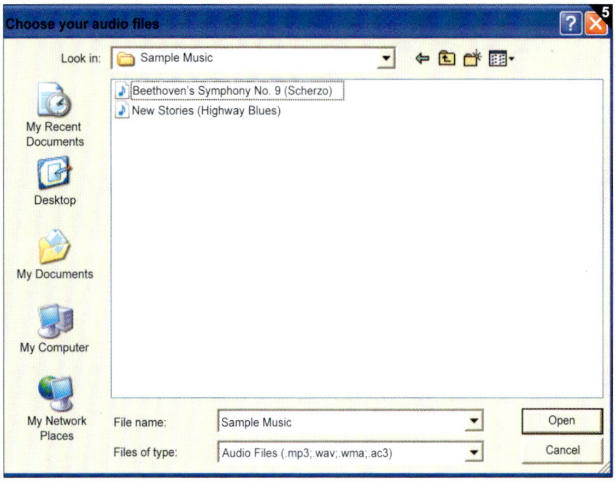


4. 幻灯片编辑器功能强大，在此你可以自定义幻灯片。你所选定的图像会出现在窗口底部的一条时间线中，可以选择单个的图像并且添加一整套效果。

大多数选项是为了增加幻灯片的娱乐效果，你可以添加卡通动物、各式背景、对话气泡框以及各种服饰。如果你是用幻灯片来制作一个展示，可以添加文本来强调重点。

5. Elements的幻灯片最吸引人的一点是可以在里面添加声音和音乐。在靠近编辑器窗口底部的地方选择“单击此处，添加音频幻灯片”(Click Here to Add Audio to Your Slide Show)，打开“选择你的音频”(Choose your Audio Files)对话框。从这里，你可以定位到在电脑上保存的任何音乐，此例中选择了音乐样本(Sample Music)文件夹。

6. 选定了音乐之后，在编辑器窗口中，你将看到音乐呈另一条时间线出现在你所选择的图像下面。你可以在编辑图像时，让图像出现在音乐时间线中的特定时间，尤其在你选择了多首音乐的情况下，这个功能将非常有用。如果你仅仅选择了一首音乐，最简单的方法是设定音乐重复并点击幻灯片音频适配(Fit Slides to Audio)选项。

添加文本非常简单。点击添加文本按钮，出现文本编辑器可以在任意的幻灯片上键入文字。文本的大小和位置可以重新调整，字体和颜色也可以改变。

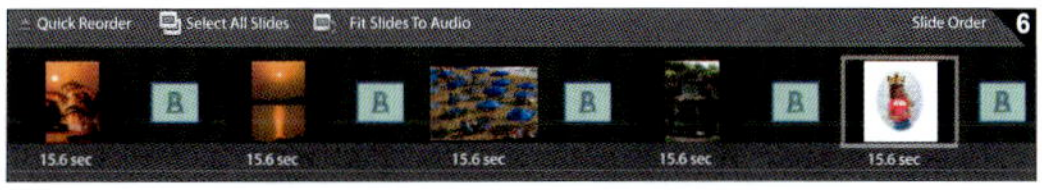


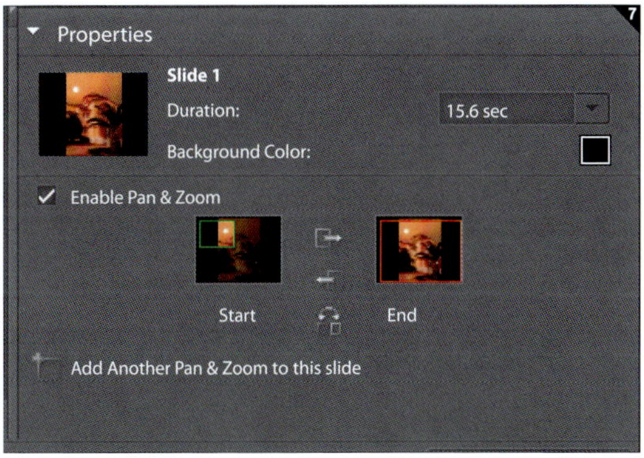


7. 在特性(Properties)窗口中，可以将移动缩放效果添加到每一张幻灯片上。点击开始(Start)，沿着你希望在图像开始播放时首先出现的区域画一个绿色的正方形。点击结束(End)，选择用来结束幻灯片放映的区域。就像这个例子中，幻灯片从太阳的特写镜头开始，然后渐渐放大，直到显示整个图像。如果要改变任何图像出现的顺序，只需点击并拖动幻灯片。要预览幻灯片放映，点击窗口上方的全屏预览。

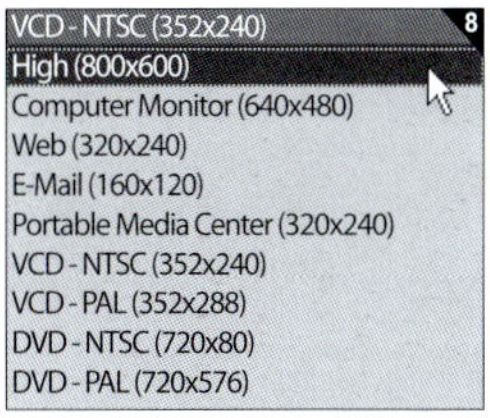


8. 如果对幻灯片的放映效果感到满意，点击编辑器左上角的保存项目按钮，Elements将提供几条途径来保存幻灯片：作为一个文件保存在移动硬盘上、CD/DVD上、或者直接保存到电脑上。Elements提供的指南和建议都非常简明易懂，便于你做出正确的选择。所做的选择很大程度上取决于你是否需要立即观看幻灯片，以及预期浏览者的居住地点等。

# 整理照片

数码摄影最大的优点是如果你有一架相机、一两张存储卡和一台可以下载图像的电脑，就能毫不费力地拍照，而结果是在很短的时间内，你会发现电脑里保存了大量的图像。

如果你是摄影爱好者，你的图片量会迅速增加，不久就会有数千张电子图片，管理这些图片、为它们命名会变得越来越难，尤其是为保证软件正常运行，需要删除你的电脑硬盘中的文件时，当你开始将图片文件添加到另外的移动设备，或者将图像刻录到CD或DVD时，是时候考虑使用某种形式的图像目录或数据库软件了。

## 数字资产的管理

为图像编目的术语为“数字资产管理”，听起来令人生畏，如同上文提过，数字资产管理只是跟踪你所保存图像的一种有效方式，便于你快速地找到某个图像，目前有很多编目程序。

## EXIF

EXIF是一种最有效的编目软件，其工作原理是记录你每一次拍照时嵌入相机的所有EXIF数据。 EXIF数据的简单例子包括拍摄的日期、所用的时间、相机的型号和曝光设置。 某些专业型相机还可提供拍摄照片精确的地理位置。这些信息和图像保存在一起，通过大多数图像编辑软件便可浏览。 这样一来，你便可以使用EXIF数据来查找特定的图像组。

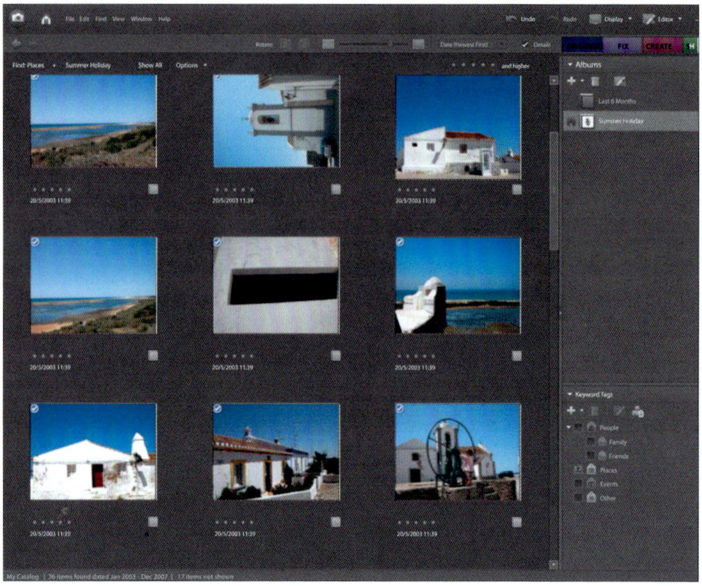

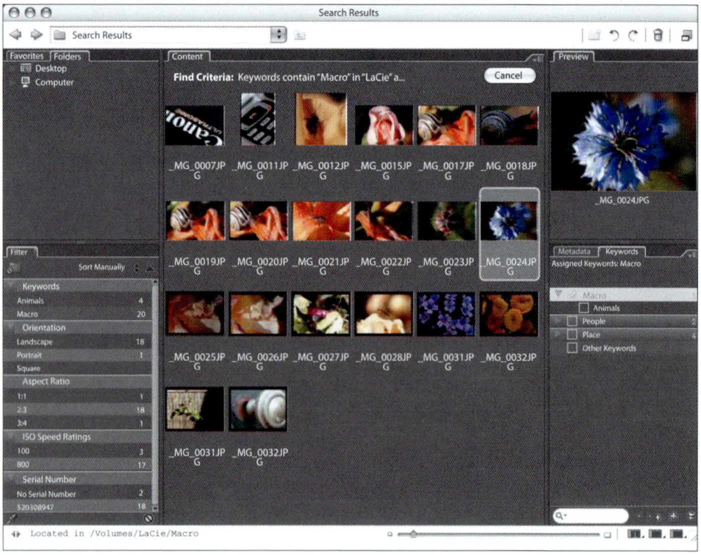


**顶图** Photoshop Elements的照片组织管理器也是图像编辑软件包不可或缺的组成部分。你可在浏览和编辑之间转换，并且能轻而易举地创建便于搜索的相册(Albums)，并为图像组或单张图像添加关键词标签。

**上图** Photoshop CS配备特有的高级管理器，称为桥梁。 桥梁将图像保存为EXIF文件，并允许你在任何图像上添加和应用关键词，便于日后查找。

## 关键词

除了保存和重新获得可查找的 EXIF 数据外，大多数图像编辑软件都能“编程”，因此可以输入某个事件、位置或其他文字描述的关键词，然后查找这些关键词即可迅速查到你想要的照片。

## 图像编辑软件

许多图像编辑软件配有内置的编目软件，而这种扩展功能很有可能就是你所需要的。例如在 Photoshop Elements 的照片管理器中，你可以输入照片，并对其进行批量命名，可以添加关键词、为照片分级、重命名、移动照片、调整拍摄日期，以及进行大范围的查找。即使照片的数量惊人，以上功能也能满足你的需求，其他编辑程序也配有类似的软件。

Photoshop CS 的完整版也配有高级的浏览器，称为桥梁。可以通过 Photoshop(或者其他的 CS 软件套装)访问桥梁(Bridge)，它在 Photoshop 和你硬盘的所有文件(或者任何附加驱动器上的文件)之间提供了一个易用的界面。照片文件上的信息包括文件创建的日期、尺寸、颜色模式、EXIF 数据，等等。为图片指定一个便于日后搜索的关键词很简单，定位了想要浏览的图像之后，只需点击就可在 Photoshop 中打开它。

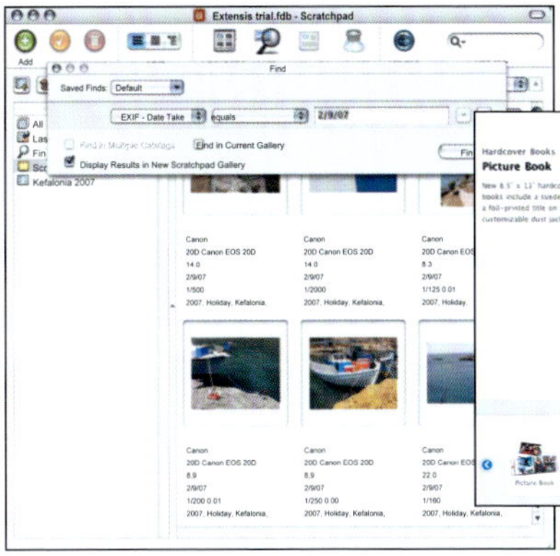


上图 Extensis 的 Portfolio 是一个专用的数字资产管理软件，可以保存数千张图像的缩略图，同时保留与图像有关的所有 EXIF 数据和关键词。创建和编辑新的目录非常简单，而且很快就能找到。

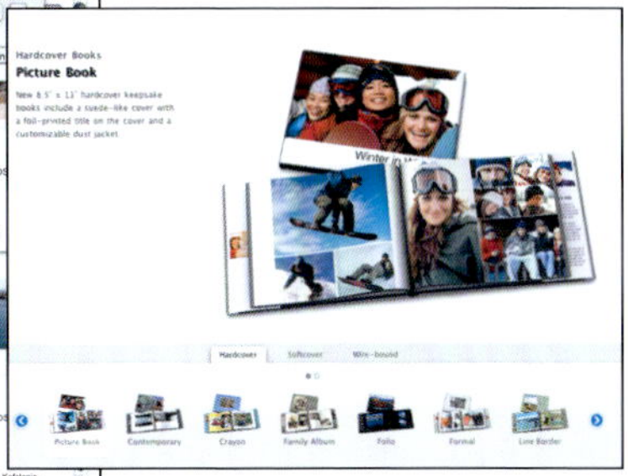


上图 Apple 公司的 iPhoto 只能作为 iLife 软件套装的一部分供 Mac 用户使用。在照片管理方面，iPhoto 配备了基本的编辑控制功能，以及与 Apple 电子、纸制的浏览和共享包之间的连接。

## 编目软件

与“内置”编目软件一样，有很多程序可专门进行数字资产管理。例如，对于只想对作品进行编目的摄影师来说，Extensis 公司的 Portfolio(即 Extensis Portfolio)是理想的软件。图像可以通过特定的可搜索数据进行批量处理，可以添加关键词，亦可创建、编辑以及移动文件夹和子文件夹。

一些图像编辑软件带有管理器，以便搜索图像，某些编目软件也带有编辑、浏览和打印工具。对于 Mac 用户，iPhoto 可用于增强图像、提供功能强大的编目软件以及一个可用于共享和打印界面。大多数软件开发商都提供免费试用软件，因此，你可以找到最适合自己需要的那个软件，然后下载一个试用版。

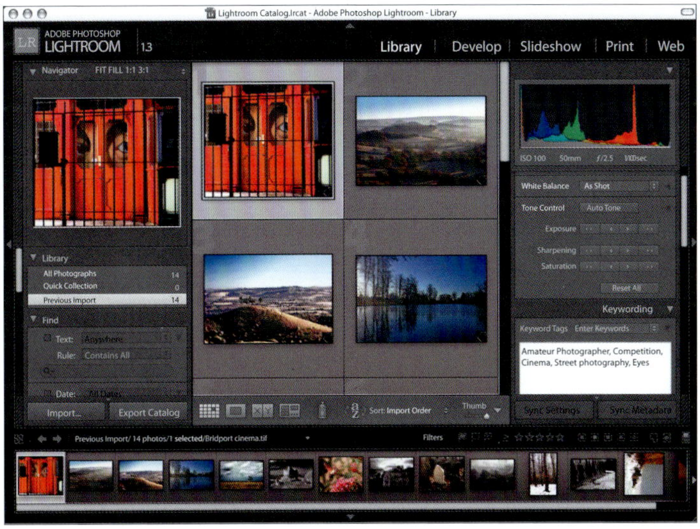


左图 Adobe 公司的 Lightroom 是一个编辑和编目软件，除了管理图像之外，它还有很多其他功能。这个用户友好界面也提供了多种打印途径，以及在 www.adobe.com 上共享图像的许多方法。

# 保存照片

虽然在开始时，你会觉得电脑250G的硬盘容量很大，永远不会被装满，可是，如果你是摄影爱好者，你将会吃惊地发现，图像很快塞满了硬盘。和其他文件相比，数字图像文件的尺寸非常大，特别是在你使用未压缩格式时，如TIFF和RAW格式。如果拍摄了许多照片，你很快就需寻找另外的空间来存放它们。

但是，这并不是一件坏事，因为应该避免将所有的图像存放在一个地方。已保存的图像突然丢失的事时有发生，你当然不想成为下一个受害者。图像一旦丢失(不管是由于被盗、火灾或硬盘故障)，就无法追回。那么，怎样才是保存图像的最佳方法呢?

## 外接硬盘

越来越多的摄影师转向使用外接(移动)硬盘来保存图像。外接硬盘日渐便宜，其容量亦越来越大。现在一个500GB的外接硬盘已经非常便宜，并且价格还在下降。等你装满这个硬盘时，你也许会发现750GB的硬盘也变得非常便宜了。

过去很多人常常将图像备份到一张CD或DVD上，而如今，更加明智的做法是将图像保存到一个外接硬盘上，并且每隔三到五年购买一个新的硬盘。大多数硬盘的使用寿命在10到15年(其中很多可以使用更长的时间)。相比于用CD和DVD保存，硬盘保存要有保障得多，因为如果保存的环境不是很干燥，那么只需三到五年，CD和DVD的存储质量就会下降。当然，某些较为昂贵的金盘CD和DVD，使用时间较长，号称能保存长达300年之久。

在购买存储设备之前，尽可能多地了解设备或介质的预期寿命，注意，不要过分相信制造商的宣传。

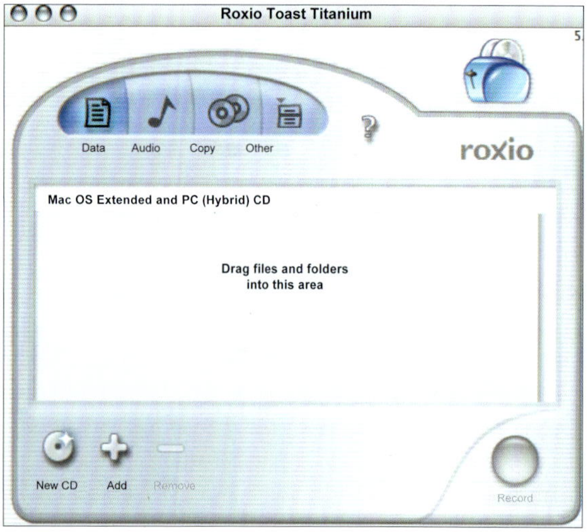


**右图** 如果你正准备将图像备份到CD或DVD上，那么专用的光碟刻录软件，例如Roxio Toast是非常好的选择。可以使用这种软件创建一个联系表，作为光盘的封面。

**下图** 如果你想购买一台新电脑，应该选购配备康宝光驱(含有CD刻录机和DVD光驱)的那种。如果电脑没有配备这类光驱，可以自己购买一台，作为插接装置来使用。

**中下图** CD和DVD有各种不同的质量等级。某些CD和DVD(图示的这些)，号称能保存长达300年之久。

**右下图** 外接硬盘的价格持续下降，因此当你电脑上的硬盘装满时，很容易就能买到一个价格公道、容量较大的外接硬盘。

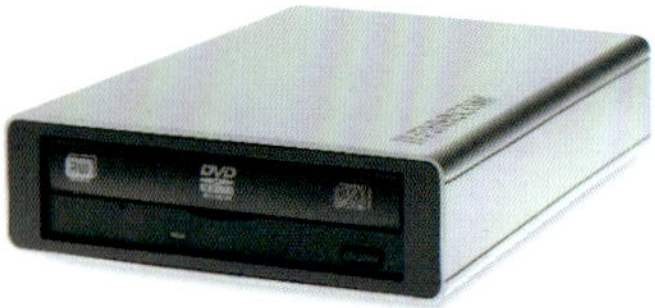

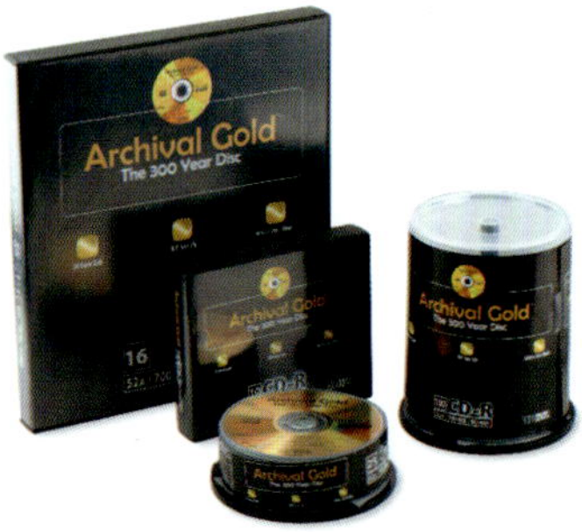


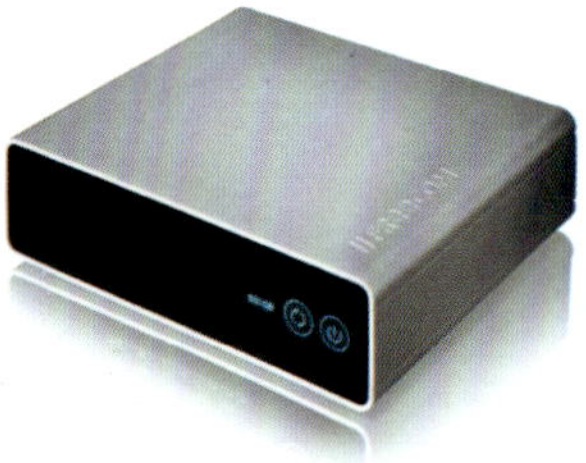

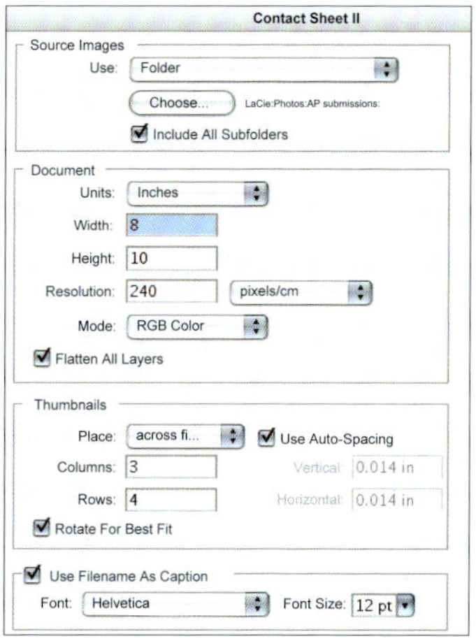


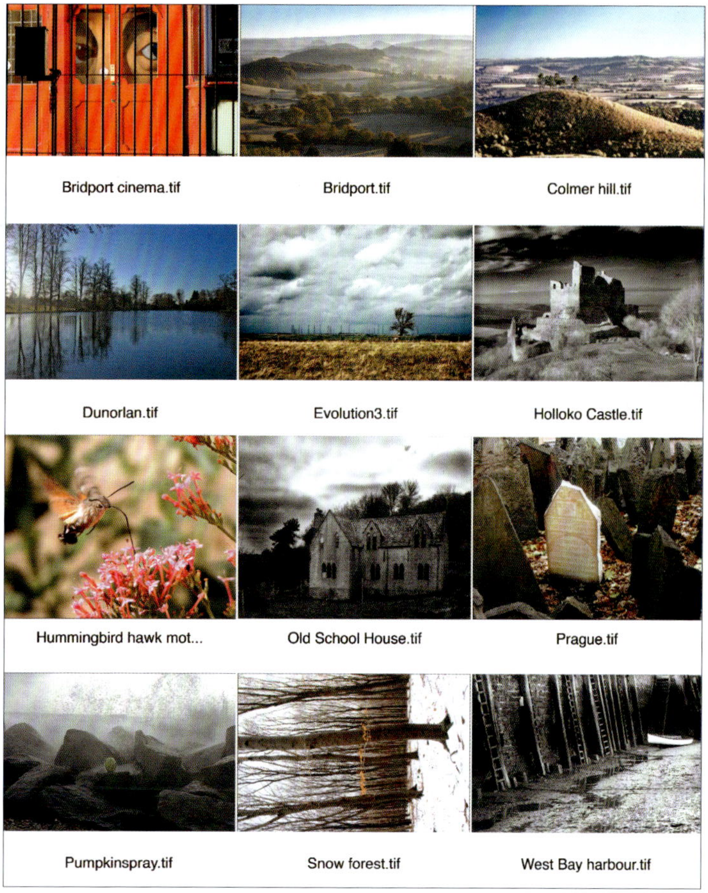


**上图** 仅在一张纸上，显示许多张图像的缩略小样。这是对保存在 CD 和 DVD 上的图像进行编目的有效方法。

## 双存储

对于珍贵的图像，需要将其存放在两个不同的介质上。最明智的做法之一是将图像分别存放在外接硬盘和 CD 或 DVD 上，并且每隔几年检查一下 CD 和 DVD 是否可以播放。

对于非常重要的图像，例如特殊的家庭事件或获奖的照片，当然值得花钱购买高质量的 CD 来存放。此外，把 CD/DVD 存放在单独的房间里，和电脑分开存放。

## 采用什么格式?

如果条件许可，尽量使用 TIFF 格式存放编辑过的图像(完成图像编辑操作后，当你选择图像>保存(Image>Save)命令时，会看到很多保存图像格式的选项)，因为这是一个“无损的”文件格式，与 JPEG 格式不同，用 TIFF 格式保存的图像，即使被多次打开和保存，图像质量仍不受影响。但是有的时候，即使图像质量受损，JPEG 格式的文件上也很难看出，特别是在明信片大小的打印件上，因此，如果没有足够的空间存放 TIFF 格式的文件，可将其保存为高质量的 JPEG 文件。此外，选择了 JEPG 作为文件保存格式后，程序还将询问你想把文件保存为何种质量的 JPEG 文件。

## RAW 格式

可能会有很多人建议你将文件保存为未经处理的 RAW格式，因为你不知道什么时候会对这些文件进行编辑，RAW文件将对电脑的存储造成更大的压力。可以把 RAW文件看作“数字底片”，因为该格式的文件包含了相机在拍摄照片时捕捉到的所有数据，没有经过任何相机内部的处理。

RAW格式是长期保存图像文件的理想格式，因为未来的图像编辑软件一定会在从亮部和暗部提取细节上做得更好。与其将这些图像保存在外接硬盘上，你可能更想将其保存在高质量的 CD 或 DVD 上，但一定要做一个简单而全面的文件保存记录。

## 照片小样

很多人发现把图像用照片小样形式打印出来非常有用。通常信纸大小的小样就能包含 12 到 20 张缩略图。看到这些缩略图，你就能立即知道保存在 CD 上的是哪些图像。大多数图像编辑软件拥有专门的命令来打印照片小样。

# 术语汇编

（以英文字母为序）

### A

**AEL（auto exposure lock） 自动曝光锁定**

又称曝光锁定，曝光记忆将从被摄场景的某一部分测得的曝光设置保留下来的一种装置，通常为一个按钮。锁定曝光值后重新取景构图，易获得较准确的影像。

**Aperture 光圈**

镜头内部控制到达影像传感器(或胶片)的光量的装置。

**Aperture priority（A，Av） 光圈优先**

一种半自动曝光模式。摄影者选择光圈大小后，由相机决定并设置合适的快门速度，从而获得准确的曝光量。

**Autofocus（AF） 自动对焦**

一种对焦模式。相机镜头能够对被摄场景的某一部分进行自动对焦。现代相机均具有这一功能。

### B

**Bit（binary digit） 位（二进制数字）**

数字信息的基本单位，又称比特。在二进制编码系统中，位以数字“0”或“1”表示，即“是”或“否”。

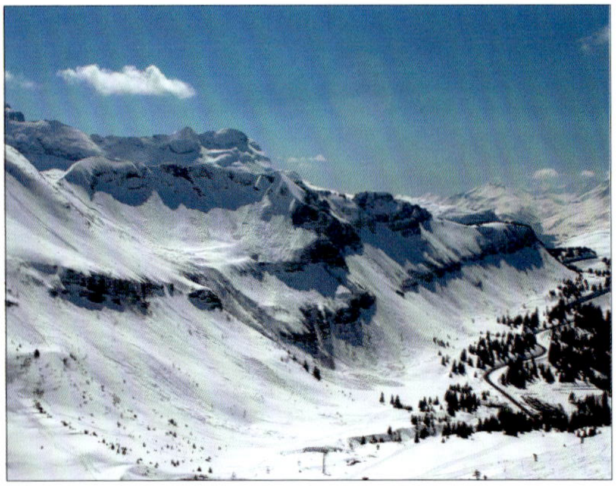

**Bracketing 包围曝光**

为了确保正确曝光而对特定场景快速进行连续多次(通常为三次)曝光的一种曝光技术。

### C

**CCD（charge coupled device） CCD（电荷耦合器件）**

当今数码相机和扫描仪上最常用的两种影像传感器之一。

**CMOS（complementary metal oxide semiconductor） CMOS（互补性金属氧化物半导体器件）**

数码相机和扫描仪上继CCD之后最常用的影像传感器。

**Color filter array（CFA） 彩色滤光片阵列**

数码相机影像传感器表面的一层彩色矩阵，用于记录色彩信息。滤光片阵列由红、绿、蓝三种颜色的小方块组成。

**Compression 压缩**

缩小数字文件(如图像文件)大小的一种方法。压缩文件的同时尽量保留图像的重要信息，以保证尽可能高的图像质量。压缩方式分为两种：有损压缩(如JPEG文件中所使用的)和无损压缩(如TIFF文件中所使用的)。有损压缩会造成信息丢失，无法追回，且压缩比率越高，图像质量越低。使用这种方式压缩的文件可以压缩到非常小。无损压缩在保存文件时对信息进行压缩，之后打开文件时再解压缩。使用这种压缩方式时信息不会丢失，图像质量较高，但文件较大。

### D

**Depth of field 景深**

描述影像“清晰范围”(即影像有多少部分对焦准确)的术语。调节镜头光圈是控制景深的主要方法。

**Digital zoom 数字变焦**

许多数码袖珍相机具备的一种变焦功能，也称数码变焦。数字变焦是将影像传感器所记录的像素以数字方式放大，而光学变焦则是在影像被传感器记录下来之前就通过一系列透镜将其放大。放大像素会影响影像质量，因此不到万不得已时不应使用数字变焦。

**Dpi (dots per inch)　每英寸点数**

打印机等输出设备分辨率的计量单位。参见“每英寸像素数 (Ppi/pixels per inch)”。

**Dynamic range　动态范围**

被摄场景中最亮(高光)区域和最暗(阴影)区域间的细节之可视范围。

## E

**Equivalent focal length (efl)　等效焦距**

考虑影像传感器尺寸后换算所得的镜头光学焦距。传感器越小，镜头的等效焦距越长。

**Exposure　曝光量**

到达相机影像传感器或胶片的光量，由光圈大小和快门打开的时间长短(即快门速度)来控制。

**Exposure compensation (EV)　曝光补偿**

一种对相机内置曝光测量结果进行手动弥补的方式，用以增加或减少到达影像传感器或胶片的光量。

## F

**Filter　滤光镜**

安装在相机镜头前端的玻璃或塑料配件。滤光镜的种类繁多，功能多样，如偏振镜用于减少强光和反光，中灰密度镜用于减少进入镜头的光量。

**F number　光圈系数 (F 数)**

拍摄某张特定照片时所用镜头光圈的度量标准。F 数小(如 f/2)，说明光圈大；F 数大(如 f/32)，则说明光圈小。

**Focal length　焦距**

焦距指镜头光学中心与焦点之间的距离，单位为毫米(mm)。当成像画幅尺寸一定时，焦距越长，视场角越小；当物距不变时，焦距越长，像的尺寸越大。

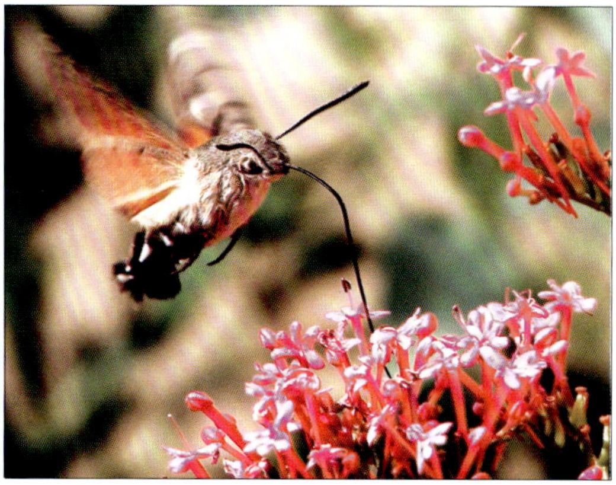

## H

**Histogram　直方图**

描述并说明一幅给定影像的影调范围的可视图表。

## I

**Interpolation　插值**

人为地以数字方式提高图像分辨率的一种方法。插值算法很多，但原理类似，即比较相邻像素的色彩信息，经估计后加入色调和色彩类似的像素。

**ISO (International Standard Organization)　ISO 感光度**

过去，ISO 感光度表示一种胶片对光线的灵敏度，胶片的 ISO 数值越高，感光性能越好。如今的数码相机制造商则用这一术语表示拍摄照片时相机影像传感器对光线的灵敏程度。

## J

**JEPG (joint photographic experts group)　JEPG 格式**

联合图片专家组格式，数码相机存储影像时最常用的文件格式之一。

## K

**Kelvin　开尔文**

色温的计量单位，符号为K。

## L

**LCD screen　液晶显示屏**

数码相机上的小屏幕，通常位于相机背面，用于查看(或预览)照片，显示相机的设置信息。

**Lens　镜头**

相机用于捕捉光线、进行对焦的部件。镜头通常包括各种协同运作的单个元件，用以将被摄场景中的光线导入并聚集到影像传感器上。

## M

**Macro　微距**

这一术语用于粗略描述“微距”摄影或者具有高倍放大能力的镜头。

**Manual　手动**

这一术语用于描述影像拍摄过程中任何需要摄影者直接设置参数的步骤。手动曝光要求摄影者基于相机内置测光系统或外部测光表的读数来设置光圈和快门速度。手动对焦要求摄影者手动确定对焦点。对相机的手动控制大大提高了摄影者进行创意拍摄的可能性。

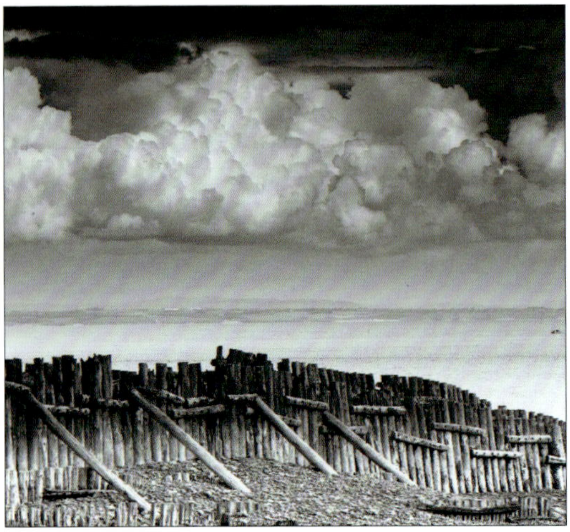

**Metering　测光**

所有相机中用于评估曝光量的系统。从简单的点测光到精密的评价式(或称矩阵式)测光，测光系统的种类多种多样。

**Megapixel (MP)　兆像素**

即一百万像素，是描述相机影像传感器或特定图像文件的时最常用的计量单位。

## N

**Noise　噪点**

电子信号的干扰。在数码摄影中，会出现多余的假像，其表现形式为所拍摄的影像文件中有一块块退色的像素或者出现颗粒状的影像。

## O

**Optical zoom　光学变焦**

参见“数字变焦 (Digital zoom)”。

## P

**Pixel (picture element)　像素**

本身具有色彩、饱和度和亮度值的微小方块，是所有数字图像的基本单位。以合适的分辨率打印或观赏一幅图像时，仅凭肉眼无法看出组成图像的单个像素。若图像过度放大，像素的块状结构可能显现出来，产生像素化。

**Ppi (pixels per inch)　每英寸像素数**

数字图像分辨率的计量单位。ppi值越大，分辨率越高。

**Program　程序自动**

相机根据测光读数自动设置快门速度和光圈大小的曝光选择模式。程序自动模式与全自动模式的不同之处在于，在程序偏移模式时，摄影者可以基于测光读数选择任何可用的光圈快门组合进行曝光。

## R

**RAW　RAW 格式**

大多数数码相机中常用的文件格式。RAW文件由相机影像传感器捕捉到的数据直接组成，未经加工。因此，这种文件通常需要经过一定的图像编辑才能获得最佳的图像效果。

**Resolution　分辨率**

指一幅图像中细节的清晰程度，由图像所含的像素数量决定。这一术语也可用于描述镜头的解析能力。

**RGB (red, green, blue)　RGB**

红、绿、蓝三原色的英文缩写。这三种色彩组合起来能够显示可视频谱上的所有色彩。

**Rule of thirds　三分法则**

有助于将被摄主体成分置于取景框关键区域内的一种摄影构图方式。

## S

**Shutter delay　快门时滞**

从按下快门按钮到相机实际拍摄照片之间存在的时间差。若快门时滞很长，高速运动的物体在拍摄瞬间可能已经移出取景框。

**Shutter priority (S, Tv)　快门优先**

一种半自动曝光模式。摄影者选择快门速度后，由相机决定并设置合适的光圈大小，从而获得准确的曝光。

**Shutter speed　快门速度**

相机快门从打开到关闭的时间。快门速度决定影像传感器接受光照的时间。有些袖珍相机没有快门，其“快门速度”体现在传感器从启用到停用的时间上。

**Stop　挡**

用于描述曝光值的术语。例如，将曝光量增加1挡能使到达影像传感器的光量加倍，这可以通过开大光圈(如从f/8到f/5.6)或降低快门速度(如从1/500秒到1/250秒)来实现。

## T

**TIFF (Tagged Image File Format)　TIFF 格式**

多数图像编辑程序中常用的文件格式。TIFF文件采用“无损”压缩方式，因而能够保留更多的图像数据。

## U

**USB (Universal Serial Bus)　通用串行总线**

USB接口与接线是将打印机、扫描仪等设备连接到电脑上的最常用的方式。

## W

**White balance　白平衡**

数码相机和图像编辑软件中用来消除偏色现象(即让白色显得纯正)的设置。

## Z

**Zone of sharpness　清晰区域**

参见“景深 (Depth of field)”。

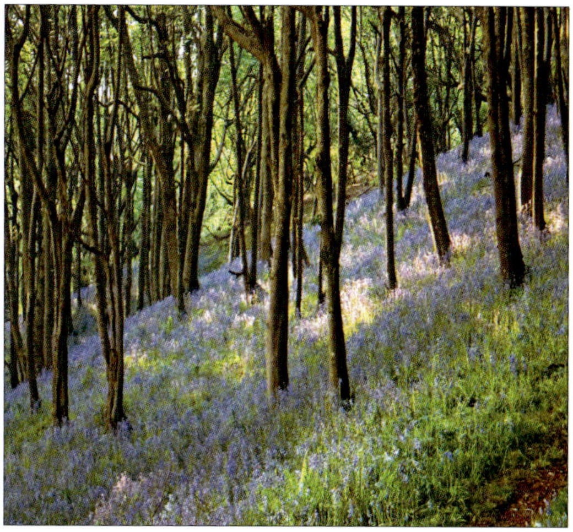

# 常用网站介绍

以下是一些数码摄影相关网站的地址。由于网址可能随时变动，请使用搜索引擎来寻找新网站或者查询网址。

Adobe (www.adobe.com)

提供 Adobe 开发的最新产品信息，可以下载试用软件，还有一系列帮助区域和论坛。

Alien Skin (www.alienskin.com)

世界最知名的插件软件开发商之一。在网站上可以下载试用软件，查看最新产品。该公司开发的大多数插件只与 Photoshop，Photoshop Element 和 PanitShop Pro 兼容。

Apple (www.apple.com)

Apple Mac 电脑使用者可以在网站上找到关于 Apple 产品、支持和免费下载的最新信息。

Canon (www.canon.com)

提供关于佳能公司最新产品和促销活动的信息，以及相关支持的网址。

Corel (www.corel.com)

Corel 公司开发了 PanitShop Pro 和 Ulead PhotoImpact，网站提供免费下载的试用软件，以及使用指南、技巧和窍门。

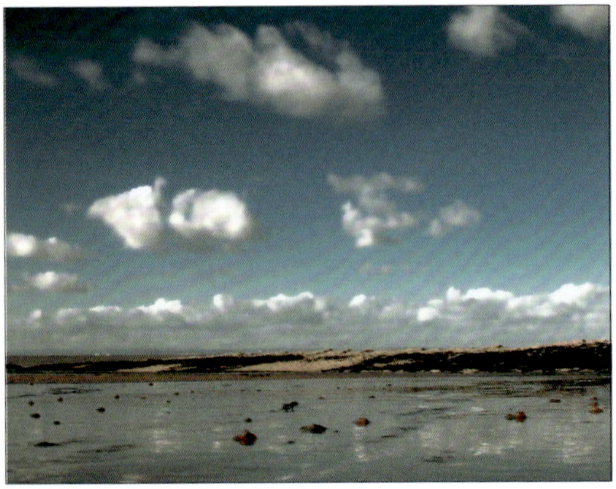

DC Views (www.dcviews.com)

在该网站上可以找到各种设备的评论，同时可以通过该网站连接相关站点。

Digital Camera Info (www.digitalcamerainfo.com)

提供有关数码摄影设备的最新消息和评论。

Digital Photography Review (www.dgreview.com)

提供设备评价、论坛以及实用的术语表，可能是同类网站中最著名的一个。

Epson (www.epson.com)

提供 Epson 最新的产品信息，以及该公司所有打印机驱动器的信息。

ePHOTOzine (www.ephotozine.com)

热门的摄影网络杂志，设有设备评论、相关书籍、论坛及技巧等专栏。

Flickr (www.flickr.com)

浏览率最高的网络图片分享网站之一，可以在该网站上传自己的图片，与他人分享。

Fujifilm (www.fujifilm.com)

提供 Fujifilm 公司的最新产品和支持的信息。

Google Picasa (www.picasa.google.com)

可以在网站上免费下载 Google 的图像管理软件(手提电脑兼容)。

Hewlett-Packard (www.hp.com)

提供包括打印机驱动器在内的惠普最新产品和支持的信息。

Kodak Gallery (www.kodak.com)

柯达网站信息齐全，连接 Consumer Products 即可找到与数码摄影相关产品的所有信息。还可以通过该网站连接网络画廊及打印服务。

Luminous Landscape（www.luminous-landscape.com）

流行的数码摄影网络杂志，设有设备评价、论坛、使用指南等专栏。

Lyson（www.lyson.com）

Lyson是重要的油墨供应商，该网站提供Lyson公司最新产品以及喷墨打印机相关产品的信息。

Nikon（www.nikon.com）

提供关于尼康公司产品、论坛和支持的信息。

Nik Software（www.niksoftware.com）

Nik Software是著名的滤镜产品插件开发商，该网站提供最新的产品信息和免费试用软件下载。

Olympus（www.olympus.com）

该网站提供关于奥林巴斯公司产品、支持和下载软件的全面信息。

Pentax（www.pentax.com ）

提供关于宾得公司产品、支持和下载软件的大量信息。

Photo-Plugins（www.photo-plugins.com）

该网站提供免费的插件下载。

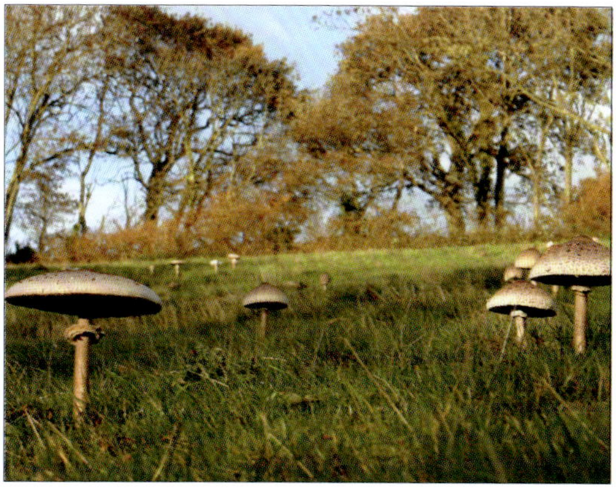

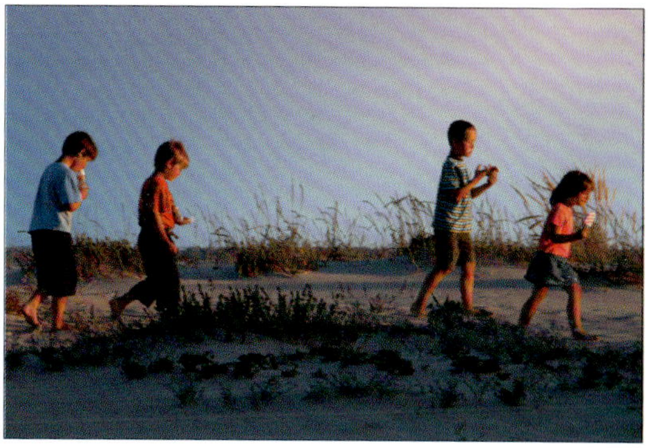

Planet Photoshop（www.planetphotoshop.com）

提供使用指南、设备评论、论坛，比较适合Photoshop使用者。

Rob Halbraith Insight（www.robgalbraith.com）

提供评论、文章、意见以及与数码摄影有关的链接。

Shutterbug（www.shutterbug.com）

流行的摄影网络杂志和网上摄影协会，设有设备评价、论坛、技巧等专栏。

Sony（www.sony.cm）

提供索尼公司最新产品和支持的信息。

Steve's Digicams（www.steves-digicams.com）

网上数码摄影协会，设有最新的数码信息、设备评价、论坛等专栏。

| | |
|---|---|
| 浙 江 省 版 权 局<br>著作权合同登记章<br>图字：11－2009－31 号 | |

**图书在版编目（C I P）数据**

数码摄影百科 /（英）勒克著；金荔，许维腾，陈刚译. —杭州：浙江摄影出版社，2009.8
ISBN 978-7-80686-732-7

Ⅰ. 数… Ⅱ. ①勒… ②金… ③许… ④陈… Ⅲ. 数字照相机－摄影技术 Ⅳ. TB86 J41

中国版本图书馆 CIP 数据核字（2009）第 112744 号

# 数码摄影百科

**「英」史蒂夫·勒克　著**
**金荔 许维腾 陈刚　译**

译审：陈刚
责任编辑：杨秋林 夏晓
封面设计：任惠安
责任校对：朱晓波
出版发行：浙江摄影出版社
电话：0571－85159646 85159574 85170614
网址：www.photo.zjcb.com
制作：杭州美虹电脑设计有限公司
印刷：浙江影天印业有限公司
开本：710×960　1/16
印张：16
版次：2009 年 8 月第 1 版
印次：2009 年 8 月第 1 次
书号：ISBN 978-7-80686-732-7
定价：59.80 元